JN411661

국역 휘찬여사 1

세가

국역 휘찬여사 1 세가

초판1쇄 발행 | 2012년 2월 28일

기획 군위문화원 · 군위군
지음 홍여하
옮김 김현영 · 박한남 · 이재희 · 류주희

펴낸이 홍기원
총괄 홍종화
디자인 정춘경
편집 오경희 · 조정화 · 오성현 · 신나래 · 정고은 · 임민영
관리 박정대 · 최기엽

펴낸곳 민속원 출판등록 제18-1호
주소 서울 마포구 대흥동 337-25 전화 02) 804-3320, 805-3320, 806-3320(代) 팩스 02) 802-3346
이메일 minsok1@chollian.net 홈페이지 www.minsokwon.com

ISBN 978-89-285-0241-7 94380
978-89-285-0240-0(세트)

ⓒ 김현영 · 박한남 · 이재희 · 류주희, 2012
ⓒ 민속원, 2012, printed in Seoul, Korea

※ 책 값은 뒤표지에 있습니다.
※ 잘못된 책은 바꾸어 드립니다.
※ 저자와의 협의하에 인지는 생략합니다.

김현영
박한남
이재희
류주희 역

민속원

『국역 휘찬여사』를 간행하며

이 책은 목재木齋 홍여하洪汝河가 편찬한 『휘찬여사彙纂麗史』를 『휘찬여사』 목판이 소장되어 있는 군위문화원의 의뢰를 받아 완역한 책이다. 48권 모두를 번역하여 간행하다 보니 6책이라는 거질의 책이 되었다.

『휘찬여사』는 홍여하가 19세 때에 편찬하기 시작하여 중앙 관료 생활에서 물러나 군위에서 가숙家塾을 열고 제자들을 가르치면서 『동국통감제강』과 함께 춘추필법에 의하여 우리나라의 역사 체계를 확립하기 위하여 저술, 완성한 책이다. 물론 대부분의 주요 서술은 정인지 등이 편찬한 『고려사』와 서거정의 『동국통감』을 참고하였지만, 중국은 천자의 나라이고 우리나라는 중국의 제후국이라는 존주尊周 의식의 측면에서 주요한 부분을 독자적으로 많이 보완을 한 책이다.

목재가 『휘찬여사』를 편찬할 때에는 『삼국사기』, 『고려사』, 『동국통감』 등을 제외하고는 우리나라의 역사서 중에 참고할 만한 저술이 그다지 많지 않았다. 따라서 방대한 『고려사』 전체에 대한 서술 체계를 세우기에는 인용할 만한 자료가 거의 없었다고 해도 과언이 아니다. 그러한 가운데서도 『宋史』, 『遼史』, 『元史』 등 당대 중국 정사들을 두루 참고하여 고려사를 보완했다는 것은 매우 획기적인 사실이 아닐 수가 없다.

도道의 온전한 실체는 경학에 있지만 크게 쓰이는 것은 역사에서 나타납니다.
역사란 포폄을 하고 권징을 하는 기록인데,
우리나라의 역사 기록은 너무 보잘 것이 없으니 탄식할 만한 일입니다.
道之全體 雖在於經 而大用實見于史 史者褒貶勸懲之書也 吾東史記 多無可觀 是可歎也
(안정복, 『동국통감제강』 서에 인용된 홍여하의 역사관)

『동사강목』을 쓴 안정복도 『동국통감제강』과 『휘찬여사』에 대해서 우리 역사학을 확립시킨 역사서로 높이 평가한 바가 있다. 이제 부계홍씨 문중과 군위문화원의 지원으로 『휘찬여사』를 완역하게 된 것을 매우 기쁘게 생각한다. 군위문화원의 의뢰를 받아 필자는 국사편찬위원회에서 같이 근무를 하고 있는 연구자를 중심으로 번역팀을 구성하여 오랫동안 강독을 하고 의견을 조율하며 2년 가까운 시간에 걸쳐서 번역과 주석을 마쳤다. 『고려사』에 나온 기사들은 동아대학교의 번역본과 북한 사회과학원 번역본을 참조하여 독자적으로 번역하였다.

2009년 말에 번역팀을 구성하여 초벌 번역을 완성한 것은 2010년 말이다. 중간에 2010년 5월 7일에는 번역팀 전원과 부계홍씨 문중 여러 어른 그리고 문화원 관계자들이 『휘찬여사』 목판이 소장되어 있는 군위 양산서원에 모여 1차 번역한 자료를 놓고 작은 세미나를 열기도 하였다. 문중에는 홍재휴 님, 홍종흠 님 등 한문학을 전공하신 여러 어른들이 계셔서 우리가 번역한 자료에 대해서 여러 가지 의견을 주셨다. 특히 홍재휴 님은 우리가 『휘찬여사』 번역본의 가제목을 "가려 뽑은 고려사, 휘찬여사"라고 한 데 대해서, 목재 선생이 단순히 『고려사』를 아무런 역사의식 없이 '뽑은 것'이 아니라 분명한 역사관과 일관된 체계를 가지고 재정리한 것이므로 '가려 뽑은'이라는 접두어를 붙이는 것은 옳지 않다고 말씀하셨다. 또한 『휘찬여사』 범례 11조를 보아도 목재의 고려사 편찬의도가 분명하며, '열전'의 외교적 업적을 보인 인물들에 대해서는 행인전行人傳에서, 이학理學을 숭상한 인물들에 대해서는 문원전文苑傳을 통해서는 부각시켰으며, 유학전儒學傳 등의 설정은 정주학程朱學을 강조하고자 하는 것으로, 이를 통하여 목재의 역사의식을 분명하고 새롭게 인식할 수 있다고 말씀하셨다. 그래서 우리는 『가려 뽑은 고려사, 휘찬여사』라고 하는 대중적인 이름을 버리고 그대로 『국역 휘찬여사』라고 밋밋한 제목을 달 수밖에 없었다. 이 외에도 여러 어르신들은 초벌 번역본의 구체적인 오류에 대해서도 많은 지적을 해주셨다.

번역 원고를 편집하고 원문을 첨부하는 과정에서는 민속원 편집자와 여러 차례의 의견 교환이 있었다. 사실상 번역서를 2도 또는 원색 인쇄하는 것은 너무 호화스러운 것이 아닌가 하는 생각이 있다. 그러나 민속원의 입장은 가능한 한 모든 책들을 고급스럽게 출판해야 한다는 소신을 가지고 있어서 원래 인쇄비 보다 훨씬 많은 비용이 소요되는 2도 또는 원색 인쇄를 택하였다. 특히 원문 영인본 부분에서는 원색 인쇄를

> 중국의 역사 기록에는 우리나라의 일이 자세하게 기록되어 있는데
> 우리나라의 역사서에는 도리어 천하의 일들이 실려 있지 않습니다.
> 또 우리나라 사람들은 중국의 일들을 모르는 것을 수치로 생각하지만
> 자기 나라의 일을 모르는 것은 부끄럽게 여기지 않습니다.
> 大國史記, 小國事往往致詳, 而東史反不載天下事, 且東人恥不知中國事, 不恥不知自家國事
> (答李大方桀『木齋集』권4)

택함으로써, 세가 부분에서 각 연도가 바뀜에도 불구하고 행行을 바꾸지 않아서 읽기에 어려웠던 부분을 각 왕대 및 연도 부분에 색도를 넣어서 구분을 쉽게 할 수 있도록 보완할 수 있게 되었다.

『휘찬여사』 번역팀은 고려시대를 전공한 박한남, 류주희 박사와 조선시대를 전공한 김현영, 이재희 선생이 참여하였다. 모두 국사편찬위원회에 근무하고 있어서 아침저녁으로 만나 의견 교환도 하고 『휘찬여사』의 내용에 대하여 토론할 수도 있었다. 초벌 번역은 각 권별로 나누어 번역하였고 서로 돌려가며 윤문을 하였지만 최종 교열의 책임은 물론 연구책임자인 김현영에게 있다. 이 책이 간행되기까지에는 군위문화원의 적극적인 지원과 부계홍씨 문중의 여러 어른들, 그리고 번역에 참여해준 세 분의 선생님의 노고가 숨어 있다. 또한 간행하는 과정에서는 좀 더 고급스런 책이 될 수 있도록 애써주신 민속원 홍종화 사장과 처음부터 끝까지 편집을 책임지고 해준 민속원 편집부, 그리고 교정을 도와준 탁신회 씨에게도 국역 책임자로서 감사의 말씀을 드린다.

2012년 임진년 정월에

김현영

『국역 휘찬여사 1 세가』 목차

휘찬여사 권3 세가 3

휘찬여사 권4 세가 4

휘찬여사 권5 세가 5

휘찬여사 권6 세가 6 · 휘찬여사 권21 신서인전

『국역 휘찬여사』 **총목차**

『국역 휘찬여사』 해제

글로벌리즘 시대에 있어서 『휘찬여사』의 의미

김현영(국사편찬위원회)

이 책은 목재木齋 홍여하洪汝河(1620~1674) 선생이 저술한 『휘찬여사彙纂麗史』를 우리말로 번역한 책입니다. 이 책의 번역은 경상북도 유형문화재 251호로 지정된 『휘찬여사』 목판본이 소장되어 있는 군위 문화원의 지원으로 한국고문서학회에서 용역을 받아 번역하게 된 것입니다. 처음에는 국역본이므로 제목을 "가려 뽑은 『고려사』, 『휘찬여사』"라고 붙일까도 생각했지만 문중 어른 중에 한 분이 『휘찬여사』는 고려사를 축약한 것이 아니라 춘추필법의 입장에서 고려사의 취약점을 보완하고 재정리한 것이고 단순히 가려 뽑은 것만은 아니라는 의견을 주셔서 다소 밋밋한 제목인 『국역 휘찬여사』로 하였습니다. 사실 『휘찬여사』는 『고려사』의 3분의 1 정도 밖에 되지 않아 대폭 축약하여 가려 뽑은 것은 사실입니다. 그러나 춘추필법과 주자의 강목법에 비추어 중국 정통 왕조를 천자天子의 위치에 놓고 고려를 그 중화 질서의 한 축을 이루는 제후국으로서의 역할로 생각하여 송, 금, 원과 같은 나라와 고려와의 관계를 천자와 제후와의 관계로 설정하고 중국사를 철저히 보완하려고 노력하였습니다. 즉 송과 거란, 고려의 관계에서 송을 중심에 놓고 고려, 송과의 관계를 특별히 많이 보완한 것입니다.

오늘날의 관점에서 보자면 어처구니없는 것처럼 보일지도 모르지만 주자 성리학이 지배하는 시대에 있어서 그 시대정신에 투철한 역사의식은 매우 필요하다고 할 것입니다. 그래서 『휘찬여사』의 역사의식을 오늘날의 관점에서 재해석을 시도해 본다면 천근내의 글로벌리즘이라고 생각하였습니다. 즉 조선시대에 있어서 사대주의는 오늘날 유행하고 있는 글로벌리즘의 다른 표현이 아닌가 생각됩니다. 주자의 강목법에 의한 고려시대사의 보완과 논찬, 재정리 시도는 사대주의에 의한 중화질서를 확립하고자 하는 역사의식의 발로라고 하겠습니다. 우리나라 역사에만 빠져들지 말고 세계사적 관점에서 당시의 시대를 이해하고자 한 것입니다. 그래서 우리는 사대주의를 그 시대의 글로벌리즘이라고 할 수 있는 것입니다. 반드시 중국 천하를 지배한 송, 요, 금, 원 등을 중심에 놓고, 중국과 고려의 관계를 천자-제후 관계를 설정한 후 세계사의 입장에서 고려시대사를 정리한 것입니다. 그러한 세계사적 인식은 바로 고려시대사를 제대로 이해하려는 생각에서 출발한 것입니다.

사대주의는 일극一極 중심의 세계 질서에서의 국제주의적 생존방식이라고 하겠습니다. 목재 홍여하의 『휘찬여사』와 그의 역사 인식은 임진왜란, 병자호란을 겪은 이후 조선의 생존 방식을 역사 속에서 찾은 것이라고 하겠습니다.

방대한 분량의 『휘찬여사』를 번역하고 교열하는데 있어서는 필자가 몸담고 있는 국사편찬위원회의 동료 연구자인 박한남, 이재희, 류주희 선생님과 함께 나누어 분담하여 작업을 하였습니다. 처음에는 번역의 틀을 통일하기 위하여 매주 모여서 강독을 하였고 어느 정도 기초를 만든 다음에는 48권을 분담하여 번역하였습니다. 이 자리를 빌어 번역책임자로서 감사의 말씀을 전하고자 합니다.

아래에서는 『국역 휘찬여사』의 해제를 대신하여 『휘찬여사』의 저자인 목재 홍여하의 생애와 그의 역사 인식을 『휘찬여사』와 『동국통감제강』의 범례를 중심으로 살펴보고 나아가 목재 홍여하가 어떠한 의도에서 우리 역사를 편찬하려고 하였는가 또 후손과 제자들이 『휘찬여사』를 간행하는 과정에서 당 시대의 대표적인 역사학자인 순암 안정복의 질정叱正을 구하고 그 요청을 어떻게 반영하였는가를 정리하였습니다.

1. 머리말

『휘찬여사』는 17세기 중반 남인계열의 관료이자 학자인 목재木齋 홍여하洪汝河(1620~1674)의 저술로 일찍부터 학계에서 주목을 받아왔다.[1] 『휘찬여사』는 단순히 고려사를 축약한 것이 아니라 춘추필법의 입장에서 고려사의 취약점을 보완하고 재정리한 것이다. 사실 춘추필법의 3분의 1 정도 밖에 되지 않아 대폭 축약하여 가려 뽑은 것은 사실이다. 그러나 주자의 강목법에 비추어 중국 정통 왕조를 천자의 위치에 놓고 고려를 그 중화 질서의 한 축을 이루는 제후국으로서의 역할로 생각하여 송, 요, 원과 같은 나라와 고려와의 관계를 천자와 제후와의 관계로 설정하고 중국사를 철저히 보완하려고 노력하였다. 즉 송과 거란, 고려의 관계에서 송을 중심에 놓고 고려, 송과의 관계를 특별히 많이 보완한 것이다. 오늘날의 관점에서 보자면 어처구니없는 것처럼 보일지도 모르지만 주자 성리학이 지배하는 시대에 있어서 그 시대정신에 투철한 역사의식은 매우 필요하다고 할 것이다. 그래서 『휘찬여사』의 역사의식을 오늘날의 관점에서 재해석을 시도해 본다면, 조선시대에 있어서 사대주의는 오늘날 유행하고 있는 글로벌리즘의 다른 표현이라고 생각된다. 주자의 강목법에 의한 고려시대사의 보완과 논찬, 재정리 시도는 사대주의에 의한 중화 질서를 확립하고자 하는 역사의식의 발로라고 하겠다. 우리나라 역사에만 빠져들지 말고 세계사적 관점에서 당시의 시대를 이해하고자 한 것이다. 그래서 우리는 사대주의를 그 시대의 글로벌리즘이라고 할 수 있는 것이다. 반드시 중국 천하를 지배한 송, 요, 금, 원 등을 중심에 놓고, 고려와 중국의

1 목재 홍여하의 생애와 사상에 대한 연구는 다음과 같이 한영우, 고영진, 신항수, Kurbanov, 장인진 등의 연구가 있으나 좀 더 다양한 방면에서의 심층 연구가 요청된다고 하겠다.
韓永愚, 1985, 「17세기 중엽 嶺南南人의 歷史敍述; 洪汝河의 『彙纂麗史』와 『東國通鑑提綱』」, 『邊太燮博士華甲紀念史學論叢』, 삼영사.(朝鮮後期史學史硏究, 韓永愚, 一志社, 1989)
고영진, 1994, 「홍여하」, 『한국의 역사가와 역사학(상)』, 창작과비평사.
申恒秀, 1997, 「17세기 중반 洪汝河의 田制認識」, 『韓國思想史學』 8, 韓國思想史學會.
S. O. Kurbanov, 2008, 「『木齋家塾彙纂麗史』의 儒學傳」, 『규장각』 32.
張仁鎭, 2010, 「휘찬여사 목판의 활용 방안」, 군위 한밤마을 심포지움 발표문.

천자, 제후 관계를 설정한 후 세계사의 입장에서 고려시대사를 정리한 것이다. 그러한 세계사적 인식은 바로 고려시대사를 제대로 이해하려는 생각에서 출발한 것이라고 하겠다. 사대주의는 일극一極 중심의 세계 질서에서의 국제주의적 생존 방식이라고 할 수 있을 것이다. 목재 홍여하의 『휘찬여사』와 그의 역사 인식은 임진왜란, 병자호란을 겪은 이후 조선의 생존 방식을 역사 속에서 찾은 것이라고 할 수 있을 것이다.

그런데 『휘찬여사』를 검토하는 과정에서 이와 관련하여 몇 가지 규명해야 문제들이 남아있다. 첫째는 『휘찬여사』를 홍여하가 20세의 어린 나이로 편찬한 것이 사실인가 하는 것이고, 둘째는 『휘찬여사』가 언제 어떻게 간행되었는가 하는 문제이다. 이 두 가지 문제는 사실 큰 문제라고 생각되지 않을 수가 있으나 전근대 시기의 사찬私撰 역사서의 편찬과 간행 과정에 대한 규명을 통하여 그 시대의 출판 상황과 역사 인식에 대한 이해를 할 수 있다는 점에서 매우 중요한 논점이라고 할 수 있다.

다행히도 『휘찬여사』와 관련하여 목재 홍여하와 주변의 문집, 그리고 『휘찬여사』를 간행하는 단계에서 순암順菴 안정복安鼎福(1712~1791)이 『휘찬여사』에 대하여 언급한 글들을 찾을 수 있다. 따라서 『휘찬여사』의 간행 과정과 이를 둘러싼 논의들을 구체적으로 살펴봄으로써 17세기와 18세기를 살다간 두 시대의 남인 지식인의 역사 인식의 차이를 이해할 수가 있을 것이다.

2. 목재 홍여하의 생애

목재 홍여하는 1620년(광해군 12)에 태어나서 1674년(현종 15) 55세에 작고하였다. 선생의 자는 백원百源이고, 경상도 군위軍威 부계인缶溪人으로 함허정涵虛亭 문광공文匡公 귀달貴達의 5세손이요 대사간 호鎬의 아들이다. 문광공은 바른 도道를 지키다가 목숨을 잃었고 대사간은 청렴하다는 명성으로 세상에 드러났다. 그의 가계를 살펴보면, 임란의병장인 제봉霽峰 고경명高敬命의 외증손이고, 임피현령臨皮縣令을 역임한 고종후高從厚의 외손이다. 동춘당同春堂 송준길宋浚吉이 우복愚伏 정경세鄭經世의 사위가 된 것에서 보듯이 당시는 아직 남인과 서인의 분열이 그다지 심하지는 않았고 영남과 호서, 호남 간의 혼인이나 지적인 교류가 활발하던 시기라고 하겠다.

그는 14세에 어머니 고씨 부인, 27세에 아버지 상을 당하고 1654년 35세 때에 소과와 대과에 합격하였다. 대과 합격 후 바로 예문관 검열藝文館檢閱, 대교待敎, 봉교奉敎 등 근시직近侍職에 임명되었는데, 이 자리가 그에게는 바로 서인 정치 세력과 정면충돌하는 자리가 되었다. 1656년 1월, 봉교가 되어 서인의 핵심인 송규렴宋奎濂의 반대를 무릅쓰고 남인 계열의 이상진李象震, 이원정李元禎을 추천한 일로 결국 파직되기에 이르렀다.

사관의 추천을 둘러싼 홍여하와 송규렴 사이의 갈등은 홍여하의 상소에 잘 드러나 있다.[2] 즉 사관史官 상하번上下番인 홍여하, 송규렴이 의견이 맞지 않아서 후임 한림천翰林薦을 하지 못하게 된 데에서 비롯된 것이다. 홍여하는 이상진을 추천하자 송규렴이 거부하여 이원정으로 대신 추천하였고 송규렴은 여성제를 추천하여 합의를 하였으나 봉교奉敎 이기李堅가 김만균金萬均 건으로 일이 아직 마무리 되지 않았으므로 다른 사람을 추천하는 것은 온당치 않다고 개좌開坐(사관 전원회의)를 하지 않아서 미결 상태로 남게 되었다. 반 년 후에 다시 홍여하가 이원정을 추천했으나 이번에는 송규렴이 이원정을 거부하고 다른 신진을 추천하려 하고 전에 추천하였던 이상진도 거부하자 홍여하는 그 일에 대해서 책임을 지고 사직을 하게 되었다.

일이 이렇게 꼬이게 된 것은 사국史局(예문관)의 관행은 사관 전원이 합의를 도출하지 못하면 추천장[薦目]을 제출하지 못하는 데에서 비롯된 것이다. 그 경위는 그 전 해 7월에 검열 송규렴과 회의를 하여 정자正字 이상진을 추천하였는데, 송규렴이 어렵다고 하여 며칠 후에 직장直長 이원정을 추천하여 송규렴도 동의하였다. 이에 송규렴은 설서說書 여성제呂聖齊를 추천하여 홍여하가 동의하여 둘이 합의를 보았다. 그런데 송규렴이 봉교 이기에게 물으니 이기는 김만균 건이 아직 결말이 나지 않았는데 다른 추천에 참여하는 데에는 혐의가 있다고 하여 회의를 열지 않아서 의천議薦을 정지한지 거의

---

2 『木齋集』「上番疏」丙申(1656, 효종7) 正月

반 년이 넘게 되었다. 이에 송규렴을 만나서 전에 결정한 두 사람으로 다시 완천完薦하자고 하니 송규렴이 다른 핑계를 대며 처음의 논의를 변경하여 이원정을 배제하고 신진新進을 넣으려고 하였다. 홍여하는 추가로 넣는 것이 불가하거나 그 사람이 합당하지 않아서 따르지 않은 것이 아니라 이미 결정된 사람들을 제쳐두고 여러 차례 변경된 논의를 억지로 따르는 것이 어찌 올바른 이치이겠는가 하며, 자신의 의견은 이원정이 아니면 이상진일 뿐이라고 하면서 다시 이상진을 추천하니 송규렴이 또 따르지 않아서 두 사람의 간극은 더욱 멀어졌다. 홍여하는 이상진은 이덕형의 후손이고 이원정도 아버지, 할아버지가 모두 사국을 거쳐서 사관이 되는데 이상진, 이원정 두 사람이 배제되어야 하는 이유가 무엇인가 하며 큰 문제가 없다는 주장을 굽히지 않았다. 이러한 갈등은 이후 홍여하의 앞길을 예고하는 것이기도 하였다.

사관 추천 갈등 이후에 홍여하는 시강원 설서侍講院說書, 사헌부 감찰司憲府監察, 사간원 정언司諫院正言 등을 역임하였다. 1658년에는 경성 판관鏡城判官에 임명되고 다음 해 5월 현종이 즉위한 후 응지상소應旨上疏를 올려 북방의 군정軍政과 경성부의 폐단 등을 진달하고 아울러 이후원李厚源에 대해서 그가 붕당朋黨의 행태가 심하다고 지적하고 그를 배척하였다. 홍여하가 이후원을 비판한 것을 서인에서는 이조판서인 송시열宋時烈을 배척받은 것이라 하여 송시열이 상소하여 사직하였다. 이로 인하여 홍여하와 서인 세력 사이에는 더욱 간극이 벌여졌다. 그해 겨울에 홍여하는 병마사兵馬使 권우權堣가 영염營鹽(감영에서 관리하는 소금)을 빌리고 염가鹽價를 징수한 일을 문제 삼았다가 도리어 자신이 파직이 되고 충청도 황간黃澗으로 유배를 당하였다.

홍여하는 그 후 바로 유배에서 해제되어 고향인 군위軍威의 율리栗里로 돌아왔다. 이후 1674년(숙종 즉위년)에 죽을 때까지 율리에 산택재山澤齋(혹은 목재木齋)를 짓고 간혹 예천醴泉의 복천촌福泉村(=금당실 근처)에 오가기도 하면서 사학史學과 경학經學을 연구하고 후학을 양성하면서 일생을 마쳤다.

그가 살았던 효종, 현종 대는 서인과 남인이 극도로 갈등하며 북벌北伐과 예론禮論이 정쟁의 중심 이슈로 하여 환국換局 정치가 계속되면서 종국적으로는 남인이 밀려나가는 시기였다. 한번 중앙에서의 정쟁에 패한 이후 그는 다시는 중앙 정계에 나가지 않고 군위 산택재에 은거하며 저작을 하고 제자를 양성하다가 숙종이 즉위하고 남인이 재등용 되자 병조정랑兵曹正郎, 사간司諫에 제수되었으나 병으로 더 이상 중앙 정계에 나가지 못하고 생애를 마감하게 되었다.

산택재에 은거하면서 그는 경학과 역학에 침잠하여 『주서절요朱書節要』를 깊이 연구하고 『용학구의庸學口義』를 완성하였으며, 역사 쪽으로는 젊었을 때부터 범례를 만들어 두었던 『휘찬여사』를 보완하고 『동국통감제강東國通鑑提綱』(이하 『동사제강東史提綱』)을 편찬하여 한국사 전체의 체계를 완성하고자 하였다.

3. 목재 홍여하의 우리 역사 편찬 – 『휘찬여사』와 『동국통감제강』

목재 홍여하가 쓴 글들은 그의 문집인 『목재선생문집木齋先生文集』(이하 『목재집』으로 약함)에 수록되어 있다. 이외에 편저로는 『주역구결周易口訣』·『의례고증儀禮考證』·『사서발범구결四書發凡口訣』·『휘찬여사』·『동사제강』·『해동성원海東姓苑』·『경서해의經書解義』 등 경서와 예서, 사서 등 다양한 부분에 두루 저술을 남겼다. 여기에서는 목재의 역사 부분의 저술인 『휘찬여사』와 『동사제강』의 개요를 간단히 살펴보기로 한다.

『휘찬여사』는 『여사휘찬』이라고도 하고 『동국통감제강』은 축약하여 『동사제강』이라고도 하였다. 두 건의 역사서를 통하여 목재는 우리나라 역사의 체계를 바로잡으려 했던 것으로 생각된다. 『동사제강』은 상고시대부터 통일신라 말까지의 역사서이고 『휘찬여사』는 고려시대의 역사이므로 시대 순서로 보면 먼저 『동사제강』을 편찬하고 이어서 『휘찬여사』를 편찬해야 순서이겠으나 실제로는 『휘찬여사』는 과거에 합격하고 관직에 나아가기 전인 20세(1639년) 때에 이미 범례를 만들어 편찬하기 시작하였고 『동사제강』은 관직에서 물러나 율리로 돌아온 53세(1672년)부터 편찬하기 시작하였다.

그런데 『휘찬여사』를 과연 연소한 20세의 나이에 완성하였는가에 대해서는 의문이 남는다. 뒤에서 고증하였듯이 20세 때에는 아마도 범례 정도를 완성하고 『휘찬여사』의 초고를 마련한 것이 아닌가 생각된다. 또한 오늘날 목판으로 남아있는 『휘찬여사』

가 목재가 편찬한 『휘찬여사』 그대로는 아닌 것으로 생각된다. 그것은 목재의 현손玄孫 홍석윤洪錫胤이 『휘찬여사』를 목판으로 간행하려고 영남 사림의 중의衆意와 기금을 모아 당시대 최고의 역사학자로 평가되고 있던 순암順菴 안정복安鼎福(1712~1791)에게 질정叱正을 구하였고 이에 대해서 순암이 직접 『휘찬여사』를 읽어본 후 홍석윤에게 보낸 편지를 통해서 당시의 상황을 알 수가 있다. 『휘찬여사』와 관련해서는 순암이 홍석윤의 종제從弟인 진사 홍석주洪錫疇를 통해서도 의견이 교환되었다.

그런데 정작 간행된 『동사제강』에는 순암의 서문이 붙어 있지만 『휘찬여사』에는 순암의 서문은 없고 방외손傍外孫이자 당시 영남 남인의 종장宗匠 격인 입재立齋 정종로鄭宗魯(1738~1816)의 서문이 붙어 있다. 이는 순암과 간행자 사이의 이견이 끝까지 좁혀지지 않았다는 것을 의미한다고도 할 수 있다.

『동사제강』은 7권으로 주요 내용 은태사기殷太師記(기자箕子), 기준기箕準記, 삼국기(신라, 부附 고구려·백제), 신라기로 되어 있다. 『휘찬여사』는 48권으로 세가, 지, 열전으로 되어 있다. 『목재집』 「잡저雜著」에는 『동사제강』의 범례와 『휘찬여사』의 범례 그리고 「사천고론司天考論」 등 『휘찬여사』의 주요 부분에 목재 자신의 의견을 서술한 글들을 발췌하여 수록하였다. 두 책의 범례는 바로 목재 홍여하의 역사인식을 나타내는 것이므로 범례를 하나하나 자세히 검토해보기로 하자.

『동사제강』 범례는 총 13조로 되어 있다. 제1조와 제2조는 목재의 역사 편찬의 가장 큰 원칙을 제시한 부분이라고 하겠다. 즉 『춘추』의 역사 편찬 의도에 따라서 비록 제후국의 역사를 쓴다 하더라도 세계의 중심인 중국 역대 제왕의 생몰과 홍망에 대해서 쓰지 않으면 안된다고 하였다. 이는 11조로 구성된 『휘찬여사』 범례의 제1조, 제2조와 거의 같다. 따라서 『춘추』의 필법에 따라 우리나라의 일관된 역사서를 저술한다는 목재의 의도를 알 수가 있는 부분이라고 하겠다.

제3조, 제4조는 우리나라 역사의 시작을 어디에서 시작할 것인가 하는 문제에 대한 것이다. 목재는 역시 사마천의 사기가 황제黃帝 이하에서 서술하기 시작한 것에 착안하여 우리나라의 역사도 기자 이하에서 서술하여야 한다고 주장하였다. 즉 기존의 역

사서가 단군에서 우리 역사를 시작한 것을 비판하고 문헌에 나오는 역사부터 우리 역사를 쓰기 시작하여야 한다고 하였다. 즉 「은태사기」로부터 역사를 시작하고 은태사 기자의 중요 업적인 홍범을 수록하는 것에 대한 서술이다. 또한 위만조선을 역사의 정통으로 보는 것은 잘못이고 기자를 계승한 기준의 역사를 정통으로 하여 「조선기」를 쓰고 위만을 그에 종속한 것으로 보았으며 기준이 남쪽으로 가서 마한을 세웠으니 그 정통을 계승한 것이고 마한이 아직 망하기 전에는 삼국도 마한의 신하국으로 보아야 한다는 것이다.(6조)

7조는 삼국시대를 정통이 없는 것으로 보지만 삼국 중에서는 신라가 역년歷年이 오래되었고 또 삼국을 통일하였으며 마한의 전통을 존중하였으므로 신라를 주로 하고 고구려와 백제를 부록으로 한다는 것이다.

8조, 9조는 황탄하거나 비속한 기사에 대한 편집 원칙이다. 유가적인 합리사관에 의거하여 삼국 시조의 탄생 설화나 소지왕후의 설화와 같은 것은 줄이거나 삭제하였다는 것이다. 10조는 역대 기년에 있어서 유월법踰月法이 아니라 유년법踰年法을 채택한 사실을 서술한 것이다. 김부식의 『삼국사기』나 서거정의 『동국통감』은 유월법을 택하고 권근의 『동국사략』은 유년법을 채택하였는데, 목재 홍여하는 유년법이 춘추의 대의를 확립하는 것이라고 하여 유년법을 채택하였다. 11조는 한나라 광무제, 당나라 태종 이후에 봄 정월을 특별히 "황정월皇正月"이라고 썼다는 것, 12조는 당 이후의 역대 황제를 "황제"라고 칭한다는 것 등 사소하지만 춘추대의春秋大義의 원칙에 맞는 서술법에 대하여 정리하였다. 마지막 13조는 일식이 하늘의 경계를 삼고자 하는 것인 만큼 『동국통감』에는 이를 빠트렸지만 『삼국사기』의 예에 따라서 일일이 기록하겠다는 원칙을 세웠다.

다음은 『휘찬여사』의 범례를 검토해보자. 『휘찬여사』는 목록, 범례와 세가, 지, 열전으로 구성되어 기전체 서술 방식을 취하고 있다. 부록까지 모두 47권이다. 고려사가 139권이므로 고려사의 3분의 1 정도이지만 범례에서도 서술하였듯이 고려사에다 10분의 1 정도를 더 보태고 10분의 6 정도를 생략한 셈이다. 물론 『휘찬여사』는 『고려사』를 기계적으로 축약한 것은 아니다. 새로이 보탠 것을 거론한다면, (1)세가에서 중국에 관한 기사가 많이 추가가 되었고, (2)열전에서도 새로운 인물을 입전立傳하였으며, (3)각 지의 첫머리에는 지론을 첨부하여 자신의 의견을 달았으며, (4)외이 열전을 증보한 것, (5)각 열전에는 그룹 별로 논찬을 가한 점이 특징이라고 할 수 있다.

세가는 『휘찬여사』를 지은 홍여하의 역사 인식이 가장 잘 드러난 부분이라고 하겠다. 춘추가 노나라의 역사이기는 하지만 종주宗主와 열국列國의 일을 망라하였듯이 우리나라의 역사도 중국의 역대 왕조의 흥망, 전쟁, 분열을 적어주는 것이 역사의 '통체統體(계통과 체계)'를 바로잡는 사법史法이라는 것이다. 그래서 중국의 송, 금, 원의 흥망을 서술한다고 하였다.

제1조는 『동사제강』의 편찬 원칙이 의거한 춘추의 필법에 따라서 우리나라를 중국의 제후국으로 간주하고 고려와 동 시기의 중국 역사 즉 송, 금, 원나라의 전쟁이나 분열한 사실에 대해서 서술하겠다는 입장을 견지하였다. 따라서 제2조에서도 역시 천왕이나 열국 제후 사망 시에 부고가 있으면 기록하고 없으면 쓰지 않는다는 춘추필법의 예에 따라 송나라에서 고려에 문서로 부고를 보낸 시기에는 천왕의 붕어 사실을 기록하는 원칙을 지켰다. 고려가 송나라에 신복하였을 때에는 '황제가 붕어하였다'고 쓰고 금·원에 사대하였을 때에는 '송 황제가 붕어하였다'고 썼다.

제3조는 『목재집』의 『휘찬여사』 범례에만 있고 간행본 『휘찬여사』에는 없는데, 본기本紀와 세가世家의 문제를 다룬 부분이다. 이에 대해서는 다음 절에서 상세하게 논의한다. 4조는 지志를 서술하는 원칙에 관한 것인데, 『고려사』의 범례가 『원사』에 의존하였기 때문에 마치 장고掌故(사전)나 의주儀註(매뉴얼)와 같은 형식으로 쓰였는데, 『휘찬여사』에서는 각 분야의 제도의 연혁을 알 수 있도록 편찬하겠다는 원칙을 세웠다. 그러나 실제 간행된 『휘찬여사』가 『고려사』의 지志에서 얼마나 더 진전되었는지에 대해서는 의문이다.

5조는 열전의 편찬 원칙에 관한 조항인데, 여러 명신들을 유형별로 분류하여 열전을 만들고 그에 대해서 논찬을 붙였다고 하였다. 이는 『한서漢書』나 『진서晉書』·『당서唐書』·『송사宋史』의 역사 서술 방법이라는 것이다. 6조는 우리나라의 변경의 득실에 관한 것으로 평안도 지역의 귀속에 관련되는 것을 『송감宋鑑』에서 찾아서 보완하였다.

또한 중국 송나라 휘종徽宗 때에 두 의원醫員이 왕래한 사실을 수록한 것을 명기하였다. 또한 7조에서는 우리나라의 전란 피해에 대한 것을 중국의 역사서에서 찾아 근원을 규명해서 서술한다는 원칙을 제시하였다.

8조는 고려 충숙왕, 충혜왕이 즉위하고 폐위되고 다시 복위한 경우의 칭원 원칙 즉 즉위년을 원년으로 하는 것의 잘못을 바로 잡아 유년법踰年法을 쓰는 원칙을 천명하였다. 9조는 서술 방식에 대한 원칙인데, 구두를 떼거나 하자下字하는 방식에 대하여 비속한 글자에 대해서는 다른 글자로 대신하고 의심이 가는 곳은 그렇게 하지 않고 첨가한 부분에 대해서는 그 전거를 표시하였다고 하였다.

10조는 기전체에 의례 있는 외이 부록으로 거란전과 일본전을 지은 사실을 밝힌 것이다. 11조는 기전체에서 가장 중시되는 것이 본기와 열전인데 우리나라의 열전의 문장이 속되고 우아하지 못하므로 『휘찬여사』에서는 열전의 기사는 이전의 10분의 1을 증가시켰지만 문장은 이전의 10분의 6으로 줄였다는 것을 밝혔다.

이상과 같이 『목재집』에 수록되어 있는 『휘찬여사』의 범례는 11조로 되어 있는데, 실제 간행본 『휘찬여사』 범례에는 제3조가 삭제되어 10개의 조항만이 수록되어 있다.

3. 목재 홍여하의 우리 역사 편찬의 의도

위와 같이 목재의 두 역사서는 목재가 일찍부터 우리나라의 역사 편찬에 관심을 가지고 있었고 그 범례를 세웠던 것에서 알 수 있다. 목재의 역사인식을 결정하는 범례가 일찍이 정리되었다는 것은 목재보다 7년 연장인 활재活齋 이구李榘(1613~1654)와 주고받은 편지에 잘 나타나 있다. 홍여하는 이구에게 젊었을 때에 하고 싶은 일 두 가지를 제시하며 함께 하기를 권유하였다. 하나는 사서四書의 구두법을 확립하는 일이고[3] 다른

3 所謂二事 讀四書集註 先須理會句法 中國搢紳先生 訓蒙學時 輒口授此法 自童子時 皆已曉得 今觀其所著文字 才分有淺深 路脈則如出一手 尋常人文字 亦曉此法 助語字法 皆用四書法. 我國人不曉句法 未嘗以此訓童

하나는 우리 역사를 제대로 편찬하는 일이었다. 좀 길지만 젊었을 때의 목재 홍여하의 역사에 대한 이해를 나타내준다는 점에서 모두 인용해보기로 한다.

역시학에 있어서는 너욱 우리나라 사람들이 기꺼이 하려고 하지 않습니다. 대국(중국)의 역사 기록에는 소국(우리나라)의 일이 자주 자세하게 기록되어 있는데 우리나라의 역사서에는 도리어 천하의 일들이 실려 있지 않는데 문체는 어떻겠습니까? 또 우리나라 사람들은 중국의 일들을 모르는 것은 수치로 생각하지만 자기 나라의 일을 모르는 것은 부끄럽게 생각지 않습니다. 한음(이덕형), 백사(이항복) 여러 어른들이 그러한데 다른 데에서는 뭘 바랄게 있겠습니까? 비유하자면 다른 사람의 보첩譜牒은 익숙하게 외우고 있으면서 제 집의 일을 물으면 모르는 것이나 같습니다. 대개 우리나라의 역사는 문장이 비속하고 우아하지 않아서 선생들이 입에 담기를 수치로 알고 거의 말하지 않습니다. 태사공(사마천)이 말하는 삼황三皇 이상의 일들뿐 입니다. 역사가의 문장은 깨끗해서 애매하지 않고 깔끔하게 맺어져야 법도에 조응하여 비로소 읽을 수 있습니다. 신라와 고려의 역사는 번잡하여 사람들이 반도 안 읽어 하품을 하고 졸게 됩니다. 역사서가 있어도 읽지를 않는다면 없는 것이나 마찬가지입니다. 군주도 가져다 보지를 않고 경연하는 신하들도 읽으라고 권하지 않으니 정말 나라를 제대로 경영하는 것이 아닙니다.

우리나라의 법제, 풍속, 인재, 정령政令, 관방關防, 기무機務, 재부財賦, 병갑兵甲의 많고 적음과 연혁, 대응하고 변통하는 것이 모두 우리나라의 서적에 있는데 한 번도 가져다가 고찰하지 않고 매일 중국의 일만 보고 통치의 기술이라고 하니, 비유하자면 가난한 집에서 자기의 문서를 버리고 작아서 진귀한 것이 아니라고 생각하면서 단지 이웃의

蒙 童蒙時 固無由會得 稍長 却抛棄四書了 因循鹵莽 任意做文理 故我國文字 都無法門 間有才識過人者 積歲月所見益高 始有見得處 亦未嘗融會貫通 豁然無疑礙處 如中國學士也. 我國文字 雖見遇以冠於海外 不得取重於天下 坐不以句法授童蒙故也. 蒙以養作聖 童時所不習 旣長 心力不專 不得做工夫到透徹處 百藝皆然必然之理也. 擧一處爲證. 讀孟子 逐章有大旨集註 以章章提掇煩猥 故於首章中 揭示看取大旨法 使讀者 依例討究 自然曉得 此是七篇文義中第一要義. 今觀孟子大文 卽玉堂詞臣所校時 取集註要語 分書於大文下 使遺却首章大旨法 便是不會看孟子 此一事也.(『木齋集』 권4 答李大方桀) *李桀(1613, 광해군5~1654, 효종5)

부유한 집의 문권文券만 가져다가 자세히 계산하고 견고하게 간수하는 것과 같습니다. 노비나 토지가 많다고 해도 내가 쓸 것이 아니니 치부致富를 하는데 있어서는 먼 것입니다. 기자箕子에서부터 지금까지 중국은 몇 번이나 역성易姓을 하였지만 우리나라는 겨우 네 번입니다. 상신商臣, 양광楊廣의 변란과 같이 (군부君父를 시해한 사실)이 우리나라에는 없습니다. 동방에서는 여자 집에서 백주柏舟를 하게하여 (중매를 하게하여) 군신과 부자와 부부의 문제에 있어서 중국은 우리에게 부끄러움이 없을 수 없습니다. 하늘에서 부여한 것이 이러한데 나라에 역사가 없는 것이 안타깝습니다.[4]

위의 내용을 정리하면 다음과 같다. 중국의 역사서에도 우리나라의 조그만 일들까지 자세히 기록되어 있는데 우리나라의 역사서에는 세계의 역사를 싣고 있지 않다. 우리나라 사람들이 중국의 역사를 모르면 수치스럽게 생각해도 자기 나라의 일은 몰라도 부끄럽게 생각하지 않는다. 이를 족보에 비유하여 남의 족보는 잘 알고 있으면서 자기의 족보는 전혀 모른다. 신라와 고려의 역사가 번잡하고 재미가 없어서 반도 안 읽고는 하품을 하고 졸게 된다. 따라서 군주와 신하들이 모두 재미있게 읽을 수 있는 역사서가 필요하다고 주장하는 것이다. 여기서 목재 홍여하의 역사 편찬의 의도를 잘 읽을 수가 있다.

그러한 역사서를 편찬하기 위하여 우리나라의 법제, 풍속, 인재, 정치와 행정, 국방, 기무, 재정과 부세, 군사의 많고 적음과 연혁, 대응하고 변통한 것에 대해서 우리는 전혀 살펴보지 않고 단지 중국의 사례만 들어서 통치를 하려고 한다고 비판하였다. 그것

4 至於史學, 尤東人所不屑爲. 大國史記, 小國事往往致詳, 而東史反不載天下事, 文體豈宜爾耶. 且東人恥不知中國事, 不恥不知自家國事, 漢陰・白沙諸公尙然, 他何望. 譬慣誦別人譜牒, 問以渠家事, 則不知也. 蓋以東史措詞俚俗不雅馴, 薦紳先生, 羞道而罕稱之. 如太史公所謂三皇以上事耳. 史家文字, 要淘洗峻潔不沾沾, 結得斬截, 照應有法, 始堪讀. 羅麗史, 猥宂煩瑣, 令人讀未半, 欠伸思睡. 有史不堪讀, 卽與無同耳. 至於人主不以取觀, 筵臣不以進讀, 甚非經國之宜也. 我國法制・風俗・人材・政令・關防・機務・財賦・兵甲多寡沿革, 酬應變通, 都在我國書, 不曾取攷, 日閱中國事, 以爲治術, 譬如貧家抛却自家文券, 以爲小不足珍已, 只取隣之富舍契券, 詳算而堅藏之. 夥則夥矣, 而藏獲・田宅, 非吾受用, 其於致富疏矣. 自箕氏至今, 中國易幾姓矣, 我國纔四姓, 商臣楊廣之亂, 我國無之. 東方, 人令女家柏舟, 君臣父子夫婦, 中國不能無愧於我, 天賦如是, 而國無史, 可惜已.(『木齋集』 권4 答李大方槼)

은 마치 자신이 가난하다고 해서 자기의 문서는 대수롭게 여기지 않고 이웃 부잣집의 문서만 들여다보는 격이라고 하였다. 그런데 우리나라는 기자 이후 지금까지 역성 혁명을 한 것이 겨우 네 번에 불과하고, 자신의 군주를 시해한 상신과 양광과 같은 변란은 우리나라에는 전혀 없으며, 남녀 관계에 있어서나 군신, 부자, 부부 등 인륜의 면에 있어서는 중국에 전혀 부끄럽지 않은데, 그러한 것들이 역사로 되지 않으니 애석하다는 것이다.

지금 위로 신라와 백제에 거슬러 올라가려고 해도 번잡하여 완성하기 어렵습니다. 역사를 서술하는 법이 명확하다면 나중에 반드시 그것을 계승하는 사람이 있을 것입니다. 마땅히 고려사에서부터 시작하여 좌씨左氏의 예에 따라서 송, 금, 원의 일을 서술하면 문장은 요컨대 질탕하게 출입하고 그 존망과 사업은 요컨대 은근히 관섭을 하여 바야흐로 역사가가 되어, 사람으로 하여금 읽을 수 있게 하고 군주로 하여금 기꺼이 보게 하여 바야흐로 유용한 서적이 될 것입니다.

다만 자기에게 실제를 볼 수 있는 공정한 눈과 평정한 마음이 없어서 쉽게 천고의 시비를 향하는 것이 아닐까 걱정입니다. 숲 속의 가로지른 절벽에서 짐을 지는 것과 한 가지이니 이것이 가장 좋지 않습니다. 다만 스스로 역사 서술의 조례를 정립한 후에 계속하여 하는 사람이 반드시 모두 적임자는 아닐 것입니다. 소식蘇軾과 황정견黃庭堅의 문하에서는 30세 전에 옛 역사를 서술하여 스스로 나아가 늙을 때까지 이르러 산삭刪削을 멈추지 않는다고 하는데 이 뜻이 조금은 괜찮습니다. 원컨대 형과 서로 적막한 물가에 서로 손을 잡고 이것으로 일생 집안의 계책으로 삼으려고 하는 것입니다. 이것이 두 번째 일입니다.[5]

---

5 今欲上及羅濟, 則煩而難成, 史法旣明, 則後必有繼之者. 宜斷自麗史, 依左氏例, 書宋金元事, 文章要出入軼宕, 其存亡事業, 要隱映關涉, 方成史家, 令人堪讀, 令人主喜觀, 方爲有用書矣. 第慮自家無實見得公眼平心, 容易向千古是非, 林中廝崖却似擔負一般, 此最不好耳. 第自考亭立史法條例後, 繼而爲者, 未必皆其人也. 蘇黃門, 三十前作古史, 自謂求進至老, 不住刪削, 此意頗好, 願與吾兄相携於寂寞之濱, 以此爲一生家計, 此二事也.(『木齋集』 권4 答李大方槩)

그래서 그는 역사를 서술하는 법(범례)을 명확히 해두면 자신이 완성하지 못하더라도 나중에 그것을 계승하여 완성하는 사람이 있을 것이라고 하여 원칙을 확립하는 일이 중요하다고 하였다. 그래서 좌씨『춘추』의 예에 따라서 고려사에서부터 시작하여 고려와 동 시대인 송, 금, 원의 일들을 함께 서술하면 좋은 역사서가 될 것이라고 하였다. 다만 천고의 시비를 뛰어넘을 수 있는 공정한 안목과 평정한 마음이 필요하다고 하면서 이구에게 이 일을 같이 해줄 것을 권하였다. 심지어 자신 혼자의 힘으로 이룰 수 없는 것이니 이구와 같이 명망이 있는 사람의 힘을 빌리자는 말까지 하였다.[6]

이에 대해서 이구李榘는 사서四書의 구두句讀를 제대로 하여야 한다는 것, 우리나라의 역사서를 제대로 편찬하여야 한다는 그의 두 가지 뜻에 적극적으로 동의하면서도 같이 역사서를 편찬하지는 않은 것 같다.[7] 특히 이구도 우리나라의 역사에 대해서 문장이 비루하고 규모가 천박하니 큰 안목과 큰 수단으로 우리 역사를 제대로 편찬하여야 한다고 하였다.

동사東史에 이르러서는 비록 저의 관견으로는 역시 그 문장이 비루하고 규모가 천박하다고 생각하지 않은 것이 아닙니다. 만약 큰 안목이 있고 큰 수단이 있다면 반드시 이 일을 담당하여 정돈하면 정말 역사가 민멸되지 않을 뿐만이 아닙니다. 그래서 저에게 기대하는 것이 보통이 아닐 것입니다. 지금 형께서 논한 바는 정말 통쾌하고 직절합니다. 옛날의 좋은 역사의 법례法例의 뜻을 진실로 홀로 얻었다고 하겠습니다. 이 계획이 만약 이루어진다면 진실로 우리 동방의 천고의 다행일 것이니 다만 한 사람이 할 수 있는 능사는 아닙니다. 형께서 모름지기 기둥을 저술하여 충분히 노력하면 어떻

6 此事向人道殊失笑 如弟人微力小 不足以感動人聽 須藉兄力 方有人信得及 庶幾令一世文體丕變 豈不快哉. 雖然 微吾兄 無以發吾之狂言 望須毋與人知此事 日用體驗之暇 取四書 春秋傳觀之 既以此做工夫 又以訓蒙學 日見成效 則兄曾所著動靜寂感說話 眞吾家物而箇箇實用矣. 如何如何.(『木齋集』 권4 書 答李大方榘)

7 示諭二事 今日吾東方 何嘗有此見識 亦何嘗有此議論 令人不覺歎服 如弟愚魯 亦嘗讀四書 而只是尋行數墨 未免擿埴冥行 其於句法章法 安能妙解若是耶 果能得此三昧 自救而救人 則聖賢旨意歷落 庶可一一透到 無少疑滯 必大有益於身心受用處 文章格式門路 有不暇論也.(『活齋集』 권2 書 答洪伯源汝河 別紙)

겠습니까? 다만 저를 기대서 힘이 되고자 한다는 것은 정말로 저를 버리지 못하는 큰 뜻에서 나온 것이라고 하겠습니다. 그러나 그렇지 않은 것이 있습니다. 어찌 제가 (전국시대의 용사인) 맹분孟賁이나 하육夏育과 같은 용기가 있는 사람이 (소인小人인) 초요僬僥와 함께 그 부담을 나누겠습니까? 저의 과루寡陋한 것으로는 대가大家의 시비와 사업에는 관계가 없으니 정말 거기에 대해서 뭐라고 한 마디도 할 수가 없습니다. 서로 손잡고 적막의 물가에 이르자고 까지 하였습니다만, 이것을 가지고 일생의 가계家計와 관여하고 듣는 것의 실마리가 된다면, 저는 정말 사양할 수가 없습니다. 그러나 생각해보면 역사학은 반드시 사서四書를 근저로 해야 할 것입니다. 사서四書를 보고 반드시 본원本原의 경지에 뜻을 두어야 할 것입니다. 중화中和와 적감寂感에 대한 논의를 저는 비록 얻을 수 없습니다만 당신에게 구구한 소망이 있다면 역시 어쩔 수 없이 이것으로 할 것입니다. 어떻습니까?[8]

말하자면 목재는 북송대에 하나의 학파를 이루어 칭송되었던 소식과 황정견 그룹처럼 퇴계, 우복의 후배들이 우리 역사서를 공동으로 편찬하고 사서四書에 대한 정확한 구두를 하는 교과서를 만들고 싶었던 것이다. 활재는 목재의 뜻에 전적으로 동의하여 적극적으로 격려면서도 함께 역사서를 편찬하는 데에는 관여를 하지 않은 것으로 생각된다.

8 至於東史 雖以弟之管見 而亦未嘗不陋其文薄其規模也 若有大眼孔大手段 必且擔當此事而整頓之 必不但使之泯泯已也 以故尋常期待於吾人爲不淺 今兄所論 眞箇痛快直截 古之良史之法之意 固已獨得之矣 此計若成 誠東方千古之幸 不特爲一人之能事也 兄須硬著脊梁 百分勉旃 如何如何 第兄所謂欲藉弟爲力云者 此固出於不棄之盛意 而甚有所不然者 豈有賁育而與僬僥分其擔子者乎 以弟之寡陋 無聞於大家是非事業 固不能措一辭於其間 而至若相携於寂寞之濱 以此爲一生家計與聞緖論之一二 則弟固不能辭耳 抑嘗思之 爲史學 必須以四書爲根柢 看四書必須加意於本原之地 中和寂感之論 弟雖不能有得 而區區所望於高明者 亦不能不以此也 如何如何.(『活齋集』권2 書 答洪伯源汝河 別紙)

4. 순암 안정복의 『휘찬여사』 수정 요청과 휘찬여사의 간행

목재 홍여하 보다 100년 정도 뒷 시대에 산 순암 안정복은 지역은 다르지만 같은 남인으로서 서로 간에 문화적, 정신적인 교류가 있었다. 순암은 목재의 후손들과 지역 사림들이 목재의 두 가지 역사서를 간행하려고 했을 때에 단순히 서문을 써주고 그친 것이 아니라 적극적으로 목재의 저술을 읽어서 평가를 하고 수정하도록 요청하였다. 먼저 『동사제강』에 대해서는 특별한 수정을 가하지 않고 단지 서문만을 써주었다.[9]

순암은 목재가 말한 경학經學과 사학史學의 관계에 대한 언급을 인용하여 우리나라 역사서가 제대로 된 것이 없다고 한탄하였다는 것을 말하고 목재가 『동사제강』의 범례에서 기준을 세운 우리나라 역사의 정통성 확립에 대한 입장을 지지하였다.

선생이 일찍이 말하기를, "도道의 전체는 비록 경經에 있지만 대용大用은 실로 사기史記에 있다. 사기란 선한 사람을 기리고 악한 사람을 깎아내리며 선을 권면하고 악을 징계하는 것인데, 우리나라 사기는 보잘 것 없는 것이 너무 많으니, 이것이 탄식할 일이다."라고 하고, 정인지의 『고려사』를 가져다가 번거로운 것을 깎고, 요지가 되는 것만을 간추려 이름을 『휘찬여사』라 하였다. 나중에 또 말하기를, "김부식金富軾의 『삼국사기』는 다만 고기古記의 편린들만 고증을 삼아 소략하고 잘못되어 전혀 사법史法이 없고, 『동국통감東國通鑑』은 조금 취할 만하지만 논의할 곳이 많다." 하고, 거기에다 수정을 가하여 주자朱子의 『강목綱目』의 예에 따라 이름을 『동국통감강목東國通鑑提綱』이라 하였다. 이 책은 의당 『동국통감』처럼 고려 말에서 끝이 나야 하는데 삼국三國에서 그쳤으니, 아마도 완성되지 못한 책인 듯하다.

이제 이 책을 읽어보니 차례와 절목이 모두 법도가 있다. 기자箕子에서 시작하여 정통正統의 머리를 삼고, 마한馬韓으로써 뒤를 이어 위만衛滿의 참람함을 배척하고, 마한

9 안정복, 『東史提綱』 序, 1786년.

이 망하기 전까지는 삼국의 임금에 대해 모두 신하의 예를 쓰고 왕으로 일컫지 않았으니, 이것은 실로 사가史家의 정례定例다. 계통이 바로잡히면 참위僭僞가 자연 분간이 되고 참위가 분간이 되면 명의名義가 정해지는 것이니, 춘추春秋가 이루어짐에 난신적자亂臣賊子가 두려워한 것은 명의가 정해져서 그런 것이 아니겠는가. 이뿐만이 아니다. 또 중국의 정통을 이은 세대에 대해서는 반드시 '춘황정월春皇正月'을 써서 일통一統을 크게 여긴 춘추의 의리를 밝혔던 것이다. 그러므로 우리 동방이 단군과 기자 이후로 비록 천자의 통치권 밖의 먼 곳에 있었으나 한결같이 중국을 존숭하여 제후諸候로서의 법도를 삼감이 전후로 똑같았던 것이다. 이것이 군자국君子國이란 호칭이 있었고, 다른 오랑캐들이 중국을 침략하여 참란僭亂의 죄를 범하던 것과는 달랐던 까닭이다.[10]

즉 우리나라 역사의 시작을 기자로 잡은 것, 기자를 계승한 것은 마한이고 위만조선을 참월한 것으로 배척하였으며 마한이 망하기 전의 삼국의 군주들은 모두 마한 신하의 예로 하고 왕을 칭하지 않은 『동사제강』의 범례를 역사가의 바른 범례라고 지지하였다. 그리하여 정통이 확립되면 참위한 것이 저절로 나누어지고 참위가 나누어지면 명분과 의리를 확정할 수 있어서 춘추가 성립되고 난신적자는 두려워하게 될 것이라고 하였다. 이외에도 중국의 정통 시대는 '황정월皇正月'이라고 써서 춘추대일통春秋大一統의 의리를 밝힌 것으로 보고 높이 평가하였다.

이러한 역사서가 목재가 작고한 지 113년이나 되었지만 간행되지 못하여 안타까웠는데 이제 자손들이 보존하였던 것을 사림들의 교정을 받고 돈을 모아 목판본으로 간

10 先生嘗言 道之全體 雖在於經 而大用實見于史 史者褒貶勸懲之書也 吾東史記 多無可觀 是可歎也 取鄭氏麗史 刪繁節要 名曰彙纂麗史 後又言金氏三國史記 只憑古記斷爛之傳 踈畧訛謬 全無史法 東國通鑑 稍有可取而亦多可議 就加檃括 (依編年例 卽此書是也) 依紫陽綱目之例 而名曰東國通鑑提綱. 此當依東鑑 止於麗末而止於三國 則盖未成書也. 今讀是書 次第節目 皆有法度. 始於箕子 爲正統之首 繼以馬韓而斥衛滿之僭 馬韓未亡之前 三國之君 皆用臣例 不得稱王 此實史家之正例也. 統正而僭僞自分 僭僞分而名義得定 春秋成而亂臣賤子懼者 其不以名義之得定而然歟. 不特此也 又於中國正統之世 必書春皇正月 以明春秋大一統之義 是以吾東方自檀箕以後 雖在荒服之外 而一脉尊中夏謹侯度之節 前後一揆. 此所以有君子國之稱 異於蠻狄之猾夏而歸於僭亂之科也.(안정복 『東史提綱』 序)

행을 하게 되었다. 안정복이 『동사제강』의 서문을 써주기 2년 전에 목재의 현손인 홍석윤은 당대 제일의 역사학자인 순암을 방문하여 『동사제강』과 『휘찬여사』에 대한 의견을 구하였다. 『동사제강』 서문을 쓰기 2년 전에 홍석윤에게 보낸 편지에는 『휘찬여사』에 대한 순암의 의견이 숨김없이 개진되어 있다. 즉 홍석윤이 자신을 방문해준데 대하여 감사의 뜻을 표시하고 『휘찬여사』를 보고 처음에는 부족한 점이 없다고 생각하였는데 다시 4권을 읽어보니 목재 선생이 초본草本을 미처 수정하지 못한 것이 있다고 하면서, 별지에 그 문제점들을 지적하여 문장門長과 사우士友들이 상의하여 수정할 것을 요청하였다.[11]

목재의 역사 인식이 같은 남인이면서도 지역을 달리하는 순암 안정복에 의하여 비판을 받게 된 것이다. 그 중에서도 특히 기전체 역사 인식의 핵심이라고 할 수 있는 本紀와 世家의 설정에 대해서는 특별히 견해를 달리하였다. 좀 장황하지만 순암이 목재의 현손인 홍석윤에게 보낸 편지를 인용해보자.

선생이 지은 이 고려사(휘찬여사를 지칭하는 것임)는 대체로 정인지가 엮은 번잡한 부분을 삭제하고 별도로 일례一例(범례)를 만들려고 한 것이었으니, 사실 우리나라 문헌文獻의 다행입니다. 다만 세가世家의 명칭에 대해서는 정인지의 『고려사』를 그대로 두었으니, 혹 선생께서 미처 정리하지 못하신 부분이 아닌가 합니다. 『사기史記』의 기전체紀傳體는 사마천司馬遷에게서 비롯되었는데, 천자天子의 일은 본기本紀로 명명하고 제후 나라의 일은 세가世家로 명명하였습니다. 주周나라 때에는 여러 나라들이 지역을 분할하여 다스렸기 때문에 그 예例가 그러한 것입니다. 반고班固도 그 예를 따라 역사서를 썼으나 세가의 명칭은 삭제하였는데, 그 뒤로는 역대의 여러 역사서에 세가가 없어졌습니다. 심지어 『진서晉書』에서는 비록 중국의 정통正統이 진晉나라에 있었으나, 참람한 나

---

11 向者儼然臨顧 迨猶感慰 但病妨言語 多失酬接之儀 歉歎何喩. 麗史向來坳見 意謂無所欠闕 近閱四卷 果是先生草本未及整釐者也. 恨不承受函丈之間而有所稟裁也. 別紙送呈 幸稟告于門丈 商議于士友間 以爲歸一之地 如何如何. 妄恃相許之意 僭易至此 悚仄悚仄.(『順菴集』 卷9 書 與洪生錫胤書 甲辰(1784, 정조8))

라들을 모두 세가라고 하지 않고 재기載紀라고 일컬었습니다.

우리나라가 중국을 대국大國으로 섬겨 중국에서 반포한 역서曆書의 정삭正朔을 사용하고 있으나, 지역이 한쪽에 치우쳐 있어 자체적으로 다스리고 문화가 있으니[自爲聲教], 중국의 제후국과는 차이가 있습니다. 따라서 김부식金富軾이 지은 『삼국사기三國史記』에 모두 본기本紀라고 한 예가 옳을 것 같습니다. 본기는 반드시 천자라야만 일컫는 것이 아닙니다. 사마천의 본례本例에 또 항우項羽를 본기로 한 것은 무엇 때문입니까? 『(사기史記)색은索隱』의 주註에 "기紀라는 것은 기록한다는 뜻이니, 그 사건을 근본으로 삼아 기록하는 것이다. 또 정리한다는 뜻도 되니, 그 사건에 관계된 여러 사건을 통합 정리하여 연월年月에 붙인 것이다."고 하였습니다. 이로써 말하건대, 고려의 여러 왕들을 본기로 명명해야만 국내의 여러 사건의 기강이 될 수 있습니다.[12]

즉 사마천이 『사기』에서 기전체를 확립하여 천자의 본기와 제후의 세가 체제를 확립하였지만 반고의 『한서』 이래로 세가의 편목은 삭제되었고 위진남북조 시대의 『진서』도 진나라가 정통이지만 다른 나라들을 세가로 수록하지 않고 재기載紀로 수록하였다는 것이다. 그러면서 우리나라는 중국의 체제 하에 들어있기는 하지만 거리가 멀고 독자적인 문화를 가지고 있어서 중국 내의 제후국들과는 다르다는 것이다. 따라서 순암은 김부식이 삼국사기에서 본기를 쓴 예를 옳다고 지지하였으며, 따라서 당연히 『고려사』에서도 고려의 여러 왕들을 본기로 명명하여 각 왕대에 따라 연월을 붙여 편년체 편찬의 기강이 될 수 있다고 주장하였다.

이어서 순암은 "중국 여러 제왕들을 본기로 만들어 그 체제를 갖추었지만 중국의 제

---

12 先生此書 盖欲刷鄭史之繁蕪而別爲一例 實東方文獻之幸也. 但世家之名 雖仍鄭史 或恐先生未及照管也. 紀傳之體 始於馬遷 而天子之事 名以本紀 諸侯之國 名以世家 周時列國分治 故其例如此也. 是以班氏踵以爲書而削世家之名. 自此以後歷代諸史 皆無世家 至如晉書 雖正統在晉 而諸僭僞之國 皆不曰世家 而稱以載紀矣. 我東雖尊事大國 奉其正朔 而地偏一隅 自爲聲教 則與中國之諸侯有間矣. 金富軾三國史 皆曰本紀 其例恐是矣. 本紀雖不必天子而後名之. 馬遷本例 又以項羽爲本紀者何也. 索隱註 紀者記也 本其事而記之也 又理也統理衆事 係之年月. 以此言之 麗代諸王 名以本紀而後 可以爲邦內衆事之綱紀也.(『順菴集』 卷9 與洪生錫胤書 甲辰)

왕 본기가 우리나라와 무슨 관계가 있는가?" 하고 반문하면서 "세가를 본기로 고치고, 중국에서 반포한 역서曆書를 받들어 정삭을 행할 때 우리나라와 관계되었던 사건은 책 끝에 별도로 한 편[一篇]을 만들어 송본기宋本紀, 원본기元本紀, 명본기明本紀라고 이름 붙이는 것이 타당할 것"이라고 주장하였다.[13]

순암의 본기, 세가에 대한 의견은 계속 이어진다. 즉 목재가 "금 태조金太祖를 본기로 하였는데, 고려가 요遼나 금金에 대해서 섬기는 도리가 사실 별로 다르지 않은데도 요나라는 낮추고 금나라는 올렸습니다. 이러한 필법筆法은 완성되지 않은 책이어서 채 정리되지 못한 것 같습니다. 저의 뜻에는 큰 나라를 높이려면, 중국에 정통이 있을 때는 본기로 하지만 거란, 여진, 몽골은 모두 전傳이라고 해야 한다고 생각합니다. 원 세조元世祖가 중국을 통일하여 중국의 정통을 계승하였고, 또 고려가 원 나라를 사대한 바가 요나라나 금나라와는 전혀 달랐으니, 원 세조는 본기로 일컫는 것이 옳다고 생각합니다."라고 하여 금나라는 올리면서 요나라는 낮추는 균형 감각에 대한 비판, 중국(송)에 정통이 있을 때에는 본기를 칭해도 되지만, 거란이나 여진, 몽골은 모두 전傳이라고 해야 된다는 주장, 다만 원 세조의 경우는 고려가 사대를 하여서 요나 금과는 전혀 달랐으므로 원 세조는 본기로 해야 한다는 주장을 하였다.[14]

본기, 세가에 대한 순암의 주장은 위 편지의 말미에서 "다시 생각해 보니, 본국을 이왕 본기라고 했다면, 중국은 당연히 외기外紀로 이름 하여 책 끝에 붙여야 옳다고 여깁니다."[15]라고 하여 우리나라 즉 고려의 여러 왕을 본기로 하고 중국의 여러 왕들은 외기로 명명하여 책 끝에 부록으로 첨부하는 것이 좋겠다고 하였다.

이어서 순암은 세가 3권의 기사紀事가 선생이 정한 본례本例(범례)를 어긴 것이 많은

13 先生之意 必欲備史體 故以中國諸帝 別爲本紀 以備其體 中國帝紀 何關於東國乎. 愚意改世家以本紀 行中國正朔時 與我相關之事 別於卷末爲一篇 曰宋本紀, 元本紀, 明本紀似當矣.(『順菴集』 卷9 與洪生錫胤書 甲辰)

14 先生又以金太祖爲本記 高麗之於遼金 尊事之道 實無異例 而退遼而進金 如此筆法 似是未成之書 而未及整釐者也. 愚意則尊奉大國 在中夏正統之時 則却爲本紀 而契丹女眞蒙古 皆曰傳. 元世祖統一華夏 承中國之統 又高麗之尊事 與遼金絶異 則元世祖以本紀稱之 似恐合宜.(『順菴集』 卷9 與洪生錫胤書 甲辰)

15 更思之 本國旣爲本紀 則中國當以外紀名之 附于卷末可也.(『順菴集』 卷9 與洪生錫胤書 甲辰)

데, 이는 필시 미처 정리하지 못하여 그러한 것이라고 하면서, 범례를 어긴 것들을 일일이 지적하여 12개 항목에 걸쳐서 수정할 것을 요청하였다. 그 내용은 다음과 같다.[16]

1. 역대 왕들의 이름 밑에 모두 두 줄로 아무 해에 탄생하였다고 썼는데, 여기(3권)에 쓰지 않은 것은 빠뜨린 것입니다.
2. 원년元年의 밑에 두 줄로 갑자甲子를 쓰고 중국의 기원紀元을 크게 쓰되, 정통일 경우에는 크게 쓰고 정통이 아닐 경우에는 두 줄로 썼습니다. 그런데 여기(3권)에는 쓰기도 하고 안 쓰기도 하였으니, 쓰지 않은 것은 빠뜨린 것입니다.
3. 해마다 밑에 반드시 두 줄로 갑자를 썼는데, 여기(3권)에는 대부분 쓰지 않은 것은 빠뜨린 것이고 혹 크게 쓴 것은 잘못된 것입니다.
4. 역대 왕조의 기년紀年은 비록 기록할 사건이 없더라도 반드시 쓰는데, 이는 역사서의 체계입니다. 그런데 여기에는 많이 기록하지 않았는데 이는 미비된 것입니다.
5. 일식日食을 반드시 쓰는 것은 『춘추春秋』의 관례인데, 3권에는 많이 기록하지 않았습니다. 이는 혹시 별도로 천문지天文志에 기록되어 있기 때문에 그런 것이 아닌가 싶습니다. 그러나 더러 기록된 것은 잘못된 것입니다. 만일 사서史書의 관례를 따른다면 하나도 빠짐없이 써야 할 것이고, 그렇지 않을 경우 쓴 것을 삭제해야 할 것입니다.

---

16 此書世家三卷中紀事 與先生本例多違 此必未及修正而然矣. 其例有違者 畧具于下 一(1)列朝諸王 皆雙書某年生 此不書者 闕也. 一(2) 元年下雙書甲子 大書中國紀元 而正統則大書 非正統則雙書 此或書或不書 其不書者闕也. 一(3) 每年下必雙書甲子 而多不書者闕也 其或大書者誤也. 一(4) 列朝紀年 雖無事必書 史體也 此多不紀 未備也. 一(5) 日食必書 春秋之例也. 此多不書 意或別具於天文志而然也 然或有書之者誤也. 若依史例則盡書之 不然則其書者削之可也. 一(6) 中國改元當書 而此多不紀者 闕也. 一(7) 每王薨後 皆當有史臣論 而此多有遺者 闕也. 一(8) 名臣除拜及卒 當書而多闕 或有不當書之人而書之 此恐抄錄致誤而然也. 一(9) 契丹改國號 是其大者而闕之 蒙古未改號之前 多書以元 又書以蒙古 此未修而然也. 一(10) 每王薨後 必書壽幾 而此或書或不書 闕也. 一(11) 紀年之體 每年必於別行以別之 而此皆連書之 恐當依史例. 一(12) 我國北連山戎 南通島夷 其文迹事實之可攷者 必詳錄之可也 東史闕之 甚爲欠事. 先生表而出之 非惟史例如此 其於慮患之意深矣. 今有日本傳 則麗末琉球暹羅 亦相通使 各立一傳 其外南蠻有海道相通者 雖無前日通使之事 亦畧具書 似又無妨.(『順菴集』 卷9 與洪生錫胤書 甲辰)

6. 중국이 원년元年을 개정하였을 경우 마땅히 기록해야 하는데, 여기에는 대부분 기록하지 않은 것은 빠뜨린 것입니다.
7. 왕들이 죽었을 때마다 마땅히 사신史臣의 논평이 있어야 하는데, 여기에는 많이 빠져 있는 것은 빠뜨린 것입니다.
8. 명신名臣이 관직에 임명되었거나 죽었을 경우 마땅히 기록해야 하는데도 많이 빠졌으며, 혹은 기록하지 않아야 할 사람이 기록되기도 하였는데, 이는 아마도 발췌할 때 잘못해서 그런 것 같습니다.
9. 거란[契丹]이 나라 이름을 개정한 것은 큰 사건인데도 빠졌으며, 몽골[蒙古]이 나라 이름을 개정하기 전에 원元으로도 많이 쓰고 몽골로 쓰기도 했는데, 이는 정리하지 않아 그런 것입니다.
10. 왕들이 죽었을 때마다 반드시 몇 해를 살았다고 썼는데, 여기에는 쓰기도 하고 쓰지 않기도 하였으니, 빠뜨린 것입니다.
11. 기년紀年의 체제는 반드시 해마다 별행別行을 잡아 기록하여 구분하였는데, 여기에는 모두 연이어 기록하였습니다. 이는 아마도 사서史書의 관례를 따라야 할 것 같습니다.
12. 우리나라는 북쪽으로 산융山戎과 연접하고 남쪽으로 도이島夷와 연결되어 있으니, 상고할 만한 서적이나 사실들을 반드시 자세하게 기록해야 할 것입니다. 그런데 『동사東史』(동국통감)에 빠져 매우 아쉬워한 일을 선생께서 표출表出해 냈습니다. 사서의 관례가 그러할 뿐만 아니라 우환憂患을 깊이 염려한 뜻이 있습니다. 지금 일본전日本傳을 두었으니, 고려 말에 서로 교류하였던 유규琉球와 섬라暹羅도 각각 전傳을 만들고, 그 밖에 해상으로 교류하였던 남만南蠻도 그전에는 교류한 일이 없었지만 그 또한 대략 갖추어 기록하는 것이 무방할 것 같습니다.

이와 같이 순암은 본기와 세가에 대한 근본적인 비판 이외에도 세세한 사항까지 지적을 하면서 후배들이 보완하기를 요청하였다. 그러나 5년 후에 다시 순암이 홍석윤에게 보낸 편지에서 보듯이 이후 5년 동안에는 『휘찬여사』의 간행에 별다른 진전은 없었던 것 같다.

고려사 간행의 일은 어느 정도 진척되었습니까? 전날 나에게 이 글을 교정해 달라고 부탁하였는데 범례를 어긴 부분이 많았으니, 필시 완성되지 않은 글일 것입니다. 그래서 옛날에 나의 견해를 대략 말씀드렸던 것인데, 이는 실로 결여된 점이 없도록 하기 위해서였습니다. 대체로 선배가 저술한 글을 후배들이 교정할 경우가 있는데, 이는 오자만 바로잡을 뿐입니다. 또 간정刊正할 경우가 있는데, 이는 중복으로 나오는 문장이나 잘못 인용한 사건은 간정하지 않을 수 없는 것입니다. 그리고 또 증보하는 경우도 있는데, 이는 본서의 범례와 같지 않고 누락된 곳이 있거나 마땅히 기록되어야 할 사건이 빠졌거나 또는 대략 보충하지 않아서는 안 될 경우입니다. 이러한 일들은 감히 완성된 글을 어지럽히려고 하는 것이 아닙니다. 이미 저술한 분에게 여쭈어 볼 길이 없으므로 형세 상 이렇게 하지 않을 수 없으니, 이 또한 후배가 선배를 존경하는 지극한 뜻인 것입니다. 만약 "이는 선배가 이미 완성한 글이므로 결여된 부분이 있더라도 후배가 옮기거나 바꾸어서는 안 된다. 갑자기 교정하여 간행할 경우 후세 사람들이 시비할 단서가 없지 않을 것이다."고 말한다면 어찌 애석한 일이 아니겠습니까.[17]

순암은 선배의 글을 교정하는 데 있어서의 원칙을 제시하면서 자신이 지적한 사항들에 대한 이해를 구하였다. 즉 선배의 글을 오자만 바로잡는 수준, 중복된 문장이나 잘못 인용한 사실을 바로잡는 간정刊正 수준, 범례와 달리 사실이 누락되거나 소략하여서 증보하는 수준으로 나누었는데, 순암이 홍석윤에게 요청한 것은 가장 높은 수준의

17 麗史刊役 至于何境耶. 此書前日託以校正之役 第與凡例多違 必是未成之書也. 是以昔年畧貢愚見 實欲其無所虧欠也. 大抵先輩著述 後人有校正者 考校字義之訛誤而已. 又有刊正者 或文有重出 或有誤引者 不得不刊正之. 又有增補者 或與本書凡例不同而有落漏 或事有當錄而有遺者 又不得不畧有增補 此非敢亂已成之書也. 既無稟問之路 則其勢不得不如是 此亦後生尊慕先輩之至意也. 若曰是先輩已成之書 雖有虧欠 非後生所當遷動移易者 遽然刊板 不無後人是非之端 則此豈非可惜者乎 前與令從繼道論此 謂當後日相會商論 別後奄隔數年 鄙人之精力已頓 無力可及於此等事 時時意到 恒切耿耿之懷耳.(『順菴集』 卷9 與洪生錫胤書 戊申(1788, 정조 12))

교정이었다. 따라서 순암은 후배가 선배의 글을 함부로 바꾸는 것에 대한 영남의 사림들의 시비 우려가 있을 것이라고 짐작하고 그에 대해서도 변명을 하였다.

이러한 순암의 꼼꼼한 지적에 대하여 『휘찬여사』의 간행을 위해 준비하고 있던 후손과 제자들은 많은 보완을 거쳐서 『휘찬여사』 목판본을 완성하였을 것으로 생각한다. 구체적으로 어떠한 것을 어떻게 보완하였는가에 대해서는 자세히 알 수는 없다. 다만 여기에서는 순암이 지적한 여러 가지 사항들이 어떻게 반영되었는가, 혹은 반영되지 않았는가에 대해서 살펴보기로 한다.

1조, 역대 왕들의 탄생 연대는 보완이 되었다. 2조, 원년 밑에는 반드시 한 줄로 갑자를 쓰고(두 줄로 쓸 것을 요청하였으나) 중국 기원을 쓰도록 한 부분도 보완이 되었다. 3조, 매년 갑자를 쓸 것을 요청하였으나 간행본에서는 오히려 모두 삭제하였다. 4조, 역대 왕의 기년은 기록할 것이 없더라도 쓰도록 하였으나 보완되지 않았고, 11조에서 각 기년을 별행으로 해줄 것을 요청하였으나 역시 고치지 않았다. 따라서 오늘날에 간행된 목판본을 읽기가 매우 힘들다. 5조, 일식 기록을 완벽하게 보완하거나 천문지에 기록할 것이면 빼도록 하였는데, 3권에는 일식 기록이 없으나 완전히 삭제되지는 않았다. 세가에는 13차례의 일식 기록이 있다. 6조, 중국이 원년元年을 개정하였을 경우 기록하도록 한 것은 대부분 보완되었다. 7조, 사신의 논평도 대부분 보완하였다. 8,9,10,11조의 경우는 보완을 하지 못한 것으로 생각된다. 12조, 일본전과 유구전琉球傳, 섬라전暹羅傳까지 보완하기를 희망하였지만 목재가 외이 열전으로 정리한 거란전, 일본전만 있고(여진전은 목차에만 있음) 나머지는 보완하지 못하였다.

순암은 『휘찬여사』가 간행된 것을 보지 못하였다. 『동사제강』은 1786년(정조 10)에 간행되었으나 『휘찬여사』는 책머리에 입재立齋 정종로鄭宗魯(1738~1816)의 서문이 수록되어 있어서 19세기 초반에는 간행이 되었으리라고 짐작할 수 있다.

선생께서 이 책을 쓰시고 돌아가신 후에 문인과 제자들이 겨우 몇 질을 베껴서 서가에 보관하였으나 아직 출판할 겨를이 없게 된 것이 벌써 몇 백 년이 되었습니다. 이에 영남의 인사들이 제안하여 기금을 모아서 간행을 하게 되었는데, 저[宗魯] 역시 여러 훌

룡한 교정자의 말석에 참여하게 된 탓으로 이 서문을 부탁받게 되었습니다.[18]

장인진의 『휘찬여사』 목판 연구에 의하면, 영남의 목판(책판)을 수록한 「영남책판록嶺南册板錄」(1835년)의 내용에 『목재선생문집木齋先生文集』과 『동사제강』은 등재되어 있으나, 『휘찬여사』는 등재되지 않았고, 19세기 중엽에 정리된 영남의 「책판록册板錄」 상주조尙州條에 "휘찬여사彙纂麗史 22권卷, 백지白紙 41속束 5장반張半, 재근암서원在近嵒書院"이라고 되어 있어, 그 이전에는 판각이 된 것으로 추정하였다. 또한 도산서원陶山書院의 『도산서원전장기陶山書院傳掌記』(1835년 11월 2일)의 말미末尾에 추가된 '서책목록書册目錄'이 있는데, 그 가운데 『휘찬여사』 23책이 기록되어 있는 것으로 고증하였다. 이로 보면 『휘찬여사』는 1835년경에 판각板刻, 간행刊行하여 반질한 것으로 볼 수 있겠다.[19]

또 『휘찬여사』는 한 차례 개각改刻되었다. 그것은 마지막 「외이 열전」 부분을 개각한 개각본(국립중앙도서관 소장본)이 있기 때문이다. 초간본과 개각본의 내용은 변화가 없고 다만 권47 중의 「일본전」을 권48로 분리하여 개각하였을 뿐이다.[20]

순암 안정복의 『동사강목』이 순암 당대에 완성되었으나 세상에 널리 유포된 것은 1915년에 조선고서간행회의 활자본이다. 『동사강목』 범례의 「채거서목採據書目」에는 "여사휘찬麗史彙纂 본조本朝 홍여하洪汝河 찬撰"이라고 되어 있으나 「사론제유성씨史論諸儒姓氏」의 동국제유東國諸儒에 수록된 17인의 명단에는 빠져 있다. 「사론제유성씨」에 목재의 이름이 빠진 것은 목재의 사론을 본격적으로 인용한 것이 없기 때문이라고 생각된다. 앞에서 고찰하였듯이 순암은 『휘찬여사』를 꼼꼼히 검토한 바가 있다.

그러나 『동사강목』에는 공민왕 대에 김용이 정세운을 죽인 사실에 대한 홍여하의 사론이 단 한 군데 다음과 같이 인용되었다.

---

18 鄭宗魯, 『立齋集』 권26, 「彙纂麗史序」.

19 張仁鎭, 2010, 「휘찬여사 목판의 활용 방안」, 군위 한밤마을 심포지움 발표문.

20 卷數는 본래 47卷인데 張次를 13張으로 하지 않고, 1張으로 시작하여 9張으로 마감하였다. 따라서 후일에 이 책을 다시 간행重刊할 때는 이 부분을 제48卷으로 개각改刻해서 간행한 것이다. 국립중앙도서관 소장본(국중 한古朝 53-나2-2) 참조.

1월 18일(을축)에 적을 쳐부수었고, 22일(기사)에 세 원수가 정세운을 죽였고, 23일(경오)에 정세운의 노포露布가 행재行在에 이르렀다면, 김용의 편지 사건은 승첩勝捷 이전에 있었던 일이라 하겠다. 그러니 설사 왕의 교서라 하더라도, 왕은 아직 그들이 성공할는지의 여부를 모르고서 어떻게 죽이라 하였겠는가? 여러 장수들도 이 교서를 보았으면 왕에게 은밀히 아뢰었어야 할 것이다. 더구나 '정세운이 본래부터 그대들을 시기하였으니 그대들이 먼저 도모하지 않겠느냐?' 한 것은 김용의 본심이 다 드러났다 하겠다. 그런데도 어찌하여 의심을 갖지 않고 문득 주장主將을 죽였는가? 세 원수는 만세를 두고 그 죄를 벗어나지 못할 것이다.[21]

순암은 홍건적 침략 시 개성 수복의 공을 세운 정세운을 김용의 계략에 빠져 안우, 이방실, 김득배 등이 왕명을 빙자하여 정세운을 죽인 것에 대해 필주筆誅를 가한 목재의 사론을 높이 평가하여 그의 『동사강목』에 인용한 것이다.

5. 맺음말

목재 홍여하의 문집인 『목재집』과 그의 선배인 이구의 『활재집』 그리고 100여 년 후 『휘찬여사』를 간행하는 과정에서 순암 안정복이 후손인 홍석윤에게 보낸 편지를 통해서 『휘찬여사』가 사실은 홍여하가 20세 때에 우리나라 역사 편찬에 뜻을 두고 범례를 만들어 그에 따라 일생 동안에 걸쳐서 꾸준히 보완하는 작업을 거쳐서 만들었다는 것, 목재의 제자들이 『휘찬여사』를 필사하여 목재 가숙에서 활용을 하고 있었으면서도 정작 100여 년 후에 목판본으로 출판하기까지의 과정에는 많은 시간이 소요되었고 또 당대의 대표적인 역사학자인 순암 안정복의 비판을 거치면서 보다 완성된 목판

21 『동사강목』 제14하 임인년 공민왕 11년(1362)

본 『휘찬여사』가 나오게 되었다는 것을 파악할 수 있었다.

『휘찬여사』는 단순히 고려사를 축약한 것이 아니라 춘추 필법에 의한 우리나라 역사의 편찬이라는 뜻을 가지고 편찬이 되어 경상도 일대 남인 계열 학자들 사이에 두루 알려져 있었나. 홍여하는 자신 보다 7년 연장인 활재 이구에게 사서四書의 구두법과 우리나라 역사 편찬에 대해서 힘을 합하여 같이 작업을 할 것을 제안하였다. 그러나 그 후 홍여하가 과거에 합격하여 관료생활을 하게 되면서 일시적으로 그러한 작업은 중단되었을 것으로 추정된다. 그러나 그가 서인 계열의 관료들과의 정쟁政爭에서 밀려나 군위에 은거하면서 본격적으로 다시 작업을 추진한 것으로 생각된다.

중국을 세계의 중심에 놓는 중화주의적 입장에서는 중국의 역사가 배제된 우리나라 역사서에 대해서 불만을 가질 수밖에 없었다. 중국을 중심에 놓고 우리나라의 역사를 이해하는 글로벌리즘의 관점에서 우리 역사의 체계를 정립하려고 했던 것이 홍여하의 『휘찬여사』와 『동사제강』이다. 특히 『휘찬여사』는 『고려사』의 3분의 1 정도 밖에 되지 않아 대폭 축약한 것은 사실이지만 주자의 강목법에 비추어 중국 정통 왕조를 천자의 위치에 놓고 고려를 그 중화 질서의 한 축을 이루는 제후국으로서의 역할로 생각하여 송, 요, 원과 같은 나라와 고려와의 관계를 천자와 제후와의 관계로 설정하고 중국사를 철저히 보완하려고 노력하였다.

이러한 『휘찬여사』의 역사 인식에 대해서 100여 년 후의 같은 남인계열의 역사학자인 순암 안정복은 매우 비판적인 입장을 가지고 있었다. 목재의 후손과 제자들이 『휘찬여사』의 간행에 임해서 질정을 요청했을 때, 순암은 고려 일대의 역사에서 고려의 왕들을 세가로 설정한 것은 잘못된 일이라고 비판하고 본기로 할 것을 요청하였다. 그러나 간행에 임한 영남의 남인 학자들은 이미 저자는 고인이 된 상태에서 조그마한 오자의 교정 이외에 본격적인 체제 자체를 바꿀 수는 없는 상황이었을 것이다. 그럼에도 불구하고 순암이 요청한 사항에 대해서 가능한 한 많은 보완을 하여 『휘찬여사』를 간행하였다고 생각된다. 그것은 『휘찬여사』의 범례에서 세가에 관련된 제3조항을 삭제하고 조그만 지적 사항들에 대해서 가능한 반영을 했다는 점에서 그러하다.

국역 휘찬여사

일러두기

1. 모든 고유명사(인명, 지명 등), 관직명, 한자 성어에는 해당 한자를 병기하였다. 다만 한 페이지에 중복되어 나오는 경우에는 한자를 생략하였다.
2. 원문에 인명에서 생략되어 이름만 나오는 경우에도 성명을 모두 써주었다.
3. 번역 과정에 원문 교감을 병행하였다. 『고려사』나 전후의 사실로 미루어 명확한 오탈자나 오류인 경우에는 주석을 붙여서 설명하였다.
4. 원주(쌍행) 번역 부분을 역자 주와 구별하기 위하여 { } 안에 원주를 넣었다. 역자 주는 각주로 처리하였으나 10자 이내로 짧은 것은 괄호 속에 처리하였다.
5. 연대 표기는 먼저 고려의 왕대를 쓰고 괄호 속에 서기 연대와 중국 연대를 써주었다.
   예) 충렬왕 9년(1283, 元 世祖 至元 20) *밑줄 부분은 경우에 따라 생략하였다.
6. '帝'는 '황제'로, '王'은 '왕' 혹은 '국왕'으로 번역하였다. 혼동의 염려가 있을 경우에는 괄호 속에 그 왕이나 황제의 시호를 넣어주었다.
7. 송宋, 요遼, 금金, 원元, 몽골[蒙古]은 혹은 송나라, 요나라, 금나라, 원나라라고도 번역하였다.
8. '붕崩', '훙薨', '졸卒', '서逝'는 '붕어하다', '훙거하다', '죽었다', '서거하다' 등으로 번역하였다.
9. 이 책은 원본 총 48권을 6책으로 나누어 간행하였다. 제1책에는 세가世家, 제2책과 제3책에는 지志, 제4책에서 제6책까지는 열전列傳이다. 다만 원본의 제21권 신서인전辛庶人傳(우왕, 창왕)은 세가편의 공민왕 다음 공양왕 앞으로 옮겼다. 왕대의 계속성을 보이는 측면도 있지만, 각 책의 분량을 염두에 둔 편집이다.

10. 거란, 여진, 몽골 등의 이름이나 용어는 한자어대로 쓴 후 한자를 병기하고 괄호 속에 원래의 발음을 써 주었다.

11. 번역본에 사용한 주요 부호는 다음과 같다.
   - 『 』: 저서나 저작물. 예) 『삼국사기三國史記』
   - 「 」: 논문이나 편명, 관작명이나 공신명. 예) 『서경書經』 「무일편無逸篇」
   - [ ] : 의역한 부분의 원문. 예) 군사에 관련된 주요한 일[軍機]
   - { } : 원문 주를 번역한 것. 예) 예종의 장자로 어머니는 순덕왕후順德王后 이씨이다.{예종 4년 기축년 (1109)에 태어났다.}
   - ( ) : 역문에 대한 간단한 주석 또는 원문에 없는 것을 보완한 사항. 예) 숭녕崇寧(송나라 휘종의 연호)
   - " " : 원문에서의 인용 문장 및 대화 부분.
   - ' ' : 인용 문장 또는 대화 안에 있는 인용어.

12. 영인본은 독자의 편의를 위하여 왕대, 연기, 사론 등 부분에 색도를 넣어 구분하였다.

13. 각 권의 번역자는 다음과 같다.
   - 김현영 : 권1, 5, 9, 13, 17, 21, 25, 29, 33, 37, 41, 45
   - 박한남 : 권2, 6, 10, 14, 18, 22, 26, 30, 34, 38, 42, 46
   - 이재희 : 권3, 7, 11, 15, 19, 23, 27, 31, 35, 39, 43, 47, 48
   - 류주희 : 권4, 8, 12, 16, 20, 24, 28, 32, 36, 40, 44

| 국역 휘찬여사 |

서
범례

휘찬여사 서彙纂麗史序

『휘찬여사』는 우리 목재 홍여하 선생이 지은 것입니다. 대개 역사를 쓰는 것은 그 실제를 기록하고 명분을 바르게 함으로써, 사람들로 하여금 그 문장을 즐겁게 읽어 권선징악하기 위한 것입니다. 그렇기 때문에 비록 외국이라도 중국과 관계되는 일이면 그 신복臣服하여 사대事大하는 것 이외에도 무릇 천하의 대세가 안위에 관계되는 것 및 천왕天王의 정통이 분열된 데 대해서도 모두 당연히 써서 참고에 대비하고 향배向背를 드러내는 것입니다. 일을 기록하는 것은 간략하게 하면서 생략이 되지 않게 하고 말을 기록하는 것은 우아하면서 속되게 하지 않은 이후에야 바야흐로 역사가의 체통이 서고 명산에 보관할 수 있어서 후세에 전하게 됩니다.

그런데 옛 역사서는 그렇지 못하였습니다. 또 우리나라의 선비들은 중국의 역사는 좋아하면서도 우리나라의 역사는 몽롱하게 잘 모르니, 마치 사람들이 남의 집안의 족보는 잘 이야기 하면서 도리어 자기 집안의 족보는 모르는 것과 같습니다. 이게 될 말입니까? 이는 역시 말이 글로 기록되지 않아서 그렇게 되었다고 하지 않을 수 없습니다. 이에 선생께서는 이것을 큰 병통으로 여겨서 드디어 옛 역사서를 가져다가 빠진 것을 보충하고 황잡한 것은 덜어내서 모두 50권을 저술하였습니다. 세가世家가 32권이고 지志와 논論이 12권, 열전列傳이 286권입니다. 국가의 치란治亂과 성쇠盛衰, 제도의 연혁沿革과 득실得失, 신하의 현우賢愚와 순역順逆 등을 자세히 밝혀서 기록하였고 더욱이 명분이 미묘한 곳에서는 신경을 써서 상하 500년의 사적이 요연히 손바닥에 있는 것과 같이 하였습니다. 고려시대의 역사가 이에 찬란히 일신되게 되었으니 얼마나 훌륭한 일입니까!

선생께서 이 책을 쓰시고 돌아가신 후에 문인과 제자들이 겨우 몇 질을 베껴서 서가에 보관하였으나 아직 출판할 겨를이 없게 된 것이 벌써 몇 백 년이 되었습니다. 이에 영남의 인사들이 제안하여 기금을 모아서 간행을 하게 되었는데, 저[宗魯] 역시 여러 훌륭한 교정자의 말석에 참여하게 된 탓으로 이 서문을 부탁받게 되었습니다. 생각건대, 저와 같이 못난 사람이 어찌 이 일을 감당할 수 있겠습니까마는, 외람되이 외손의 반열에 들어 있어서 의리상 사양할 수 없게 되었습니다. 그래서 일을 마치고 삼가 말씀을 드립니다.

아! 역사가 어찌 쉽게 써지겠습니까? 직서直書(바로 씀)를 하면 선악이 그 실상을 숨길 수가 없고, 모사模寫(사실을 그려냄)를 하면 유현幽顯(숨겨진 것과 드러난 것)이 그 형체를 바꿀 수가 없습니다. 곤월袞鉞[1]은 한 글자로 지어 지지만, 제왕이 그 주륙誅戮하고 상전賞典을 주는 권한을 잃게 되며, 단청처럼 사실은 만고에 뚜렷하여 조물주마저 그 부여된 능력을 사양하게 될 것입니다. 그러므로 논하는 자들은 재(재능)·학(학문)·식(지식) 세 가지를 모두 갖춘 이후에야 바야흐로 여기에 대해 말을 할 수가 있다고 하였습니다. 그러나 옛날을 상고해보면, 우虞·하夏·은殷·주周 나라의 역사와 같이 비록 저술한 사람이 누구인지는 모르지만 『서경書經』에 표현된 것이 맑고 순수하며 넓고 엄숙하여 매우 고상합니다. 공자가 『춘추春秋』[2]를 지을 때, 자유子游·자하子夏의 무리가 한 마디도 언급하지 않았음은 물론이거니와, 주자朱子가 『강목綱目』[3]을 지을 때도 문인들이 함

1 포폄의 의미로, 곤의를 하사하여 권장의 의미를 보이고 부월을 주어서 징계의 의미를 보인데서 비롯된 말

2 기원전 5세기 초에 공자孔子가 엮은 것으로 알려진 중국 노나라의 역사서. 『춘추春秋』는 춘추시대春秋時代 노魯의 은공隱公 원년元年(B.C.722년)부터 애공哀公 14년(B.C.481)까지의 사적事跡을 연대순으로 기록하고 있으며 유학儒學에서 오경五經의 하나로 여겨진다.

3 주희朱熹(1130~1200)가 지은 중국의 역사서. 『자치통감강목資治通鑑綱目』, 『강목綱目』이라고도 한다. 사마 광司馬光(1019~1086)이 편찬한 『자치통감自治通鑑』을 주희가 직접 만든 한 권의 범례凡例에 의거하여 그 문인門人인 조사연趙師淵 등이 전편全篇 59권을 완성하였다. 249권의 『자치통감資治通鑑』을 강목綱目체 역사관에 정통正統·비정통을 분별하고 대요大要(강綱)와 세목細目으로 나누어 기술하였다. 이 책은 역사적인 사실의 기술보다는 의리를 중히 여기는 데 치중하였다. 3국 시대에는 촉한蜀漢을 정통으로 하고 위魏나라를 비정통으로 하는 등 송학宋學의 도덕적 사관이 엿보인다. 우리나라에서는 세종 때 교주校註한 사정전 훈의본思政殿訓義本

께 한 사람은 거의 없습니다. 이는 대성현大聖賢의 권도權度가 정밀하고 미묘하여 보통의 느낌으로는 측량할 수 없음이 있었을 것이니, 앞에 말한 재才 · 학學 · 식識 세 가지만으로는 또한 부족하다고 할 수 있습니다.

이 이외에 저술한 사람들이 분분하게 일어났지만 역대에 볼만한 것을 살펴보면 헤아릴 것이 없습니다. 다만 사마천司馬遷과 반고班固는 정학正學을 듣지 않았기 때문에 시비를 가리는 것이 비록 성인에 비하면 오류가 있지만, 문장이 밝고 우아[彪炳爾雅]하여 사람들로 하여금 손과 발을 들어 춤을 추게 합니다. 이는 그것이 대문장이 된 연후에야 세상에 유행할 수 있다는 것이니, 졸렬한 장인들이 말할 것이 아닙니다.

아! 역사를 어찌 쉽게 저술할 수 있겠습니까. 또한 중국의 크기와 사해四海의 광대함, 인물의 융성함이 위아래 수천 년간에 그 일과 말 중에 기록할 만한 것이 의당 얼마이겠습니까? 번잡한 것을 모두 망라하고 빗질하여 거의 남김없이 하였어도 유감스러움이 아직 이와 같습니다. 지금 우리나라는 해외에 있는 탄환과 같이 조그만 나라입니다. 단군에서부터 신라에 이르는 수천 년간, 위로는 이미 홍황洪荒하여 바로 결승結繩 문자를 쓰던 세상과 같고, 아래로는 또 문헌을 고증할 수가 없으니, 이른바 『통감通鑑』(서거정徐居正의 『동국통감東國通鑑』)이나 『사략史略』(권근權近의 『동국사략東國史略』) 등의 서적이 비록 세상에 유행하지만 그 문장은 모두 읽을 만한 것이 없습니다. 오직 『고려사』가 조금 자세하게 갖추어져 있으나 그 일과 말 중에 기록된 것이 중국에 비해서는 겨우 100분의 1입니다. 또 읽을 만한 것 없음이 저와 같으니 이는 무엇 때문이겠습니까? 어떤 사람은 구역이 한정되어 있고, 풍토가 막혀있어서 그렇다고도 합니다. 그러나 천하에 이보다 더 숭상할 것 없음이 우리 유도儒道이니, 우리나라의 포은圃隱(정몽주鄭夢周) · 퇴도退陶(이황李滉) 두 선생이 중국 하락河洛의 계통을 이으셨는데, 왜

인 『훈의자치통감강목訓義資治通鑑綱目』이 유행하였으며, 그 후 여러 차례 중간重刊되었다.

역사만 유독 그런 것입니까?

선생은 박아博雅한 학문으로 일찍이 유학[수민洙閩][4]의 (역사서) 찬수의 기본 취지[5]를 배웠으며 또 재능과 지식 두 가지 장점을 겸하였으므로, 수천 년 뒤 남다른 식견[隻眼]으로 족히 천고를 꿰뚫고도 남음이 있으며, 훌륭한 문장력[巨筆]은 족히 여러 가지[萬類]를 형상화 하는데 차질이 없었습니다. 그러므로 이전에 이미 『동사제강東史提綱』을 저술하여 개요를 보이셨고, 『고려사』에 있어서는 또다시 수집 편찬한 것이 이와 같습니다.

좌구명左丘明[6]은 사학史學(경문에 대한 사실의 고증)에 깊이가 있고 공양고公羊高[7]와 곡량숙穀梁俶[8]은 이학理學(경문의 합리적 해석)에 깊이가 있으며, 호안국胡安國[9]과 윤돈尹焞은 단정하면서도 바르니, 선생은 이 모두를 겸하여 가지고 있었습니다. 이에 간략하며 우아한 점은 도리어 저들보다 나아서 학자들로 하여금 읽을수록 권태로운 것을 못 느끼게 합니다. 이에 국가의 귀감이 되어 경계할 것은 경계하고, 개혁할 것은 개혁하여 거기에서 취할 것이 진실로 끝이 없습니다. 또한 사이사이에 취해보는 것도 해롭지 않을 것이니 후세의 치세에 도움이 되는 것이 어찌 적다고 하겠습니까?

---

4 수사는 공자가 제자들에게 도를 가르치던 곳에 있는 수수洙水와 사수泗水. 곧 공자와 맹자를 뜻하는 것이고, 낙민은 송宋나라 때의 학자 정호程顥·정이程頤 형제가 살던 낙양洛陽과 주희朱熹가 살던 민중閩中을 말한 것.

5 공자가 『춘추』를 편찬하고 『주자』가 강목을 수찬한 뜻.

6 좌구명左丘明은 중국 춘추시대의 노魯 나라 학자. 『좌씨전左氏傳』, 『국어國語』의 저자로 일컬어진다. '좌구실명左丘失明'이라는 사마천司馬遷의 말에 의하여 후세 사람은 그를 가리켜 맹좌盲左라고도 한다.

7 공양고公羊高는 중국 전국시대 제齊나라의 학자. 그가 서술한 『공양전公羊傳』은 4대까지 이어져 내려와 현손玄孫인 수壽와 그의 제자 호모생胡母生 등이 완성했다. 『좌씨전左氏傳』 『곡량전穀梁傳』과 함께 춘추삼전春秋三傳이라 불린다. 학문으로 이어져 공양학으로 번창했다.

8 곡량숙穀梁俶은 전국시대의 노魯나라 사람. 곡량적穀梁赤이라고도 하였다. 자는 원시元始. 춘추의 해석에 있어서 『공양전』과 마찬가지로 주관적인 해석이 많으나, 유가적儒家的 명분론名分論은 대체로 『공양전』보다 엄정嚴正하다.

9 호안국胡安國(1074~1138)은 중국 송宋 나라의 유학자. 『춘추春秋』를 연구하는 데 20여 년을 보내며 『춘추호씨전春秋胡氏傳』 30권을 저술하였다.

대개 『춘추』와 『강목』 이후에 우리나라에서는 오직 목재 선생의 이 역사서가 필삭의 바름을 얻었습니다. 그러나 가만히 앞과 뒤의 체제를 보면 바로 반고班固의 역사[10]를 모방한 것 같은데, 반고는 사마천司馬遷[11]이 『사기史記』에서 한 것처럼 그 밑에 총론摠論을 붙여서 제작의 뜻을 천명하였습니다만, 선생은 그렇게 하지 않으셨습니다. 그것은 선생이 미치지 못해서 그런 것일까요, 아니면 범례에서 이미 말하였기 때문에 다시 번거롭게 할 필요가 없었기 때문이었을까요.

대저 한 번 다스려지고 한 번 혼란스럽게 되는 것은 천도天道의 정상적인 이치입니다. 혼란이 오래면 치세도 오래입니다. 그래서 긴 밤 어둠의 끝에는 반드시 긴 낮의 밝음이 있고 엄동의 추위 뒤에는 반드시 더운 여름의 뜨거움이 있습니다. 우리나라는 단군 이래로 중간에 오직 기자箕子가 와서 군장君長이 되어 비로소 한 번의 치세가 있었고 그 이외에는 전혀 말할 것이 없습니다. 고려대에 이르러서는 그 창업하고 계통을 세운 것이 이미 옛 제왕帝王의 도道와는 거리가 멀게 되고 후세로 내려올수록 급속히 이적금수夷狄禽獸의 영역으로 들어가게 되어, 대개 수천 년간의 혼란이 더욱 극심해짐이 이에 이르렀습니다. 이제 우리 성스러운 왕조(조선 왕조)에 이르러 억만 년 만의 밝고 아름다운 치세를 열었으니 당연한 것이 아니겠습니까? 이에 저는 늘 탄식하면서 천도天道는 속일 수 없다는 것을 믿습니다.

진양晉陽 정종로鄭宗魯[12] 삼가 씀.

---

10 반고班固(32~92) : 중국 후한 초기의 역사가. 표彪의 아들, 서역도호西域都護 초超의 형. 『한서』 편집 중에 국사를 개작한다는 중상모략으로 투옥되기도 하였으나, 20여 년 걸려 완성하였다. 『백호통의白虎通義』도 편집하였다.

11 사마천司馬遷(B.C.145?~B.C.86?) : 전한시대의 역사가이며 『사기史記』의 저자. 한나라 무제武帝의 태사령太史令이 되어 『사기』를 집필하여 기원전 91년에 완성하였다. 중국 최고의 역사가로 칭송된다.

12 정종로鄭宗魯(1738~1816) : 본관은 진주晉州. 자는 사앙士仰, 호는 입재立齋·무적옹無適翁. 대제학 정경세鄭經世의 6대손으로 함창咸昌의 외가에서 태어나 살다가 9세 때 본가인 상주로 돌아왔다. 어릴 때 가학을 전수받았으며, 중년에 이상정李象靖의 문하에 나아가 영남학파의 학통을 계승하였다. 홍여하의 증손녀인 홍익구洪益龜의 딸이 정종노의 어머니이다. 1808년(순조 8) 8월, 장령에 제수되었으나 지방에 있다는 이유로 체차遞差되었고 산택재山澤齋에서 『휘찬여사彙纂麗史』를 교감하였다.

휘찬여사 범례彙纂麗史凡例

1. 역사를 서술하는 법은 당연히 먼저 그 계통과 체계를 바로 하는 것이다. 『춘추春秋』는 노魯 나라의 역사이지만 주周 나라를 종주로 하여 열국列國의 일을 기록한 것이다. 또한 중국 역대의 역사 서술 방법은 외국에 대해서도 흥망興亡과 전벌戰伐·변경邊境·분할分割 등은 모두 반드시 쓰는데, 우리나라의 역사에서는 일찍이 중국의 일을 기록한 적이 없다. 이는 역사가의 큰 강령에 있어서 잘못된 부분이다. 그러므로 여기에서는 약간 옛 체례體例를 변경하여 송宋·금金·원元의 흥망에 있어서 전쟁과 분열을 조금 갖추어 저술하여 역사가의 체례를 바로잡았다.

1. 『춘추』의 서법書法은 천왕天王이 붕어崩御하거나 열국列國의 군주가 죽은 경우에 부고訃告가 있으면 쓰고 없으면 쓰지 않았다. 송나라 태조에서 철종까지는 붕어하면 밀주密州(지금의 산동성 청도 부근)에서 문서로 알려 왔으므로 이제 경전經典(춘추)의 예에 따라 쓰도록 하였다. 남쪽으로 옮겨간 이후(남송 때)에는[1] 부고가 오지 않아서 쓰지 않았으나, 혹 좌씨左氏의 예에 따라서 쓰기도 하였다. (송나라에) 신복하였을 때에는 '황제가 붕어하였다'고 썼으며, 금·원에 사대하였을 때에는 '송 황제가 붕어하였다'고 썼다. 이는 (역사를) 쓰는 법의 표준이다.

---

1 1126년(송 흠종 정강 원년) 금의 공격으로 송(북송이라고 칭함)의 수도 개봉이 함락되고, 이듬해 강왕康王이 남경 응천부에서 고종으로 즉위하여 송의 재건을 이끌었다. 그러나 곧 금의 침략을 받아 양자강 남쪽 항주抗州로 옮겨 이곳을 임안부臨安府로 고쳐 수도로 정하고 남송을 세웠다.

1. 이미 역대의 역사 서술 방법을 따라서 세가世家와 열전列傳을 만들기로 한 즉 반드시 본기本紀가 있어야 역사가의 체제를 비로소 갖추는 것이다. 송나라의 태조太祖·신종神宗·휘종徽宗과 원나라의 세조世祖 및 명나라의 태조 고황제太祖高皇帝의 일 중에서 우리나라와 서로 관계가 있는 것은 마땅히 본기를 세우고 그 나머지 여러 황제의 일은 대략 세가 속에 실어서 본기의 체제를 보존한다.[2]

1. 『고려사』 범례는 『원사元史』[3]에 준하여 만들어졌다. 각 지志는 조목별로 나열 기록하여 마치 장고掌故(사전)나 의주儀註(매뉴얼) 같은데, 이는 역사를 쓰는 체례가 아니다. 이제 역대의 역사 서술 방법에 따라 각 지를 고쳐 편찬하여, 뒤섞어서 각 지를 만들었다. 500년간의 천문天文·지리地理·예禮·악樂·병兵·형刑의 제도가 연혁沿革한 것을 모두 한 편에 모아서 요점을 들고 논점을 갖추어 그 득실을 요연하게 볼 수 있게 하였다. 그리하여 열전列傳과 지志의 체제를 편년과 함께 병립하여 서로 이용할 수 있게 하였으니, 한쪽만을 폐지하지는 않았다.

1. 여러 명신들은 일이 같거나 혹 공업功業(공로), 명성과 자질[名資]이 서로 엇비슷한 것은 같이 분류하여 열전을 만들었고 논찬論贊을 붙여서 『한서漢書』[4]나 『진서晉書』[5]·『당서唐書』[6]·『송사宋史』[7]의 역사 서술 방법을 따랐다.

---

2 이 조항은 『목재집木齋集』에만 있고 『휘찬여사』에는 빠져 있음.

3 명 태조 홍무 3년(1369)에 편찬된 기전체 역사서. 본기 47, 표 8, 지 58, 열전 97권 등 총 210권으로 되어있으나, 1년 반만에 편찬되었기 때문에 20세기에 『신원사』가 따로 편찬되었다.

4 중국 후한後漢시대의 역사가 반고班固가 저술한 기전체紀傳體의 역사서. 제기帝紀 12권, 표表 8권, 지志 10권, 열전列傳 70권으로 전 100권으로 이루어졌다.

5 당나라 태종太宗때 방현령房玄齡 등이 편찬한 진晉왕조의 정사正史. 제기帝紀 10권, 지志 20권, 열전列傳 70권 외에 재기載記 30권이 있다.

6 당 고조唐高祖의 건국(618)에서부터 애제哀帝의 망국(907)까지 21제帝 290년 동안의 당나라 역사서. 처음에는 단지 『당서』로 쓰였지만, 송나라 때 내용을 고쳐 『신당서』로 편찬하여, 『구당서』와 『신당서』가 있다.

7 본기本紀 47권, 지志 162권, 표表 32권, 열전列傳 255권 등 전 496권으로 구성된 송나라의 역사서. 정사正史의 하나로 탈탈脫脫(토크토) 등이 편찬하였으며 원나라 순제 지정 5년(1345년)에 완성되었다.

1. 변경의 득실은 나라의 큰 일이다. 포주抱州(지금의 평안도 의주)가 다시 고려에 귀속되게 된 것을 『송감宋鑑』[8]에서는 기록하였으나 『동국통감東國通鑑』[9] 등의 서적에서는 모두 빠트리고 기록하지 않았다. 또한 송나라 휘종徽宗 때에 두 의원醫員이 왕래한 일은 매우 두드러진 일이어서 생략할 수 없는데 쓰지를 않았다. 이제 『송사宋史』에 의하여 그 사실을 서술하였다.

1. 우리나라가 전란의 피해를 입은 것은 모두 중국의 역사서[史記]에서 징험하여 그 전화戰禍의 근원을 규명해서 서술하였다.

1. 충숙왕忠肅王과 충혜왕忠惠王이 즉위하고 복위한 경우에 각각 칭원稱元(즉위년을 원년으로 하는 것)을 한 것은 『고려사』의 옛 체례에서 매우 큰 착오이다. 이제 모두 그것을 바로잡았다.

1. 역사가가 구두句讀를 하거나 글을 쓰는 방법은 법례法例가 있다. 우리나라 사람들은 서술하는 방법의 요령을 잘 몰라서 왕왕 비속어[俚語]로 보충하였다. 이제 바꾸어 다른 글자로 대신 쓰고 의심이 되는 곳에는 감히 한 글자도 바꾸어서 두찬杜撰을 하지 않았다. 다른 책에서 인용하여 첨입한 것은 모두 인용한 곳을 표시하였다.

1. 역대의 역사서는 모두 외이外夷를 부록으로 하였다. 이제 그에 따라서 거란, 일본 등의 열전을 만들었다.

1. 중국의 두 한 나라, 진, 남북조, 당, 송에서 역사를 서술하는 것은 모두 본기

---

8 『송감宋鑑』이란 유시거劉時擧가 쓴 『속송편년통감續宋編年通鑑』의 간칭.

9 서거정徐居正 등이 왕명을 받아 1485년에 신라 초부터 고려 말까지의 역사를 엮은 역사서. 56권 28책. 단군조선에서 삼한까지는 자료 부족으로 외기外紀로 따로 분류하여 책머리에 다루었다.

와 열전을 중시하였다. 『통감강목通鑑綱目』[10]은 사관史官이 편찬 한 것이 아니어서 바로 여러 역사의 본기와 열전을 개괄하여 만들었다. 그러므로 문장이 반짝하고 볼 만하다. 우리나라는 비록 열전이 있지만, 그 문장은 속되고 전아하지 못한데, 『동국통감東國通鑑』 등의 서적에서도 문장을 그대로 따랐다. 그래서 중국 역사서의 우아함에는 미치지 못한다. 이에 열전을 가지고 생략하고 더하고 빼고 윤문하여, 사건은 전보다 10분의 1이 증가하였지만 문장은 전의 10분의 6으로 줄였다. 그리하여 역사를 서술하는 사람이 편년별로 큰일을 기록해 넣어 우리나라의 대전大典을 완성하기를 기대한다.

10 주희朱熹(1130~1200)가 지은 중국의 역사서. 주 3에 자세히 소개하였음.

| 휘찬여사 권1 |

세가 1

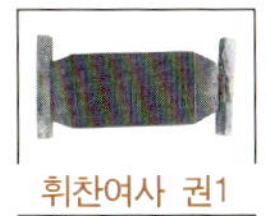

세가世家 1

당나라가 망하고 신라도 끝이 나자 고려 태조가 삼국을 통일하여 동쪽에 자리 잡았네. 융적(거란)을 내치고 송나라에 신복하니 (국교가) 이미 끊어졌다가 다시 통하였네. 왕통을 전하면서 치세를 이루었고 금나라와 화친하여 강역을 보존하였지만, 국가의 운명이 중간에 비색하여 왕의 권한을 신하에게 빼앗겨 죄인·승려·무인들이 도리어 높은 자리를 차지함에 세상이 권흉들에게 넘어갔다네. 신성한 왕가의 체통을 쓸모없는 것으로 만들어 버리자 해도海島(강화도)에서 두려워하며 엎드려 지내니 사직의 모습은 전도되었네. 원나라 군사가 역적을 죽이어 옛 문물을 복구하자 금나라는 팽창하다가 넘어졌고, 송나라는 파리하게 전복되었네. 명나라가 위엄을 떨치니 몽골이 북쪽으로 도망함에 (고려는) 나라가 작은데도 존속하였고 (원나라는) 큰 나라이지만 먼저 망하였다네. 금릉에 조공을 바쳐 바른 논의가 크게 떨쳤는데도 초나라 황헐黃歇(춘신군春申君)이 미씨芈氏(초나라 왕의 성)를 어지럽혔듯이[1] (고려가) 정책을 잘못 정하여 요동을 공격하자 국운이 끝나고 덕이 다하여 왕요王瑤(공양왕)에서 끝이 났다네. 아! 흐린 구름 헤치니 태양이 떠오르고, 진인眞人(이성계)이 일어나니 예교禮敎가 일어나네. 32왕의 세가를 쓰노라.

1 신돈이 반야와 관계를 가져 신우辛禑를 낳았다는 말.

태조 신성왕 세가太祖神聖王世家

태조 신성왕의 성은 왕씨이고 이름은 건建이며 자는 약천若天인데, 한주漢州 송악군松嶽郡 사람이다. 아버지 융隆은 웅의雄毅하여 삼한을 병탄할 뜻을 가지고 있었다. 한씨韓氏와 결혼하여 송악松嶽의 남쪽에 집을 짓고 살았는데, 어떤 도인이 와서 감탄하기를 "이 땅에서 성인이 나올 것이다." 하고, 곧장 글로 써서 융에게 주면서 "미래의 대군자大君子에게 경배하라."고 하였는데, 그 글은 비밀이어서 세상에서 알지를 못하였다. 다음해에 왕건이 그 집에서 태어나니 자색 기운이 집을 감쌌는데, 형상이 마치 유룡游龍같았다. 때는 건부乾符 4년(877) 정유년이었다. 왕건이 나이가 17세가 되었을 때에 도인이 또 와서 청하여 보고 말하기를 "족하足下는 백육百育의 기회[2]를 만났으니 삼계三界의 창생들이 공이 홍제弘濟하기를 기다리고 있다."고 하고, 이어서 군사를 내서 진을 치는 법과 망질감통望秩感通의 이치[3]를 알려주었다. 이때를 당하여 당 나라 왕실은 쇠미하여 천하가 대란에 휩싸이고 신라는 쇠약하여 동토東土가 분열되어 있었다. 견훤甄萱이 남주南州를 거점으로 백제를 칭하고, 궁예는 고구려의 땅을 근거로 하여 철원에 도읍을 하고 국호를 태봉泰封이라고 하였다. 왕융이 군사를 가지고 궁예에게 귀의하니, 궁예가 기뻐서 왕융을 금성태수金城太守로 삼았다. 왕융이 궁예에게 설득하기를 "대왕께서 조선·숙신·변한 땅의 왕이 되려면 송악에 성을 쌓아 나의 아들 왕건에게 주관하게 하십시오." 하니, 궁예가 그 말을 따랐다. 곧 도읍을 송악으로 옮기고 왕건에게 정기대감精騎大監의 직위를 주고 광·충·청주廣忠清州를 정벌하도록 하여 모두 토평하자 아찬阿粲 벼슬을 주었다. 곧 왕건에게 명하여 수군으로 서해로 나아가서 금성군錦城郡을 공략하도록 하여 금성군을 빼앗아 나주羅州를 두었다. 양주良州에서 급보를 고하자 또 왕건에게 명하여 양주를 구하도록 하였는데, 돌아오자 궁예가 변방의 일에 대하여 질문을 하였다. 왕건이 변방을 안정시키

---

2 『음양서陰陽書』에 "1백 6년 만에 세상에 액운厄運이 온다." 하였다.

3 등급에 따라 산천에 망제望祭를 지내어 감통하는 이치.

고 영토를 개척하는 대책을 올리니, 좌우 사람들이 주목을 하였고, 궁예도 역시 기이하게 생각하였다.

천우天佑 원년 갑자년(904)

○ 당唐 나라가 주전충朱全忠에게 겁탈을 당하여 낙양洛陽으로 천도하였다.

(천우) 2년 을축년(905)

○ 궁예가 철원으로 환도하였다. 병인년(906)에 왕건에게 명하여 상주尙州를 공격하도록 하여, 견훤과 전투하여 여러 차례 승리를 거두었다.

○ 다음 해 정묘년(907)에 주전충이 당 나라를 찬탈하여 양제梁帝를 칭하고, 궁예는 신라를 병탄하려고 멸도滅都하겠다고 외치며 교만하고 탐학한 것이 매우 심하였다. 왕건이 두렵게 생각하여 외직에 나가려고 궁예를 만나니, (궁예가) 왕건에게 대장군의 직위를 주어 나주에 진鎭을 설치하도록 하였다. 왕건이 성의를 다하고 군사를 어루만지며 위엄과 은혜를 병행하니 장수와 군사들이 모두 분격하여 일어나 육지와 바다가 모두 두려워 복속하였다. 광주光州에 주둔하여 견훤의 배가 오월吳越에 들어가는 것을 노획하였으며, 진도군珍島郡을 공격하여 빼앗았다. 견훤이 나주를 포위하고 오랫동안 풀지 않자, 왕건이 군사를 진격시켜 나주를 구출하였다. 견훤이 함선을 정렬시키고 군사들이 번쩍거리니, 여러 장수들이 두려워하는 기색이 있었는데, 왕건이 바람을 타서 불을 질러 견훤의 배를 태우고 급히 공격하여 크게 격파하였다. 견훤이 조그만 배로 도망하여 돌아가고, 왕건은 반남현潘南縣의 포구에 주둔하였다.

압해현壓海縣에 해적 두목 능창能昌이 있었는데, 수전水戰을 잘하여 달구獺寇라고 불렀다. 갈초도葛草島의 해적과 모의하여 왕건이 오기를 기다렸다가 해치려고 하였다. 왕건이 여러 장수들에게 "능창이 내가 왔다는 소식을 듣고 섬의 해적들과 힘을 합하면 승패를 알 수가 없다. 헤엄을 잘 치는 자와 가벼운 배를 가지고 밤에 갈초 항구에 매복하였다가 왕래하며 일을 계획하는 자들을 잡으면 그 모의를 무너뜨릴 수 있다."고 하고, (그러한 군사를) 파견하여 과연 한 조그만 배를 잡았는데, 바로 능창이었다. 궁예에게 보내니, 궁예가 능창의 얼굴에 침을 뱉으며 말하기를, "해적의 두목이 이제 포로가 되었으니 어찌 나의 귀신같은 계략이 아니겠는가." 하고, 그를 참하였다. 이에 삼한의 땅을 궁예가 3분의 2를 가지게 되었는데, 왕건의 공로였다. 왕건에게 파진찬 겸 시중波珍粲兼侍中을 더해주고 그를 소환하였다. 수군의 임무는 부장副將인 김언金言에게 위임하고 정벌하는 계획은 건의를 한 후에 행하라고 하였다. 왕건의 지위가 여러 관료의 위에 있었으나 본래의 뜻이 아니었고 또 참소를 두려워하여 그 자리에 있는 것을 즐겁게 생각하지 않았다. 매번 공문公門(관아)에 출입하여 공정하게 국정을 처리하고 감정을 억제하고 근신하며 여러 사람들의 마음을 얻으려고 힘썼다. 어진 사람을 좋아하고 악인을 질시하는 것이 천성에서 나와서, 다른 사람이 모함을 받으면 문득 구해서 해명해주었다. 궁예가 참언을 좋아하니 남을 헐뜯어 비방하는 일이 날로 성하여 그에 연루된 자들이 옥에 가득 찼으나 여러 해가 되도록 판결을 내리지 않았다. 왕건이 신문하여 그 자리에서 진위를 가려서 참소한 흉악범들을 죽이니, 여론이 상쾌하게 생각하였다. 이로부터 공훈이 있고 어진 사람들이나 종실, 지모가 있는 유아儒雅한 부류는 왕건을 좋아하고 사모하여 기꺼이 복종하지 않는 사람이 없었다.

왕건은 화가 미칠 것을 두려워하여 다시 외방의 군사 임무를 요청하니, 이에 수군을 거느리고 나주에 가라고 명하였다. 백제 및 바다의 도적들이 그가 다시 온다는 소문을 듣고 모두 두려워하며 숨어서 감히 움직이지를 않았다. 왕건이 돌아와 복명을 하였다.

이때 궁예는 무도한 짓을 마음대로 행하였는데, 처 강씨康氏가 정색을 하고 간하니, 궁예가 노하여 불에 달군 쇠몽둥이로 강씨를 때려서 살해하였으며 그 두 아이들마저도 반역을 꾀한다고 무함하여 하루에 수백 인을 주살하니 장상과 대신들도 걸핏하면 해를 입게 되니 모두가 원망하며 두려워하였다.

일찍이 왕건을 급히 소환하여 들어오게 한 후, 노한 눈으로 보면서 말하기를, "경이 지난 밤에 여러 사람을 모아서 모반을 한 것은 어째서인가?" 하자, 왕건이 안색을 그대로 하면서 말하기를, "어찌 이러한 일이 있겠습니까?" 하자, 궁예가 "경은 나를 속일 수 없다. 나는 능히 마음을 볼 수 있다. 그래서 아는 것이다." 하고, 눈을 감고 뒷짐을 지고는 한참 동안 하늘을 우러러보고 있었다. 장주掌奏 최응崔凝이 곁에 있다가 일부러 붓을 떨어뜨리고 뜰에 내려와 이를 줍고는 곧이어 빠른 걸음으로 왕건의 곁을 지나면서 귓속말을 하였다. 왕건이 곧 깨닫고 말하기를, "신이 진실로 반역을 꾀하였으니, 그 죄가 죽어야 마땅합니다." 하니, 궁예가 크게 웃으면서 말하기를, "경은 정직하다고 하겠다." 하면서, 곧 금으로 장식한 말안장을 하사하였다. 그러면서 "경은 다시는 나를 감히 속이려고 하지 말라."고 하였다. 보장步將 강선康瑄 등을 부장副將으로 삼고 전함 백여 척을 더 만들었다. 큰 배는 가로가 16보步이고 위에는 누각을 만드니 (튼튼하여) 말도 지나갈 수 있었다. 다시 나주로 가니, 이해에는 남방에 기근이 들어서 도적이 일어나고 사졸들도 반은 풀을 먹었다. 왕건이 진심으로 구제를 하니 남쪽 변방이 무사하였다.

이때 시중 왕건의 위세와 덕망이 날로 융성하여 여러 장수들이 몰래 추대하려는 뜻이 있었다. 궁예는 횡포하고 신통한 식견이 있다고 하여 일찍이 왕건을 이상하게 생각하여 여러 번 살해하려고 하였으나 그 뜻을 이루지 못하였다. 대개 신라와 백제를 병합한 후에 살해하려고 한 것이다.

정명貞明 4년(918) 여름 6월 병진일에 태봉의 여러 장수들이 시중(왕건)을 왕으로 옹립하자 궁예는 도망하다가 죽었다. 이전에 당나라 상인 왕창근王昌瑾이 한 낡은 거울을 사서 저자에 걸어놓았는데, 햇빛이 비스듬하게 비치면 은은하게 작은 글자가 나타나 읽을 수가 있었다. 그 글에 "삼수 중간 사유 밑에 상제가 아들을 진한과 마한에 내렸네[三水中四維下 上帝降子於辰馬]. 법뢰를 떨치고 신전을 휘두르니 사년 중에 두 용이 나타나리[振法雷揮神電 巳年中二龍見]. 하나는 청목 속에 몸을 숨기고 하나는 흑금 동쪽에서 현신하네[一則藏身青木中 一則現身黑金東]. 먼저 계림을 잡고 나중에 압록강을 붙잡으리[先操鷄後搏鴨]. 운이 일삼갑에 가득하네[運滿一三甲]."라고 쓰여 있었다. 이것을 궁예에게 아뢰니, 궁예가 경탄하며 기이하게 생각하여, 송함홍宋含弘·백탁白卓·허원許原에게 해석하도록 하였다. "'진마辰馬'라는 것은 진한과 마한이요, '청목송青木松'이라는 것은 송악군 사람이 군주가 될 수 있다는 것을 말하는 것입니다. 왕 시중에게 왕후의 관상이 있는데 이것인 것 같습니다. '흑금철黑金鐵'은 지금 도읍을 하고 있는 철원을 말하는 것입니다. 지금의 군주는 이곳에서 멸망한다는 것 같습니다. '조계박압操鷄搏押'이라는 것은 왕 시중이 나라를 즉위한 후에 먼저 계림을 취하고 나중에 압록을 수복한다는 뜻입니다."라고 해석하였다. 그러나 다 해석한 후에 서로 말하기를 "사실대로 말하면 왕 시중이 반드시 해를 당할 것이고 우리들도 연좌될 것입니다."고 하여, 마침내 다른 말로 고하였다.

기장騎將 홍유洪儒·배현경裵玄慶·신숭겸申崇謙·복지겸卜智謙 등이 밤에 왕건의 집에 갔다. 부인 유씨柳氏가 옆에 있자, 여러 장수들은 부인이 그 계획을 듣지 못하게 하려고 하니, 부인이 일어나 나갔다. 여러 장수가 이에 말하기를 "국내[宇縣]가 분열되고 떼도둑이 구름처럼 소요를 하니 주상께서 팔을 걷고 한 번 호령을 하시면 드디어 요좌遼左에 나라가 서고 안정이 될 것입니다. 두 해 남짓 동안 음형淫刑이 끝이 없어서, 부인을 찢어 죽이고 아들을 박살내며 대신을 주륙하고 백성들은 도탄에 빠져서 하늘[神天]에 울부짖고 있습니다. 상商나라의 폭군 주紂의 악행도 이처럼 심하지는 않았을 것입니다. 어두운 군주를 폐하고 밝은 군주를 세우는 것이 천하의 대의입니다. 저희들은 원컨대 밝으신 공을 받들고 은殷나라를 멸망시키고 주周나라를 세웠던 일을 실행하고자 합니다." 하니, 시중이 크게 놀라고 정색을 하며 말하기를 "나는 본래 충의로 자처하는 사람인데, 왕이 비록 폭란하다고 해서 감히 두 마음을 품을 수 있겠는가? 신하가 군주를 방벌放伐하는 것을 혁명이라고 하는데, 탕왕과 무왕의 거사는 차마 들을 수 없소. 연릉계자延陵季子[4]가 말하기를 '나라를 소유하는 것은 나의 절개가 아닙니다'라고 했으니, 내가 비록 부덕하지만 가만히 생각해보건대, 연릉의 절개를 따르겠습니다."라고 하였다. 여러 장수들이 "때는 만나기가 어렵고 쉽게 잃습니다. 하늘이 주었는데, 취하지 않으면 도리어 그 허물을 받습니다. 적자赤子같은 백성들이 독통毒痛을 감내하지 못하고 밤낮으로 신음하면서 공만 바라만 보고 있습니다. 공덕이 높은 사람은 시기를 당하고 권세가 높아지면 주륙을 당하게 될 것입니다. 지금의 덕망이 공보다 높은 사람

4 연릉계자延陵季子 : 계찰季札. 춘추시대 오왕 수몽吳王 壽夢의 넷째 아들. 공자찰公子札이라고도 한다. 왕위를 위하여 상주常州 무진초계武進焦溪의 순변산舜邊山 밑에 가서 사람들이 연릉계자延陵季子라고 칭하였다.

은 없습니다. 대중들의 인기가 공을 위태롭게 하는 것입니다. 공이 만약 따르지 않는다면 우리들도 곧 살해될 것입니다. 하물며 왕창근王昌瑾(당나라 상인)의 거울에 나오는 글[鏡文]이 저와 같은데, 어찌 천명을 거스르고 인망을 위배하여 독부獨夫의 손에 죽겠습니까?" 하였다. 시중은 더욱 완고하게 거절하였다. 부인이 몰래 그것을 듣고 갑자기 휘장에서 나와 "정의를 들어 학정을 대신하는 것은 옛날부터 그랬습니다. 지금 여러 분들의 말씀을 들으니 소첩은 더욱 분기할 것을 생각하게 됩니다. 하물며 대장부가 그러십니까?" 하고 손으로 갑옷을 들어 입혔다.

이에 여러 장수들이 (왕건을) 부축하고 옹위하며 나왔다. 여명黎明에 곡식을 쌓은 위에서 예를 마치고 사람들을 시켜 달려가 부르짖기를 "왕공이 의기를 들었다. 나라 사람들은 궁문에 모여서 북을 치며 기다리라."고 하였다. 궁예가 놀라서 "왕공이 이겼다. 나는 끝났다."고 하고 미복微服으로 북문으로 나가서 도망하였다.

내인內人이 궁전을 청소하고 맞이하여 포정전布政殿에서 즉위를 하고 국호를 "고려"라고 하였다. 천수天授라고 개원하고 김행도金行濤를 광평시중廣評侍中, 검강黔剛을 내봉령內奉令, 임명필林明弼을 군부령軍部令, 임희林曦를 병부령兵部令, 진원陳原을 창부령倉部令, 염장閻萇을 의형대령義刑臺令으로 임명하였다. 이들은 모두 단정한 성품을 가지고 왕건을 좌명佐命하는 공훈을 세운 자들이다. 임적여林積璵, 능준能駿, 권식權寔, 김연金堧, 최문崔汶은 본래 청근한 것으로 칭송을 받아서 모두 경卿으로 삼았다. 소판蘇判, 종간宗佩 등은 궁예의 총애를 받아 선량한 사람들을 무함하였고, 장군 환선길桓宣吉, 이흔암伊昕巖은 모반하였으므로 모두 주살하였다. 홍유 등 4인은 제1등으로, 견권堅權 등은 제2등으로, 2,000여 인을 제3등으로 서훈하였다.

왕이 드디어 말하기를 "짐과 공들은 백성을 구하려는 뜻이 절실하여 신하의 절개를 지킬 수가 없었다. 이를 공으로 한다면 어찌 부끄럽지 않겠는가. 그러나 공이 있는데 상을 주지 않는 것도 장래를 권장하는 방법이 아니기에 오늘의 상이 있게 된 것이다." 고 하였다. 이에 유일遺逸을 예로 모시고 귀부자歸附者를 받아들였으며, 백성들에게 벼를 하사하고, 백성 중에 자식을 팔아서 종[奴]이 된 자 1,000구를 기록하여 내고內庫의 포를 내서 속량贖良하도록 하고, 백성들을 평양으로 이주시키고 왕식렴王式廉을 파견하여 수비하게 하였다.

태조 2년(919) 기묘

○ 봄 정월, 송악의 남쪽에 도읍을 정하고 궁궐을 개창하였다. 3성省 6관官 9시寺를 설치하고 시전을 세웠으며 방리를 구획하여 5부를 나누고 6위衛를 두었다.

○ 3월, 10찰을 창건하고 3대를 추숭하였다. 증조고曾祖考를 시조로 삼고, 조고祖考는 의조懿祖, 고考는 세조世祖로 하였다. 비妣 한씨는 위숙왕후威肅王后로 하였다.

태조 3년(920)

○ 봄 정월에 신라왕이 사신을 보내 내빙來聘하였다.

○ 겨울 10월에 견훤이 신라를 침략하자 (신라가) 와서 구원을 청하였다. 왕이 군사를 파견하니 견훤이 듣고 물러갔다.

태조 4년(921)

○ 봄에 달고적達姑狄이 등주登州를 거쳐서 신라를 침략하였는데, 그를 공격하여 사로잡았다. 신라 왕이 사례하였다.

○ 겨울 12월에 아들 무武를 책봉하여 정윤正胤으로 삼았다.

태조 5년(922)

○ 겨울에 서경에 순행하였다.

태조 6년(923)

○ 겨울 10월에 (후)당 군주 이존욱李存勖이 (후)량梁을 멸하였다. 처음에 이존욱의 아버지 이극용克用이 당나라 말기에 주전충朱全忠과 서로 싸웠는데, 주전충이 당나라를 대신하고 이극용은 진晉나라의 왕이 되자, 천하가 분열되었다. 송문통宋文通, 왕기王岐, 양행楊行이 몰래 회남淮南, 건建, 촉蜀 지역의 왕이 되었다가 칭제를 하였다. 전류錢鏐는

오吳 지방의 왕이 되고, 월왕越王은 민閩 땅을 점거하고 마씨馬氏는 호남을 점거하고, 유씨劉氏는 광廣 땅을 점거하였다. 이때 천하는 일이 많아서 다시는 우리나라와 통교를 하지 못하고 오직 오월에서 때때로 견훤과 통교하였다. 오월 나라의 문사가 고려에 온 자가 있어서 왕이 후하게 대우하였다.

이극용이 졸하사 아들 이존욱이 그 뒤를 이었다. 주전충이 그 아들에게 시해를 당하고 마지막 황제가 세워졌으나 (후)량은 혼란하게 되었다. 이해 4월에 이존욱이 위주魏州에서 황제를 칭하고[稱帝] 국호를 당(후당)으로 하였다. 당 군주가 군사를 이끌고 강을 건너서 대량大梁으로 들어가니, 후량 군주는 자살을 하고 나라는 망하였다. 거란 군주 아보기阿保機가 황제를 칭하고 개국을 하였는데, 이때가 (태조) 8년(925)이다.

태조 7년(924)

○ 가을에 견훤이 아들 수미강須彌康 등을 보내어 조물군曹物郡을 침략하였다. 장군 애선哀宣에게 명하여 구원하게 하니, 애선이 전사하였으나 조물군 사람들이 견고하게 지키니 수미강 등은 이기지 못하고 돌아갔다.

○ 9월에 신라왕이 훙거하자, 왕이 사신을 보내어 조문하였다.

태조 8년(925)

○ 발해국이 거란에게 멸망을 당하였다. 발해국의 대신과 군민軍民이 서로 이어서 도망하여 왔다.

○ 겨울 10월에 정서대장군征西大將軍 유금필庾黔弼을 파견하여 백제를 공격하였고, 왕은 곧 스스로 장수가 되어 견훤과 조물군에서 전투를 하였다. 유금필이 군사를 이끌고 와서 합세를 하니, 견훤이 두려워서 강화를 청하였다. 외조카[外甥]인 진호眞虎를 인질로 하고 왕도 역시 당제堂弟인 왕신王信을 인질로 교환하였다. 견훤이 왕보다 연장이어서 상보[尙父]로 칭하였다. 다음 해 여름에 견훤의 인질이 병사하자 견훤은 왕이 그를 살해하였다고 하여 왕신을 죽이고 웅진熊津으로 군사를 진격시켰다. 왕은 여러 성에

명하여 성을 굳게 지키고 나오지 말도록 하면서, "내가 견훤을 두려워하는 것이 아니고, 견훤의 악행이 가득차서 저절로 넘어지기를 기다리는 것이다."라고 하였다.

○ 처음으로 장빈張彬을 (후)당에 보냈는데, 장종莊宗이 반란을 일으킨 병사들에게 시해 당하고 이사원李嗣源이 업鄴 땅에서 들어와 황제가 되었는데, 이 이가 명종明宗이다. 다음 해에 임언林彦을 후당에 보냈다.

태조 10년(927)

○ 봄 정월에 왕이 백제의 용주龍州를 정벌하여 항복을 받았고, 운주運州에 들어갔다. 웅주熊州를 공격하였으나 이기지 못하였다.

○ 가을 8월에 강주康州를 점령하니 백제의 여러 성이 많이 귀부하였다.

○ 9월에 견훤이 신라 고울부高鬱府{지금의 영천}에 진격하자, 신라가 위급함을 고하였다. 왕이 시중 공훤公萱을 파견하고 장병 1만 명을 주어서 구원하게 하였는데, 도착하기 전에 견훤이 갑자기 신라의 수도에 진입하였다. 그때 신라의 왕과 비빈妃嬪, 종척宗戚들이 포석정鮑石亭에 나가서 놀고 있었는데, 군사가 온다는 소식을 듣고 왕과 부인들이 성남궁城南宮으로 도망하여 숨었다. 시종하는 신하들과 영관伶官(하급 관료), 궁기宮伎(궁중의 예능인) 등이 모두 사로잡혔다. 견훤이 왕궁에 들어가 군사를 풀어 대대적으로 약탈을 하고 왕을 색출하여 군중軍中에 놓고 자진自盡할 것을 강요하고 강제로 왕비를 욕보였다. 표제表弟인 부傅를 왕으로 세우고, 자녀와 여러 공인[百工], 병장기兵仗器, 진귀한 보물을 취하여 돌아갔다. 왕이 그 소식을 듣고 크게 노하여 사신을 보내어 조문하고 제사를 지내고 친히 정기精騎 5,000명을 이끌고 공산동수公山桐藪에서 맞이하여 크게 전투하였으나 이기지 못하였다. 견훤의 군사가 왕을 포위하여 매우 위급하게 되었는데, 대장군 신숭겸申崇謙과 김락金樂이 힘써 싸우다 죽었고, 왕은 겨우 죽음은 면하였다.

○ 겨울 12월에 견훤이 왕에게 서신을 보내왔는데, 말이 매우 거만하였다.

태조 11년(928)

○ 봄에 왕이 답장하여 말하기를 "족하足下는 작은 이익을 보고 대의大義를 잊어서,

기전畿甸에 침입하여 궁궐을 불사르며 군왕을 참륙斬戮하였으며, 중곤中壼(왕비)을 욕보이고 신하卿士들을 죽였으며, 사민士民을 도륙하였으니 가히 원악元惡과 대죄大罪가 왕망王莽과 동탁董卓보다 더하다고 하겠습니다. 나는 하늘이 무너진 것에 원한이 깊고 해를 돌이키려는 정성으로 기필코 저수泜水 진중陣中에서 장이張耳가 온갖 원한을 씻었듯이,[5] 오강烏江(항우項羽가 최후에 자살한 곳) 기슭에서 한왕漢王이 일전一戰의 승리를 이룩했듯이, 마침내 풍파를 그치게 하여 길이 바다를 맑게 할 것이오. 하늘이 돕고 있는데 천명이 어디로 돌아가겠소." 하였다.

○ 가을 8월에 견훤이 관흔官昕을 시켜서 양산陽山에 성을 쌓았다. 왕이 왕충王忠을 보내어 공격하여 쫓아내고 오어곡성烏於谷城을 취하였다.

○ 겨울에 견훤이 오어곡성을 빼앗고, 장군 양지楊志와 명식明式 등 6인이 견훤에게 항복하였다. 왕이 군사를 집합시켜 6인의 처자를 죽이고 조리를 돌렸다.

태조 12년(929)

○ 가을 7월에 견훤이 갑졸甲卒 5,000명으로 의성부義城府를 침략하였다. 장군 홍술洪術이 전사하자, 왕이 매우 슬프게 곡을 하였다.

○ 겨울에 견훤이 고창군古昌郡을 포위하자 왕이 스스로 장수가 되어서 구원하였다.

태조 13년(930)

○ 봄 정월에 왕이 군의 북쪽 병산甁山에 진을 치고, 견훤은 석산石山에 진을 쳐서 서로 거리가 500보步였는데, 크게 싸워서 저녁이 되었다. 견훤이 패주하고, 시랑侍郎 김악金渥을 사로잡았다. 죽은 자가 8,000여 명이었다. 보고가 도착하자 신라왕이 사신을 보내어 뵙기를 청하고 신라의 왕이 될 것을 청하였다. 동쪽 바닷가의 주군州郡 110성이 와서 항복하였다.

---

5 초楚·한漢 때에 장이張耳와 진여陳餘가 처음에는 매우 친한 사이였으나 중간에 원수가 되어 결국은 장이가 저수泜水의 싸움에서 진여의 목을 베었다.

○ 겨울에 서경에 행차하여 학교를 창립하였다.

태조 14년(931)

○ 봄 2월 신해일에 왕이 신라에 가니, 백관이 교외에서, 상국相國은 성 밖에서 맞이하고, 신라왕은 문밖에 나와서 응대하였다. 신라왕이 절을 하자 왕도 역시 절을 하였다. 신라왕이 좌측으로, 왕은 우측으로 가서 읍을 하고 서로 양보하며 올라갔다. 왕은 여러 신하들에게 신라왕에게 절을 하도록 하였다. 술을 마시자 신라왕은 눈물을 흘리며 견훤에 대해서 말하니 좌우의 사람들이 모두 눈물을 흘리고 왕도 역시 울었다.

○ 여름 5월 계미일에 왕이 돌아가자, 서울(경주)의 남녀가 모두 감격하며 울며 서로 경하하기를 "견훤이 이르자 마치 표범과 호랑이를 만난 것 같더니 왕공이 오니 마치 부모를 만난 것 같다."고 하였다.

태조 15년(932)

○ 여름 5월에 서경에 큰 바람이 불었다. 왕이 여러 신하들에게 칙명을 내려, 천명天命이란 것이 쉽지 않고, 참화와 재앙이 두렵다고 하였다. 큰 별[大星]이 동방에 보였다.

태조 16년(933)

○ 봄 3월에 (후)당에서 태복경太僕卿 왕경王瓊, 태부소경太府少卿 양소업楊昭業을 보내어 책봉을 하고 왕에게 '태보 사지절현도주도독 상주국 고려국왕太保使持節玄菟州都督上柱國高麗國王'을 수여하고, (왕비) 유씨柳氏에게는 '하동군부인 고려왕비河東郡夫人高麗王妃'를 수여하였다. 이때에 오吳 땅은 양씨楊氏, 민閩 땅은 왕씨王氏가 모두 이미 황제를 칭하였고, 촉蜀 땅에는 왕씨가 견훤이 신라에 들어가던 해에 후당 장종莊宗에게 멸망을 당하였다. 맹지상孟知祥이 촉 땅에 들어갔다가 이때에 이르러 황제를 칭하였다. 그 후 오 땅의 양씨는 서씨徐氏에게 선양을 하였는데, 스스로 당의 후손이라고 말하고 나중에는 성을 이씨李氏로 바꾸어 남당南唐 황제라고 칭하였다. 광 땅의 유씨도 역시 황제

를 칭하였는데, 왕이 공손히 중국을 섬긴 것은 이때부터이다. 천수天授 연호를 없애고 후당의 연호[正朔]를 썼다.

○ 겨울 11월에 (후)당 군주가 죽었다[殂].

태조 17년(934)

○ 노왕潞王 종가從珂가 민제閔帝를 폐하고 자립하였다.

○ 여름 5월에 왕이 예산진禮山鎭에 행차하여 조칙을 내렸다. "신라의 정치가 쇠하여 전 군주(궁예)가 터전을 열었으나 그 말년에는 독이 아래 백성에까지 퍼져서 짐이 위급한 것을 이어서 이 새로운 나라를 만들었다. 경륜이 초매草昧하여 아직 편안히 처하지를 못하였고 노역勞役에 상처를 입어 남녀가 아직 쉬지를 못하고 있어서 유망한 것이 이미 많고 호소하는 것도 번잡하다. 왕친王親과 권세 있는 집들이 포학하게 약자를 능멸하여 우리 적자赤子들을 얼마나 괴롭히는지 어찌 알겠는가? 내 한 몸으로 어떻게 능히 집집마다 찾아가 눈으로 직접 볼 수 있겠는가? 공경장상公卿將相들은 각각 가신을 파견하여 무지한 무리들이 녹읍에서 매우 지독하게 거둬들이기를 일삼는다면 너희들이 또 어떻게 능히 이를 알 수 있겠는가. 비록 혹 이를 안다 하더라도 또한 금지시키지 않고, 호소하는 백성이 있어도 관리들은 번갈아 저희들끼리 서로 숨기고 도와주니, 원망과 비방하는 소리가 일어남은 주로 이에 말미암은 것이다. 내가 일찍이 일일이 이를 타일러 이런 줄을 아는 자에게는 더욱 힘쓰게 하고, 알지 못하는 자에게는 경계하도록 하고자 하였다. 그래서 그 명령을 어긴 자는 이미 따로 염권染卷(훈계)을 행했는데, 염권을 행한 후에도 오히려 다른 사람의 허물을 숨기는 것을 좋은 일로 여겨, 이를 들어 논하는 자가 없으니, 선하고 악한 사실을 내가 어떻게 들어 알 수 있으며, 이와 같이 한다면 어찌 절개를 지키고 허물을 고칠 자가 있겠는가? 너희들은 내가 훈계하는 말을 준수하고 나의 상벌을 따라서 죄가 있는 자는 벌이 자손에게까지 미치게 하고, 공이 많고 죄가 적으면 상벌을 참작하여 행하며, 잘못이 있는데 허물을 고치지 않으면 그 녹봉을 추탈할 것이다. 만약 뜻이 나라를 위하는 데 간절하여 평생토록 잘못이 없으면, 살아서는 영화와 녹을 누릴 것이요, 죽은 후에는 명

가名家라 일컫게 되어, 자손까지 우대하여 포상을 내릴 것이니 백세토록 우러러 좋은 규범으로 삼을 것이니 아름답지 않겠는가? 의당 너희 여러 신하들은 나의 지극한 뜻을 몸으로 실천하라."

○ 가을 7월, 발해 세자 대광현大光顯이 왔다.

○ 9월에 왕이 운주運州를 정벌하고 견훤과 싸워 그를 크게 패하게 하였다. 웅진 이북 30성이 내항하였다. 견훤의 아들이 10여 인인데, 넷째 아들 금강金剛이 크고 지혜가 많아서 견훤이 그를 총애하여 그 왕위를 전위하려고 하였다. 형들이 신검神劒·양검良劒·용검龍劒인데, 이찬伊粲 능환能奐이 양검·용검과 모의하여 신검에게 난을 일으키도록 하여, 견훤을 금산 불우金山佛宇{금산사. 금구金溝에 있다.}에 유폐시키고 금강을 살해하였다.

태조 18년(935)

○ 여름 6월에 견훤이 나주로 도망하여 조회朝會하기를 청하였다. 유금필庾黔弼을 보내어 해로海路로 그를 영접하였다. 그가 이르자 다시 견훤을 상보[尙父]라고 칭하고 양주楊州를 식읍으로 하사하였다.

○ 겨울 10월에 신라왕 김부金傅가 사신을 보내어 조회를 청하였다. 왕이 시중 왕철王鐵을 보내어 가서 회보하도록 하였다.

○ 11월 갑오일에 신라왕이 드디어 백관을 거느리고 왕도를 출발하니, 사대부와 서민들이 모두 그를 따랐다. 향거香車와 보마寶馬가 30여 리에 이어졌다. 계묘일에 신라왕이 개경에 들어오니, 왕이 의장儀仗을 갖추고 교외에 나가서 맞이하며 위로하고, 유화궁柳花宮에 머무르게 하고 장녀인 낙랑공주樂浪公主를 그에게 시집을 보냈다.

○ 기미일에 신라왕이 글을 올리기를, "본국이 나라의 운수가 이미 다하였으니 신하의 예를 갖추어 뵙기를 원합니다." 하였으나, 왕이 허락하지 않았다. 뭇 신하들이 아뢰기를, "하늘에는 해가 둘이 없고 땅에는 임금이 둘이 없는 법이니, 한 나라에 두 임금이 있으면 백성이 어떻게 견디겠습니까. 신라왕의 청을 들어 주소서." 하니 허락하였다.

○ 12월 임신일에 왕이 천덕전天德殿에 나아갔다. 백관들이 모이 모이고 신라왕을 뜰에서 회견하니[庭見] 뭇 신하들이 경하하는 소리가 궁궐에 진동하였다. 이에 김부를 정승政丞으로 삼고, 지위를 태자의 위에 두었다. 신라국을 없애고 경주慶州라 하였다.

○ 예빈경禮賓卿 형순邢順 등을 후당에 보내었다.

태조 19년(936)

○ 여름 6월에 견훤이 청하기를, "노신老臣이 멀리 창파滄波를 건너 임금께 와서 의탁하였으니, 임금의 위엄을 빌어 반역한 자식을 죽이기를 원합니다." 하였다. 왕이 처음에는 시기를 기다렸다가 군사를 움직이려 했는데, 그의 굳은 부탁을 불쌍히 여겨 그 말에 따랐다. 이에 먼저 정윤正胤(태자) 무武와 장군 박술희朴述熙를 보내어 보병과 기병 1만 명을 거느리고 천안부天安府로 가게 했다.

○ 가을 9월에 왕이 삼군三軍을 거느리고 천안부에 이르러 군사를 합쳐 일선군一善郡{지지地志에는 일모산군一牟山郡으로 되어 있는데, 지금의 문의文義이다. 의심컨대 일선一善일 것이다.}으로 나아가 주둔하였다. 신검神劒이 군사를 이끌고 이에 저항하였다. 갑오일에 일리천一利川{일리천은 아마도 연기 동진燕岐東津일 것이다.}을 사이에 두고 진을 쳤다. 왕이 견훤과 함께 군사를 사열하고, 견훤과 대상大相 견권堅權이 마군馬軍 1만 명을 거느리고, 대장군大將軍 능달能達 등이 보군 1만 명을 거느려 좌강左綱이 되었다. 대상大相 김철金鐵·홍유洪儒 등이 마군馬軍 1만 명을 거느리고, 대장군大將軍 삼순三順 등이 보군步軍 1만 명을 거느리어 우강右綱이 되었다. 대광大匡 왕순식王順式·왕렴王廉이 마군馬軍 2만 명을 거느리고, 대상 유금필庾黔弼 등이 흑수黑水·달고達姑·철륵鐵勒 등 제번諸蕃의 강한 기병[勁騎], 대장군 정순貞順·종희宗熙·김극종金克宗 등이 보병 5천 명을 거느리고 중군中軍이 되었다. 대상 공훤公萱이 여러 성의 군사 1만 명을 거느리고 원병援兵이 되었다. 이에 삼군三軍이 전고戰鼓를 울리며 앞으로 나아가는데, 문득 칼과 창 모양으로 된 흰 구름이 우리 군사 위에서 일어나 남쪽으로 향하여 갔다. 그러자 백제의 좌장군左將軍 효봉孝奉 등이 군사의 세력이 크게 성함을 보고 투구를 벗어 던지고 견훤에게 항복하였다. 이에 적병의 사기가 꺾였다.

왕이 효봉孝奉 등을 위로하면서 신검神劒이 있는 데를 물으니 중군中軍에 있다고 하자, 왕이 대장군 공훤公萱에게 명하여 바로 중군을 공격하게 하고, 삼군이 일제히 전진하여 공격하니 적병이 크게 무너졌다. 장군 흔강昕康 등 3천 명을 사로잡고, 5천여 명을 목베었다. 추격하여 황산군黃山郡{지금의 연산連山}에 이르러 탄령炭嶺을 넘어 마성馬城에 주둔하였다. 신검·양검良劒·용검龍劒이 문무 관료를 거느리고 항복하니 왕이 그들을 위로하였다. 사로잡은 백제의 장수와 군사를 모두 돌려보내고, 능환能奐을 죽였다. 양검과 용검은 진주眞州에 귀양보냈다가 얼마 뒤에 죽였다. 신검이 참람되이 왕위에 오른 일은 두 동생에게서 협박을 당하여 한 것이므로 그를 용서하였다. 그런데 견훤은 이것을 분하게 여기다가 황산黃山에서 졸하였다. 왕이 백제에 들어가 위문을 하고 장수와 사병들을 재능을 헤아려 임용하였으며, 군령이 엄하고 분명하여 추호도 범하지 않았으므로, 주현이 안도하고 어린이나 늙은이들이 만세를 불렀다.

○ (후)당의 하동절도사河東節度使 석경당石敬瑭이 이달에 군사를 일으켜 반란을 일으키고 사신을 거란에 보내어 신하를 칭하였다. 거란 군주가 5만 기병을 이끌고 원조를 하여 석경당을 황제로 세우고 국호를 진晉(후진)이라고 하였다. 이 사람이 후진 고조高祖이고, 후당 군주는 스스로 불타 죽었다.

○ 왕이 이미 삼한을 평정하고 나서, 신자臣子들에게 예의를 밝히고자 하여 드디어 『정계政誡』 1권과 『계백료서誡百僚書』 8편을 지어 조정과 민간에 반포하였다.

태조 20년(937)

○ 왕규王規와 형순邢順을 후진에 보내어 황제에 등극한 것을 축하하였다.

태조 21년(938)

○ 가을 7월에 후진後晉의 연호[正朔]를 시행하였다.

태조 22년(939)

○ (후)진에서 국자박사國子博士 사반謝攀을 보내서 왕을 책봉하여 '개부의동삼사 검

교태사開府儀同三司檢校太師'로 삼았다.

태조 23년(940)

○ 봄, 주州·부府의 호칭을 고쳤다.

○ 겨울에 공신각功臣閣을 세우고 삼한공신의 초상화[畵像]를 동서벽에 그렸다.

태조 24년(941)

○ 대상大相 왕신일王申一을 후진後晋에 보내어 방물方物을 바쳤다.

태조 25년(942)

○ 여름 6월, 후진 군주가 죽었다.

○ 겨울에 거란에서 사신을 보내어 낙타 50필을 가져왔다. 왕은 거란이 발해渤海와 약속을 어기고 멸망시켰으니 무도하다고 하고, 사신들을 바다에 있는 섬으로 귀양보내고, 낙타는 만부교萬夫橋 밑에 매어 놓아 모두 굶어 죽게 하였다.

태조 26년(943)

○ 여름 4월에 대광大匡 박술희朴述熙를 불러 『훈요訓要』 10편을 주었다.

{『훈요』에 이르기를, "내가 듣건대, 대순大舜은 역산歷山에서 밭을 갈다가 마침내 요堯의 선위를 받았고, 한漢 나라 고제高帝는 패택沛澤에서 일어나 드디어 한 나라 제업帝業을 일으켰다. 나 또한 가난하고 평범한 집안에서 일어나 사람들에게 잘못 추대되어 몸과 마음을 괴롭히며 삼한을 통일하였고, 외람되이 왕위에 있은 지 25년이니 이 몸은 이제 늙었다. 다만 염려되는 것은 후사後嗣들이 기분내키는 대로 욕심을 부려 기강을 무너뜨릴까 크게 근심스럽다. 이에 훈요를 기술하여 후세에 전하니 아침저녁으로 펴 보고 길이 귀감으로 삼기를 바란다.

1조. 우리나라의 대업大業은 반드시 여러 부처님의 호위를 힘입었다. 그러므로 사원을 창건하고 주지住持를 임명하여 각각 그 업業을 다스리도록 하였는데, 훗날 간특한 신하가 정권을 잡으면 중의 청탁을 들어주어 사원寺院을 다투어 서로 빼앗을 것이니, 꼭 이를 금지할 것이다.

2조. 모든 사원은 모두 도선道詵이 산수山水의 순역順逆의 형세를 추점推占하여 개창한 것이다. 도선이 말하기를, '내가 추점하여 정한 외에 함부로 더 창건하면 지덕地德을 손상시켜 왕업이 오래 가지 못할 것이다' 하였으니, 짐이 생각건대, 후세의 국왕·후비后妃·조신朝臣들이 각기 원당願堂이라 일컬으면서 행여 더 창건할까 크게 근심스럽다. 마땅히 금지하여야 한다. 신라의 말기에 부도浮屠를 앞다투어 짓다가 지덕地德을 손상시켜 망하기까지 하였으니 경계하지 않아서야 되겠는가.

3조. 적자嫡子에게 나라를 전하는 것이 비록 상례常禮라 하지마는, 요의 아들 단주丹朱가 불초하므로 요는 순에게 선위禪位했으니 실로 공심公心인 것이다. 무릇 원자元子가 불초하거든 그 차자次子에게 전하여 주고, 차자가 모두 불초하거든 그 형제 중에서 뭇 신하들이 추대하는 자에게 전하여 주어 대통大統을 계승하게 하라.

4조. 우리 동방은 옛날부터 당唐 나라의 풍속을 본받아 문물과 예악이 모두 그 제도를 준수하여 왔으나, 나라가 다르면 사람의 성품도 다르니 반드시 구차히 같게 하려 하지 말라. 거란契丹은 융로戎虜의 나라이므로 풍속이 같지 않고 언어 역시 다르니 부디 의관衣冠 제도를 본받지 말라.

5조. 짐은 삼한 산천의 드러나지 않은 도움을 힘입어 대업을 성취하였다. 서경西京은 수덕水德이 순조로워 우리나라 지맥地脈의 근본이 되니, 마땅히 사계절의 중월仲月에는 행차하여 머물러 나라의 안녕安寧을 이루도록 하라.

6조. 연등燃燈은 부처님을 섬기는 것이고, 팔관八關은 천령天靈·오악五嶽과 명산名山·대천大川과 용신龍神을 섬기는 것이다. 훗날 간특한 신하가 더하거나 줄이자고 건의하는 자가 있으면 꼭 그것을 금지해야 한다.

7조. 인군人君이 신하와 백성의 마음을 얻는 것은 매우 어려운 일이다. 그 마음을 얻으려면, 간諫하는 말을 따르고 참소를 멀리하는 데 요점이 있을 뿐이니, 간하는 말을 따르면 성스럽게 되며, 참소도 믿지 않으면 참소가 저절로 그치는 것이다. 또 백성을 시기에 맞추어 부리고 부역을 가볍게 하며, 납세를 적게 해 주고, 농사의 어려움을 알아주면,

저절로 민심을 얻어 나라가 부유하고 백성이 편안해질 것이다. 옛사람이 말하기를, '좋은 미끼가 있는 곳에는 반드시 고기가 낚시에 걸리고, 인덕仁德을 베푸는 곳에는 반드시 선량한 백성이 있다'고 하였으니, 상벌이 정당하면 음양이 순조로울 것이다.

8조. 차현車峴(차령산맥) 이남과 공주강公州江 밖은 산형山形과 지세가 모두 배역背逆하니 인심 역시 그러하다. 그 아래의 주군 사람이 조정의 정사에 참여하여 나라의 인척과 혼인하게 되면, 국헌을 변란하게 하거나 백제가 통합당한 원망을 품고 임금의 거둥하는 길을 범하여 난리를 일으키는 자가 반드시 있을 것이다. 비록 그 선량한 백성일지라도 벼슬 자리에 두어 권세를 부리게 하지 말아야 한다.

9조. 모든 관료들의 녹은 나라의 크기에 따라 이미 제도가 정해져 있으니, 늘이거나 줄여서는 안 된다. 또 고전古典에, '쓰는 데에 따라 녹을 제정하고, 관작官爵은 사정私情으로 주지 않는다' 하였으니, 만약 공이 없는 사람이거나 친근한 사람들이라고 헛되이 국록을 주게 되면 백성이 원망하고 비방할 뿐만 아니라 그 본인들 역시 복록福祿을 길이 누리지 못할 것이니 꼭 이를 경계해야 한다. 또 강한 나라(거란)가 이웃하고 있으니 편안한 때에도 위태로움을 잊지 말아야 한다. 병졸에게는 보호하고 구휼하며 부역을 참작하여 면제해 주어야 하며, 해마다 가을에는 용맹하고 날랜 인재를 사열査閱하여 그 중에서 뛰어난 자는 알맞게 계급을 올려 주어야 한다.

10조. 나라나 가정을 가진 이는 근심이 없을 때에 경계를 하여야 하니, 널리 경사經史를 보아 옛 일을 거울삼아서 오늘날의 일을 경계하라. 대성인이신 주공周公도 「무일無逸」 한 편을 성왕成王에게 올려 경계하도록 하였다. 마땅히 그림을 그려 벽에 걸어 두고 출입할 때마다 보고 반성하라." 하였다.

10훈요의 끝마다 모두 '마음속에 이를 간직하라[中心藏之]'는 네 글자로 끝맺었다. 이로부터 왕위를 이은 왕들이 서로 전하여 보배로 삼았다.}

○ 5월에 왕이 병환이 났다. 여러 신하들에게 이르기를, "한문제漢文帝는 '죽음은 사물의 자연이니 어찌 심히 슬퍼할 것이 있으랴' 하였으니, 전고前古의 명철한 군주도 마음가짐이 이와 같았다. 내가 죽음을 제집으로 돌아가듯이 여기고 있으니, 무슨 근심이 있으랴. 한문제의 말이 곧 나의 뜻이다."고 하였다.

○ 병오일에 병이 더욱 위중해지자, 신덕전神德殿에 나아가 학사學士 김악金岳에게 명하여 유조遺詔를 쓰게 하였다. 원릉園陵 제도는 한 문제漢文帝와 위 문제魏文帝의 고사에 따랐다.

○ 훙거하니, 재위한 것이 26년이요, 수는 67세이다. 시호는 신성神聖이고 묘호廟號는 태조太祖이다. 송악 서쪽 현릉顯陵에 장사지냈다.

왕은 용의 얼굴에 일각이 있는[龍顔日角] 관상[6]이고 인자하고 백성을 사랑하고 성격이 밝으며 도량이 넓었다. 집을 나라로 만들어 삼한을 통합하였으니 세조의 뜻을 이루었다고 하겠다. 그가 통치를 하는 데 조정을 바르게 하는 것을 임무로 하고 법을 만들고 제도를 정하였으니 규모가 크고 멀다고 하겠다. 상벌을 분명히 하여 신의로 하고, 절검을 하고 착한 것을 즐기며 자못 유술儒術을 좋아하였으나 성인의 학문에 맞지 않았다. 그 제작制作과 연이燕貽가 선왕의 도에 맞지 않는 것이 많았다. 스스로 나라를 세운 것을 부처의 힘이라고 생각하고 『훈요』를 서술하였는데, 그 책은 불사佛事에 대하여 많이 이야기를 하였으므로 군자들이 애석하게 생각하였으며 성덕에 누가 되었다.

이제현李齊賢의 논찬論贊

충선왕忠宣王이 일찍이 다음과 같이 말하였다.

"우리 태조의 규모와 덕량德量은, 중국에 나셨더라면 마땅히 송宋 나라 태조太祖 못지않았을 것이다. 송 태조는 주周 나라 세종世宗을 섬기는 데 힘을 다하였다. 진교陳橋의 정변[7]으로 여러 사람의 뜻에 몰려서 부득이하게 나온 일이었다. 우리 태조께서 궁예를 섬기면서 세상에 드문 큰 공을 세워 의심받을 만한 처지에 있었으나 나라 사람들이 진심으로 따르고 장졸들이 그를 추대하는 데도 오히려 굳이 사양하고 연릉延陵의 절개

---

6 옛날에 관상을 보는 사람들이 이마가 융기한 것을 용안이라고 하여 제왕이 될 귀한 관상이라고 하였다. 일각日角은 왼쪽 미골眉骨의 위에 있다.

7 진교陳橋의 정변 : 조광윤趙匡胤이 송宋 왕조를 건립한 정변.

를 지켰다. 그러나 도탄에 빠진 백성을 위로하고 죄 있는 임금을 치는 일을 어찌 그만 둘 수가 있겠는가.

송 태조와 같은 경우[8]는 강남江南의 이씨李氏를 와탑에서 코를 골고 잠자는 것에 비유하였으며[9] 후진後晋의 석경당石敬唐[10]이 (거란에 넘겨준 산후山後의 연운燕雲16주는) 대개 주머니 속의 물건처럼 보았고, 이미 북한北漢을 취하고는 멀리 군사를 몰아 영토를 평정하려고 하였다.

우리 태조께서는 왕위에 오른 후에, 김부金傅가 아직 귀순하지 않았고 견훤이 포로가 되기 전이었는데도 자주 서도西都에 행차하여 친히 북방의 변경을 순수巡狩하였었다. 그 의도 또한 동명왕東明王의 옛 영토를 집안에 대대로 전해오는 물건처럼 여겨서, 반드시 모조리 거두어 차지하려 하였으니, 어찌 다만 계림鷄林을 취하고 압록강鴨綠江을 칠[操鷄搏鴨]뿐이었으리오. 그 창업하고 수통한 것이 진실로 한 가지라고 하겠다."

충선왕은 총명하여 옛 글을 좋아하였으며, 중국의 박학博學한 선비인 왕구王構·염복閻復·요수姚燧·소석蕭奭·조맹부趙孟頫·우집虞集 같은 이들이 모두 그 충선당의 문정門庭에서 어울렸으니, 아마도 일찍이 그들과 함께 옛 사람에 관해 논하였을 것이다.

혜종 의공왕 세가惠宗義恭王世家

왕의 이름은 무武요, 자字는 승건承乾이니, 태조의 맏아들이다. 어머니는 장화왕후莊和王后 오씨吳氏이다.{후량後梁 건화乾化 2년 임신년(912)에 태어났다.} 태조가 무를 세워

---

8 『고려사』 이제현 논찬의 원문에는 '지약송조至若宋祖'로 되어 있으나 『휘찬여사』에는 '지약예조至若藝祖'로 되어 있다. 여기에서는 『고려사』에 따라 바로 잡았다. 이외에도 몇 군데 축약되었다.

9 강남江南에 있는 남당南唐 임금 이욱李煜이 송나라에 사신을 보내어 화친을 청하니, 송 태조宋太祖가 말하기를, "내가 잠자는 옆자리에 다른 사람이 코고는 것을 그대로 둘 수 없다." 하였다.

10 중국 오대五代의 하나였던 후진後晉의 석경당石敬唐.

후사後嗣로 하려고 하였으나 오 왕후가 측미側微하여 세울 수 없을까 걱정하여 낡은 광주리에 황포黃袍를 담아 오 왕후에게 하사하였다. 오 왕후가 대광大匡 박술희朴述熙에게 보이니, 박술희가 무를 정윤正胤으로 세울 것을 청하였다. 백제를 토벌하였는데 종군하여 공이 제일이었다. 태조가 훙거하자 왕위를 이었다.

혜종 원년(944)

○ 한현규韓玄珪와 김염金廉을 (후)진晉에 보냈다. 그때 출제出帝가 들어서고 경연景延이 권력을 잡고 있었는데, 거만한 말로 거란과 절교하였다. 거란 군주가 노하여 스스로 장수가 되어 남침하자, 진이 공격하여 격파하였다. 왕이 사신을 보내어 하례하였다.

혜종 2년(945)

○ (후)진이 범광정范匡政과 장계응張季凝을 보내 왕을 책봉하여 '지절 현도주도독 상주국持節玄菟州都督上柱國'으로 삼았다.

○ 처음에 대광 왕규王規가 왕의 아우인 요堯와 소昭가 반역하려는 의도가 있다고 참소하였으나, 왕은 그것이 무고임을 알아 그들을 더욱 두터운 은혜로 대우하였다. 왕규가 생질인 광주원군廣州院君을 받들고 변을 꾀하였다. 일찍이 밤에 도둑을 보내어 왕의 침실에 들어가 왕을 해치려고 하였는데, 왕이 잠에서 깨어나 한 주먹으로 도둑을 때려죽였다. 이에 이르러 최지몽崔知夢이 아뢰기를, "유성流星이 자미성紫微星을 범하였으니, 응당 급한 군사가 있을 것입니다." 하므로, 왕이 신덕전神德殿에서 몰래 중광전重光殿으로 옮기었다. 과연 왕규가 그 당여黨與를 이끌고 벽에 구멍을 뚫고 왕의 침실에 들어오니, 방은 벌써 비어 있었다. 왕규가 최지몽을 보자 칼을 빼들고 꾸짖기를, "(임금이 침실을 옮긴 것은) 반드시 너의 꾀일 것이다." 하고 물러갔다. 왕도 다시 묻지를 않았다. 왕은 위엄과 법도가 있었고 지혜와 용기가 절륜하였으나 이 이후로는 의심하고 꺼려하는 바가 많아 항상 갑사甲士에게 호위하도록 하고, 기뻐하고 성냄이 일정치 않았으며, 조정 안팎이 한탄하고 원망하였다.

○ 가을 9월에 홍거하였다. 재위는 2년이고 수壽는 34세, 시호는 의공義恭이며 순릉順陵에 장사지냈다.

이제현李齊賢의 논찬論贊

왕규가 두 동생을 참소한 것은 우보羽父가 태재太宰(관직명)를 요구한 뜻과 같다.[11] 혜종이 그를 토죄하지 않았는데도 위씨蔿氏의 화를 면한 것[12]은 다행이라 하겠다. 이때는 태조가 세상을 떠난 지 얼마 되지 않아서, 왕규가 불의不義로 사람들의 마음을 얻고 있었으니, 이미 한漢·위魏 시대의 조씨曹氏·사마씨司馬氏와 같다고 하겠다.[13] 그를 죽이지 못한 것은 무슨 까닭인가? 아아, 소인을 멀리하기가 이토록 어려우니, 경계하지 않을 있겠는가?

{생각건대 나라의 군주가 홍거하면 다음해 정월에 뒤를 잇는 군주가 종묘에 고하고 즉위하는 것이 예이다. 그러므로 공자가 춘추를 지으면서 예를 갖추었으면 즉위라고 쓰고, 그렇지 않았으면 (즉위라는 말을) 삭제하였다. 태조가 병오일에 홍거하였는데, 이날 혜종이 즉위하였으니 어찌 그리 급한가. 구사舊史에는 즉위라고 썼지만 여기에서는 삭제한다.}

정종 장경왕 세가定宗章敬王世家

왕은 이름이 요堯, 자字는 의천義天이니, 태조의 둘째 아들이다. 어머니는 순성왕후順聖

---

11 노魯 나라 환공桓公이 적자嫡子이나, 아직 어리므로 그 서형庶兄인 은공隱公이 임시로 임금노릇을 하고 있다. 그러자 우보가 은공에게, "내가 공자公子(환공)를 죽일 터이니 태재太宰 벼슬을 주시오." 하였다.

12 은공이 우보의 말을 거절하자 얼마 후에 우보가 은공을 위씨의 집에서 죽인 일을 말한다.

13 한나라 말기에 조씨 세력이, 위나라 말기에는 사마씨 세력이 임금보다 강하였다.

王后 유씨劉氏이다.{태조 6년 계미(923)에 태어났다.}

처음에 혜종惠宗의 병환이 위급하였을 때 요堯가 몰래 서경西京 대광大匡 왕식렴王式廉과 모의하여 변을 일으켰는데, 박술희도 왕규를 두려워하여 군사를 옹위하고 대비하였다. 혜종이 훙거하자, 군신들이 왕을 받들어 즉위하였다. 왕은 박술희가 다른 뜻을 가지고 있다고 의심하여 갑곶으로 유배하였는데, 왕규가 문득 왜곡하여 살해하고 드디어 난을 꾀하였다. 왕식렴이 군사를 이끌고 갑자기 이르니, 왕규가 감히 움직이지 못하였다. 이에 왕규를 참하고 그 일당 300여 인을 주륙하였다.

이때 거란 군주가 대거 남침하여, (후)진 군주를 잡아서 대량大梁에 들어가서 스스로 중국의 황제가 되려고 하다가 곧 북쪽으로 돌아갔다.

하동절도사河東節度使 유지원劉知遠이 태원太原에서 황제를 칭하니 이것이 후한後漢이다.

왕은 불법佛法을 좋아하여 사리를 모시고 10리를 걸었다. 서경으로 도읍을 옮기고자 궁궐을 개창하여 도읍 백성을 옮겨 서경에 채우니 원망이 일어났다.

정종 3년(948)

○ 가을에 왕이 천덕전天德殿에 나아가 동여진의 조회를 받았다. (조회를 받는데) 전殿 모퉁이에 벼락이 쳤다. 왕이 크게 놀라 병이 나자, 사면령을 내렸다.

정종 4년(949)

○ 봄에 왕의 병환이 위독하자, 동모제同母弟 소昭를 불러 선양禪讓하고 훙거하였다. 왕위에 있은 지는 4년이요, 수壽는 27세였다. 안릉安陵에 장사지냈다.

이제현李齊賢의 논찬論贊

정종은 임금이라는 높은 지위에 있으면서, 도보로 가서 부처를 모셨다. 한번 하늘의 견책을 만나 넋을 잃고 병이 났다. 이른바 '(군자는 간사한 짓으로) 복을 구하지 않는다.'는 옛 말을 일찍이 들은 적이 없었던가? 병이 이미 위독해지자, 친아우를 불러들여 종묘사직을 직접 주어 틈을 엿보지 못하게 하였으니, 이 일은 칭찬할 만하다. {생각컨대 정종, 광종 둘이 왕자일 때에 반드시 칭호가 있었을 텐데 역사서에는 빠져 있다.}

광종 선렬왕 세가光宗宣烈王世家

왕의 이름은 소昭요, 자는 일화日華이니, 정종의 동모제同母弟이다.{태조 8년 을유(925)에 태어났다.} 선양을 받아 즉위하였다.

광종 원년(950)

○ 정월에 광덕光德이라고 건원建元하였다.

○ 이해에 (후)한의 시중 곽위郭威가 한을 대신하였는데, 이것이 후주後周이다. 한조漢祖의 아우 숭崇이 태원太原에서 황제를 칭하며 북한北漢을 세웠다.

광종 3년(952)

○ 시랑侍郎 서봉徐逢을 (후)주周에 보냈다.

광종 4년(953)

○ (후)주가 위위경衛尉卿 왕연王演 등을 보내와 왕을 책봉하여 '검교태보 사지절현도주도독 겸 어사대부檢校太保使持節玄菟州都督兼御史大夫'로 삼았다.

광종 5년(954)

○ (후)주의 군주가 죽고[殂], 진왕晉王 시영柴榮이 섰다.

광종 6년(955)

○ 시랑侍郎 순질荀質을 보내어 즉위를 축하하였다.

광종 7년(956)

○ (후)주에서 장작감將作監 설문우薛文遇를 보내와 왕을 태사太師로 삼고 백관의 복식을 중국 제도에 따르도록 하였다. 대리평사大理評事[14] 쌍기雙冀가 설문우를 따라 왔다가 왕이 후주에 표문表文을 올려 머물게 해달라고 청하고, 쌍기를 한림학사로 삼았다.

광종 9년(958)

○ 쌍기의 말을 따라 과거를 설치하여 선비를 뽑았다.

광종 10년(959)

○ 사신을 후주에 보내어 『별서효경別序孝經』 1권, 『월왕효경신의越王孝經新義』 8권을 올렸다. 이때 후주의 군주 영무英武가 중국이 날로 위축되는 것을 분개해 하여 고평高平에서 북한北漢을 격파한 뒤, 개연히 해내海內를 평정하겠다는 뜻을 가지고 남쪽을 원정을 하여 계속 후당 군사들을 격파하였다. 후당 군주가 두려워서 후주의 정삭을 받들었다. 이때에 이르러 후주의 군주가 죽었다.

---

14 『고려사』에는 대리평사大理平使로 되어있다.

광종 11년(960)

○ 봄 정월에 후주에서 점검點檢 조광윤趙匡胤을 보내어 군사를 이끌고 북한北漢을 방어하도록 하였다. 진교역陳橋驛에 이르러 군사들이 점검을 천자로 책봉한다고 선언하였다. 조광윤을 옹립하여 변汴 땅으로 돌아와 후주의 선양을 받아 국호를 송宋이라고 하였다.

광종 13년(962)

○ 겨울에 광평시랑廣評侍郎 이흥우李興祐를 송나라에 보냈다.

광종 14년(963)

○ 겨울 12월, 송 책명사冊命使 시찬時贊이 왔다. 이때부터 송나라의 연호를 행하였다.

광종 16년(965)

○ 2월, 아들 주伷를 왕태자 내사제군사王太子內史諸軍事로 삼았다.

광종 19년(968) 무진년

○ 개보開寶 원년이다.

광종 23년(972)

○ 시랑侍郎 서희徐熙를 송에 보내니, 황제가 왕에게 추성순화공신호推誠順化功臣號를 하사하였고, 서희에게는 검교병부상서檢校兵部尙書를 하사하였다.

광종 26년(975)

○ 여름 5월에 왕이 훙거하였다. 수壽는 51세이다. 왕이 즉위한 초기에는 신하에게 예를 갖추어 대우하고 송사를 처리하는 데 현명하였으며, 『정관정요貞觀政要』를 읽고,

빈민을 구휼하고 유학을 중히 여기니 정치에 볼만한 것이 있었다. 중세에 이르러서는 참소를 믿어 사람을 많이 죽이고, 불법佛法을 지나치게 좋아하며 절도가 없이 사치스러웠다. 시호는 대성大成이고 헌릉憲陵에 장사를 지냈다.

이제현李齊賢의 논찬論贊

광종이 쌍기雙冀를 등용해서 과거를 설치하여 선비를 뽑은 것에서 광종의 유아儒雅함을 볼 수 있다. (그러나 그는 그러한 일을 하지 않고) 다만 화려한 문장만을 제창하니 후세에 그 폐해를 이길 수가 없었다.

경종 성목왕 세가景宗成穆王世家

왕의 이름은 주伷요, 자字는 장민長民이니, 광종光宗의 맏아들이다. 어머니는 대목왕후大穆王后 황보씨皇甫氏이다.{광종 6년 을묘(955)에 났다.} 11세에 태자로 세워졌고, 광종이 홍거한 뒤에 왕위를 이었다. 제서制書를 내려 유배한 자들을 돌아오게 하고[還流竄], 지체된 일들을 해결하고[拔淹滯], 포흠과 부채를 견감해주고[蠲欠債], 조세와 공물을 감해주고[減租調], 임시 옥을 부수고[毁假獄], 참위서를 불태우라고[焚讖書] 하니 서울과 지방이 크게 기뻐하였다.

경종 원년(976) 병자년

○ 개보開寶 9년이다.{10월 이후에는 태평흥국太平興國 원년이다.} 황제(송 태조)가 좌사어左司禦 우연초于延超와 사농승司農丞 서소문徐昭文을 보내 왕을 태부太傅로 책봉하였다.

겨울 10월에 황제가 붕어하였다. 황제는 어질고 효성스러웠으며 큰 계략이 있었다. 형荊, 호남湖南, 한촉漢蜀, (후)당唐이 차례로 평정되었다. 태원太原과 오월吳越이 모두 공물을 바치고 예악과 문물은 다시 한당漢唐의 옛 것을 복구하였다. 재위는 17년간이고 연호를 건륭建隆, 건덕乾德, 개보開寶로 세 번 바꾸었다. 이때에 이르러 병에 걸려 신왕晉王 광의光義를 불러 입시하도록 하고 황제가 드디어 붕어하였다. 광의가 즉위(송 태종)를 하고 연호를 태평흥국太平興國으로 개원하였다. 왕은 사신을 보내어 즉위를 축하하였다.

○ 처음으로 전시과田柴科를 정하였다. 자제를 송나라로 파견하여 학교에 입학시켰다.

경종 3년(978)

○ 여름 4월, 낙랑왕樂浪王 김부金傅가 졸하였다.

경종 4년(979)

○ 송나라에서 합문지후閤門祗候 왕준王僎을 보내 왕을 시중侍中으로 책봉하였다.

경종 6년(981)

○ 여름 6월, 왕이 홍거하였다.

유조遺詔에 이르기를, "정윤正胤(태자) 개녕군開寧君은 국가의 어진 종친이니 반드시 능히 훈사를 받들고 국가를 보전할 것이다. 아아, 너희 공경들은 나의 개제介弟(큰 동생)를 공경하고 보호하여 길이 우리나라를 편안하게 하라. 과인이 매양 『예경禮經』을 볼 때마다, '남자는 부인의 손에서 운명殞命하지 않는다.'는 한 구절에 이르면 일찍이 글을 대하여 감탄하지 않은 적이 없었다. 좌우의 궁녀들을 물러가게 하라." 하였다. 왕은 온화하고 자혜로웠으며 노는 것을 좋아하지 않았지만, 만년에 다시 연악燕樂에 빠져서 좋은 선비들과는 소원해졌고 이로 인해서 정치와 교화가 쇠퇴해졌다. 수는 26세이고 영릉榮陵(京畿 開豊郡 進鳳面 米洞里에 있음)에 장사지냈다.

이제현李齊賢의 논찬論贊

맹자가 말하기를 "인정仁政은 반드시 경계經界로부터 시작된다."고 하였는데, 태조는 신라가 쇠퇴하여 혼란스럽고 태봉泰封이 사치스럽고 포학하던 뒤를 이어, 모든 일이 시작되던 시기였으므로 날마다 바쁘고 여가가 없어서 단지 구분법口分法만 하는 데 그쳤다. 4대를 지나 경종景宗이 전시과田柴科를 마련하니, 비록 소략한 데는 있으나 역시 옛날에 대대로 녹봉을 주던 뜻이었으며, 9분의 1을 조助로 한다든가 10분의 1을 부賦로 하는 것은 논할 겨를이 없었다. 후세에 여러 번 이를 정리하고자 하였으나 끝내 구차스럽게 되고 말았다. 애석하게도 당시 여러 신하들이 맹자의 말씀으로 법제를 강구해서 임금을 인도하여 힘써 행하지 못하였구나.

| 휘찬여사 권2 |

세가 2

세가世家 2

성종 장헌왕 세가成宗章憲王世家

왕의 이름은 치治, 자字는 온고溫古이다. 아버지는 욱旭이니, 태조의 제6째 아들이며, 어머니는 류씨柳氏이다. {광종 11년(960) 경신庚申년에 태어났다.} 경종 원년(976)에 황주원皇州院의 낭군郎君에게 원복元服[1]을 더하고, 원院의 호號를 명복궁明福宮이라 하였다. 경종 6년(981)에 개녕군開寧君에 봉하고 정윤正胤(태자)으로 삼았다. 경종景宗이 훙거하니 즉위하였다. 돌아가신 아버지先考를 대종戴宗으로, 어머니 류씨柳氏를 선의태후宣義太后로 삼았다.

성종 원년(982) 임오년 (송 태종) 태평흥국太平興國[2] 7년

○ 봄 3월에 관제를 정하였다.

○ 조서를 내려 5품 이상으로 하여금 봉사封事[3]를 올리게 하였다.

○ 시랑侍郎 김욱金昱을 사신으로 송나라에 보냈다.

○ 가을 9월에 거란 주(태조 야율아보기)가 죽자 아들 융隆(태종 야율덕광)이 뒤를 이었으나 어머니 소씨(술율평 응천황태후)가 국사를 맡았다.

---

1 원元은 머리요 복服은 드러낸다는 것이니, 즉 가관加冠한다는 뜻이다.

2 태평흥국은 송 태종 년간(976~983)에 사용한 연호.

3 봉사封事란 중용한 일로 임금에게 소疏를 올릴 때 밀봉하여 올리는 것.

성종 2년(983)

○ 봄 3월 신미일에 환구圜丘[4]에서 하늘에 제사를 지냈다.

○ 을해일에 (친히) 적전籍田을 갈았다. 최승로崔承老를 평장사平章事로 삼았다.

○ 2월에 12목牧을 설치하였다.

○ 3월에 (송) 황제가 광록경光祿卿 이거원李巨原과 장작감將作監 공유孔維를 보내와 왕을 책봉하여 태보 사지절 현도주도독太保使持節玄菟州都督에 제수하니 왕이 책봉을 받고 사면을 선포하였다. 박사博士 임노성任老成이 송에서 와서 태묘太廟・사직社稷・문선묘文宣廟의 도형圖形을 바쳤다. 3성省・6조曹・7시[寺]의 관부를 정하였다.

○ 가을 7월에 명복궁부인明福宮夫人 황보씨皇甫氏가 졸하였는데, 대종戴宗의 어머니이다. 시호를 신정태후神靜太后로 올렸다.

성종 3년(984)

○ 봄 3월에 기우제[雩祀]를 지냈다.

성종 4년(985)

○ 송 황제가 왕저王著와 여문중呂文仲을 보내어 왕의 (관작을 높여) 태부太傅로 삼았다. 곧이어 감찰어사監察御使 한국화韓國華를 보내 왕에게 군사를 일으켜 거란 정벌에 함께 해 줄 것을 요구하였다.

처음에 송 태조[藝祖 : 조광윤]는 거란에게 후한 뇌물을 주어 장성 북쪽으로 물러가도록 하고자 하였으나 듣지 않자 결국 공격을 하여 끝내기도 전에 죽고 말았다. 지금의 황제(태종)가 뒤를 이어 즉위한 후에는 국가에 비축해 놓은 것을 가리키며 "많이 저축하여 어디에 쓰리오." 하며 경종 4년(979 : 송 태종 태평흥국 4) 봄에 북한北漢을 공격하여 항복을 받고, 그 기세를 타고 유주幽州와 계주薊州를 취하고자 하여 장수들로 하여금 군사

4 환구圜丘는 원구圓丘라고도 하며, 하늘 모양을 본 뜬 둥근 언덕을 만들고 천자가 하늘에 제사 지내는 제단. 『주례周禮』 춘관春官 대사악大司樂에 '동일지冬日至 어지상지환구於地上之圜丘 주지奏之'라 하였음.

를 이끌고 가서 파하게 하였다. 그렇지만 가려고 하지 않았는데, 최한崔翰이 말하기를 "이 기세를 타야 합니다."라고 하니, 황제도 결심이 서서 드디어 동쪽으로 태원太原을 출발하여 역주易州와 탁주涿州의 항복을 받았다.

6월에는 유주성幽州城 남쪽으로 나가려고 군사를 사면으로 나눠 성을 공격하였다. 야율학고耶律學古가 당시 연주燕州(오늘날의 북경)를 지키려고 힘을 다하여 막으려 하였으나 지키지 못하니 거란 주[경종]가 야율휴가耶律休哥를 보내 돕게 하여 (야율)사진斜軫과 더불어 좌우로 나누어 도우며 진격하였다. 송 황제(태종)가 크게 패하여 군사를 거둬 남쪽으로 돌아오려고 했으나 야율휴가가 추격하여 탁주涿州에 이르렀다. 황제는 급히 나귀가 모는 수레를 타고 도망하였다.[5]

○ 이듬해 겨울 거란 주가 친히 군대를 이끌고 송에 쳐들어오니, 이방李昉과 장제현張齊賢이 모두 안된다고 하였다.[6] 이에 고려왕에게 조서를 보내 이르기를, "짐이 대업을 이어 만국을 통치하고 있으니, 중국과 새외塞外의 모든 나라들이 복종하여 따르지 않는 나라가 없다. 그러나 어리석은 저 북쪽 오랑캐 거란이 우리의 국토를 침략하였다. 유주와 계주의 땅은 중국의 강토인데, 후진과 후한 때 변고가 많아 오랑캐가 함부로 침략하여 점령해 오고 있다. 이제 우리나라가 다스림에 미쳐 모든 나라들의 글과 제도[書軌]가 통일되어 있거늘 어찌 백성들로 하여금 오랑캐의 풍속에 빠져 있게 할 수 있으랴. 이미 우리 군대를 동원하여 길을 나눠 나아가 곧 요망스러운 기운을 베어 실지를 회복하여 통합함을 경축할 수 있을 것이다. 오직 왕은 오랫동안 중국의 풍속을 본받아 왔으며 충실한 신의를 지키고 있으니 군대에 명령을 내려 우리와 기각掎角[7]이 되어 힘을 합쳐 오래 쌓인 울분을 이제 씻어버리지 않겠는가? 한번 진군하는 용기를

5 송 태종이 연운16주 회복을 위한 거란과의 싸움에서 패하여 달아난 이 전투를 '고량하高粱河전투' 또는 '유주幽州싸움'이라고도 한다.

6 송 태종이 조서를 내려 전국의 장정 1/8을 소집하여 전쟁에 투입시키려 하자 재상 이방 등이 상소를 올려 하남의 백성들은 전쟁에 익숙하지 못한 농민들이기 때문에 이들을 강제로 소집하면 민심이 동요될 것이라 하며 하남 지방 농민들의 징집을 반대하여 관철시킨 것을 말한다.

7 앞뒤에서 적을 몰아치는 양면 작전을 비유하는 말.

내서 거의 망해가는 오랑캐를 섬멸하는 데 함께 도모하기를 바란다."라고 하였다. 왕이 조서를 받고 시일을 끌면서 감히 출병의 결단을 내리지 않았다. 한국화韓國華가 협박과 권유로 말을 하니 왕은 비로소 허락하였다.

이에 앞서 여진은 송에 말을 바치러 갔을 때 고려가 거란과 서로 내통하고 있다고 무고하였다. 한수령韓遂齡이 송에 갔을 때에 송 황제가 여진의 목계木契[8]를 보여주었다는 말을 듣고 왕이 두려워하여 마침내 한국화에게 이르기를 "여진은 욕심이 많고도 또 속이기를 잘하는 오랑캐이다. 일찍이 요 사람[遼人]의 약탈을 받아 우리나라로 도망해 와 숨으니 우리가 노자路資를 주어 돌려보냈다. 그런데 오히려 몰래 군사를 내어 우리 변방 백성을 살해하였으나 그들이 대대로 중국을 섬겨 온 터이어서 원수를 갚지 못하고 있었다. 그런데 여진이 도리어 우리를 무고하여 황제를 미혹하게 할 줄을 어찌 생각했겠는가? 더구나 거란은 요해遼海 밖에 위치해 있고, 두 강이 막혀 있어 행리行李(교류)가 통하지 않은 지가 백 년이 넘었다. 우리나라가 대대로 중국의 정삭正朔을 받고, 천자의 넘치는 사랑을 받고 있는데 어찌 두 마음을 품고 외국과 서로 교통하겠는가? 여진으로 우리나라의 관직을 받고 있는 자를 궐내로 불러들여 우리의 입공 사절과 함께 대면하게 해 줄 것을 요청하니 간절한 우리의 마음을 황제에게 전달해 주는 것이 우리나라가 바라는 바이다."라고 하니 한국화는 이를 수락하고 드디어 돌아갔다.

성종 5년(986)

○ 봄에 송 황제가 조빈曹彬·미신米信·전중진田重進·반미潘美·양업楊業 등을 보내 거란을 정벌하게 하였다. 여러 장수들이 이르는 곳마다 이겨 군의 사기가 크게 떨쳤다. 조빈曹彬이 탁주涿州에 쳐 들어가니 야율휴가耶律休哥가 나와서 싸우지 못하였다. 그러나 밤에 날샌 기병으로 하여금 그 약한 곳을 약탈하게 하고, 낮에는 정예군으로

---

8 목계木契 : 나무로 만든 부신符信이나 증빙. 요나라에서는 정면은 양陽, 배면背面은 음陰으로 하여 합문閤門에서 숙위를 부를 때 사용하였다.

그 형세를 펼치어 숲속에 복병을 설치하여 송나라 군의 보급로를 끊게 하니, 식량이 떨어진 조빈의 군사는 웅주雄州로 물러났다. 야율휴가는 날센 군사로 송의 군대를 약화시키니 조빈은 방진方陣을 치고 땅에 참호를 파며 나아가 회會 땅에서 미신米信과 만났다. 거란 주 태후(경종비 소태후)가 장차 군사를 내어 후원하려고 야율휴가에게 표와인杓窊印을 주어 전쟁을 독려하니 송의 군대가 기구岐溝에서 참패를 하였다. 밤에 거마하拒馬河를 건넜는데 익사자가 이루 헤아릴 수 없이 많았다. 조빈과 미신이 남쪽으로 달려 역주易州로 가니 야율휴가는 군사를 이끌고 쫓아가 송 군대가 있는 사하沙河에 이르러 불을 지르니 놀라서 물에 빠져 죽은 자가 과반이고 사하沙河의 물이 흐르지 못할 정도였다. 반미潘美는 야율사진耶律斜軫에게 패하고, 양업楊業은 죽고, 운주雲州·응주應州·삭주朔州는 다시 함락되었다. 거란 주는 승세를 타고 남쪽으로 내달아 드디어 심주深州·형주邢州·덕주德州 세 주를 함락시키고, 그곳 관리들을 살해하고 포로로 삼아 물러갔다. 장제현張齊賢은 토등보土鐙保에서 요의 군사를 물리쳤다. 그러나 이 당시 송의 군대는 경솔하게 너무 깊이 들어가 여러 차례 패배를 하게 되니, 하북 지역은 소란해지고 송나라의 병력은 드디어 약해졌다. 이에 송 황제가 조서를 내려 장수와 병사가 괴멸된 죄에 대해 스스로 참회하였다. 고려는 마침내 군대를 보내지 않게 되었다. 서쪽으로 거란과 만나 사신을 보내 화친을 청하였다. 조詔를 고쳐 교敎라 하였다.

성종 6년(987)

○ 교서를 내려 12목牧에 각각 경학박사經學博士 1명씩을 파견하도록 하였다.

성종 7년(988)

○ 좌보궐左補闕 이양李陽이 상소하여 왕후의 친잠親蠶을 청하니 비로소 행해졌다.

○ 겨울 10월에 송 황제가 예부시랑 여단呂端과 좌간의 여우지呂祐之를 보내 왕을 태위太尉에 책봉하였다. {이해 정월에 황제가 친히 적전籍田을 하고 백관들에게 은혜를 베풀고자 사신을 보내 왕을 책봉한 것이다.}

성종 8년(989)

○ 교서를 내려 태학조교太學助教 송승연宋承演과 나주박사羅州博士 전보인全輔仁을 탁용하였다.

○ 여름 4월에 태묘太廟를 지었다.

○ 5월에 시중 청하후淸河侯 최승로崔承老가 죽었다.

○ 가을에 혜성彗星이 나타나니 죄인을 사면하였다. {송에서도 역시 대사령大赦令을 내렸다.}

○ 윤계륜尹繼倫이 야율휴가耶律休哥의 군대를 서하徐河에서 크게 물리쳤다.

성종 9년(990)

○ 여름 송 황제가 시성무柴成務를 보내 왕을 추성순화공신推誠順化功臣으로 (올려) 책봉하였다.

○ 효자 손순흥孫順興과 차달車達 형제, 박광렴朴光廉, 조영趙英과 함씨咸氏 정씨鄭氏 최씨崔氏를 표하여 정문을 세우게 하고, 여인閭人(일반 사람)에게는 곡식 100석과 은쟁반[銀盂] 2개, 채색비단彩段 6필을 주고, 무직자는 벼슬을 주고, 관직에 있는 사람은 10등급을 뛰어 광록대부光祿大夫를 제수하게 하였다.

○ 겨울 10월에 서경에 행차하여 나이가 많은 사람들을 위문하고, 지나온 읍에 대해서는 벼[稻] 9천 석을 내려주었다.

○ 12월에 조카 송誦을 개녕군開寧君에 봉하였다. 서경에 서원書院을 설치하였다.

성종 10년(991)

○ 안위사安慰使를 여러 도에 보내 사직社稷을 세우도록 하였다.

○ 겨울 10월에 서경西京에 행차하니 부노父老들이 소와 술을 바치는 자가 있었는데 그 술은 받고 소는 돌려주었다.

○ 압강鴨江 서여진西女眞을 내쫓아 백두산白頭山 밖에 살게 하였다.

○ 송 황제가 대장경大藏經을 보내오니 한림학사翰林學士 백사유白思柔를 보내 대장경

과 황제의 친필 글씨를 보내준 것에 사례하게 하였다.

성종 11년(992)

○ 송 황제가 유식劉式과 진정陳靖을 보내 왕을 태사太師에 책봉하였다.

○ 겨울 12월에 주현에 명하여 널리 학교[學舍]를 짓도록 하고 전장田庄을 주었다.

○ 태묘太廟가 완성되었다.

성종 12년(993)

○ 봄에 하교下敎하기를, "은나라는 12명의 임금을 6대로 모시고, 당나라는 10명의 임금을 9실로 모셨다. 형제를 한 항렬에 모신다는 것은 예문에 명시되어 있으니, 마땅히 혜종惠宗·정종定宗·광종光宗을 모두 같은 사당에 함께 모셔라."라고 하였다.

○ 가을 8월에 여진이 거란이 쳐들어온다고 알려왔으나 믿지 않았다. 보고가 다시 이르니 박양유朴良柔를 상군사上軍使, 서희徐熙를 중군사中軍使, 최량崔亮을 하군사下軍使로 삼아 북계北界에 가서 싸우게 하였다. 또한 왕이 친히 거란을 막아내고자 서경西京에 행차하여 안북부安北府로 나아가 진을 치고 있는데, 거란 소손녕蕭遜寧이 이미 봉산군蓬山郡을 격파하였다는 소식을 듣고 왕은 곧 되돌아 왔다. 소손녕이 큰소리를 치며 "우리나라가 천하를 통일하여 고구려의 옛 땅을 다 차지하였는데, 너희 나라가 변경을 침범하여 아직까지도 귀부하지 않았다. 빨리 정성을 다 바쳐 성심으로 복종하고 머뭇거리지 말라."고 하며 글을 보내 이르기를, "80만의 병사가 왔다."고 하였다.

서희가 글을 갖고 돌아와 서로 화친할 수 있다고 아뢰었다. 왕이 감찰어사監察御史 이몽전李蒙戩을 거란 군영에 보내 화친을 청하게 하였다. 이몽전이 침입의 이유를 힐문하니, 소손녕은 "너희 나라가 백성의 일을 돌보지 않음으로 이에 천벌을 내리려고 온 것이다. 화친을 하고자 한다면 빨리 와서 항복하라."고 하였다. 왕이 군신을 모아 의논하였더니 어떤 사람들은 중신重臣으로 하여금 군사를 이끌고 가서 항복하자고 하고, 어떤 이는 서경 이북을 떼어 그들에게 주자고 하였다. 왕이 땅을 떼어주려고 하니 서희徐熙는 "광종光宗이 생여진生女眞을 쫓아내고 그 지역에 가주嘉州와 송주松州의 2주를 두었는데 지금 거란이 쳐들어 온 것은 그 의도가 이곳을 취하려는 것입니다. 고구려의 옛 땅을 취하겠다고 큰소리 친 것은 실제로는 우리를 두려워해서입니다. 삼각산三角山 이북 역시 고구려의 옛 땅인데 저들이 이곳을 갖기를 원하면 다 줄 것입니까? 하물며 영토를 떼어 적에게 주는 것은 만세의 수치스러운 일입니다. 원컨대 임금께서는 도성으로 돌아가 계시고 저희가 한번 그들과 싸워 본 연후에 대책을 의논하여도 늦지 않을 것입니다."고 하였다.

어사御史 이지백李知白이 아뢰기를, "태조께서 나라를 창업한 이래 대를 이어 지금에 이르렀으나 한 사람의 충신이 없어 갑자기 국토를 떼어 적에게 주자고 합니까? 청컨대 많은 보화를 소손녕에게 뇌물로 주어 그 속마음을 타진해 보는 것이 가할 것입니다. 선왕이 주신 땅을 나눠 주어 눈앞의 편안함을 꾀하는 것보다는 선왕대의 팔관회八關會와 연등회燃燈會를 다시 거행하고 다른 나라의 다른 풍속을 본받지 말고 국가를 보전하여 태평을 누리는 것이 좋지 않겠습니까?" 하니 왕이 그렇다고 여겼다. {당시 왕이 중국의 풍속을 사모하여 나라사람들이 좋아하지 않았기 때문에 이지백이 이를 언급한 것이다.}

왕이 서희를 거란 군영에 보냈다. 서희의 언사가 엄중하고 분명하니 소손녕이 마음으로 남다르게 여기어 거란 주에게 사실을 아뢰어 드디어 군대를 철수하였다.

성종 13년(994)

○ 거란이 압록강 서쪽에 5개의 성을 쌓았으며, 고려로 하여금 강동에 연달아 보루를 쌓게 하여 거란과의 조공로로 통하게 하였다.

○ 여름 4월에 태묘에 제향을 치른 후 대종戴宗을 제5실에 모셨다.

○ 5월에 박양유朴良柔를 거란에 보내고, 원욱元郁을 송에 보내 지난번 소손녕蕭遜寧의 침략에 보복하기 위해 군사를 내줄 것을 요청하였다. 그러나 송 황제는 북쪽 변방이 겨우 편안해지고, 이순李順이 성도成都를 함락하고, 조보길趙保吉이 영주靈州를 노략하는 등 중국에 일이 많다는 이유를 들어 군사를 내는 것을 허락하지 않고 대신 예

물을 후히 주어 돌려보내니 드디어 송과의 관계가 끊어졌다.

○ 거란에 기생과 악기를 보냈으나 물리치고 받지 않았다.

성종 14년(995)

○ 10도道를 정하고 12군郡을 설치하였다.

성종 15년(996)

○ 거란에서 사신을 보내와 왕을 상서령尙書令에 책봉하였다.

○ 여름에 철전鐵錢을 주조하였다.

성종 16년(997)

○ 송 황제(태종)가 죽었다. 재위는 22년이다. 연호를 바꾼 것이 5번인데, 태평흥국太平興國·옹희雍熙·서공瑞拱·순화淳化·지도至道이다. 설거정薛居正·심윤沈倫·조보趙普·송기宋琪·이방李昉·여몽정呂蒙正·장제현張齊賢·여단呂端 등이 서로 이어 재상을 지냈다. 황제는 문학을 좋아하고 수성守成한 자로서 제왕의 지략이 있었다. 그러나 한 동생과 두 조카가 제대로 죽지를 못하였으니 후세에 유감이 없을 수 없다. 태자 원간元侃이 즉위하여 이름을 고쳐 항恒이라 하니 이가 바로 진종황제眞宗皇帝이다.

○ 왕이 동경東京에 행차하였으나 몸이 불편하였다.

○ 9월에 개경으로 돌아왔으나 병세는 더욱 심해지니 개녕군 송開寧君誦을 불러 왕위를 넘겨주었다. 평장사平章事 왕융王融이 죄인을 사면해 줄 것을 청하니 왕이 이르기를 "죽고 사는 것은 하늘에 달렸는데 어찌 죄인을 석방하여 억지로 목숨을 연장하기를 구하겠는가?" 하였다. 훙거하니 나이는 38세이며, 장지는 강릉康陵이다.

이제현李齊賢의 논찬論贊

성종은 종묘를 세우고 사직을 정하고 섬학전贍學田으로 선비를 길렀으며, 효자와 절부를 기리므로 아름다운 풍속이 되게 하였다. 늙기 전에 후계를 세우니 국가에 대한 생각이 깊었다. 죽음에 임해서도 함부로 사면하는 것을 아꼈으니 생사의 이치에 통달한 것이 확실하다. 이른바 뜻을 두어 가히 더불어 함이 있는 자라 하지 않겠는가? 아아! 현명하도다!

목종 선양왕 세가穆宗宣讓王世家

왕의 이름은 송誦, 자는 효신孝伸이다. 경종景宗의 맏아들이다. {경종 5년(960) 경진庚辰년에 태어났다.} 어머니는 황보씨皇甫氏로 대종戴宗의 딸이니 경종이 사촌 누이[從妹]를 아내로 맞이해 송誦을 낳은 것이다. 경종이 죽을 때 송의 나이가 겨우 1세이었기 때문에 왕이 될 수 없었다. 하지만 성종成宗이 후사가 없었기 때문에 궁중에서 양육되었으며 12세가 되었을 때 개녕군開寧君에 책봉되고 이때 성종의 내선內禪을 받아 즉위하였다. 어머니 황보씨皇甫氏를 높여 왕태후로 삼았다. (태후가) 천추전千秋殿에 기거하며 섭정을 하니 세상에서 천추태후千秋太后라 불렀다.

목종 원년(998) 무술년 (송 진종) 함평咸平 원년

○ 태보 내사령太保內史令 서희徐熙가 죽었다.

목종 2년(999)

○ 거란이 사신을 보내와 왕을 책봉하였다. 이부시랑吏部侍郎 주인소朱仁紹를 송에 보냈다. 주인소가 황제를 알현하고 거란이 핍박해온 상황을 아뢰니 황제가 준 조서를 갖고 돌아 왔다.

○ 겨울에 거란 주가 송에 쳐들어왔다.

목종 4년(1001)

○ 왕이 중원부中原府에 행차하였다.

목종 5년(1002)

○ 조보길趙保吉이 송의 영주靈州를 함락하였다.

목종 6년(1003)

○ 천추태후千秋太后가 대량군 순大良君詢을 핍박하여 승려로 만들었다. 김치양金致陽이라는 자가 있었다. 그는 천추태후의 외족인데 거짓으로 스님행세를 하며 천추궁千秋宮을 출입하고 태후와 통하니 성종이 장형을 쳐서 유배를 보냈다. 그러나 목종이 즉위하면서 다시 불러들여 합문사인閤門舍人을 제수하였다가 갑자기 우복야右僕射로 승진하였다. 김치양이 정권을 잡고 천추태후는 그 중간에 용사를 하여 친당을 두루 배치하여 권세가 한 나라를 흔들었고, 집과 정자와 정원, 연못 등을 지극히 아름답고 화려하게 꾸며 놓고 그 속에서 희락에 빠지니 사람들이 부끄럽게 여기며 당황해하였다. 궁성 북쪽 모퉁이에 십왕사十王寺를 지어놓았는데, 그 절의 도상이 기괴망측하였다. 김치양이 역모를 품고 귀신의 도움을 구하였던 것인바 그 종에 명문을 쓰기를 "동방의 나라에서 살고 있을 동안 같이 선을 닦고, 후에 서방 정토로 가서는 함께 보살이 되자."고 하였다. 왕이 그를 쫓아내고 싶었지만 어머니의 마음을 상하게 할까 염려하여 그러지 못하였다. 왕의 후사가 없었다. 태후가 치양과 사통하여 아들을 낳았는데 그를 왕의 후계자로 삼고자 하였다. 당시 태조의 여러 후손이 하나도 없고, 유독 대량후 순大良君詢만이 있으니 태후가 순詢을 협박하여 출가시켜 삼각산三角山에 거주하게 하였다.

목종 7년(1004)

○ 거란 주가 소후蕭后를 모시고 남쪽으로 송을 침략하여 전연澶淵 땅에 주둔하였다. 송의 군사가 여러 차례 패하니 중외가 모두 두려움에 떨고 놀랐다. 군신이 황제에게

청하여 서남西南으로 행차하기를 청하였으나, 평장사平章事 구준寇準만이 친정親征을 권하였다.

○ 12월에 황제(송 진종)가 전주澶州 남쪽 성에 이르러 멀리 거란의 군대의 성대함을 보고 두려워 떨었으나 구준寇準은 강을 건널 것을 힘써 청하였다. 북루北樓에 어개御蓋를 펼치고 삼군三軍의 뛰는[踊躍]소리가 수십 리까지 들리니 거란군의 사기가 저하되었다. 구준이 기회를 타서 공격하려고 하였으나 황제는 거란과 화친을 의논하여 세폐로 30만을 거란에 주기로 하고, 남조[宋]는 형이 되고, 북조인 거란이 동생이 되어 군사를 해산하여 각기 돌아갔다.[9]

목종 8년(1005)

○ 동여진東女眞이 등주登州에 침입하였다.

목종 9년(1006)

○ 혜성彗星이 나타났다.

목종 10년(1007)

○ 거란이 왕을 추성봉성공신推誠奉聖功臣으로 책봉하였다.

○ 탐라에서 서산瑞山이 솟아나왔다.

○ 송나라 왕흠약王欽若[10]이 태산泰山에서 천서天書를 받았다.

목종 12년(1009)

○ 왕이 병이 나서 국정을 돌보지 못하였다. 서북면 순검사西北面巡檢使 강조康兆가 군

---

9 당시 맺은 전연의 맹약[澶淵之盟]으로 송이 해마다 거란에 보낼 세폐 30만의 내용은 비단 20만 필과 은 10만 냥이다.

10 왕흠약王欽若(962~1025) : 북송北宋의 대신. 전연澶淵의 맹盟을 비판하여 구준寇準을 파직시켰다. 진종眞宗이 꿈에 태산泰山에서 신인神人이 천서天書를 내려주자, 그는 진종에게 영합하기 위하여 천서를 위조하여 바쳤다.

사를 일으켜 왕을 폐하여 시해하였고, 태후는 황주黃州로 유배하고, 대량군大良君을 맞이해 즉위케 하다.

처음에 태부太府 기름 창고에 불이나 천추전千秋殿을 연소시키니 왕이 놀라 병이 생겨 오랫동안 조정을 돌보지 못하였다. 참지정사 유진劉瑨, 중추원사 최항崔沆, 급사중 채충순蔡忠順 등이 은대銀臺에서 숙직을 하고, 이주정李周禎・유충정劉忠正・유행간庾行簡・탁사정卓思政・하공진河拱辰이 안에서 숙직을 하였다. 시랑 최사위崔士威가 대정문大定門을 지키고 궁성을 계엄하였다. 재신들이 왕이 있는 곳에 들어가 병문안을 하려고 하여도 허락하지 않았다. 천추태후와 김치양은 왕의 병이 쉽게 나을 병이 아님을 알고 역모 꾸미기를 더욱 급히 하여 대량군 순詢에게 사람을 보내 독을 먹이고자 하였으나, 순이 땅을 파고 들어가 숨어 화를 면하였다. 김치양이 유충정劉忠正에게 자기의 속마음을 털어놓고 내응을 하게 하였으나 유충정이 비유를 들어 거부하고, 글을 올려 고발하여 대량군 순 역시 밀서密書를 올려 상황을 고발하였다.

왕이 채충순을 침상으로 불러 들여 좌우를 물리치고 이르기를, “밖에서 나의 자리를 엿보는 자가 있다고 하는데 그대는 들었는가?” 하니 채충순은 “그렇습니다.” 하였다. 왕이 베게 밑에서 봉투 2개를 꺼내 그에게 보이니 하나는 유충정이 올린 것이고, 하나는 대량군 순의 글이다. 채충순蔡忠順이 아뢰기를, “일이 급합니다. 빨리 손을 써야 할 것입니다.”라고 하였다. 왕이 이르기를, “나의 병이 점점 나빠져 간다. 그대와 최항崔沆은 평소 충의로운 마음을 품고 있었으니 마땅히 성의를 다하여 사직이 다른 성에 속하지 않도록 하라.”라고 하였다.

채충순이 나아와 최항에게 말을 하니 최항은 손을 들어 이르기를, “임금의 뜻이 이와 같으시니 사직의 복이다.” 하였다. 유충정이 사람을 보내 채충순과 최항에게 이르기를 “간당이 틈을 보고 있으므로 종묘사직을 빼앗길 우려가 있으니 마땅히 태조의 후손으로 후사를 삼아야 하겠습니다.”라고 하니 채충순이 거짓으로 놀란 척하며 “태조의 손자가 어디 있는가?” 하니 “바로 대량군 입니다.”라고 하였다. 채충순이 이르기를 “하늘의 뜻이다.” 하며 채충순과 최항이 유충정에게 나아가 비밀리에 의논하였다. 왕이 선휘판관宣徽判官 황보유의皇甫兪義를 보내 신혈사神穴寺에서 대량군 순을 맞아오게 하며 이르기를, "내가 친히 가서 대보를 전하고 싶으니 빨리 사람을 보내 지체하지 말도록 하라. 만약 내 병이 회복되면 성종이 짐을 책봉했던 옛 일과 같이 하겠다." 하고 채충순에게 명하여 대량원군에게 주는 글의 초안을 지으라고 하면서 왕이 힘을 다해 친히 먹을 갈아주니 채충순이 이르기를, "신이 직접 먹을 갈아 쓰겠습니다."라고 하였으나 왕은 "나의 마음이 조급해지니 피곤한 줄 모르겠다." 하였다.

글을 다 써서 황보유의에게 주어서 가게 하였다. (하지만) 이주정과 유행간은 김치양의 당여이므로 왕은 일이 누설될 것을 염려하여 채충순에게 경계하여 유행간이 이 일을 알지 못하도록 하고, 이주정은 강등하여 임시로 서북면 부순검을 제수하여 당일로 출발하여 급히 강조康兆를 불러들여 숙위케 하였다. 강조가 명을 받고 용천역龍川驛에 도착하였다. (그때) 내사內史 위종정魏從正과 장서기掌書記 최창崔昌은 일찍이 일에 연루되어 내쫓겨 조정을 원망하면서 항상 난을 꾸밀 맘을 먹고 있던 사람이었다. 이때 강조를 뵙고 거짓으로 말하기를 "임금의 병은 이미 가망이 없고, 태후가 사직을 위태롭게 할 생각을 품고 있는데 당신이 외방에서 중병重兵을 장악하고 있으므로 왕의 명령이라고 거짓으로 불러들이는 것이니 공께서는 빨리 본도로 돌아가 의병을 일으켜 왕실을 바로 잡아야 할 것입니다. 때를 잃지 마소서." 하니 강조도 그렇게 여겨 곧 본영으로 돌아왔다.

마침 당시 중외에 왕이 이미 죽었다고 소문이 났다. 태후는 강조가 오는 것을 꺼려하여 사람을 보내 절령岊嶺을 지키게 하니 도로가 막혔다. 강조의 아버지는 그것이 걱정되어 몰래 왕이 죽었다는 소식을 전하였다. 글을 받은 강조는 드디어 부사副使 이현운李鉉雲 등과 함께 무장 병력 5천 명을 이끌고 와 평주平州에 이르러서야 비로소 왕이 아직 살아계심을 알고 어찌할 바를 알지 못하였다. (이때) 여러 장수들이 이르기를, "우리들이 이미 왔으니 형세상 그만둘 수가 없습니다." 하니 강조도 드디어 왕의 폐립을 결심하고 별도로 감찰監察 김응인金應仁을 보내 대량군을 모셔오게 하였다.

이날 황보유의와 김응인 모두 신혈사에 도착하였다. 강조는 왕에게 귀법사歸法寺로 나아가 계실 것을 요청하고, 유행간 등을 죽이기를 청하니 왕이 "알았다."라고 하였다. 이현운이 군사를 이끌고 영추문迎秋門으로 들어오면서 크게 소리치니 왕은 놀라고 두려워 유행간을 잡아 강조에게 보내었다. 탁사정卓思政과 하공진河拱辰이 모두 강조에게로 달아났다. 강조가 대초문大初門에 이르러 호상胡床을 잡고 있다가 최항이 성省에서 나오니 강조가 일어나 읍을 하였다. 최항이 말하기를, "옛날에도 이러한 일이 있었는가?" 하였으나 강조는 대답하지 않았다. 왕과 태후는 울면서 선인문宣仁門을 나섰다. 채충순蔡忠順과 유충정劉忠正도 모두 걸어서 따라갔다. 강조가 건덕전乾德殿에 앉자 군사들이 '만세!'를 부르니, 강조는 놀라 일어나 "아직 후계 임금이 오시지 않았는데 이 무슨 소리인가?" 하였다. 조금 후에 황보유의皇甫兪義 등이 대량군大良君을 모시고 와서 드디어 즉위하였다.

강조는 왕을 폐하여 양국공讓國公으로 삼고, 김치양金致陽 부자와 유행간을 참수하고, 이주정 등은 해도로 유배를 보냈다. 왕(목종)이 최항을 시켜 강조에게 말 한 필을 청하여 태후를 태우고 왕은 채찍을 잡고 걸어갔다. (목종이) 입었던 어포를 벗기고 음식을 바꾸어 드렸다. 강조가 최항 등을 부르니 왕이 최항에게 이르기를, "나의 부덕함 때문이니 누구를 원망하겠는가? 단지 원하는 것은 고향으로 돌아가 늙기를 바랄뿐이다. 경은 새로 즉위한 임금을 잘 보필하도록 하라." 하고 드디어 충주忠州로 향했다. 적성현積城縣에 이르자 강조는 상약尙藥 김광보金光甫를 보내 왕에게 독약을 드렸으나 왕이 먹지 않으니 김광보가 중금中禁 안패安霸에게 일러 "강조의 말이 독약을 바칠 수 없으면 금군으로 하여금 대사大事를 거행하라고 하였다. 그렇지 않으면 너와 나는 멸족을 당할 것이다." 하니 밤이 되자 안패 등이 왕을 시해하고 스스로 자결했다고 보고하였다. 왕의 나이는 30세이며 달을 넘겨 적성현 남쪽에다 화장을 하였다. 시호는 선령宣靈이며, 묘호는 민종愍宗이다. (목종의 죽음에 대해) 모든 신하와 백성들이 모두 통분해 하였으나 현종은 알지 못하고 있다가 거란이 왕을 시해한 죄를 묻자 비로소 알게 되었다. 현종 3년(1012)에 개성 동쪽으로 이장을 하니 의릉義陵이다. 묘호는 목종穆宗이다.

이제현李齊賢의 논찬論贊

경보[慶父]는 노魯나라의 예법을 위반하였고, 불위不韋는 진秦나라의 화근을 빚어냈으며 제나라 환공齊桓公은 강씨姜氏를 죽였고 진나라 시황始皇은 노애嫪毐[11]를 찢어 죽였으니 어찌 만대의 치욕을 모면할 수 있겠는가? 목종은 이런 사람들의 전철을 교훈삼아 경계해야 했는데, 일의 시초부터 방비를 하지 않았다가 결국 아들과 어미가 함께 화를 입고, 그 재앙은 왕실이 거의 망하는 데에까지 이르게 하였으니 아아! 선양宣讓(목종)의 불행은 오히려 불행이 아니로다.

현종 원문왕 세가顯宗元文王世家

왕의 이름은 순詢, 자는 안세安世이다. 아버지는 욱郁으로 태조의 7번째 아들이다. 어머니는 황보씨皇甫氏이니 대종戴宗의 딸로, 경종景宗의 후后였다. {성종 11년 임신년(992)에 태어났다.} 경종이 훙薨하니, 후는 궁을 나와 왕륜사 남쪽에 있는 집에 살고 있었다. 어느 날 후가 꿈을 꾸었는데 혹령鵠嶺에 올라가 소변을 누니 나라 전체에 넘쳐 은빛 바다가 되는 꿈이었다. 점쟁이에게 말하니 이르기를, "사내아이가 태어날 것인데, 국가를 다스릴 상이다."라고 하였다. 후가 웃으며 이르기를 "미망인이 어찌 아들을 낳으리오." 하였다. 때에 욱의 집이 후의 집과 매우 가까웠더니 욱과 후가 서로 사랑을 하여 후가 임신을 하여 달이 찼으나 사람들에게 감히 말을 하지 못하였다. 후가 밤에 욱의 집에 가니 몸종이 장작을 쌓아 집에 불을 질렀는데, 이렇게 하여 후가 임신한 사실을 알리려고 한 것이었다. 성종이 놀라 그 집에 가니 드디어 사실을 고하였다. 후가 부끄러워 울며 집으로 돌아왔다. 겨우 문에 도착하였을 때 산기産氣가 있어 버드

11 『휘찬여사』에는 '애毐'가 '독毒'으로 되어있다.

나무 가지를 붙잡고 순을 출산하다가 죽었다. 성종이 욱을 사수현泗水縣에 유배 보내고, 유모를 골라 순을 기르게 했다. 욱은 문사文辭에 뛰어나고 지리에 밝았으나 마침내 사수현에서 죽었다. 목종이 순을 봉하여 대량원군으로 삼았다. 태조의 모든 후손이 모두 요절하여 대량군만 남으니 천추태후가 미워하여 머리를 깎여 삼각산 신혈사의 중이 되게 하였으니, 당시 사람들이 신혈 소군神穴小君이라고 불렀다. 절에 한 중이 있었는데 순의 모양을 기특하게 여겨 절 방바닥의 땅을 파고 순을 숨겨두고는 그 위에 기다란 의자[臥榻]을 놓아 가려 만일에 대비하였다. 천추태후가 사람을 보내 독이 든 떡을 순에게 주려고 소군을 만나 전하려고 하였으나 스님이 거짓으로 이르기를, "소군이 놀러 나갔는데 어디로 갔는지 모르겠다."고 하였다. 심부름하던 사람이 가고 떡을 새에게 주니 새가 먹고 죽었다. 황보유의皇甫兪義 등이 절에 왔을 때에도 스님은 유의가 김치양의 당여라 생각하고 순이 있는 곳을 알리지 않았다. 황보유의 등이 도를 갖추어 왕으로 맞이할 뜻을 전하자 드디어 받들어 돌아갔다. 2월 기축일에 연총전延寵殿에서 즉위하고, 돌아가신 아버지를 추증하여 안종安宗이라 하고, 어머니 황보씨는 헌정왕후獻貞王后로 추증하였다.

현종 원년(1010) 경술년 (송 진종) 대중상부大中詳符 3년

○ 거란 주가 강조가 군사를 일으켜 목종을 시해했다는 소식을 듣고 군사를 내어 토벌한다고 하며 급사중 양병梁炳과 대장군 야율윤耶律允을 보내 와서 전왕의 연고를 물었다. 평장사平章事 진적陳頔을 보내 거란에 가게 하였다.

○ 처음에 하공진河拱辰과 유종柳宗이 일찍이 동여진東女眞을 공격하다가 패하여 원한을 갖고 있었는데, 이때 여진인이 내조來朝해 오니 유종이 그들을 화주관和州館에서 모두 죽여 버리니, 여진이 거란에 이 사실을 호소하여 거란 주는 더욱 화가 나게 되었다. 왕이 참지정사參知政事 강조康兆를 행영도통사行營都統使로, 우복야右僕射 안소강安紹光을 도병마사都兵馬使로, 최현민崔賢敏을 좌군사, 이방李昉을 우군사, 박충숙朴忠淑을 중군사, 최사위崔士威를 통군사, 이현운李鉉雲·장연우張延祐·노정盧頲 등을 그 부관으로 삼아

30만의 군사를 이끌고 통주通州에 주둔하게 하였다.

○ 11월에 거란 주가 기병, 보병 40만을 거느리고 의군義軍이라 이름하며 압록강을 건너 홍화진興化鎭을 포위하였으나 양규楊規와 이수화李守和 등이 굳게 지켜 함락시키지 못하였다. 이에 거란 주는 그 포위를 풀고 20만의 군사를 인주麟州 남쪽에 주둔시키고, 20만의 군사로 진격하여 통주에 이르러 동산銅山 아래에서 싸웠다. 강조가 군사를 이끌고 통주성 남쪽으로 나아가 군대를 셋으로 나누었는데 홀연히 보니 목종이 그 뒤에 서서 질타를 하면서, "이놈! 이제 끝이다. 천벌을 가히 피할 수 있느냐?" 하니 강조가 갑옷을 벗고 무릎을 꿇고 죽을 죄를 지었다고 말하였다. 그러나 말이 끝나기도 전에 거란 병이 이르러 강조를 결박하여 전氈으로 싸가지고 메고 갔다. 이현운 역시 포로로 잡혔다. 거란병이 승세를 타고 수십 리를 추격해 오니 참수되어 죽은 자가 3만 명에 이르렀다. 이에 길게 달리며 진격해오니 좌기군 김훈金訓 등이 완항령緩項嶺에 군사를 매복시켜 {당안령當安嶺은 정주定州 서쪽 10리에 있으니 곧 완항령이다. 완항령은 박천博川의 경계로 구성龜城 가는 지름길이다.} 단병으로 돌진하여 거란병을 무찔렀다. 거란병이 곽주郭州·숙주肅州를 함락하여 서경西京까지 진격해 왔다. 왕이 서경의 소식을 듣고 급히 지채문智蔡文을 불러 군사를 이끌고 가서 돕게 하였으나 도착하기 전에 곧 거란병이 이르러 항복할 것을 종용하였다. 서경유수 원종석元宗奭 등이 이미 항복의 글을 지으니 지채문이 급히 군사를 이끌고 서경으로 들어가 항복하자는 사람을 죽이고 항복의 표문을 불태워버렸다. 거란병이 이르니 지채문 역시 패하였는데, 마침 탁사정卓思政을 만나 밤에 도망치고, 대도수大道秀가 거란병에 항복하니 성안은 궤멸되어 혼란에 빠졌다. 통군 녹사統軍錄事 조원趙元을 추대하여 주장으로 삼아 무너진 군졸들을 거둬 문을 닫고 진을 굳게 지켰다. 지채문은 도망쳐 서경이 거란군에게 패퇴한 상황을 보고하니 모든 신하들이 항복할 것을 논의하였고, 강감찬姜邯贊은 왕을 권하여 강남으로 행차하도록 했다. 임신일에 왕이 야밤에 적성현積城縣에 도착하니 왕을 호위한 군인은 겨우 50명에 불과하였다. 거란병이 서경을 공격했으나 빼앗지 못하니 포위를 풀고 동쪽으로 갔다.

현종 2년(1011)

○ 봄 정월 을해일(초하루)에 거란 주가 경성에 들어와 궁궐과 태묘, 가옥을 모두 태워버렸다. 왕이 창화현昌化縣에 이르니 현리縣吏가 난을 일으키고 행궁을 범하고 사람을 시켜 소리치게 하기를 "하공진河拱振이 군사를 이끌고 올 것이다."라고 하였다. 지채문智蔡文노 화살을 물리쳤나. 새벽이 되어 지채문이 나아가 도직을 추적해 보려 하다가 마침 길에서 하공진을 만나 그를 힐문해보니 과연 하공진의 소행이 아니었다. 드디어 하공진, 고영기高英起를 거란 군영에 보내 표를 받들고 화친할 것을 청하였다. 왕이 광주廣州에 머물렀을 때 두 왕후의 간 곳을 잃고 지채문을 시켜 찾게 하였더니 요탄역饒呑驛에서 만났으나 현덕후玄德后가 임신 중이라 왕후는 고향인 선주善州로 돌려보내고, 왕은 공주公州에 머물러 있었다. 절도사 김은부金殷傅가 예를 갖추어 교외로 나와 왕을 맞이하고 의대와 토산물을 바치었고, 파산巴山에 이르러 왕에게 드릴 음식이 다 떨어지니 김은부가 또 음식을 마련해 바쳤다. 삼례역參禮驛에 도착하니 절도사 조용겸趙容謙이 평복을 입고 왕의 행차를 맞이하고는 왕을 그곳에 머물게 하고 왕을 끼고 호령할 요량으로 이재李載·최즙崔楫·유승건柳僧虔 등과 더불어 흰 깃발을 꽂고 북을 치며 함성을 지르며 나오니 지채문이 문을 굳게 닫고 지키므로 적들이 능히 침범하지 못하였다. 다음 날 아침 조용겸을 불러 장차 죽이려했다가 용서하여 전주全州로 돌려보냈다. 하공진이 거란 군영에 이르니 거란 주가 묻기를 "너희 국왕은 어디 있느냐?" 하니 "강남으로 피난 가셨다." "강남은 거리가 몇 리나 되느냐?" "만여 리가 된다." 하였더니 추격했던 병사들이 돌아왔다.

○ 정해일에 왕이 나주羅州에 도착하였다. 야경꾼이 거란병이 이르렀다고 잘못 보고하였다. 왕이 크게 놀라 달아나려고 하다가 그만두고 염탐해 본즉 이에 하공진河拱振이 거란군이 물러갔다는 보고를 하였다.

○ 계묘일에 거란군이 압록강을 건너갔다. 왕이 돌아와 공주에 머무를 때 왕이 후后 김씨를 맞아들였는데 김은부金殷傅의 딸이다. 정묘일에 왕이 경도에 들어가 장차 거란과 화목할 요량으로 점을 쳤더니 건괘乾卦의 고蠱를 얻으니 드디어 낭중郞中 왕첨王瞻을 거란에 보내 회군한 것에 감사의 뜻을 전하게 하였다.

○ 조용겸趙容謙과 유승건柳僧虔 등을 귀양보냈다.

○ 강조姜兆의 당여 탁사정卓思政·박승朴昇·최창崔昌·위종정魏從政·강은康隱 등을 해도로 유배하는 문제를 의논하였다.

○ 탐라耽羅에서 주군州郡의 예에 따라 주기朱記를 내려줄 것을 청하니 허락하였다.

현종 3년(1012)

○ 봄에 30성性 여진이 자제를 데리고 와서 말을 바쳤다. 동여진이 청하淸河에 쳐들어와 노략질하니 강민첨姜民瞻이 추격하여 격퇴하였다. 거란 주가 조서를 내려 왕의 친조를 요구해 왔다. 형부시랑 전공지田拱之를 보내 왕이 몸이 불편하여 올 수가 없다고 전하니 거란 주가 노하여 조서를 내려 흥화興化·통주通州·용주龍州·철주鐵州·곽주郭州·귀주龜州의 6주를 취하겠다고 하였다.

○ 일본인이 와서 조회하였다.

○ 거란이 통화統和 연호를 개태開泰로 바꾸었다.

○ 여진이 거란 주의 병사를 이끌고 장차 강을 건너려 함에 김승위金承渭가 물리쳤다.

○ 거란이 와서 6성을 요구하였다.

○ 국사國史를 편찬하였다.

현종 5년(1014)

○ 봄에 혜성彗星이 오거五車에 나타났다.

○ 철리국鐵利國이 말을 바쳤다.

○ 진적陳頔·이예균李禮均·하공진河拱辰이 모두 거란에 잡혔다. 하공진은 죽임을 당하였고, 진적에게는 평장사를 제수하였다.

○ 가을 8월에 내사사인內史舍人 윤징고尹徵古를 송에 보내 귀부할 것을 청하니 송 황제가 조서를 내려 등주登州에 관館을 설치하게 하였다.

○ 겨울에 거란이 상은詳穩 소적열蕭敵烈을 보내 통주通州를 침략하게 하니 정신용鄭神勇·주연周演 등이 맞아 싸워 무찔러 700여 급을 참수하였고 강에 빠져 죽은 자가 매

우 많았다.

○ 11월에 상장군 김훈金訓·최질崔質 등이 난을 일으키니 장연우張延祐와 황보유의皇甫兪義를 유배보냈다. 경술년 용병 이래[12] 군인의 수가 늘어나 백관들의 녹봉을 주지 못하게 되었다. 이에 황보유의와 중추中樞 장연유가 건의하여 금군禁軍의 영업전永業田을 빼앗아 백관의 녹봉에 충당하게 하니 이로 말미암아 위사衛士(숙위군)가 탄식하며 원망하였다. 마침 장군 최질이 군공으로 여러 차례 승진하여 상장군上將軍이 되었으나 문계文階를 받지 못한 것에 불만을 품고 있었다. 드디어 김훈金訓·박성朴成·이협李協·이상李翔·석방현石邦賢 등과 모의하여 영업전을 빼앗고 무리를 격동시켜 노하게 하고 여러 호위군을 이끌고 난을 일으켜 금중에 쳐들어와 황보유의를 결박하여 추달하여 거의 죽게 만들었다. 합문에 이르러 황보유의의 죄를 청하니 왕이 두려워 그대로 따르고, 장연우와 황보유의의 이름을 명부에서 빼고 멀리 유배를 보냈다. 이에 무신들이 권력을 잡아 사납고 흉악한 군인豎卒들이 문관직을 차지하고 대관에 나열해 있었으니 국가 조정의 기강이 크게 문란해져 중외가 원통해 하였다. 때에 왕가도王可道가 화주和州의 임기가 차서 서울로 돌아와 있다가 나랏일이 그릇되는 것을 보고 일직 김맹金猛에게 이르기를 "왕께서는 어찌 한 고조漢高祖가 운몽雲夢으로 놀이 가던 옛 일을 모방하려 하시지 않는가?" 하니 김맹이 그 뜻을 알아차리고 몰래 임금에게 아뢰니 왕이 그 의견을 받아들였다. 왕가도가 일찍이 서경 장서기西京掌書記로 있을 때 자못 민심을 얻었던 일로써 바로 서경유수 판관西京留守判官에 임명하여 속히 가서 미리 준비하도록 하였다. 이듬해 왕이 서경에 행차할 때 장락궁長樂宮에서 여러 신하들에게 연회를 베풀고 군사를 매복시켜 놓았다가 김훈 등이 취한 틈을 타서 잡아 죽이고 그 당여들을 평정하였다. 황보유의 등을 불러 들였다.

○ 거란이 압록강에 다리를 놓은 다음 다리를 끼고 동서에 성을 쌓으므로 장수를 파견하여 공격하게 하였으나 이기지 못하였다. 거란병이 흥화진興化鎭을 포위하므로

12 현종 원년(1010년) 10월 강조가 30만 대군을 이끌고 거란을 치게 한 일.

가서 물리쳤다. 거란이 통주通州와 용주龍州를 침략하였다. 거란이 야율행평耶律行平을 보내와 6성을 요구해 오니 그를 잡아 놓고 보내지 않았다. 거란이 통주를 공격하니 장군 정신용鄭神勇이 나가 싸우다가 전사했다. 거란군이 영주寧州를 공격해 왔으나 패하여 물러갔다. 고적여高積餘가 거란을 추격하다가 전사하였다. 거란군이 판관 왕좌王佐를 포로로 잡아 데리고 갔다.

현종 7년(1016)

○ 야율세량耶律世良이 곽주郭州에 쳐들어오니 우리 측의 죽은 병사가 수만 명에 달하였다.

○ 거란 사신이 압록강에 이르렀으나 받아들이지 않았다.

○ 민관시랑 곽원郭元을 송에 보내 원병을 요청하였으나 마침 여진도 역시 거란 침략에 대해 호소해 왔다. 송 황제는 거란과 이미 맹약을 맺었기 때문에 답장을 하기가 곤란하였더니, 학사學士 전유연錢惟演이 조서를 초草하여 이르기를, "경의 나라를 생각하면 나의 심려하는 바가 크지만, 거란 역시 이웃나라로서 봉작을 내린 지도 이미 오래이다. 맹호관계를 따라 그 바라는 바는 화목을 유지하여 백성들을 편하게 하는 것이다." 하니 황제가 보고 웃으며 이르기를, "이와 같이 하면 거란이 이 조서를 볼지라도 방해하지는 않을 것이다."라고 하였다. 이어 곽원에게 개보사開寶寺에 놀러 갈 것을 권하면서 관반館伴 장사덕張師德으로 하여금 탑塔에 올라가서 조용히 말하기를, "지금 수도 안의 저 웅장한 건물은 모두 다 군영으로 사용하는 것이다. 우리 황제께서 중국을 통일하고 천하를 하나로 통할하고 계시면서도 오히려 날마다 군사훈련을 하는 것은 북방에 대비하기 위함이다. 천자도 이러하거든 하물며 귀국은 그들과 땅이 연접해 있으니 좋은 관계를 맺어 백성을 편안하게 쉬게 하는 것이 좋은 계책이 아니겠는가."라고 하였다.

○ 이 해에 대중상부大中祥符 연호를 다시 사용하였다.

현종 8년(1017)

○형부시랑刑部侍郞 서눌徐訥을 송에 보냈다.

현종 9년(1018)

○ 정안국定安國에서 사신을 보내 공물을 바쳤다. 강감찬姜邯贊을 서북면행영도통사西北面行營都統使로 삼았다.

○ 겨울 12월에 거란 소손녕蕭遜寧이 10만의 군사를 이끌고 들어와 노략하니 강감찬姜邯贊을 원수元帥, 강민첨姜民瞻을 부원수副元帥로 삼아 20만 8천 명을 이끌고 영주寧州에 주둔하였다가 홍화진興化鎭으로 나아가 이르러 수만의 기병을 복병시켜 거란병을 물리치니 소손녕이 군사를 이끌고 급히 경도京都로 달려오니 강민첨이 추격하여 무찔렀다. 자산慈山에서는 조원趙元 또한 마탄馬灘에서 그들을 물리쳤다.

현종 10년(1019)

○ 봄 정월에 소손녕이 신은현新恩縣에 도착하였는데 경성과의 거리가 백리 떨어진 곳이라 왕이 성 밖의 민가를 철수하여 청야淸野전술로 소손녕을 기다리니 소손녕이 글을 보내 회군한다고 전해온 후에 몰래 척후 기병을 보내 금교역金郊驛까지 들여보냈다. 이에 밤에 몰래 군사를 보내 습격하여 그들을 죽이니 소손녕의 군사가 퇴각하였다.

○ 2월 기축(초하루)일에 강감찬이 귀주 동쪽 들판에서 거란군을 맞아 격전을 벌여 대파시켰다. 거란군이 북쪽으로 도망가니 추격하여 팔령천八嶺川을 이르니 쓰러진 시체가 들을 덮었으며, 노획한 군사와 병장이 이루 헤아릴 수 없이 많았다. 의논하는 자들이 이르기를 군사를 쓴 이래로 이 무공이 으뜸이라고 하였다.

○ 강감찬을 시랑 평장사侍郞平章事에 임명하였다.

○ 가을 8월에 예빈경禮賓卿 최원신崔元信을 송에 보내 하정賀正하였다.

현종 11년(1020)

○ 봄에 이작인李作仁을 보내 거란에 표를 바치게 하고 제후로 칭하고 공물을 바칠 것을 청하고 아울러 야율행평耶律行平을 돌려보냈다. 거란이 한소옹韓紹雍을 사신으로 보내왔다.

○ 김맹金猛을 송에 보내니 아들 흠欽을 연경군延慶君에 책봉하였다.

현종 12년(1021)

○ 철리국鐵利國에서 표를 가지고 와서 귀부할 것을 청해왔다.

현종 13년(1022) 경술

○ 봄 2월에 송 황제(진종)가 죽었다. 진종의 성품은 너그럽고 어질어 제왕帝王의 도량을 갖고 있었으나 도교를 믿어 동쪽으로 서사西祀를 봉하고, 신도神道를 종교로 삼았다. 향민중向敏中·필사안畢士安·왕단王旦은 모두 현명한 재상이었다. 연호를 고친 것이 다섯 번이었다. 함평咸平·경덕景德·대중상부大中祥符·천희天禧·건흥乾興이다. 태자를 세워 즉위하니 바로 인종황제仁宗皇帝이다.

○ 거란이 소회례蕭會禮를 보내와 왕을 책하여 상서령尙書令에 봉하였다.

○ 한조韓祚가 송으로부터 돌아와 송황제가 준 『성혜방聖惠方』과 『건흥력乾興曆』을 가져왔다.

○ 아들 연경군延慶君을 책봉하여 왕태자로 삼았다.

현종 14년(1023)

○ 거란이 태자(왕흠, 훗날의 덕종)를 책하여 국공國公으로 삼았다.

현종 15년(1024)

○ 여름 5월 초하루 정해일에 태사太史가 일식日食이 있을 것이라고 하였으나 일어나지 않았다고 아뢰었다.

○ 때에 가뭄이 심하여 백성들이 모여 하늘을 우러러 울부짖는 자가 있었더니 왕이 새벽에 일어나 그 소리를 듣고 목욕재계하고 분향하며 하늘을 우러러 빌기를, "과인에게 허물이 있으면 벌을 내리시고, 만일 백성들에게 과실이 있다면 과인이 또한 감당하겠습니다." 하였더니 드디어 큰 비가 내렸다.

○ 가을에 대식국大食國 사람이 왔다.

현종 16년(1025)

○ 여진 아골타노阿骨陁老가 내조하였다.

현종 18년(1027)

○ 송악松嶽이 무너졌다.

현종 19년(1028)

○ 왕후 김씨金氏가 죽으니 원성元成이라 시호하였다.

현종 20년(1029)

○ 천추태후千秋太后 황보씨皇甫氏가 죽었다.

○ 이응보異膺甫·황보유의皇甫兪義·황주량黃周亮·왕가도王可道 등에게 명하여 개성開城에 나성羅城을 축조하게 하였다. 왕가도는 사람에게 일산日傘을 들고 환립環立케 하여 높은 데로 올라 진퇴하게 하여 그 활협闊狹을 고르게 하여 성의 기초를 튼튼하게 하였다.

○ 거란 동경장군東京將軍 대연림大延琳은 발해 시조 대조영大祚榮의 7대손이다. 거란에 반기를 들고 나라를 세우니 흥요국興遼國이라 하였다. 여진을 이끌고 거란을 공격하며 여러 차례 사신을 보내어 구원을 청해왔으나 왕은 허락하지 않았다.

○ 곽원郭元이 압록강 동쪽을 취할 것을 청하였으나 이기지 못하고 등창이 나서 죽었다.

○ 거란이 흥요국興遼國을 무너뜨리고 동경東京을 회복하니 왕이 사신을 보내 축하하였다.

○ 여진女眞이 과선戈船과 약시楛矢을 바쳤다.

현종 22년(1031)

○ 여름 5월 신미일에 왕이 중광전重光殿에서 홍薨하니, 나이는 40세이다. 왕이 어려서 총명하고 인자하고 자혜롭더니 장성해서는 학문에 민첩하고 글씨에도 정묘精妙하고 사한詞翰을 좋아하여 무릇 한 번 듣고 본 것은 다시 잊지 않았다. 선릉宣陵에 장사지내었다.

최충崔冲의 논찬論贊

천추태후千秋太后가 음란하고 황망하여 가만히 왕위를 찬탈할 것을 도모하였으나 목종穆宗께서 민심이 돌아가는 바를 알아 멀리 사신을 보내어 대량군大良君을 맞이해 신기神器를 내려주어 국가의 근본을 굳건히 하였으니 이른바 "하늘이 장차 일어나게 함에 뉘 능히 이것을 폐하리요."라는 말을 어찌 믿지 아니하겠는가.

이제현李齊賢의 논찬論贊

최충崔冲의 말은 세상에서 이른바 천명天命이라 하는 것이다. 임금이 천명天命만 믿고 욕심을 함부로 하고 법도를 어기면 비록 얻었을지라도 반드시 잃는 것이다. 그러므로 군자는 치세治世에도 어지러움을 생각하고 평안할 때에도 위태함을 생각하며 끝을 조심함을 처음과 같이하여 하늘의 아름다운 도를 기다리는 것이니 현종顯宗과 같은 이에 대해서 나는 아무런 흠잡을 것이 없다 하겠다.

덕종 경강왕 세가德宗敬康王世家

왕의 이름은 흠欽, 자字는 원량元良이다. 현종顯宗의 장자로 어머니는 원성태후元成太后 김씨金氏이다. {현종 7년(1016) 병진丙辰년에 태어났다.} 7세에 태자가 되고, 이듬해에 거란契丹이 고려국공高麗國公에 책봉되었다. 현종이 홍薨하니 중광전重光殿에서 즉위하였는데, 익실翼室에 기거하면서 조석으로 애도하였다.

○ 거란 주契丹主가 죽으니 유교柳喬와 김행공金行恭을 거란에 보냈다.

○ 왕가도王可道가 아뢰기를, "거란이 비록 우리와 통호하고 있으나 병탄하려는 뜻을 그만두지 않고 있습니다. (더구나) 지금 부마駙馬 필제匹梯가 배반하여 동경東京에 웅거하고 있으니 마땅히 이때를 타서 압록강의 성교城橋를 헐고 억류된 우리 행인行人을 돌리기를 청하여 만일 제의를 거절하면 절교絶交해도 우리는 할 말이 있습니다." 라고 하였다. 이에 표表를 부쳐 청하였으나 거란이 듣지 않았다. 왕이 군신에게 명하여 의논케 하니 황보유의皇甫兪義 등이 이르기를, "우호관계를 계속 유지하여 백성들을 쉬게 하는 것이 좋겠습니다."라고 하였으나 서눌徐訥 등은 "저들이 이미 우리말을 좇지 아니하였으니 마땅히 절교하는 편이 좋겠습니다."라고 하였다. 왕이 드디어 하정사賀正使를 정지하였다.

덕종 원년(1032) 임신년 (송 인종) 명도明道 원년

○ 거란에서 사신을 보내왔으나 받아들이지 않았다.

덕종 2년(1033)

○ 평장사 유소柳韶에게 명하여 북쪽 경계에 관방關防을 설치하게 하였다. 압록강鴨綠江이 바다로 들어가는 곳으로부터 시작하여 동쪽으로 위원威遠 · 흥화興化 · 정주靜州 · 영주寧州 · 운주雲州 · 맹주孟州 · 삭주朔州 등을 지나 정변靜邊 · 화주和州{지금의 영흥永興이다.} · 연포延褒에 이르는 천여 리였다. 이 역사役事에 거란이 와서 다투니 교위校

尉 변유邊柔가 몸을 떨쳐 먼저 올라가 쳐서 물리치니 이 공로로 중랑장中郞將을 제수하였다. 유소柳韶가 거란 성城을 공격할 것을 청하였다. 서눌徐訥과 황보유의皇甫兪義·황주량黃周亮·최제안崔齊顔·최충崔冲 등은 모두 불가하다고 하였으나 왕가도가 강력하게 출군을 요청하였다. 왕이 명하여 태묘太廟에 점을 치게 하였으나 결국 출병하지 않았다.

덕종 3년(1034)

○ 가을 9월에 왕이 연영전延英殿에서 홍거하니 나이가 19세였다. 왕은 나서부터 성숙하였으며, 성품이 강직하고 과단성이 있었다. 이미 장성하여서는 벽돌을 밟으면 문득 깨어지니 사람들은 덕德이 무거운 까닭이라고 하였다. 숙릉肅陵에 장사하였다.

이제현李齊賢의 논찬論贊

세상에 전하여 이르기를 '덕종조에 봉황이 위봉문威鳳門에 와서 용의容儀를 보이매 까마귀 떼가 따라 지저귀니 봉황이 날아갔다. 나라 사람들이 까마귀를 미워하여 소년과 장년들이 활을 가지고 쏘아서 덕종德宗 1대에는 경성京城에 까마귀가 없었다'고 한다. 무릇 봉鳳이란 날짐승[羽族]의 장인데 까마귀 떼에게 쫓긴바 되었으니 어찌 봉鳳이라 하리오. 덕종德宗은 상을 당하여서는 능히 효도를 다하였고 정치에 임해서는 아버지 때의 원칙을 고치지 아니하여 구신舊臣을 임용하니 조정은 맑고 투명했으며, 백성들은 생업에 편했으니 비록 봉황이 아니라 해도 존호尊號를 덕德이라 함이 또한 마땅하지 아니한가.

정종 강헌왕 세가靖宗康獻王世家

왕의 이름은 형亨, 자字는 신조申照이다. 덕종德宗의 동생이다.{현종 9년 무술년(1018)에 태어났다.} 5세(현종 13년 : 1022)에 평양군平壤君에 책봉되고, 이때(덕종 3년 : 1034) 이르러 고명顧命을 받아 즉위하였다.

정종 원년(1035) 을해년 (송 인종) 경우景祐 2년

정종 2년(1036)

○ 여름[13]에 거란의 내원성사來遠城使가 흥화진興化鎭에 통첩하기를, "그대의 나라가 신하로서 상국을 섬겨온 것이 오래 되었더니 지난번 전쟁을 계기로 내정來庭의 예禮가 막히게 되었습니다. 이미 흉악한 역적이 제거되었으니 마땅히 공수貢輸를 들이어 옛 관계를 회복해야 할 것이다. 하지만 어찌하여 돌을 쌓고 목책을 엮어 대로를 차단하고 있습니까. 검각劒閣 중에 별도로 황금 소[金牛]의 길이 있음을 알지 못하시는지? 이렇게 하여서는 이후 깊이 질책叱責을 당할 것입니다. 이제 흥화진이 가장 가까이 있으므로 감히 개인적으로 알려드리는 바입니다." 하였다.

이에 영덕진寧德鎭에서 회첩하여 이르기를, "가만히 생각해 보건대 대연림大延琳이 난을 일으키던 초기에는 귀국이 흥병興兵할 무렵이라 도로가 어렵고 막혀서 사신使臣이 정지되었던 것입니다. 동경東京을 다시 회복하였기에 오로지 축하를 하고자 하였으나 선황제가 승하하였습니다. 이에 좌승상 유교柳喬를 보내 장례식에 참석케 하였고, 지금 황제가 왕위에 오르시자 급사중 김행공金行恭을 보내 축하를 드렸습니다. 그런즉 흥요국興遼國을 평정한 이래로 사신 왕래를 계속했는데 어찌 내정來庭의 예가 막혔다고 하

13 『고려사』에는 정종 2년 여름 기사의 내용이 정종 원년에 기록되어 있다.

십니까? 위험에 처하여 스스로 지키는 것은 나라를 가진 자의 상규라 하였고, 큰 나라의 의심을 불러일으키는 것은 일을 맡은 자의 삼가 할 일이 아닙니다. 또 지난번 입공入貢한 여섯 사신使臣이 억류당해 있고, 선주宣州와 정주定州 두 진鎭이 우리 영토 내에 들어와 있어 계속 사신을 보내 진정하고 있었으나 아직 돌려주지 않으므로 지금 간절히 돌려주기를 빌고 있는 터입니다. 장주章奏를 거듭 올려서 억류당한 사신의 석방과 빼앗아간 땅을 돌려 달라고 빌고 싶으나 청할 길이 없어 오늘에 이르렀습니다. 혹시 이 간곡한 성의誠意가 용납된다면 감히 즐겁게 공납하는 예禮를 게을리 하겠습니까?" 하였다.

○ 겨울 12월에 덕종德宗을 태묘에 부제祔祭하였다. 황주량黃周亮이 청하기를, "혜종·정종·광종을 옮겨 태조묘의 서벽西壁에 간직하소서." 하니 유징필劉徵弼이 말하기를 "혜종·정종·광종 3 왕의 친등親等이 다하지 않았으니 옮길 필요가 없습니다." 하였다. 황주량의 앞서 말한 주장을 고집하니 서눌徐訥이 말하기를 "노魯나라는 제후로서 소목昭穆 이외에 별도로 세실世室을 두었듯이, 혜종·정종·광종의 신위를 옮기지 마소서." 하니 왕이 드디어 이를 따랐다.

정종 3년(1037)

○ 봄 2월에 혜성彗星이 5번이나 나왔다.

○ 여진으로 거란과 내통한 자를 잡아 처벌하였다.

○ 가을에 거란 내원성來遠城에서 거란 주의 선지宣旨를 받들고 통첩牒하여 이르기를, "고려가 일찍이 조공朝貢에 힘쓰더니 근년에 와서는 점차 지체되거나 빠트린다고 들린다. 곧 직공職貢을 닦으려면 마땅히 먼저 표문表文을 올려야 할 것이다. 진실로 성실함이 보이면 별도의 명령을 내릴 것이다."고 하니, 시중侍中 서눌徐訥 등 14인이 의논하여 아뢰기를, "청컨대 사신을 보내 화친을 닦으소서." 하였다. 이에 전중감 최연하崔延嘏를 보내 표문를 가지고 거란에 가게 하니 거란에서 회조回詔하기를, "선국공先國公이 바야흐로 번국藩國을 계승할 때 드디어 책봉[任土]이 지체되었더니, 근일에 아뢴 글을 보고 성의가 간절함을 자세히 알았노라. 내가 그 정성을 생각하매 진실로 기뻐하노니 힘써

영원한 계책을 생각하여 힘쓰기를 바라노라."고 하였다.

정종 5년(1039)

○ 유선庾先을 거란에 보내 압록강 동쪽에 쌓은 성채[壘]를 헐 것을 청하였으나 허락하지 않았다.

○ 거란에서 왕을 책봉하였다.

정종 6년(1040)

○ 봄 정월 초하루 일식日食이 있었다.

○ 때는 강정康定[14] 원년이다. (송)의 부필富弼이 일식으로 연회를 중지할 것을 청하니 집정執政이 불가하다고 하였으나 나중에 거란이 음악을 그만두었다는 것을 듣고 (송) 인종仁宗이 매우 후회하였다.

○ 왕후 한씨王后韓氏를 책봉하였다.

정종 7년(1041)

○ 혜성慧星이 동쪽 하늘에서 나왔는데 길이가 30척이나 되었다.

정종 8년(1042)

○ 거란 사신 왕영원王永言이 왔다.

○ 처음에 조보길趙保吉의 손孫 원호元昊[15]가 하주夏州·은주銀州·과주瓜州·숙주肅州의 땅(오늘날의 감숙성 지역)에 웅거하여 하란산賀蘭山(은천 서쪽에 위치)을 막고 참월하게 하황제夏皇帝라고 칭하며 쳐들어오니, 송에서는 한기韓琦·범중엄范仲淹 등을 보내 막아내게

---

14 송나라 인종의 연호로 딱 1년간 사용하였다.

15 서하西夏의 경종으로 아버지는 이덕명李德明, 조부는 이계천李繼遷이다. 탕구드족이었으나 당나라 때 안사安史의 난을 평정한 공으로 이씨 성을 하사받았다가 후에 이덕명 때 다시 송으로부터 조씨 성을 하사받아 조원호가 되었다.

하였으나 송 군사가 완패하여 서쪽 변방이 쓸쓸하게 되었다. 거란은 송에서 서하의 소요가 일어나게 된 것을 다행으로 여겨 사신을 보내 후주 세종世宗 때 취해갔던 관남關南 땅을 요구해오니 송에서는 부필富弼을 보빙사로 보냈다.

부필이 거란 주를 만나 이르기를, “두 나라의 왕이 부자관계를 맺고 우의를 다진지가 40년이 되었는데, 하루아침에 땅을 떼어 달라고 요구하니 무슨 일 입니까?” 하니, 거란주가 “남조(송)가 약속을 어겨 안문鴈門에 요새를 구축하고, 저수지를 증가시키고, 성황城隍을 구축하는 것은 장차 무슨 일인가? 군신들이 군사를 내어 남으로 송을 치자고 하였으나 나는 사신을 보내 땅을 요구하는 것만 못하다고 생각하고, 만약 요구했으나 얻지 못할 때 군사를 일으키는 것도 늦지 않다고 생각하고 있다.”라고 하니 부필은 “북조(거란)가 장성章聖(송 진종의 시호)의 큰 덕을 잊었습니까? 전연澶淵의 역은 진실로 여러 장수의 말을 따른다 해도 북병도 그 책임을 면하기가 어렵습니다. 후진 말제晉 末帝 때의 혼란으로 인해 거란이 군사를 일으켜 혼자 이기고, (남조의)군사와 말들이 태반이나 죽었지만, 지금은 중국의 법령이 밝게 정비되고, 정예 군사가 백만에 이르니 북조에서 군사를 낸다고 해도 승리를 보장할 수는 없을 것입니다. 남조와 화호를 하면 세폐歲幣가 모두 인주人主에게 돌아가지만 전쟁을 일으킨다면 그 이익은 신하에게 돌아가고 인주는 그 화禍만 떠맡게 될 터이니, 신하들이 군사를 일으키자고 권하는 것은 모두 자신을 위한 계책일 뿐입니다.”라고 하였더니 거란 주도 수긍하였다.

부필이 또 “안문을 막은 것은 원호元昊의 침략에 대비함이요, 저수지를 증설하고 보루를 쌓는 것은 모두 옛날에 닦아놓은 것이지 약속을 위반한 것이 아닙니다.”라고 하였다. 거란주가 이르기를, “관남 땅을 돌려준다는 것은 양국의 화호관계를 더욱 오래 유지하게 하는 방편일 것이다.” 하니 부필은 “북조가 땅을 얻는 것은 영광스러운 것이나, 남조는 반드시 땅을 잃게 되는 수치를 겪게 될 것이니 형제 사이에 한쪽은 영광이고 한쪽은 치욕스러운 일이 되는 것이 옳은 일이겠습니까?” 하니 거란주가 깨닫는 바가 있어 이에 송이 보내는 세폐를 증설하고 양국의 화의和議를 정하고 돌아왔다.

이때 거란이 왕영언王永言을 보내 왔다. 조서詔書에 이르기를, "관남關南의 옛 땅을 장차 군사를 일으켜 강토를 회복하려 논의하였더니 송나라 조정에서 여러 차례 사신을 보내어 거듭 간곡한 말로 약정約定하기를 구공舊貢 은 30만 량 이외에 별도로 금과 비단[繒]의 진물進物을 별도로 바쳐서 부여賦與의 물품으로 대신하겠다고 하기에, 다시 맹약盟約을 논의하여 영구히 화목하게 지내기로 하였다. 보잘것없는 내가 어떻게 이러한 아름다운 일을 이룩할 수 있었던가. 이제 문무 백관들이 나에게 으뜸의 공훈과 큰 책략이 있다 하여 나에게 아름다운 칭호稱號를 더하고자 하므로 여러 신하들의 요청에 따르기로 하였다. 이에 사신을 보내니 그대는 알고 있으라." 하였다.

정종 9년(1043)

○ 거란에서 왕을 책하여 태보太保로 삼았다.

○ 압록강에 부교를 설치하고 장주長州와 정주定州에 성을 쌓으니 여진이 와서 축하하였다.

정종 12년(1046)

○ 여름 5월에 왕이 병이 났다. 동생 낙랑군 휘樂浪君徽를 불러 임시로 국사를 총괄하게 하였으나 이날 왕이 훙어하니, 나이는 33세였다. 왕의 성품은 식견이 크고, 과단성이 있어 사소한 일에 얽매이지 않았다. 주릉周陵에 장사지냈다.

이제현李齊賢의 논찬論贊

거란이 탐욕스러워 서로 신의를 맺을 것이 없기에 태조가 이것을 깊이 경계하였다. 그러나 한 번의 재난[16]을 기회로 여겨 옛 화친을 저버린 것은 좋은 계책이 아니었다. 정

16 발해 후손 대연림大延琳이 일으킨 난을 뜻함.

종이 왕위를 계승하여 3년 만에 다시 거란과의 관계를 회복했으니 '화호를 이어 백성을 쉬게 한다繼好息民'는 것이다. 군자는 이로써 정종이 선대의 유업을 잘 계승하여 나라를 보전하였다 할 것이다.

문종 장성왕 세가文宗章聖王世家

왕의 이름은 휘徽, 자字는 촉유燭幽이며, 옛 이름은 서緖이다. 현종의 셋째 아들이며 어머니는 원혜황후 김씨元惠王后金氏이다.{현종 10년 기미년(1019)에 태어났다.} 4세에 낙랑군樂浪君에 봉해졌다. 정종 때 내사령內史令에 책봉되고 이에 즉위하였다. 절검하는 것을 소중히 여기고, 형옥을 신중히 하였다. 건덕전乾德殿에서 조회를 보고, 선정전宣政殿으로 옮겨 시중侍中 최제안崔齊顔과 평장사平章事 최충崔沖 등을 불러서 정치 현안의 득실得失을 논하였다. 자주 문덕전文德殿에 나아가 군무軍務를 살피니 중외中外가 한 마음으로 잘 다스려지기를 기대하였다.

문종 원년(1047) 정해년 (송 인종) 경력慶曆 7년

○ 봄 가뭄이 있으니 왕이 궁궐을 떠나 조하朝賀를 쉬었다. {송나라 역시 심한 가뭄이 들어 가창조賈昌朝를 파면하였다.}

○ 여름에 최충崔沖으로 하여금 『율서律書』를 교정하게 하였다.

○ 거란에서 사신을 보내 왕을 책봉하였다.

문종 6년(1052)

○ 유신儒臣에게 명하여 『십정력十精曆』·『칠요력七曜曆』·『둔갑력遁甲曆』·『태일력太一曆』 등의 역서曆書를 편찬케 하였다.

문종 7년(1053)

○ 왕이 서경西京에 행차하였다.

문종 8년(1054)

○ 아들 훈勳을 책하여 왕태자로 삼았다.

○ 가을에 거란이 포주성抱州城(義州 지역) 동쪽에 궁구문弓口門(관문)을 설치하였다.

문종 9년(1055)

○ 거란이 왕을 책하여 태사太師에 봉하였다.

○ 거란 동경유수에게 글을 보내 궁구문을 철폐해 달라고 요청하였다.

○ 가을 9월에 거란 주(홍종興宗)가 죽었다.

문종 10년(1056) (송 인종) 가우嘉祐 원년

○ 봄 정월에 황주黃州에 운석隕石이 떨어졌는데 소리가 천둥소리와 같았다.

○ 여러 도道에 무문사撫問使를 파견하였다. 처음에 왕이 사신을 파견하여 장리長吏의 근만과 백성의 질고를 안험按驗하고자 하였으나 담당 관청에서 정역程驛을 맡은 아전과 백성들이 영접迎接하는 수고에 피곤할 것이라 하여 정지할 것을 청하였다. 이에 왕이 "선대先代에는 자주 사신을 보내어 백성들의 고통을 조사하도록 하였으므로 목민관牧民官들이 모두 청렴에 힘써서 백성들을 편안케 하였으나 근자近者에는 기강이 해이해 지고 또 징계와 칭찬을 제대로 하지 않으니 여러 지방의 수재守宰들이 백성들의 일을 살피지 않고 단지 취렴하는 데 힘써 힘 있는 자에게 뇌물을 쓰고 있다. 백성 중에 재칠梓漆과 어염魚鹽을 하는 가정들은 있으면 이리저리 빼앗고, 혹 뜻대로 되지 않으면 문득 일을 핑계되어 중상하여 가혹한 형벌을 가하니, 백성들의 쌓인 억울함과 원통함은 호소할 곳조차 없다. 간혹 이러한 폐단을 바로잡으려는 자가 있다 하더라도 권귀, 요로의 청탁으로 인하여 능히 실행할 수가 없게 되니 힘없는 백성들이 어찌 살아 갈 수 있겠는가. 짐朕이 밤낮으로 고심하며 백성들의 고통을 없애려고 애를 쓰고 있으나 여러 관리들은

뜻을 더하기는커녕 논설論說이 분분하니 어찌된 일인가?"라고 하였다. 드디어 시어사侍御史 이유적李攸績으로 산동남山東南의 충주忠州·경주慶州·상주尙州 삼도 무문사三道撫問使를 삼고, 겸 잡단兼雜端 김약진金若珍은 최상崔尙과 함께 산남山南의 진주晉州·나주羅州·전주全州·청주淸州·광주廣州·공주公州·홍주洪州 7도 무문사七道撫問使를 삼고, 감찰어사兼監察御史 안민보安民甫로 관서關西·관북關北·관내關內 삼도 무문사三道撫問使를 삼고, 민창수閔昌壽로 관내關內 동도무문사東道撫問使로 삼았다.

문종 11년(1057)

○ 거란이 왕을 상서령尙書令에, 태자는 평장사 삼한국공平章事三韓國公에 책봉하였다.

○ 천희天禧[17] 이래 송과 단절된 지가 거의 50년이 된다. 이때에 (송) 천자의 성명聖明이 정치에 힘쓰려고 하니 중국이 태평하여 전쟁이 없었으며, 어진 재상들이 천자를 보필하여 때를 응하여 일어나 한기韓琦·부필富弼·범중엄范仲淹·문언박文彦博 등은 모두 덕업이 뛰어나 그 소문이 사방에까지 들리고, 유학이 점차 번성하여 공맹孔孟을 잇고, 직간하는 문장의 선비들이 빈빈彬彬(훌륭함)하여 그 인물이 질출迭出하니 태평의 성대함이 삼대 이래로 있지 이와 같은 때가 있지 않았다. 거란 주가 황제의 어용御容(초상)을 요청하니 호숙胡宿이 황제의 초상을 받들어 거란에 가니 뭇 신하들이 뵙고 남다름에 경외하였으며, (고려)왕이 학문을 좋아하고 유학을 숭상하여 더욱 중국을 향하는 마음이 더욱 깊어 쇠하지 않았으나 거란을 두려워하여 끝내 송과 통교할 수 없었다. 이에 앞서 송 진사 장정張廷이 귀화해 오니 왕이 기뻐 비서랑秘書郞에 제수하였다.

문종 12년(1058)

○ 왕이 탐라耽羅 영암靈巖에서 벌목을 하여 선박을 만들어 송과 사신을 보내고자 하

17 송 진종 연호의 하나로 고려 현종 8년(1017)~12년(1021)에 해당된다.

였더니 문하성사가 아뢰기를, "국가가 북조北朝(거란)와 우호를 맺은 이래로 변방에 급한 일이 없고 백성은 그 생업을 즐기니 이는 나라를 보전하는 좋은 정책입니다. 옛 경술년庚戌年(현종 원년, 1010)에 거란이 글을 보내 이르기를, '동으로 여진女眞과 결탁하고 서로 송나라와 왕래하니 이것이 무슨 이유인가'라고 한 바 있습니다. 또한 상서尙書 유참柳參이 사신으로 갔을 때 동경 유수東京留守가 남조南朝(송)와 사신을 왕래한 일을 물을 만큼 의심을 받고 있으니 만약 이런 일이 누설되면 나라의 이해에 적지 않은 영향을 끼칠 것입니다. 또 탐라는 땅이 척박하고 백성이 빈곤하여 오직 해산물과 배를 타는 것으로써 생계를 도모하는 바, 지난해 가을에 나무를 베어 바다를 거쳐 흥왕사를 창건하는 일에 많은 피로가 이미 극에 달해 있거늘 또 이 일로써 거듭 괴롭히게 되면 다른 변이 생길까 두렵습니다. 더구나 우리나라의 문명이 하늘을 열고 예의가 날로 성하니 반드시 중국의 도움을 받을 것이 없습니다. 만일 거란과 국교를 영원히 끊지 않으려면 송나라에 사신을 보내는 것은 마땅치 않습니다."라고 하였다. 이에 부득이 송나라에 사신을 보내지 않았다.

문종 17년(1063)

○ 송 황제(인종)가 승하하였다. {이때 고려는 요로부터 책봉을 받았기 때문에 송제宋帝라고 칭하였다.} 재위 42년이며, 연호를 고친 것이 9번이니, 천성天聖・명덕明德・경우景祐・보원寶元・강정康定・경력慶曆・황우皇祐・지화至和・가우嘉祐이다. 황제의 성품은 삼가고 검소한 덕과 백성을 사랑하고 만물을 불쌍히 여기는 마음이 즉위 이래 승하하기까지 시종여일하였기에 돌아가셨다는 소식이 내려지자 심산 유곡이라 할지라도 분주하지 않음이 없고 슬피 우는 소리를 능히 그칠 수가 없었다. 황자皇子 서曙가 서니 이가 바로 영종英宗이다. 재위 4년 만에 죽었다. 태자 정頊이 즉위하니 이가 신종황제이다神宗皇帝이다.

○ 거란이 국호를 고쳐 대요大遼로 하였다.

문종 21년(1067)

○ 왕이 흥왕사興王寺에 행차하였다. 처음 왕이 즉위하여 대운사大雲寺와 대안사大安寺를 창건함에 노역이 심히 크니 어사대와 문하성에서 농한기를 기다렸다가 짓자고 청하니 이를 따랐다.

○ 병신년에 흥왕사를 덕수현德水縣에 창건하니 최유선崔惟善이 간하기를, "당 태종太宗이 사관寺觀을 짓는 것을 허락하지 않아 고조高祖의 뜻을 따르니 역사에서 이를 아름답게 여겼고, 우리 태조太祖는 「훈요訓要」에 이르시기를, '도선 국사道詵國師가 점지한 곳 외에 함부로 절을 지어 지덕을 손상시키지 말라'고 하셨습니다. 지금 전하께서 조종祖宗이 쌓은 기업基業을 이어 받아 태평함이 오래된 것은 진실로 마땅히 절용하시고 백성을 사랑하시어 성운盛運을 지켜 공덕을 무궁토록 해야 할 것인데 어찌하여 재정을 허비하고 백성들의 힘을 고갈시켜 급하지 않은 일에 허비하여 나라의 근본을 위태롭게 하십니까?" 하였으나 끝내 공사를 중단하지 않고 12년 만인 이때에 준공하니, 그 규모는 무릇 280여 칸이었다. 왕이 명하여 연등회를 베풀어 5일 밤낮으로 낙성식을 하니 대궐 문으로부터 절에 이르기까지 채붕彩棚을 엮은 것이 비늘처럼 도로를 이었고, 길 좌우에 단 연등은 산에 불꽃을 심은 듯이 30리에 뻗쳐 있으니 밝기가 대낮 같았다. 일본과 탐라, 남초인南楚人이 모두 와서 모였다. 이날 왕이 노부鹵簿를 갖추고 백관을 이끌고 향불을 피우 재물과 의복을 시주하였다. 불사의 성대함이 고래로부터 이와 같은 적이 없었다.

문종 22년(1068)

○ 중서령 최충崔冲이 송나라 황신黃愼을 데리고 왔다. 이때 천자가 새로 즉위하여 개연히 천하를 모을 뜻을 갖고 이에 강회 양절 제치사江淮兩浙制置使 나증羅拯을 불러 이르기를, "고려는 예로부터 군자의 나라로 알려져 왔고 그들의 선대로부터 우리나라에 극진한 성의를 표시하여 왔으나 그 뒤에 이르러 서로 왕래가 두절된 지 오래이다. 요사이 들으니 그 나라 임금이 현명하다고 하니 사람을 보내어 짐의 뜻을 잘 전하도록 하라."고 하였다 이에 황신을 보내 천자의 간절한 뜻을 전하니 왕은 기뻐하며 관에 머

물게 하여 후한 대접을 하게 하였다. 이듬해 황신이 또 왔다 가며 복건성福建省에서 예를 갖춰 입조할 것을 청해 온 뜻을 이첩하니 허락하였다.

문종 25년(1071)

○ 봄 3월에 민관시랑民官侍郞 김제金悌를 보내 표를 받들어 송에 가게 하였다.

문종 27년(1073)

○ 동여진東女眞 귀순주 도령歸順州都令 대상大常 10부족 등이 무리를 이끌고 와서 내부內附할 것을 요청하니 군현郡縣으로 삼고 각각 10도령都領에게 성姓을 주었다.

○ 서여진西女眞 만두불曼豆弗 등이 동번東蕃의 예에 따라 번속蕃屬이 되어 거란에 속한 번인契丹蕃人들과 서로 교통하지 않을 것을 청해오니 허락하였다.

○ 평로진平虜鎭 인접 지역에 있는 번인 우두머리 장수 골어부骨於夫 등이 또한 호구를 이끌고 와서 번이 되기를 청하였다. 삼산촌 번적三山村蕃賊으로 바다와 산곡에 있는 자들이 다른 번을 왕래하는 자들을 살육하며 항복하기를 원치 않으니 이에 골어부 등이 토벌해 줄 것을 청하였다. 동번 흑수 30종이 모두 향응해오니 낭장 문선文選 등을 보내 번복蕃服을 입고 그들 병사들과 함께 출발하여 삼산三山에 이르니 적들이 천변에 돌 요새를 쌓고 노인과 어린아이 및 재산을 그 가운데 두고, 500명의 보병과 기병을 이끌고 나와 싸웠다. 우리 번병이 크게 소리를 지르며 급히 진격하니 적이 크게 무너졌고, 기세를 타고 추격하여 성을 부수고 불을 질러 모두 태워 죽였다. 유전촌由戰村에 이르니 석성石城 아래 적들이 문을 굳게 닫고 지키고 있고, 성 또한 험하여 끝내 빼앗지 못하고 군사를 내어 돌아왔다. 그러나 삼산촌 여진이 곧 내부하겠다고 청해 왔다.

○ 동번의 고하사古河舍와 상곤霜昆 등이 또한 주현이 될 것을 요청해 왔다.

○ 동북면병마사東北面兵馬使가 아뢰기를 "이들의 거주지는 그 거리가 먼 관계로 예로부터 조공한 일이 없었으나 지금 이렇게 모두 귀순하고 있습니다. 이제 만일 경계를 정하고 관방을 설치한다면 여파한령餘波漢嶺 밖의 지역은 그 한계가 끝이 없고, 해

변까지 장성長城이 약 7백 리에 달하는데도 지금 번인들이 서로 연락하며 끝이 없이 귀순해 오고 있으니 여파한령 밖의 여러 번인들이 모두 판도 안에 들어온 연후에 방비책을 세우는 것이 좋겠습니다." 하니 왕이 이를 받아들였다.

○ 한림원翰林院에게 명하여 동번으로 내부한 지역의 명칭을 정하게 하니 빈주濱州・이주利州・복주福州・항주恒州・서주舒州・습주濕州・민주閩州・대주戴州・경주敬州・부주付州・완주宛州 등 11주였다. 각각에 주기朱記를 주어 귀순주歸順州에 소속시켰다.

문종 28년(1074)

○ 여름 4월에 가뭄이 들었다.

○ 갑술일에 많은 비가 왔다.

○ 송에서 조서를 내려 신법新法을 혁파했다.

○ 신유일에 비가 왔다.

○ 왕안석王安石이 죄가 있어 파면되었다. 때에 요 소희蕭禧가 송에 사신으로 가서 국경 문제를 논의하였다. 황제가 조서를 내려 구신들에게 돌아가면서 북조北朝(거란)의 일을 말하게 하니, 한기韓琦는 "의심을 사서 틈을 만드는 일은 그 일이 7가지 있는데, 고려를 불러 조공을 하게 하는 것이 그 중 하나이니, 바로 황신黃愼의 일입니다." 하였다.

문종 29년(1075)

○ 소희蕭禧가 다시 송에 갔다. 왕안석이 준 할지割地 700리는 드디어 훗날 군사를 일으킬 빌미가 된다고 했다.

○ 왕이 사신을 요에 보내 압록강鴨綠江에 설치한 선교船橋를 철수해 줄 것을 청했는데, 표문에 격식이 갖춰 있으니 요 주가 그 일을 그만두게 하였다.

문종 32년(1078)

○ 여름 6월에 송 황제가 간의대부諫議大夫 안도安燾와 기거사인起居舍人 진목陳睦을

보내 왔다. 처음에 여시랑呂侍郎(이름은 여단呂端)을 보내온 이래로 송과 사신을 주고받는 것이 때로는 끊어지기도 하고 때로는 통하기도 하였으나 중국 사신을 보지 못한 지가 90년에 이르렀는데 이때 이르러 안도 등이 오니 온 나라가 기뻐하고 왕도 감격하여 온갖 보화와 진기한 물건들을 주니 배에 실은 물건을 헤아릴 수 없었다. 그러니 두 공公의 성품이 인색하여 음식물을 접대하는 것[供億]조차 은銀으로 바꾸니 나라 사람들이 애석해 여겼다. 왕이 표를 올려 의약[醫藥]을 요청하니 이듬해 황제가 한림의관 형조邢慥를 보내오고 명약名藥 100종을 내려주니 왕은 유홍柳洪과 박인량朴寅亮을 보내 사례하였다.

문종 36년(1082)

○ 왕이 남쪽을 순시하였다.

문종 37년(1083)

○ 가을 7월에 왕이 중광전重光殿에서 훙薨하니 나이는 60세였다. 왕이 총민하고 학문을 좋아했으며 지략이 크고 원대했으며 관용의 도량이 있었다. 장지는 경릉景陵이다.

이제현李齊賢의 논찬論贊

문종은 몸소 절약에 힘쓰고 어진 인재를 들어 쓰고 백성을 사랑하고 형벌을 삼갔으며 학문을 숭상하고 기로耆老를 공경하였으며 용관冗官을 줄여서 비용을 절약하니 집마다 넉넉하고 사람마다 족하니 당시 사람들이 태평시대라 불렀다. 동쪽으로는 왜인倭人은 바다를 건너 진기한 보물을 바쳤고 북쪽의 맥인貊人(여진인)은 관문關門을 두드려 살 터를 얻어[受廛] 백성이 되었으니 가히 성하다 할 만하다. 유독 흥왕사의 역사로 백성들을 피곤하게 하고 국가 재정을 낭비하여 높은 지붕과 높은 담벼락을 만들어 소량蕭梁(양나라 무제)에 비기려 하였으니, 사람의 미덕을 갖추어주고자 하는 자가 이 점에 유감이 없을 수 없겠다.

순종 정헌왕 세가順宗靖憲王世家

왕의 이름은 훈勳, 자字는 의공義恭이다. 문종의 장자로 어머니는 인예 후仁睿后 이씨李氏이다. {문종 원년 정해년(1047)에 태어났다.} 8세에 왕태자에 책봉되었다. 문종이 훙거하자 왕위를 이었다. 왕은 어려서부터 질병이 있었는데 상중에 슬퍼함이 심하여 병이 더욱 심해지니 동생 국원공國原公 운運에게 명하여 임시로 국사를 맡겼으나 이날 상차喪次에서 돌아가니 나이는 37세였다. 장지는 성릉成陵이다.

이제현李齊賢의 논찬論贊

순종이 아버지 문종 상을 당하여 슬퍼하기를 심히 하다가 병을 얻어 재위 4개월 만에 운명하니 그 부친을 사랑함이 지극하다.

선종 현순왕 세가宣宗顯順王世家

왕의 이름은 운運, 자字는 계천繼天이다. 문종의 둘째 아들이다. {문종 3년 기축년(1049)에 태어났다.} 8세에 국원후國原侯에 책봉되고, 여러 차례 올려 공公이 되었다. 순종이 돌아가자 즉위하였다. 이자인李資仁을 요나라에 보내 상을 고하니 거란 주[遼主]가 국경에서 입국을 받아들이지 않고 힐문하기를, "두 임금이 연달아 서거하는 것은 반드시 무슨 연고가 있는 것이다." 하며 의심하였으나 이자인이 매우 조리있게 대답하니, 거란 주가 받아들였다.

선종 원년(1084) 갑자년 (송 신종) 원풍元豊 7년

○ 가을에 송 황제가 좌간의左諫議 양경략楊景略을 제전사祭奠使로, 우간의右諫議 전협錢勰을 조위사弔慰使로 보내왔다.

선종 2년(1085)

○ 봄 정월에 송 황제(신종)가 붕어하였다. 황제는 근검하고 뜻이 예리하였다. 즉위 초부터 개연히 (거란에 빼앗긴) 연운燕雲 땅을 회복할 뜻을 가지고 있어, 문언박文彦博, 부필富弼 등과 같은 선조대의 대신들은 모두 늙었는데 중책을 갖고 있는 것을 싫어하였다. 왕안석王安石이 부국강병책을 내니 말 한마디에 뜻이 부합되어 왕안석에게 모든 것을 위임하였다. 왕안석이 삼사조례사三司條例使를 설치하여 청묘법靑苗法·조역법助役法·방전법方田法·균수법均輸法 등의 여러 법을 만들어 재정을 모으니 백성들이 병들고 여러 어진 선비들이 일어나 쟁론하였다가 쫓겨났다. 원풍元豊 이래로 일을 맡은 자들은 모두 왕안석의 간당이었다. 황제는 왕안석과 더불어 의논하여 먼저 영주靈州와 하주夏州를 취하고 서쪽 오랑캐(서하)를 멸하고자 이에 북벌을 꾀하였으나 서하西夏에게 패한 연후에야 비로소 용병의 어려움을 알게 되었다. 국경에 일이 생기고 천하가 소연해 지니 마침내 한 가지도 뜻대로 된 것이 없었다. 황제가 죽고 (어린) 철종哲宗이 즉위하니 선인고태후宣仁高太后(신종의 비 장헌유황후章獻劉皇后)가 대신 수렴청정을 하여 왕안석의 무리들을 모두 쫓아내고, 신법新法 12사事를 모두 그만두고, 사마광司馬光과 여공저呂公著 등을 불러 등용하였다. 거란 주가 이 소식을 듣고 국경 관리에게 조서를 내려 "중국 재상 사마司馬 씨니, 삼가 일을 만들어 변방에 틈을 내지 말라."고 하였다. 후세에 인재가 가장 번성한 시기를 경력經曆(인종 때 1041~1048년간) 때와 철종 초 원우元祐(1086~1093년간) 시절을 아울러 칭한다.

(한편 고려는) 때에 신종의 부음 소식이 밀주密州로부터 도착하자 최사문崔思文과 임개林槩, 이자인李資仁 등을 송에 보냈다.

○ 석후釋煦(대각국사 의천)가 국왕 몰래 송에 갔다. 애초에 왕의 동생 석후는 송으로부터 불법佛法을 구하고자 하였으나 문종이 허락하지 않았다. 이때 이르러 송 상인을 매

수하여 몰래 가니 뒤쫓아 갔으나 잡지 못하였다. 송 황제가 수공전垂拱殿에서 석후를 인견해 보고 넘치도록 총애하여 남쪽 오吳 지역의 여러 사찰을 유람하도록 했다. 왕이 표문을 올려 석후를 돌려보낼 것을 요청하니 황제가 조서를 내려 귀국케 하였다. 석후는 돌아와 경서經書와 내전內典 1천 권을 바쳤다.

○ 적경궁주積慶宮主[18]를 왕의 동생 수璲(부여후夫餘侯)[19]와 혼인을 시키려 하니 금관후 비金官侯丕와 변한후 음卞韓侯愔 등이 중지하도록 간하였으나 따르지 않았다.

선종 4년(1087)

○ 서경西京에 행차하였다.

선종 5년(1088)

○ 요遼가 압록강 기슭에 각장榷場 설치를 논의하니 중추사中樞使 이안李顔을 대장경을 구한다는 명목으로 귀주龜州에 보내 비밀리에 국경의 일을 대비하게 하고, 이어 요에 표를 올려 이르기를 "승천태후承天太后가 책명을 보내어 관작을 주어 요동성 서쪽으로는 저쪽에서 거두고, 일자별교日子鼈橋의 동쪽은 우리 영토로 하였습니다. 통화統和 12년(994)에 성종聖宗이 조서를 내려 장정을 동원하여 성채[城呰]{발음은 柴}를 수축한다는 소식을 들었습니다. 이후 귀국의 힘을 빌어 산하가 보호된 이래 일이 없어 경계를 살피지 않아도 되었습니다. 하지만 성종의 조서에 먹이 아직 마르지 않았고, 승천태후의 자상한 말씀이 어제와 같습니다. (그런데 그 후) 궁구문弓口門을 설치하고 우정郵亭을 세웠다가 우리의 요구에 의해 이것을 철거한다고 하였으나 이에 이르러 다시 새로운 시장[新市 : 榷場]을 설치하려고 하니 이것은 선조의 유지를 저버리는 것이며, 우리나라의 간곡한 정성을 무시하는 것입니다." 라고 하였다.

---

18 인예태후 이씨의 딸로 선종의 동모제.

19 문종 비 인경현비 이씨의 아들.

○ 요주遼主가 조서를 보내 회답하기를 "(각장설치를 정지해달라는 요청에 대해) 이는 사소한 일인데 그리 여러 번 말할 필요가 있는가? 안심하고 성의를 다하여 공물을 보내는 데 힘쓰기를 바란다."라고 하였다.

선종 7년(1090)

○ 고복령高福令을 탐라 성주耽羅星主로 삼았다.

○ 이자의李資義와 위계정魏繼廷을 송에 보냈다. 송에서 고려에 판본이 좋은 서적이 많다는 것을 듣고 이자의로 하여금 모두 베껴서 보내 줄 것을 요청하니 무릇 123책이다. 모두 진한秦漢 시대의 제가서諸家書였다.

선종 9년[20](1092)

○ 서경西京에 행차하였다.

○ 왕태후[21]가 서경에서 훙거하였다.

선종 11년(1094)

○ 여름 5월 왕이 연녕전延英殿에서 훙거하니 나이가 46세였다. 왕은 어려서는 총명하고 지혜로웠으며 장성해서는 효성스럽고 넓은 뜻을 갖고 있었다. 장지는 인릉仁陵이다.

논찬論贊, 결락됨[缺].

---

20 『휘찬여사』 원문에는 '야년也年'으로 되어 있는데 '구년九年'의 오자임.

21 왕태후는 문종의 제2비 인예순덕태후仁睿順德太后 이씨로, 이자연李子淵의 딸이다.

헌종 공상왕 세가獻宗恭殤王世家

왕의 이름은 욱昱이며, 선종宣宗의 맏아들이다. 어머니는 사숙후 이씨思肅后李氏이다. {선종 원년 갑자년(1084)에 태어났다.} 11세에 왕위에 올랐다.

헌종 원년(1095) 을해 (송 철종) 소성紹聖 2년

○ 봄 정월에 태사太史의 관리가 해무리日暈 주위에 혜성彗星이 나타났다고 아뢰었다.

○ 근신이 난을 일으켰는데, 제후諸侯로 배반한 자는 왕충령王冲齡이었다. 왕이 병이 있었는데, 다만 의방醫方을 살피고 서화를 연습할 뿐이니 모후母后가 국사國事를 맡았다. 처음에 선종에게 다섯 동생이 있어 귀한 자가 많았으나, 왕(헌종)의 동생 한산후漢山侯 역시 어렸는데 이자의李資義는 한산후의 외삼촌이다. 몰래 사사死士(죽을 각오를 한 용사)를 길러 모의하기를, "지금 임금의 병이 깊어 외가[外邸]에서 자리를 엿보는 자가 있으니 너희들은 죽음으로 한산후를 받들어 왕권이 다른 성으로 가지 못하게 하라."고 하였다. 이때에 궁궐에 병사를 모아놓고 장차 일을 꾸미고자 하였더니 계림공 희鷄林公熙가 이 사실을 알고 소태보邵台輔에게 이르기를, "국가의 안위가 재상에게 달려 있으니 공은 도모하시오." 하니 소태보가 상장군 왕국모王國髦로 하여금 군사를 이끌고 호위케 하고 갑병을 매복시켜 이자의와 동생으로 당류인 평장사 이자위李子威 등을 죽였다.

○ 겨울 10월에 왕이 숙부 계림공鷄林公에게 선위하였다. 숙종 2년(1097)에 홍성궁興盛宮에서 죽으니 나이는 14세였다. 장지는 은릉隱陵이다.

이제현李齊賢의 논찬論贊

하夏나라 우禹가 왕위를 아들에게 전한 것은 후세를 염려한 조치였다. 그 후 유복자를 임금으로 세워 곤룡포를 입혀 놓아도 세상이 동요하지 않은 것은 명분이 정해져 있기 때문이었다. 현종顯宗의 세 아들은 형제끼리 서로 왕위를 전하여 순종順宗에게까지 미쳤다. 그러나 순종이 거상 중에 너무 슬퍼하다가 일찍 죽고 아들이 없어서 선종宣宗에게 전했으며, 선종이 죽은 다음 태자가 뒤를 이었는데 이가 헌종獻宗이다. 나라 사람들이 여러 왕대에서 형제끼리 왕위를 주고받은 데 익숙해져서 바로 "선종은 아우가 다섯이나 있는데 어린 아들을 세운다."고 하여 이것만을 잘못으로 여기니 어찌 그리 생각하지 못하는가? 다만 문제는 근친 중에 주공周公과 같은 이가 없고, 신하 가운데는 곽광霍光과 같은 사람이 없어 나랏일을 맡아 정치를 보좌하지 못하였기 때문이다. 이렇게 되면 나라 운명이 위태롭고 정치가 어지럽게 될 것은 뻔한 일이다. 후세에 불행히 일이 있어서 어린아이에게 중대하고 어려운 사업을 맡기게 될 때에는 이를 교훈으로 삼아야 할 것이다.

숙종 명효왕 세가肅宗明孝王世家

왕의 이름은 희熙였으나, 요遼 임금의 이름을 피하여 옹顒으로 바꾸었다. 자字는 천상天常으로 문종의 셋째 아들이다.{문종 8년 갑오년(1085)에 태어났다.} 왕은 어려서는 부모에게 효도하고 어른들을 공경했으며 장성하여서는 뜻이 깊고 과단성이 있으며 경사經史를 통하였다. 문종이 총애하며 일찍이 이르기를, "훗날 왕실을 부흥시킬 자는 아마도 너겠구나!" 하였다. 12세에 계림후鷄林侯에 책봉되고 여러 차례 올라 공公이 되었다. 선종 때 왕을 호위하여 서경西京에 갔는데 자색 구름이 장막 위에 떠올랐다. 천기를 보는 자가 임금이 될 자의 징표라고 하였다. 헌종이 즉위하여 수태사守太師에 임명하고, (헌종) 원년(1095)[22]에 중서령中書令이 되었다. (헌종 원년) 10월 기사일에 헌종이 조를 내려 선위하니 왕이 3번 사양하다가 경오일에 중광전重光殿에서 책봉

22 『휘찬여사』 권2 헌종 세가에서는 헌종 2년이라고 하였으나, 즉위한 이듬해 즉, 헌종 원년(1095) 8월에 상서령이 되었으므로 헌종 원년으로 고쳤다. (『고려사』 권 11, 세가 11, 숙종조 참조)

을 받았다. (이날) 원신궁주元信宮主와 한산후漢山侯를 경원군慶源郡에 유배보내고, 소태보邵台輔를 수태위守太尉, 김상기金上琦를 수사도守司徒, 유석柳奭을 수사공守司空에 임명하였다.

○ 낭중 윤관尹瓘으로 하여금 전왕의 양위표讓位表를 가지고 요遼 나라에 가게 하였다.

○ 마침 요나라의 하절사賀節使가 이르자 왕(헌종)을 대신하여 건덕전乾德殿에서 맞이하였다.

숙종 원년(1096)

○ 봄 2월에 전왕이 궁을 나가 흥성궁興盛宮에 있을 것을 청하니 이곳은 선종의 잠저이다. 왕이 허락하였다.

○ 여름 4월에 왕이 선정전宣政殿에 나가 정무를 보았다. 해가 기울어가자 중서성에서 아뢰기를 "지금은 만물을 가꿔야할 시기가 되었는데 3월 이후로 날씨가 어그러져 물이 얼고 서리가 내려 곡식을 해치며 밤에 우박이 내렸습니다. 『홍범洪範』「오행전五行傳」에 '우박은 음이 양을 협박하는 상象'이라 했고, 『경방京房』「주역전周易傳」에 '군사를 발동시켜 함부로 사람을 죽이는 것은 이를 일러 법을 위반한다고 하는 것으로, 이에 대한 재앙은 여름에 서리를 내려 오곡을 해친다.'고 하였습니다. 일전에 어린 임금이 병석에 누워 정무 처리를 옳게 하지 못하고 모후가 섭정하여 유혹에 빠지고 절도를 어지럽게 하여 흉악한 자들로 하여금 기회를 타서 난을 꾸미게 하였습니다. 이때부터 살육을 자행하여 그 동류까지 남기지 않았는데 일은 사실과 상반되었습니다. 이에 따라 옥에 갇힌 사람들 중에는 반드시 죄 없는 자가 있을 것이며 그 원한이 천지에 가득차서 화기가 재앙으로 변하게 된 것입니다. 성상께서는 천의에 순응하여 왕통을 이으시고 만가를 바로 잡았사오니 어사대와 상서형부에 명령하여 일체 의심스러운 사건으로 시비가 결정되지 못한 것은 빨리 정당하게 해결하여 억울한 자가 없게 하고 고발한 것이 사실과 다른 때에는 고발한 자에게 벌을 내려 하늘의 경고에 보답

한다면 백성들이 서로 기뻐할 것이며 재앙이 변하여 복이 될 것입니다." 하니 왕이 이를 받아들였다.

○ 가을 9월에 우복야 박인량朴寅亮이 졸하였다.

숙종 2년(1097)

○ 요나라에서 야율괄耶律括을 보내 전왕에게 칙서를 전했다.

○ 윤 2월에 전왕[헌종]이 죽었다.

○ 겨울 12월에 요나라에서 처음으로 사신을 보내 왕을 책봉하였다.

숙종 3년(1098)

○ 태자부太子府를 세워 소태보邵台輔를 태자태사太子太師로 삼고, 김상기金上琦는 태부太傅, 최사추崔思諏는 태보太保에 임명하였다.

○ 가을 7월에 윤관尹瓘과 조규趙珪를 송에 보내 왕위 계승을 알렸다.

○ 겨울 10월에 형부에서 감옥이 비었다고 아뢰었다.

숙종 5년(1100)

○ 봄 정월에 아들 우俁를 책하여 왕태자를 삼았다.

○ 여름 5월에 송 황제(철종)가 죽었다. 황제는 선인태후宣仁太后가 죽어 친정을 한 이래 선대의 유업을 이어받는다는 소술紹述의 논의에 유혹되어 장순章惇·채확蔡確·채변蔡卞 등을 불러 쓰니 모두 희풍熙豊[23]의 법이 회복되었다. 원우元祐[24] 때 사람들의 죄를 다스리는데 하루도 쉰 날이 없었다. 사마광司馬光 이하는 모두 강등되고 증직을 빼앗았으며 여대방呂大防 등 30여 인이 모두 연좌되어 쫓겨나거나 유배되었다. 군소배들이 선인태후에 대해 섭섭해 하는 것에 그치지 않고 나아가 무고하여 폐하

---

23 송나라 신종의 연호인 희녕熙寧과 원풍元豊을 합친 말로 신법당의 등용을 뜻한다.

24 송나라 철종 초 선인태후에 의해 중용된 구법당을 일컬음.

기까지 하였으나 철종은 겨우 능히 허락하지 않았을 뿐이다. 재위 10년간 연호를 바꾼 것이 3번이니, 원우元祐·소성紹聖·천부天符이다. 황제의 동생 단端이 서니 이가 바로 휘종徽宗이다. {철종이 정월에 붕어하였으나 명주明州로부터 첩보가 5월에 이르렀다. 경經에 의거해 5월로 쓴다.} 임의任懿·백가신白可臣·왕하王嘏·오연총吳延寵을 송나라에 보냈다.

○ 겨울 10월에 요나라에서 왕태자를 책하여 삼한국공三韓國公을 삼았다.

숙종 6년(1101)

○ 봄에 요 주遼主(홍종)가 죽었다. 태손 연국공 연희燕國公延禧가 왕위를 이으니 이가 바로 천조天祚이다.

○ 여름 4월에 공자 제자 61명과 21현인[25]을 문선왕묘文宣王廟에서 제사지내고 돌아왔다.

○ 황제가 『태평어람太平御覽』을 내려주었다.

○ 가을 8월에 조서에 이르기를, "짐이 왕위에 오른 이래로 항상 조심하여 북으로는 대요大遼(거란)와 사귀고, 남으로는 송皇宋을 섬기는데 또 여진이 동에서 강성하니 군국軍國의 급무는 백성을 편안하게 하는 데 있으니 마땅히 급하지 않은 역사는 파하여 백성을 평안케 하라."고 하였다.

○ 정주靜州에 군영을 설치하니 요 동경에서 군영을 철수해 줄 것을 청해왔다. 변경의 관리가 이르기를, "일찍이 대안大安(요 도종의 연호) 때 요가 압록강에 정자를 설치하고자 할 때 요 주가 우리의 요구를 들어 정자를 부수었던 일이 있었으니 이번에 의당 그들의 요구를 들어주어야 할 것입니다." 하였더니 왕이 옳다고 하였다.

○ 9월에 남경南京을 설치하고, 면악面嶽 남쪽에 궁궐을 지었다.

○ 위계정魏繼廷을 중서시랑中書侍郞에 제수하였다.

---

25 공자의 72제자와 한, 진의 유현儒賢과 설총, 최지원 등 동유東儒를 가리킨다.(『고려사』 권62, 지16, 문선왕묘 조 참조)

숙종 7년(1102)

○ 여름 4월에 동여진의 추장 영가盈歌가 사람을 보내어 알현하였다. 때에 동번으로 조공해 온 추장과 부족은 매우 많아 이루 헤아릴 수가 없었다. 영가는 흑수黑水에 살았는데, 생여진生女眞이라고도 부르며, 본명은 주리진朱里眞이다. 숙신肅愼의 유종遺種(후예)이요, 발해渤海의 별족別族이다. 혹은 이르기를 본래의 성은 나拏로, 진한辰韓의 후예이다. 『삼국지三國志』에서 이른바 읍루挹婁라 하고, 당唐에서는 말갈靺鞨이라고 불렀다. 그 지역에는 72부락이 있다. 본래 서로 통일되지는 않았으나 영가의 선조 금준金俊[今俊]은 신라 완안씨完顔氏이다. 신라 말에 평주平州로부터 여진 아지고촌阿只古村에 들어가 여진인을 처妻로 삼아 고을태사古乙太師를 낳으니 이가 곧 『송사宋史』에서 이른바 호래자胡來者이다. 고을古乙이 활나活羅를 낳고, 활나는 핵리발劾里鉢(해리발)을 낳으니 이가 즉 『송사宋史』에서 이른바 양괄태사楊割太師이다. 영가는 그 동생이다. 양괄이 여진 여러 부족을 통치하다 죽으니 영가가 태사가 되었는데 가장 뛰어난 영웅호걸로 사람들의 마음을 얻었다. 이에 앞서 우리나라 의사로서 완안부完顔部에 들어간 자가 있었는데 영가가 그 족인의 병을 치료하게 하고 이르기를, "네가 만일 치료한다면 너는 풀려나 돌아갈 것이다."고 하였는데, 그 사람의 병을 고치니 영가가 약속대로 보내 귀국하게 하였다. 그가 돌아와 우리 왕에게 아뢰기를, "흑수부족이 날로 강성해 지고 군사는 날로 강해지고 있다."고 하였다. 왕이 이에 비로소 사신을 보내 서로 통하였다. 영가가 소해리蕭海里를 격파하고 첩보를 보내오니 왕이 사람을 보내 축하해 주었다. 영가가 그 족제 사갈斜葛을 보내 보빙을 해오니 왕이 후하게 대접하였다. 양괄의 장자는 오아속烏雅束(우야소)이고, 그 다음은 아골타阿骨打(아구타)이다. 아골타는 뛰어나고 용감하여 큰 지략을 갖고 있으니 이가 바로 금 태조金太祖이다.

숙종 8년(1103)

○ 여름 6월 송 황제가 국신사國信使 유규劉逵와 급사중 오식吳拭을 보내어 왕에게 의대衣帶를 사하였다.{왕이 예부상서 김한충金漢忠을 보내 송 사신을 영접하게 하였다. 송 사신이 태풍을 만나 선박이 모두 파손되었는데 김한충의 도움으로 살았다. 송조에서 고

려에 사신을 보낼 때는 반드시 당대 최고 문장가를 뽑아 시험을 친 연후에 보냈다. 그러므로 고려 사신으로 온 자는 명현名賢이 많았다. 여단呂端은 진종眞宗 때의 어진 재상이며, 안도安燾는 소흥紹興 2년(1132)에 상안민常安民을 구하였다가 한충언韓忠彦과 함께 쫓겨났고, 유규劉逵는 숭녕崇寧(휘종의 연호) 5년(1106)에 (구법당의) 원우당元祐黨의 비석을 부술 것을 청하였다.}

숙종 9년(1104)

○ 봄 정월에 평장사 임간林幹에게 명하여 동여진東女眞을 정벌하게 하였다. 처음에 동번東蕃의 여러 군령들은 문종 이래 모두 내속하여 주현州縣이 되기를 청하였다. 그러나 영가盈歌와 오아속烏雅束이 서로 이어 추장이 되어 완안부完顔部가 가장 강해지니, 동번이 이따금 흑수黑水에 붙으니 그 세력이 점차 커졌다. 이에 앞서 여진이 정주관定州關 밖에 와서 주둔하니, 동번 추장 나불羅弗 등 {나불은 『금사金史』에 치라보治剌保라 하였다.} 을 유인하여 잡아 광주廣州에 가두고 고문해 보니 과연 우리를 공격하려는 계획을 갖고 있었다. 이에 가두고 보내주지 않았다. 이때 변장邊將 이일숙李日肅 등이 여진의 허약하기 때문에 지금은 도모하지 않을 것이나 후에는 반드시 걱정거리가 될 것이라고 아뢰었다. 마침 그때 오아속烏雅束과 별부別部 부내노夫乃老 사이에 틈이 생기자 공형지조公兄之助를 보내와 군사를 일으켜 서로 공격하느라 보병과 기병이 정주관定州關 밖에 와서 주둔하고 있었다. 이에 왕이 선정전宣政殿에 나아가 임간林幹에게 부월을 주고, 이위李瑋와 김덕진金德珍을 부장으로 삼아 가서 여진을 정벌하도록 하였다. 때에 내시 임언林彦이 출병을 주장하였으나 직사관 이영李永이 이르기를, "병兵은 흉기요 전쟁은 위사危事입니다. 그러나 임언이 일이 없는 때를 당하여 군사를 써서 틈을 내고자 하니 매우 옳지 못합니다."라고 하였으나 임금이 듣지 않았다.

○ 2월에 임간林幹이 군사를 이끌고 정주성定州城 밖에 나가 여진과 싸워 대패하여 죽은 자가 과반이었으나 오직 척준경拓俊京이 무장한 말로 적진에 들어가 그 장수의 목을 베니 적이 조금 물러났다가 적이 다시 백기로 척준경을 추격해 오니 화살을 쏘아 적의 장수를 죽였다. 이때 여진은 이기는 기세를 타고 정주 선덕관定州宣德關에 들어가

죽이고 약탈한 것이 헤아릴 수 없었다. 드디어 (결국) 임간 등을 파면하고 추밀사 윤관尹瓘을 행영 병마도통사行營兵馬都統使로 삼아 중광전重光殿에 나아가 윤관에게 부월을 주니 윤관이 여진과 더불어 싸워 30여 명의 목을 베었으나 우리 군의 사상자도 반이 넘었다. 윤관이 패전의 책임으로 화친을 청하고 돌아오니 왕이 화가 나서 다시 군사를 내어 싸울 것을 하늘에 고하였다.

○ 여름 4월에 요나라에서 사신을 보내 왕을 충근봉국공신 태위중서령忠勤奉國功臣太威中書令에 책봉하였다.

○ 가을에 왕이 남경南京(경기도 양주)에 행차하였다. 요나라에서 야율순耶律淳을 보내어 내빙來聘하였다.

숙종 10년(1105)

○ 가을 8월에 왕이 서경西京에 행차하였다.

○ 9월에 왕이 몸이 불편하여 서경을 출발하였다. 겨울 10월에 금교역金郊驛에 도착하였으나 병이 더욱 심해져 장평문長平門 밖에 도착하여 수레 위에서 죽으니 나이는 52세였다. 장지는 영릉英陵이다.

논찬論贊, 결락됨[缺].

| 휘찬여사 권3 |

세가 3

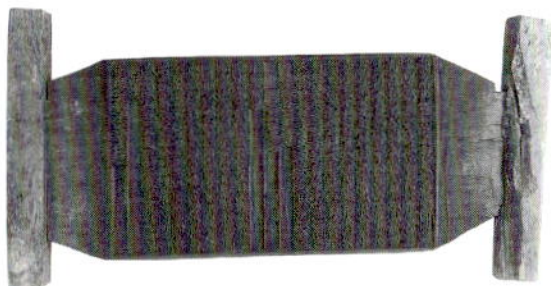

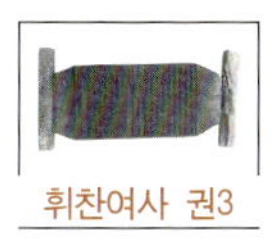

세가世家 3

예종 문효왕 세가睿宗文孝王世家

왕의 이름은 우俁이고, 자는 세민世民이며 숙종의 맏아들로 어머니는 명의후明懿后 유씨柳氏이다.{문종 33년 기미년(1079)에 태어났다.} 왕은 침착하고 도량이 있었으며 유학을 좋아하였다. 숙종 5년(1100)에 왕태자가 되었고 이때(1105)에 이르러 왕위를 이었다. 위계정魏繼廷을 수태위守太尉로 삼고 최홍사崔弘嗣·이오李頫·윤관尹瓘을 평장사平章事로 삼았다. 교서敎書를 내리기를 "우리 조종祖宗께서 거칠고 어지러운 세상을 경영하여 처음 나라를 세우고 여러 성왕께서 지키셔서 과인寡人에 이르렀다. 지금 주군州郡의 관리들 중에 청렴하고 부지런하며 불쌍히 여겨 돌보아주는 자는 열 중 하나둘도 안 되고 이익을 좇고 명예를 낚는 자들이 나라의 큰 틀을 훼손하고 산 백성을 벗겨 열 집 가운데 아홉 집이 비었으니 짐이 매우 가슴 아프다. 이는 수령에 대한 인사 고과[殿最]가 분명하지 않고 사람들에게 권징勸懲이 없는 까닭이다. 마땅히 훌륭한 신하를 보내 수령을 고과하여 추밀원에 보고하게 하고 대신들도 또한 모든 관료를 경계하고 타일러서 조종의 제도와 문물을 잃어버리지 않게 하라." 하였다.

예종 원년 병술년(1106) (송 휘종) 숭녕崇寧 5년

○ 정월에 혜성이 서남쪽에 나타났다. 요遼나라의 좌기궁左企宮이 왔고 동번東蕃의 공아公牙가 조정에 들어왔다. 재상들이 표문表文을 올려 왕비를 맞아들일 것을 청하였으나 왕은 아직 상복을 벗지 않았다고 하며 허락하지 않았다.

○ 가을 7월에 회경전會慶殿에서 호천상제昊天上帝에게 왕이 친히 제사하였는데 태조

를 배향配享하여 비가 오기를 빌었다. 그때 가뭄이 심하여 왕이 양부兩府(중서문하성과 추밀원), 근신近臣 및 대성臺省,[1] 간관,[2] 지제고知制誥[3]에게 각각 글을 올려 정치의 득실을 말하도록 하였는데, 왕의 뜻에 응하여 글을 올린 자가 많았다. 왕이 모두 읽고 나서 조서를 내리기를 "몸소 실행하여 반성하는 실체가 있도록 하라고 논한 것은 거의 마음에 두고 실천하는 것이다. 자연에 따라 월령月令을 행할 것과 원단圓壇, 사직社稷, 종묘宗廟의 퇴락하여 수리할 곳은 담당 관원에게 조사하여 아뢰게 하라. 천수사天壽寺를 짓는 공사를 선왕께서 시작하실 때는 감히 한 사람도 말하지 못하다가 지금은 다투어 간쟁하여 중지시키려 하니 의리에 맞는가? 복식이 뒤섞이고 귀천에 구별이 없으므로 비록 근래에 제도를 만들었지만 위에서 모범을 보이지 않으니 백성이 그들의 명령을 따르는 것이 아니라 그들이 좋아하는 것을 따른다. 만약 임금과 신하가 몸소 절검을 행하고 백성의 이익을 빼앗지 않는다면 서민들은 그것을 보고 감동하여 떨쳐 일어날 것이다. 아! 짐이 실로 명민하지 못하여 상벌이 어그러지고 외람되며, 문무 관료들이 공도 없이 녹이나 받아먹어 하늘의 경고가 여러 번 보였으니 실로 이 때문이다. 대개 어진 이를 진출시키고 불초한 이를 물리치는 것이 정치의 요체인데 여러 관직이 지극히 많으니 짐이 어찌 다 알아서 두루 살필 수 있겠는가? 어질고 착한 자가 하위직에 있으면 재상이 추천하고, 멋대로 행하고 탐욕을 부리는 자가 벼슬에 있으면 대간이 규탄하여 나의 정치를 도와 하늘 뜻에 보답하게 하라." 하였다. 이날 비가 왔다.

○ 최홍사 등이 서경西京의 용언龍堰에 새로운 궁궐을 지어 이어移御할 것을 청하자 오연총吳延寵이 해서는 안되는 세 가지 까닭을 진달하였으나 왕이 최홍사의 의견을 따르므로 당시 논의가 애석해하였다.

---

1 어사대御史臺의 대관臺官과 중서문하성의 성랑省郎을 합쳐 부른 것이다.

2 중서문하성의 낭사郎舍인 좌·우간의대부左右諫議大夫로부터 정언正言까지를 가리킨 말이다.

3 왕이 내리는 조서詔書나 교서敎書 등의 글을 짓던 관직이다.

예종 2년(1107)

○ 겨울 10월에 왕이 윤관과 오연총에게 여진을 정벌하도록 하였다. 애초에 오아속烏雅束은 고려를 고국故國이라고 하며 신하로 복속하여 매우 조심했고 지조之助를 보내 내노乃老를 공격하게 하였는데 변방의 관리가 조정에 잘못 보고하여 정주定州의 역이 있었다.[4] 군사가 돌아온 후 여진은 스스로 장채場寨를 허물고 지조 등은 관문을 두드려 화친을 청하였다. 동번東蕃의 추장 연개延蓋가 지훈之訓에게 임간林幹을 맞아 치게 하였다. 왕이 즉위하자 지훈이 공아公牙를 보내 입조入朝하였는데 왕이 편전便殿에서 인견하니 지훈이 감격하여 울고 2,000명의 기병을 거느리고 관문 밖에 와서 입공入貢할 것을 맹세하였다. 이리하여 동번이 성심으로 복종하였고 김덕진金德珍을 소환召還하였다. 이때에 이르러 변방의 관리가 여진이 변경을 침범하는 상황을 보고하니 왕이 듣고는 숙종이 맹세한 글을 꺼내 양부 대신에게 보이자 받들어 읽고 눈물을 흘리며 아뢰기를, "돌아가신 선왕의 생전의 뜻이 이와 같이 깊고 간절하니 선왕의 뜻을 이으소서." 하였다. 왕이 최홍사에게 태묘太廟에서 점치게 하자 감坎이 기제旣濟로 변하는 괘卦[5]를 얻어 의논을 결정하였다. 윤관을 원수로, 오연총을 부원수로 삼았다.

○ 12월에 윤관, 오연총이 군사 17만 명을 거느리고 장춘역長春驛에 주둔하였다. 을미일에 윤관이 5만 명을 거느리고 태화문太和門을 나갔고, 김한충金漢忠이 3만 7천 명을 거느리고 안륙安陸으로 나갔으며, 문관文冠이 3만 4천 명을 거느리고 홍화문弘化門을 나갔다. 김덕진이 4만 3천 명을 거느리고 선덕진宣德鎭으로 나갔으며. 양유송梁惟竦・정숭용鄭崇用이 수군[舟師] 3만 명을 거느리고 도린포道鱗浦로 나갔다. 여진이 군사의 위용이 매우 성대한 것을 보고 모두 달아나 숨었다. 중군이 고사한高史漢의 35촌을 격파하였고, 우군이 광탄廣灘을, 좌군이 심곤深昆을 격파하여 50여 명[6]을 목베었다. 승전보가 이르자 왕이 조서를 내려 동정東征에 참여한 장사들에게 칭찬하고 위로하였다. 윤관이

---

4 숙종 9년(1104)에 있었던 일이다.

5 감坎과 기제旣濟는 『주역周易』 64괘의 괘명으로 감괘는 일이 험난한 것을, 기제괘는 일이 이미 이루어진 것을 상징한다.

6 『휘찬여사』의 '오십五十'은 『고려사』와 비교할 때 착오로 보인다.

여러 장수를 보내 땅의 경계를 나누어 획정하고 몽라골령蒙羅骨嶺 아래에 영주英州를, 궁한이촌弓漢伊村에 길주吉州를 설치하고 또 웅주雄州, 복주福州를 두었다.

예종 3년(1108)

○ 봄 정월에 의주宜州·통태通泰·평융平戎의 3진을 설치하여 함주咸州·영주英州·웅주雄州·길주吉州·복주福州·공험진公嶮鎭과 함께 북계北界 9성을 삼고 모두 남계南界의 백성을 이주하여 채웠다. 윤관·오연총이 개선하여 돌아오자 왕이 교외에 나가 위로하고 윤관에게 영평현鈴平縣 개국백開國伯의 관작을 주었다.

○ 요遼나라에서 사신이 와서 왕을 책봉하였다.

○ 여진이 목책을 설치하여 웅주를 포위하였다. 가을 7월에 윤관에게 명하여 다시 여진을 정벌하게 하였다.

예종 4년(1109)

○ 봄 정월에 병마녹사兵馬錄事 왕사근王思謹·하경택河景澤 등이 함주에서 여진과 전투를 벌여 전사하였다.

○ 여름 5월에 여진이 길주를 포위하여 성에서 10리 떨어진 곳에 목책을 세우고 진을 연결하여 포위하고 공격하니 상황이 매우 급했다. 부사 이관진李冠珍이 겹으로 성을 쌓아 굳게 지켰으나 포위가 오래가자 버틸 수가 없었다. 오연총이 군사를 이끌고 가서 구원하려 하였지만, 여진이 맞서 공격하여 오연총이 대패하였고 사살된 자와 포로로 잡힌 자들을 다 헤아릴 수 없었다.

당초에 의논하는 이들이 궁한리弓漢里 밖은 산이 연결되어 벽처럼 서있고 오직 길 하나만 통하니 만약 관문을 설치하여 작은 길을 막는다면 변방의 근심이 영원히 끊어질 것이라 하였으나 실제 가서 보니 땅이나 물로 길이 통하지 않는 곳이 없어 전에 들은 것과 완전히 달랐다. 여진이 소굴을 잃자 반드시 보복할 것을 맹세하고 깊은 곳에 있는 여러 추장을 이끌고 와서 해마다 전쟁을 하여 속임수와 계략을 쓰지 않음이 없었다. 성이 험하고 굳어서 졸지에 함락되지는 않았으나 싸우고 지키느라 우리 군사들 중 다

치거나 목숨을 잃은 자들이 매우 많았다. 또 개척한 땅이 너무 넓고 9성은 서로 거리가 아득히 멀며, 골짜기 마을들이 거칠고 깊어, 적이 복병을 두고 왕래하는 사람들을 노략하였다.

이때 국가에서 여러 차례 군사를 징발하여 중앙과 지방이 소란한데다 기근과 전염병이 더하여 마침내 원망이 일어났다. 여진도 전쟁이 지겹고 괴로워 사신을 보내 화친을 청하였다. 이에 여러 신하를 모아 9성을 돌려주는 것이 좋은지 여부를 의논하였는데 의견이 서로 많이 달랐다. 간의대부諫議大夫 김연金緣이 아뢰기를 "본래 토지로 사람을 기르는데, 지금 성을 다투어 사람을 죽게 하니 돌려주는 것이 낫겠습니다. 또 반드시 거란과 틈이 생길 것인데 만약 동쪽으로는 여진을 방어하고 북쪽으로는 거란을 대비해야 한다면, 신이 생각하기에, 9성이 삼한三韓의 복이 아닐 것 같습니다." 하니 왕도 옳다고 하였다.

여진의 공형公兄 요불裹弗·사현史顯 등이 국경에 와서 입조하기를 청하므로 허락하고 왕이 선정전宣政殿 남문에서 불러들여 보았다. 요불 등이 아뢰기를 "옛날 우리 태사太師 영가盈歌[7]가 일찍이 말하기를 '우리 조종은 동국東國에서 나왔으니 자손들은 의리상 귀순하는 것이 합당하다.' 하였습니다. 지금 태사 오아속烏雅束[8]도 대국을 부모의 나라로 여기며 지난번 궁한촌에서 난을 일으킨 것은 태사의 뜻이 아닙니다. 대국에서 죄를 성토하여 토벌하고 다시 수교修交를 허락하므로 저희들이 믿고 조공이 끊이지 않더니 지난해 군사를 일으켜 깊이 들어와 우리 모예旄倪를 죽이고 우리 재산을 약탈하므로 저희들이 돌아갈 곳이 없습니다. 그러므로 태사가 저를 보내어 옛 땅을 청하고 9성을 돌려 줄 것을 간청하게 하였습니다. 만약 편안히 살게 해주신다면 하늘에 제사지내고 맹세하여 대대로 조공을 바칠 것이며 기와나 조약돌도 감히 경계 위에 던지지 않겠습니다." 하였다.

7 완안영가完顔盈歌(1053~1103)는 금나라 경조景祖 완안오고내完顔烏古乃의 아들로 후에 목종穆宗으로 추존되었다.
8 오아속烏雅束은 완안오아속完顔烏雅束(1061~1113)으로 금金나라 태조太祖인 완안아골타完顔阿骨打의 형이다. 후에 강종康宗으로 추존되었다.

○ 가을 7월에 문무 3품 이상을 선정전에 모아 의논하게 하니 모두 돌려주는 것이 편하다고 하였다. 이에 9성을 돌려주도록 하자 요불이 감격하여 눈물을 흘리고 가서 여러 추장을 거느리고 함주 문 밖에 단을 쌓고 맹세하기를, "지금부터 나쁜 마음을 없애고 대대로 조공을 드리겠습니다. 이 맹세를 어기면 저희 땅은 멸망할 것입니다." 하였다. 맹세를 마치고 물러갔다. 병마별감兵馬別監 최홍정崔弘正이 9성을 철거하기 시작하였는데 많은 신하들이 윤관과 오연총이 군율을 어긴 죄를 다스리기를 청하였으나 윤허하지 않았다.

○ 이때 생여진의 병력이 날로 강해졌는데, 오아속의 동생 아골타阿骨打[9]가 침착하고 용매하며 군사에도 밝았으나 요遼나라를 정복하는 데 뜻이 있어 우리와는 화목하게 지냈다. 요나라의 천조제天祚帝[10]가 요산遼山에서 사냥할 때 여러 추장들에게 일어나 춤을 추도록 하였는데 아골타는 일어서서 똑바로 쳐다보며 춤추는 것을 기꺼워하지 않았다. 천조가 주변 신하들에게 조용히 말하기를, "아골타가 이처럼 성격이 강하니 속히 제거하리라." 하였다. 아골타는 그 뜻을 알아채고 감히 그 곁에 가까이 가지 않았다. 오아속이 죽자 아골타가 즉위하였다.

예종 5년(1110)

○ 여름 5월에 혜성彗星이 자미원紫微垣[11]으로 들어갔다. {그때 채경蔡京[12]이 파직되고 장상영張商英이 재상에 임명되었다. 혜성이 사라지고 비가 왔다.}

○ 황제가 병부상서兵部尙書 왕양王襄, 중서사인中書舍人 장방창張邦昌을 보내어 조서詔書를 가지고 와서 왕에게 의대衣帶를 주게 하였다. 조서 받는 절차를 마치자 왕양 등이 말하기를, "황제는 만 리 밖의 일도 밝히 살펴 왕의 충성과 삼감을 알고 책봉하는 예를

9 완안아골타完顔阿骨打(1068~1123)는 금金나라 태조太祖이다.

10 천조제 야율연희耶律延禧(1075~1128)는 요나라 도종道宗의 손자로 도종의 위를 이어 25년 동안 재위하였다.

11 태미원太微垣, 천시원天市垣과 함께 삼원三垣이라 불리며 함께 천제天帝가 거하는 곳이라 한다.

12 채경蔡京(1047~1126)은 북송 말의 재상으로 흔히 북송의 간신이라 일컬어진다.

행하려 하였으나 왕이 이미 북조北朝(요)의 책명을 받은 것을 듣고 남북 양조가 100년간 통호하여 의가 형제와 같으므로 다시 왕을 책봉하지는 않습니다. 다만 조서를 내림에 '권權(임시)' 자를 없앴으니 이는 왕을 총애하여 진짜 왕으로 예우하는 것입니다. 또 이 조서는 황제가 직접 짓고 친필로 썼으니 북조는 반드시 이와 같은 예우가 없을 것입니다. 이제 왕이 조서를 맞이하는 것을 보니 매우 정성을 다하였습니다. 뒤에 돌아가서 아뢰면 황제는 반드시 기뻐하여 은총이 더할 것입니다." 하였다. 왕이 답하기를, "숭녕崇寧(1102~1106) 연간에 유시랑劉侍郎이[13] 황제의 뜻을 받들어 책봉례를 행하려 하였는데 선왕께서 '우리나라는 땅이 요나라와 접해 있어 제후로 봉해지고 일을 아뢰고 행한 지가 오래이므로 감히 갑자기 송나라[上朝]의 은혜로운 명령을 받들지 못한다'고 간절히 사양하여 온 나라가 황공하였습니다. 이제 조서의 뜻이 자세하고 '권' 자를 제거하여 바른 명분을 밝히시며 게다가 직접 짓고 친필로 써 주시니 이와 같이 영광을 입고 큰 은혜를 받은 것이 영원무궁할 것입니다." 하였다.

예종 6년(1111)

○ 최홍사를 수태부守太傅로, 허경許慶 평장사平章事로, 이자겸을 수사공守司空으로 삼았다.

예종 7년(1112)

○ 가을 7월 왕태후 유씨가 홍거하였다. 김경용金景庸을 시중으로, 오연총·이위李瑋를 평장사로 삼았다.

예종 8년(1113)

○ 허경許慶을 평장사로 삼았다.

---

13 유시랑劉侍郎은 유규劉逵로 숭녕崇寧(송나라 휘종) 2년(1103, 고려 숙종 8) 6월에 호부시랑戶部侍郎으로 국신사國信使가 되어 부사 급사중 오식吳拭과 함께 고려에 다녀갔다.

예종 9년(1114)

○ 가을 8월에 왕이 (국학에 가서) 시학視學하였다.

예종 10년(1115)

○ 봄 정월에 생여진生女眞의 완안아골타完顔阿骨打가 황제를 칭하고 이름을 민旻으로 바꾸었으며 국호를 금金이라 하였다. 일찍이 (요나라의) 천조제天祚帝가 형벌과 상을 참람하게 하고 사냥과 여색에 빠져 해마다 여진에다 이름난 매인 해동청海東靑을 요구하였다. 여진에서는 그 이웃인 동북의 5국과 전투를 벌여 이 매를 잡아 바쳤는데 심부름하는 자가 탐욕을 부려 제멋대로 하므로 여진은 이를 원망하고 괴로워했다. 여러 부족을 내류수來流水에 모아 2천 5백 명의 군사를 얻어 요나라의 죄상을 하나하나 나열하고 천지에 알린 후 마침내 영강주寧江州[14]를 공격하여 함락하니 천조제가 소사선蕭嗣先에게 명하여 군사 2십만 명을 거느리고 여진을 치게 하였다. 아골타가 와서 혼동강混同江에서 요나라 군사를 만나 방어하였다. 마침 큰 바람이 일어 먼지가 하늘을 가리자 아골타가 바람을 타서 떨쳐 일어나 공격하니 요나라 군사가 크게 궤멸하였다. 아골타가 요나라의 소적리蕭敵里를 습격하여 쳐부수고 포로로 잡은 자가 매우 많았다. 요나라 사람들이 일찍이 '여진 군사가 만 명이 되면 맞설 수 없다.'라고 말하였는데 이때에 이르러 비로소 만 명이 찼다. 드디어 황제를 칭하고 요나라의 황룡부黃龍府를 함락하였다. 윤언순尹彦純이 요나라에 (사신으로) 갔는데 금나라에서 병사를 일으키자 고영창高永昌이 동경東京을 근거지로 하여 반란을 일으키고 윤언순을 구류하여 신하를 칭하는 표문表文을 올리도록 핍박하였다. 윤언순이 요구를 따랐다.

○ 2월에 아들 구構를 왕태자로 책봉하였다.

○ 가을 7월에 왕자지王字之・문공미文公美를 송나라에 보내면서 그와 함께 진사進士 김단金端・견유저甄惟底・조석趙奭・강취정康就正・권적權適을 파견하여 태학太學에 가서

---

14 오늘날 중국 길림성吉林省 부여현扶餘縣 일대이다.

공부하게 하였는데 당시는 정화政和[15] 5년이었다. 요나라에서 사신을 보내 군사를 일으켜 여진을 치라고 독촉하였으나 따르지 않았다.

예종 11년(1116)

○ 여름에 (왕이) 서경에 행차하여 요나라의 천경天慶[16]이라는 연호를 제거하도록 하였다. 왕자지가 돌아오면서 송나라의 황제가 준 대성악大晟樂을 가지고 와 이자량李資諒·이영李永을 송에 보냈다.

(송나라의 휘종) 황제가 즉위한 초에는 철종哲宗(1077~1100)의 정치를 대략 바꾸었으나 얼마 못가 채경蔡京 등을 불러 썼다. 희녕熙寧[17] 이래로 그릇된 이들과 바른 이들이 번갈아 등용되고 물러나고 하였는데 이때부터는 오로지 권력으로 악을 행하는 간신들이 정권을 잡은 것이 거의 20년이었다. 채경이 사설邪說을 주창하여 풍형예대豊亨豫大[18]의 운수運數를 만났다고 하면서 사치를 권하고 토목공사를 크게 일으키니 온 천하가 떠들썩하고 도적이 여러 차례 일어났다. 내시內侍 동관童貫이 채경과 표리를 이루어 하황河湟[19]을 회복할 수 있다 하고 마침내는 북쪽 변경도 다시 차지할 수 있다고 하였다.

정화政和 초년에 (동관이) 스스로 요나라에 사신으로 가겠다고 청하여 가서 살폈다. 연燕(오늘날 하북성) 사람으로 마식馬植이란 자가 연을 멸할 계책이 있다고 말하므로 동관이 마식을 데리고 돌아왔다. 마식이 책략을 바쳐 말하기를, "우리 조정이 등주登州와 내주萊州[20]에서 바다를 건너 여진과 교류하고 서로 약조를 맺으면 가히 일을 도모할 수 있습니다." 하였다. 의논하는 자들이 이르기를 "조종 이래로 비록 이 길이 있었으나

15 송나라 휘종徽宗의 연호로 1111년부터 1118년까지이다.

16 요나라 천조제의 연호로 1111년부터 1120년까지이다.

17 송나라 신종神宗의 연호로 1068년부터 1077년까지이다.

18 풍豊과 예豫는 64괘에 들며 풍은 성대한 모양, 예는 화락한 모양이다. 풍형예대는 천하가 태평하여 백성들의 향락이 극에 이름을 말한다.

19 오늘날 중국 감숙성甘肅省 경내의 황하黃河와 황하의 상류의 지류인 황수湟水를 이른다.

20 등주와 내주는 모두 오늘날 중국 산동성山東省 지역에 있었다.

그 땅이 여러 오랑캐들과 접해 있어 상선商船을 금하여 통행하지 못한 것이 백여 년으로 하루아침에 갑자기 연다면 중국에 이익이 되지 않을 것이다." 하였다. 마침 한인漢人 고약사高藥師가 바닷길로 와서 여진이 요를 공격한 일을 말하였다.

이때 이자량 등이 송에 들어갔는데 황제가 이자량을 맞아들여 보고 고려에서 여진을 불러다가 타일러서 데리고 오라고 하였다. 이자량이 아뢰기를 "여진은 인면수심人面獸心이며 강하고 교활하니 중국의 풍요로움을 엿보게 할 수 없습니다." 하였다. 아첨하는 신하가 의견을 내기를 "여진에서는 좋은 물건이 나와 고려가 이익을 취하므로 중국과 이익을 나누고 싶지 않을 따름입니다." 하자 황제는 이 때문에 이자량의 말을 받아들이지 않았다.

○ 김연金緣이 평장사가 되었다.

예종 12년(1117)

○ 요나라의 내원성來遠城에서 쌀 5만 석을 빌려달라고 청하였다. 통군統軍에게 답하여 타이르기를 만약 우리 두 성의 사람들을 돌려보낸다면 빌리지 않아도 될 것이다 하였으나 통군은 따르려 하지 않았다. 금나라의 군대가 요나라의 개주開州를 공격하여 차지하고, 마침내 내원來遠·대부大夫·유백柳白의 3영을 습격하여 전함戰艦을 불살랐다. 통군 복야僕射 야율녕耶律寧이 관민을 거느려 배 140척에 태워 강머리에 대고 영덕진寧德鎭(오늘날 평안북도 의주)에 통보하기를 내원來遠·포주抱州 2성을 우리에게 돌려보낸다 하고는 드디어 바다로 도망갔다. 우리 군사가 그 성에 들어가 수습한 병기와 돈, 재물이 매우 많았다. 포주를 고쳐 의주義州라 하였다.

○ 금나라 군주가 사신을 보내 서신을 전하였는데 "형인 대금大金 황제는 아우인 고려 국왕에게 글을 보낸다. 우리 조상들은 거란과 고려를 신하가 되어 섬겼는데 거란이 도리에 어긋난 짓을 하므로 우리가 부득이 항거하였고 하늘의 도움을 힘입어 거란을 진멸할 수 있었다. 왕과 형제의 의를 맺어 무궁히 사이좋게 지내기 원한다."라고 하였다. 서신이 오자 여러 대신들이 화친할 수 없다고 극언하며 그 사신의 목을 베자고 하였으나 중승中丞 김부철金富轍이 상소하기를 "한나라가 흉노와 혼인하고, 당나라가 돌

궐에게 신臣이라 하였으며 지금 송나라가 거란과 번갈아 형 아우가 되었으니 천자의 존귀함으로도 이와 같이 한 것은 이른바 임기응변[權]으로 도를 이루고 국가를 보전하는 좋은 계책입니다. 신은 성조盛朝에서 길고 멀리 내다보는 책략을 생각하여 후회하지 않기를 바랍니다." 하였다. 재추宰樞들 중 비웃지 않은 자가 없었고 배척하여 답하지 않았다.

○ 추밀원사 김황원金黃元이 죽었다. 강순공康順公·오수증吳壽增이 죽었다.

예종 13년 무술년(1118) (송 휘종) 중화重和 원년

○ 봄에 (송나라) 황제가 바다를 통해 무의대부武義大夫 마정馬政을 금나라에 보내서 요나라를 협공할 것을 약속하자고 하며 연운燕雲(연주와 운주로 화북지역)의 땅을 미리 청하였다. 이보다 앞서 이자량이 (송나라에서) 돌아와 황제의 말을 아뢰자 왕이 듣고는 매우 우려하고 그 책략을 막음으로써 송에 충성하리라 생각하였다.

세자로 하여금 명주明州의 누이樓异[21]에게 편지를 보내 진맥診脈하는 의사를 보내 줄 것을 요청하였다. 황제가 듣고 한림翰林 의관인 사자嗣紫 양종립楊宗立과 교수敎授 두순거杜舜擧를 보내니 그들이 고려에 와서 가을 7월부터 다음해 봄까지 머물다 돌아갔다. 왕이 그들에게 몰래 말하기를 "(송나라) 조정에서 요나라를 치려고 군사를 동원하려 한다고 들었는데 요나라는 형제국으로 존속하는 것이 변방을 막는 길이며 여진은 호랑이와 같아서 사귈 수 없다. 두 의원은 돌아가서 천자께 보고하여 미리 대비하기 바란다." 하였다. 두 의원이 송나라에 돌아가자 마정이 이미 금나라의 서신을 가지고 산도散覩를 데리고 와 있었다. 양종립 등이 왕의 말을 황제에게 아뢰자 황제가 듣고 즐거워하지 않았다.

{목재木齋는 이렇게 생각한다. 두 의원이 보고한 일이 우리나라 역사에는 보이지 않으므로 일찍이 이제현李齊賢은 그 사실을 의심했다. 그러나 『송사宋史』에는 "고려 왕 우俁가

21 송나라의 관원으로 명주明州에 고려를 위한 관館을 설치하자고 건의하였다.

조정에 의원을 요구하니 황제가 두 의원을 보내 2년을 머물다 돌아왔다. 우가 말하기를[22] '호랑이나 이리 같은 나라와는 사귈 수 없으니 돌아가 천자께 보고하여 속히 대비할 수 있게 하기 바라오'라고 말하였다."고 기록되어 있다. 『송사』는 왕의 충성을 가상히 칭찬하였다. 지금 『고려사』의 일력日曆을 살피면 두 의원이 왔다간 것과 『송사』의 연월이 서로 합치한다. 그 요구하였다는 것은 누이樓异에게 편지를 보낸 일을 가리키고, 두 의원은 바로 양종립과 두순거이며, 2년이라 한 것은 가을 7월부터 다음해 봄까지 있다가 돌아간 것이니 두 역사책의 기록이 이처럼 명백하다. 또 일의 이치로 논하더라도 송나라 조정에서 바다를 건너 금나라와 약조한 일은 우리나라의 유식한 선비라면 그렇게 해서는 반드시 패하리라는 것을 다 헤아렸다. 휘종이 이자량에게 친히 유시諭示하여 고려에서 여진에가 불러들이라 하자 이자량이 그렇게 할 수 없음을 진술하고 돌아와 예종에게 아뢰었다. 역사에 이자량의 말은 기록하였으나 왕의 말을 기록하지 않은 것은 다만 왕이 금나라를 두려워하여 비밀히 말했으므로 사관史官이 들을 수 없었고 기록할 수도 없었다. 당시 사관이 입시入侍하는 것이 지금의 제도와 달라 의원이 왕을 뵐 때 사관이 꼭 입시한 것은 아니었으니 두 의원이 왔다간 것에 대해 날은 적었으나 나머지는 조심했다. 이제현이 당시 왕석실王石室의 장서에서 이 사실을 확인할 수 없어 의심하였을 뿐이다. 두 의원이 돌아가 아뢴 말이 밖으로 새어나와 권신權臣에게 독살된 것은 『주자어류朱子語類』에 보인다.}

정극영鄭克永·이지미李之美를 송나라에 사신으로 보냈는데 왕이 직접 표문表文을 짓고 썼다.

예종 14년(1119)

○ 금나라 군주가 사[23]신을 보내며 예물도 보냈으므로 중서주사中書主事 조순거曹舜擧에

---

22 『휘찬여사』 본문에 '어지語之'가 중복되어 있는데 실수로 보인다.
이 내용은 『송사宋史』 권48, 「고려열전高麗列傳」에 다음과 같이 실려 있다. "俁之在位也 求醫於朝 詔使二醫往, 留二年而歸, 楷語之曰 聞朝廷將用兵伐遼 遼兄弟之國 存之足爲邊扞 女眞狼虎耳 不可交也 業已然 願二醫歸報天子 宜早爲備 歸奏其言, 已無及矣"

23 『휘찬여사』에는 '사使' 자의 판각이 잘못되어 있다.

게 예물을 가지고 금나라에 가게 하였는데 국서國書에 '하물며 저들의 근원이 우리 땅에서 나왔다'는 말이 있어 금나라 군주가 받지 않았다. 장성長城을 석 자씩 더 높여 쌓은 것을 금나라의 변방 관리가 아뢰자 금나라 군주가 조서를 내리기를 "침공하여 일을 만들지 말고 주의하여 군영과 보루를 굳게 하고 널리 정탐하도록 하라." 하였다.

예종 15년(1120)

○ 남경에 행차하였다.

○ 김준金晙을 평장사에 임명하였다.

예종 16년(1121)

○ 이자겸李資謙을 소성백邵城伯에 봉하였다.

○ 좌복야 박경인朴景仁이 죽었다.

○ 마침내 (송나라) 황제가 조양사趙良嗣를 금나라의 상경上京에 보내 금은 요(나라)의 중경中京을 차지하고 송은 연경燕京을 차지하자고 약속하면서 세폐歲幣(매년 보내는 예물)를 요에 보냈던 것과 같은 수를 보냈다. 이에 금나라 군주가 허락하고 조양사에게 서찰을 부쳐 금의 군사는 평지송림平地松林을 향하여 고북古北을 달려가고 송의 군사는 백구白溝로부터 와서 협공하자 하였다. 조양사가 돌아온 후 마정이 다시 가서 피차 관關을 넘을 수 없도록 확정하였다. 이때에 이르러 금나라 군주는 모든 군사를 동원하여 요의 형세를 헤아리고 중경으로 달려가 공격하여 함락하였다. 그리고 마침내 병력을 이끌고 송정관松亭關에 이르렀으나 송과 서로 관을 넘지 않기로 약조하였으므로 병력을 이끌고 그 서쪽으로부터 지나갈 뿐이었다.

요나라 군주는 이보다 먼저 이미 피하였는데 어떤 이가 금의 선봉이 곧 이를 것이라 하자 천조제天祚帝는 급히 운중雲中으로 달아났다가 협산夾山에 들어갔다. 당시 연왕燕王 야율순耶律淳이 연을 지키고 있었는데 소간蕭幹이 순을 군주로 세우고 요나라 군주(천조제)를 상음왕湘陰王으로 낮춰 봉하였다. (송나라) 황제가 오랑캐와 화친하고 처음에 평안하자 군사를 쓴 것을 후회하였는데 왕보王黼가 홀로 말하기를 "지금 연운燕雲

지역을 취하지 않으면 여진이 곧 강해져 중원中原의 옛 땅은 다시 우리 차지가 되지 않을 것입니다."라고 하였다. 황제가 전쟁에 대비하기로 결심하였을 때 마침 야율순이 스스로 제왕이 된 것을 듣고 이에 동관童貫을 무군사撫軍使로, 채유蔡攸로 부무군사로 삼아 군사 15만을 편성하여 금에 대응하였다. 이때가 선화宣和[24] 4년(1122) 3월이다. 금나라 군주가 이미 요를 멸망시키고는 멀리 내달아 송을 침범한 것이 몇 해 되지 않아서이니 왕보의 말이 과연 들어맞았다 할 것이다.

예종 17년(1122)

○ 여름 4월 불골佛骨(진신사리)을 궁궐에 맞아들였다. 왕의 병이 위독해지자 태자를 불러 이르기를 "내가 평생 행한 바를 돌이켜 생각해보니 잘한 것은 적고 잘못한 것은 많다. 삼가 나를 본받지 말고 다만 마땅히 옛 성군들의 전범典範을 상고하고 우리 선조들의 훈계를 받들어 왕위에서 게으르지 말아 서민을 길이 편안하게 하라." 하였다. 태자가 울며 일어나지 못하였다. 왕이 한안인韓安仁에게 명하여 국새國璽를 가져다주게 하고 마침내 홍거하니 나이가 45세였다. 유릉裕陵에 장사하였다.

사신史臣의 논찬論贊

예종은 동궁에 있을 때 어진 선비를 예로 대우하고 효도와 우애를 돈독히 하였다. 즉위하고 나서는 마음을 가다듬고 정성을 다해 다스리려 하였다. 다만 국경을 개척하는 데 뜻을 두어 여진과의 사이가 벌어졌으며 중국 풍속을 사모하고 호종단胡宗旦[25]에 미혹되어 실책을 면하지 못했다. 그러나 군사를 부리는 것이 어렵다는 것을 알아[26] 원망을 버리고 관계를 좋게 하였으며 송나라에 충성하여 중국에서 가상히 여기고 감탄하

---

24 송나라 휘종徽宗의 연호로 1119년부터 1125년까지이다.

25 호종단胡宗旦은 고려 중기에 송나라에서 귀화한 인물이다.

26 『휘찬여사』에는 '지知'가 '여如'로 되어 있다.

였다. 고아를 불쌍히 여기고 노인을 봉양하였으며 학교를 세워 교육을 일으켰다. 청연각淸讌閣을 두어 날마다 유신들과 육예六藝(육경)를 강론하였으며 전쟁을 끝내고 문치文治를 힘써 예악禮樂으로 풍속을 이루려 하였다. 그러므로 한안인이 말하기를 '17년 동안 이룬 사업이 가히 후세에 모범이 될 만하다.' 하였으니 그 말이 확실하다.

인종 공효왕 세가仁宗恭孝王世家

왕의 이름은 해楷이고, 자는 인표仁表이며 처음 이름[舊名]은 구構이다. 예종의 장자로 어머니는 순덕왕후順德王后 이씨李氏이다.{예종 4년 기축년(1109)에 태어났다.} 성품이 너그럽고 인자하였다. 10세에 왕태자에 봉해졌다. 예종이 훙거하자 (예종의) 여러 동생들이 왕이 어리다고 하여 자못 노리는 마음이 있었는데 이자겸이 왕을 받들어 세웠다. 이자겸은 순덕왕후의 아버지로, 이때부터 이자겸이 일을 마음대로 하여 재신宰臣 중에 자기에게 붙지 않는 자는 귀양 보내니 권세가 온 나라에 떨쳤다.

인종 원년 계묘년(1123) (송 휘종) 선화宣和 5년

○ 여름 6월에 (송나라) 황제가 국신사國信使로 예부시랑 노윤적路允迪과 중서사인 부묵경傅墨卿을 보내어 조문하게 하였다.

인종 2년(1124)

○ 이자겸을 조선국공朝鮮國公으로 책봉하고 그의 부인 최씨는 진한국대부인辰韓國大夫人으로 봉했으며 그 여섯 아들 지원之元·지미之美 등은 모두 좋은 관직에 임명하였다. 백관들이 이자겸의 집에 가서 축하하였는데 박승중朴昇中이 '죽책竹册으로 높인 호를 책봉하고[27] 이자겸의 생일을 인수절仁壽節이라 하자'고 청하였다. (이자겸이) 그 다

음 딸을 왕에게 바쳐 연덕궁주延德宮主로 책봉하였다. 이날 비바람이 심하였다.

인종 3년(1125)

○ 봄에 (이자겸이) 또 다음 딸을 바쳤는데 이날도 비바람이 심했다.

인종 4년(1126)

○ 봄 정월에 여진이 송나라에 들어가 도읍을 포위하였다. 애초에 금나라와 송나라가 연燕을 공격할 때 송의 군사는 공이 없으므로 동관童貫이 두려워 몰래 사람을 금나라 군주에게 보내 일을 도모할 것을 빌었다. 금나라 군주가 세 길로 나누어 병력을 진격시키자 연은 금에 항복하였다. 금나라에서 연경燕京은 금의 군사로 공격하여 함락하였으니 그 땅은 송과 함께 하더라도 조세租稅는 금으로 가져가는 게 마땅하다고 말하였다. 송에서는 조양사趙良嗣를 사신으로 삼아 가서 의논하여 세폐歲幣로 이전의 액수 이외에 다시 100만으로 조세를 대신할 것을 허락하였다. 아울러 운중의 땅을 요구하였지만 금나라에서는 겨우 탁주涿州·역주易州·단주澶州·순주順州·경주景州·계주薊州 등 6주만 송에게 주었으나 곧 후회하였다. 금나라 군주 민旻이 죽고 그 동생 성晟이 즉위하였다. 마침 요나라의 장각張轂이 평주平州를 들어서 남쪽으로 송에 귀부하니 송에서 받아들였는데 조양사는 반드시 금의 병력을 불러들이게 될 것이라며 (받아들이지 말라고) 힘껏 간쟁하였다. 금나라 사람들이 평주를 습격하여 송의 조서를 얻고는 마침내 그 잘못을 송에게 돌리고 장각을 내놓으라고 여러 번 문서를 보냈다.

송나라에서 또 사람을 보내 천조제에게 항복하라고 권하니 천조제는 스스로 협산 남쪽으로 나오다가 금나라 사람들에게 패하여 사로잡혔다. 거란이 아보기阿保機부터 이때까지 9세를 이어오다 망하였다.{태조太祖, 태종太宗은 덕광德光, 세종世宗은 올욕兀欲, 목종穆宗은 술률述律, 경종景宗은 명기明記, 성종聖宗은 융서隆緒, 흥종興宗은 종진宗眞, 도종道宗

27 『고려사』에 의하면 죽책으로 책봉하자는 대상은 이자겸이 아니라 이자겸의 할아버지였다.

은 홍기弘基, 마지막 군주는 연희延禧이다.} 이에 금의 알리불斡離不과 점한粘罕이 길을 나누어 남으로 가자 동관은 태원太原에서 도망쳐 돌아갔고 송의 군사로 황하黃河를 지키는 자들은 싸우지도 않고 궤멸하므로 금나라 사람들이 마침내 건넜다. 송의 황제는 태자 환桓에게 제위를 넘겨주고 응천부應天府(오늘날 하남성)로 달아났다.

정강靖康 원년(1126) 정월에 알리불이 송의 도읍을 포위한 후 금 등 폐물 50만을 요구하고 중산中山, 하간河間, 태원太原의 3진鎭을 할양하며 재상과 친왕親王(황제의 아들이나 형제)을 인질로 잡겠다고 하여 장방창張邦昌과 강왕康王을 그 진영으로 보냈다. 마침 여러 도道에서 근왕병勤王兵이 도착하였고 충사도种師道와 이강李綱이 모두 항전하려 하였으나 이방언李邦彦이 화친할 것을 주장하여 의논이 하나로 모아지지 않자 무리가 흩어졌다. 마침내 3진을 쪼개어 금에 내주니 금이 도읍을 포위한 지 33일 만에 땅을 할양한다는 조서詔書를 받고서야 물러갔다.

○ 이달에 이자겸이 군사를 일으켜 반란을 일으켰다. 애초에 이자겸의 권세가 이미 성한데 군국軍國의 일도 맡고자 하여 왕에게 그 집으로 행차하여 책명해 달라면서 날까지 받아놓고 통고했다. 비록 일이 이루어지지는 않았지만 왕은 몹시 미워하였다. 내시지후內侍祗候 김찬金粲과 녹사錄事 안보린安甫麟은 항상 왕의 좌우에서 모시고 있어 왕의 뜻을 알아채고 동지추밀원同知樞密院 지녹연智祿延과 모의하여 이자겸을 물리치려 하였다. 왕이 김찬을 평장사 이수李壽와 김인존金仁存에게 보내어 계책을 물으니 모두 답하기를 "왕께서는 외가에서 나고 자라 은혜를 끊을 수 없는데다 그들의 무리가 조정에 가득하니 경거망동해서는 안 됩니다." 하였으나 왕은 듣지 않았다.

지녹연 등이 상장군 최탁崔卓·오탁吳卓, 대장군 권수權秀 등을 불러 일을 도모하였다. 그때 이지원李之元(이자겸의 아들)의 장인 척준경拓俊京이 그 아우 척준신拓俊臣과 함께 특히 권세를 부리고 있었는데 최탁 등이 이들을 미워하였다. 마침내 약속이 정해져 군사를 거느리고 궁궐에 들어가 먼저 척준신을 죽였다. 낭중郎中 왕의王毅가 성을 넘어 도망가 이자겸에게 보고하자 이자겸과 척준경은 서로 돌아보고 떨며 두려워하였다. 재추와 백관들을 자기 집으로 불러모아 왔다갔다 하며 어떻게 처리할지 논의하였으나 모두 감히 답하지 못하였다.

척준경이 일이 급하게 되었다고 말하고는 최식崔湜·윤한尹翰 등과 함께 밤중에 주작문朱雀門에 이르자 문이 닫혀 있었다. 윤한에게 성을 넘게 하여 자물쇠를 꺾고 빗장을 열고는 들어갔다. 고함소리가 요란하자 지녹연과 최탁 등은 두려워 떨며 어찌할 바를 몰랐다. 그때 이자겸의 아들인 의장義莊이 승병僧兵 300명을 거느리고 도착하였다. 왕이 신봉문神鳳門에 가자 의장이 그 무리에게 신봉문을 부수라고 하였다. 척준경이 소부감小府監에 있던 황회목黃灰木을 가져다 동화문東華門 행랑에 쌓아놓고 불을 지르니 잠깐 사이에 왕이 거처하는 대내大內에 불이 번져 마침내 다 타 버렸고 좌복야 홍관洪瓘[28]과 추밀 김진金縝이 살해되었다.

왕이 걸어서 산호정山呼亭에 이르러 탄식하기를 "김인존金仁存의 말을 듣지 않은 것이 한스럽구나." 하였다. 왕이 해를 당할까 두려워 이자겸에게 왕위를 넘길 것을 청하자 이자겸은 양부兩府(중서문하성과 추밀원)에서 논란이 있을까 두려워 잠잠하고 대답하지 않았다. 평장사 이수가 소리를 높여 만류하니 이자겸의 의도가 마침내 저지되었다. 이자겸이 승선承宣 김향金珦을 보내 남궁南宮으로 나오라고 청하자 왕이 내시 백사청白思淸에게 신주를 받들어 내원內院의 마른 우물에 들여놓게 한 후 말을 타고 서화문西華門으로 나왔다. 오탁이 앞에서 인도하였는데 척준경이 살해하자 백관이 허둥지둥대며 달아나 흩어졌다.

○ 금나라에 사신을 보내 신하를 칭하였다.

○ 3월에 이자겸이 왕을 중흥택重興宅으로 옮겼다. 왕의 좌우가 온통 이자겸의 무리여서 일상생활과 음식이 모두 자유롭지 못했다. 왕이 답답하고 무료하여 홀로 북원北園에 가서 하늘을 우러러 통곡하였다. 얼마 뒤 이자겸이 독이 든 음식을 올렸는데 왕비가 일부러 넘어져 엎어버려 이 때문에 왕은 모면하였다. 왕이 은밀히 최사전崔思全과 모의하였는데 마침 척준경이 이자겸과 틈이 벌어지자 최사전이 척준경에게 가서 설득하였다. 척준경이 생각을 정하고 목숨을 바치기까지 하겠다고 맹세하여 글을 올렸다. 왕이

28 『고려사』에는 '홍관洪瓘의 관'자가 '관灌'으로 되어 있다.

사신을 보내 척준경에게 이르기를 "국공(이자겸)이 비록 참람하게 어지럽혔으나 반란하는 형상이 아직 드러나지 않았는데 만약 짐이 먼저 군사를 일으킨다면 마땅히 가까운 사람과 친해야 하는[親親] 의에 부끄러운 점이 있다. 그의 변란을 기다려 대응하는 것이 좋겠다." 하고 궁궐의 관원에게 늘 낌새를 살피게 하였다.

하루는 척준경이 병부兵部에서 인사를 처리하고 있는데 왕이 작은 종이에 손수 써서 환관 조의趙毅를 보내어 보이기를 "숭덕부崇德府(이자겸이 세운 부)의 병력이 무기를 가지고 침소의 문으로 들어올 듯한데 만약 짐이 해를 당하면 이는 실로 부덕否德의 소치이다. 오직 원통한 것은 태조께서 창업하고 여러 선왕들이 서로 이었는데 과인에 이르러 다른 성[異姓]에게 찬탈된다면 이는 비단 짐의 죄일 뿐만이 아니라 실은 보필하는 대신들도 깊이 부끄러워할 바이다. 바라기는 경이 잘 도모하라." 하였다. 척준경이 갑옷을 입고 들어가자 왕이 천복전天福殿의 문에 나와 기다렸다. 척준경이 왕을 모시고 나오니 이자겸의 무리가 활을 쏘았다. 척준경이 칼을 뽑아들고 한번 소리 지르자 감히 움직이는 자가 없었다. 사자使者를 보내 이자겸을 부르자 이자겸이 소복 차림으로 오니 이에 가두었다. 왕이 광화문에 가서 무리에게 고하기를 "화가 궁궐[蕭墻]에서 일어나 대역무도하였는데 충신과 의사들이 의병을 일으켜 나라를 위태한 데서 회복하게 되었다."라고 하였다. 무리가 모두 만세를 부르고 기뻐 손뼉치며 춤을 추고 눈물을 흘리는 자도 있었다.

이자겸을 영광군靈光郡으로 유배 보내고, 그 자손과 무리도 모두 먼 지방에 정배하였다. 척준경을 위사공신衛社功臣 수태보평장사상주국守太保平章事上柱國으로 삼았다. 왕비 이李씨를 폐하고 임任씨를 맞아 왕후로 삼았다.

○ 금나라에서 보낸 선유사宣諭使 고백숙高伯淑이 왔다.{역사를 기록하는 법으로는 금나라 사람[金人]이 왔다고 해야 마땅하다.}

인종 5년(1127)

○ 봄 3월에 여진이 변경汴京(송나라의 도읍)을 함락하였고 송나라의 휘종과 흠종 두 황제는 북쪽으로 잡혀갔다. 이보다 앞서 황제가 파견한 합문지후閤門祗候 후장侯章이 왔다. 왕에게 보낸 조서에 이르기를 "금나라 사람들이 무도하여 처음 변경邊境을 어지럽

힐 때 짐이 즉위하고 바로 이런 일을 만나 떨리고 놀라서 왕과 서로 통하지 못했다. 왕은 대대로 충성과 효도를 하였으니 마땅히 드러내 책봉을 하였다. 신종神宗(재위 1067~1085) 황제께서 사신에게 명해 고려를 방문했을 때 예와 의가 지극하여 정은 골육과 같았고 의리는 군신 사이 같았다. 우리 도군상황제道君上皇帝[29]에 이르러는 대우가 더욱 융성하였다. 짐이 생각하건대 중국과 왕이 요해遼海를 사이에 두고 멀리 떨어져 있지만 이처럼 은혜로 예우한 것이 어찌 다른 뜻이 있겠는가? 곤란한 때를 당하면 같은 적개심을 품기를 바란 것이다. 왕의 나라가 금나라와 서로 바라볼 정도로 그 거리가 수백 리도 되지 않는데 그 소굴을 소탕하여 중국에 보답할 수 없다면 이것이 어찌 누대의 조종에서 특별히 대우한 뜻이겠는가? 왕에게 악한 자의 죄과를 규명하여 물리치는 것은 큰 충성이요, 방탕하고 횡포를 부리는 자들을 죽이고 치는 것은 큰 의리이며, 땅을 개척하여 경계를 여는 것은 큰 공업으로 한 번의 거사로 세 가지를 얻을 수 있으니 왕은 힘써 주시오." 하였다.

왕이 후장에게 이르기를 "우리나라가 대대로 중국의 은혜를 입었는데도 천지 같은 큰 덕으로 그 보답을 요구하지 않았지만 구구히 감격한 마음으로 만의 하나라도 갚고자 하였다. 이제 조서에 자세히 논하여 보여주셨으니 이는 실로 충성을 보이고 은혜를 갚을 때이다. 그러나 다만 쇠잔한 군사로 새로이 승승장구하는 오랑캐를 상대하는 것은 힘써도 미치지 못할 일인 듯하다. 바라기는 군사와 말을 훈련하며 기다리다가 왕의 군대가 저 땅을 제압한다면 우리나라가 감히 힘을 다해 서로 안팎이 되지 않겠는가? 황제의 힘을 빌어 오랑캐를 평정하는 것이 나의 원하는 바이다." 하였다. 후장이 돌아갈 때 표문을 보내 감사의 뜻을 전했다.

마침내 추밀원부사 김부식金富軾을 송나라에 보내 등극을 축하하려 하였으나 금나라의 군대가 이미 국경을 침범하였다. 알리불·점한이 변경汴京에 이르러 병기兵器를 거두고는 싸우지 않으면서 화의하자고 말을 꾸며 전쟁의 계책을 오도하였다. 당시

---

29 휘종이 황제였을 때 도교道敎를 신봉하여 도군道君황제라 불렀다.

재상들이 힘껏 화의를 주장하였으며 황제도 옳다고 하여 마침내 그 계략에 빠졌다. 군사들이 통곡하고 흩어지니 도읍이 포위당한 지 40일 만에 함락되었다. 두 원수가 상황제와 만나게 할 것을 요구하여 황제가 청성궁青城(송나라의 재궁)으로 가도록 하고 이어 상황제에게 나오도록 몰아서 황후, 태자, 친왕, 제희帝姬, 황족 등을 나오게 하여 앞뒤로 3천 명이 모두 군대 앞에서 갔다. 성 안에 있던 자녀들과 금, 비단, 보물, 노리개, 수레와 복장, 그릇, 책 등 온갖 물건을 모두 뒤져서 공사公私, 위아래 할 것 없이 모두 텅 비게 되었다. 그런 후에 금나라 군주가 조서를 선포하여 이성異姓 중 장방창張邦昌을 선택하여 초제楚帝로 책봉하고는 두 황제를 데리고 북으로 돌아갔다. 김부식 등이 명주明州에 당도했을 때 길이 막혀 더 들어가지 못하고 돌아왔다.

○ 왕이 서경에 행차하자 요망한 중 묘청妙淸과 일자日者(천문을 맡은 관원) 백수한白壽翰이 상안전常安殿에 도량道場을 세우도록 왕을 설득하였다.

○ 척준경을 암타도嵒墮島에 유배 보냈다.

○ 이위李瑋를 중서령中書令으로 삼았다.

인종 6년(1128)

○ 봄 3월에 송나라 강왕康王이 즉위하여 건염建炎으로 연호를 바꾸니 {일찍이 강왕은 금나라 병영에 인질로 끌려갔는데 상주相州에 이르렀을 때 백성들이 길을 막으므로 마침내 돌아올 수 있었다. 이윽고 응천부應天府에서 즉위하였다. 강수綱首·채세장蔡世章이 조서를 가지고 왔다.} 고종高宗 황제이다. 금나라에서 병력을 파견하여 좇아오자 황제는 남쪽으로 양자강을 건너 월주越州[30]에 머물렀다.

○ 이공수李公壽가 문하시중이 되었다.

○ 여름 6월에 송나라의 국신사國信使 상서尙書 양응성楊應誠과 방어사防禦使 한연韓衍이 왔다. 양응성이 벽란정碧瀾亭에 도착하여 통보하기를 "이성二聖(흠종과 휘종)이 멀리 가

30 오늘날 중국 절강성浙江省 소흥紹興이다.

신 까닭에 신하된 자가 차마 음악을 들을 수 없으니 조서를 맞을 때를 제외하고는 음악을 쓰지 마십시오." 하였다. 왕이 수창궁壽昌宮에서 조서를 맞았다. 조서에 이르기를 "나라의 운수가 중간에 미약하게 되어 바깥 변방에서 변란이 생겼다. 이제 짐이 계승하여 어루만져 편안하게 하려 하노라. 생각하건대 삼한의 옛 땅은 실로 누대에 걸쳐 우리나라와 함께 했다. 지난번 사신을 보내 주어 조정에서 알현하였는데 상황이 곤란하여 답방하는 것이 오랫동안 늦어졌다. 이처럼 많은 연고를 양해하여 평소의 마음에서 변함없을 것으로 생각한다."라고 하였다.

양응성 등이 어록語錄을 올렸는데 "옛날 주나라 왕실에 여러 가지로 어려움이 있을 때에 어떤 사람이 진문공晉文公에게 말하기를 '제후의 마음을 얻으려면 왕에게 충성[勤王]하는 것보다 나은 것이 없습니다.' 하였습니다. 진문공이 왕실을 안정시키고 나서 그것을 바탕으로 패업霸業을 이룬 것이 옛 기록에 실려 길이 빛나고 있습니다. 귀국은 해동海東에서 가장 큰 주변국으로 대대로 충성하고 순종한 것이 드러나 우리나라에서 은총으로 융숭하게 대우하여 은혜와 예우가 변하지 않았습니다. 뜻밖에 근래 광폭한 오랑캐가 틈을 타서 마침내 두 황제[二聖]께서 멀리 가셔서 상하가 근심하고 애쓰나 잠시도 편안히 있을 수 없습니다. 생각건대 귀국은 예의를 지키고 의리를 중시하니 이렇게 위급한 때를 맞아 의리상 마땅히 기대하는 것은 대의를 바로 세워 왕에게 충성하는 것입니다. 지금 황제가 보위寶位에 오른 초기에 귀국貴國에 사신을 보내 뱃길로 두 황제를 맞아줄 것을 청하자 귀국은 금나라로 가는 도로가 험하여 갈 수 없다 하였습니다. 일찍이 앞 시대에 금나라 사람들이 귀국의 사신을 따라 들어와 공물을 바친 적이 있는데 그 때는 도로가 통해 있었고 다닐 수 없다는 말을 듣지 못하였습니다. 만약 금나라 사람들이 이 때문에 일을 일으킬까 염려한다면 저희들이 단지 백 명으로 대오를 지어 폐물을 가지고 갈 것이고 귀국에서는 다만 배를 띄워 주고 사신들이 (금나라) 경계에 도착하면 먼저 금나라 사람들에게 통보하기만 하면 되니 이 때문에 일이 생기지 않을 것입니다. 만약 귀국의 길을 통해 두 황제를 맞이한다면 2백 년 동안 충성한 의가 어그러지지 않고 또한 선왕들이 돌아보고 예우해 준 은혜를 보답하는 것이 됩니다. 우리나라에서 공로에 보답하는 것이 과거보다 갑절은 더할 것이며 사방 모든 나라에서 아름다운 이름[令名]을 더욱 우러를 것이니 실로 무궁한 기쁨이 있을 것입니다. 바라기는 국왕께서 중신들과 모의하여 이 일이 이루어지는 것을 도와 갑자기 일어난 오랑캐 때문에 중국과 오랫동안 이어온 우호관계를 잃지 마십시오." 하였다.

왕이 서신으로 답하였다. "삼가 들으니, 두 황제께서 멀리 가시어 온 나라가 걱정하고 분해하는데, 비록 즉시 달려가 문안하지도 못하고 자리를 지키고 있지만 신하된 마음에 어찌 편안히 있을 수 있겠습니까. 또 생각해보면 황제의 효성스러움과 공경하심과 여러분들의 충의를 보고 천지와 귀신도 반드시 도울 것이니 어찌 두 황제로 하여금 오랫동안 사막에서 고생하게 두겠습니까? 이에 송나라[大朝]에서 우리나라[小邦]의 길을 빌려 두 황제를 영접하려 하였지만 우리나라는 감히 힘을 다해 행하지 못하고 그저 보고만 있었습니다. 일찍이 여진이 일어날 때는 우리나라를 신하로 섬겼지만, 송나라를 침범하고 능멸함에 미쳐서는 망령되이 스스로 존대해져서 우리나라로 하여금 억지로 신하를 칭하도록 하여 어쩔 수 없이 따랐으니 어찌 그것이 본심이겠습니까? 여진의 풍속은 전쟁을 좋아하고 우리가 송나라를 즐겨 따르는 것을 미워하였으며 근래에는 경계에 보루를 쌓고 병력을 주둔시켰으니 그 뜻을 헤아리기 어렵습니다. 만약 사절이 길을 빌려 입경하려는 것을 듣는다면 반드시 질시하고 의심하여 일을 일으킬 것이니 화가 뒤따르지 않겠습니까? 또 답방答訪한다는 명목으로 길을 빌리자 하면 우리나라는 장차 무슨 말로 거절할 것이며 만약 바닷길의 편리함을 알면 우리나라는 보전하기 어려울 것이고 회남淮南(오늘날 강소성)과 양절兩浙(오늘날 절강성)의 연해지역도 그들이 넘보는 것을 우려하지 않을 수 있겠습니까? 그렇지 않다면 우리나라가 어찌 감히 말을 꾸며서 조정을 속일 수 있겠습니까?" 양응성 등과 서신이 왕복한 것이 끊이지 않았다.

(왕이) 또 답하기를 "송나라에서 전에 조서를 내려 우리나라에게 여진에 가서 타일러 송에 입조하도록 시키라 하였지만 우리나라에서는 여진이 송을 엿보게 할 수 없다고 염려하여 감히 조서를 따르지 못하였습니다. 조정에서는 그렇게 생각하지 않아 다방면으로 불러 타이르다가 마침내 오늘의 상황까지 이르렀습니다. 우리나라가 금나라와 국경을 서로 맞대고 있어서 그 뜻이 거짓됨을 매우 잘 알고 있습니다. 그

나라의 동쪽 끝은 큰 바다여서 수전에 익숙한데 저들이 답방하는 것을 핑계로 회수淮水와 절강浙江의 형세를 살펴 안 후 전함을 갖추어 바다로 내려가 불시에 공격한다면 북쪽은 육상의 전투로 고통을 당하고, 남쪽은 수전으로 고통을 당하여 위아래가 모두 적을 맞아 그 고통이 반드시 클 것입니다. 이렇게 되면 비록 후회하여도 되돌릴 수 없습니다. 우리나라가 조서를 따를 수 없었던 까닭을 천지가 환히 살피는 바이니 어찌 다른 뜻이 있겠습니까?" 하였다. 그러자 양응성이 (송으로) 보내는 표문도 받지 않고 가버렸다.

예부시랑 윤언이尹彦頤를 송나라에 보내어 표문을 올렸는데 "두 황제가 파천播遷(왕이 다른 곳으로 옮긴 것)한 것을 듣고 온 삼한三韓이 비통하였지만 달려가 문안하지 못하고 자리를 지켜 신하의 성의를 보이지 못하였고 또 의병을 먼저 일으켜 국가의 어려움에 목숨을 버리지도 못하였습니다. 이는 대개 신의 집안이 반란을 겪은 나머지 나라가 소란하여 (황제가 즉위한) 경사에 예를 표할 겨를도 없었는데 먼저 중국에서 사신을 보내주셨습니다. 비록 엄중한 명령을 내리셨지만, 그대로 준행하겠다고 아뢰기 어렵습니다. 저들은 수가 많고 우리는 적어 이미 서로 다투기 어려우며 입술이 망하면 이가 시리다 하는데 어찌 그것이 화가 되지 않으리라는 것을 알 수 있겠습니까? 적에게 대항하고 왕을 높여 감히 제齊와 진晉의 옛 일[31]을 기약하겠다고는 못하지만 토지에 따라 공물을 마련하여 청주青州와 서주徐州의 옛 법식[32]을 잃지 않으려 합니다." 하였다. 윤언이가 도착하자 송나라 조정에서 죄를 다스리자는 논의가 있었으나 주승비朱勝非[33]가 그렇게 할 수 없다고 하였다.

회답하는 조서에 이르기를 "급히 봉서를 올려 정성을 다하였다. 돌이켜보면 효도하고 우애 있게 하려는 마음에서 비록 내 뜻을 펴고자 하였으나 낌새를 살펴 염려하는 것 또한 인정에 마땅한 것이다. 이미 공손하고 애쓰는 마음을 헤아렸으니 변경을 막는

31 중국 춘추시대 제齊 환공桓公과 진晉 문공文公이 잇달아 제후의 맹주가 되어 주周 왕실을 높인 것을 이른다.
32 우禹가 전국을 9주로 나누고 각기 토산물을 바치게 하였는데 서주와 청주는 9주 중에 있었다.
33 주승비朱勝非(1082~1144)는 자가 장일藏一이고 남송 초의 대신이었다.

것을 잊지 말라." 하였다.

○ 금나라에서 (송의) 도군황제道君黃帝(휘종)를 혼덕공昏德公으로, 황제(흠종)를 중혼후重昏侯로 강봉降封하였다.

○ 겨울 12월에 금나라에서 위위소경衛尉少卿 한방韓昉을 보내왔다. {한방은 우문허중宇文虛中[34]과 함께 모두 왕의 글 짓는 일을 담당하였다.} 애초에 고백숙高伯淑이 왔을 때[35] 보주保州(의주)를 우리에게 주었고 그 뒤 맹세하는 표문을 요구하고 호구를 되돌려 줄 것을 요구했으나 따르지 않으니 금나라 군주가 노하였다. 이때 한방이 와서 말하기를 "고백숙이 선유宣諭할 때 다만 칙명勅命을 전하여 보주를 주는 것만 허락하였으니 온 경내라는 어구도 없고 아울러 아직 경계도 획정하지 않았습니다. 그러니 경계 내의 땅을 나누고도 귀국은 조서의 뜻을 따르는 것을 좋아하지 않고 주성州城을 근거지로 하여 지키면서 도망하여 이주해온 사람들이 모두 죽었다 말하니 어찌 이치에 온당하겠습니까? 사례하는 표문의 언사도 가볍고 평범합니다. 귀국이 요나라와 상대할 때 맹세한 표문에도 반드시 옛 사례가 있으니 진실로 (우리) 조정에서 처음 행할 것을 요구하는 것도 아니요 단지 길이 우호관계를 맺고자 하는 것입니다. 바라기는 간단하고 분명하게 말씀을 내리셔서 돌아가는 날 그에 근거하여 복명할 수 있게 해주십시오." 하였다.

왕이 답하기를 "보주 경내는 본래 고려의 땅이었으나 일찍이 옛 요나라에 병합되었는데 금나라[大朝]가 세상을 통일하고 전 황제께서 소국을 돌아보아 칙서를 내려 압록강을 경계로 하셨다. 지금 황제께서 고려[小國]가 능히 제후의 도리를 삼가 준수한다고 하여 특별히 땅을 나누어 준다고 하였으나 다만 보주 한 성만 허락하고 옆의 작은 땅도 허락하지 않았으니 이것이 어찌 조정이 지극한 어짊과 큰 덕으로 소방을 어루만지고 아끼는 뜻이겠는가? 그 사람들이 도망하여 온 것은 신臣의 아버지 때의 일로 당시에 신은 어려서 단서를 알지 못하였다. 맹세하는 일은 적국이 서로 의심하고 꺼려서 어쩔 수 없이 하는 것으로 춘추에 기록된 쇠약한 주周와 열국列國 사이의 일과 같은

34 우문허중宇文虛中(1079~1146)은 남송의 대신으로 금에 사신으로 갔다가 잡혀서 금에서 벼슬하였다.

35 인종 4년(1126)에 금나라의 사신으로 고려에 왔다.

것이다. 이제 성인이 천명을 받아 주변 나라들을 통일하였으니 마음에서 우러나 기쁘게 복종한다. 그러니 맹세 같은 것만 족히 신뢰할 수 있겠는가? 구구한 충심은 실로 이에서 나오는데 와서 타이르는 것이 이와 같으니 감사하고 송구스러움을 이기지 못하겠다." 하였다.

인종 7년(1129)

○ 봄 2월에 서경에 행차하였다.

○ 3월에 서경에서 돌아와 사면령을 반포했다. 계묘일에 국학國學을 시찰하고 선성先聖(공자)에게 석전제釋奠祭를 지냈다. 김부철·윤언이 등에게 『서경書經』 「무일편無逸篇」을 강론하게 하였다.

○ 여름 5월에 왕비 임任씨를 책봉하였다.

○ 가을 7월에 태백성太白星(금성)이 하늘을 가로질렀는데[經天] 15일 동안 계속되었다.

○ 겨울 12월에 노령거盧令琚 등을 금나라에 파견하여 맹약하는 표문을 전하였다. 회답하는 조서에 이르기를 "지금 온 표문을 읽어보니 뜻이 신중한 것 같지만 호구戶口를 돌려보내겠다는 말이 없다. 앞뒤로 간 신구新舊 호구를 헤아려 보면 그 수가 적지 않은데 까닭도 없이 모두 죽었다 한다. 마땅히 속히 그[36] 수를 조사하여 표문으로 아뢰어야 한다. 만약 그대로 응하는 것을 어렵게 여긴다면 이미 올린 맹세 표문도 무위로 돌아갈 것이다." 하였다.

인종 8년(1130)

○ 여름 4월에 송나라에서 교위校尉 왕정충王正忠을 보내왔다.

○ 겨울 12월에 낭중郎中 김단金端을 금나라에 보냈다. 표문에 이르기를 "천회天會[37] 6년(1128) 한방韓昉이 와서 전한 별록別錄에 '너희 나라가 과연 정성을 다한다면[推誠] 즉

36 『휘찬여사』 원문에는 '기其'가 '견見'으로 되어 있다.

37 천회天會는 금나라 태종太宗의 연호로 1123년부터 1135년에 해당한다.

시 맹세하는 표문을 바칠 것이요, 그러면 조정에서도 마땅히 맹세하는 조문을 줄 것이다.' 하였습니다. 신이 이 말을 듣고 은덕에 감격하여 절하고 표문을 드렸으나 옥새를 찍은 서한이 연거푸 와서 더욱 엄하게 훈계하고 타이르니 갈팡질팡하며 두려워 어찌할 바를 모르겠습니다. 더구나 사람들이 투탁하여 온 일은 신이 아직 상국上國을 섬기지 않을 때의 일인데 작은 연고로 이처럼 책망하니 비단 소국小國이 의지하는 마음에 어그러질 뿐 아니라 조정에서 지극히 어질고 큰 덕량으로 하번下藩을 어루만지는 뜻도 아닌 듯합니다. 이것이 바로 신이 속마음에 있는 것을 다 드러내 제왕의 위엄을 무릅쓰면서도 스스로 그만두지 못하는 까닭입니다. 엎드려 바라기는 선왕이 멀리 있는 자들에게 너그럽게 대한 경륜을 본받아 한漢나라에서 도망한 자들을 풀어주는 제도를 쓰십시오. 지극한 정성으로 청하는 것을 윤허하시어 보전하고 구호하는 은혜를 베푸신다면 비록 작고 누추하며 무능하지만 반드시 기운을 내어 보답할 것입니다." 하였다.

회답하는 조서에 이르기를 "말과 생각이 충성스럽고 삼가서 잊어버리지 않으니 가상히 여기고 감탄한다. 아뢴 일은 계속해서 유시하겠다." 하였다.

인종 9년(1131) (송 고종) 소흥紹興 원년

○ 이보다 앞서 금에서 유예劉豫를 세워 제제齊帝로 삼고 또 관섬關陝[38]의 땅을 취하여 유예에게 주어 이때에 중원中原(황하 유역)의 땅이 모두 유예에게 속하게 되었다.

인종 10년(1132)

○ 예부원외랑 최유청崔惟淸을 송나라에 보냈다.

○ 봄 2월에 서경에 행차하였다. 일찍이 요망한 승려 묘청과 분사소감分司少監 백수한白壽翰이 음양을 잘 안다 망령되이 칭하고 멋대로 괴탄한 주장을 하였다. 정지상鄭知常은 서경 사람으로 그 주장을 깊이 믿어 "상경上京(개경)은 이미 기운이 쇠하였으

---

38 중국 섬서陝西지역을 일컫는다.

니 우리들이 주상을 받들어 서경으로 이어한다면 당연히 중흥공신이 되어 일신이 부귀하게 될 뿐 아니라 자손들에게도 무궁한 복이 될 것이다." 하였다. 이에 근신 중에 홍이서洪彝敍·이중부李仲孚·문공인文公仁·임경청林景淸 등이 그 말을 좇아 화답하여 상주하기를 "묘청은 성인이고 백수한도 그에 버금가니 국가의 사업을 이들에게 자문한 이후에 시행하면 정치는 이루어지고 사업은 닦여서 국가가 보전될 것입니다." 하고 모든 관리들에게 그 글 끝에 서명하게 하였으나 김부식金富軾·임원애任元敳[39]·이지저李之氐{이공수李公壽의 아들이다.}만이 서명하지 않았다. 글을 아뢰자 왕이 미혹되었다.

마침내 묘청이 상언하기를 "서경의 임원역林原驛은 이른바 대화세大花勢라는 아주 좋은 지세이니 여기에 도읍을 세우면 천하를 병합할 수 있고 금나라에서도 폐물을 바칠 것입니다." 하였다. 이에 임원역에 대화궁大花宮을 세웠는데 이때 이르러 묘청·백수한이 또 아뢰기를 "상경의 지세가 쇠하였으므로 하늘이 재앙을 내려 궁궐을 모두 태워버렸습니다. 이제 신궁에 자주 이어하시어 재앙을 물리치고 복을 모아 무궁한 기쁨을 누리소서." 하였다. 왕이 일관日官(천문 담당 관원)들에게 의견을 묻자 불가하다 하였는데 정지상, 김안金安 등이 말하기를 "묘청의 말은 곧 성인의 법이어서 어길 수 없습니다." 하였다.

드디어 왕이 행차하였는데 금암역金巖驛에 이르자 비바람이 사나워지며 날이 어두워져 호위하던 군사들이 놀라 흩어졌다. 왕이 고삐를 잡고 길을 잃어 진흙구덩이에 빠졌으며 시종하던 궁인들도 넘어지고 자빠져 통곡하였다. 날이 어두워지고 눈비에 추위가 심해져 사람과 말 중에 얼어 죽은 수를 헤아릴 수 없을 정도였다. 왕이 서경에 이르니 백수한·정지상 등이 몰래 큰 떡을 가운데가 비게 만들어, 볶아서 짠 기름으로 속을 채워 대동강에 가라앉혔다. 기름이 떠올라 수면에 빛나는 것이 멀리서 보면 마치 오색구름 같았다. 그리고는 그 지역에서 나이가 많은 치사致仕 이제정李齊

39 『휘찬여사』에는 '임원애任元敳'가 '임원개任元凱'로 되어 있으나 『고려사』를 따라 고쳤다.

挺 등 50명에게 표문을 올려 진하進賀하도록 하였는데 “이것은 신룡神龍이 침을 토한 것으로, 황하의 물이 맑아지는 것처럼 천 년에 한 번도 있기 어려운 상서로운 일입니다. 마땅히 위로는 하늘의 뜻을 따르고 아래로는 백성들의 소망을 따라 황제 칭호를 쓰고 연호를 고쳐 금나라를 세압하소서.” 하였다. 왕이 이지저에게 묻지 답하기를 “금나라는 강적이어서 가벼이 할 수 없습니다. 하물며 양부의 대신이 상도上都에 머물러 지키고 있는데 한두 사람의 치우친 말만 듣고 큰 의논을 결정해서는 안 됩니다.” 하니 왕이 옳다 하였다.

백수한이 또 아뢰기를 “오색구름이 대동강에 보였으니 백관으로 하여금 표문을 올려 진하하게 하십시오.” 하였다. 왕이 문공인, 이준양李俊陽에게 가서 살펴보게 하였는데 어떤 사람이 말하기를 “볶아 짠 기름이 물에 뜨면 이상한 빛이 있다.” 하므로 헤엄 잘 치는 자를 시켜 찾아내어 이에 거짓인 것을 알았다.

○ 겨울 12월에 김부식을 중서시랑평장사로 삼았다.

인종 11년(1133)

○ 맏아들 철徹을 왕태자로 책봉하였다. 이자겸의 무리를 사면하였다.

○ 조서를 내려 관료 중 탐오한 자를 단속하고 청렴하며 성실한 자를 천거하도록 하였다.

인종 12년(1134)

○ 가을 유예가 그 아들 인麟을 시켜 금나라 병력으로 송을 침략하도록 하였다. 송나라 황제가 스스로 막겠다고 하면서 조서를 내려 유예의 죄를 밝혔다. 금나라 군사가 한세충韓世忠·악비岳飛에게 패하여 회수淮水를 건너 북으로 돌아갔다.

○ 묘청을 삼중대통三重大統으로 삼았다. 직문하성 이중李仲, 어사 문공유文公裕 등이 상소하여 말하기를 “묘청, 백수한은 요망한 사람인데 김안, 정지상이 결탁하여 심복이 되어 서로 추천하고 대신 중에 좇아 화답하는 자가 있는 까닭에 성주聖主께서는 의심하지 않으시나 바른 사람은 원수처럼 미워합니다. 속히 물리치셔서 화의 근본을 막으

시기 바랍니다." 하였다. 국자감 사업司業 임완林完도 상소하여 묘청의 목을 베라고 간청하였지만 모두 답하지 않았다.

인종 13년(1135)

○ 봄 정월에 묘청, 유감柳旵이 분사시랑 조광趙匡, 사재소경 조창언趙昌言·안중영安仲榮 등과 함께 서경에서 반란을 일으키니 평장사 김부식 등에게 토벌하도록 명령하였다. 묘청 등은 먼저 유수留守와 관원들을 가두고, 병마사 이중李仲을 붙잡았으며 병력을 파견하여 절령岊嶺 길을 차단하였다. 여러 성의 군사를 협박하여 동원하고, 왕의 명령을 칭탁하여 양계兩界의 군사를 징발하였다. 국호를 대위大爲라 하고 연호를 천개天開라 하였으며 스스로 천견충의군天遣忠義軍이라 하고 주요 관원을 임명하였다. 백수한에게 편지를 보내 부르자 백수한이 그 편지를 아뢰었다.

이에 김부식·임원애에게 중군을, 김부의金富儀에게 좌군을, 이주연李周衍에게 우군을 거느리게 하였다. 삼군이 아직 출발하지 않았을 때 내시 유경심柳景深을 서경에 보내 타이르게 하였는데 적도들이 문을 열고 유경심을 끌어들였다. 관풍전觀風殿에 이르자 유감, 조광, 묘청이 군복을 입은 채 문무백관을 거느리고 마당으로 내려와 절하였다. 왕의 안부를 묻고 나서 봉서封書 한 통을 맡기고는 돌려보냈다.

뒤이어 최경崔京을 보내 표문을 올렸는데 "폐하께서 음양의 지극한 말을 믿으시고 도참의 비결을 살피셔서 대화궁을 창건하셨으니 하늘 상제의 도읍[鈞天]을 본 딴 것입니다. 신등이 누경婁敬의 계책[40]과 같게 하고 반경盤庚이 도읍을 옮긴 것처럼[41] 하시기를 바랐으니 어찌 신하들이 폐하의 마음을 체득하지 않아 현재 있는 곳을 편안히 여기며 옮기는 것을 어려워하고 더욱이 큰 사업을 방해하고 일을 훼방하리라 생각하였겠습니까? 인심은 두려우며 무리가 분노하면 막기 어려우니 폐하의 행차가 임하신다면 병란은 그칠 것입니다." 하였다. 표문이 오자 모두 그 사신의 목을 베려 하였으나 왕이 듣

---

40 한漢나라 고조高祖가 누경婁敬의 권고를 따라 도읍을 장안長安으로 옮긴 것을 이른다.

41 반경盤庚은 상商나라의 왕으로 도읍을 엄奄에서 은殷으로 옮겼다.

지 않고 최경을 원외랑으로 삼아 위로하고 타이른 후 돌려보냈다.

김부식 등이 출발하려 할 때 김안·정지상·백수한의 목을 베었다. 대군이 보산역寶山驛에 닿자 무리가 말하기를 "마땅히 가는 속도를 갑절로 하고 지름길로 가서 적이 준비되지 않았을 때 엄습하십시오." 하였으나 김부식이 듣지 않았다. 군사를 이끌고 평주平州를 넘어 관산역管山驛으로 향하며 여러 성에 급히 격문을 보내 왕의 명령을 받들어 적도를 토벌하라고 유시하였다. 안북부安北府에 이르자 서북의 여러 성에서 두려워 떨었다. 김부식이 판관 김순부金淳夫에게 조서를 가지고 성에 들어가 알아듣게 타이르게 하자 조광이 마침내 묘청, 유감 등의 목을 베었다. 윤첨尹瞻, 조창언趙昌言에게 김순부와 함께 조정에 가서 죄를 청하게 하였는데 김순부가 교외에 이르러 윤첨 등의 팔을 뒤로 결박하여 들어갔다. 조광 등이 윤첨이 갇혔다는 소식을 듣고는 반드시 죄를 면하지 못할 것이라 하고 이로 말미암아 다시 반란을 일으켰다.

○ 금나라 군주(태종)가 죽고[殂], 희종熙宗이 즉위하였다. 송나라 휘종徽宗이 오국성五國城에서 죽었다. {인종 16년에 통보가 왔다.}

○ 왕이 조서를 내려 죄를 자신에게 돌렸다. 5군이 때마침 서경을 공격하였으나 이기지 못했다. 이때 군대가 오랫동안 전공이 없으므로 조정에서는 중신을 보내 싸움을 독려하자는 의론이 있었으나 왕이 여러 사람의 의견을 물리치고 김부식에게 위임하기를 더욱 오로지 하였다.

○ 송나라에서 적공랑迪功郎 오돈례吳敦禮를 보내서 이르기를 "들으니 서경에서 반란이 일어났다고 하는데 10만 병력을 보내 왕을 도우려 한다." 하므로 왕이 사례하고 중지하도록 하였다.

인종 14년(1136)

○ 봄 2월에 김부식이 제군을 독려해 서경으로 진공하여 대파하니 적의 무리가 무너져 어지러웠다. 조광 등이 자살하고 서경은 드디어 평정되었다. 분사 상서 송선유宋先宥가 반란이 일어난 때부터 병을 핑계로 문을 닫아걸고 벼슬하지 않았으므로 그 마을로 들어가는 문에 정표를 내리도록 하였다. 김부식을 수충정난공신輸忠定難靖國功臣으

로 녹훈하고 수태위 문하시중으로 삼았다.

○ (송나라) 명주明州에서 첩보하기를 하국夏國[42]에서 사신을 고려에 보내서 의논할 일이 있다 하였으니 대개 두 황제(휘종과 흠종)에게 문안을 통하는 일이었다. 당시 송에서는 도군道君황제가 이미 죽은[殂] 것을 알지 못하였다. 왕은 사례하고 사신의 뜻에 부응할 수 없다고 하였다. 9월에 김치규金稚規, 유대거劉待擧를 송나라에 보냈다.

인종 15년(1137)

○ 문하시중으로 치사致仕(나이 70이 넘어 은퇴하는 것)한 이공수李公壽가 죽었다.

○ 금나라에서 변경汴京을 습격하여 유예를 잡아서 돌아갔다.

인종 16년(1138)

○ 송나라에서 진회秦檜[43]의 주장을 채택하여 금나라에 신하를 칭하고 강화하였다. 금나라에서는 하남河南, 섬서陝西의 땅을 돌려주었다.

인종 18년(1140)

○ 여름 4월에 태묘太廟에 체제禘祭를 지냈다.

○ 금나라의 올출兀朮[44]이 땅을 송에 돌려준 것은 잘못된 계책이었다고 하면서 살리갈撒離喝과 함께 길을 나누어 남침하자 동경東京 유수留守 맹유孟庾, 남경 유수 노윤적路允迪이 성을 가지고 항복하였으며, 하남·섬서의 주군州郡들이 모두 함락되었다. 유기劉錡가 올출을 순창順昌에서 격파하여 달아나게 하고, 악비岳飛[45]가 올출을 언성郾城에서 대파하였다. 양하兩河(하북과 하동)의 호걸들이 무리를 이끌고 악비에게 왔으며 택주澤州,

---

42 하국은 서하西夏로 11세기부터 13세기 초까지 중국의 감숙성甘肅城, 섬서성陝西城에 있던 탕구트 왕국이다.

43 진회秦檜(1090~1155)는 남송의 재상으로 금과의 강화를 주장하였고 이 때문에 중국 간신 중의 하나로 일컬어진다.

44 본명은 완안종필完顔宗弼이며 금나라 태조의 아들이다.

45 악비岳飛(1103~1141)는 남송의 장군으로 금에 맞선 주전파이며 주화파에 의해 처형당하였다.

노주潞州, 진주晉州, 분주汾州 지경에서 모두 날을 정해 군사를 일으켜 관군과 만났다. 올출이 군사를 뽑아 악비에게 대항하려 하였으나 하북河北지역에서 한 사람도 응하지 않았으니 회복이 실로 어렵지 않았다. 진회는 올출과 서로 내통하여 회수 이북을 금나라에 주는 것으로 화친하려 하여 대신臺臣들을 구슬려 모든 장수들이 군사를 이끌고 돌아올 것을 청하게 하였다. 악비, 한세충韓世忠, 장준張俊, 양기중楊沂中 등이 모두 조서에 따라 군사를 이끌고 돌아왔고 하남 땅은 모두 다시 금나라의 차지가 되었다. 올출이 진회에게 편지를 보내 이르기를 "그대는 화친을 청하지만 악비는 하북의 회복을 도모하니 반드시 악비를 죽여야 화친이 이루어질 수 있다." 하였다. 이에 진회가 악비의 군권軍權을 빼앗고 죽였다. 화의가 이루어져 신하를 칭하고 맹세하는 표문을 금에 보냈으며 회수 중류의 땅을 할양하여 경계로 했다. 금나라에서 휘종의 시신과 황태후 위韋씨를 돌려보냈다.

인종 19년(1141)

○ 봄 정월에 왕태자의 관례冠禮를 행했다.

○ 금나라에서 황통皇統으로 연호를 바꾸었다.

인종 20년(1142)

○ 여름 5월에 금나라에서 사신을 보내 왕을 책봉하였다.

인종 23년(1145)

○ 혜성이 북서쪽[乾方]에 나타났다.

○ 김부식이 『삼국사三國史』를 올렸다.

인종 24년(1146)

○ 봄 2월에 왕이 훙거하니 나이 38세였다. 장릉長陵에 장사지냈다.

김부식金富軾의 논찬論贊

인종은 책 보기를 좋아하여 손에서 책을 놓지 않았으며 때로는 아침까지 잠자리에 들지 않았다. 신숙申淑이 경전에 밝다는 말을 듣고 내전內殿에 불러들여 『춘추春秋』를 배웠다. 성품이 검약하여, 한번은 재신들이 내전에 들어가 문병한 적이 있는데 잠자리가 소박하여 비단으로 꾸민 것이 없었다. 환관의 무리는 작은 죄로도 매번 내치고 다시 채우지 않아서 말년에는 겨우 몇 사람만 청소를 담당하였다. 하루에 두 번 정사를 보았는데 아뢰는 것이 늦으면 소신小臣을 시켜 재촉했다. 오로지 덕으로 은혜를 베풀어 백성을 편안하게 하였으며 군사를 일으키고 일을 만드는 것을 좋아하지 않았다. 금나라가 갑자기 일어나자 여러 신하들의 의견을 물리치고 표문을 올려 신하를 칭하였다. 북北(금나라)에서 온 사신을 접대할 때 매우 공손하여 북인 중에 아끼고 공경하지 않는 자가 없었다. 문장을 맡은 신하가 왕명으로 글을 지을 때 북조를 가리켜 오랑캐라 하면 두려워하며 이르기를 '신하로 섬기는 처지에 어찌 이런 말을 쓸 수 있는가?' 하였다. 마침내 대대로 우호 동맹을 맺어 변경에 일이 일어나지 않았다. 이자겸의 흉역에는 그가 외할아버지인 까닭에 뜻을 굽혀 그 목숨을 보전하였고 척준경도 목숨을 보존할 수 있었으니 임금의 도량을 볼 수 있다. 그러므로 왕이 훙거하자 중앙과 지방에서 슬퍼하고 추모하였으며 금나라 사람들조차 부음을 듣고는 탄식하고 애도하여 마지않았다. 묘호廟號를 '인仁'이라 하였으니 마땅하지 않은가.

김신부金莘夫의 논평

예종 말년에 외척이 점점 횡행하였는데 인종이 어린 나이에 즉위하자 한안인韓安仁 등이 외척에 대해 화를 내고 일을 만들었다. 그러나 결국 간악하고 흉측한 자들이 발호하여 그 독이 온 나라[三韓]에 흘렀고 왕[至尊]이 욕을 봤으며 궁궐과 종묘가 불타 조종의 기업이 거의 땅에 떨어질 것 같았으니 이는 후세에 거울삼을 만하다. 또 요망한 승려와 음양설에 빠져 서경의 반역에까지 이르게 하였으니 무엇 때문인가? 대개 천성이 자애롭고 우유부단하기만 하여 병오년(인종 4, 1126)에 반란을 일으킨 무리[46]에게 형벌이 바로 시행되지 않았고 서경의 반란을 일으킨 백성에게 처벌이 고르지 않았으니 애석하도다. 놀고 잔치하는 것을 절제하고 환관을 줄였으며, 몸소 경계한 것이 검소함이요, 이웃 나라와는 신의로 하였으니 비록 옛날의 제왕이라도 이보다 더하겠는가!

의종 장효왕 세가毅宗莊孝王世家

왕의 이름은 현晛이고, 자는 일승日升이며, 처음 이름은 철徹이다. 어머니는 공예태후恭睿太后 임씨任氏이다.{인종 5년 정미년(1127)에 태어났다.} 17세에 태자로 봉해졌다. 이때에 이르러 왕위를 이었다.

의종 원년 정묘년(1147) (송 휘종) 소흥紹興 17년

○ 왕이 놀고 행차하는 데 절제함이 없었고 격구擊毬를 좋아하였다. 대간이 상서上書하여 간쟁하였으나 왕이 답하지 않자 모든 대간이 이 일을 이유로 집으로 돌아갔다. 이에 왕이 격구하는 막대와 안장을 어사대에 내렸다. 어사대에서 조서를 받들어 수창궁壽昌宮의 문을 잠그고 소인의 무리들이 출입하는 것을 금했다. 왕이 북원北園에서 놀다가 좌우에 이르기를 "내 기량을 다시는 시험해 볼 수 없겠구나." 하고는 잠시 후 공을 치니 따를 사람이 없었다. 모든 간관이 다시 자리에 나왔다.

○ 여름 6월에 태백성이 하늘을 가로질렀다.

---

46 이자겸의 난을 이른다.

의종 2년(1148)

○ 여름에 금나라에서 사신을 보내 와서 왕을 책봉하였다.

○ 가을 7월에 왕태후에게 책문册文을 올리고 임원숙任元淑을 동평장사로 삼았다.

○ 이심李深·지지용智之用이 반역을 모의하다가 처형되었다. 애초에 이심 등이 송 나라 사람 장철張喆과 모의하여 이심이 동방흔東方昕이라 이름을 속이고는 송나라의 재상 진회에게 편지를 보내 부탁하기를 "금나라를 친다는 것을 명분으로 길을 빌려 달라고 하면서 오면 고려는 차지할 수 있다." 하였다. 지지용이 그 봉한 편지와 고려의 지도를 상인의 배에 맡겨 진회에게 보냈다. 이때 도강都綱 임대유林大有가 와서 그 모의를 신고하니 이심 등을 체포하여 모두 사형에 처했다.

○ 아우 경曝을 대령후大寧侯로 책봉하고 이인실李仁實을 평장사로 삼았다.

의종 3년(1149)

○ 고조기高兆基를 평장사로 삼았다.

의종 4년(1150)

○ 금나라의 평장사 완안량完顔亮이 그 임금 단亶(희종)을 시해하고 스스로 즉위하였다.{연호를 천덕天德으로 바꾸었다.}[47]

○ 최유청崔惟淸을 평장사로 삼았다.

의종 5년(1151)

○ 태보太保 낙랑후樂浪侯 김부식이 죽었다.

○ 추밀원 지주사 정습명鄭襲明이 자살하였다. 일찍이 왕이 태자였을 때 정습명이 시독侍讀이었는데, 임任태후가 둘째 아들을 더 아껴서 장차 태자 자리를 바꾸려는 생각이

---

47 완안량完顔亮이 금의 희종熙宗을 살해하고 즉위하여 연호를 천덕天德으로 바꾼 것은 1149년이어서 본문의 내용은 착오이다.

있었으나 정습명이 마음을 다해 보호하였으므로 왕이 폐해지지 않을 수 있었다. 왕이 왕위를 계승한 후 태후의 전날의 일을 원망하였다. 하루는 편전에 앉아 말을 하다가 이 일에 말이 미치자 태후가 맨발로 전을 내려가서는 하늘을 우러러 맹세하니 갑자기 천둥이 치고 비가 왔으며 번갯불이 앉은 자리까지 들어왔다. 왕이 놀라고 두려워하여 몸을 구부려 태후의 옷 아래로 들어갔는데 갑자기 벼락이 내전의 기둥을 쳤다. 왕이 뉘우치고 깨달아 모자 관계가 처음처럼 되었다. 정습명은 성정이 충직하여 아는 것이 있으면 다 말하므로 왕이 꺼렸는데 마침 정습명이 병이 나자 왕은 김존중金存中에게 그 직을 대신하게 하였다. 정습명은 독약을 먹고 죽었다.

○ 이때부터 왕은 더욱 제멋대로 하였고 총애하는 환관 정함鄭諴 등이 권력을 휘둘렀다. 대성臺省에서 합문閤門(편전의 앞문) 밖에 엎드려 3일 동안 간했지만 답하지 않았다. 이에 성재省宰(중서문하성의 2품 이상)들이 모두 자신들의 죄를 다스려 달라 청하며 정사에 참여하지 않았다. 왕이 문공원文公元·유필庾弼·김영석金永錫·최자영崔子英 및 간관諫官 김자의金子儀·왕식王軾·박소朴儵·이원응李元膺·이양신李陽伸·윤인첨尹鱗瞻, 대관 최윤의崔允儀·김양金諹·민각閔慤·한정韓靖을 불러 위로하고 정사에 참여하라고 타일렀으나 모두 명령을 따르지 않고 밤 2고鼓에 물러났다. 왕이 명인전明仁殿에 가서 정사를 보며 간신諫臣에게 이르기를 "내가 매일 정사를 보려 하니 조정에서 모든 간쟁하는 일은 그만두라." 하였다. 마침내 이때부터 조정에서 간쟁하는 예가 폐해졌다.

○ 정서鄭敍를 동래로 유배보냈다. 최유청이 양경유수兩京留守로 좌천되었다.

의종 6년(1152)

○ 간관이 합문 밖에 엎드려 간쟁하자 왕이 명령하기를 격구할 때 쓰는 말을 내보내고 북문을 닫아걸라고 하였다. 내시 14명을 내쳤다.

○ 문공원과 유필을 문하시랑 동평장사에 임명하였다.

의종 7년(1153)

○ 아들 홍泓을 왕태자로 책봉하였다.

의종 8년(1154)

○ 왕의 아우 민旼을 평량후平凉侯로 책봉하였다.

○ 여름 4월에 태묘에 체제禘祭를 지냈다.{왜 기록하는가 하면 왕이 친히 체제를 지냈기 때문이다.} 동쪽 교외에서 군사를 사열하였다.

의종 9년(1155)

○ 평장사 유필이 죽었다.

의종 10년[48](1156)

○ 가을 7월에 혜성이 동쪽에 나타났다.

○ 금나라에서 연호를 정륭正隆(1156~1161)으로 고쳤다.

○ 송나라 흠종이 금나라에서 죽었다[殂].

의종 11년(1157)

○ 태후의 거처를 보제원普濟院으로 옮겼다. 왕은 본래 도참설圖讖說을 믿어 여러 아우들과 사이가 좋지 않았다. 간신에게 몰래 대령후大寧侯 경暻을 탄핵하도록 유시하였는데, 태후가 구원할지 몰라 먼저 태후의 거처를 옮겼다. 경을 천안부天安府로 유배보냈다.

의종 12년(1158)

○ 급사중 이지심李知深이 국자감 사업司業으로, 사간 최우보崔祐甫가 상사尙舍로, 봉

---

48 『휘찬여사』에는 년年이 월月로 되어 있다.

어奉御 배경의裵景誼가 전중내급사殿中內給事로 좌천되었다. 이보다 앞서 왕이 좌승선 이원응李元膺, 우승선 이공승李公升에게 문하성에 정함鄭諴의 사령장[告身]에 서명을 독촉하는 왕의 뜻을 전하도록 하였는데 재신 및 대성에서 할 수 없다고 고집하여 복명復命할 수 없었다. 이공승이 왕의 뜻을 전하기를 "경 등이 심의 말을 듣지 않으니 심이 음식을 먹어도 맛있지 않고 잠자리에 누워도 편하지 않다." 하였다. 평장사 최윤의, 우간의 최응청崔應淸 및 이원응·이공승 등이 서명하였으나 이지심·최우보·배경의만 서명하지 않고 합문 밖에 엎드려 힘껏 간쟁하였으므로 모두 좌천되었다. 이때부터 정함이 조정의 반열에 참여하여 권세와 은총이 날로 성하였다. 관노官奴인 왕광취王光就, 백자단白子端 등을 우익으로 삼아 번갈아 참소하여 관인들을 억눌러 환관들이 일으키는 화가 이보다 심할 수가 없었다. 지문하知門下 신숙申淑이 홀로 궁궐에 가서 정함의 직을 빼앗을 것을 간하였는데 그 말이 매우 간절하고 지극하므로 왕이 어쩔 수 없이 정함의 직을 빼앗고 중앙과 지방에 포고하였다. 그러나 신숙을 꺼려 곧바로 수사공守司空으로 좌천시켰다. 신숙이 병을 핑계대고 돌아갔다.

의종 13년(1159)

○ 문하시중 왕충王冲이 죽었다.

의종 14년(1160)

○ 평장사 최함崔諴이 죽었다.

○ 가을 9월에 모후母后의 전에 가서 문안하였다.

의종 15년(1161)

○ 금나라의 군주인 완안량完顔亮이 송나라로 남침하였으나 금나라 사람들이 시해하고 조국공曹國公 완안오록完顔烏祿을 황제(금 세종)로 세웠다. 일찍부터 완안량이 남침할 뜻을 가지고 사신 중에 화공을 몰래 숨겨서 보내 임안臨安(남송의 도성), 호산湖山(절강성에 있는 산)을 그려오게 하여 병풍을 만들었는데 오산吳山(절강성 항주 동남쪽에 있는 산) 꼭

대기에 말을 채찍질하는 자기 모습을 그려 넣게 하고 '오산 제일 높은 봉우리에 말을 세운다[立馬吳山第一峯]'는 구절이 있었다. 마침내 도읍을 변경汴京으로 옮기고 사신을 보내 병력을 징발하여 요와 송의 종실로 그 나라에 있는 자를 대대적으로 죽이니 모두 130여 명이었다. 태후인 도선徒單씨가 맹약을 저버리고 전쟁을 일으킨 것에 대해 간언을 하자 완안량이 좋아하지 않고 죽이며 무리를 위협하였다.

가을 9월에 드디어 병력을 크게 일으켜 남침하였는데 금나라 군주가 군복을 입고 앞장섰으며 무리는 100만이라 하였다. 징과 북소리가 천 리에 끊어지지 않았으며 원근에서 크게 떨었는데 송나라 황제가 스스로 군대를 거느리고 방어하였다. 완안량이 채석采石에 이르러 선봉에 섰다가 우윤문虞允文에게 패하였다. 완안량이 군대를 거느리고 남으로 가려할 때 발해渤海의 모든 병력이 배반하여 요양遼陽으로 가서 완안오록을 즉위시키고 대정大定(1161~1189)으로 연호를 바꾸었다. 완안량이 소식을 듣고 모든 군사를 독려하여 양자강을 건너 먼저 송나라를 차지한 후 북으로 가서 오록을 잡으려 하였다. 그러나 모든 장수가 두려워하여 마침내 완안량을 시해하였다. 금나라 군사가 회수를 건너 북으로 돌아갔다. {명주明州에서 첩보가 왔으나 고려인들이 믿지 않고 꼭 그 말대로는 아닐 것이라고 하였다.}

의종 16년(1162)

○ 송나라 황제가 제위帝位를 황태자에게 넘기고 덕수궁德壽宮으로 물러났다.

○ 평장사 최윤의가 죽었다.

의종 17년(1163)

○ 좌정언 문극겸文克謙을 진주晉州[49] 판관으로 좌천시켰다. 왕이 재위한 지 이미 오래인데 날마다 아첨하는 자들과 술에 빠져 놀면서 정사를 돌보지 않아도 조정 신하

49 『고려사』 권 99, 열전 12 문극겸 전에는 진주가 아니라 황주黃州로 나온다.

중에 감히 간하는 자가 없었다. 이때 문극겸이 상소하여 환관 백선연白善淵의 목을 베고, 궁인 무비無比를 내쫓고, 지추밀 최유칭崔褎偁을 파직하여 온 나라에 사과할 것을 청하자 왕이 크게 노하여 그 상소를 태우고 끝내는 문극겸을 좌천시켰다.

○ 일찍이 왕이 궁궐 동쪽에 이궁離宮을 지었다. 여러 재상의 집을 빼앗고 백성들의 집 50여 집을 헐어 태평太平, 관란觀瀾, 양이養怡 등의 정자를 지었는데 지붕을 청자기와로 하기도 하고 종椶나무로 하기도 하였다. 옥을 갈아 대臺를 만들고 아름다운 꽃과 괴석을 모아 사치와 화려함이 극에 달했다. 백성의 집에 조금이라도 감상할 만한 물건이 있으면 밀지密旨를 칭탁하고 찾아내서는 빼앗아 운반하는 것이 길에 이어지니 백성들이 몹시 괴로워하였다.

현화사玄化寺 동쪽 언덕에 중미정衆美亭을 짓고는 정자 남쪽 골짜기에 돌을 쌓아 제방을 만들고 제방 위에 모정茅亭과 초창草廠을 지었다. 그 아래에 배를 띄우고 어린아이들에게 뱃노래와 어부 노래를 부르게 하였으며 오리, 기러기, 갈대가 있어 완연히 강호江湖의 형상이었다.

성 동쪽 사천沙川 옆에 몇 길 되는 석벽이 있어 호암虎巖이라 하였는데 흐르는 물이 여기에 모였고 숲이 우거졌다. 왕이 이곳을 좋아하여 그 옆에 정자를 짓고 연복정延福亭이라 이름지었다. 그 물이 얕아 배를 건널 수 없자 제방을 쌓아 호수를 만들었다. 그런데 그 땅이 흰모래로 되어 있고 물 흐름이 빨라 비만 오면 제방이 무너졌다. 제방이 무너지면 바로 다시 쌓도록 하여 밤낮으로 쉴 수 없었다. 판적요板積窯 안에 만춘정萬春亭을 세웠는데 그 곁에 현판이 있는 것이 넷이니 영덕정靈德亭·수락당壽樂堂·선벽재鮮碧齋·옥간정玉竿亭이었고, 다리는 금화교錦花橋였으며 문은 수덕문水德門이었다. 왕이 타는 배는 모두 금으로 수를 놓아 장식하였는데 3년이나 걸려 완성하였다. 박회준朴懷俊, 유장劉莊, 백선연白善淵이 부추겨 만든 것이었다.

이때 왕이 김영윤金永胤, 서공徐恭, 이공승李公升, 최온崔溫, 이담李聃, 허홍재許洪材, 김돈중金敦中, 각예覺倪 등과 함께 시를 지어 노래하며 화답하였다. 낮부터 밤까지 연회를 즐기고 노래했으며 배를 띄워 뱃놀이를 즐겼다. 배 안에 나무로 만든 무대[彩棚]를 설치하고 여악女樂을 벌였으며 물 흐름을 따라 오르락내리락 하였다. 촛불을 밝히고 새벽까지 많은 신하들이 환호하며 놀아 떠들썩하였고 술에 취해 왕의 수레 앞에서 넘어지기까지 하였으니 군신의 예절이라고는 없었다.

중미정에서 장단長湍 응덕정應德亭으로 행차하였는데 5경更에 언덕에 올라가서는 과녁을 벌여놓고 그 위에 촛불을 둔 후 좌우에 있는 자들에게 쏘도록 하였는데 맞히는 자가 없었다. 노영순盧永醇이 말하기를 "성인聖人께서 맞히시는 것을 기다린 후에 신들이 맞히겠습니다." 하자 왕이 한 발을 쏘아 초를 맞히니 좌우에서 만세를 외쳤다. 이틀을 머물며 물놀이를 보고 응덕정에서부터 촛불을 들고 배에 올라 황락정皇樂亭을 지나면서 술자리를 차렸고 밤중에 보현원普賢院에 도착하였다. 다음날은 만춘정에서 곡연曲宴(작은 잔치)을 베풀고 이담李聃의 별장에 유숙하였다.

왕이 술에 취하여 스스로 피리를 불고 앞서서 말을 빨리 달리니 가끔씩 왕이 간 곳을 놓쳤다. 한번은 현화사에 행차하였는데 말을 빨리 달려 달령獺嶺 다원茶園에 이르렀으나 시종하는 신하들 중 따라온 자가 없었다. 왕이 홀로 다원의 기둥에 기대어 내시에게 이르기를 "만약 정습명이 있다며 어찌 내가 여기까지 올 수 있었겠는가?" 하였다.

의종 18년(1164)

○ 조동희趙冬曦를 송나라에 파견하였다.

○ 김영부金永夫가 평장사가 되었다.

의종 19년(1165) (남송 효종) 건도乾道 원년

○ 송나라에서 위기魏杞를 금나라에 사신으로 보내 비로소 적국례敵國禮(적국 사이의 예)를 바로잡았다.

○ 이지무李之茂를 평장사로 삼았다.

의종 20년(1166)

○ 평장사 최자영崔子英이 죽었다.

의종 22년(1168)

○ 봄 3월에 왕이 서경에 행차하였다. 그때 익양후翼陽侯(의종의 아우로 후의 명종)와 평량후平凉侯(의종의 아우로 후의 신종)가 많은 사람의 마음을 얻었으므로 왕은 변란이 있을까 의심하여 서경으로 피신하였다. 왕이 부벽루浮碧樓로 가서 시신侍臣들에게 배에서 잔치를 베풀었는데 밤중이 되어서야 끝났다.

의종 23년(1169)

○ 허홍재許洪材를 평장사로 삼았다.

○ 왕이 도교를 숭봉하니 그 제사[齋醮] 비용이 다 적을 수 없을 정도로 많아 창고가 텅 비어서[罄]{봉罄의 음은 방절方勇에서 딴다[切].} 그 수요를 감당할 수 없었다. 사자使者를 보내 재물을 징발하자 모든 도가 소란해졌다. 유방의劉邦義, 진득문秦得文, 이송李竦 등이 백성들에게서 빼앗아 왕에게 바치고, 환관들과 결탁하여 금은을 별도로 바치니 보물과 그릇이 산처럼 쌓였다. 마침내 순서를 따르지 않고 관직을 주었지만 대각臺閣이 모두 왕의 뜻에 아첨하여 감히 말하는 자가 없었다. 연복정에 행차하였을 때 여러 신하들이 그들이 본 사물을 가지고 상서로운 조짐이라 하였는데 내시 황문장黃文莊이 물새를 보고 검은 학[玄鶴]이라고 하자 왕이 기뻐하여 황문장을 국자박사 직한림원으로 삼았다.

의종 24년(1170)

○ 봄 정월에 신하들의 하례하는 표문을 왕이 스스로 지어 신하들에게 보이자 백관이 표문을 올려 하례하였다. {송나라에서 범성대范成大를 금나라에 갈 기청사祈請使로 삼았다.}

○ 가을 8월에 왕이 보현원에 행차했을 때 무신 정중부鄭仲夫 등이 난을 일으켜 문신 백관을 많이 죽이고 왕을 추방하여 시해하였다. 왕이 놀이하러 행차하는 것이 정해진 때가 없어 시위하는 군사와 따르는 자들이 밥도 제대로 먹지 못했고 때때로 얼어 죽는 자도 있으니 여러 무신들이 그 괴로움을 견디지 못하였다. 시신인 임종식林

宗植・한뢰韓賴 등은 원래 길게 생각하지 못하여 왕의 은총만 믿고 오만해져서 무사들을 멸시하였다. 이 때문에 무리가 더욱 분노하여 난을 모의하였다.

왕이 연복정에 행차할 때 정중부가 산원散員 이의방李義方, 이고李高 등에게 말하기를 "왕의 수레가 여기서 궁궐로 돌아간다면 나도 참고 견디겠지만, 보현원으로 옮겨 간다면 이 기회를 놓치지 않는 게 좋겠다." 하였다. 다음 날 일찍 왕이 보현원으로 행차하여 오문午門에 도착한 후 술자리를 베풀고 무신들에게 오병五兵 수박희手搏戲를 시켰다. 대장군 이소응李紹膺이 한 사람과 상대하다가 이기지 못하고 달아나자 한뢰가 갑자기 앞으로 나가 그 뺨을 쳤다. 왕과 여러 신하들이 손뼉을 치면서 크게 웃었다. 정중부가 소리를 높여 한뢰를 꾸짖으니 왕이 정중부의 손을 잡고 위로하며 화해시켰다. 이고와 이의방이 왕의 뜻이라 속여 순검군巡檢軍을 모았다.

왕이 막 보현원 문으로 들어가 여러 신하들이 나오려 할 때, 이고 등이 문에서 임종식, 이복기李復基를 죽였다. 왕이 크게 놀라 왕광취에게 금지시키도록 했다. 정중부가 말하기를 "화의 근원인 한뢰가 아직 왕의 곁에 있습니다." 하니 한뢰는 왕의 옷을 잡고 나오지 않았다. 이고가 칼을 뽑아 위협하자 나왔는데 바로 죽였다. 이때 시종 이세통李世通, 이당주李唐柱, 김기신金起莘, 유익겸柳益謙, 김자기金子期, 허자단許子端 등이 모두 죽임을 당하여 시체가 산처럼 쌓였다. 사람을 성안에 들여보내 길에서 외치기를 "문신의 관을 쓴 자는 모두 죽이라."라고 하였다. 이때 최유칭 이하 50여 명을 죽였다.

왕이 두려워 정중부를 불러 난을 그치게 하려 하였으나 정중부가 대답하지 않고 왕과 함께 환궁하였다. 왕이 태연자약 하여 술을 마시고는 악사들에게 음악을 연주하게 하고 밤중에야 잠자리에 들었다. 고채원高蔡元이 왕을 죽이려 하였는데 양숙梁淑이 말렸다. 정중부가 왕을 핍박하여 군기감軍器監으로 거처를 옮겼고, 끝내는 왕은 거제현巨濟縣으로, 태자는 진도珍島로 추방하고 태손은 죽였다.

명종 3년(1173) 동북면병마사 김보당金甫當이 동계東界에서 군사를 일으켜 장순석張純錫, 유인준柳寅俊 등을 거제로 보내 왕을 모시고 나와 경주慶州에 머물게 하였다. 김보당의 군사가 패하여 죽자 정중부가 장군 이의민李義旼에게 군사를 거느리고 경주로 가게 하였다. 경주 사람이 장순석 등을 죽이고 왕을 객사客舍에 가뒀다. 이의민이 왕을 데리고 곤원사坤元寺 북쪽에 있는 연못에 이르러 술 세 잔을 올리고는 등뼈를 꺾었는데 손을 대자 소리가 나니 이의민은 크게 웃었다. 요로 싸서 솥 두 개를 합쳐 그 안에 넣고 연못 가운데 던지졌다. 갑자기 회오리바람이 불고 흙먼지가 날리므로 사람들이 모두 놀라 소리 지르며 흩어졌다. 절의 승려가 솥은 꺼내서 갖고 시신은 버렸는데 시신이 물가에 떠올랐으나 물고기, 자라, 까마귀, 솔개가 감히 해치지 못하였다. 호장戶長 필인弼仁 등이 몰래 관을 준비하여 물가에 묻었다.

일찍이 왕이 금나라 사신에게 잔치를 베푼 적이 있는데 사신이 승선 김돈중金敦中을 보고는 "저 훤하고 키 큰 사람이 귀하게 보이고 글도 잘할 것 같은데 누구인가?" 하고 물었다. "김돈중인데 재상인 김부식의 아들로 장원 급제한 사람입니다."라고 답하자 금나라 사신이 "그렇군요." 하였다. 왕이 이 말을 듣고 사람을 시켜 "과인의 수는 얼마나 될까요?" 하고 물었다. 사신이 답하기를 "국왕의 수명은 오랠 것이니 셀 수 없습니다. 조정에 가득 찬 젊고 늙은 여러 신하가 모두 죽은 후에야 냇물에 가는 우환이 있을 것입니다." 하였다. 왕은 스스로 장수할 것이라는 것만 헤아리고 냇물에 간다는 뜻은 묻지 않았다. 경인년(의종 24년, 1170)과 계사년(명종 3년, 1173)의 난에 조정의 신하들이 모두 화를 입었고 왕도 연못에서 변을 당했으니 그 말이 과연 맞았다 할 것이다. 죽을 때 나이는 47세였다. 희릉禧陵에 장사지냈다.

김양경金良鏡의 논찬論贊

왕이 태자였을 때 인종이 임종에 말하기를 '나라를 다스릴 때 반드시 정습명의 말을 들어라.' 하였다. 왕이 즉위하자 정습명은 스스로 선왕의 부탁을 받았다고 하여 충성을 다해 부족한 부분을 채웠다. 김존중金存中과 정함鄭諴이 밤낮으로 조금씩 참소하는 말을 쌓아 끝내 정습명을 죽게 하였다. 이때부터 아첨하는 자들이 날로 진출하고, 충성스럽고 바른 말 하는 자들은 날로 물러났다. 왕이 더욱 멋대로 하며 안락에 빠져 돌아다니며 노는 데 절제가 없었다. 애초에 격구 하는 문제로 정중부를 비호하여 대간이 간쟁했으나 듣지 않았고 마지막에는 글 짓는 것 때문에 한뢰를 지나치게 가까이하여 무신들이 분해하고 원망하였으나 깨닫지 못하였다. 결국 한뢰가 반란을 불러 자신은 정중부의 손에 죽었고 조정의 신하들은 모두 섬멸되었다. 그 좋아한 것이 처음과 나중이 달랐지만 그것이 반란을 불러들인 것은 한가지다. 그러므로 임금 된 자는 좋아하는 것을 삼가지 않을 수 없다.

세가 4

세가世家 4

명종 광효왕 세가明宗光孝王世家

왕의 이름은 호晧이고, 자는 지단之旦이며 처음 이름은 흔昕이다. 의종毅宗의 동복아우이다. {인종仁宗 9년 신해년辛亥年(1131)에 출생했다.} 의종 3년(1149)에 익양후翼陽侯로 봉해졌고, 24년(1170) 9월에 정중부鄭仲夫 등이 의종을 폐위시키고는 왕을 맞아들여 대관전大觀殿에서 즉위하였다.

왕이 잠저潛邸(임금으로 되기 전)에 있을 때에 전첨典籤[1] 최여해崔汝諧가 꿈을 꾸었는데 태조太祖가 왕에게 홀笏을 주니 왕이 그것을 받아 가지고 용상龍床에 올라 앉으므로 최여해가 백관과 함께 축하를 드리는 것이었다. 최여해가 깨어나서 이 사실을 왕(명종)에게 고하였더니 왕이 말하기를, "신중히 하여 다시는 말하지 말라! 임금(의종)이 이 말을 들으면 반드시 나를 해칠 것이다."라고 하였다. 이제 와서 과연 그 꿈이 맞았다.

○ 임극충任克忠을 평장사平章事로 삼았다.

○ 정중부鄭仲夫·이의방李義方·이고李高를 벽상 공신壁上功臣으로 삼았다.

○ 공부낭중工部郎中 유응규庾應圭에게 전왕(의종)의 표문을 주어 금나라에 파견하였다. 그 표문의 내용은 다음과 같다. "신(의종)은 오래 된 질환으로 몸이 점점 허약해졌는데, 신의 아들 왕홍王泓은 지혜롭지 못하여 주창主鬯[2]을 감당할 수가 없습니다. 이에

1 제왕자부諸王子府에 딸린 종8품 관직.

2 주창主鬯은 종묘 제사를 주관하는 일을 말한다. 종묘에서 제사를 지낼 때 울창주를 올린다고 하여 이렇게

신은 삼가 돌아가신 부왕의 유명遺命[3]에 따라 신의 아우인 왕호에게 임시로 군국의 사무를 맡게 하였습니다." 금나라 임금이[金主]가 말하기를, "형을 폐위시켜 왕위를 빼앗고는 상국上國을 기망하는가. 마땅히 하늘을 대신하는 정벌을 시행하리라." 하였다. 유응규가 대답하여 변론하며 굴복하지 않았다. 7일간 음식을 먹지 않고 버티어 서서 명을 기다리니, 금나라 임금이 이에 회답하는 조서를 주었다. 그리고 순문사詢門使 완안정完顔靖을 보내어 우리나라에 왔다. 전왕(의종)에게 조서를 내리기를, "경이 선왕의 유촉遺囑을 이어받아서 동복아우에게 양위하여 서로 전한다 했으나, 오히려 진실한 마음에서 나온 것이 아닌 듯하므로 이에 가서 변고를 물어보고자 하노라." 하였다. 왕(명종)이 대관전에서 조서를 대신 받자 완안정은 전왕을 만나 직접 주겠다고 요구하였다. 왕이 말하기를, "전왕은 병을 돌보기 위하여 남쪽 지방에 가 계시는데 이곳에서 수천 리 떨어져 있으니, 대부大夫가 어떻게 험하고 먼 곳을 가실 수 있겠는가?" 하므로 완안정이 결국 가지 않았다. 왕이 전왕의 표를 갖추어 주니 완안정이 돌아갔다.

○ 평장사 서공徐恭이 죽었다.

○ 좌간의左諫議 김신윤金莘尹, 우간의 김보당金甫當 등이 글을 올려 말하기를, "최윤의崔允儀·이원응李元膺·오중정吳中正 등이 정함鄭諴의 고신告身(임명서)에 서명하였고,[4] 서해도 안찰사西海道按察使 박순하朴純嘏[5]는 노인성老人星[6]이 나타났다고 거짓 보고하였으며, 지수주사知水州事 오녹지吳錄之는 가짜 금거북을 상서로운 것이라고 하여 바쳤으니, 그들의 자손을 모두 금고형禁錮刑에 처하시기 바랍니다." 하니 왕이 이에 따랐다.

일컬은 것이다.

3 『고려사』 권19, 세가 19, 명종 1. 의종이 금나라에 보낸 표문 가운데 아버지인 선대왕이 "만약 왕위를 후대에 물려줄 경우를 당한다면 반드시 아우에게 먼저 주어야 한다."라는 유훈을 남겼다고 한다.

4 『고려사』 권122, 열전 제35, 환자宦者, 정함. 의종 5년(1151)에 정함을 권지 합문 지후權知閤門祗候로 임명했는데, 환관으로서 정부 관직에 참여하는 예가 없었기 때문에 격렬한 논쟁을 불러일으켰다.

5 『휘찬여사』에는 박순고朴純古로 되어 있으나 『고려사』와 『고려사절요』에 의하여 박순하朴純嘏로 바꾸었다.

6 남극성南極星·수성壽星·수노인壽老人·남극노인 등으로도 불리는 별로, 광도가 가장 높은 카노푸스Canopus 별이다. 이 별이 보이면 나라가 편안해지고 군주의 수명이 연장되는 반면, 보이지 않게 되면 전란이 일어난다고 한다.

○ 태양에 흑점이 보였는데, 크기가 복숭아만 하였다.

○ 평장사 임규任奎가 죽었다.

○ 고모 왕씨를 세워 비로 삼았다. {종실 왕온王溫의 딸로 왕에게 종고모從姑母가 된다.}[7]

○ 예부시랑禮部侍郎 장익명張翼明을 금나라에 파견하여 왕위 계승을 요청하니, 금나라 임금이 이것을 허락하였다.

명종 2년(1172)

○ 여름 5월에 금나라에서 태부감太府監 오고론중영烏古論仲榮과 한림학사翰林學士 장형張亨(장항張亨의 오기)을 보내어 와서 왕을 책봉하였다.

○ 양숙梁淑을 평장사에 임명하였다.

명종 3년(1173)

○여름 4월에 태묘太廟에서 체제禘祭를 지냈다. 정월부터 5월에 이르도록 비가 내리지 않아서 백성 중에 굶어죽는 사람이 많게 되니, 사람의 고기를 파는 자까지 있었다.

○ 왕태자王太子를 책봉하였다.

○ 가을 8월에 동북면 병마사東北面兵馬使 김보당金甫當이 동계東界에서 군사를 일으켜 다시 전왕(의종)을 세우고자 하였다. 지병마사知兵馬事 한언국韓彦國 등이 군사를 일으켜 이에 호응했다.

○ 9월에 김보당이 패하여 붙잡혀 서울로 보내왔다. 이에 조정 신하들을 대량 살해하니, 경인년庚寅年(1170)의 화에서 벗어난 사람들이 이때에 이르러 죽음을 모면하지 못하였다. 안팎의 인심이 흉흉하여 금방 어찌 될지 모를 지경이었다. 낭장郎將 김부金富가 정중부鄭仲夫 등에게 말하기를, "하늘의 뜻은 알 수 없는 것입니다. 힘만 믿고 의를

7 성은 김씨. 종실인 강릉공 온江陵公溫의 딸로서, 동성을 피하기 위하여 김씨라 하였으나, 누구의 성을 따른 것인지는 분명하지 않다. 명종과 혼인하여 강종과 연희延禧·수안壽安 두 공주를 낳았다. 처음에는 의정왕후義靜王后로 봉해졌으나, 강종 즉위 후에 광정태후로 책봉되었다.

헤아리지 않아 의관을 갖춘 선비들을 모조리 죽인다면 세상에 어찌 김보당 같은 사람이 없겠습니까? 우리들 중에 아들이나 딸이 있는 자는 모두 문관들과 혼인을 하여 그들의 마음을 안정시키는 것이 오래갈 수 있는 방도입니다." 하니, 여러 장수들이 그 말에 좇았다. 이로부터 화가 조금 그쳤다.

○ 겨울 10월에 이의민李義旼이 전왕(의종)을 경주慶州에서 죽여 버렸다.

명종 4년(1174) (송나라 효종) 순희淳熙 원년

○ 이의방李義方의 딸을 맞아들여 태자비太子妃로 삼았다.

○ 가을 9월에 서경 유수西京留守 조위총趙位寵이 군사를 일으켜 정중부·이의방을 토벌하기를 꾀하고, 동북 양계東北兩界에 격문을 보내어 소집하자, 절령岊嶺(자비령慈悲嶺) 이북의 40여 성이 다 호응하였다.

○ 평장사 윤인첨尹鱗瞻을 보내어 3군을 거느리고 가서 서경을 공격하게 하였는데, 윤인첨이 절령에 이르러 패전하고 돌아왔다.

○ 겨울 11월에 다시 가서 서경을 공격하게 하였다.

○ 정균鄭筠이 비밀리에 이의방을 유인하여 처단하고 그 도당들을 잡아다가 모두 죽였다.

○ 평장사 최유청崔惟淸이 죽었다.

○ 정중부를 문하시중門下侍中으로 삼았다.

명종 5년(1175)

○ 여름 5월에 전왕(의종)의 상사喪事를 발표하고, 백관들은 3일 동안 검은 갓에 흰 옷을 입었다. 희릉禧陵에 장사하였다. {조위총이 병란을 일으키며 이의방이 임금을 죽이고 장례도 거행치 않은 죄를 성토한 일이 있었기 때문이다.}

○ 조위총이 사신을 보내어 금나라에 표문을 올려 절령 이북의 땅으로 금나라에 붙이겠다고 하며 군대를 일으켜 원조해줄 것을 요청하였으나, 금나라에서 허락하지 않았다.

명종 6년(1176)

○ 공주公州 백성 {명학소鳴鶴所의 사람들} 망이亡伊 등이 무리를 모아 난을 일으켜 공주를 공격하여 함락시켰다.

○ 윤인첨이 서경을 공격하여 격파하고 조위총을 붙잡아 참수하였다.

○ 겨울 12월에 평장사 윤인첨이 죽었다.

명종 7년(1177)

○ 망이가 항복하여 왔으므로 그들에게 국고의 곡식을 주었으며, 어사 김덕강金德剛을 보내어 그들을 자기 고향으로 호송하게 하였다.

○ 망이가 다시 반란을 일으켰다.

○ 가야산伽耶山 도적의 두령 손청孫淸을 잡아 죽였다.

○ 서해도西海道에서도 도적이 일어나서 군사를 발동하여 적을 토벌하게 하였다.

○ 의주義州와 정주靜州(지금의 평안북도 의주) 두 고을에서 반란이 일어나서 사신을 파견하여 그들을 타이르게 하였다.

○ 서경의 남은 잔당이 난을 일으켜 유수留守와 판관判官을 살해하였다. 금나라 사신을 통덕역通德驛에서 불의에 습격하여 우리나라에 화를 뒤집어씌우고자 하였다. 낭중郎中 박소朴紹가 해를 당하였다.[8]

○ 청주淸州 관하의 군郡과 현縣들이 모두 망이에게 함락되었는데 청주만은 굳이 지키고 있었다.

○ 가을 7월에 망이를 붙잡아 참수하였다. {우도병마사右道兵馬使 이부李夫가 군사를 거느리는 것이 엄격하여 그가 가는 곳마다 백성들이 안심하게 되었고 군사들의 마음이 단합되어 여러 차례의 전투에서 매번 승리했으므로 남적南賊[9]이 잠잠하게 되었다.}

---

8 『휘찬여사』에는 박소중朴紹中으로 되어 있으나, 『고려사』에 의하여 박소朴紹로 바꾸었다.

9 조위총의 난을 비롯하여 서북계西北界 지방에서 일어난 민란을 서적西賊이라 하고, 남부 지방의 민란을 남적南賊이라 하는데, 망이·망소이의 난이 남적의 대표적인 예이다.

명종 8년(1178)

○ 찰방사察訪使를 각도에 나누어 파견하여 백성의 질고疾苦를 위문하고, 관리와 봉사자奉使者에 대한 상벌을 실시하였다. 과거 10년 동안을 한정하여 성적의 우열을 평정하도록 했다. 탄핵을 당한 자가 무려 8백여 명이나 되었다.

○ 평장사 이광진李光縉이 죽었다.

명종 9년(1179)

○ 서적西賊(조위총 반란군의 남은 잔당)이 다시 일어났으므로 지병마사知兵馬事 이부李富가 토벌하여 평정하였다.

○ 민영모閔令謨를 동(중서시랑)평장사同中書侍郞平章事로 삼았다.

○ 가을 9월에 정중부와 송유인宋有仁이 죽임을 당했다. 장군 경대승慶大升이 평소에 정중부가 위세부리는 것을 분하게 여겨서 그를 제거하고자 꾀했으나 마음속에 숨겨두고는 감히 발설하지는 못하였다. 마침 정중부의 아들 정균鄭筠이 가만히 공주에게 장가들기를 꾀하므로 왕이 근심했다. 경대승이 드디어 견룡牽龍 허승許升 등과 함께 모의하고, 장경회藏經會가 끝나는 날 밤에 정균이 숙직하는 집에 들어가 그를 죽였다. 결사대를 거느리고 궁궐의 담을 넘어 들어가 대장군 이경백李景伯 등을 죽이니, 궁중이 부르짖어 떠들썩해지고 왕이 크게 놀랐다. 경대승이 큰 소리로 아뢰기를, "신들이 사직을 보위하려는 것이니, 임금께서는 놀라지 마소서." 했다. 왕이 궁문에 나와 경대승에게 손수 잔술을 따라주며 위로하였다. 금군禁軍을 풀어서 정중부와 송유인 부자를 붙잡아다가 모두 베어 죽였다.

명종 11년(1181)

○ 여름에 가뭄이 들었다.

○ 한림翰林 이원목李元牧이 기우소祈雨疏를 지어 올리면서 실정失政을 많이 말하였다. 임금이 이원목을 불러 책망하며 말하기를, "속담에 봄의 가뭄은 밭에 거름을 주는 것과 같다 하였다. 그런데 너는 어찌하여 내가 잘못한 일만 끌어다가 글을 만들었느냐?" 라고 하면서 즉시 다시 지으라고 명하였다.

명종 12년(1182)

○ 시랑侍郎 최충렬崔忠烈이 죽었다.[10]

○ 전주全州의 아전들과 백성들이 난을 일으켜 사록司錄 진대유陳大有를 쫓아내고 성문을 걸어 잠그고는 굳게 지켰다. 도내의 군사를 보내어 토벌하였으며, 참호를 허물고 돌아왔다. {관성管城(지금의 충청북도 옥천沃川)과 부성富城(지금의 충청남도 서산瑞山)의 두 고을에서도 그 수령을 쫓아냈기 때문에 마침내 두 고을을 폐하였다.}

명종 13년(1183)

○ 왕태후 임씨任氏[11]가 홍거하였다. 왕이 태후의 병을 돌보면서 친히 약을 달이고 밤에는 옷을 풀지 않았다. 병이 중해지자 왕이 너무 울어서 눈이 다 짓물렀다. 왕태후가 홍거한 뒤에는 의창궁義昌宮 곁 저택에 빈소를 차려놓고 왕이 조석으로 가서 몹시 슬퍼하였다.

○ 금나라의 기복사起復使가 와서 왕이 대관전大觀殿에서 연회를 베풀었는데, 채붕綵棚을 만들지 않고 주악奏樂도 베풀지 않았기 때문에 금나라 사신이 노하였다.

○ 한문준韓文俊을 문하시랑(평장사)으로 임명하였다.

명종 15년(1185)

○ 문극겸文克謙을 중서시랑으로 임명하였다.[12]

---

10 『고려사』 권20, 세가 20, 명종 12년 2월 을사에 따르면 최충렬이 죽을 당시의 관직은 중서시랑평장사였다. 시랑은 상서6부의 정4품 관직에 불과하며, 평장사는 중서문하성의 정2품 관직으로 재신宰臣이었다. 『고려사』 백관지에 따르면, 문하시랑평장사 · 중서시랑평장사 · 문하평장사 · 중서평장사가 있었으며, 정원은 각 1인이었다.

11 1109(예종 4)~1183(명종 13). 고려 제17대 인종의 비인 공예태후 임씨이다. 의종 · 대령후 경大寧侯暻 · 명종 · 충희冲曦 · 신종의 다섯 형제와 승경承慶 · 덕녕德寧 · 창락昌樂 · 영화永和의 네 공주를 낳았다.

12 『고려사』 권20, 세가 20, 명종 15년 정월 정유. 문극겸을 중서시랑 판예부사로 임명하였다.

명종 17년(1187)

○ 가을 7월에 태백성太白星[13]이 나타나 하늘에 뻗쳤다.

○ 조원정曹元正이 반란을 도모하다가 사형을 당하였다. {이 해에 송나라의 상황上皇이 붕어하였다. 그런데 이것을 기록하지 않은 까닭은 문서가 오지 않았기 때문이다.}

명종 19년(1189)

○ 금나라 임금이 죽었다.

○ 고애사告哀使가 왔는데, 변방 관리가 그들의 인원수가 종래보다 많다 하여 굳이 거절하였다. 금나라 사신이 공문을 보내 힐문하므로 조정에서는 여러 신하들로 하여금 절차를 상의하여 그들을 맞아들이게 하였다.

○ 왕이 소복素服을 입고 백관들을 거느리고 도성都省의 청廳에서 조서를 맞이하며 애도 의식을 거행하였다. 금나라 사신들이 왕이 애통히 여기는 것을 보고 모두 얼굴에 감동된 빛을 나타내었다. 금나라 임금 완안옹完顔雍[14]은 현명하고 어질었기 때문에 북방의 소요순小堯舜이라 일컬어졌다. 묘호廟號는 세종世宗이다. {이 해에 송나라 황제(효종)가 황태자에게 제위를 물려주고는 중화궁重華宮에 물러나 거처하였다. 태자 조돈趙惇이 즉위하여 황제(효종)에게 수황성제壽皇聖帝라는 존호를 올렸다. 일찍이 고종高宗은 태조의 후손을 가려 뽑아 궁중에서 기르다가 얼마 아니 되어 왕위를 물려주었다. 황제(효종)는 총명하고 영특하고 성품이 굳세어 남쪽으로 옮긴 이후의 여러 황제 가운데 가장 잘 다스린 명군名君으로 손꼽힌다. 즉위한 처음에 중원을 회복하려는 데 뜻을 두었으나 부리符離(지금의 숙현宿縣 북쪽에 있음)에서 패배를 당하고는 거듭하여 고종의 명을 어기면서 가벼이 군사를 출동시키지 않았다. 또 금나라에도 세종世宗이 즉위하였는데, 세종 또한 어진 임금이라서 사이가 나빠질 틈이 없었다. 다만 표表를 고쳐 서書라 칭하고, 신臣을 고쳐 조카

13 태양으로부터 두 번째 궤도를 공전하는 금성金星. 낮에 보일 때는 태백성太白星이라 불리고, 저녁에 보일 때는 장경성長庚星, 새벽에 보일 때는 계명성啓明星이라 일컬어짐.

14 금 세종 완안옹의 여진 이름은 완안오록完顔烏祿이다.

[侄]라 칭하면서 세폐歲幣를 줄여주어 우호 관계를 돈독히 할 뿐이었다. 그러나 예로부터 임금 가운데 먼 친족 중에서 선발되어 황제의 자리를 계승하고도 궁궐에서 효를 다한 임금으로는 효종황제만 한 이가 없다. 상제喪制를 3년간 다 하였는데, 여러 신하들의 요청을 물리치면서 힘껏 실행에 옮겼다. 묘호廟號가 효종孝宗인 것에 부끄러움이 없도다. 그런데 왜 기록하지 않았는가? 문서가 없었기 때문이다.}

○ 평장사 문극겸文克謙이 죽었다.

명종 20년(1190) (남송 광종) 소희紹熙 원년

○ 최세보崔世輔·두경승杜景升·이의민李義旼을 동중서문하평장사同中書門下平章事로 각각 임명하였다.[15]

명종 22년(1192)

○ 평장사 이혁유李奕蕤가 죽었다.

명종 23년(1193)

○ 평장사 임민비林民庇가 죽었다.

○ 이때 남방南方에서 적들이 벌떼처럼 일어났는데, 김사미金沙彌는 운문雲門(지금의 경상남도 청도)을 차지하고, 효심孝心은 초전草田(지금의 울산)을 차지하여 망명한 사람들을 불러 모아 주州, 현縣들을 노략하고 있었다. 대장군 전존걸全存傑을 파견하여 이지순李至純·이공정李公靖 등을 데리고 가서 적을 치게 하였다. 이지순은 이의민李義旼의 아들인데, 적으로부터 뇌물을 받아 적과 내통하였다. 전존걸이 능히 막지 못하자 독약을 마시고 죽었다.

○ 태백성太白星이 나타나 하늘에 뻗쳤다.

---

15 『고려사』 권20, 세가 20, 명종 20년 12월 무신. 이때 최세보는 특진特進 수태사守太師로, 두경승은 수태위守太衛로, 이의민은 동중서문하평장사로 각각 임명되었다.

명종 24년(1194)

○ {송나라 수성 황제(효종)가 붕어하였다. 광종은 양위를 받고도 황후의 말만 따라서 양궁兩宮(효종과 광종) 사이에 틈이 생겼다. 그리하여 수성 황제가 병이 있어도 문안하지 않았으며, 황제가 붕어하였는데도 상례를 주재하지 않았다. 조여우趙汝愚가 황제 교체의 뜻을 결정하고 태황태후의 조서를 받들어 가왕嘉王 조확趙擴을 세워 즉위시키니 이가 곧 영종寧宗 황제이다.}

명종 25년(1195)

○ 천희절天禧節에 태자가 축하를 받고 그 길로 왕을 뵈러 갔다. 왕이 민간에서 무슨 말들을 하더냐고 물으니 태자가 대답하기를, "사람들이 모두 저를 노태자老太子라고 하면서 웃습니다."라고 하였다. 왕이 말하기를, "내가 오래 사는 것도 잘못이로다!"라고 하니, 태자가 얼굴빛을 붉혔다. 태자는 임금의 장수長壽를 찬미하려던 것이었으나, 말을 명료하게 하지 않았기 때문에 왕이 이처럼 말하였던 것이다. 왕의 성품이 자애롭고 인자하며, 의종毅宗이 효제孝悌하지 못한 것을 경계로 삼았기 때문에 지성으로 모후를 섬기고 종척宗戚들에게는 돈독히 화목하므로 이간질하는 말이 없었다. 왕의 아우인 충희冲曦가 더러운 행실이 많았으므로 최선崔詵이 슬며시 돌려 말하며 내보내라고 하자, 왕이 놀라며 말하기를, "사간이 우리 형제를 이간시킬 줄 몰랐다." 하였다.

○ 일찍이 왕이 허약한 병이 있어 백인주柏仁酒를 약으로 먹었다. 의원이 아뢰기를, "백자柏子는 계림鷄林에서 나는 것이 제일 좋으니 그것을 구하기를 청합니다." 했으나, 허락하지 않으며 말하기를, "어찌 약과 같은 소소한 일로 백성을 소란하게 하고 농사를 방해할 수 있겠는가." 하고, 드디어 다시는 백인주를 먹지 않았다.

○ (왕은) 본래 기질이 나약한데다가 여러 번 변고를 당했던 까닭에 걸핏하면 놀라고 두려워하였다. 모든 군국 기무는 일일이 무신들에게 견제를 받아서 심지어는 음악이나 여색에 대한 일까지도 자기 마음대로 하지 못하였으며, 권신權臣들이 제거된 뒤에야 비로소 뜻을 펼 수 있었다. 총애하는 궁녀가 죽자 왕이 슬픈 나머지 목 놓아 통곡하였다. 태후가 위로하며 깨우치기를, "중방重房에서 듣도록 해서는 안 된다."고 하였다.

○ 둘째 공주를 불러 왕의 의복과 같은 모든 일을 주관하게 하니, 공주의 남편이 파혼을 하려 하였다. 이에 곧바로 돌려보냈다. 무신들이 모두 마음속으로 왕을 비난하며 자기들끼리 수군거리거나 탄식하는 자도 있었다.

○ 왕이 그림에 정교하여 화사畫史 고유방高惟訪·이광필李光弼 등과 함께 물상物像을 그리면서 종일토록 싫어할 줄을 몰랐으며 특히 산수山水를 잘 그렸다. 나라의 정사는 마음에 두지 않고 소홀히 하니 관리 임명을 할 때에도 측근들과 가만히 의논하고는 그 임명장을 밀봉하여 곧바로 정조政曹[16]에 보내니, 담당 부서는 초안에 따라 베껴 쓸 따름이었다. 이로 말미암아 분경奔競(벼슬을 얻기 위하여 갖은 방법으로 노력함)이 풍조를 이루어 뇌물이 공공연히 행해졌다. 매번 청탁할 일이 있으면 번번이 "뇌물을 얼마나 주겠느냐?"고 물어서 많이 주면 기꺼이 들어주고 그렇지 않으면 일부러 질질 끌어서 그 뇌물을 많이 받으려고 하였다. 그리하여 여러 환관들이 위복威福을 제멋대로 행하고 조정의 정치를 어지럽히는 것이 희릉禧陵(의종) 때보다 심하였다.

○ 이의민李義旼이 경대승慶大升을 두려워하여 여러 번 불러도 오지 않았는데 경대승이 죽었는데도 오히려 오지 않았다. 왕이 그가 난을 일으킬까 두려워하여 돈독히 타일렀다. 이에 이의민이 도착하자 편전便殿으로 불러서 보았는데 왕이 그 흉포함을 두려워하여 겉으로는 상을 내리며 위로하니 조정과 민간에서 모두 임금의 나약함을 안타깝게 여겼다고 한다.

명종 26년(1196)

○ 여름 4월에 이의민李義旼을 죽였다. 처음에 장군將軍 최충헌崔忠獻이 용맹이 있어 뽑혀 별초 도령別抄都領에 보직되었다. 그 아우 최충수崔忠粹는 성격이 의심이 많고 사나웠다. 최충헌에게 말하기를, "이의민 부자는 실로 나라의 적입니다. 내가 그들을 베고자 하니 어떻습니까?" 하니, 최충헌도 그렇게 여겼다. 박진재朴晋材·노석숭盧碩崇 등과

---

16 인사 행정을 관장하는 이부吏部와 병부兵部.

함께 소매 속에 칼을 감추고 이의민의 별서別墅 문 밖에 이르러 기다렸다. 이의민이 문 밖에 나와 말을 타려고 하는데, 최충수가 뛰어 들어가 칼로 쳤으나 맞지 않았다. 최충헌이 이의민을 목 베어 죽이고, 그 머리를 가지고 빨리 서울로 들어와서 저자에 달아매었다. 이를 보고는 놀라 떠드는 소리가 서울 안에 진동했다. 최충헌 등이 궁궐 문에 나아가서 사죄하자, 왕이 그들을 위로하고 타일렀다.

○ 최충헌을 좌승선左承宣으로 삼았다.

○ 최충헌 등이 인은관仁恩館에 모여 일을 의논하니, 어떤 사람이 그들에게 고하기를, "평장사 권절평權節平·손석孫碩과 상장군 길인吉仁 등이 군사를 일으키려 꾀한다." 고 하였다. 최충헌이 권절평과 손석 등을 체포하라고 명하여 그들을 죽였다. 길인은 수창궁에 있다가 변고가 일어났다는 말을 듣고 장군 유광兪光·박공습朴公襲 등과 함께 무고武庫에서 무기를 꺼내어 금군禁軍에게 주고는 궁궐 문을 나섰다. 최충헌이 군사를 거느리고 맞아 싸웠는데 길인의 무리가 바라보고 크게 무너졌다. 최충헌이 군사를 풀어 궁궐에 들어와 만나는 대로 죽이니, 넘어진 시체가 어지럽게 흩어져 있었다. 박공습 등은 자살하였다. 왕의 측근 신하들은 모두 흩어져 달아났는데, 다만 소군小君과 궁인宮人이 임금 곁에서 눈물을 흘리고 있을 뿐이었다.

○ 최충헌이 군사를 이끌고 돌아와서 참지정사 이인성李仁成, 상장군 강제康濟·문득려文得呂, 승선 문적文迪·최광유崔光裕, 대사성 이순우李純祐 등 36명을 체포하여 모두 목 베어 죽였다.

○ 최충헌에게 충성 좌리 공신忠誠佐理功臣의 칭호를 주었다.

○ 두경승杜景升을 중서령中書令으로 임명하였다.

명종 27년(1197)

○ 가을 9월에 큰 천둥과 번개가 치고 바람이 불었다.

○ 최충수가 최충헌에게 가서 모의하기를, "지금 왕이 정사를 게을리 하여 신민臣民의 임금으로 있기에 마땅하지 않습니다. 사공司空 왕진王縝은 총명하고 도량이 있으니, 만약 왕으로 세운다면 나라가 중흥될 것입니다." 하였다. 최충헌이 말하기를, "평량공

平涼公 왕민王旼은 임금의 동복아우로서 지략이 크고 풍도가 넓어서 제왕의 도량이 있다. 더구나 그 아들 왕연王淵은 총명하고 학문을 좋아하니 마땅히 태자가 될 만하다." 하여, 의논이 결정되지 못하였다. 박진재朴晉材(최충헌의 생질)가 말하기를, "왕진과 왕민이 모두 왕이 될 만하나 금나라에서 왕진이 있는 줄은 알지 못합니다. 만약 왕진을 왕으로 세운다면 금나라가 반드시 왕위를 찬탈했다고 할 것이니, 왕민을 세우는 것만 못합니다. 의종의 옛 일처럼 하여 아우에게 왕위를 전했다고 금나라에 알린다면 후환이 없을 것입니다." 하니, 의논이 이에 정하여졌다.

○ 신유일에 최충헌이 군사를 거느리고 시가市街에 배치하여 중군中軍으로 삼고, 여러 위衛의 병사를 나누어 좌군左軍과 우군右軍 및 전군前軍과 후군後軍으로 삼아 네거리에 진을 치게 하고는 여러 성문을 닫았다. 두경승을 불러 자연도紫燕島에 귀양보냈다. 군사를 대궐에 들여보내어 왕을 핍박해서 창락궁昌樂宮에 유폐시켰다. 평량공을 맞이하여 왕위에 오르게 하고, 태자 왕숙王璹은 강화도로 내쫓았다. 신종 5년(1202) 9월에 왕이 병에 걸렸다. 신종이 의원을 보내어 약을 드시라고 청하니 왕(명종)이 말하기를, "내가 28년간이나 왕위에 있었고 나이가 72세이니 어찌 더 살기를 바라리오!"라고 하면서 듣지 않았다. 11월에 훙거하여 지릉智陵(경기도 장단군 장도면 두매리 소재)에 장사지냈다.

사신史臣의 논찬論贊

고려의 운명이 쇠약해져 강포한 신하가 발호하여 의종을 내쫓아 죽이고 국가의 권력을 훔쳐 농단하였으니, 명종으로서는 마땅히 마음을 단단히 먹고 스스로 힘을 길러 반드시 역적을 처단하고 말았어야 한다. 경대승이 하루아침에 의로움을 떨쳐 정중부 부자를 처단하기를 마치 여우나 토끼를 사냥하듯 하였다. 이의민이 (정중부 부자의) 목을 바치자 소소한 도적들은 도망을 쳐서 시골에서 숨도 크게 쉬지 못하였다. 그야말로 바로 어질고 충성스러운 사람들을 등용하여 국가의 기강을 확립함으로써 왕실을 부흥시킬 수 있는 기회였다. 그런데 왕은 그렇게 하지 못하고 몸이 한가하고 편안한 데에만 사로잡혀서 태평하고 일이 없는 때처럼 아무런 조처도 취하지 않았다. 이의민과 같은 자는 사신 한 명을 보내 그의 죄를 헤아려 죽였어야 마땅하다. 도리어 은총을 베풀고 타일러서 조정에 나오게 하고는 막대한 권력을 쥐어주어 그로 하여금 나라의 정치를 혼란시키게 만들었다. 그 화는 참혹하였다. 최충헌이 이런 기회를 타서 일어나서 마침내 왕은 내쫓김을 당하였다. 이때부터 권신들이 서로 꼬리를 물고 나서서 정권을 잡았다. 몇 백 년 동안 무기력하게 왕실만 겨우 유지하여 왔으니, 슬프고 아픈 일이로다!

신종 정효왕 세가神宗靖孝王世家

왕의 이름은 민旼이고, 자는 지화至華이다. 명종明宗의 동복아우이다. {인종仁宗 22년 갑자년甲子年(1144)에 출생했다.} 평량공平凉公으로 책봉되었는데, 최충헌崔忠獻이 명종을 폐위시키고 왕을 맞아들여 즉위하게 하였다. 이름을 탁晫으로 바꾸었다. {금나라 임금의 이름을 피한 것이다.}

○ 최충헌을 정국공신靖國功臣 대광상주국大匡上柱國으로 삼았다.[17]

○ 원외랑員外郞 조통趙通을 금나라에 파견하여 전왕(명종)이 왕위를 물려주는 표문을 올렸다.

○ 조영인趙永仁·기홍수奇洪壽·임유任濡·최당崔讜을 시랑평장사에 임명하였다.[18]

○ 최충수崔忠粹가 임금을 협박하여 태자비를 내쫓고 자기의 딸로써 태자의 비를 삼고자 하였다. 최충헌이 타일렀으나 최충수가 듣지 않자, 최충헌과 최충수가 무기를 갖추고 서로 공격하였다. 최충수가 패배하고 달아났는데 추격하여 목 베어 죽였다.

○ 최충헌은 병부상서 지이부사知吏部事로서 문무관의 전주銓注[19]를 총괄하였다. 궁중

17 『고려사』 권129, 열전 42, 반역 3, 최충헌. 이때 최충헌은 정국 공신 칭호와 아울러 삼한대광三韓大匡 태중대부太中大夫 상장군上將軍의 관직과 주국柱國의 작위를 받았다.

18 『고려사』 권21, 세가 21, 신종 즉위년 12월 계사. 이때 조영인은 수태사 문하시랑평장사 감수국사 판이부사로, 기홍수는 수사도 중서시랑평장사 감수국사 판병부사 태자태부로, 임유와 최당은 중서시랑평장사로 임명되었다.

에 출입할 때에는 군대를 거느리고 호위하였다.

신종 원년 무오년(1198) (송나라 영종) 경원慶元 4년

○ 금나라에서 선문사宣問使로 대리경大理卿 손오孫俁를 파견하여 왔다. 그는 전왕(명종)이 왕위를 물려준 까닭을 힐난하였다. 표문 내용대로 답변하였더니 손오는 전왕을 직접 만나겠다고 요구하였다. 조영인趙永仁이 말하기를, "전왕은 남쪽 지방에 계신데, 노정을 말한다면 30일은 걸려야 그곳에 도착할 수 있습니다." 하자, 손오가 이에 조서를 왕에게 전달하였다.

신종 2년(1199)

○ 명주溟州(지금의 강원도 강릉)에서 도적이 일어나 동경東京의 도적과 합세하여 주州와 군郡을 노략질하였다. 장수들을 보내어 적들을 무마하게 하였다.

○ 여름 4월에 왕이 태묘太廟에서 친히 체제禘祭[20]를 지냈다.

○ 금나라에서 와서 왕을 책봉하였다.

○ 최당崔讜과 우술유于述儒가 치사致仕하였다. {이때 억지로 치사하게 한 자가 20여 명이었다.}

○ 태백성太白星이 하늘에 뻗쳤다.

신종 3년(1200)

○ 평장사 이문충李文沖이 죽었다. {주자朱子도 이때 죽었다.}

○ 맏아들을 왕덕王悳을 왕태자王太子로 책명하였다. {8월에 송나라 상황上皇이 붕어하였다.}

---

19 인물의 성적과 재주 및 덕망 등을 평가하여 적합한 관직에 배치하는 일.

20 나라의 시조 및 시조의 자손들에 대해 올리는 제사의 하나로 5년마다 제사함.

신종 5년(1202)

○ 시중 조영인趙永仁이 죽었다.

○ 겨울 11월에 전왕(명종)이 창락궁昌樂宮에서 훙거하였다.

신종 6년(1203)

○ 차약송車若松·최충헌崔忠獻을 평장사에 임명하였다.[21]

○ 최충헌은 사람을 죽인 것이 너무 많아서 변고가 뜻밖에 일어날까 두려워했다. 모든 문무文武 관리와 한량閑良으로부터 군졸에 이르기까지 억세고 완력이 있는 자를 모두 불러 모아 6번番으로 나누어 번갈아 그 집에 숙직시키고, 도방都房이라 이름하였다. 최충헌이 나갈 때면 번番을 합쳐 호위하는데 마치 전투하러 나가는 것과 같았다. 이에 모든 국가의 최고 권력은 최충헌에게 귀속되어버렸고, 임금은 단정히 앉아서 침묵하며 팔짱만 끼고 있을 뿐이었다.

신종 7년(1204)

○ 봄에 왕이 병환이 있어서 최충헌이 병문안을 하였다. 왕이 말하기를, "과인이 왕위에 오른 것은 공의 힘이다. 지금 병이 위중하므로 태자에게 왕위를 전하고자 한다." 하였다. 태자가 울면서 굳이 사양하였다. 최충헌이 말하기를, "군부君父의 명은 굳이 사양할 수 없습니다." 하고, 태자를 인도하여 강안전康安殿으로 들어와서 북쪽을 향하여 두 번 절하게 한 다음에 대관전大觀殿으로 나가서 왕위에 올랐다. 왕(신종)이 부축을 받고 일어나서 최충헌에게 이르기를, "경은 짐의 부자父子에게 공덕이 적지 않소." 하면서 그만 눈물을 흘렸다.

○ 왕이 훙거하니 향년 61세이다. 양릉陽陵(경기도 개풍군 청교면 양릉리 소재)에 장사지냈다.

---

21 『고려사』 권21, 세가 21, 신종 6년 12월 무오. 차약송을 수태위 중서평장사로, 최충헌을 중서시랑평장사 이부상서 판어사대사 태자소사로 임명하였다.

희종 성효왕 세가熙宗成孝王世家

왕의 이름은 영韺이고, 자는 불피不陂이며 처음 이름은 덕悳이다. 신종神宗의 맏아들로서 어머니는 정선 태후靖宣太后 김씨였다. {명종明宗 11년 신축년辛丑年(1181)에 출생했다.} 신종 3년(1200)에 왕태자로 책봉되었는데, 이때에 이르러 신종으로부터 양위를 받아 왕위에 올랐다.

○ 원자 왕지王祉를 왕태자로 책봉하였다.

희종 원년 을축년(1205) (송 영종英宗) 개희開禧 원년

○ 최충헌을 진강후晋康侯로 책봉하였다.[22] 최충헌이 왕의 명을 남산男山의 자택에서 맞으니 여러 왕씨들이 모두 그 문에 나아갔다. 책봉하는 예를 마치자 책명사冊命使에게 잔치를 베풀고, 선물로 서대犀帶[23]와 안마鞍馬[24] 등을 매우 많이 주었다. 밤에 다시 여러 왕씨들에게 잔치를 베풀었는데, 그 휘장 장식과 화과花果, 풍악과 가무의 성대함이 삼한三韓이 생긴 이후로 신하의 집에서는 없었던 것이었다.

희종 2년(1206)

○ 금나라에서 (사신을) 보내와서 왕을 책봉하였다.

○ 송나라에서 금나라를 정벌할 것을 의논하자, 여러 장수들이 말하기를, "중원中原이 유린당한지 백 년이 되었지만 우리는 진실로 하루라도 그것을 잊어버릴 수 없습니다. 그러나 전쟁은 고약하고 위태로운 것입니다. 만약 전쟁 도발을 먼저 한다면

---

22 『고려사절요』 권14, 희종 원년 12월. 이때 최충헌은 특진特進 우모일덕안사제세 공신訏謨逸德安社濟世功臣 문하시중門下侍中 진강군晋康郡 개국후開國侯 식읍 삼천호食邑三千戶 식실봉 삼백호食實封三百戶에 임명되었다. 진강후에 책봉된 것은 희종 2년 3월의 일이다.

23 벼슬아치가 허리에 두르던 각대의 하나로, 조복朝服·제복祭服·상복喪服에 둘렀으며 무소의 뿔로 장식함.

24 말을 타는 데에 필요한 안장鞍裝과 굴레勒 따위의 부속품을 갖춘 말.

승부를 알 수 없으니, 그 일을 먼저 제기한 화는 어느 누가 책임지겠습니까?"라고 하였다. 한탁주韓侂胄가 여론을 막아버리고는 군사를 출동시켰다. 금나라에서 복산규僕散揆를 보내어 변경汴京(중국 하남성 개봉)을 진압하고는 마침내 길을 나누어 송나라에 침입하였다. 마침 오희吳曦가 반란을 일으켜 촉蜀 땅으로 금나라에 바쳤다. 송나라 군대가 크게 패하였으나 한탁주가 군대를 동원하려는 뜻을 굽히지 않자 송나라 사람들이 근심하였다. 이에 비밀리에 한탁주를 제거하고 금나라와 화친을 맺을 것을 도모하였다. 몽골 테무친[鐵木眞]이 알난하斡難河(지금의 오논Onon강)에서 황제라 칭하였다. {성씨는 기악온奇渥溫으로서 대대로 몽골의 부족장 가문이었다. 테무친의 공덕이 날로 강성해지면서 여러 부족이 그를 추종하여 와서 항복하였다. 이에 여러 부족을 다 모아 놓고 구유백기九游白旗를 세우고는 (황제에 즉위하니) 성길사황제成吉思皇帝라는 존호를 올렸다.}

희종 4년(1208)

○ 도적이 무릉武陵[25]을 도굴하였다.

희종 5년(1209)

○ 금나라 임금이 죽었다.

희종 7년(1211)

○ 몽골이 금나라를 침략하였다. 금나라 사신 점합합粘合合이 화친을 청하였으나 몽골 임금이 허락하지 않았다.

○ 장군 김양기金良器를 금나라에 보냈는데, 통주通州에 이르러 몽골병을 만나서 화살에 맞아 죽었다. 금나라에서 유골을 수습하여 보내왔다.

25 고려 제8대 왕 현종顯宗의 아버지인 안종安宗 왕욱王郁의 무덤.

○ 금나라의 대동부大同府와 서북지역의 주州와 현縣들이 모두 몽골에 항복하였다. 금나라의 완안호사完顔胡沙가 남쪽으로 돌아와 회하會河에서 궤멸되어 버렸다. 금나라의 정예 병사들도 모두 몰살되었다.

○ 시랑평장사侍郎平章事로 치사致仕한 최당崔讜이 죽었다. {치사인데 어찌하여 죽었다[卒]고 썼는가? 최충헌崔忠獻이 강제로 치사하게 하였으니, 최당이 군자인 것을 알 수 있다. 최충헌이 권력을 잡은 이후로 대신大臣이 지위에 있으면서 죽은 것은 모두 삭제하였다.}

○ 겨울 12월에 최충헌이 왕을 폐위시켜서 강화江華로 내보냈다. 처음에 내시 왕준명王濬明이 왕을 위하여 최충헌을 죽이려고 도모하였다. 최충헌이 수창궁壽昌宮에 이르자 최충헌의 시종들에게 속여 말하기를, "왕이 명령을 내려 술과 음식을 내려주셨다." 라고 하면서 그들을 이끌고는 승려 10여 명이 병기를 가지고 시종들을 쳐서 죽였다. 최충헌이 변고가 있음을 알고는 아뢰기를, "임금께서는 신을 구원해 주소서." 하였는데, 왕은 대답 없이 문을 닫고는 들어오지 못하게 하였다. 최충헌이 지주사知奏事 방의 문창지 사이에 숨어 있으니, 세 번이나 수색하고도 결국 발견하지 못했다. 상장군 김약진金躍珍과 지주知奏 정숙첨鄭叔瞻이 중방重房에 있다가 변고가 난 것을 듣고는 즉시 안에 들어가서 최충헌을 부축하여 나갔다. 최충헌은 왕을 원망하여 폐위시켜 강화江華로 옮겼다가 조금 후에 자란도[紫鷰島][26]로 옮겼다. 태자 지祉는 인천仁川으로 내쫓고, 덕양후德陽侯(왕서王恕)는 교동喬桐으로 내쫓았으며, 시녕후始寧侯(왕위王禕)는 백령현白翎縣으로 내쫓았다. 한남공漢南公을 받들어 왕위에 오르게 하였다. 고종 24년(1237) 8월에 왕(희종)이 훙거하니, 향년 57세이다. 석릉碩陵에 장사지냈다.

---

26 『휘찬여사』에는 '자연도紫燕島'로 되어 있으나 『고려사』를 따라 '자란도[紫鷰島]'로 고쳤다.

강종 원효왕 세가康宗元孝王世家

왕의 이름은 오祦이고, 자는 법주法柱이다. 명종의 맏아들이다. 어머니는 광정태후光靖太后 김씨이다. {의종 6년 임신년壬申年(1152)에 출생했다.} 명종 3년(1173) 태자로 책봉되고 도璹라는 이름을 하사받았다. 명종 27년(1197) 강화江華로 추방되었다가 희종 6년(1210)에 소환되어 한남공漢南公으로 봉해지고, 이름을 정貞으로 고쳤다. 이때에 이르러 최충헌崔忠獻이 희종을 폐위시키고 왕을 맞아들여 즉위시켰다.

강종 원년 임신년(1212) (송 영종英宗) 가정嘉定 5년

○ 중서사인中書舍人 이의李儀를 금나라에 사신으로 파견하여 왕위를 이어받았음을 고하였다.

○ 아들 왕진王瞋을 왕태자로 책봉하였다.

○ 금나라에서 대리경 완안유기完顔惟基를 보내어 와서 왕을 책봉하였다. (금나라에서 보낸) 상로象輅(제왕이 타던 상아로 호화롭게 꾸민 수레)의 높이가 19자나 되는데, 광화문廣化門으로 들어갈 수가 없었다. 그 높이를 적당히 잘라 낮추자고 청하였더니, 금나라 사신이 허락하지 않았다. 이에 (광화문의) 문턱 밑을 내려 파서 겨우 들어가게 하였다.

○ 금나라 사신이 의봉문儀鳳門으로 들어오고자 하였는데, 학사學士 금의琴儀가 중지시켰다.

강종 2년(1213)

○ {『송사宋史』에는 옛 요나라 사람인 야율유가耶律留哥가 금나라의 요동遼東 지역의 주州와 군郡을 취하여 스스로 요나라[후요국後遼國] 임금이 되었다고 하였는데, 『동사東史』에는 금나라 선무宣撫 포선만노蒲宣萬奴가 요동 지역에서 왕이 되어 국호를 대진大眞이라 하였다고 한다. 어느 쪽이 옳은지 불분명하다.}

○ 금나라 호사호胡沙虎가 그 임금 완안영제完顔永濟(금나라 제7대 위소왕衛紹王)를 시해하고

승왕昇王 완안순完顔珣을 왕위에 오르게 하니 이가 곧 선종宣宗이다.

○ 몽골 병사가 연경燕京에 진출하여 포위하고 하북河北·하동河東·산동山東의 주州와 군郡을 점령하면서 많이 남하하였다.

○ 가을 8월에 왕이 훙기薨去하니, 향년 62세였다. 후릉厚陵에 장사지냈다.

사신史臣의 논평

신종神宗은 최충헌에 의해 왕위에 올라서 한갓 유명무실한 왕의 자리만 꿰차고 있었다. 희종熙宗이 왕위에 있으면서 비록 무엇을 하고자 한들 어찌 할 수 있었겠는가! 왕은 마땅히 자신의 정당한 입장에 서서 어질고 재능 있는 이들을 등용하여 왕실을 강건하게 만들었어야 하였다. 이렇게 하였으면 아무리 함부로 날뛰는 신하가 있더라도 어찌 감히 임금을 업신여기는 마음을 먹고 악한 행동을 일으킬 수 있었겠는가! 왕이 이것을 알지 못하고 얄팍한 꾀에만 귀를 기울여 한때의 울분을 풀려다가 도리어 추방을 당하고 말았다. 강종康宗은 권력이 강한 신하로부터 통제를 받고 국왕으로 있은 지 얼마 되지 않았으니 이 어찌 된 일인가? 슬픈 일이로다.

고종 안효왕 세가高宗安孝王世家

왕의 이름은 철皞이고, 자는 대명大明이며 처음 이름은 진瞋이다.{다시 질晊로 고쳤다.} 강종康宗의 맏아들이다. 어머니는 원덕태후元德太后 유씨柳氏이다. {명종明宗 20년 임자년(1190)에 출생했다.} 강종 원년(1212)에 태자太子로 책봉되고, 2년(1213)에 선위를 받아 왕위에 올랐다.

고종 원년 갑술년(1214) (송 영종英宗) 가정嘉定 7년

○ 금나라에서 몽골에 화친을 청하고 공주公主와 세폐歲幣를 바치므로 몽골의 임금이 허락하고 병사를 이끌고 북쪽으로 철수하였다. 금나라 임금 완안순完顔珣이 도읍을 변경汴京으로 옮기자 몽골 임금이 이를 듣고 노하여 말하기를, "이것은 우리를 의심하는 것이다." 하고 다시 남쪽으로 내려와 침략을 꾀하였다.

고종 2년(1215)

○ 가을 8월에 최충헌崔忠獻이 전왕(희종)을 교동喬桐으로 데려왔다.

○ 겨울 10월에 태묘太廟에서 협제祫祭(임금이 모든 선조를 태묘에 모시고 올리는 제사)를 지내고 옥책玉冊을 받들어 존호들을 올렸다.

○ 몽골 병사가 연경燕京에 침입하였다. {궁궐이 반란군들에 의해 불태워지고 금나라 임금의 어진御眞과 비빈妃嬪들이 모두 몰살당하였다.} 금나라 임금이 사신을 보내어 화친을 청하자, 몽골 임금이 말하기를, "황제의 칭호를 버리고 몽골에게 신하라 칭하라. 그런 연후에 화친을 맺겠다."고 하였다. 그리하여 화친 논의가 이뤄지지 않았다.

고종 3년(1216)

○ 여름 4월에 눈이 내렸다.

○ 가을 8월에 거란 병사가 우리나라를 침략하였다. 일찍이 거란의 잔당인 금산金山·금시金始 두 왕자가 하삭河朔(황하黃河의 북쪽 지역)의 백성들을 위협하여 스스로 대요수국왕大遼收國王이라 일컬었다. {서요西遼가 망한 것이 가태嘉泰 신유년辛酉年(1201)이니, 이때는 그로부터 16년 되는 해이다.} 몽골 군사들이 이를 공격하자, 두 왕자가 닥치는 대로 공략하며 동쪽으로 들어왔다. 금나라 군사들과 개주開州에서 만나 패하자, {구사舊史에는 "금나라 병사들을 피하였다."라고 되어 있으나 잘못된 것이다.} 압록강에 이르러 누런 깃발을 세우고는 병마사를 불렀는데 병마사가 가지 않았다. 다음날 압록강을 건너 영주寧州(지금의 평안북도 안주安州)·삭주朔州 등을 노략질하고는 의주義州·정주靜州·삭주朔州·창주昌州(지금의 평안북도 창성昌城)·운주雲州(지금의 평안북도 운산雲山)·연주燕州 등의

주州에 난입하였는데, 모두 처자를 데리고 다니니 산과 들이 사람으로 가득찼다. 한 달 동안 있다가 먹을 것이 없어지자 운중도雲中道로 옮겨 갔다.

○ 상장군 노원순盧元純과 대장군 김취려金就礪 등을 보내어 3군三軍을 거느리고 가서 거란을 방어하게 했다.

○ 조양역朝陽驛에 이르러 거란의 군사와 싸우는데, 낭장郎將 정순우丁純祐가 갑자기 적군 속으로 뛰어 들어가서 독기纛旗[27]를 가진 자의 목을 베니 거란 군사가 패하여 달아났다.

○ 분도장군分道將軍[28] 김공석金公奭이 창주昌州에서 거란 군사들을 물리치고, 현장玄章이 연주延州에서 그들을 무찌르고, 설득유薛得儒도 운주雲州에서 물리치자, 거란 군사들이 구주龜州에 주둔하였다. 오응유吳應儒가 (군사들의) 입에 재갈을 물리고 거느리고 가서 공격하여 물리쳤다. 거란 군사들이 또 조양역朝陽驛에 이르렀으나 서경西京 군사들에게 패배를 당하여 강물에 빠져 죽은 자가 매우 많았다.

○ 창주昌州로부터 연주延州로 난입하자 김취려가 맞아 싸워 물리쳤다. 거란 군사들이 약산藥山(지금의 평안북도 영변) 남쪽에 머무르므로, 3군이 박주博州에 주둔하였다. 거란 군사가 밤에 청천강淸川江을 건너 서경西京으로 향하니, 3군이 불리해졌다. {『사략史略』에는 "3군이 위주渭州에서 싸우다가 패하여 이양승李陽升 등 천여 명이 죽었다. 서울에서 이 소식을 듣고 통곡하는 사람이 도성에 가득했다."라고 되어 있다.}

○ 거란 군사가 드디어 대동강大同江을 건넜다.

○ 겨울 12월에 거란 군사가 황주黃州를 도륙하였다.

○ 재추宰樞와 중방重房에서 아뢰기를, "태조太祖의 후손 및 문과文科 출신을 가리지 말고 모두 명을 내려 군사로 충원해야 합니다."라고 하므로 왕이 그 말을 따랐다.

○ 원수元帥 조충趙冲과 정숙첨鄭叔瞻 등이 순천관順天館에서 군사를 점검하였다. 이 날 최충헌은 변고가 일어날까 두려워하여 군사들로 하여금 자신을 호위하게 하였다.

---

27 임금의 어가 앞이나 대장군의 앞에 세우던 깃발.

28 『고려사절요』 권14, 고종 3년 9월에 따르면 창주 분도장군昌州分道將軍으로 되어 있다.

그리하여 날쌔고 용맹스러운 군사는 모두 최충헌 부자가 차지해버리고, 관군官軍은 오직 늙고 약하여 전쟁을 감당할 수 없었다.

고종 4년(1217)

○ 봄에 승려들이 최충헌崔忠獻을 죽이려고 도모하였으나 성공하지 못하였다. 최충헌이 마침내 승려들을 대대적으로 죽였다.

○ 정숙첨鄭叔瞻을 소환하고 정방보鄭邦輔를 대신 임명하였다.

○ 3월에 5군五軍이 태조탄太祖灘(지금의 평안북도 박천博川)에서 궤멸하였다. 이때 5군 군사가 행군하다가 태조탄에 이르러 비가 내리자 머물러 술자리를 벌이고는 방비를 하지 않았다. 그런데 어떤 사람이 흰 말을 타고 진중으로 갑자기 뛰어들어 기를 들고 흔들자, 조금 있다가 적군이 크게 들이닥쳤다. 5군이 모두 포위를 당하였는데, 전군前軍이 무너지자, 마침내 중군中軍으로 달려들어 불을 질러 보루를 불살랐다. 오직 좌군左軍만이 막아 싸웠다. 정방보와 조충이 좌군으로 달아났다.[29] 좌군 역시 패하여 5군이 모두 궤멸되었다. 장군 이의유李義儒·백수정白守貞과 장군 이희주李希柱가 전사했고, 정방보와 조충은 달아나 서울로 돌아왔다. 적군이 쫓아와서 선의문宣義門에 이르러서는 황교黃橋를 불사르고 퇴각하니, 조정과 민간에서 크게 놀랐다.

○ 여름 4월에 거란 군사가 금교역金郊驛(지금의 황해도 서흥瑞興)에 이르렀다. 다시 5군을 재편성하여 오응부吳應夫·최원세崔元世·공천원貢天源·오인영吳仁永·유돈식柳敦植을 보내어 적을 막게 하였다.

○ 5월에 거란 군사들이 동주東州(지금의 강원도 철원鐵原)를 함락하였다. 오응부를 파면하고 최원세로 대신하게 하였다. 김취려金就礪를 전군 병마사前軍兵馬使로 삼았다.

○ 거란 군사들이 징파도澄波渡를 건넜는데, 5군이 맞아 싸워 격퇴하였다. 원주原州로 난입하자 원주 사람들이 힘껏 싸워 물리쳤다.

---

29 『휘찬여사』에는 "정축丁丑"의 두 글자가 덧붙여져 있으나, 이는 잘못 들어간 내용으로 보인다.

○ 서경西京에서 난을 일으켰는데, 녹사綠事 정준유鄭俊儒가 토벌하여 평정하였다.

○ 조충趙冲을 서북면 병마사로 삼았다.

○ 가을 7월에 중군中軍과 전군前軍이 거란 군사들을 추격하여 제주堤州(지금의 충청북도 제천堤川)에 이르러 죽이고 사로잡은 숫자가 매우 많았으며, 물에 떠오른 시체가 강을 뒤덮어 떠내려갔다. 사흘이 지나 추격하여 박달현朴達峴에 이르렀다. 마침 병마사 임보任輔 역시 이르러서, 3군이 함께 산봉우리에 올라 밤을 지냈다. 새벽 무렵에 적이 먼저 수만 명을 보내어 좌우의 봉우리를 오르도록 하여 요해처를 빼앗으려 하였다. 최원세와 김취려가 있는 힘을 다해 싸워서 물리치자 적이 크게 무너졌다. 이로 말미암아 남쪽으로 내려가지 못하고 대관령大關嶺을 넘어 달아나버렸다.

○ 겨울 10월에 여진女眞 황기자黃旗子의 군사가 압록강을 건너와서 의주義州·정주靜州·인주麟州(지금의 평안북도 의주)를 침략하였는데, 조충趙冲이 급습하여 크게 격파하였다.

○ 거란 군사가 여진 땅에 난입하여 여진 군사를 얻어서는 다시 기세를 떨치며 멀리 서부터 몰려 들어와 고주高州(지금의 함경남도 고원高原)·화주和州(지금의 함경남도 영흥永興)을 노략질하고 예주豫州(지금의 함경남도 정평定平)를 함락시켰다.

고종 5년(1218)

○ 왕씨王氏를 맞아들여 왕비로 삼았다.[30]

○ 가을 7월에 조충趙冲을 원수元帥로, 김취려金就礪를 병마사에 임명하였다.

○ 겨울 12월에 몽골에서 원수 합진哈眞을 보내어 동진東眞의 군사와 합동으로 거란군을 토벌한다고 선언하였다. 거란 군사가 강동성江東城에 난입하였는데, 합진이 사신을 보내어 우리나라 군사를 요청하므로 김취려와 조충이 몽골 군대에 이르러 우호 관계를 맺고 군사를 합쳐 강동성을 포위하였다.

30 『고려사』 권22, 세가 22, 고종 5년 4월 을묘乙卯에 따르면 희종熙宗의 딸을 왕비로 맞아들이고 있다.

고종 6년(1219)

○ 봄 정월에 거란 적들이 성문을 열고 나와 항복하고, 왕자王子는 스스로 자살하였다. 평장平章을 자칭한 자를 비롯하여 이하 1백여 명을 다 죽였다. 합진哈眞이 포리대완蒲里佸完을 보내어 조서를 가지고 왔다. 왕이 그들을 대관전大觀殿에서 인견했는데, 모두 털로 된 의관衣冠을 갖추고 활과 화살을 멘 채 곧바로 정전 위로 올라가 품속에서 조서를 꺼내어 왕의 손을 잡고 주므로, 왕의 얼굴빛이 변하였다. 시신侍臣 최선단崔先旦[31]이 울면서 말하기를, "어찌 추한 오랑캐가 지극히 높으신 폐하께 가까이 갈 수 있다는 말인가." 하고 드디어 나가기를 청했다. 포리대완 등이 우리나라 의관으로 바꾸어 입고 전상에 들어와 예를 행하였다.

○ 2월에 몽골 군대가 돌아갔다.

○ 3월에 왕자 전佺이 태어났다.

○ 금나라 변경 관리가 우리나라에 곡물을 요청하였는데 허락하지 않았다. 이때 금나라의 위세가 날로 위축되더니 마침내는 회한淮漢(회하淮河 중류 지역) 땅을 차지하여 스스로 세력을 넓히고자 하여 길을 나누어 남침하였는데, 송나라에서 군사를 보내어 물리쳤다. 송나라와 금나라의 우호 관계도 드디어 단절되었다.

○ 몽골 군대가 관문關門[32] 밖에 와서는 세공을 바칠 것을 재촉하였다.

○ 최충헌崔忠獻이 죽으니 그 아들 최우崔瑀를 추밀부사樞密副使로 임명하였다.

고종 7년(1220)

○ 가을 9월에 평장사 조충趙冲이 죽었다.

---

31 『휘찬여사』에는 최선조崔先朝로 되어 있으나, 『고려사』 권22, 세가 22, 고종 6년 정월 신묘辛卯에는 최선단崔先旦으로 되어 있다.

32 『고려사』 권22, 세가 22, 고종 6년 8월 임진壬辰에는 몽골군이 진명성鎭溟城(지금의 함경남도 덕원德源) 밖에 주둔하였다고 한다.

고종 8년(1221)

○ 몽골에서 사신이 왔다.

고종 9년(1222)

○ 가을 7월 임신일에에 혜성이 삼태성三台星[33]에 나타났다.

○ 을해일에 혜성이 서북쪽에 나타났다.

○ 8월 정축일에 혜성 서북방에 나타났는데 길이가 20자 가량 되었다.

○ 무인일에 태백성太白星이 낮에 나타나 하늘을 가로질렀다.

○ 왕태후王太后(신종神宗의 비) 왕씨가 훙거하였다.

○ 몽골 임금이 회회국回回國을 멸망시켰다. {11년(1224)에 동진국童眞國에서 보내온 서신에는 이르기를, "칭기스칸成吉思의 군사가 늘 먼 지역에 가 있어서 그의 소재를 알 수 없다."고 하였는데, 이는 대개 북정北征의 일을 가리킨 것이다.}

고종 10년(1223)

○ 금나라 임금 완안순完顔珣이 죽고 태자 완안수서完顔守緖(제9대 애종哀宗)가 즉위하였다.

고종 11년(1224)

○ 송나라 영종寧宗이 붕어하였다. 승상 사미원史彌遠이 조서를 속여 황자皇子 굉竑을 제양왕濟陽王으로 폐위시키고, 기왕沂王으로 후계자 가운데 한 사람이었던 귀성貴誠이 즉위하니 이가 곧 이종 황제理宗皇帝이다.

○ 겨울에 몽골 사신 저고여著古與가 왔다.

---

33 국자 모양의 북두칠성의 물을 담는 쪽에 길게 비스듬히 늘어선 세 쌍의 별.

고종 12년(1225)

○ 봄에 (저고여가) 돌아가다가 금나라 장군 우가하于哥下에게 살해되었다. 몽골 사람들이 우리를 의심하여 드디어 우호 관계가 단절되었다.

○ 동진東眞 군사가 삭주朔州를 침략하였다.

고종 14년(1227)

○ 일본이 우호 관계를 맺을 것을 요청하였다. 급제及第 박인朴寅을 보빙사報聘使로 일본에 파견하였다. {이때부터 우리나라 연해에 대한 침략이 조금 잠잠하여졌다.}

○ 이때 금나라 사람들이 모두 힘을 모아 하남河南과 동관潼關[34]을 지키는데, 동서 길이 2천 리에 네 개의 행성行省을 세우고 정병 20만 명을 거느리고 몽골을 막았다. 몽골 임금(태조 칭기스칸)이 육반산六盤山에서 죽었다. 죽음에 임하여 좌우에 이르기를, "금나라는 정예군을 동관에 배치하여 남쪽으로는 산맥에 의지하고 북쪽으로는 큰 강에 맞닿아 있어 일시에 무너뜨리기는 어렵다. 만약 송나라에 길을 빌린다면 송나라와 금나라는 대대로 원수지간이므로 반드시 우리의 요청을 받아들일 것이니, 병사를 당주唐州와 등주鄧州를 거쳐 곧바로 대량大梁으로 치고 들어가라. 그러면 반드시 격파할 수 있을 것이다."라고 하였다. 말을 마치고는 죽었다. 셋째 아들인 와활태窩闊台가 왕위를 이어받았다. 어진 신하를 믿어 임명하고 정치에 지나친 일이 없으니, 나라는 더욱 부유해지고 백성들은 편안히 살면서 즐거이 일하였다. 송나라와 우호 관계를 맺고 금나라를 멸망시키니 국력이 더욱 융성하여졌다. {이가 곧 태종太宗이다.}

고종 16년(1229)

○ 재추宰樞[35]들이 최우崔瑀의 집에 모여서 동진東眞을 방어할 계책을 의논하였다.

---

34 섬서성陝西省·산서성山西省·하남성河南省의 경계 지역으로, 관중關中으로 들어가는 중요한 관문.

35 『휘찬여사』에는 재추宰樞라고 되어 있으나, 『고려사』 권22, 세가 22, 고종 16년 7월 임진壬辰에는 양부兩府라고 되어 있다.

고종 18년(1231)

○ 몽골 군사가 출병하여 왔다.

○ 가을 8월에 몽골 원수 살례탑撒禮塔이 철주鐵州를 도륙하고는 구주龜州를 포위하였는데, 박서朴犀와 김경손金慶孫이 물리쳤다.

○ 제도諸道에서 군사를 모집하였다.

○ 몽골 군사가 서경西京을 공격하였으나 이기지 못하고, 선주宣州와 곽주郭州 두 주州를 함락시켰다.

○ 5군五軍 병마兵馬를 출동시켜 몽골군을 방어하게 하였다.

○ 겨울 12월에 몽골 군대가 서울 성문 밖에 와서 주둔하였다. 어사御史 민희閔曦를 보내 그들에게 음식을 먹이고 토산물土産物을 주었다.

○ 살례탑撒禮塔이 이끄는 몽골군이 광주廣州·충주忠州·청주淸州로 향하였는데, 지나는 곳마다 손실을 입고 죽임을 당하지 않은 데가 없었다.

○ 장군將軍 조숙창趙淑昌{조충趙冲의 아들로 몽골에 항복하였다.}이 몽골 사신과 함께 공문을 가지고 와서 저고여著古與를 죽인 이유와 두 번째 사신이 화살을 맞고 돌아온 일을 물었다. 그리고는 처녀 총각과 군사 의복을 요구하였다. 이에 국가 예물인 황금 80근, 백금 1천 3백 근, 유의襦衣 1천 벌, 수달피 2백 매를 주었다. 몽골 사신을 통하여 몽골 임금에게 표문을 올렸다. 표문에 이르기를, "저고여를 죽인 사건은 진실로 이웃 나라 도적이 일으킨 것임은 황제께서 충분히 헤아릴 것으로 생각합니다. 이는 저고여의 경로를 보더라도 증명할 수 있을 것입니다. 두 번째 온 사신이 화살을 맞은 사건에 대해서는 이에 앞서 가불애哥不愛가 귀국(몽골)의 복색으로 가장하고 여러 번 우리나라 변경을 침범한 일이 있었는데, 변경 백성들이 오랜 시일을 지나서야 그가 귀국의 사람이 아님을 알게 되었습니다. 올해 봄에도 또 그와 같은 사람들을 만나서 그들을 몰아내려 할 즈음에 갑자기 사람들은 보이지 않고 버리고 간 털옷과 백관帛冠 그리고 말안장 등만 습득한 일이 있습니다. 백관으로 인하여 비록 그들이 가짜인 줄 알았으나 그래도 의심스러워서 그것을 현관縣官에 보관하여 두고 귀국에서 사람이 오기를 기다려 그 진위眞僞를 밝히려 하였습니다. 이번에 이것을 모두 귀국의 군전軍前에

보냈으니 우리가 다른 마음이 없었던 것은 이것으로도 알 수 있을 것입니다. 투항하라는 일에 대해서는 서아년鼠兒年[36]에 이미 투항한 바 있습니다. 이번에 사신이 온 것을 계기로 하여 예전의 우호 관계를 회복할 방안을 거듭 토의하였으니, 엎드려 바라건대 우리의 실정을 굽어 살펴주고 진실로 너그럽게 헤아려 준다면 정성을 다하고 힘을 다하여 더욱 귀국에 대한 도리를 더욱 잘 지키겠습니다."라고 하였다.

고종 19년(1232)

○ 봄에 몽골 군대가 철수하였다. 통사通事 지의심池義深을 몽골 군영에 보내었다.

○ 여름 4월에 조숙창趙叔昌과 설신薛愼을 몽골에 보내 표문을 올렸다. 표문에 이르기를, "엎드려 황제의 조서를 받으니, 총각과 처녀 각각 5백 명을 보내라는 일에 대해서는 우리나라 국법에는 아무리 임금이라 하더라도 오직 한 사람의 부인이 있을 뿐이고 다른 첩을 두지 못하게 되어 있습니다. 그러므로 왕실의 자손이 일찍이 번성하지 못하였고, 정부 대신 또한 한 사람의 부인만 있기 때문에 자녀가 더러 없기도 하고 있기도 합니다. 그러나 자녀가 있다고 하더라도 그리 많지는 않습니다. 만일 이 사람을 귀국에 전부 보낸다면 누가 왕위를 이을 것이며 조정 관리의 직책을 누가 계승하여 귀국을 받들겠습니까? 만일 귀국이 우리나라를 보호하여 영원토록 우호 관계를 유지하게 하려면 감당할 수 없는 요구를 삭감하여서 작고 보잘 것 없는 우리나라를 돌봐주는 의리를 보여주기 바랍니다."라고 하였다.

○ 5월에 재추宰樞들이 선경전宣慶殿에 모여서 변방의 일을 논의하였는데, 대집성大集成이 도읍을 옮겨 난을 피하자고 주장하였다.

○ 마침 교위校尉 송입장宋立章[37]이 유배지에서 와서 이르기를, "몽골 원수가 지의심池義深을 몽골 황제에게로 붙잡아 보냈다."고 하였다.

---

36 쥐띠 해이니, 무자년戊子年인 고종 15년(1228)을 가리키는 것으로 보인다.

37 『휘찬여사』에는 송입장宋立章이라고 되어 있으나, 『고려사』 권23, 세가 23, 고종 19년 6월 갑자甲子에는 송득창宋得昌으로 되어 있다.

○ 최우崔瑀가 마침내 왕을 위협하여 강화江華로 도읍을 옮기게 하였다. 이때 국가가 태평한 지 이미 오래되어 서울에 단청한 좋은 집들이 즐비하였다. 사람들도 자신의 거처를 편안하게 여겨 수도 옮기는 것을 어렵게 생각했다. 그러나 최우를 두려워하여 감히 말하는 자가 없었는데, 오직 유승단兪升旦만이 옳지 않다고 말하였다. 별초 지유別抄指諭 김세충金世沖이 문을 밀치고 들어가 최우를 힐난하자, 최우가 노하여 그를 참수하여 사람들에게 보였다. 날짜를 한정하여 수도를 옮기고 여러 도에 명을 내려 백성들을 모두 산성山城이나 해도海島로 들어가게 하여 난을 피하도록 하였다.

○ 가을 7월 을유일乙酉日에 왕이 서울을 출발하여 병술일丙戌日에 강화江華에 들어갔다.

○ 참지정사參知政事 유승단兪升旦이 죽었다.

○ 겨울에 몽골군이 다시 우리나라에 침입하였다. 왕이 몽골 임금에게 표문을 올려 우리의 실정을 고하였다. {표문 내에서 동진東眞 정벌에 참여하는 것과 국왕의 친조親朝를 면해 달라고 요청하였다.} 또 다른 문서에서는 이르기를, "우리나라는 본래 해외의 조그마한 나라입니다. 역대로 내려오면서 반드시 사대事大의 예를 갖춘 연후에야 우리나라를 보존할 수 있었습니다. 그러므로 얼마 전에는 금나라를 섬겨 오다가 금나라가 멸망한 뒤에야 비로소 조공 의식을 비로소 중지하였습니다. 지난 병자년丙子年(고종 3년, 1216)에 거란의 잔존 세력이 우리나라에 침입하여 방자하고 난폭한 짓을 함부로 행하였습니다. 기묘년己卯年(고종 5년, 1218)에 이르러 귀국에서 원수元帥 하칭河稱과 찰라札臘 등을 보내어 군사를 거느리고 와서 우리를 구원하고 단번에 그들을 소탕하였습니다. 이리하여 우리나라는 귀국의 적지 않은 은공을 생각하여 귀국에게 의탁하는 의례를 행하고 대대로 우호 관계를 맺겠다는 것을 하늘을 두고 약속하였습니다. 동시에 해마다 공물을 보내겠다고 요청하였더니, 원수元帥가 말하기를 '도로가 멀고 매우 험난하니 귀국에서 내왕하는 데에 필시 어려울 것이다. 매년 우리나라에서 보내는 사신은 그 수가 10명을 넘지 아니 할 것이며 그들이 돌아오는 편에 공물을 부치도록 하라. 그들이 올 때에는 반드시 만노萬奴가 활동하는 지역을 거칠 것이니 귀국에서는 이것으로써 신빙하라.'고 하였습니다. 그 후에 사신들이 오는데 한결같이 약속을 지켰고 우리나라도 그때마다 국가의 예물을 주어 당신에게 바치도록 하였습니다. 그런데 갑신

년甲申年(고종 11년, 1224)만은 사신 저고여著古與가 만노의 경내를 거쳐서 오지 않고 파속로婆速路를 경유하여 왔었습니다. 그러나 우리는 예전처럼 대접을 깍듯이 하였고 국가 예물도 그에게 부쳐 보냈습니다. 그 후에 사신이 꽤 오랫동안 오지 않으므로 우리나라에서는 그 까닭을 괴이하게 생각하고 있었다. 오랜 시일이 지나 들으니 우가하于哥下가 중로에 길을 막고 나타나 앞서 말한 사신 저고여를 죽였기 때문이었습니다. 우가하는 귀국 복색으로 가장하고는 우리의 북쪽 변경에 난입하여 세 성을 결딴냈다. 만노 또한 우리의 동쪽 변경을 공격하여 무너뜨렸는데, 그 복색 또한 귀국의 것으로 가장하였습니다. 이로부터 계속하여 우리를 침략하는 것이 끊이지 않았다. 또 만노는 우리나라에 오는 귀국의 사신에게 속여 말하기를 '고려에서 당신네 나라를 배반하였으니 아예 가지 말라.'고 하였습니다. 사신이 그 말을 곧이듣지 않고 (그 말의 진위 여부를 알아보고자) 마침내 길을 떠나자, (만노는) 자기 부하를 먼저 보내어 우리나라 복색과 활을 가지고 양국 경계의 산골짜기에 매복시켜 사신 일행이 오는 것을 엿보고 있다가 화살을 쏘아서 상처를 입히게 하였다. 그리고는 수행한 사람으로 하여금 아뢰기를 '고려에서 하는 일이 이러하니 배반한 것이 분명하다.'라고 보고하고 사신 행차를 중지하기를 요청하게 하였습니다. 그러니 귀국의 사신이 되돌아가지 않을 수 있었겠습니까? 그런데 마침 만노 부하로서 도망쳐 온 왕호비王好非라는 자가 그 사실을 자세히 진술하여 주었기 때문에 우리나라에서는 그 사실을 알게 되었다. 얼마 되지 않아 귀국 군사가 우리 경내에 들어온다는 말을 듣고 우리는 우호 관계를 맺으러 오는 것으로만 생각하였습니다. 귀국이 군사 행동을 하리라고는 전연 생각지도 않았는데 오랜 뒤에야 군사 행동임을 알았습니다. 그러나 어째서 군사 행동을 취하는 것인지 그 까닭은 알지 못하였습니다. 그 후 원수부의 대관인大官人(살례탑)이 공문을 보내 말하기를 '너희 나라가 우리의 사신 저고여를 죽이고 또 너희 나라로 가던 사신을 쏘았기 때문에 군사를 보내어 죄를 추궁하려는 것뿐이다.'라고 하였습니다. 우리나라에서 사실을 갖추어 답변을 하고, 다시 투항하겠다는 약속을 다짐하자, 귀국에서도 두 사람이 속였다는 것을 상세히 알고 의혹이 명확하게 풀려서 드디어 군사를 철수하겠다고 하였습니다. 이에 임금과 신하가 서로 치하하기를 '대국大國(몽골)에서 항상 우가하于哥

下와 만노萬奴의 죄를 우리에게 덮어씌웠는데 우리로서는 해명할 도리가 없었다. 다행히 몽골 군사가 직접 와서 사실을 구명하여 상국上國(몽골)의 의심이 시원스럽게 풀리게 되었다. 그러므로 비로소 안심하여 염려하지 않게 되었고, 한결같이 귀국을 섬길 수 있게 되었다.'고 하였습니다. 그런데 얼마 되지 않아서 갑자기 송입장宋立章이라는 자가 귀국으로부터 도망쳐 와서 말하기를 '귀국이 장차 대군을 거느리고 와서 공격하기로 이미 약속이 되어 있다.'라고 하였습니다. 백성들이 이 말을 듣고 크게 놀라 허둥지둥 도망한 자가 많았습니다. 또 얼마 후에는 북계北界의 한두 성城에서 일어난 반역의 무리들이 그 성의 다루가치[達魯花赤][38]를 추동하여 평민들을 살육하고는 대국의 군사가 온다고 떠들어대었습니다. 또 귀국의 사신이 의주義州에 와서 큰 배 1천 척을 준비하도록 한다는 말도 들었습니다. 이에 위아래 사람들이 모두 놀라 두려워하지 않는 자가 없었으며 도망한 자가 또 태반이나 되어 포호逋戶[39]와 빈집들이 도처에 허다하고 풀밭으로 변해버렸습니다. 임금과 신하가 은밀히 상의하기를 '만일 백성들이 모두 흩어지면 나라의 근본이 없어지게 될 것이니, 장차 누구와 더불어 매년 공물을 마련하여 상국上國에 보내겠는가. 이때라도 남은 백성들을 수습하여 산 속이나 바다 사이로 들어가 있으면서 변변치 않은 토산물이라도 몽골에 보내어 번신藩臣으로서의 명분을 잃지 않는 것이 상책이다. 대개 성의를 다한다는 것은 지역에 얽매이지 않는 것이니 진실로 우리가 한결같은 마음으로 상국을 섬긴다면 몽골에서 어찌 반드시 도읍을 옮겼다고 탓하겠는가?'라고 하였습니다. 이에 드디어 방침을 결정한 것입니다. 그러니 우리나라가 이곳으로 도읍을 옮긴 것은 이러한 의도에 불과합니다. 어찌 다른 마음이 있을 수 있겠습니까? 천지신명이 밝히 아는 바입니다. 그런데 뜻밖에도 귀국에서 뜬소문에 마음이 흔들려 대군을 보내어 우리나라 땅을 짓밟을 줄이야! 귀국 군사는 지나는 곳마다 노약자나 부녀자 할 것 없이 모두 닥치는 대로 죽이고 있습니다. 그러므로 온 나라가 아무런 경황도 없이 허둥지둥 공포에 싸여서 살고 싶은 생각을

38 고려 후기에 원나라에서 고려 내정을 간섭하고자 설치한 민정民政 담당자.

39 역役의 부담을 피하여 도망간 가구.

가지지 못하고 있습니다. 아! 임금은 하늘이며 부모입니다. 바야흐로 이와 같이 엄중한 환난 속에 처해 있으면서 하늘과 부모를 두고 다시 어디에 호소하겠습니까? 엎드려 바라건대 천지와 부모와 같은 사랑으로 우리나라가 다른 마음이 없음을 헤아려주고 명령을 내려 군사를 철수케 하여 우리나라를 길이 보호해 주십시오. 그리하면 저는 다시 있는 힘을 다하여 해마다 토산물을 보냄으로써 나의 정성을 표하겠다. 특히 황제의 만수무강을 축원한다. 이것이 바로 저의 심정입니다."라고 하였다.

○ 겨울 12월에 살례탑撒禮塔(살리타이)이 처인성處仁城{수주水州 부곡部曲}을 공격하였는데, 성 안에서 화살을 쏘아 죽였다. 몽골군이 이에 철수하였다.

○ 이 달에 몽골에서 왕즙王檝을 송나라에 보내 변경汴京(금나라 수도)을 협공할 것을 의논하였다. 일이 성공하기를 기다려 하남河南 땅을 송나라에 돌려주겠다고 하자, 송나라에서 허락하였다. 금나라 임금이 변경을 포기하고 물러나가자 몽골 군대가 변경을 포위하였다.

고종 20년(1233)

○ 봄 3월에 사간司諫 최린崔璘을 금나라에 보냈으나, 길이 막혀서 가지 못하고 돌아왔다.

○ 금나라 임금이 황하黃河를 건너 몽골군과 만나서 싸워 패배하자 귀덕부歸德府(중국 하남성 상구)로 도망쳐 들어갔다가 얼마 안 되어 채주蔡州(중국 하남성 여남시)로 달아났다.

○ 여름 4월에 변경汴京이 성을 들어 몽골에 항복하였다. 태후太后와 비빈妃嬪과 종실宗室의 남녀 100여 명을 붙잡아 모두 청성青城(중국 사천성 관현灌縣 일대)으로 끌고 갔다. 길에서 겪는 온갖 고초가 이루 말할 수 없었는데, 송나라 휘종徽宗과 흠종欽宗 때보다도 심하였다.[40]

---

40 금나라가 송나라의 수도인 개봉開封을 함락시킨 후(1126년 11월)에 휘종과 흠종 두 황제 등 왕족과 관료 수천 명을 포로로 잡아간 정강靖康의 변變을 말함.

고종 21년(1234) 갑오년 (송 이종理宗) 단평端平 원년

○ 송나라 군대와 몽골군이 금나라의 채성蔡城을 협공하였다. 성이 거의 함락될 지경에 이르자 금나라 임금이 원수元帥 승린承麟에게 왕위를 물려주었다. 송나라 군대가 채주에 들어가고 몽골군이 그 뒤를 따랐다. 금나라 임금 완안수서完顏守緖가 자살하고, 승린은 병사들에게 죽음을 당하였다. 금나라는 이렇게 멸망하였다. {금나라는 10대 120년 존속하였으니, 태조太祖 - 태종太宗 - 희종熙宗 - 해릉海陵 - 세종世宗 - 장종章宗 - 위소衛紹 - 선종宣宗 - 애종哀宗 - 말제末帝이다.}

○ 몽골에서 단지 진주陳州와 채주蔡州만 할양하여 송나라에 주겠다고 하자, 송나라에서는 조규趙葵와 전자재全子才를 보내어 낙양洛陽으로 진입하였다. 몽골군이 압박하자 송나라 군대가 궤멸되어 돌아갔다. 몽골이 다시 왕즙王檝을 송나라에 사신으로 파견하여 이르기를, "어찌하여 맹약을 저버리는가?"라고 힐난하였다. 이로부터 몽골과 송나라 사이에 편안한 날이 없었다.

○ 시중侍中 김취려金就礪가 죽었다.

○ 최우崔瑀를 진양후晉陽侯로 책봉하였다.

고종 22년(1235)

○ 몽골 임금이 활단闊端 등으로 하여금 길을 나누어 송나라를 침략하도록 하였다.

고종 23년(1236)

○ 여름 6월에 몽골군이 {세 번째 침입한 것이다.} 압록강을 건너와서 군사를 나누어 구주龜州·삭주朔州·곽주郭州·박주博州 지역에 진을 둘러쳤다.

○ 마침내 몽골군이 황주黃州에 들어오고 신주信州(지금의 황해도 신천)를 경유하여 온수군溫水郡(지금의 충청남도 아산)을 포위하였다. 온수군에서 패배하고는 죽주竹州(지금의 경기도 안성)에 이르렀는데, 송문주宋文胄가 힘껏 싸워서 적을 물리쳤다. 드디어 몽골군이 남하하여 전주全州와 고부古阜의 경계에서 맞부딪쳤다.

고종 24년(1237)

○ 전왕(희종)이 훙거하였다.

고종 25년(1238)

○ 김보정金寶鼎 등을 몽골로 보내어 표문表文을 올리고 군사를 철수해 달라고 요청하였다.

고종 26년(1239)

○ 왕태후 유씨柳氏가 훙거하였다.

○ 몽골에서 조서詔書를 가져와서는 왕이 직접 몽골에 와서 조회하라고 요구했다.

○ 몽골군이 철수하였다. {이때부터 고려 사신의 몽골 왕래가 끊이지 않았다.}

고종 28년(1241)

○ 영녕공永寧公 왕순王綧을 왕의 아들이라 하여 몽골로 들여보내 독로화禿魯花(뚤루게)가 되게 하였다. {중국 말로 '볼모로 두는 아들[質子]'을 말한다.}

○ 겨울에 몽골 임금[태종]이 죽었다. {여섯 번째 황후인 마진씨馬眞氏가 천자의 대권을 행사하면서 오도랄합만奧都剌合蠻(압둘라프만)이 정권을 오로지하여 모든 권력이 그에게 기울게 되자, 야율초재耶律楚材가 근심하다가 죽었다.}

고종 33년(1246)

○ 몽골 임금으로 귀유貴由(정종定宗)가 즉위하였다. 모후인 육황후六皇后(마진씨)가 조정에 나와 섭정한 지 4년 되던 이때에 이르러 제왕諸王과 백관을 모아 의논하여 귀유를 즉위시켰다. 이는 태종의 맏아들이기 때문이다. 그러나 조정 정사는 오히려 황후에게서 나왔다.

고종 35년(1248)

○ 몽골 임금{정종}이 죽었다. 해미실海迷失(정종의 황후)이 천자의 대권을 행사하였는

데, 대신들이 모두 따르지 않았다.

고종 36년(1249)

○ 최이崔怡가 죽고, 그의 아들 최항崔沆이 아버지의 벼슬을 이어받았다. {이때에 몽골의 정치가 쇠퇴해져서 10년 동안은 우리나라를 침략하는 화가 조금 잠잠하였다.}

고종 38년(1251)

○ 몽골 임금으로 몽가蒙哥(몽케)가 즉위하였다. {예종睿宗 타뢰拖雷(툴루이)의 맏아들이며, 태조의 손자이다. 이가 곧 헌종憲宗이다.} 군율軍律을 엄숙히 하여 백성을 편안케 하자 정치가 비로소 황제에게로 귀속되었다. 황제의 아우인 홀필렬忽必烈(쿠일라이)에게 몽골과 중국 땅을 통치하게 하였다.

○ 조서를 내려 왕에게 직접 조회하라고 요구하였다.

고종 39년(1252)

○ 몽골 사신 다가多可가 왔다. 몽골 임금이 다가에게 은밀히 지시하기를, "국왕이 육지에 나와서 영접하거든 비록 백성들이 나오지 않더라도 괜찮다. 그렇지 않으면 마땅히 군사를 출동시켜 정벌할 것이다."고 하였다. 다가가 이르러 신안공新安公 왕전王佺을 보내어 맞이하자, 다가가 성을 내고 가버렸다.

고종 40년(1253)

○ 가을 7월에 몽골군이 {네 번째로 침입한 것이다.} 압록강을 건넜다. 원수元帥 야굴也窟(예구)[41]이 사람을 보내 자기 임금의 조서를 전하였는데, 여섯 가지 일로써 책임을 추궁하였다. 조서에 이르기를, "짐은 해가 떠오르는 곳으로부터 해가 지는 지역에 이르

41 야굴也窟 : 헌종 몽케의 5촌 숙부로 부친은 칭기스칸의 동생 주치 카사르[搠只哈撒兒]이다.

기까지 모든 백성들로 하여금 행복한 생활을 누리게 하고 싶다. 그대 나라가 나의 명령을 거스르기에 나의 숙부 야굴(예구)에게 명하여 군사를 거느리고 가서 징벌하게 하였다. 조서를 맞아 정성을 다한다면 군사를 파하고 돌아올 것이나, 만일 명령을 거역한다면 짐은 단연코 용서하지 아니 할 것이다."라고 하였다. 왕이 야굴에게 서신을 보내어 이르기를, "우리나라에서는 감히 황제의 뜻을 어길 수 없어서 이미 승천부昇天府 백마산白馬山 아래에 궁궐을 쌓고 도성을 지었습니다. 다만 북계北界의 수달 사냥을 하는 자들이 두려워서 건축 공사를 마칠 수가 없었을 뿐입니다. 바라건대 대왕大王께서 특별히 허락하여 군사를 철수하신다면 마땅히 내년에는 내가 직접 신하들을 거느리고 나가서 황제의 명을 받겠습니다. 이 말이 거짓인지 아닌지에 대해서는 한두 명의 사신을 보내 조사해보면 알 것입니다."라고 하였다. 야굴이 말하기를, "너희 나라 여러 성의 항복한다는 글을 받아 오라." 하였다. 대답하기를, "대군이 철수한다면 임금과 신하가 육지로 나갈 것인데, 주州와 현縣이 어디로 가겠는가?" 하였다.

○ 몽골군이 춘주春州(지금의 강원도 춘천)를 도륙하고는 등주登州(지금의 함경남도 안변)를 포위하였다. 황려黃驪(지금의 경기도 여주)와 양근楊根(지금의 경기도 양평) 고을이 몽골에 항복하였다. 몽골군이 양주襄州(지금의 강원도 양양)를 함락시키고, 갑곶강甲串江 밖에서 약탈하였다.

○ 겨울 11월에 야굴이 병에 걸려 북쪽으로 돌아갔다. 몽골대蒙古大를 보내어 이르기를, "국왕이 강화江華에서 나와 우리 사신을 영접한다면 군사를 철수할 수 있다."라고 하였다. 왕이 임진강을 건너는데 야별초夜別抄가 갑옷을 입고 수행하였다. 몽골대가 왕에게 말하기를, "대군이 귀국 영토에 들어온 이후로 하루에 죽은 자가 몇 천 몇 만 명입니다. 왕은 어찌하여 자기 한 몸만 생각하고 백성들의 생명은 돌아보지 않습니까? 대왕大王(야굴)의 말은 곧 황제의 말이고, 내 말은 곧 대왕의 말입니다. 지금부터는 만세토록 우호 관계를 유지하게 될 것이니, 어찌 즐겁지 아니하겠습니까?"라고 하면서 드디어 취하도록 마시고 갔다. 왕은 강화로 돌아왔다.

○ 야굴이 다루가치[達魯花赤]를 두고 또 군사 1만 명을 머무르게 하고자 하였다. 왕이 서신을 보내 이르기를, "근래에 날씨가 춥고 바람이 거센데 늙고 병든 몸으로 어찌 바다를 건널 수 있었겠는가? 그러나 대왕의 뜻을 감히 어길 수 없어서 신하들을 거느리고

나가서 사신을 영접하였다. 나는 대왕이 전일의 약속을 어기지 않고 곧바로 군사를 철수시킬 것이라고 생각하였다. 지금 당신의 편지를 보니 (군사 1만과 다루가치를 둔다고 한다.)[42] 만약 이와 같이 한다면 어떻게 후환이 없을 것을 보증하며, 다시 옛 서울로 돌아가 도읍할 수 있겠는가?"라고 하였다.

○ 안경공安慶公 왕창王淐을 몽골에 보냈다. 최린崔璘의 계책에 따른 것이다.

고종 41년(1254)

○ 몽골 임금이 차라대車羅大로 하여금 우리나라 일을 주관하게 하였다.

○ 다가多可가 와서 유시하기를, "국왕이 비록 육지로 나왔으나 최항崔沆·이응렬李應烈·주영규周永珪·유경柳璥 등이 나오지 않으니, 이것이 참으로 항복한 것이냐?"라고 하였다.

○ 가을 7월에 차라대가 군사 5천 명을 거느리고 {다섯 번째로 침입한 것이다.} 압록강을 건넜다.

○ 9월에 충주산성忠州山城을 공격하였으나 함락시키지 못하고 포위를 풀고는 남쪽으로 내려갔다.

○ 상주산성尙州山城을 공격하였는데 화살로 부장副將을 쏘아 죽였다.[43]

○ 참지정사 최린崔璘을 몽골 군영에 보내었다. 최린이 차라대를 좇아 합주陜州(지금의 경상남도 합천) 단계丹溪(지금의 경상남도 산청)에 이르렀다. 차라대는 말하기를, "최항이 왕을 모시고 육지로 나오면 군사를 파하겠다."라고 하였다.

○ 이 해에 몽골군에게 사로잡힌 남녀가 무려 20만 명이고, 살육을 당한 사람은 이루 셀 수 없을 정도이다. 몽골 병란이 있은 뒤로 이보다 심한 적이 없었다.

---

42 『고려사』 권24, 세가 24, 고종 40년 11월 무술戊戌에 "군사 1만과 다루가치를 두려고 한다[欲留兵一萬置達魯花赤]."는 내용에 따라 덧붙인다.

43 『고려사』 권24, 세가 24, 고종 41년 10월 무자戊子에 따르면 황령사黃嶺寺 승려 홍지洪之가 화살을 쏘아 죽였다고 한다.

고종 42년(1255)

○ 몽골 임금이 차라대車羅大에게 군사 철수를 명령하였다. {안경공安慶公이 조회하였기 때문이다.}

○ 어사御史[44] 김수강金守剛을 몽골에 보내었다.

○ 가을 9월에 차라대와 영녕공永寧公이 몽골군을 거느리고 다시 이르렀다. {여섯 번째로 침입한 것이다.}

○ 겨울 10월에 몽골군이 대원령大院嶺(하늘재)을 넘어왔는데, 충주忠州에서 그들을 격파하였다.

○ 몽골군이 선박을 만들어 조도槽島를 침공하였으나 이기지 못하였다.

고종 43년(1256)

○ 봄 정월에 왕이 이광李廣과 송군비宋君斐를 보내어 수군[舟師]를 거느리고 남으로 내려가서 적을 막게 하였다.

○ 몽골군이 입암성笠巖城 {영광靈光} 아래에서 패배하였다.

○ 차라대가 담양潭陽과 나주羅州를 거쳐 해양海陽(지금의 전라도 광주) 무등산無等山 꼭대기에 주둔하면서 군사를 남쪽으로 보내 노략질하였다.

○ 김수강金守剛이 화림성和林城에 이르러 몽골 임금을 알현하고 매우 간절하게 변론하자 몽골 임금이 군사를 철수하라고 명하였다.

○ 차라대가 군사를 거두어 북쪽으로 돌아가 {차라대의 몽골군은 군사들을 갑곶강甲串江 바깥에 벌여놓고 통진通津의 산에 올라 강도江都를 바라보고 갔다.} 안북부安北府(지금의 평안북도 안주)에 주둔하였다. {동경 총관東京摠管 송산松山이 차라대에게 죄를 짓게 되자 귀순하여 왔다. 최항崔沆이 그를 받아들였다.}

---

44 『고려사』 권24, 세가 24, 고종 42년 6월 갑술甲戌에는 시어사侍御史로 되어 있다.

고종 44년(1257)

○ 여름에 최항崔沆이 죽어서 그 아들 최의崔竩를 차장군借將軍으로 임명하였다.

○ 가을 8월에 몽골 임금이 직접 군사를 이끌고 촉蜀 땅을 공격하였다.

고종 45년(1258)

○ 봄에 대사성大司成 유경柳璥과 별장別將 김인준金仁俊이 도모하여 최의崔竩를 죽이고 정권을 다시 왕에게로 되돌렸다.

○ 임금이 강안전康安殿에 나아가니 백관들이 하례를 드리는데, 새로 왕위에 오르는 것 같이 하였다.

○ 여름 6월에 몽골 장군 여수달余愁達과 보파대甫波大가 각각 기병 1천을 거느리고 왔다. {일곱 번째 침입이다.} 칙령에 이르기를, "고려가 만일 실제로 육지에 나와서 항복하거든 개나 닭 한 마리도 죽이지 말고, 그렇지 않으면 강화도를 쳐부수라."라고 하였다. 김보정金寶鼎이 몽골 군영에 가자 여수달이 말하기를, "황제가 고려에 대한 일을 나와 차라대에게 맡겼다. 만약 태자를 보내어 군사 앞에 나와서 항복하면 그 날로 군사를 철수할 것이다."라고 하였다. 태자가 몽골 군영에 갈 수 없게 되자, 몽골군은 다시 제멋대로 노략질을 행하였다.

○ 겨울 12월에 산길대왕散吉大王(보지寶只)이 군사를 거느리고 와서 옛 화주和州 지역에 주둔하였다. 용진龍津 사람 조휘趙暉와 탁청卓靑[45]이 화주 이북 땅을 몽골에 떼어 주었다. 몽골은 이곳에 쌍성총관부雙城總管部를 설치하였다.

고종 46년(1259)

○ 임금이 왕위에 있은 지는 오래되었으나 권신權臣에게 제어를 받아 먹고 마시는 것이나 행동거지를 자기 마음대로 하지 못하였다. 이때에 이르러 신하들에게 연회를

---

45 『고려사』 권24, 세가 24, 고종 45년 12월 기축己丑에는 조휘는 용진 사람으로 되어 있고, 탁청은 정주定州 사람으로 되어 있다.

베풀어 경축하였는데, 왕이 두 번이나 손을 들어 신하들에게 보이며 이르기를, "이 연회에 참가한 모든 사람들은 박수를 쳐서 나의 흥을 돋우라."라고 하였다. 술이 다 떨어졌는데도 오히려 왕은 매우 즐거워하였고, 모든 신하들은 박수를 치며 뛰놀아서 온몸이 땀범벅이 되었다. 해가 저물어서야 연회를 파하였다.

○ 박희실朴希實을 보내어 차라대車羅大에게 이르기를, "우리나라가 불행히 권신의 제제를 받아서 황제의 명을 거절하여 온 지 여러 해가 되었습니다. 지금 이제 최의崔竩를 죽였으니, 장차 옛 서울로 돌아가고자 합니다. 바라건대 태자를 보내어 조회하고자 합니다."라고 하였다. 차라대가 이것을 듣고 희색이 만면하여 온양가대溫陽加大를 보내어 빨리 입조入朝하라고 독촉하였다.

○ 태자 전倎이 표문을 받들고 몽골에 갔다. 이세재李世材와 김보정金寶鼎 등 40명이 수행하였다.

○ 차라대가 죽었다.

○ 태자가 호천虎川에 이르자, 큰비가 내려 강물이 범람하였다. 수행하는 자들이 유숙하기를 청하였으나, 태자가 듣지 않고 마침내 출발하여 동경東京에 이르렀다. 마침 여수달余愁達과 송길왕松吉王이 군사를 이끌고 와 있었다. {여덟 번째 침입이다. 이때에 몽골군의 여덟 번째 침입은 권신이 국가 권력을 제멋대로 하면서 육지로 나가 우호 관계를 맺는 것을 달가워하지 않았기 때문에 말미암은 것이었다.} 태자가 송길을 만나자 송길이 말하기를, "황제가 친히 송나라를 치면서 우리에게 그대 나라 치는 것을 위임하였다. 대군이 이미 출발하였는데 너는 어째서 왔는가?"라고 하였다. 태자가 대답하기를, "우리나라는 오직 황제와 대왕의 덕에만 의지하고 있습니다. 장차 대왕에게 술잔을 드린 연후에 들어가 황제를 뵈려고 왔을 뿐입니다."라고 하였다. 송길이 말하기를, "그대 나라는 이미 강도江都를 떠났는가?" 하니, 태자가 대답하기를, "주州와 현縣의 백성들은 이미 섬에서 나왔고, 왕경王京은 황제의 처분을 기다릴 뿐입니다."라고 하였다. 송길이 말하기를, "왕경이 아직 강화 섬 가운데 있으니, 어떻게 군사를 파할 수 있겠는가?" 하였다. 태자가 말하기를, "대왕이 일찍이 말하기를, '태자가 들어와 조회하면 군사를 파한다.' 하셨기 때문에 지금 내가 온 것입니다. 만일 군사를 파하지 않는다면 백성들이

두려워서 도망하여 숨을 것이니, 뒤에 아무리 잘 타이른다 하더라고 누가 다시 대왕의 말을 믿고 따르겠습니까?" 하였다. 송길이 옳게 여겨서 군사를 멈추어 출발시키지 않았다. 주자周者 등을 보내어 와서 강도江都의 내성內城과 성곽을 허물게 하였다. 역사를 독촉하여 성곽이 무너지는 소리가 우레와 같으니, 항간의 아이와 여자들도 슬퍼하며 울었다.

○ 여름 6월에 왕이 유경柳璥의 집에서 홍거하였다. 향년은 68세였다. 시호는 안효安孝이고 묘호는 고종高宗이다. 홍릉洪陵(인천광역시 강화군에 위치)에 장사지냈다.

사신史臣의 논찬論贊

고종 때에 밖으로는 강적들이 핍박하고, 안으로는 권신權臣이 위협하니, 앞으로 가도 넘어지고 뒤로 가도 자빠지며, 움직이면 반드시 제어를 받아 마음대로 하지 못하였다. 종묘를 포기하고 성곽을 버리고는 바다 섬에 깃들여서 진퇴를 조종하며 강적에게로 나가지 않은 것은 반드시 권신의 명에서 나왔으니, 참으로 권신에게 기생한 임금이라 할 수 있을 뿐이다. 그러나 묵묵하게 따르며 아무 일도 하지 않으면서도 국왕 자리에 앉아 있은 것이 거의 50년이었으니 어찌 그르다 하지 않으리오. 고려의 운명이 다하지 않은 것은 하늘에서 끊임없이 돌보아주어서 묵묵히 도와주는 바가 있음인저.

원종 충경왕 세가元宗忠敬王世家

왕의 이름은 식植이고, 자는 일신日新이며, 처음 이름은 전倎이다. 고종의 맏아들이다. 어머니는 안혜 태후安惠太后 유씨柳氏이다. {고종 6년 기묘년己卯年(1219)에 출생했다.} 고종 22년(1235)에 태자로 책봉되었다. 고종 46년(1259) 4월에 몽골에 들어가 조회하였다. 그 해 6월에 고종이 홍거하자 김인준金仁俊이 안경공安慶公을 왕으로 세우고자 하였다. 양부兩府가 의논하기를, “맏아들이 계통을 잇는 것은 고금에 통용되는 의리이다. 하물며 태자가 왕을 대신하여 입조하고 있는데 아우를 왕으로 삼는 것이 옳으냐?”라고 하였다. 마침내 태손太孫 심諶을 받들어 임시로 나라 일을 보게 하였다.

○ 처음에 장군 박희실朴希實을 보내어 표문을 가지고 가서 최의崔竩를 죽이고 육지로 나오겠다는 뜻을 아뢰게 하였다. 박희실이 몽골 임금을 좇아 촉산蜀山을 넘어 {3월 망일望日(음력 보름)} 섬주陝州에서 {합주合州로 여겨진다.} 만났다. 몽골 임금이 말하기를, “태자 일행이 너희 국경을 아직 나서지 않았으면 그대들과 함께 돌아가는 것이 좋고, 만약 우리 땅에 들어섰다면 단기單騎로 와서 조회하게 하라.”고 하였다. 왕(원종)이 연경燕京(중국 북경)으로부터 동관潼關을 지나 육반산六盤山에 이르렀다. 이때에 헌종憲宗은 합주合州를 포위하고 있었는데, 굳게 지켜 오래도록 함락시키지 못하였다. 황제의 아우[太弟]인 쿠빌라이[忽必烈]이 황주黃州에서 양자강을 건너자 강회江淮의 주州와 현縣들이 많이 투항하고 송의 군대는 대패하였다. 진격하여 악주鄂州를 포위하자 양자강의 이남 지역[江表]이 크게 놀랐다. 선무사宣撫使 가사도賈似道가 두려워하여 비밀리에 사람을 보내 태제[쿠빌라이]에게 신하로 칭하고 공물을 바치겠다고 요청하였으나, 태제가 허락하지 않았다. 마침 헌종이 조어산釣魚山에서 죽어 부음이 이르자 태제는 그 요청을 허락하였다. 송을 평정하고 북쪽으로 돌아왔다. 그런데 아리발가阿里孛哥(아릭부케)가 {세조世祖(쿠빌라이)의 동복 아우} 군대를 북방 평야 지대에 배치하고 황제 자리를 계승하고자 하였다. 여러 제후들이 의심하여 누구를 따라야 할지 알지 못하였다. 왕(원종)이 드디어 남쪽으로 방향을 돌려 양초梁楚(중국 호북성) 지역에 이르렀다. 11월에 태제가 양양襄陽에서 군대를 돌이켜 북쪽으로 오고 있었다. 왕이 오사모烏紗帽[46]를 머리에 쓰고 자주색의 소매가 넓은 두루마기를 입고 물소 가죽 띠를 매고 상아로 만든 홀을 들고 길 왼쪽에 서서 태제를 영접하였다. 왕의 얼굴은 그림처럼 아름다웠고 행동거지는 예의 범절에 맞았다. 태제가 놀라고 기뻐하며 말하기를, “고려는 만 리나 떨어져 있는 먼

46 문무 관원들이 평상시에 착용하던 모자. 검은 사紗로 만들며 뒤에 뿔이 2개 있는데, 지금 전통 혼례식 때 신랑이 쓰는 모자이다.

나라이다. 당나라 태종이 친히 정벌하였으나 항복시킬 수 없었는데, 이제 그 나라의 세자가 스스로 와서 나를 따르니 이는 하늘의 뜻이로다."라고 하고, 함께 개평부開平府에 이르렀다.

○ 본국(고려)에서 고종이 홍거하였다고 알리자, {태자는 경조부京兆府에서 부음을 들었다.} 선무사宣撫使 조양필趙良弼이 태제에게 이르기를, "고려는 비록 조그마한 나라라고 하지만, 산과 바다에 가로 막히어 우리나라가 무력을 쓴 지 20여 년이 되었는데도 오히려 아직도 항복하지 않았습니다. 태자 왕전王倎이 지금 와서 머무른 지 2년이 되었으나 그에 대한 접대가 소박하여 진정으로 우리를 따르게 하지 못하였습니다. 그의 아버지가 죽었다고 하니 진실로 왕전을 왕으로 삼아 귀국시켜 줄 수 있다면 그는 반드시 은혜에 감사하고 덕을 받들어 신하의 직분을 닦기를 원할 것입니다. 이것은 한 명의 군사도 수고롭게 하지 않고 한 나라를 얻는 것입니다."라고 하였다. 염희헌廉希憲도 또한 같은 말을 하였다. 태제는 이르기를, "숙소를 좋은 곳으로 바꾸어 주고 대우를 더욱 잘해주어라."라고 하였다.

○ 속리대束里大에게 명하여 왕을 호위하여 귀국하도록 하였다.

○ 3월 갑신甲申에 왕이 몽골로부터 돌아와 이르렀다.

○ 정해丁亥에 몽골의 태제 쿠빌라이[忽必烈]이 황제로 즉위하였다. 처음에 몽골 임금이 왕이 서경西京에 이르러 지체하고 있다는 소식을 듣고 변고가 있는가 의심하여 형절荊節 등을 보내어 서신을 갖고 왔다. 서신에 이르기를, "지금 넓은 하늘 아래에 신하로 복종하지 않은 나라는 오직 그대 나라와 송나라뿐이다. 송나라는 가마솥 속의 고기와 장막에 집을 튼 제비와 같아서 그 멸망은 아침저녁 사이에 달려 있다. 동방을 이미 평정하였으므로 곧 군사를 남쪽으로 돌리려 한다. 그런데 이제 그대 나라에서 내란이 일어나서 맹세를 위반한 사실을 알게 되었다. 우리의 변방 장수가 다시 계엄을 요청하니, 이는 어떤 까닭인가? 과연 내란이 일어난 것인가? 그렇다면 권신은 어찌하여 스스로 임금이 되지 않고 세손世孫을 세웠는가? 전하는 말이 잘못된 것인가? 그렇다면 세자는 어째서 나라에 들어가지 않고 국경에서 머뭇거리며 서성이고 있는가? 거듭 생각건대, 섬(강화도)의 쇠잔한 백성들이 오래도록 도탄에 빠져 있는데, 군사의 힘이 있는 대로 끝까지 토벌하는 것은

나의 본심이 아니다. 그리고 사람들을 통솔하는 것이 그 도리를 잃으면 세상의 간사한 자들이 모두 적으로 될 것이고, 진심眞心을 미루어 남들이 믿게 하면 반대하던 자들도 스스로 안심하게 될 것이다. 여러 가지 말들을 따져서 또 무엇 하겠는가? 김인준金仁俊을 비롯하여 관리와 군인 및 백성들에 이르기까지 나의 명령이 이르기 전에 죄를 범한 자는 모두 용서하여 주도록 하라." 하였다.

원종 원년 경신년(1260) (남송 이종理宗) 경정景定 원년

○ 여름 4월에 왕이 강안전康安殿에서 즉위하였다.

○ 영안공永安公 왕희王僖를 몽골에 보내어 즉위를 축하하고, 진정표陳情表를 올렸다. 표문의 대략에 이르기를, "송나라가 항복하지 않았다고 말하는 것은 그럴 수 있습니다. 그러나 돌아보건대 우리나라는 해마다 사신을 보내지 않은 해가 없었습니다. 더구나 내가 직접 가서 만나보고 과분한 위로와 가르침을 받았는데 어찌 우리를 송나라에 비교할 수 있습니까? 이에 그렇게 된 이유를 알지 못하겠습니다."라고 하였다. 몽골 임금이 기뻐하며 말하기를, "짐이 즉위한 후에 그대 나라가 가장 먼저 와서 축하해주는구나."라고 하였다. 이때 몽골에 조회朝會하러 온 나라가 80여 국이나 되었다. 몽골 임금이 이르기를, "너희들이 보는 바와 같이 그대 나라만큼 그렇게 후대하는 나라가 어디 또 있느냐?"라고 하였다.

○ 회답 조서에 이르기를, "의관衣冠은 본국(고려)의 풍속을 따라서 모두 고치지 말라. 사신은 조정에서 보내는 것 이외에는 모두 금하라. 옛 서울로 옮기는 것을 늦게 할지 빠르게 할지는 힘을 헤아려 하라. 주둔하는 군사의 철수는 가을을 기한으로 하라. 원나라에서 설치한 다루가치[達魯花赤] 등은 모두 서쪽으로 돌아오도록 명령하겠다. 지금 이후로 (고려 사람으로서) 여기에 의탁하기를 원하는 자는 결단코 들어주지 않겠다. 짐은 천하를 경륜함에 있어 매사에 성의를 다하려고 애쓰니, 짐의 생각을 잘 헤아려 의심하고 두려워하지 말라. 호부虎符[47]와 국왕의 인장을 하사한다."라고 하였다.

○ 조서를 내려 고려에서 포로로 사로잡혀 간 백성들을 돌려보내었다.

○ 모후를 왕태후로 추존하고, 왕비 유씨柳氏(경창궁주慶昌宮主)를 왕후로 책봉하였으며, 원자 심諶을 왕태자로 삼았다.

원종 2년(1261)

○ 태자를 보내어 아리발가阿里孛哥(아릭부케)를 평정한 일을 축하하였다.

○ 배신陪臣 전문윤田文胤이 몽골 임금을 알현하자, 몽골 임금이 "할 말이 있느냐?"고 물었다. 대답하기를, "폐하께서 우리나라를 불쌍히 여기시니 은혜와 덕이 지극히 후합니다. 그러나 참소하고 이간질하는 자가 많으니, 원하건대 폐하는 믿지 마소서."라고 하였다. 몽골 임금이 그대로 좇았다.

원종 3년(1262)

○ 김기손金起孫·이세재李世材·이장용李藏用을 동평장사에 임명하였다.[48]

원종 4년(1263)

○ 홍저洪泞를 일본에 보내어 노략질하여 간 것들을 찾아 돌려달라고 요구하였다.

원종 5년(1264)

○ 여름 5월에 몽골 임금이 사신을 보내어 와서 왕의 조회를 요구하였다.

○ 가을 7월에 혜성이 동북쪽 하늘에 나타났다. {72일 동안 보이다가 없어졌다. 『송사宋史』에 이르기를, "혜성이 유수柳宿[49]에서 나왔는데, 길이가 수십 길[장丈]이나 되었다. 4경(새벽 1시~3시 사이)에는 동쪽에서 보이다가 해가 높이 뜨면서 사라졌다. 조서를 내려

---

47 군대 동원에 쓰는 표지로 구리 재질에 범의 모양을 본떠 만들었다.

48 『고려사』 권25, 세가 25, 원종 3년 12월 정축丁丑에 따르면, 이때 김기손은 문하시랑 동중서문하평장사로, 이세재는 문하시랑평장사로, 이장용은 중서시랑평장사로 임명되었다.

49 28수二十八宿의 하나로 남쪽 하늘에 있는 세 번째 별자리.

구언求言하자 글을 올리는 자들이 대부분 하늘의 변고는 공전公田이 불편한 데에서 말미암는다고 하였다. 가사도賈似道가 글을 올려 힘껏 변론하고 또 자리에서 물러나겠다고 요청하였는데, 황제가 허락하지 않았다."라고 하였다.}

○ 8월에 몽골 임금이 수도를 연경燕京에 정하였다.

○ 왕이 몽골에 가서 몽골 임금을 연도燕都(중국 북경)에서 만나 뵈었다.

○ 겨울 12월에 왕이 몽골에서 돌아왔다.

○ 이 해 10월에 송나라 이종理宗이 붕어하였다. 재위는 40년이고, 향년 62세이다. 황제로 있는 동안 군자와 소인이 서로 뒤섞여 있었고, 다스려짐과 혼란스러움이 서로 엇비슷하다. 원나라의 국운이 바야흐로 흥성하여 위세가 중원中原에 진동하니, 비록 어지러운 세상을 평정하여 잘 다스리는 재주를 갖고 있는 이가 맞부딪쳐도 또한 성패를 결판내지 못할 것인데, 하물며 평범한 재주밖에 없는 임금이 능히 나라를 지킬 수 있었겠는가. 죽은 것이 오히려 다행이다. 그러나 시종 일관 이학理學을 숭상하였으니 또한 어질다고 하겠다.

원종 6년(1265)

○ 김준金俊을 해양후海陽侯로 책봉하였다.

원종 7년(1266)

○ 평장사平章事로 치사한 영헌공英憲公 김지대金之岱와 판추밀원사 최윤개崔允愷가 죽었다. {왜 졸卒이라고 썼는가? 이는 두 사람이 권신權臣에게 빌붙지 않았기 때문이다.}

○ 몽골에서 흑적黑的 등을 보내어 왕에게 일본으로 하여금 몽골에 입조入朝하도록 깨우치라고 하였다. 송군비宋君斐와 김찬金贊에게 명령하여 흑적과 함께 일본으로 가게 하였다.

원종 8년(1267)

○ 봄 정월에 송군비宋君斐 등이 송변포松邊浦{거제도에 위치한다.}에 이르러 바다만

바라보다가 돌아왔다. 풍파가 매우 심하여 가지 못했다고 해명하자, 몽골 임금이 노여워하며 다시 흑적을 보내어 와서 왕에게 이르기를, "경은 일본과 이미 우호 관계를 맺어 왕래하고 있으니, 일본이 그대 나라의 허실을 더욱 잘 알게 될 것이라고 생각하여 (다른 말로 핑계하는 것이다.) 그러나 너희 나라 사람으로 우리 서울[연경]에 있는 자가 적지 않으니 경의 계책은 어리석은 짓이다. 경은 일본을 잘 타일러서 반드시 요령을 얻어 내도록 기약하라."라고 하였다. 이에 기거사인起居舍人 반부潘阜를 보내어 몽골 임금의 서신과 우리나라의 국서國書를 가지고 일본에 가게 하였다. 몽골 임금의 서신에는 이르기를, "짐은 하늘이 명시한 뜻을 받고 문득 중화中華의 땅을 통치하게 되었다. 멀고 먼 지방이 특별한 지역에서도 우리에게 오지 않는 나라가 없다. 일본은 역대 이래로 때때로 중국과 통하였는데, 짐의 시대에 이르러 한 번도 사신을 보내어 와서 우호 관계를 맺으려고 한 일이 없다. 아마도 일본에서 아직 잘 알지 못하여 그런 것이 아닌가 생각한다. 그러므로 사신을 보내어 짐의 뜻을 포고하는 바이다. 성인聖人은 온 천하를 한 가정으로 삼으니, 서로 우호 관계를 통하지 않는다면 이것이 어찌 한 가정으로서의 이치이겠는가?"라고 하였다. 우리나라의 국서에는 이르기를, "황제는 인자하고 총명하여 해와 달이 비치는 곳에서는 모두 그의 덕을 우러러 받들고 있다. 지금 귀국과 우호 관계를 맺으려는 것이 어찌 귀국에서 바치는 공물을 탐내서이겠는가? 대개 온 천하가 복종했다는 이름으로 천하에 우뚝 서고자 할 뿐인 것이다. 귀국이 온다면 반드시 후하게 대접할 것이니 한번 사신을 보내어 가서 보게 하는 것이 어떠한가?"라고 하였다.

원종 9년(1268)

○ 안경공 창淐을 몽골에 보내었다. 몽골 임금이 조이趙彝의 참소로 인하여 창에게 직접 왕의 잘못을 말하고 {육지로 나오지 않은 것과 몽골 사신을 에워싸고 감시한 일 등이다.} 창을 매우 엄격하게 나무랐다.

○ (몽골에서) 예부 낭중禮部郎中 맹갑孟甲을 보내어 왔다. 조서에 이르기를, "경은 짐을 섬기는 데에 있어 대체로 꾸며낸 말로 속이고 있다. 짐이 만일 속임을 그대로

받아들이고 말하지 않는다면 이는 진실하게 경을 대우하지 않는 것이다. 경은 말하기를 '군사를 철수하면 3년 뒤에는 마땅히 강화도를 버리고 육지로 나오겠다.'라고 했다. 군사 철수의 요청은 이미 받아들였는데 육지로 나오겠다는 기약은 지금 몇 년째인가? 성길사(칭기스칸) 황제成吉思皇帝의 제도에 신하로 복속한 모든 나라는 인질을 바치고, 군사를 돕고, 양식을 운수하며, 역참을 설치하고, 호적을 바치며, 다루가치를 두어야 한다는 것은 이미 일찍이 명확히 일러주었다. 다시 온 글에서는 말하기를, '민생이 차차 안정되기를 기다린 연후에 명을 따르겠다.'라고 했는데, 지금까지 미루기만 하면서 진실한 말로 보고하지 않았다. 듣건대, 너희 나라의 정치가 대체로 좌우 신하에 있다 하니, 그들에게 가로막혀서 경으로 하여금 우리의 말을 듣지 못하게 하는 것은 아닌가? 김준金俊과 이장용李藏用으로 하여금 아뢰는 글을 가지고 와서 갖추어 사실대로 아뢰게 하라."라고 하였다.

○ 이장용을 보내어 몽골에 갔다.

○ 반부潘阜가 일본에 이르렀는데, 나라의 서쪽 태재부太宰府에 5개월이나 머무르게 해놓고는 조서도 받지 않고 핍박하여 보냈다. 반부가 돌아와 몽골에 가서 그 사실을 아뢰었다. 몽골 임금이 말하기를, "일찍이 풍랑이 험하다고 하였는데, 반부는 어떻게 갈 수 있었는가? 핍박하여 돌려보냈다는 말은 또 어떻게 믿을 수 있는가?"라고 하였다.

○ 최동수崔東秀를 보내어 군사 1만 명을 갖추고 배 1천 척을 만들게 한 일에 대해 아뢰었다.

○ 몽골 임금이 탈타아脫朶兒·유걸劉傑 등을 보내어 준비 상황을 검열하고, 아울러 흑산도黑山島{섬 이름이다.}와 일본 사이의 도로를 살피게 하였다.

○ 김준金俊을 죽이고 그 일족을 없애 버렸다.

○ 문하성사門下省事[50] 신사전申思佺을 보내어 흑적黑的과 함께 일본에 갔다. 신사전이

50 『고려사』 권26, 세가 26, 원종 9년 12월 경진庚辰에는 지문하성사知門下省事로 되어 있다.

대마도에 이르러 왜인을 붙잡아 와서 몽골에 바치자, 몽골 임금이 기뻐하며 신사전과 왜인 등에게 물품을 많이 내려주었다.

원종 10년(1269)

○ 여름 4월에 세자 심諶이 몽골에 갔다.

○ 6월에 이장용李藏用과 임연林衍이 왕을 폐위시켜 유폐하였다. {『춘추』에서 정鄭나라 귀생歸生[51]을 다룬 예에 따라 이장용을 이 모의의 첫머리에 올린다.} 안경공 창淐을 왕위에 즉위시켰다. 임연은 이미 김준金俊을 죽이고는 권세가 조야朝野로 기울자 환관宦官 김경金鏡과 최은崔琨 등이 자기를 해칠까 의심하여 붙잡아 죽였다.

○ 육번 도방六番都房을 구정毬庭에 모아놓고 재추宰樞를 소집하여 임금(원종)을 폐위시키고 새 임금을 즉위시키는 일을 의논하였다. 이장용이 불측스러운 변이 있을까 두려워하여 왕위를 사양하는 형식으로 하자고 말하였다. 참지정사參知政事 유천우兪千遇가 말하기를, "이것은 큰일이니 공은 더 깊이 생각하라. 하물며 지금 세자가 상국上國에 있으니 세자가 돌아오는 것을 기다려도 늦지 않다."라고 하였다. 임연이 그 말을 따르지 않았고 백관을 인솔하여 창淐의 집에 갔다. 창을 받들어 왕위에 앉히고, 왕(원종)을 핍박하여 별궁別宮으로 옮기도록 하였다.

○ 곽여필郭汝弼을 보내어 몽골에 가서 왕의 손위遜位를 인정해달라고 청하였다.

○ 세자가 귀국하는 길에 파사부婆娑府에 이르러서 변고가 일어났다는 것을 듣고, 곽여필을 붙잡아 그 실상을 모두 알게 되었다. 세자가 통곡하며 도로 몽골로 들어갔다.

○ 이장용이 몽골에 갔다.

○ 몽골 임금이 이악李諤 등을 보내와서 왕을 폐위시키고 새 임금을 세운 이유를 힐문하였다.

---

51 『춘추좌씨전春秋左氏傳』 선공宣公 4년에 나오는 내용이다. 정鄭나라의 공자 송公子宋이 귀생歸生과 모의하여 임금인 영공靈公을 시해하였는데, 공자孔子가 이를, "정나라 귀생이 그 임금 이夷(영공의 이름)를 죽였다."고 기록하였다. 공자가 공자 송을 언급하지 않고 귀생에게 그 책임을 돌린 이유는 그 당시 정나라의 정권을 잡은 자가 공자 귀생이기 때문에 집권자인 귀생의 책임이 더욱 무겁다고 한 것이다.

○ 임연이 김방경金方慶을 보내어 몽골에 갔다.

○ 서북면西北面 영리營吏 최탄崔坦 등이 반란을 일으켜 유수관留守官을 살해하고 몽골에 귀부하였다.

○ 겨울 11월에 몽골 임금이 흑적黑的 등을 보내왔다. 조서에 이르기를, "임연이 말하기를 '권력이 있는 자라야 임금을 폐위시키거나 즉위시킬 수 있는 것이다. 나의 위치는 일곱 사람의 아래에 있는데, 무슨 권력이 있어서 이러한 일을 행할 수 있단 말인가?'라고 하였다. 왕(원종)은 창淐과 임연과 함께 이곳 궁궐에 오는 것이 좋겠다."라고 하였다. 임연이 두려워하며 어찌할 바를 모르자 흑적이 왕을 복위시키라고 권하였다.

○ 12월에 왕이 몽골에 갔다. 임연은 왕을 폐위시키고 새 임금을 즉위시킨 일을 발설할까 두려워 자기의 아들 임유간林惟幹이 수행하도록 하였다.

원종 11년(1270)

○ 왕이 몽골의 도당都堂에 글을 올려 청혼請婚하고, 아울러 우리나라에 군사를 출병시켜줄 것을 요청하였는데, 몽골 임금이 허락하였다.

○ 몽골에서 몽가독蒙哥篤(몽케두)을 보내어 군사를 거느리게 하였다. 김방경金方慶에게 명하여 그와 동반하도록 하였다. 김방경이 출발에 앞서 대군大軍이 대동강大同江을 건너지 말도록 요청하자, 몽골 임금이 이를 허락하였다. 서경西京에 주둔하였는데, 최탄崔坦 등이 몽가독을 꾀어 왕경王京을 탈취하려 하였다. 김방경이 몽골 임금의 뜻을 내세우며 이를 저지시켜 최탄의 모의는 실행되지 못하였다.

○ 몽골 임금이 최탄에게 금패金牌(4품 이하의 군관에 주는 신임장)를 내려주었다. 서경을 동녕부東寧府라 개칭하고 몽골 땅으로 편입시켰다.

○ 왕이 표문을 올려 서경을 되돌려달라고 요청하였으나 몽골 임금이 허락하지 않았다.

○ 봄 2월에 몽골 임금이 두련가頭輦哥에게 명하여 군사를 거느리고 왕과 세자를 수행하여 귀국하도록 하였다. 탈타아脫朶兒를 다루가치로 임명하여 같이 왔다. {왕이 요

청하였다.}

○ 여름 5월에 왕이 몽골로부터 이르렀다. 먼저 상장군 정자여鄭子璵를 보내어 나라 사람들에게 유시하였다.

○ 임연林衍이 근심과 울분으로 등에 등창이 나서 죽었다. 그의 아들 교정별감敎定別監 임유무林惟茂가 왕명에 거역하고자 하므로 온 나라가 흉흉하였다. 중승中丞 홍문계洪文系와 송송례宋松禮 등이 왕의 비밀 명령을 받들어 삼별초三別抄를 소집하여 사직을 호위하는 대의를 말하고는 임유무와 최종소崔宗紹를 붙잡아 모두 죽여 버렸다. 이응렬李應烈과 송군비宋君斐 등을 유배보내자 온 나라 사람들이 기뻐하였다.

○ 옛 서울로 돌아왔다. 의종毅宗 말부터 무신武臣이 집권한 이래 최씨崔氏 부자 4대가 작위를 이어받고 김준金俊과 임연林衍이 그것을 계승하니 80년간 국왕은 허울 좋은 빈껍데기에 불과하였다. 이때에 이르러 외부에서 몽골 병력을 빌려와 임씨林氏를 죽인 후에야 정치 권력이 왕실로 귀속되었다.

○ 장군 김지저金之氐를 강화로 보내서 삼별초를 혁파하였다. 이에 장군 배중손裵仲孫과 노영희盧永禧 등이 삼별초를 이끌고 반란을 일으켰다. 승화후承化侯 온溫을 협박하여 왕으로 삼고 임시로 백관百官을 설치하였으며, 자녀들과 재물들을 약탈하여서는 배워 태워 남쪽으로 내려가 진도珍島에 들어가 웅거하였다.

○ 김방경을 보내어 몽골 원수 아해阿海와 함께 병사들을 진격시켜 토벌하였다.

○ 세자가 몽골에 갔다.

○ 겨울 12월에 (세자가) 몽골로부터 돌아왔다. 이때에 몽골의 배신陪臣인 원부元傅가 두련가頭輦哥가 백성들을 침해하여 소요를 일으킨 일을 아뢰므로 몽골 임금이 변론하게 하니, 원부 등이 굴복하였다. 우리나라에서 육지로 나온 이후에 송나라 상선이 와서 정박하였는데, 가만히 사신을 보내어 되돌아가게 하였다. 몽골 임금이 이 사실을 듣고 조서를 내려 책망하였다.

원종 12년(1271)

○ 이장용이 면직되었다. {이때에 조서에서 이르기를, "권신權臣이 경조차도 오히려

마음대로 폐위시키고 새 왕을 옹립하는데, 하물며 경의 자손에 대하여는 어찌 기꺼이 마음을 다하여 보좌하겠는가?"라고 하였다. 이에 국왕의 폐립을 음모하던 우두머리인 이장용을 파면하였다고 아뢰었다.}

○ 몽골 임금이 비서감秘書監 조양필趙良弼을 보내어 일본을 방문하도록 하였다.

○ 몽골이 봉주鳳州에 둔전 경략사屯田經略司를 설치하였다. 표문을 올려 둔전을 혁파할 것을 요청하였으나, 허락하지 않았다.

○ 명주 1만 2천 필을 보내와 소[牛] 3천 마리를 사갔다.

○ 여름 5월에 김방경金方慶・흔도忻都・홍다구洪茶丘 등이 3군三軍을 인솔하고 진도를 공격하여 격파하고는 승화후承化侯 온溫을 죽였다. 적의 장수 김통정金通精이 남은 무리들을 이끌고 달아나서 탐라耽羅로 들어갔다.

○ 세자 심諶을 몽골에 볼모로 보내었다.

○ 조서에 이르기를, "강화도에서 협박을 받고 끌려갔던 자들은 그 부모와 처자들이 서로 확인하도록 하고, 진도에서 원래부터 살고 있던 백성들도 다시 예전대로 살게 하라. 이것으로 본국(고려)에 분부하라." 하였다. 흔도가 명령을 따르지 않자 왕이 표문을 올려 그 일을 진정하였다. 탈타아脫朶兒가 힐난하자 흔도가 얼마간 가려 뽑아냈다.

○ 다루가치 탈타아가 죽었다. {송사를 판결함이 명백하여 일찍이 법을 굽히는 일이 없었다. 죽기 전에 약을 먹으려 하지 않았으니, 본국(고려)에 화를 끼칠까 우려한 것이다.}

○ 김방경을 평장사로 삼았다.[52]

○ 몽골이 나라를 세우고 대원大元이라 이름하였다.

원종 13년(1272)

○ 봄 정월에 조양필趙良弼이 일본으로부터 돌아오는데, 일본 사신과 함께 왔다.

○ 3월에 세자가 원나라에서 돌아왔다. 이때 세자가 오래 연경燕京에 머무르니 같

---

52 『고려사』 권27, 세가 27, 원종 12년 11월 병술丙戌에 따르면, 이때 김방경은 수태위守太尉 중서시랑평장사中書侍郎平章事로 임명되었다.

이 간 사람들이 모두 향수병에 걸려 우리나라로 돌아오고 싶어 하였다. 이에 세자에게 일본을 정벌하는 일로 원나라 임금에게 청원하여 돌아가자고 권하였다. 설인검薛仁儉이 말하기를, "옳지 않습니다. 세자께서 이곳에 있는 것은 장차 사직을 보호하기 위해서입니다. 이제 이 일로 청원하여 돌아간다면 우리나라 백성은 어떻게 되겠습니까?" 하여 그 의논이 중지되었다. 마침 임유간林惟幹이 이것을 듣고는 이 일을 빙자하여 먼저 황제에게 청원하고자 했다. 그리하여 세자가 마지못하여 이 일을 청원하자 원나라 임금이 귀국하도록 허락하였다. 우리나라 사람들이 세자가 머리를 땋은 것을 보고 모두 탄식하였는데 우는 사람까지 있었다.

○ 여름 4월에 곽여필郭汝弼을 보내어 표문을 올려 군량과 사료에 대한 공급을 줄여 달라고 요청하였다. {2년간의 군마軍馬의 사료 공급량을 계산해보면 50만여 석石으로, 이는 원나라 30만 석에 준한다고 한다.}

○ 이때 밖으로는 군사에 대한 공급을 하고 안으로는 삼별초를 토벌하므로, 병사를 조달하고 배를 만드느라 모든 역사役事가 한꺼번에 일어나니 온 나라 사람들이 굶주리고 고달팠다. 대부大府 관원 중에는 이러한 조달을 감당해내지 못하여 머리를 깎고 중이 되어 도망가는 자까지 있었다.

원종 14년(1273)

○ 원부元傅와 장길張佶을 평장사로 임명하였다.

○ 혜성이 나타났다.

○ 여름 4월에 김방경金方慶이 흔도忻都와 더불어 군사와 전함을 이끌고 탐라耽羅를 공격하여 격파하니, 적들이 모두 평정되었다.

○ 원나라에서 황후와 태자를 책봉하였다.

○ (원나라에서) 탐라에 다루가치를 배치하였다.

○ 김방경이 부름을 받아 원나라에 갔다.

○ 유천우兪千遇를 평장사로 삼았다.

○ 처음에 조양필趙良弼을 다시 일본에 파견하였는데, 태재부太宰府까지 갔다가 국도

國都에 들어가지 못하고 돌아왔다.

원종 15년(1274)

○ 봄에 원나라에서 김방경金方慶을 도독사都督使로 임명하였다. 홍다구洪茶丘를 보내어 전함 3백 척을 만들어 내도록 독촉하였다. {변산邊山의 천관산天冠山에서 재목을 취해다가 크고 작은 배 9백 척을 만들었다. 뱃머리를 돌려 금주金州에 정박하였다.}

○ (원나라에서) 정동군征東軍 1만 5천 명을 출병시켰다. 아울러 동경東京의 쌀 2만 석을 배로 싣고 왔다. 그와 함께 우리나라에 명을 내려 군사 5천 명을 징발하여 일본 정벌을 돕도록 하였다.

○ 원나라에서 사신을 보내어 와서 부녀자를 색출하여 만자蠻子[53]의 아내가 되게 했다. 이때 (양양성襄陽城을 지키던 송나라의 장군) 여문환呂文煥이 원나라에 항복하였는데, 만자蠻子는 양양부襄陽府의 생권군生券軍[54]들이다. {명주 1천 3백여 단段을 보내고 남편이 없는 부녀자 1백 40명을 요구하였다. 역적의 부인들과 승려의 딸들로서 그 수를 채워 보내자 원망하는 목소리가 크게 일어났다.}

○ 여름 5월에 세자가 원나라 임금의 딸 홀도로게리미실忽都魯揭里迷失 공주에게 장가들었다.

○ 6월에 왕이 제상궁提上宮에서 훙거하니, 원나라에 유언 표문을 올렸다. 향년 56세이다. 소릉韶陵(경기도 개풍군 영남면 소릉리에 소재)에다 장사지냈다.

사신史臣의 논찬論贊

왕이 세자였을 때에 권신들이 정권을 대대로 집권하고 몽골 군사들이 해마다 계속 우리나라 경내를 위압하므로 안팎이 시끄러웠다. 왕이 친히 원나라에 조회하여 양초梁楚

---

53 원나라에 항복한 남송南宋 출신 귀순병을 중심으로 하여 조직한 군대.

54 특별한 임무를 수행하는 군대로 남송南宋 때에 시작된 제도이다.

지방에서 세조世祖를 뵈니 세조가 기뻐하였다. 이로부터 대대로 장인과 사위의 좋은 인연을 맺어 우리나라 백성들로 하여금 안심하고 즐거이 살 수 있도록 하였으니, 이 또한 칭찬할 일이다. 그러나 이런 시기야말로 결단을 내려 권신을 제거하여야 할 때였으나, 그렇게 하지 못하고 오히려 협박을 받아 폐위되기까지 하였다. 그가 복위함에 이르러서는 연락과 안일에 빠져 비빈과 궁녀들이 그 마음을 좀먹고 환관들이 마음대로 명령을 출납하게 되니, 이로써 홍자번洪子藩의 충고를 면치 못하게 되었다.[55] 애석한 일이다.

55 홍자번이 원종 때에 우부승선으로 있으면서 임금에게 아뢰기를, "요즈음 전하께서 직접 정사를 처리하지 않고 각 관청의 보고와 상주문들을 모두 환관들에게 위임하여 출납케 하고 있으니 전국 사람들이 실망하고 있습니다. 직접 모든 정사들을 돌보아 백성들의 희망대로 따라 주기를 바랍니다."라고 하였다.

| 휘찬여사 권5 |

세가 5

휘찬여사 권5

세가世家 5

충렬왕 세가忠烈王世家

왕의 이름은 거昛이고, 처음 이름은 심諶이다. 원종元宗의 원자元子이다. 어머니는 순경후順敬后 김씨金氏{고종 23년 병신년(1236)에 낳았다.} 고종이 홍거하자 태손太孫으로서 권감국사權監國事가 되었으며, 원종 원년(1260)에 태자로 책봉되었다.

○ (원종) 15년(1274)에 원나라에 가서 원주元主(원 황제)의 딸 장공주長公主와 결혼하였다. 원종이 홍거하자 멀리서 왕이 되었다.

○ (원종 15년) 8월에 원나라에서 돌아와 강안전康安殿에서 즉위하였다. 왕은 남면하고 조사詔使는 동향하였다.{왕이 부마이므로 조사가 왕을 추대하여 남면하게 하였다.}

○ 송나라의 도종度宗이 붕거하였다.{가사도賈似道가 가국공嘉國公 현㬎을 세웠다. 이때 나이가 4세였다. 사후謝后가 조정을 맡았는데 칭제稱制[1]하였다.} 원나라에서 평장사平章事 사천택史天澤, 좌승상左丞相 백안伯顔에게 명하여 군사를 이끌고 송나라를 침공하게 하였다.

○ 겨울 10월에 도독사都督使 김방경金方慶이 중군中軍 김신金侁을 좌군사左軍使, 김문비金文庇를 우군사右軍使로 삼아 삼익군三翼軍이라 칭하고, 원나라의 원수 홀돈忽敦·홍다구洪茶丘·유복형劉復亨과 함께 몽한병蒙漢兵 2만 5천을 영솔하였다. 우리 군사 만여 인이 일본을 원정하였는데 합포合浦를 출발하여 다음 11일에 일기도一岐島에 이르렀다. 왜병이 언덕 위에 진을 치고 있었는데, 여러 장수들이 힘써 싸워 천여 급을 참하였다. 드디어

1 임조칭제臨朝稱制의 줄인 말. 군주제 하에서 황후나 황태후, 태황태후 등 여성이 황제를 대리하여 통치하는 것을 말한다.

배를 삼랑포三郎浦에 버리고 길을 나누어 진격하였는데, 왜병이 크게 패하여 시체가 삼[麻]처럼 엎어져 있었다. 김방경이 다시 결전을 하기를 청하였으나, 홀돈이 듣지 않아서 군사를 이끌고 돌아왔다. 마침 밤에 큰 바람과 비가 있어서 전함이 바위와 벼랑에 부딪쳐 많이 깨졌다. 김신은 바다에 빠져서 죽었다. 합포에 돌아오니 아군 중 돌아오지 못한 자가 무려 1만 3천여 인이었다.

○ 11월에 공주가 원나라에서 왔다. 국왕이 서북계에서 친히 영접하였는데, 호복으로 같은 가마에 타고 나라에 들어오니, 보는 사람들이 놀라고 괴이하게 생각하였다. 이때에 종행한 재신들이 머리를 깎지 않으니, 국왕이 책망하고 전구前驅로 하여금 예복을 입은 자를 쫓아내도록 하였다. 백관들이 분주하게 다니다가 질서를 잃었다. 그러나 부로父老들이 서로 경하하며 말하기를, "뜻하지 않게 100년 동안 전쟁하던 끝에 다시 태평한 시대를 보게 되었다."고 하였다.

○ 이신손李信孫을 원나라에 보내어 권농사勸農使를 두는 것을 면해달라고 하였다. 상주上奏하기를, "우리나라는 아직 나라 이름을 가지고 있는데, 성상의 뜻을 생각한다면 이렇지는 않을 것입니다. 그러나 한탄스러운 것은 삼한의 땅에 아직 한 번도 천감天鑑(황제가 직접 통치를 함)을 한 적이 없어서, 바라건대 권농의 일은 일단 신에게 맡기시면 신이 마땅히 백성들에게 깊이 권하여 성상께서 백성들을 걱정하는 뜻에 부응하겠습니다."라고 하였다.

○ 12월에 백안伯顔이 강을 건너니, 강 주변의 여러 장수들이 바람처럼 들러붙었다[款付].

충렬왕 원년 을해년(1275) (송 공종恭宗) 덕우德祐 원년

○ 사천택史天澤이 졸하였다.

○ 봄 정월에 홀돈忽敦이 북쪽으로 돌아가고, 송나라의 가사도賈似道가 군사를 내어 원나라 사람들과 정가주丁家洲에서 전투하였다. 손호신孫虎臣, 하귀夏貴가 도망하고 가사도가 징을 한 번 울리니 13만 군중이 일시에 궤산하였다. 가사도가 도망하여 양주楊

州에 돌아와, 도읍을 옮겨 원나라의 군사를 피하자고 하였으나 태후가 허락하지 않았다. 악주 도통鄂州都統 장세걸張世傑, 강서 제형江西提刑 문천상文天祥이 군사를 일으켜 호위하러 들어오고, 원나라 군사는 승승장구하며 동쪽으로 내려왔다.

○ 선유일본사宣諭日本使 시랑侍郎 은세충殷世忠이 왔다.

○ 여름 6월 경자 초하루에 일식이 있었다.{송나라에 개기일식이 있었는데, 낮이 밤처럼 어두웠다.}

○ 송나라에서 가사도賈似道를 주륙誅戮하고, 진의중陳宜中이 재상이 되었다. 이때 근왕하는 군사가 아직 40만 인이었다. 문천상文天祥, 장세걸張世傑이 모두 일전을 별렀으나 진의중이 허락하지 않고 사신을 보내어 표문을 받들고 원나라에 칭신稱臣을 하였다. 백안은 듣지 않고 익왕益王, 신왕信王에게 명하여 이광二廣(광동, 광서)에 진을 두게 하였다.

충렬왕 2년(1276)

○ 봄 정월에 백안伯顔이 임안臨安에 진격하여 거의 육박하였다. 진의중陳宜中이 태후에게 아뢰어 국새를 전해 올리고 항복하였다. 황제와 태후, 복왕福王, 기왕沂王, 시종侍從 3학사가 모두 조칙詔勅을 받고 북행北行하였다. 익왕益王이 복주福州에서 즉위하였다.{이가 단종端宗이다.}

○ 왕과 공주가 묘관猫串에서 사냥을 하였다.{이때부터 무시로 사냥을 나갔다.} 처녀를 원나라에 바치고, 선지宣旨를 왕지王旨로, 짐朕을 고孤로, 사赦를 유宥로, 주奏를 정呈으로 바꾸었다.{다루가치[達魯花赤]가 그 예의 참월함을 힐난하여 이렇게 바꾸었다.}

○ 탐라耽羅 성주星主가 내조來朝하였다.

○ 왕이 원나라에 조공하겠다고 청하였지만, 원나라 임금[元主]이 그만두게 하였다.

○ 원나라에서 사신을 보내 홍주洪州에서 금을 채취하였다.{총 70일 동안 공부工夫 1만 천 400여 명을 써서 금 7량 7푼을 얻었다.}

○ 가을 9월에 원나라가 강회江淮를 평정하고 불화不花를 파견하여 조서를 내려 천하에 사면령을 내렸다.

충렬왕 3년(1277)

○ 봄 정월에 아들 원源을 왕세자로 책봉하였다. 주열朱悅이 원나라에 가니, 승상 합백哈伯이 주열에게 이르기를, "북쪽 변방에 경보가 있으니 의당 군사를 내서 도우라."고 하고, 장순룡張舜龍을 파견하여 북쪽 변방을 원정하는 데 도울 것을 청하였다.{종친 해도海都가 반란을 일으켰다.}

○ 성첩省牒(중서성의 문서)에, "탈환팔도아脫歡八都兒가 이미 피살되어 퇴각하였으니, 너희 군사는 올 필요가 없다."고 하였다.

○ 흔도忻都의 아들 기琪가 안평공安平公의 딸과 혼인하였다.

○ 가을 7월에 왕이 갑자기 병에 걸렸다. 재신들이 영선營繕을 정지하고 응방鷹坊을 놓아주도록 청하니 공주가 허락하였다.{우리나라에는 산골짜기가 많아서 높은 집을 짓지 않았는데, 공주가 고층 누각을 지으려고 하니 관후서觀候署에서 간하여 그만두었다.}

○ 경상도에 기근이 들어서 조세를 감하여 주었다.

충렬왕 4년(1278)

○ 봄 정월에 위득유韋得儒가 김방경金方慶이 모반한다고 무고하여 왕과 흔도忻都가 국문하였다. 김방경이 불복하자 대청도大靑島에 유배시켰다.

○ 여름 4월에 왕과 공주, 세자가 원나라에 갔다. 원나라 임금[元主]이 칙명을 내려 김방경과 위득유가 왕을 따라 원 조정에 들어와 대변對辨하라고 하였다. 흔도가 북으로 돌아가고, 왕도 원에 이르니{개평부開平府 동문 밖에 휘장을 설치하고 기다렸다.} 원주가 황자皇子 탈완脫歡을 교외에 보내어 위로하였다.

○ 가을 7월에 왕이 원나라 임금[元主]을 알현하고 아뢰기를 "거가車駕가 장차 북정한다고 들었습니다. 신도 청컨대 군비를 갖추어 직접 가겠습니다."고 하니, 원주가 웃으며 말하기를 "북방 사람들이 이미 궤주하였다."라고 하였다. 왕이 "일본이 험한 것을 믿고 조공을 하지 않는데, 신은 원컨대 다시 배를 만들고 군사를 청하여 죄를 묻고 토죄를 하기를 바랍니다."라고 하였다. 원주가 "왕은 돌아가 재상들과 깊이 계책을 세워라."고 하였다. 왕이 또 아뢰기를 "폐하께서 공주를 내려 주시니 소방의 백성들이 이

제 살 가망이 있습니다. 그런데 다구茶丘가 있습니다. 신이 나라를 다스리는 데 어렵지 않겠습니까? 다구 같은 사람은 단지 군사만 알 뿐인데, 국가의 일에 이르러서도 모두 마음대로 하려고 합니다. 다루가치[達魯花赤]를 남방에 설치한 것도 신은 알지 못하는 바입니다. 엎드려 바라건대 다구를 소환하여 동쪽의 나리를 평안하게 하소서." 하였다. 원주가 "이것은 쉬운 일이다."고 하고, 조금 있다가 "오직 요순우탕堯舜禹湯 만이 능히 제왕帝王의 도를 행하였다. 그 후에는 군주는 약하고 신권이 강하여 의식衣食을 모두 신하에게 청한다. 옛날에 한 군주가 양고기를 좋아하였는데, 신하가 주면 먹고 안 주면 먹을 수가 없었다. 송宋 도종度宗이 있는데, 유아幼兒의 아비이다. 가사도賈似道가 권력을 마음대로 하여, 그 애첩을 내놓으라고 하니 어쩔 수 없이 그에 따랐다. 어찌 군주가 신하를 두려워하여 그의 총희寵姬를 버리는가? 왕의 부왕父王도 임연林衍이 마음대로 폐하는 것을 면할 수 없지 않았는가? 짐이 듣건대 왕도 재상의 꾐을 믿는 것이 이와 같으니, 능히 나라를 다스리면 정말 좋지만, 그렇지 못하다면 부끄러운 것이 아니겠는가?" 하였다. 대답하기를 "다구茶丘의 망령된 말입니다." 원주가 말하기를 "사람들이 많이 이야기를 한다. 그대는 재상과 함께 나라를 잘 보지保持할 사람을 택하여 헤아려서 행하라."고 하였다.

왕이 인하여 김방경이 무함을 받은 사실을 말하였다. 원주가 "그러한가." 하고 관인들을 돌아보며 말하기를 "빨리 다구를 소환하라."고 하였다. 또 흔도忻都에게 어떠한가 하고 물으니, 대답하기를 "다구가 있다면 비록 저(흔도)라도 믿지 않을 수 없습니다."고 하였다. 인하여 강수형康守衡에 대하여 묻기를 "고려의 복색은 어떠한가?" 하니, 대답하기를 "달단韃靼의 의복을 입어도 조칙을 맞이할 때에는 고려 복장으로 합니다."고 하였다. 원주가 "사람들이 짐에게 고려 복장을 금하라고 하는데, 어찌 그러겠는가? 너희 나라의 예를 어찌 갑자기 폐하겠는가?{이때 재상과 백관들이 다수가 머리를 깎은 자들이 있었는데 황제의 명으로 나온 것이 아니다.} 여러 왕대의 사적 및 귀부歸附 연월을 기록하여 국사원國史院에 올려라." 하였다.

뒷날 원주가 관군이 소요를 일으킨 일을 물었는데, 흔도忻都가 모시고 있었다. 왕이 흔도에게 "너의 휘하가 우리 아이의 집을 침입하여 잡아서 곤장을 쳤다. 우리 아이의 집도 면하지 못하는데 하물며 백성들이겠는가. 너희들은 내가 백성들을 안집安集시키지 못한다고 하지만, 네가 이와 같이 소요를 일으키니 내가 어찌 능히 안집시키겠는가?" 하였다.

이때 위득유韋得儒가 갑자기 죽었다. 원주가 김방경을 사면하여 돌려보내고 드디어 흔도, 다구의 군 및 종전군인種田軍人을 혁파하고 합포진수合浦鎭戍도 모두 돌아갔다. 왕이 장차 물러나오려는데, 다시 불러서 앞으로 나아가니, 말하기를 "짐은 글을 모르는 추비麤鄙한 사람이다. 그대는 글을 자세히 아는 사람이지만 짐의 말을 들어라. 성길사成吉思 황제(칭기스칸)가 일찍이 말하기를 '사람이 진실로 조금이라도 효심이 있으면 하늘이 반드시 그것을 알 것이다. 네가 나를 즐겁게 하려면 네가 한 병 술이라도 가지고 오거라. 이것이 또한 효이니라.'"고 하였다. 왕이 말하기를 "여러 군대가 돌아가면서 양민을 몰아가지 못하게 하십시오." 하니, 원주가 "짐이 이미 말하였다. 누가 감히 너의 백성을 한 명이라도 데리고 오겠는가?" 하였다. 왕이 다루가치[達魯花赤]를 청하니, 원주가 "네가 좋을 대로 하라."고 하였다. 왕이 또 합포진수合浦鎭戍가 머물러 있어 왜적에 대비하게 해달라고 청하니, 원주가 "그것은 너희 백성에 해가 없겠는가? 네가 스스로 너희 사람을 써서 진수鎭戍를 하면 왜구가 두려울 것이 없을 것이다."고 하였다.

○ 계묘일에 왕이 인사하고 돌아왔다. 원주가 겁얼怯薛 단안독구旦安禿丘를 시켜서 왕을 호위하여 북경에 이르렀다. 탈환脫歡이 달달가達達歌로 잔을 권하니 왕이 홀적忽赤으로 하여금 「감황은곡感皇恩曲」을 부르게 하여 수답하였다.

○ 다루가치達魯花赤 경력經歷 장국강張國綱이 북으로 돌아갔다.{장국강은 처사가 밝고 공평하여 도움이 되는 바가 많았다.}

○ 가을 9월에 왕이 원에서 돌아왔다. 이 행차에서 모든 것을 아뢰어서 침요侵擾하는 일들을 제거하니, 나라 사람들이 덕을 칭송하고 감읍하였다. 원나라에서 우리나라에 곡주谷州, 수안遂安, 은율殷栗을 돌려주었다.{세 읍은 일찍이 투배投拜한 적이 없는데 최단崔坦이 망령되이 아뢰어서 바친 것이다. 황제가 깨달아서 돌려준 것이다.}

○ 겨울 12월 신묘일에 왕이 원나라에 갔다. 정미일에 연경燕京에 도착하였다.

충렬왕 5년(1279)

○ 봄 정월에 왕이 원나라에 있는데, 원주元主가 송나라의 보기寶器, 봉병鳳甁, 옥적玉笛 등 90건을 하사하였다.

○ 2월 정해에 왕이 원나라에서 돌아왔다.

○ (송나라가 망하는 과정) 원나라의 장홍범張弘範이 애산崖山을 습격하여 격파하였다. 육수부陸秀夫가 황제를 업고 바다로 가서 죽었다. 송나라가 망하였다.

이보다 전에 송나라 단종端宗이 강주硐州에서 붕거하였다. 군신들이 많이 흩어져 가려고 하였는데, 육수부가 말하기를 "도황度皇의 한 아들이 아직 있는데 장차 어찌해서 포기하는가. 고인古人 중에는 작은 땅과 인구[一旅一成][2]로 중흥한 자도 있다. 지금 백관유사百官有司가 모두 사졸 수만 명이 있는데, 하늘이 만약 아직 송나라를 끊으려고 하지 않는다면 이것으로 나라를 만드는 것이 불가능하겠는가?" 하고, 무리들과 함께 광왕廣王을 세웠다. 이때 나이가 8세였다. 장세걸張世傑은 강주硐州에 거주할 수 없다고 생각하여, 애산崖山이 광중廣中에 있고 조광潮廣 지방에서 각각 400리이며 두 산이 서로 마주하고 있는 가운데에 항구가 있어서 배를 숨길 수가 있었다. 이에 황제를 받들고 이주하여 큰 배 천여 척을 묶어서 일자진一字陣을 만들어 해중에 정박하였다. 가운데는 삿대를 두고 바깥에는 키가 되게 하여[中艣外舳] 큰 새끼로 꿰었다. 사방 둘레에 성채처럼 다락집[樓棚]을 일으켜 세워 황제가 그 사이에서 거주하여 죽을 계책을 하니 사람들이 모두 위태롭게 생각하였다. 장세걸이 말하기를 "잦은 항해를 어느 때에 그만 두겠는가. 이제 모름지기 승부를 결해야 한다."고 하였다.

이에 이르러 장홍범이 조양항潮陽港을 거쳐서 바다에 들어가 첩자諜者를 잡았는데, 황제의 소재지를 알고 있었다. 드디어 배와 군사를 이끌고 대양大洋에 들어가 장세걸의 군사와 서로 마주치게 되었다. 또 기병奇兵을 내서 송나라 군사가 물을 긷는 길을 차단하였다. 송나라의 배는 견고하지만 움직일 수가 없었고, 병사들은 10여 일 동안

---

2 가로세로 10리里가 되는 것을 성成이라고 하고 500인을 려旅라고 하였다. 땅이 좁고 인구가 적어 힘이 약한 것을 형용한 말이다.(참고 : 『左傳』 哀公元年, "有田一成, 有衆一旅, 能布其德而兆其謨.")

건량만 먹으니 크게 갈증이 나서 바닷물을 떠마시게 되고, 짠물을 먹어서 바로 토하고 설사하게 되니 병사들이 크게 곤궁하게 되었다. 장홍범이 사람을 파견하여 애산崖山에 효유하였으나 사민士民들이 응하는 자가 없었다. 마침 이항李恒이 광주廣州에서 군사를 끌고 와서 장홍범을 만났다. 그리고 그 군사를 4분하여 스스로 한 군대를 이끌며 서로 몇 리쯤 떨어져 있었는데, 여러 장수들에게 명하기를 "송나라 배는 서쪽으로 애산에 정박하였고 조류는 반드시 동쪽으로 흐를 것이다. 몰래 급히 공격하는데, 나의 음악이 들리면 싸우라. 명령을 위반한 자는 참한다."고 하였다. 이항이 아침에 조류가 물러가는 것을 틈타서 그 북쪽을 공격하였다. 장세걸은 회병淮兵으로 죽을 각오로 싸웠다. 오시午時에 조류가 올라오니 원군의 음악이 나왔다. 장세걸은 태만히 생각하고 대비를 하지 않았다. 장홍범이 배로 그 남쪽을 공격하고, 장세걸은 남북에서 적을 맞게 되니 병사들이 모두 피곤하여 다시는 싸울 수 없게 되었다. 군대는 크게 궤멸되었고, 원나라 군사는 중군中軍에까지 육박하였다. 마침 날이 저물고 비바람이 부는데 저녁 안개가 사방에 가득 찼다. 육수부陸秀夫는 황제의 배로 도주하였으나 황제의 배는 둘러서 묶어놓아서 나갈 수가 없었다. 황제에게 이르기를 "덕우德祐 황제가 모욕을 당한 것이 이미 심합니다. 폐하는 다시 욕을 볼 수 없습니다."고 하고 바로 황제를 업고 같이 익사하였다. 양태후楊太后가 그 소식을 듣고 또한 바다에 가서 죽었다. 송나라가 망한 것이다.

○ 가을 8월에 일본인이 원나라 사신을 살해하였다. 왕이 지선池瑄을 원에 보내어 아뢰게 하였다. 허공許珙·홍자번洪子藩을 도지휘사로 삼아 전함을 수리하는 것을 독려하고, 권단權㫜·주열朱悅·곽여필郭汝弼 등을 계점사計點使로 삼았다.

○ 화성이 달을 침식하였다.

충렬왕 6년(1280)

○ 감찰사監察司에서 시사를 논하였는데, 왕이 크게 노하여 어사御史 심양沈諹을 국문하고 잡단雜端 진척陳倜과 문응文應 등을 해도로 유배하였다.

○ 다음 날 왕이 장경도량藏經道場에 행차하였다. 전각殿閣 뒤에 두견화가 만개한 것을

보고 시를 한 편 쓰고, 사신詞臣 백문절白文節·반부潘阜·곽예郭預 등에게 화답하여 올리도록 하였다. 백문절 등이 진언하여 심양의 죄를 사면하도록 청하니 바로 명하여 석방하도록 하였다. 조금 있다가 또 진척, 문응 등을 석방하였다.

○ 여름에 아합마阿哈馬(아카마)가 처녀를 구하였다.{이때 아합마(아카마)가 전권을 가지고 마음대로 하였다. 뒤에 익도천호益都千戶가 되었는데, 왕저王著에게 살해되었다.}

○ 원나라에서 황자皇子를 대청도에 유배시켰다.

○ 가을 8월 신미일에 왕이 원나라에 갔다. 을미일乙未日에 상도上都에 도착하여 황제를 알현하고 다시 동정東征할 것을 청하니 황제가 허락하였다. 이에 흔도忻都와 다구茶丘에게 명하여 몽한려군蒙漢麗軍 4만을 이끌고 합포合浦를 출발하였고, 범문호范文虎는 만군蠻軍 10만을 이끌고 강남을 출발하여 일본 일기도一岐島에서 모두 만나게 하였다.

○ 9월에 왕이 원에서 돌아왔다.

○ 겨울 12월에 황제가 왕을 개부의동삼사 중서좌승상 중서성사開府儀同三司中書左丞相中書省事로, 김방경은 관령 고려도원수管領高麗都元帥로 삼았다.{제장諸將에게 모두 금패金牌를 차등있게 하사하였다. 흔도 등이 전권을 할 수가 없었는데, 이는 박항朴恒의 꾀이다.}

충렬왕 7년(1281)

○ 봄 정월에 원에서 『수시력授時曆』을 반사頒賜하였다.{허형許衡, 곽수경郭守敬이 만든 것이다.}

○ 3월에 흔도와 다구가 왔다.{이때 익조翼祖도 조명朝命으로 와서 왕을 알현하였는데, 진퇴가 겸손하고 엄숙하여 왕이 기쁘고 좋게 여겼다.}

○ 황후 홍길랄弘吉剌(옹기라트)가 죽었다. 공주가 의주懿州까지 분상하였는데 황제가 칙명으로 돌아가라고 하였다. 왕과 흔도 등이 일을 의논하는데, 왕이 남면南面하고 흔도는 동면東面하였다. 원에 사대한 이래로 처음 이러한 예가 있어서 나라 사람들이 크게 기뻐하였다.

○ (제2차 일본 원정) 여름 4월에 왕이 합포에 행차하여 대열大閱하였다. 무술일에 군사가 합포를 출발하여 대명포大明浦를 거쳐서 일기도一岐島에 이르렀다. 김방경이 힘

써 싸워 적 300여 급을 참수하였는데, 왜병이 돌격하여 오니 관군이 궤산하고 다구는 겨우 빠져나왔다. 이때 군중에 큰 전염병이 생겨서 흔도 등이 여러 차례 전투를 하였지만 이기지 못하였다. 또 범문호范文虎가 시기를 지나도록 이르지 않자 회군回軍할 것을 의논하였다. 조금 있다가 범문호가 전함 3500척으로 도착하였으나, 마침 큰 바람을 만나서 배가 부서져서 만군蠻軍이 모두 익사하였다.{만군은 송나라 병사들이다. 14만이 한 산一山에 함께 사니 배가 고파 전투할 수가 없어서 왜에게 투항하였다. 왜인은 공장工匠 및 농사를 지을 줄 아는 사람만 택하여 머물게 하고 나머지는 모두 살해하였다.} 흔도 등이 군사를 돌려 북쪽으로 돌아갔다.

충렬왕 8년(1282)

○ 원이 이에 정동행성을 혁파하고 군사 400여 인을 파견하여 합포에 진수하게 하였다.

충렬왕 9년(1283)

○ 원이 다시 아탑해阿塔海(아타카이)를 정동행성 승상征東行省丞相으로 삼고 오위군五衛軍 2만 인을 출동시켜 장차 일본을 정벌하려고 하였다. 최욱崔彧이, 강남에 도적이 계속 일어나 모든 수수水手(선원)들이 해선海船을 만드는 데 관계하여 백성들이 살 수가 없으니 일본 정벌을 우선 정지하자고 말하였다. 이에 오위군이 일본을 원정하는 것을 면할 수가 있었고, 1만 인은 상도上都로 출발하게 하였다.

○ 여름 5월에 정인경鄭仁卿이 원나라에서 돌아왔다. 왕이 함선을 만드는 것을 파하게 하였다.

충렬왕 10년(1284)

○ 여름 4월에 왕 및 공주, 세자가 원나라에 갔다.

○ 가을 9월에 왕이 원나라에서 돌아왔다.

충렬왕 11년(1285)

○ 봄 정월에 원이 안동安童을 우승상右丞相으로 삼았다.{이 기사를 왜 쓰는가 하면 원이 사신을 파견하여 와서 고하였기 때문이다.} 최탄崔坦이 와서 왕을 향응하고, 함선을 만들고 식량을 조달하는 것을 독려하였다. 황태자 진금眞金(진킴)이 졸하였다.{제안공齊安公을 파견하여 태자太子의 상을 조문하였다.}

충렬왕 12년(1286)

○ 황제가 동정東征을 혁파하도록 조서詔書를 내렸다. 오양우吳良遇 등에게 명하여 국사를 편찬하게 하였다.{장차 원나라에 올리려고 하는 것이다.}

충렬왕 13년(1287)

○ 첨의중찬僉議中贊 원부元傅가 졸하였다. 송분宋玢을 지도첨의사知都僉議事로 삼았다.

○ 여름 5월에 왕이 제왕諸王 내안乃顔(나얀)이 반란하였다는 소식을 듣고 군사를 일으켜 토벌하는 데 돕겠다고 하니, 황제가 허락하였다. 왕이 친히 전군前軍을 통솔하고 개성開城 묘산卯山에 나아가 머물렀다.

○ 가을 8월에 황제가 내안乃顔(나얀)을 친정親征하여 사로잡고 그 성을 빼앗았다. 황제의 어가御駕가 연경燕京에 돌아오자 왕에게 명하여 역전驛傳(역마)을 타고 들어와서 축하하라고 하였다. 왕이 원나라에 가고, 공주, 세자를 불러 조하를 하도록 하였다.

○ 겨울 12월에 왕이 원에서 돌아왔다. 허공許珙이 첨의중찬僉議中贊이 되었다.

충렬왕 14년(1288)

○ 내안乃顔(나얀)의 여당餘黨이 다시 반란을 일으키자, 원나라에서 군사와 식량을 조발調發하여 건주建州에 나오도록 하였다. 건주는 본국에서 3,000리여서 식량을 운반하기가 어려웠으나 호언장담하며 군사를 내서 토벌을 도왔다. 쌍성雙城에 진수鎭戍하며 대비하였다.

충렬왕 15년(1289)

○ 가을에 원나라에서 와서 군사를 징발하였다. 해도海都의 군사가 변방을 침범하여 황제가 직접 원정하려고 하였기 때문이다. 만호 김흔金忻을 파견하여 요양遼陽에 보냈는데 곧 파하여 돌아왔다.

○ 겨울 11월에 왕이 원나라에 갔다.

충렬왕 16년(1290)

○ 봄 3월에 왕이 원나라에서 돌아왔다. 황제가 동녕부東寧府를 혁파하고 우리나라의 서북 지방 여러 성을 돌려주었다.

○ 여름에 내안乃顔(나얀)의 여당餘黨 합단哈丹(카다안)이 침략해왔다. 대장군 한신韓愼에게 명하여 방어하도록 하였다. 왕과 공주가 사냥하는 것을 그치지 않았는데, 유비柳庇를 원에 파견하여 군사를 요청하였고, 적을 피하여 강화에 들어갈 것을 청하였다. 황제가 허락하였다.

○ 겨울 10월에 원나라에서 사신을 파견하여 사면령을 반포하였다. 원나라 땅에서 지진이 있었는데, 무평武平이 더욱 심하여 압사한 관민官民이 7,000여 인이었다. 황제가 걱정하여 재앙이 일어난 이유를 물으니, 논하는 사람들이 상가桑哥를 두려워하여 감히 시정時政을 절실하게 지적하지 못하였다. 이때 황제의 나이가 많아 홍길랄 후弘吉剌后(옹기라트)가 용사用事를 하였는데, 상가桑哥(셍게)가 권력을 마음대로 하고 충신과 현인[忠賢]을 죽이고 쫓아냈다[誅貶]. 흔도忻都 등을 파견하여 천하의 전곡錢穀을 계산하였는데, 백성들이 살 수가 없어서 자살하는 자가 계속 이어졌다. 조맹부趙孟頫가 황제에게 들어가 모름지기 견제蠲除하는 조서詔書를 내리면 천변天變을 막을 수 있을 것이라고 아뢰니, 황제가 이에 따랐다. 드디어 천하에 사면령을 내렸다.{다음해에 상가桑哥는 복주伏誅되었다.}

○ 세자가 원나라에 갔다.

○ 합단哈丹이 화주和州, 등주登州 두 주를 침범하였고, 왕은 강도江都로 들어갔다.

충렬왕 17년(1291)

○ 봄 정월에 합단哈丹이 철령鐵嶺을 넘어오자, 방수 만호防守萬戶 정수기鄭守琪가 바람만 보고도 도망하였다. 철령의 길이 험애險隘하여 겨우 한 사람이 지날 수 있었는데, 합단哈丹(카다안)이 말에서 내려 고기꿰미처럼 올라왔다. 적이 굶주림이 심하여 정수기가 남긴 양식을 얻어서 날개처럼 나아가 남쪽으로 교주도交州道에 들어가 양근楊根을 함락시키고 원주原州 치악성雉岳城을 공격하였다. 진사 원충갑元沖甲이 공격하여 패퇴시키니 적봉의 예리함에 꺾였다. 여러 성에서 그 소문을 듣고 굳건히 지키고 비로소 적을 가볍게 여기는 마음이 생겼다. 이보다 전에 오인영吳仁永을 파견하여 군사를 구걸하였는데, 황제가 "너희 나라는 당唐 태종太宗이 친정親征을 했어도 이기지 못하였고, 또 우리 왕조에 있어서도 처음에는 귀부歸附하지 않았었다. 원정했어도 또한 쉽게 전공을 올리지 못하였다. 지금 이 조그만 도적을 왜 그리 두려워하는가?" 하였다. 오인영이 "고금의 성쇠가 같지 않습니다."라고 대답하였다. 황제가 밤에 전투하라고 하유하고, 나만대那蠻歹(나이만다이){오할五割의 반절反切이다} 대왕大王, 설도간薛闍干(세토겐), 자리첩목아闍梨帖木兒(토리티무르)에게 명하여 군사 2만 3천여 인을 이끌고 동쪽으로 가게 하였다.

○ 3월 신사일에 왕이 남도藍島에 출영出迎하였다. 나만대那蠻歹(나이만다이)가 왕에게 친히 방어를 하라고 청하였으나, 왕이 늙고 병들었다고 사양하였다. 인후印侯, 한희유韓希愈, 김흔金忻에게 명하여 3익군翼軍을 가지고 토벌하는 데 돕도록 하였다.

○ 여름 5월에 적이 충주忠州를 경유하여 연기현燕岐縣에 주둔하여, 여러 군이 적을 추격하여 남하하였다.

정유일에 목주木州를 출발하여 해뜰 무렵에 정좌산正左山 밑에 이르러 적진에 육박하였다. 적이 놀라서 험애를 뒤에 지고 싸웠다. 김흔金忻이 감사군敢死軍 500을 이끌고 먼저 올라가 죽기로 싸워 적을 참하고 전봉前鋒(선봉)이 크게 소리를 쳤다. 이에 여러 군이 합력하여 공격하니 적이 크게 무너졌다. 추격하여 공주公州 강에 이르니 엎어진 시체가 30여 리에 이어졌다. 적 천 여 기騎가 강을 건너 도망하여 갔다.

갑진일에 다시 군사를 정리하여 와서 싸우자, 대군이 마음대로 공격하여 패배시켰다. 합단哈丹 부자父子가 포위를 무너뜨리고 탈출하여 돌아갔다. 설도간薛闍干은 군령軍

令이 엄숙하여 추호도 범하지 않았다. 날을 새워서 행군을 하는데 불의에 적이 나왔으나 두 번 싸워서 격파하니 모두 그의 힘이다.

을축일에 대군이 북쪽으로 돌아가기에, 왕이 맞이하여 잔치를 베풀려고 하였는데, 설도간이 "명 받은 일을 마쳤으니 머물러 있을 수 없다."고 하고 바로 갔다.

○ 6월에 황제가 강남미江南米 10만 석을 운반하여 와서 진휼을 하라고 명하였다.

○ 가을 8월에 첨의중찬僉議中贊 허공許珙이 졸하였다.

○ 9월에 황제가 세자에게 특진상주국特進上柱國을 수여하고 금인金印을 하사하였다.

충렬왕 18년(1292)

○ 원나라에서 합단(카다안) 적당賊黨 아리독阿里禿(아르도) 대왕大王, 탑야속塔也速(타예쉬) 대왕, 돌길출闍吉出(토기취) 대왕을 여러 섬에 유배시켰다.

○ 여름 5월에 세자가 원나라에서 돌아왔다.

○ 윤6월에 세자가 원나라에 가서, 자단전紫檀殿에서 황제를 알현하였다. 정우승丁右丞이라는 자가 있었는데, 강남江南의 전선戰船은 비록 크지만 부딪치게 되면 깨지는데, 이것이 범문호范文虎가 패한 이유라고 하였다. 만약 고려로 하여금 배를 만들어서 다시 원정을 하면 일본을 취할 수 있을 것이라고 아뢰었다. 이에 황제가 홍군상洪君祥을 보내어 동정東征의 일에 대하여 문의하였다. 왕이 대답하기를 "신은 불행히도 이웃이 조공하지 않는 풍속을 가지고 있으니 감히 직접 토벌을 하여 조그마한 노고를 다하지 않겠습니까?" 하였다.

○ 겨울 10월에 왕이 감찰어사監察御史 김유성金有成을 선유사宣諭使로, 직문한서直文翰署 곽린郭麟을 서장관書狀官으로 삼아서 원나라에 들어간 왜인을 호송하여 그 나라에 돌려보내고, 인하여 글을 보내 초유招諭하였다. 그 글(초유문)에 이르기를 "우리나라가 대원大元을 신으로써 섬기기를 삼가고 예법에 맞게 하니, 황제가 특별히 총애하여 공주를 시집보내는 것을 허락하고 책봉하여 부마駙馬로 삼아 종기宗器(종통)를 승습承襲하고 군신사직君臣社稷과 예악문물禮樂文物은 일체 예법대로 하게 하였다. 백성이 안도하고 생업을 즐기고 편안히 살게 되었으니 이는 실로 정성을 다해서 사대事大한 때문이다. 또

생각해보면, 송 왕조의 군민軍民이 적은 것이 아니고, 금탕성지金湯城池는 견고하지 않은 것이 아니지만, 당우唐虞의 대통이 있다는 것을 모르고 스스로 크게만 여겨 조공을 하지 않으니 황제가 학사學士 난경赧經을 보내어 선유한 것이 여러 번이었다. 송 왕조가 미열하여 깨닫지 못하니 황제가 진노하여 군사를 일으켜 토벌한 것이다. 위엄과 함성이 더하여 마치 돌로 달걀을 누르는 것 같으니, 나라 이름[國號]를 진멸殄滅하고 구묘九廟가 불에 타서 300년간 쌓은 터전이 하루아침에 엎어지게 되었다. (그 자리에) 관직을 설치하고 성을 두어 남은 백성들을 보호하였다. 생각건대 귀국에서도 역시 다 들었을 것이다. 아! 송 왕조는 비록 크지만 천명을 거슬러서 망하였고, 우리나라는 비록 작으나 천명에 순응하여 존속하게 되었으니, 경계하지 않을 수 있겠는가? 지금 대원 황제께서 천 년의 기회를 잡아 신성하고 문명되어, 살리는 것을 좋아하고 죽이는 것을 싫어하였다. 덕이 여러 생령들에 미치니 넓은 하늘 아래에서 추대하지 않은 것이 없다. 엎드려 생각건대, 귀국에서도 우리와 같이 존속을 생각하고 송나라의 망한 것에서 징험하여 한 명의 사신을 파견하고 지척咫尺에서 글을 받들어 대원大元에 조공하면 오늘날에 있어서 손실은 없고 나중에 이익이 있을 것이니, 진실로 귀국 사직의 복이다." 라고 하였다. 김유성 등이 일본에 도착하였는데, 일찍이 동정東征한 것에 유감이 있어서 구류하고 돌려보내지 않았다. 두 사람의 존몰은 세상에서 들은 바가 없다.

충렬왕 19년(1293)

○ 황제가 왕에게 추충정원 공신推忠定遠功臣의 칭호를 내리고 첨의사僉議司의 품질品秩을 종2품으로 승격시켰다. 홍파두洪波豆{홍군상洪君祥의 형의 아들}를 파견하여 배 만드는 것을 협관夾管하고 다섯 번이나 친조親朝할 것을 청하고 동정사의東征事宜를 아뢰었다.

○ 겨울 10월에 왕 및 공주가 원나라에 갔다.

○ 11월 병자일에 혜성이 자미성紫微星을 범하였다.

○ 12월에 왕이 연경燕京에 도착하였으나, 황제가 병이 위독하여 볼 수가 없었다. 그러나 총애하여 내려주는 것이 매우 두터워서 제왕諸王이나 부마가 비할 바가 아니었다. 왕이 이름을 거昛로 바꾸었다.

충렬왕 20년 갑오(1294) (원 세조) 지원至元 31년

○ 봄 정월에 왕이 원나라에 있었다. 계유일에 황제가 붕거하였다.{왕이 양 10마리, 말 한 마리로 세조의 빈전殯殿에 제사를 지냈다. 찬성사贊成事 정가신鄭可臣으로 하여금 제문을 읽게 하려고 하니, 여러 대신이 저지하여 말하기를 "어찌 제후의 예를 써서 천자를 제사지내는가." 하여 마침내 읽지 못하였다.} 세조世祖는 도량이 넓고 사람을 알아서 잘 부렸다. 그러나 한인漢人을 재상으로 하지 않았기 때문에 재상은 모두 국족國族(몽골인)이었다. 또한 간관諫官이나 문학하는 선비를 두지 않고 아래 관료들에게 빠져서 기용한 것이 오직 이사吏師 뿐이었다. 법을 만드는 것도 이와 같이 간단하여 탐람한 풍조가 식지를 않았다고 한다. 이때 황손皇孫 철목이鐵木耳(테무르)가 북쪽 변방에서 총병摠兵을 하여 백안군伯顔軍을 진무鎭撫하였는데,{백안伯顔과 해도海都가 서로 견제하였다.} 군중軍中에서 분상奔喪을 하였다.

○ 여름 4월에 왕이 상도上都에 가서 황손皇孫을 맞이하여 갑오일에 즉위하였다. 왕이 표문을 올려 하례를 마친 후에 연회에 나아갔는데, 왕이 일곱 번째에 앉았다. 다음날 또 표문을 올려 황태후를 높이도록 청하였다. 황제가 왕이 공이 크고 나이가 많다고 하여 조서를 내려 小車를 타고 출입하도록 하고 은 3만 냥을 하사하였다. 왕이 황제를 알현하고 탐라를 돌려달라고 청하니 황제가 그에 따랐다. 이전에 홍군상洪君祥이 승상 완택完澤(올제이)에게 아뢰어 동정東征(일본 정벌)을 그만두자고 하였다. 공주를 안평공주安平公主로 책봉하였다.

○ 8월에 왕이 원나라에서 돌아왔다. 홍자번洪子藩을 첨의중찬僉議中贊으로 하였다가 곧 령令으로 하였다.

충렬왕 21년(1295) 원정元貞 원년

○ 봄 정월에 조인규趙仁規를 중찬中贊으로 하고 김방경金方慶에게 첨의령僉議令을 더해주었다.

○ 가을 8월에 세자가 원나라에서 왔다. 판도첨의사사判都僉議司事 홍자번洪子藩을 지사사知司事로 하였다.

○ 겨울에 세자가 원나라에 갔다.

충렬왕 22년(1296)

○ 김지숙金之淑을 사면하여 지첨의사사知僉議司事로 삼았다.

○ 가을 9월에 왕과 공주가 원나라에 갔다. 황제에게 백마白馬로 폐백을 드렸다. 세자가 진왕晉王의 딸을 맞이하였다.{진왕晉王은 유종裕宗의 아들이다. 태정泰定의 아버지로 뒤에 현종顯宗이라고 시호를 올렸다. 성종成宗(테무르)의 형이다.}

충렬왕 23년(1297) 대덕大德 원년

○ 여름 5월에 왕과 공주가 원나라에서 돌아왔다. 공주가 훙거薨去하였다.

○ 6월에 세자가 분상하기 위하여 원나라에서 왔다. 엄인閹人 도성기陶成器 등 4인을 죽였다. 또 무고巫蠱한 일을 다스리고, 궁인宮人을 죽인 것이 한이 없으니 나라 사람들이 두려워 떨었다. 정가신鄭可臣을 첨의중찬僉議中贊으로 삼았다.

○ 겨울에 세자가 원나라에 갔다. 조인규趙仁規를 원나라에 보내어 표문을 올려 세자에게 왕위를 전위할 것을 청하였다.

충렬왕 24년(1298) 무술

○ 봄 정월에 세자 및 보탑실련寶塔實憐(부다시린) 공주가 원나라에서 왔다. 원나라에서 함녕후咸寧侯 왕유王維를 파견하여, 조서를 내려 왕위를 세자에게 전위傳位하고 왕은 일수왕逸壽王으로 봉하였다. 조서에 이르기를 "경은 번병藩屛으로서의 직분을 충실히 집행하여 그 공훈이 현저하며 오랫동안 우리 집 일에 진력하여 왔는데, 근래에 경이 노쇠와 질병으로 인하여 복잡한 사업에서 벗어나기를 희망하고 국왕의 작위를 선위시킬 것을 승인하여 달라고 신청하면서 장차 노년을 평안히 지내려는 계획을 가졌다 하니, 그대의 지극한 간청을 생각하매 마땅히 승인할 것이다. 그대의 나이는 비록 노령이나 나라의 중대한 정무에 대해서는 앞으로도 잘 지도하여 일의 성과를 얻도록 할 것이다." 왕이 강안전康安殿에 행차하여 전위를 하고 덕자궁德慈宮으로 퇴거하였다. 세자가 즉위하

여 전문箋文을 받들어 존호尊號를 올리기를 광문선덕태상왕光文宣德太上王이라고 하였다.

○ 여름 5월에 관제를 개혁하였다. 바로 다시 관제를 개혁하였다. 공주가 왕비 조씨趙氏가 총애를 독차지 하는 것을 투기하여, 외오아자畏吾兒字[3]로 편지를 써서 활활불화闊闊不花 등에게 써주어 원나라에 가서 태후에게 조비가 공주를 저주한다고 아뢰게 하였다. 황태후가 번승番僧(서역 승려)을 보내어 저주를 떨치는 굿을 하였다.

○ 가을 7월에 첨의중찬僉議中贊 정가신鄭可臣이 졸하였다.

○ 8월에 원나라에서 패로올孛魯兀(보로우) 등을 파견하여 왕, 공주에게 나아가 입조하라고 하여 왕이 원나라에 갔다. 상왕이 금교金郊에서 전별을 하며 술에 취하였다. 패로올孛魯兀(보로우)이 황제의 명으로 국왕인國王印을 취하여 상왕에게 주었다. 상왕이 수녕궁壽寧宮에 행차하여 조서를 받았다. 조서에 이르기를 "지난 번에 경이 표문으로 세자 왕원王謜에게 전위할 것을 요청하였으므로 왕원王謜에게 명령하기를, 가서 국왕의 작위를 계승하고 국가 사업에 대해서는 전과 같이 당신의 교훈과 지도를 받으라고 하였더니, 이제 듣건대 왕원王謜이 정사를 처리하기 시작한 이후로 자못 독단으로 일을 처결하였기 때문에 정치가 잘 되지 못하였으므로 여러 사람들의 의혹과 걱정을 샀다고 하는데 이것은 대체로 나이가 아직 젊고 경력이 적은 탓으로 내가 친히 부탁한 뜻에 맞지 못한 것으로 생각한다. 그래서 이번에 사신을 파견하여 경에게 조서를 보내니, 이전대로 나라를 통치할 것이다. 그리고 또 원謜에게 입시入侍하기를 명령한 것은 일을 잘 습득시키기 위한 것이다."라고 하였다. 패로올孛魯兀(보로우)이 온 지 10일이 되었어도 나라 사람들이 이 조서를 모르고 있었다.

충렬왕 25년(1299)

○ 봄 정월에 원에서 정동행성征東行省을 설치하였다. 처음에 인후印候, 김흔金忻이 마음대로 군사를 발하여 한희유韓希愈, 이영주李英柱를 잡아서 모반한다고 무고하였다. 왕

3 외오아畏吾兒란 위구르로, 고대의 후이구루回鶻인 바, 원나라는 옛날에 자기의 글자가 없었고 팔사파八思巴(파스파)가 처음으로 몽골 글자를 창조하였으나, 편지 왕래에는 위구르 글자를 많이 사용하였다.

이 좌승左丞 합산哈散과 함께 국문하였는데, 한희유가 불복하였다. 원에서 탑해塔海를 파견하여 한희유 등을 잡아서 돌아갔다. 합산哈散(카산)이 돌아가서 왕이 중신衆臣들을 제어하지 못한다고 아뢰고 조정에서 의당 관리를 파견하여 함께 다스려야 한다고 하니, 황제가 이에 따랐다.

○ 겨울 10월에 활리길사闊里吉思(고리기스)를 파견하여 정동행중서성평장사征東行中書省平章事로 삼았다.

충렬왕 26년(1300)

○ 여름 4월에 왕이 원나라에 갔다. 가을에 왕이 원나라에서 돌아왔다.

○ 8월에 삼중대광 첨의령 상락군三重大匡僉議令上洛君 김방경金方慶이 졸하였다. 한희유韓希愈 등이 원나라에서 돌아왔다.

○ 겨울 10월에 정동성征東省에서 노비법을 폐지하려고 하니, 왕이 표문을 올려 중지할 것을 청하였다.

○ 11월에 활리길사闊里吉思(고리기스)가 돌아갔다. 찬성사贊成事 최유엄崔有渰을 원나라에 파견하여, 왕이 표문을 올렸다. "대덕大德 3년 9월에 중서성中書省에서 성지聖旨를 받들어 성관省官을 첨설添設한 것은 나라의 풍속을 개혁하려는 것이 아니고 또한 상설로 두려고 한 것도 아닙니다. 다만 한두 악인 때문에 백성이 소요를 일으키는 것처럼 들려서 장차 왕과 함께 짝이 되어 진압하고 편안하게 하려고 한 것뿐인데 왕이 지금 짐의 뜻을 알지 못하니 모두 문장으로 하여 초하여 아뢰면 답장을 내려서 짐의 뜻을 명확하게 알도록 하겠다고 하였습니다. 신이 금년 7월에 구두로 받은 성지도 역시 전해 가을의 명과 같습니다. 엎드려 바라건대 한 통의 윤음을 내려주셔서 동한東韓의 만세의 보물이 되게 해주십시오."라고 하였다.[4]

4 이 표문은 대폭 생략되어 황제와 왕의 주술어가 뒤섞여 있음.

충렬왕 27년(1301) 신축 대덕大德 5년

○ 봄 2월에 서흥후瑞興侯 전典을 보내어 원나라에 입시入侍하도록 하였다.

○ 3월에 원에서 활리길사闊里吉思(고리기스)가 인민을 화합하게 하지 못한다고 생각하여 그를 그만두게 하고 관속官屬들도 모두 북쪽으로 돌아갔다. 중랑장中郎將 박홍朴洪이 활리길사에게 붙어서 원나라에 가서 그의 복심이 되어 나라의 습속을 개변하려고 하였으나 이루지 못하고 돌아왔다.

○ 여름 4월에 원에서 형부상서刑部尙書 왕태형王泰亨을 파견하여 활리길사(고리기스)가 아뢴 사목事目에 대하여 질문하였다. 이에 내외의 관부를 병합하고 줄여서, 상국上國(원나라)과 같은 것은 모두 개혁하였다. 또 지황芝黃으로 자포赭袍를 대신하고, 홍산紅傘으로 황산黃傘을 대신하고, 무도경필舞蹈警蹕[5]하는 예를 없앴다.{사목에 국왕의 조회에 세 번 정편淨鞭[6]을 들었으며 산호만세山呼萬歲를 제창한 것, 주현州縣이 모두 358처이고 관직을 둔 크고 작은 것이 4355원이나 되는 것, 신구新舊 관리를 보내고 맞이하는 것, 백성들이 자비로 우마牛馬를 준비하는 것 운운.}[7]

○ 왕이 군소배를 친하게 지내고 연악宴樂을 좋아하여, 일찍이 밤에 향각香閣에서 연회를 하였는데, 벽 위의 「명황야연도明皇夜宴圖」를 보고 좌우에 말하기를 "과인이 비록 조그만 나라의 군주이지만 유연遊宴에 있어서는 어찌 명황明皇에 미치지 못하겠는가." 하였다.

복위한 이래로 시신侍臣인 오기吳祁·김원상金元祥·석천보石天補 등이 노래와 여색[聲色]으로 애써 인도하여 모든 도道의 관기官妓 중에서 인물과 재능[色藝]이 있는 자는 장부에 올려 궁중에 두어 따로 한 무리를 만들었다. 머리에 말총갓을 쓰고 남장을 하고 신성新聲을 교육하니, 고저완급高低緩急이 절도에 맞지 않은 것이 없었다. 왕이 수강궁壽康宮에 행차하니 석천보石天補 무리들이 그 옆에 장막을 치고 각각 명기名妓를 사사로이

---

5 경필警蹕 : 임금이 거둥할 때에 경호하기 위하여 통행을 금하는 일.

6 정편淨鞭 : 궁정의 의례에 사용되는 황색 비단실로 짠 도구. 어가가 도착하거나 전례가 시작됨을 알릴 때에 썼다.

7 사목 내용이 대폭 생략되었다.

하고 가무가 외설스러워 다시 군신의 예가 없었다. 이때 세자가 전왕으로서 상국에 있었는데, 석천보 등이 왕이 돌아가신晏駕 후에 세자가 죽일까 두려워하였다. 세자 영英은 과연 많은 것에서 왕의 뜻을 따르지 않으니, 왕이 원래부터 기쁘게 생각하지 않았다. 이때에 왕은 이미 늙어서 밤낮으로 술에 빠져 정사를 돌보지 않았다. 석천보 및 승지 송린宋璘 등이 이 틈을 타서 서로 이간질을 하여 왕 부자父子를 계국공주薊國公主를 서흥후瑞興侯에게 시집보내서 왕의 후사後嗣로 하려고 하니 왕이 그에 혹하였다.

○ 여름 5월에 지첨의知僉議 민훤閔萱을 원나라에 보내서, 탐라총관부耽羅摠管府를 파하여 본국에 예속시켜 만호부萬戶府를 두겠다고 청하였다. 또 홀라대忽刺歹(쿠릴타이)[8] 등이 토지와 인민[田民]을 빼앗은 것을 모두 본래의 주인에게 돌려주라고 청하였다. 이어서 공주를 개가改嫁시킬 것을 청하였다. 중서성에서 성지聖旨를 받들어 탐라만호부耽羅萬戶府를 두었다. 개가를 청하는 표문은 민훤이 감히 올리지 못하고 돌아왔다.

○ 가을 8월에 혜성이 북두성에 보였다. 정월부터 이달까지 비가 오지 않았다.

충렬왕 28년(1302)

○ 송분宋玢으로 중찬中贊을 삼았다가, 조금 있다가 한희유韓希愈를 첨의중찬僉議中贊으로 하였다. 오기吳祁는 지도첨의사사知都僉議司事가 되었다.

○ 겨울 12월에 왕이 원나라에 가고, 제안공齊安公 숙淑에게 권서정동성사權署征東省事를 명하였다. 요양성遼陽省에서 정동성征東省과 병합하여 한 성省으로 하고 사司를 동경東京으로 옮길 것을 주청奏請하였다. 왕이 표문表文을 올리고 또 중서성에 상서上書하여 "세조 황제께서 본인[當職]을 행정동성사行征東省事로 임명하였습니다. 전라, 경상도 두 곳에 설치되어 있었던 만호부를 (관할 영솔하면서) 합포, 가덕加德, 동래東萊, 울주蔚州, 죽림竹林, 거제巨濟, 각산角山, 내예량內禮梁 등 요해 지대에 배치하고 봉수대烽守隊를 설치하고 배와 군사들을 비밀리에 감추어 두었으며, 밤낮을 가리지 않고 감시 순찰하여

8 홀라대는 인후印侯의 본명이다. 그는 본래 몽골 사람으로, 제국 공주齊國公主의 겁령구怯怜口였다. 겁령구는 중국어에서 사적으로 종속된 사람이라는 뜻이다.

오로지 왜적을 방비하는 일을 주관하였습니다. 합포 등지는 요양부와 멀리 떨어져 있어서 만일 긴급한 공사公事가 생긴다면 왕래하는 데 지체가 되면 매우 큰 이해관계가 달려 있어서 어쩔 수 없이 계품을 하는 것입니다. 바라건대 당직으로 하여금 옛날대로 행정동성사를 하게 해주십시오." 하였다.[9]

충렬왕 29년(1303)[10]

○ 봄 정월에 왕이 원에 있었다.

○ 여름 5월에 원에서 돌아왔다.{이보다 전에 원에서 유심劉深을 파견하여 팔백식부八百息婦를 원정하였는데, 유심이 군사를 잃고 나라를 욕보였다. 송융제宋隆濟 등이 변란을 일으켜 유심을 주륙하고 운남분성雲南分省을 혁파하였다.}

○ 선성宣聖 10철哲(공자와 그 10대 제자)의 상像을 원나라에서 가져왔다.

○ 가을 7월에 원나라에서 단사관斷事官 첩목불화帖木不花(티무르부카), 한림翰林 이학사李學士를 보내서 석주石胄·석천보石天補·석천경石天卿 등을 체포하여 연경으로 갔다. 홍자번洪子藩과 원충갑元沖甲 등이 오기吳祁의 죄를 논하여 단사관에게 고발하였으나 첩목아帖木兒가 오기의 뇌물을 받고 그 죄를 낮추어주었다.

○ 8월에 홍자번이 군사를 일으켜 왕궁을 포위하고 오기를 잡아서 원나라로 압송하였다.

○ 9월에 홍자번이 좌중찬이 되었다.{다시 좌左가 높아졌다.}

○ 왕이 원나라에 가서 전왕前王이 환국하는 것을 저지하려고 하였으나 서경西京에 이르러서 입조入朝하는 것이 허락되지 않아서 돌아왔다.

○ 겨울 12월에 황제가 상서尙書 탑찰아塔察兒(타차르), 한림翰林 왕약王約을 보내왔다. {왕약이 우위솔右衛率을 두는 것이 불가하다고 생각하여, 위태롭고 의심스러울 때에 잘 대처하여 인종조仁宗朝의 명신이 되었다. 자는 언박彦博이다.} 왕약이 말하기를 "천지간

---

9 상서성에 올린 글을 대폭 압축 생략한 글임.

10 『휘찬여사』에는 二十也年으로 되어 있으나 29년으로 바로잡았다.

에 가장 가까운 것이 부자간이다. 저 소인배들은 다만 자신의 이익만 아니 어찌 왕을 위하여 국가를 생각하겠는가?" 하였다. 왕이 감읍하여 사례하기를 "신이 늙어서 나쁘고 사악한 말을 들어서 이렇게 된 것입니다. 원컨대 표문을 올려 의심을 씻게 해주시기를 바랍니다."고 하였다. 이에 송린宋璘 및 오기吳祁의 아우 장藏, 연演, 연衍, 연連, 조심趙深(오기의 매부) 등을 행성行省에 구속하였다. 한희유를 도첨의우중찬都僉議右中贊으로 하고, 김혼金琿, 안향安珦을 첨의찬성사僉議贊成事로 하였다. 제안공齊安公 숙淑을 보내서 전왕前王이 환국하기를 청하는 표문을 올렸다.

충렬왕 30년(1304)

○ 원나라에서 병부상서兵部尙書 백백伯伯(바이바), 유학사劉學士를 보내어 송균宋均, 송방영宋邦英을 행성에서 국문하고 송방영 등을 원나라에 압송하였다.

○ 여름 6월에 왕이 국학에 나아갔다.{안향이 건의하여 섬학전贍學錢을 설치하고 국학의 대성전大成殿을 완성하였다.}

○ 원나라에서 오기, 석천보를 곤장을 치고 안서安西에 유배하였다.

충렬왕 31년(1305)

○ 원나라 참지정사參知政事 홀련忽憐(쿠린)이 행성에서 졸하였다.{홀련이 명을 받아 나라를 감독하며 왕 부자의 일을 하였는데, 죽음에 임해서 약을 버리고 먹지 않았다.}

○ 겨울 11월에 왕이 원나라에 갔다. 홍자번·한희유·최유엄 등이 따라갔다. 우중찬 김혼에게 명하여 권서행성사權署行省事를 하도록 하였다.

충렬왕 32년(1306)

○ 봄 정월에 왕이 원나라에 있는데 전왕의 집에 숙소를 두었다. 이때 왕이 전왕과 함께 동쪽으로 돌아가고자 하였다. 왕유소王惟紹, 송방영宋邦英이 왕에게 아뢰기를 "전왕이 편안해 하지 않고 전하를 원망한 것이 여러 해입니다. 전하가 비록 자애심을 더한다 하더라도 화만 불러올 것입니다. 또 전하는 혼자만 정유년丁酉年(1297, 충렬왕 23)의 일을

생각하지 않으십니까?" 하였다. 마침 하루는 왕이 옷을 갈아입고 나가다가 땅에 엎어져서 이를 부러뜨렸다. 왕유소가 드디어 왕에게 공주의 집으로 숙소를 옮길 것을 권하고 환자宦者 이복수李福壽로 하여금 전왕을 황후 및 좌승상 아홀태阿忽台(아쿠타이)에게 참소하여 말하기를 "전왕이 원래부터 아들의 도리를 잃어서 공주와 잘 지내지를 못하기 때문에 우리 왕이 그것을 싫어하여 서흥후瑞興侯를 후사後嗣로 하려고 하는 것입니다. 전왕이 정말로 의당 과오를 뉘우치고 새로워져서 아들의 직분을 다해야 할 것입니다. 어제 우리 왕이 그의 집에 있는데 또 시봉侍奉을 성실히 하지 않아서 땅에 넘어져 치아를 부러뜨리게 되었으니, 우리 왕이 비록 노하지 않으려고 해도 가능하겠습니까? 전에 전왕이 자원해서 출가出家를 했는데 성관省官이 허락하지 않았습니다. 지금 만약 그에게 축발祝髮을 하게 하고 전典으로 하여금 공주에게 이어서 장가들게 하면 우리 왕의 뜻에 부응할 것입니다."라고 하였다. 아홀태(좌승상), 팔도마신八都馬辛(바두마신)이 허락하니, 왕이 전으로 하여금 공주에게 왕래하게 하여 도발을 하였다. 공주가 내료와 더불어 음란하게 되니 전왕이 더욱 달갑게 여기지 않았다. 그래서 드디어 전, 왕유소 등에게 의견을 주어서 우승상 답자한答剌罕을 보고 왕의 말로 전왕을 참소하니, 승상이 말하기를 "익지례보화왕益智禮普化王(이지르부카)은 세조의 생질이고 보탑공주寶塔公主는 종실의 딸이다. 개가시키고 적통을 폐하는 것이 이치에 맞겠는가?" 하였다. 왕유소가 전왕이 자식의 도리를 잃은 모습을 진술하니, 승상이 "서흥瑞興도 왕자인가?" 하고 물었다. "아니다."라고 하니 "누구의 소출인가?" 하고 묻자, 왕유소가 대답을 할 수가 없었다.

홍자번 등이 그 소식을 듣고 중서성에 나아가서 왕유소 등이 왕 부자간을 이간하여 천리天理를 거스르고 상도常道를 흩트리니 청컨대 그 죄를 다스리라고 말하였다. 성관省官이 왕 부자를 불러 대면하여 힐난하고 드디어 왕유소 등을 구속하였다. 조금 있다가 고세高世, 김문연金文衍이 왕에게 아뢰기를 "신 등이 오래 왕을 섬겼습니다만, 보답이 없습니다. 다만 원컨대 전하를 모시고 동쪽으로 제화문齊化門을 나갔으면 합니다." 고 하니, 왕이 "나는 전왕이 사람을 애두역涯頭驛에 보내어 내가 강을 건널 때에 빠트리는 것을 노린다고 들었다. 내가 비록 늙었지만 어찌 죽음을 두려워하지 않겠는가?" 하였다. 이에 고세 등이 종신 70인과 함께 중서성에 상서하여 왕유소 등의 죄상을 극론하였다. 또 왕을 모시고 환국할 것을 청하니, 성관이 아뢰어서 연회를 베풀어 왕을 전별하도록 하고 역말을 왕에게 보내 가도록 하니, 왕이 다른 계책이 없어서 약을 먹고 병에 걸려 여름부터 가을까지 일어날 수가 없었다. 몰래 사람을 행재行在에 보내서 공주와 함께 돌아가도록 청하니, 황후가 "왕과 공주가 함께 갈 수가 있겠는가? 내가 장차 환도還都하여 수레와 휘장[車帳]을 준비하여 보내도 늦지 않을 것이다." 하였다.

공주가 왕유소 등이 구속되었다는 것을 듣고 매우 노하여 김문연을 불러 곤장을 치고 종신從臣들이 왕의 처소에 출입하는 것을 금지하였다. 이에 여러 종신들이 모두 흩어져 가고 오직 비서승秘書丞 이조년李兆年만 나가지 않았다.

○ 가을 9월에 도첨의중찬치사都僉議中贊致仕 안향安珦이 졸하였다. 중찬 한희유, 경흥군慶興君 홍자번이 원나라에서 졸하였다.

충렬왕 33년(1307)

○ 봄 정월에 왕이 원나라에 있었다. 황제가 붕거崩去하고, 안서왕安西王 아난답阿難答(아난다)과 아홀태阿忽台(아쿠타이) 등이 모의하여 황후皇后 백요진伯要眞 씨를 모시고 칭제稱制하여 보좌하였다. 전왕(충선왕)과 황질皇姪 애육여발력팔달愛育黎拔力八達(아유르바르와다) 및 우승상 답자한答剌罕(다르칸) 등이 책모를 정하여 회녕왕懷寧王 해산海山을 맞이하여 황제로 세웠다. 황질皇姪의 교지敎旨를 받아 왕유소王惟紹 등을 체포하여 저택邸宅에 구속하고 왕은 경수사慶壽寺로 옮겼다. 최유엄崔有渰이 중찬中贊이 되고, 유비柳庇, 이혼李混이 찬성사贊成事가 되었다. 왕이 맡았던 일은 모두 그만 두게 하니, 왕은 빈손으로 도장을 찍을 뿐이고 국정은 모두 전왕에게 돌아갔다. 이에 서흥후瑞興侯 및 왕유소·송방영宋邦英·한신韓愼·송린宋璘·송의宋義·최연崔涓 등을 죽이고 그 집을 적몰하였다.

○ 여름 5월에 왕이 원나라에서 돌아왔다.

○ 회녕왕懷寧王이 안태산按台山에서 상도上都에 돌아와 즉위하고, 동생[母弟] 애육여발력팔달愛育黎拔力八達을 황태자로 하였다.

○ 가을 8월에 원나라에서 왕을 행중서성 우승상으로 책봉하였다.

충렬왕 34년 무신년(1308) (원 무종武宗) 지대至大 원년

○ 가을 7월에 왕이 훙거하였다. 수壽는 73세이다. 경릉慶陵에 장사지냈다. 왕은 성격이 관후하고 기쁨과 노여움을 얼굴에 드러내지 않았다. 어려서 학문을 지향하고 독서를 하여 대의를 알아서 일찍이 김구金坵, 이송진李松縉 등과 창화唱和하였다. 『용루집龍樓集』이 있어서 세상에 전한다.

사신의 논평

충렬왕의 시대는 안으로는 권신權臣이 정치를 마음대로 하고 밖으로는 강적이 내침하여 화변禍變이 극도에 달하였다. 하루아침에 권신을 주륙誅戮하고 상국上國에 귀부歸附하니 천자天子가 가상하게 여겨 공주를 내려주었다. 두 번 경사京師에 조공을 하고 동방의 폐단을 아뢰어 관군官軍을 소환하니 동쪽의 백성들이 편안하게 되었다. 그런데 어찌된 일인지 교만한 마음이 갑자기 생겨서 사냥[遊畋]을 좋아하고 응방鷹坊을 크게 두어 악소배惡少輩 이정李貞 등으로 하여금 주군州郡을 침폭侵暴하게 하고 연악宴樂에 빠져 용루龍樓에서 창화唱和하였다. 승僧 조영祖英 등이 좌우에서 총애를 받았는데, 만년에는 측근의 참언을 지나치게 들어 심지어는 적자嫡子를 폐하여 조카를 세우려고 하였다. 동궁에 있을 때는 비록 전고典故를 밝게 익히고 독서를 하여 큰 뜻을 알았다고는 하나 어디에 쓰겠는가!

충선왕 세가忠宣王世家

왕의 이름은 장璋이고 자는 중앙仲昻, 몽골 이름은 익지례보화益智禮普花(이지르부카)이다. 충렬왕의 원자元子이고 어머니는 제국장공주齊國長公主이다.{충렬왕 원년 을해(1275)에 태어났다.}

○ 3세에 왕세자로 책봉되었다.

○ 9세에 충렬왕이 사냥을 나간다는 소식을 듣고 울자, 유모가 물으니, "지금 이 백성들이 곤궁하고 농사일이 바야흐로 한창인데 부왕께서는 왜 멀리 사냥을 가십니까?"라고 하였다. 내시內侍가 그 말을 충렬왕에게 아뢰니, "어린애가 기이하도다." 하였다. 전에 어떤 사람이 헤진 옷을 입고 땔감을 지고 궁문에 들어오는 것을 보고 누구인가 물으니, 장작서將作署 기인其人이라고 답하였다. 이에 왕이 "나는 좋은 옷을 입고 있는데 백성이 이와 같으니 마음이 편안하겠는가?" 하였다. 전에 내료內僚 원혁元奕의 무릎 위에 앉아 있어서, 조용히 왕에게 말하기를 "남의 군주가 된 자는 살피는 것이 너무 지나치면 안됩니다."라고 하니, 왕이 정색을 하고, "너희들이 나를 어리석고 어두운 사람으로 만들어서 손바닥 위의 인절미처럼 가지고 놀려고 하는구나."라고 하자, 원혁이 두려워하였다. 왕의 영민함이 보통이 아닌 것이 이와 같았다.

○ 충렬왕 17년(1291)에 세조가 왕세자에게 금보金寶를 주었다.

○ 충렬왕 18년(1292)에 원나라에 갔다. 세조가 자단전紫檀殿에서 인견하여 본국의 일을 질문하니, 왕이 대답하는 것이 명확하였다. 하루는 "무슨 책을 읽는가?" 하고 물으니, "『통감通鑑』을 읽습니다."라고 하였다. 황제가 "역대 제왕 중에서 누가 현명한가?" 하니, "한漢 고조高祖와 당唐 태종太宗입니다."라고 대답하였다. "한 고조, 당 태종 누가 짐과 같은가?" 하니, "신은 나이가 어려 어찌 족히 알겠습니까?"라고 대답하였다. 황제가 웃으며, "그러면 재상에게 물어가지고 오라."고 하였다.

○ 충렬왕 21년(1295)에 성종成宗이 왕을 의동삼사 영도첨의사儀同三司領都僉議司에 책봉하고 양대은장兩臺銀章(받침대가 2층인 은으로 된 인장)을 하사하였다. 다음 해에 진왕晋王 감마랄甘麻剌(카마라)의 딸과 결혼하였다.

○ 충렬왕 24년(1298). 봄 정월, 원나라에서 사신을 보내어 국왕으로 책봉하고, 충렬왕은 일수왕逸壽王으로 봉하였다. 왕이 백관을 이끌고 덕자궁德慈宮에 나아가 태상왕太上王의 존호尊號를 올렸다. 왕은 자포紫袍를 입고, 태상왕은 황포黃袍를 입고 하례를 받았다. 당시에 삼한三韓의 성대한 일이라고 칭송하였다. 왕이 즉위를 한 후에 옛 제도를 많이 개혁하였다. 가을 8월, 원나라에서 패로올孛魯兀을 보내어 왕에게 가서 입조入朝하라고 하고, 국새國璽를 취하여 태상왕太上王에게 주어 복위를 하게 하였다. 이때부터 왕은 원나

라에 있으면서 대략 10년 동안 숙위宿衛를 하였다. 무종武宗・인종仁宗이 잠저潛邸에 있을 때(황제에 즉위하기 전)에 함께 생활을 하며 밤낮으로 서로 떨어지지를 않았다.

○ 충렬왕 33년(1307). 성종成宗이 붕거하자, 승상丞相 아홀태阿忽台(아쿠타이), 평장平章 팔도마신八都馬辛(바두마신) 등이 안서왕安西王을 모시고 난을 일으켰다. 이때에 무종武宗은 회녕왕懷寧王으로 막북漠北에 있어 멀어서 갑자기 올 수가 없었고, 인종仁宗이 회주懷州에서 대도大都에 들어와 왕과 함께 책모策謀(황제를 옹립하는 책모)를 정하여 회녕왕을 맞아 황제로 세웠다. 위사衛士를 이끌고 내전內殿으로 들어가 아홀태 등을 체포하고 왕 및 원사院使 별불화別不花로 하여금 심문하여 복주하였다. 회녕왕이 상도上都에 와서 즉위하였다. 책모한 공을 논정하여 심양왕瀋陽王으로 진봉進封하고 중서성中書省 참의정사參議政事가 되었고 금호부金虎符[11]를 하사받았다.

○ 7월에 충렬왕이 훙거하자, 왕이 대도大都에서 분상奔喪을 하였는데 급히 별성別星으로 행차하여 십여 일 만에 도착하였다.

○ 8월 임자일壬子日에 빈전殯殿에 나아가 곡하였고, 갑인일甲寅日에 수녕궁壽寧宮에서 즉위하였다. 시호를 올릴 것을 의논하였는데, 왕이 "의당 먼저 상국上國에 청하여야 한다."고 하고, 순성수정상승왕純誠守正上昇王이라는 시호를 올렸다.

○ 10월에 경릉慶陵에 장사지내고, 왕은 최마복衰麻服으로 손수 향로를 들고 걸어서 십천교十川橋에 이르러서야 견여肩輿를 타고 산릉에 이르러 장례가 끝나고 곡을 한 후에 돌아왔는데, 이는 선대에는 없었던 일이다. 황태자가 사신을 보내서 하례를 하고, 황제가 왕을 행중서성우승상 고려국왕行中書省右丞相高麗國王으로 책봉하고 심양왕瀋陽王의 관작은 전대로 하였다.{왕이 숙창원비淑昌院妃를 증烝(간음)하고 숙비淑妃로 진봉進封하였다.}

백관을 이현궁梨峴宮에 모이게 하여 하교하기를 "지원至元 28년(1291)에 내가 정가신鄭可臣, 유청신柳淸臣 등과 함께 자단전紫檀殿에 나아가서 친히 세조의 성지聖旨를 받들었다. (聖旨에) 동성 간에는 통혼을 할 수 없는 것이 천하의 통리인데, 하물며 너희

11 호부는 군사의 출동을 위하여 호랑이 모양의 동으로 만든 신부. 춘추전국시대부터 사용되었다. 금호부는 금으로 만든 호부라고 생각된다.

나라는 문자를 잘 알고 공자의 도를 행하니 응당 동성同姓을 필요로 하지 않는다. 지금부터는 종친, 문무 양반으로 동성과 결혼하는 자는 성지를 위배하는 죄로 논한다." 고 하였다. 이에 명족名族 15가문을 선정하여 왕실과 대대로 통혼하게 하였다.{15가문. 신라 왕손 김혼金琿 일가도 순경태후順敬太后 숙백叔伯의 종족이다. 언양 김씨彦陽金氏 일종一宗, 정안 임태후定安任太后 일종, 경원 이태후慶源李太后 일종, 안산 김태후安山金太后 일종, 철원 최씨鐵原崔氏, 해주 최씨海州崔氏, 공암 허씨孔巖許氏, 평강 채씨平康蔡氏, 청주 이씨淸州李氏, 당성 홍씨唐城洪氏, 황려 민씨黃驪閔氏, 횡천 조씨橫川趙氏, 파평 윤씨坡平尹氏, 평양 조씨平壤趙氏는 모두 여러 대에 걸친 공신과 재상의 집안이다.}

○ 11월에 왕이 원나라에 가고, 제안군齊安君 숙淑에게 권서 정동성사權署征東省事를 명하였다.

충선왕 원년 기유(1309) 지대至大 2년

○ 봄 정월에 왕은 원나라에 머물렀다.

○ 2월에 전지傳旨를 내려 각염법榷鹽法(소금 전매법)을 세웠다.

○ 3월에 왕이 황태후를 호종하여 오대산五臺山에 행차하였다. 최유엄崔有渰을 수첨의정승守僉議政丞에 임명하였는데, 최유엄 등이 전문을 올려 귀국할 것을 청하였다. 이때 황제 및 황태후가 왕을 매우 총애하여 왕이 동쪽으로 돌아갈 뜻이 없었다. 원나라에서 중서성中書省을 상서성尙書省으로 개혁하였다가 뒤에 혁파하였다.

충선왕 2년(1310)

○ 봄 정월에 왕은 원나라에 머물면서, 세자에게 전위傳位를 하려고 몰래 양학사楊學士에게 표문을 찬하라고 하였는데, 종신들이 저지하여 그만두었다. 곧 세자 감鑑 및 그 종자從者 김중의金重義를 살해하였다.

○ 가을 7월에 원나라에서 공주를 한국장공주韓國長公主로 책봉하고 왕의 3대에게 모두 증태사贈太師를 추시追諡하였다.{처음에 국가에서 송宋, 금金 나라의 정삭正朔을 사용

하고 역대에서 모두 종宗을 칭하였는데, 원나라를 섬긴 이래로 종宗을 칭하지 않는 것이 상례가 되었다.}

○ 계묘일에 세자의 상을 위해서 원나라에서 돌아왔다. 원나라의 환자宦者 이대순李大順 등 16인을 같은 날에 군君으로 봉하였다. 처음에 안평공주安平公主가 엄시閹寺(환관) 몇 명을 세조世祖에게 바쳤는데, 자못 총애를 받아서 제칙制勅을 받들어 동쪽으로 와서 그 집안을 복호復戶(제반 역을 면제해주는 것)시키고 그 족속에게 관직을 주었다. 이에 부형들이 서로 다투어 자제들을 거세하였고, 강폭자强暴者는 조금이라도 분원忿怨이 있으면 갑자기 스스로 거세를 하였다. 그래서 수십 년 동안에 칼로 거세한 자가 매우 많았다. 성종成宗 이래로 엄인閹人(환관)이 권세를 부려 관직이 대사도大司徒에 이른 자도 있었다. 왕이 경사京師에 있으면서 3궁宮을 출입하였는데, 이러한 무리들과 친숙해서 모두 봉군封君한 것이다.

○ 9월에 원나라가 영왕寧王을 동국東國(고려)에 유배하였다.{영왕은 세조의 서자인데 모반을 꾀하다가 일이 발각되었다.}

충선왕 3년(1311)

○ 봄 정월에 왕이 원나라에 머물다. 황제(무종)가 붕거하다.

○ 3월에 황태자가 즉위하였다.{인종仁宗이다.}

충선왕 4년 임자년(1312) 황경皇慶 원년

○ 봄 정월에 왕이 원나라에 머물다. 황제가 조서를 내려 왕에게 귀국하라고 하였다. 왕이 박경량朴景亮을 시켜서 용사用事하는 대신에게 말하여 가을까지 있다가 동쪽으로 돌아간다고 하니, 제칙制勅하기를 "가하다."고 하였다. 홍규洪奎를 첨의정승僉議政丞으로 하였다.

○ 가을 7월에 제안공齊安公 숙淑이 졸卒하였다.{숙은 전고典故에 밝아서 종영宗英이라고 칭하였다. 왜 졸이라고 썼는가 하면 권서동성權署東省이기 때문이다.} 밀직사사密直司使 이사온李思溫 등이, 왕이 오래 원나라에 머물고 있는 것은 실로 권한공權漢功, 최성지

崔誠之가 인사권[銓選]을 장악하고 증뢰贈賂를 이롭게 생각하여 왕에게 돌아가지 말도록 권하기 때문이라고 하여, 이에 휘정사徽政使 실열문失烈門에게 청하여 태후의 제制를 왜곡하여 권한공 등을 하옥하였다. 왕이 노하여 태후에게 아뢰어 석방하고 이사온을 임조臨洮로 유배보냈다.

충선왕 5년(1313)

○ 봄 정월에 왕이 원나라에 머물다. 강릉대군江陵大君 도燾를 황제에게 알현시키고 전위傳位할 것을 청하였다. 황제가 도를 왕으로 책봉하였다. 왕이 동쪽으로 돌아가고 싶지 않았지만 변명할 말이 없어서 도에게 왕위를 손위遜位한 것이다. 연안군延安君 호暠를 세자로 하고 왕은 심왕瀋王이라고 칭하였다. 이에 황제가 왕에게 경사京師에 머물도록 하니 연경燕京의 저택에 만권당萬卷堂을 만들어서 대유大儒인 염복閻復, 요수姚燧, 조맹부趙孟頫, 우집虞集 등을 초치해서 더불어 종유從遊하며 서적과 역사를 고구考究하며 스스로 즐겼다. 이때 선비鮮卑 승려가 황제의 스승인 팔사파八思巴(파스파)가 몽골자를 만드는 데 공로가 있으니 천하에 사당을 만들어 공자에 비견하도록 청하였다. 왕이 "공자는 백왕의 스승이므로 덕으로 제사지내지 공으로 제사지내지는 않습니다. 글자를 만든 공로가 어찌 비할 수가 있겠습니까?" 하였다. 그 소식을 들은 사람들은 위대하게 생각하였다.

○ 원 왕조에서 과거제도를 오래 폐지하였는데, 왕이 일찍이 요수姚燧의 말로 황제에게 아뢰어 허락을 받아서 황경皇慶 2년에 조칙으로 다시 과거를 시행하였다.{구사舊史에 이맹李孟이 재상이 되어서 과거를 시행할 것을 아뢰었다고 하는데 이는 잘못이다. 이때에 이맹은 한림학사로서 과거를 거행하였다.} 우승상 독로禿魯(투루)가 파면되었다. 황제가 왕을 재상으로 하려고 하였으나, 왕이 고사하여 "신에게 번선藩宣의 임무를 주신 것도 오히려 맡지 못할까 두려워 아들에게 주라고 하였는데 하물며 조정의 상상上相을 어찌 감히 은혜를 탐하여 자리를 차지하여 폐하의 명철함에 누를 끼치겠습니까? 감히 죽음으로써 청합니다." 하니, 황제가 웃으며 "진실로 저 사람이 권세를 잘 피한다는 것을 알 수 있다."고 하였다.

1316년(연우延祐 3, 충숙왕 3)

○ 3월에 왕이 아뢰어 심왕瀋王의 지위를 세자 호暠에게 전위하고 스스로는 태위왕太尉王이라 칭하였다.

1319년(충숙왕 6)

○ 왕이 황제에게 어향御香을 내려줄 것을 청하여 남쪽으로 강절江浙 지방을 유람하였는데, 보타산寶陀山까지 갔다가 돌아왔다.

1320년(충숙왕 7)

○ 봄 정월에 황제가 붕어하였고, 황태자(영종英宗)가 즉위하였다. 철목질아鐵木迭兒(테무테르)가 재기하여 용사用事를 하여, 평장平章 소배주蕭拜住 및 중승中丞 양타아楊朶兒를 살해하고, 이맹李孟의 직첩을 빼앗으며 제멋대로 권력을 휘둘렀다. 이때에 상황이 크게 변하니 왕은 화가 미칠 것을 두려워하여 다시 황제에게 강남에 향을 내려줄 것을 청하였다. 행차가 금산사金山寺{윤주潤州에 있다.}에 이르렀을 때에 황제가 사신을 보내어 급히 소환하여 기사騎士로 하여금 옹위 핍박하며 북쪽으로 갔다. 시종 신료들이 왕이 화를 면하지 못할 것이라고 두려워하여 모두 도망가 버렸고 혹은 독약을 먹는 자도 있었다. 왕이 대도大都에 이르자 황제가 불경佛經을 공부하게 한다는 명분으로 머리를 깎게 하고는 토번吐蕃 살사길撒思吉에 유배시켰다. 재상 최성지崔誠之는 도망하여 돌아오고, 박인간朴仁幹 등 18인이 따라갔다.

○ 처음에 백안독고사伯顏禿古思는 우리나라 사람인데 환관으로 원나라에 들어가서 인종仁宗을 번저藩邸에서 섬겼는데, 아첨을 해서 불법을 많이 하였다. 왕이 그것을 미워하여 태후에게 아뢰어 빼앗은 토지와 노비를 모두 그 주인에게 돌려주었으며 또 무례하다고 곤장을 쳤다. 마침 인종이 붕어하고 영종英宗이 서자, 황태후는 일찍이 영종이 유나柔懦하다고 생각하여 화세랄和世竦에게 뜻을 두고 있었다. 영종이 즉위하고 태후가 와서 하례를 하고 그의 의연한 기색을 보고 물러와 탄식하기를 "이 아이를 기르지 않은 것이 후회스럽다."고 하였다. 드디어 울적하여 병에 걸려 붕어하였다.

이때 상변上變을 한 자가 있었는데, 영종은 일이 태후에게 관계될까 하여 불문에 부쳤다. 왕이 태후의 총애를 입었기 때문에 독고사禿古思는 유언비어를 만들어 중상하여 화를 측량할 수가 없었으나 승상 배주拜住가 힘써 구해준 것에 힘입어 면하게 되었다. 도번吐蕃에 이르자 이제현李齊賢 등이 중서성에 글을 올려 돌아오기를 청하였다. 황제가 양이量移(유배지를 조정하는 것)를 명하였는데, 영종이 시해를 당하고 태정제泰定帝가 즉위하여 대사령을 내려 바로 돌아왔다.

1325년(태정泰定 2, 을축)

○ 왕이 연저燕邸에서 훙거薨去하였다. 수壽는 51세였다. 성격이 총민하고 기억력이 강하였다. 여러 가지 일들을 한 번 이목耳目을 거치면 종신토록 잊지 않았다. 매번 유사儒士를 끌어들여 전고前古의 흥망과 득실을 토론하는데, 진지하여 권태로워 하지 않았다. 특히 대송大宋의 고사故事를 좋아하여 일찍이 사람을 시켜서 『동도사략東都事略』을 읽게 하였는데, 이항李沆·왕단王旦·범부한范富韓 여러 공들의 전기傳記에 이르러서는 반드시 손을 들어 이마에 대고 경모景慕의 뜻을 표하였다. 정위丁謂·장채章蔡 등 「간신전姦臣傳」에 이르러서는 이를 갈며 분개하지 않은 적이 없었다. 왕이 현인을 좋아하고 악인을 싫어하는 것이 이와 같았다. 그래서 원 조정에 있으면서 즐거이 현명한 사대부들과 종유從遊하였는데, 철목질아鐵木迭兒(테무테르)가 용사用事함에 미쳐서는 청류淸流들과 함께 득죄하게 되었다. 덕릉德陵에 장사지냈다.

사신의 논평[史氏曰]

옛날의 인군은 덕은 자기가 닦고 공은 다른 사람에게 더하였으므로 스스로 낮추어도 다른 사람들이 더욱 존경하게 되고, 스스로 재능을 감추어도 도는 더욱 빛났다. 지금 충선왕이 총명하고 비상한 기억력을 가진 재능으로 선하지 않은 데에 쓰고, 처신과 사물을 대하는 데 하나도 칭찬할 만한 것이 없고, 상국上國에서만 명예를 구하여 스스로 그 덕을 칭송하게 하였다. 무릇 영전靈殿을 경영하는데, 먼저 아비의 악을 드러냈고, 연경燕京에 옮겨 실어 보내 재물이 다하고 국력이 소모되었으며, 부자의 친밀함을 잃고 죄 없는 남의 자식을 살해하였다. 일찍이 원나라 조정에 있으면서 국정을 친히 하지 않았고, 두 궁궐을 거듭 영건하고 식읍을 사사로이 점유하였으며, 중들에게 밥을 먹이고 점등點燈을 하는 데 쉬는 날이 없었다. 만승萬僧의 모임에는 비용을 거만금이나 쓰니 조야의 원독怨毒이 자신의 덕에 돌아왔다. 당시에 비웃음을 사게 되고 후세의 기롱함을 받게 되었으니, 훗날 군주가 된 자들은 거울삼지 않을 수 있겠는가?

사신史臣의 논찬論贊

충선이 세자가 되어 원 조정에 입시入侍하여 요수姚燧, 조맹부趙孟頫 등 여러 분들과 교유하고 간혹 조정의 정사政事에 참여하였는데, 그 의논이 볼만한 것이 있었다. 즉위해서는 상국上國의 제도를 피하여 관명官名을 바꾸었으니, 제후諸侯의 제도를 삼간 것이다. 전부田賦를 바르게 하고 염법塩法을 세웠으니 근본이 되는 것을 알았다고 하겠다. 다만 인군의 지위는 만기萬機가 모이는 곳이어서 하루라도 비울 수 없는 것이다. 왕은 이미 복위하라는 명을 받았는데, 아첨하여 섬기는 아녀자들의 말을 들어 연경에서 지체하며 머무른 것이 5년이나 되었다. 나라 사람들이 공궤하는 데에 곤궁하고 고통스러워하였다. 종신從臣들이 오래 피로하여 돌아갈 생각을 하고 서로 모함하는 지경에 이르니 원나라도 역시 싫어하였다. 두 번 조서를 내려 귀국하라고 하니 할 말이 없었다. 이에 아들 도燾에게 손위遜位를 하였고 또 조카 호暠를 세자로 하였다. 부자형제 간에 끝내 시기하고 혐오해서 그 화가 여러 대에까지 이르렀다. 꾀를 내는 것이 선하지 않은 것이 이와 같다. 토번吐蕃으로 유배된 것은 다행이라고 하겠다.

충숙왕 세가忠肅王世家

왕의 이름은 도燾, 어렸을 때의 자는 의효宜孝이다. 몽골 이름은 아랄눌특실리阿剌訥忒失里(아라트나시리)이다. 충선왕의 둘째 아들이고 어머니는 몽골 여자인 야속진也速眞(예쉬진)이다{충렬왕 20년(1294) 갑오생}. 강릉대군江陵大君으로 봉해져서 충선왕을 따라서 원나라에 들어갔다.

○ 충선왕 5년(1313) 3월에 충선왕이 전위할 것을 (원나라에) 주청하였다.

○ 여름 4월에 왕이 상왕과 공주를 모시고 동쪽으로 귀환하였다.

○ 6월에 원나라에서 돌아왔다. 처음에 상왕이 연저燕邸에 체류하려고 하였으나 조정에서 허락하지 않아서 드디어 온 것이다. 황제가 평장平章 이백첩목아李伯帖木兒(이바이테무르) 등 36인을 보내어 호송하였다. 왕이 문무 관료에게 하교하여 하례賀禮하고 사례하게 하였다. 모두 부왕보다 5일 먼저 행하였다. 하루 아침에 상왕이 되었다.

○ 겨울 12월에 덕비德妃 홍씨洪氏를 책봉하였다. 상왕이 일찍이 백만 등을 점등하기를 원하였는데, 이날 2천 등을 점등하였고, 일생 동안 반드시 소원을 마치겠다고 기약하였다. 그 비용이 기록할 수 없을 정도였다. 송광사松廣寺 승려 만항萬恒과 같은 연輦에 타고 연복사演福寺에 행행하였다. 조계종曹溪宗 승려 경린景麟에게 대선사大禪師의 직위를 수여하였는데, 간관들이 고신告身에 서명을 하지 않았다. 왕이 노하여 이조은李朝隱, 우칭禹偁, 윤기尹頎를 불러서 꾸짖었으나 그래도 서명하지 않자, 왕이 곤장을 치려하였다. 우칭이 왕정王廷에서 강개하여 변론하니, 왕이 조금 누그러졌으나 모두 좌천시켰다.

충숙왕 원년 갑인(1314) (원 인종仁宗) 연우延祐 원년

○ 봄 정월에 상왕이 스스로 자신의 덕 10여 조를 기록하여 몰래 식목도감式目都監에 내려서 전문箋文으로 축하하도록 하였는데, 대개 상국에 알리려고 한 것이다. 원나라에서 조서를 내려 과거科擧를 설치하였다.{사신을 보내 통고하였다.} 상왕이 원나라에 갔

다.{이때부터 원나라에 체류하고 돌아오지 않았다.}

○ 박사 유연柳衍을 강남江南에 보내서 서적을 구입하려고 하였으나 강남에 도착하지도 못하고 배는 패선하였으며 유연은 겨우 면하였다. 태자부太子府 참군參軍 홍약洪瀹이 강남에 있으면서 유연에게 보초寶鈔 150정錠을 주어 서적 10,800권을 구입하게 하고, 또 (황제에게) 아뢰어 왕에게 서적 17,000권을 하사하게 하였는데, 모두 송나라의 비각秘閣에 소장되었던 것이다.

충숙왕 2년(1315)

○ 가을 9월에 공주가 원나라에 갔다.

○ 겨울 12월에 (공주가) 훙거하였다.

충숙왕 3년(1316)

○ 봄 2월에 공주의 상여가 원나라에서 돌아왔다. 왕이 원나라에 갔다. 상왕이 심왕瀋王의 지위를 호暠에게 전위하고 그를 양왕梁王의 딸과 결혼하게 하였다.

○ 가을 7월에 왕이 영왕營王[12]의 딸 역련진팔라亦憐眞八剌(아린지발) 공주와 결혼하였다. 의비懿妃가 원나라에서 훙거하였다.

○ 8월에 의비의 상여가 원나라에서 돌아왔다.

○ 겨울 10월에 왕과 공주가 원나라에서 돌아왔다.

충숙왕 4년(1317)

○ 봄 정월에 원나라에서 위왕魏王 아목가阿木哥(에무게)를 대청도大青島에 유배하였다.

12 영왕營王 : 원 세조쿠빌라이의 5남 운남왕 쿠게치의 아들로, 운남왕으로 있다가 무종 때 영왕으로 책봉됨.

충숙왕 5년(1318)

○ 제주의 백성들이 난을 일으켰다. 부사副使 장윤화張允和를 순군巡軍에 구속하였는데, 탐폭하여 난을 초래하였기 때문이다. 평리評理 송영宋英을 보내어 안무하니 적들이 모두 평정되었다.

○ 여름 5월에 집의執義 김천일金千鎰을 동남도東南道에 보내고, 지평持平 장원조張元組를 서북면西北面에 보내어 백성들의 질고疾苦를 물었다. 김천일은 (백성의 질고를) 규거糾擧한 것이 없어서 왕이 곤장을 쳤고, 장원조만 김이金怡가 피폐皮幣를 횡렴한 것을 잡아냈다. 김이는 그때 연저에 있었는데, 상왕이 노하여 장원조를 쫓아내고 변위도감辨違都監을 두었으나 곧 혁파하였다.

충숙왕 6년(1319)

○ 가을 9월에 공주(충숙왕비 복국장공주)가 훙거하였다.

충숙왕 7년 경신년(1320) 연우 7년

○ 봄 정월 초하루 신사일에 원나라에서 일식日食을 알려 와서 백관들이 소복을 입고 하정례賀正禮를 정지하였으나, 응답이 없었다. 이날 대도大都에 일식이 있어서, 황제는 재계하였고 조하를 그만두었다. 신해일에 황제가 붕거하였다.

○ 2월에 태자가 즉위하였다.{인종仁宗은 품성이 자애롭고 효성스러우며 유술儒術에 통달하였다. 백성들을 사랑으로 기르고 부지런히 다스렸다. 한결같이 세조의 성헌成憲을 준수하였으니 원나라의 덕을 이루고 문치를 지킨 군주이다.}

○ 겨울 12월에 원나라에서 상왕을 토번吐蕃으로 유배시켰다. 장항張沆을 보내어 상왕에게 반전비盤纏費(여비)를 바쳤고, 백관들이 중서성에 상서하여 상왕의 억울함을 호소하였다.

충숙왕 8년(1321)

○ 원나라에서 왕을 소환하였다.

○ 여름 4월에 원나라에 가서 권한공權漢功, 채홍철蔡洪哲을 곤장치고 해도海島에 유배를 보냈다. 이보다 전에 상왕이 원에 체류할 때에 정사政事의 출납을 대부분 아뢰어서 행하였는데, 비록 과도한 거조가 있었지만 창고는 가득 차고 인심은 외복畏服하였다. 이때에 이르러 환관이 좌우에 있으면서 상왕의 정사政事를 바꾸려고 하여 구신舊臣들을 쫓아냈다. 창고는 모두 비게 되고 불령不逞스러운 무리들이 백안독고사伯顔禿古思(바얀투그스)에게 붙어서 벌떼처럼 일어나 난리를 피웠다. 상왕이 서번西蕃 독지리獨知里에 이르러 최유엄崔有渰, 권부權溥, 허유전許有全, 조간趙簡에게 편지를 보내어, "좋지 않은 운수를 만나 우리 사직에 욕을 보이게 되었으니, 나라의 원로들을 생각하면 안타까움을 금할 수 없다. 국왕은 연소年少하고 전에 나를 꺼리던 자들은 내가 여기에 온 것을 다행으로 여기니 어찌 우리 부자 사이를 이간질 하지 않을지 알겠는가? 바라건대 동심협력하여 우리 집안을 바로 잡고 구제해 달라."고 하였다. 이에 허유전 등이 원나라에 가서 왕을 동쪽으로 돌려 보내달라고 청하였으나, 심왕당瀋王黨이 저지하여 이루지 못하였다. 왕이 연경에 이르러 독고사禿古思의 집에 숙소를 정하였는데, 이때 대호군大護軍 박인평朴仁平이 간교하게 총애를 받아 몰래 조적曺頔과 연결하였다. 조적의 양자인 환자宦者 양안길楊安吉이 황제의 측근에서 용사用事를 하였다. 이에 박인평이 먼저 심왕에게 나아가 조적, 안길상安吉相과 순치脣齒 관계가 되어 국가에 어두운 부분을 심왕에게 소청하고, 유청신柳淸臣・오잠吳潛을 유인하여 붕비朋比가 되었고, 조연趙璉・조연수趙延壽・김원상金元祥 등이 몰래 그에 붙었다. 황제가 참소를 믿고 왕의 인장印章을 몰수하였다.

충숙왕 9년(1322)

○ 봄 정월에 왕이 원나라에 체재하였다. 대언代言 경사만慶斯萬이 대녕군大寧君 최유엄崔有渰에게 부탁하여 여러 신료를 이끌고 글을 써서 왕의 복위를 청하였다. 글이 완성되었는데, 심왕에게 붙은 자가 많아서 글을 묘각사妙覺寺에 놓아두고 경계하며 지켰다. 경사만慶斯萬이 몰래 글을 훔쳐서 김지경金之鏡으로 하여금 중서성中書省에 전달하게 하였다.

○ 가을 9월에 권한공權漢功, 채홍철蔡洪哲, 이광봉李光逢 등이 왕을 원망하며 여흥군驪興君 민지閔漬 등을 맞이하여 심왕瀋王을 세울 것을 청하려고 백관들을 모아 중서성에 상서하였다. 찬성사贊成事 민종유閔宗儒, 언양군彦陽君 김륜金倫, 집의執義 윤선좌尹宣佐 등은 그에 따르지 않고, 대간臺諫과 사한史翰도 모두 서명하지 않았다. 권한공 등이 자운사慈雲寺에 모여 서명하는데, 날씨가 갑자기 큰 번개가 치고 우박이 내리며 비가 왔다.{11년 정문呈文에 "간신 등이 거짓으로 대위왕大尉王(충선왕)의 환국을 간청하는 문건이라고 칭하며 중신들을 기만하여 몇 장의 백지에 억지로 서명하도록 강요하였다."고 한 것이 이때의 일을 가리킨 것이다.} 의랑議郎 조식趙湜이 가지고 중서성中書省과 한원翰院에 갔으나 모두 받지 않았다.

충숙왕 10년(1323)

○ 봄 정월에 왕이 원나라에 체재하였다. 오잠吳潛, 유청신柳淸臣이 도성都省에 상서하여 행성行省을 세워서 내지內地와 같도록 해달라고 하였으나, 따르지 않았다. 민지閔漬, 허유전許有全, 김거金琚, 최성지崔誠之, 이제현李齊賢이 승상丞相 배주拜住에게 글을 바치며 상왕을 소환해달라고 하였다.

○ 2월에 (황제가 상왕을) 타사마朶思麻(드스마) 지역으로 양이量移할 것을 명하였다.

○ 가을 8월에 황제가 상도上都에서 남쪽으로 돌아왔는데, 어사대부御史大夫 철실鐵失(테쿠시)이 남파南坡에서 황제(영종)를 시해하였다.{황제는 품성이 지극히 효성스러워서 인종仁宗이 병이 들자 분향을 하며 하늘에 고하여 자신이 대신하기를 기원하였다. 사위嗣位함에 이르러서는 법을 쓰는 데 사사로움이 없었는데 주살이 되었다. 철실鐵失 등이 질아迭兒의 잔당으로 스스로 안정하지를 못하고 있었는데, 당시에 질아의 일을 끝까지 다스리려고 하자, 끝내 큰 변고를 만들었다.}

○ 상왕을 소환하였다. 겨울 11월에 대도大都에 도착하였다.

충숙왕 11년(1324)

○ 봄 정월에 왕이 원에 체재하였다. 황제가 조칙을 내려 왕의 인장을 하사하였다.

최유엄崔有渰, 김심金深이 수첨의정승守僉議政丞이 되었다.

○ 여름 5월에 최유엄이 백관과 군민軍民을 이끌고 중서성中書省에 글을 올려서 황당한 말들을 만들어내는 사람들을 잡아다가 엄격하게 다스려서 보내도록 요청하고 왕을 빨리 본국에 돌려보내어 백성들을 안무할 것을 요구하였다. 학유學諭 심종숙沈宗叔을 합포만호부녹사合浦萬戶府錄事로 삼았다.{이전에 도필리刀筆吏로 하니 탐오와 불법이 많아서 왕이 경술經術이 있는 선비로 대신하여 보냈다.}

○ 가을 8월에 왕이 위왕魏王의 딸 금동공주金童公主와 결혼하였다.

충숙왕 12년(1325)

○ 여름 5월에 왕 및 공주가 원나라에서 돌아왔다. 상왕이 연저燕邸에서 훙거하였다.

○ 가을 7월에 (상왕의) 재궁梓宮이 원나라에서 왔다.

○ 겨울 10월에 공주가 훙거하였다.

충숙왕 14년(1327)

○ 여름 5월에 첨의중찬僉議中贊 김이金怡가 졸하였다.

충숙왕 15년(1328)

○ 원나라에서 김씨를 황후로 봉하였다.{화평군和平君 김심金深의 딸이다. 처음에는 인종仁宗의 편비偏妃였다.}

○ 가을 7월에 황제가 평장정사平章政事 매려買驢, 사인舍人 미실불화迷失不花[13]를 보내왔다. 이전에 왕이 원나라에 청하여 심왕瀋王에게 선위禪位를 하려고 몰래 표문을 만들어 대언代言 한종유韓宗愈에게 주어서 가서 인장을 찍게 하였는데, 한종유가 따르지 않고, 물러나와 이조년李兆年과 함께 간신姦臣을 잡아서 배척하여 일이 끝내는 실행되지

---

13 정식 이름은 역특미실亦忒迷失(이트미시부카)이다.

못하였다. 이때에 이르러 유청신柳淸臣, 오잠吳潛이 중서성中書省에 나아가 왕이 눈과 귀가 멀었고 말도 할 수 없어 직접 정사政事를 하지 못한다고 무고하고 또 상왕이 호暠를 고려 세자로 삼았다고 아뢰었다. 영종英宗 때에 왕도王燾가 백안독고사伯顔禿古思(바얀투그스)와 모의하여 상왕이 호의 세자인世子印을 빼앗았다고 말하고, 또 상왕이 호에게 하사하였던 전택田宅을 빼앗고 유청신 등 140인의 전택을 빼앗았는데, 이에 황제가 매려를 보내어 질문을 한 것이다. 박중인朴仲仁, 조적曹頔, 조운경趙雲卿, 고자영高子英 등이 따라왔는데, 모두 심왕당이다. 왕이 질병을 핑계하고 조서를 맞이하지 않았는데, 매려가 이를 의심하여 바로 왕궁에 가서 조서를 내리고, 양위할 것을 힐난하였다. 왕이 대답하기를 "세조 황제가 부왕에게 세자인을 하사하였고 무종이 심왕의 작위를 수여하였는데, 얼마 안 있다가 (내가) 습봉襲封하였다. 홍중희洪重喜가 '한 몸에 두 왕의 인장을 겸하여 가지고 있는 것은 불합리하다.'고 하여, 황제에게 아뢰어 나에게 고려왕을 전수하였고, 연우延祐 3년에 내가 경사京師에 조회하였을 때, 부왕이 세자보인世子寶印을 주면서 '이는 세조 황제께서 하사하신 것이다. 맏아들이 성장하면 주라.'고 하였다. 지금 호暠의 당黨에서는, 부왕이 김이金怡의 말을 들어 나에게 인장을 수여하였다고 하는데, 인종仁宗이 빈천賓天한 지 2년이 되었고, 부왕이 토번으로 유배될 때, 나는 나라[國=燕京]에 있었는데 어느 겨를에 독고사禿古思(백안독고사)와 모의하겠는가? 부왕은 세조世祖의 외생外甥이고 좌명佐命의 공훈이 있었어도 오히려 두 왕의 인장을 겸해서 가질 수가 없다고 했는데, 호는 무슨 공이 있기에, 이미 심왕이 되었는데 또 고려 세자인을 요구하는가? 받은 전택은 일찍이 황제의 칙지勅旨를 받았다. 다만 영주營州의 토전土田은 세조께서 고려왕이 조공숙위朝貢宿衛하는 데 공돈供頓하도록 허락하여 둔 것이다. 자식은 토전土田을 아비에게 전해줄 수 없는데, 호가 어떻게 가질 수가 있겠는가? 유청신 등의 전지는 모두 다른 사람이 소유했던 것이니 담당 관서를 시켜서 문계文契를 상고하여 옛 주인에게 돌려주었을 뿐이다."고 하였다.

매려買驢가 왕을 보니, 예절과 얼굴이 엄숙하고 언사言辭가 조리가 있었다. "황제께서 나에게 명한 것은 와서 왕의 질병을 살펴보라는 것이다. 지금 왕을 보고 나니, 전에 소청을 받았던 것이 모두 무고라는 것을 알겠다."고 하였다. 이에 조적曹頔 등이 두려워하여 감히 말을 못하였다.

이때에 사개使价가 줄을 이어서 뇌물이 성행하고 음행과 술이 판을 쳐 머물러 있는 것이 몇 달이나 되었는데, 매려가 모두 독촉하여 돌아가라고 하였다. 왕이 보완寶玩으로 사례를 하였으나 받지 않았다.

○ 가을 7월에 황제(태정황제)가 상도上都에서 붕거하였다. 자사립剌沙立(다우라트샤) 태자를 무너트리고 아속길阿速吉이 사신을 보내어 연도燕都에 가서 모든 관청[百司]의 인장을 환수하였다. 이때 연첩목아燕帖木兒(엘테무르)가 머물러 지키고 있었는데, 드디어 거의擧義를 하자고 모의하여 군신群臣들이 모두 모였다. 호종 병사들이 모두 칼날을 드러내고 명령하기를 "무종武宗 황제에게 아들이 둘 있는데,[14] 천하 대통大統의 소재이니 당연히 그리로 돌아가야 한다. 따르지 않는 자는 죽을 것이다."고 하였다. 이에 회왕懷王 도첩목이圖帖睦爾(독테무르 : 원 무종의 차자)를 맞이하여 섭위攝位케 하고 대력大曆으로 개원改元하였으며 군사를 보내어 상도上都를 포위하여 격파하였다.{뒤를 이은 황제는 끝내 어떻게 되었는지 알 수가 없다.}

충숙왕 16년(1329) 기사년

○ 봄 정월에 주왕周王 화세랄和世竦이 화령和寧에서 칭제稱帝를 하고{이가 명종明宗이다.} 회왕懷王을 황태자로 삼았다.

○ 가을 8월에 황제가 남쪽에서 돌아오니, 황태자가 찰도察都 땅에 출영하였다. 황제가 갑자기 행전行殿에서 붕어하였다. 연첩목아燕帖木兒(엘테무르)가 곡성을 듣고 바로 장막 속에 들어가 어새를 가지고 태자를 부축하여 말을 태워 남쪽으로 달려 상도上都에서 제위를 습위하였다. 왕이 사신을 보내어 하례를 하고, 세자 정禎에게 왕위를 전위할 것을 청하였다.

14 태정제의 장자는 아리길팔阿里吉八(아리기바), 차자는 도첩목이圖帖睦爾(톡테무르)이다.

충숙왕 17년(1330)

○ 봄 2월에 원나라에서 세자를 왕으로 책봉하고 칠십견七十堅을 보내와서 국새를 가져갔다.{이때 세자는 원나라에서 숙위를 하고 있었다.} 황제가 친히 규장각奎章閣에 나아가 세자에게 주었다. 세자가 김태현金台鉉을 권행성사權行省事로 명하니, 왕이 그를 구속하고 정방길鄭方吉을 행성사行省事로 삼았다. 세자가 관서왕關西王의 딸 덕령공주德寧公主와 결혼하였다.

○ 가을 7월에 원나라에서 명종明宗의 태자太子 타환첩목이妥懽帖睦爾(토곤테무르)를 대청도大靑島에 유배하였는데, 그때 나이가 11세였다.{이가 순제順帝가 되었다.} 왕이 원나라에 가고, 세자 및 공주가 원나라에서 동쪽으로 왔는데, 황주黃州에서 알현하였다. 왕이 세자가 호복胡服을 입은 것을 꾸짖으니, 세자가 울면서 나갔다.

○ 겨울 10월에 검교정승檢校政丞 김태현이 졸하였다.

충숙왕 18년 신미년(1331){구사舊史에는 이 해를 충혜왕忠惠王 원년으로 하였으나 여기에서는 삭제한다.}

○ 봄 정월에 왕이 원나라에 머물렀다.

○ 여름 4월에 5도의 인민이 쌍성雙城·요심遼瀋 등으로 흘러들어가자 표문表文을 올려 쇄환할 것을 청하였다.

○ 가을 7월에 대녕군大寧君 최유엄崔有渰이 졸하였다.

○ 겨울 12월에 원나라에서 타환妥懽(토곤테무르) 태자太子를 소환하였다.

충숙왕 후원년(1332)

○ 봄 정월에 왕이 원나라에 체재하였다.

○ 2월에 원나라에서 낭중郎中 장백상蔣伯祥을 보내어 왕이 복위하였음을 조서로 통고하고 세자에게 입조入朝하라고 하였다. 왕이 장백상을 섭성사攝省事로 하고 세자의 폐행신嬖幸臣인 윤석尹碩·손기孫琦·김지경金之鏡 등을 순군巡軍에 하옥下獄하였다. 장백상이 권적權適·윤지현尹之賢 등을 구속하였다.

○ 여름 5월에 원나라에서 태사太史 도적都赤을 보내와 장백상을 행성에 구속하고, 윤석 · 윤지현 등을 석방하였다. 백관들이 장백상의 불법을 고소하니, 도적都赤이 장백상을 잡아갔다.

○ 가을 8월에 황제가 붕어하였다. 연첩목아燕帖木兒(엘테무르)가 황후에게 태자를 세울 것을 청하였는데, 연첩고사燕帖古思(엘테그스)가 이에 따르지 않고, 문종文宗의 유명遺命으로 녹왕鄜王 의린질반懿麟質班(이린지발)을 세웠는데, 바로 명종明宗의 차자次子이다. 즉위한 지 한 달 만에 죽었다. 연첩목아가 다시 연첩고사를 세울 것을 청하였는데, 태후가 말하기를, "우리 아들은 아직 어리고 타환첩목이妥懽帖睦爾(토곤테무르)가 광서廣西에 있으니 법례에 당연히 그를 세워야 한다."고 하고, 이에 정강靜江에서 맞이할 것을 명하였다.

충숙왕 후2년(1333)

○ 봄 정월에 왕이 원나라에 체재하였다. 연첩목아가, 고려가 왜倭와 경계가 인접되어 있는데 왕이 지금 오래 연경[都下]에 체재하고 있으니 귀국하게 하라고 청하였다. 이때 황태자가 아직 즉위하지 않았고, 왕은 문종文宗의 구신舊臣으로써 갑자기 출발할 수가 없었으나, 조정에서는 가라고 독려하여 드디어 돌아왔다. 경화공주慶華公主와 함께 왔다. 심왕瀋王이 임강臨江에서 알현하고 왕을 따라서 동쪽으로 돌아왔다.

○ 여름 5월에 왕이 원나라에서 돌아왔다.

○ 6월에 순제順帝가 즉위하고 원통元統으로 개원改元하였다.

충숙왕 후4년(1335) 을해 지원至元 원년

○ 겨울 10월에 왕이 해주海州에서 사냥을 하였다. 원나라 사신 흑사黑廝(후시)가 온다는 소식을 듣고 도성都城으로 돌아왔다. 왕은 성격이 사람을 싫어하여 좌우의 측근들이 가까이 갈 수가 없었다. 내관內官이 왕이 노盧가 혼자 비스듬하게 멀리서 따라갔는데, 왕이 크게 노하였다. 백관이 영빈관迎賓館에 모여서 조서를 맞이하려 하였으나 왕이 이미 먼저 도착하여 창황하게 예를 행하고는 왕이 사람을 시켜 그들을 쫓아내서

백관들이 도망하여 숨었다. 왕이 사람을 싫어한 것이 이와 같았다. 어떤 사람이 원나라에서 와서, 전왕前王이 과오를 후회하고 있다고 아뢰니 왕이 눈물을 흘렸다.

○ 원나라에서 조서를 내려 과거를 파하였다.{이 해에 백안伯顔이 황후 백아오伯牙吾씨를 시해하였다.}

○ 12월에 왕에게 입조入朝하라는 조서가 왔다.

충숙왕 후5년(1336)

○ 겨울 12월에 왕이 원나라에 갔다. 황제가 전왕에게 동쪽으로 돌아가라고 칙명을 내렸다.{이때 왕은 입조하려고 하지 않았는데, 왕을 고소하여 나라를 없애려고 한다는 소문이 있어서 갔다.}

충숙왕 후6년(1337)

○ 봄 정월에 왕이 원나라에 체재하였다.

○ 가을 7월에 혜성이 천시원天市垣에 40일 동안 보이다가 없어졌다.{『원사元史』에 "크기가 큰 배만 하고 별의 길이가 한 자 남짓이며 흰색이다."라고 하였다.}

○ 겨울 12월에 왕이 원나라에서 돌아왔다.

충숙왕 후7년(1338)

○ 여름 6월에 지진이 있었다.{큰 지진이므로 쓴다.}

○ 가을에 조적曹頔이 좌정승左政丞이 되고 홍빈洪彬이 찬성사贊成事가 되었다.

충숙왕 후8년(1339)

○ 봄 3월에 왕이 훙거하였다. 재위가 25년이고 수壽는 46세이다. 품성이 침중沈重하고 총명하며 글을 잘 지었고 예서隸書를 잘 썼다. 의릉毅陵에 장사지냈다.

사신史臣의 논찬論贊

충렬忠烈, 충선忠宣, 충숙忠肅, 충혜왕忠惠王은 4대 대대로 부자 간에 서로 다투어 천자의 조정에까지 소송을 하기에 이르러 천하 후세에 웃음거리가 되었다. 무릇 효는 모든 행동에 우선하는 것이고 정사政事의 근본이다. 근본이 이미 상실되었으니 그 정사를 알 만하다. 충숙왕이 만년에 국사를 버리고 바깥 교외에 나가서 지내고 박청朴靑 등 3명의 내시를 신임하여 위복威福이 아래로 내려갔다. 자손들이 모두 흉하고 요절하게 되었으니 정말 한탄할 일이다.

충혜왕 세가忠惠王世家

왕의 이름은 정禎, 몽골 이름은 보탑실리普塔失里(부다시리)이다. 충숙왕의 장자이고 어머니는 명덕후明德后 홍씨洪氏이다.{충숙왕 2년 을묘생}

○ 충숙왕 15년(1328) 2월에 세자로 원나라에 가서 숙위를 하였다.

○ 충숙왕 16년 10월에 충숙왕이 주청하여 왕위를 전위하였다. 처음에 왕이 원나라에 갔을 때에 승상 연첩목아燕帖木兒(엘테무르)가 그를 보고 크게 기뻐하고 자기 자식처럼 여겼다. 충숙왕이 왕위를 사임하자, 황제가 사임을 허락하도록 찬성하였다. 그때 연첩목아가 권력을 잡고 마음대로 하였는데, 태정후泰定后를 부인으로 하고, 종실의 여자 40여 인을 맞이하였다. 한 번 잔치에 혹 말 13마리를 잡기도 하였다. 왕이 왕위를 이은 뒤에, 연첩목아를 따라서 유림柳林에서 방응放鷹을 하면서 나라의 기무機務는 폐신嬖臣인 배전裵佺 등에게 위임하였다. 관서왕關西王의 딸과 결혼하였는데, 선휘원宣徽院이 승상의 집에서 연향을 베풀었고, 왕도 승상에게 잔치를 베풀었다. 술이 반쯤 취하였을 때에 승상이 매우 기뻐서 일어나 춤을 추니 왕도 역시 춤을 추었다. 왕이 날마다 내수內竪(내시)와 씨름을 하였는데, 기거주起居注 이담李湛이 왕에게 아뢰기를 "인군人君의 거조擧措는 삼가지 않을 수가 없습니다. 동정動靜을 모두 씁니다."고 하니, 왕이 "쓰는 자가 누구

인가?" 하니, 이담이 "사신史臣의 직무입니다." 하였다. 왕이 "나의 과실을 쓰는 것이 서생書生이구나." 하고 이때부터 더욱 유술儒術을 싫어하였다.

○ 여름 5월에 황제가 조서로 왕의 귀국을 명하고 황제는 상도上都로 행행하였다. 왕이 따라서 용호대龍虎臺에 이르러 절을 하고 돌아왔다.

○ 7월에 원나라에서 돌아왔다. 매일 사냥을 일삼을 뿐이었다. 지순至順 3년(1332) 2월에 원나라에서 사신을 보내어 상왕上王을 복위하게 하고 국새國璽를 가지고 갔다. 왕도 이에 원나라에 갔다. 그때 태보太保 백안伯顔(바얀)이 연첩목아燕帖木兒(엘테무르)가 농권弄權하며 왕을 대하는 것이 예의가 없는 것을 싫어하였었다. 이제는 연첩목아가 이미 죽었기 때문에 백안이 왕을 더욱 박하게 대하였다. 왕과 연첩목아의 자제 및 회골回骨 소년들이 떼로 모여 마시며 장난을 치며 부랑배 노릇을 하고 숙위를 서지 않으니 백안이 더욱 싫어하여 지목하여 말하기를 "발피撥皮"라고 하였다. 황제에게 말하기를 "왕정王禎은 본래 행실이 안되어 있고 숙위에도 누를 끼칠 것 같습니다. 의당 그의 아비에게 보내서 가르치게 해야 합니다." 하였다.

○ 충숙 후5년(1336). 황제가 왕을 동쪽으로 돌아가게 하였다. 충숙왕이 훙거한 후에, 왕이 평리評理 이규李揆 등을 보내어 습위襲位할 것을 요구하였는데, 백안이 허락하지 않고 말하기를, "왕도王燾도 본래 좋은 사람이 아니고 발피撥皮는 비록 적장嫡長이라 하더라도 세울 수 없다. 오직 왕호王暠가 적당하다."고 하였다. 왕호가 드디어 원나라에 갔는데, 평양에서 멈추어 몰래 조적曹頔과 모사를 하였다. 왕이 기병騎兵을 보내 왕호를 추격하였지만 미치지 못하였다. 이규가 돌아와서, 태사太師의 뜻은 돌릴 수가 없으나 기로신민耆老臣民들이 상소하여 진정하면 가능할 것 같다고 말하였다. 이에 기로耆老 권부權溥 등이 중서성中書省에 상서하여 왕이 습위할 것을 청하였다.

○ 왕은 황음무도해서 수비壽妃를 증烝하였고 또 경화궁慶華宮에 가서 공주를 핍박하여 증烝하였다. 공주가 수치스럽게 여겨, 정승 조적을 불러 폭행을 당한 모습을 말하였다. 조적이 영안궁永安宮에 들어가 백관들을 모아 큰소리로 군소배를 쫓아내자고 말하고 속으로는 심왕瀋王을 위하려고 하였다. 그의 당여黨與를 보내 국새國璽를 취하여 이달충李達衷·김득배金得培 등으로 하여금 지키게 하였다. 마침 대도大都로부터 황

제가 왕위를 승습承襲하는 것을 허락하였다는 헛소문이 오자, 조적의 당들이 조금 후퇴하였다.

○ 가을 8월에 조적과 홍빈洪彬, 신백申伯, 황겸黃謙, 백문거白文擧 등이 홍초군紅綃軍을 이끌고 밤 5고鼓에 왕궁을 습격하였다. 왕은 행신幸臣 몇 기騎를 이끌고 나가서 사격을 하니, 조적의 군은 패주를 하여 공주의 궁전으로 들어갔으나 추격하여 그를 참하였다. 황겸, 백문거 등은 순군옥巡軍獄에 가두고 홍빈만 용서하였다.

○ 겨울 11월에 원나라에서 단사관斷事官 두린頭麟을 보내 조서를 내려 왕이 습위하도록 하였다. 조금 있다가 황제가 김지겸金之謙에게 국사國事를 권관權管하도록 하고, 왕 및 홍빈, 한첩목아불화韓帖木兒不花, 조운경趙雲卿, 황겸, 백문거 등을 잡아서 돌아갔다.

충혜왕 원년(1340)

○ 봄 정월에 원나라에서 왕을 형부刑部에 구속하고 오부五府{중서성中書省, 추밀원樞密院, 어사대御史臺, 한림원翰林院, 종정부宗正府}로 하여금 잡다하게 심문하였다. 이때 백안伯顔(바얀)이 숙감을 가지고 은밀히 조적曹頔의 당을 지원하여 왕과 고소한 자들을 대변對辯하게 하였다. 이조년李兆年이 강개발분慷慨發憤하여 승상의 말 앞에 상서하여 살신殺身으로 왕을 설치雪恥하려고 하였는데, 그때 마침 승상이 패하였다.{백안(바얀)이 당唐을 죽이고 그 형세로 전권專權을 마음대로 휘둘렀다. 성헌成憲을 변란變亂하고 점차 간모奸謀를 꾀하니 황제가 그것을 걱정하였다. 종자從子 탈탈脫脫(톡토)이 그것을 매우 걱정하여 아비 마찰아태馬札兒台(마차르타이)에게 청하였다. 아직 패하지 않고 도모하였는데 처사處士 오직방吳直方이 대의大義로 멸친滅親할 것을 권하니 이에 대책을 결정하여 알렸다. 몰래 의논을 정하여 그들이 사냥을 나간 틈에 유림柳林에 군사를 보내어 그들을 막고 조서를 내려 죄상을 밝히고 하남성河南省 좌승상左丞相으로 좌천시켰다.} 탈탈이 황제에게 아뢰어 왕을 석방하고 복위를 시켰다.

○ 여름 4월에 왕이 원나라에서 돌아오고 한악韓渥은 우정승右政丞이 되었다. 원나라에서 마찰아태를 승상으로 삼고 기씨奇氏를 황후로 봉하였다. 문종文宗의 묘주廟主를

철거하고 불답실리不答失里(부다시리) 황태후의 호號를 삭거하여 동안주東安州로 사거徙居시키고 연첩고사를 고려로 방축放逐하였다. 연첩고사가 심양瀋陽에 이르러 갑자기 죽었다.

충혜왕 2년(1341) 신사 지정至正 원년

○ 탈탈이 군국의 중사를 기록하였다[脫脫錄軍國重事].

○ 여름 5월에 강릉군江陵君 기祺가 소환되어 원나라에 갔다. 현효도玄孝道가 왕에게 독약을 먹이려다가 발각되어 복주되었다.

○ 겨울 12월에 여러 도에서 (동짓날을 맞이해 보내는) 축하 전문[賀箋]을 보내지 않았다.

충혜왕 3년(1342)

○ 원나라에서 고용보高龍普를 보내서 황후의 어머니 이씨李氏를 맞이해갔다.

충혜왕 4년(1343)

○ 여름 5월에 성산군星山君 이조년李兆年이 졸하였다. 원나라에서 직성사인直省舍人 실덕實德을 보내와서 송宋·요遼·금金의 사적事蹟을 수색하였다.{처음에 세조가 국사원國史院을 세우고 왕악王鶚에게 처음으로 명하여 『요사遼史』·『금사金史』를 찬수하라고 하였다. 송나라가 망하자 또 세 나라의 역사를 찬수하라고 명하였다. 연우延祐, 천력天曆 연간에 여러 번 조서를 내려 찬수하였으나 의례義例가 정해지지 않아서 끝내 완성할 수가 없었다. 이에 이르러 탈탈脫脫에게 명하여 도총재都摠裁로 삼고, 장기암張起巖, 구양현歐陽玄, 여사성呂思誠, 게해사揭傒斯를 총재관摠裁官으로 삼아서 찬수하였다. 한때의 사론史論이 송나라가 정통이라는 것을 모르지 않았지만 끝내는 원나라가 금나라를 계승하고, 금나라는 요나라를 계승하였기 때문에 그에 대해서 의심하여 토론에 결정이 나지 않아서 조서로 요, 금, 송나라의 각각의 역사를 만들게 하고 범례를 만들고 논찬표주論撰表奏를 작성하였는데, 대부분 구양현이 작성한 것이다. 이에 아뢰어 실덕을 보내게 한 것이다. 동사

東史에는 반드시 상국上國의 일을 기재하였을 것이기 때문이다.}

○ 기인법其人法을 복구하였다.

○ 이때 새 궁궐이 완성되어 왕이 낙성落成하였다. 백관들로 하여금 잔치 비용을 도우라고 하고 날마다 왕에게 향응을 하였는데, 찬품饌品이 극히 화려하고 사치스러웠다. 한 그릇의 비용이 포布 수백 단段에 해당하니 백성들이 매우 괴로워하였다. 곧 그만두었다.

○ 왕이 남의 처첩妻妾 중에 자색姿色이 있다는 말을 들으면 친소親疎나 귀천貴賤을 불문하고 모두 들이게 하여 후궁이 기백여 명이었다. 폐신嬖臣인 최원崔遠이 진사정동進士井洞에 이쁜 처자가 있다고 고하니, 왕이 밤에 가서 수색하였다. 주인 할머니가 본래 딸이 없다고 하니, 왕이 할머니가 숨긴다고 의심하고 또 최원이 속였다고 의심하여 모두 살해하였다.

재리財利를 좋아하여 작은 것까지도 분석하여 항상 급급하게 경영을 하였다. 회회回回 집에 포목을 주어서 그 이자를 취하였다. 소를 잡아 고기를 올리고 새 궁궐을 지을 때에는 직접 북을 치며 감독을 하였다. 단청 칠을 나르는데 늦게 오는 자는 포목을 징수하는 것이 몇 배가 되어 이서들이 이를 핑계로 간궤姦詭를 부리니 백성들이 걱정하고 원망하였으며 군소배群小輩들은 뜻을 얻게 되고 충직한 자들은 배척을 받게 되었다. 직언하는 선비들은 번번이 모욕을 받게 되니 사람들이 감히 말하지를 않았다. 실덕實德이 도감都監의 방문牓文을 보고 취하여 관사로 돌아와서 정승 채하중蔡河中에게 이르기를 "백성들을 사역시켜 농사를 방해하는 것이 이 지경에 이르렀으니 이 나라의 백성들이 어떻게 목숨을 부지하겠는가? 내가 장차 돌아가 천자에게 아뢰겠다."고 하였다. 왕이 그 말을 듣고 대노하여 "이는 반드시 반접인伴接人이 한 짓이다."고 하니, 채하중蔡河中이 "신은 전하가 갑자기 노하지 않으시기 바랍니다. 전하께서는 평일에 조그만 일에도 번번이 위노威怒를 휘두르시니 남의 군주가 된 사람은 이렇게 해서는 안됩니다."고 하였다. 왕이 채하중을 시켜서 초청하였으나 실덕이 허락하지 않았다. 친한 사람을 시켜서 간하게 하여 그만두었다. 왕에게 "실덕에게 고소한 자는 전 판각判閣 최대우崔大雨입니다."라고 아뢴 자가 있어서, 내전內殿으로 소환하여 뺨을 때려 피가 흘렀다.

이때 이운李芸, 조익청曹益淸, 기철奇轍 등이 원나라에 있으면서 중서성中書省에 상서하여 왕이 음탐무도淫貪無道하다고 극언하며 입성立省을 하여 백성을 안집安集시킬 것을 청하였다.

○ 겨울 11월에 황제가 남교南郊에 제사를 지냈다. 대경大卿 타적朶赤(도치), 내주乃住(나이주) 등을 보내 사면령을 반포하였다. 왕이 질병을 칭탁하고 영접하지 않으니, 고용보高龍普가 "황제가 일찍이 왕에게 불경하다고 했습니다. 만약 출영出迎하지 않는다면 황제의 의심이 더욱 깊어질 것입니다." 하니, 왕이 교외에서 영접하고 정동성征東省에서 조서를 청취하였다. 타적 등이 왕을 차고 묶으니, 왕이 급히 자정원사資政院使 고용보를 불렀으나 고용보는 도리어 왕을 꾸짖었으며 사자使者들이 모두 칼을 빼어 들고 왕을 시종하던 무리들을 체포하였다. 이때 백관들은 모두 도망하여 숨고 낭중郎中(좌우사낭장左右司郎將) 김영후金永煦 등 4인은 창에 맞고 지평持平 노준경盧俊卿은 죽었다. 신예辛裔가 밖에 병사들을 매복시켜 왕을 호위하는 자들을 막았다. (타적 등이) 곧 왕을 부액扶腋하여 말에 태워 달려갔다. 왕은 번민이 극심하여 술을 요구하였더니 어떤 노파가 왕에게 술을 드렸다.

○ 기철奇轍, 홍빈洪彬으로 하여금 정동성征東省을 임시로 맡도록 하고, 왕의 폐신嬖臣 10인을 체포하여 행성行省에 구속하고 내탕內帑을 봉하였다. 왕이 숙주肅州에 이르러 주수州守 안균安均에게 이불을 구하였으나 안균이 바치지 않아서 타적에게 호소하니, 타적이 철퇴로 안균을 가격하여 그 자리에서 죽었다. 언양군彦陽君 김륜金倫이 여러 재상들과 함께 회의하여 왕의 죄를 사하여 줄 것을 청하는 상서를 하자고 의논하고 이제현李齊賢으로 하여금 그 글을 초하게 하였는데, 권한공權漢功이 그에 따르지 않았고, 국가의 원로들도 대다수가 오지 않아서 일이 마침내 이루어지지 못하였다. 황제가 함거檻車(감옥 수레)로 왕을 게양현揭陽縣에 유배하였는데, 연경에서 2만 리였다. 수레를 급히 몰아서{이때 한 사람도 따라가는 사람이 없어서 왕은 스스로 의복과 이불을 가지고 갔다.} 온갖 어려움과 고초가 있었다.

충혜왕 후5년(1344)

○ 봄 정월에 악양현岳陽縣에서 훙거하였다. 혹자는 독살되었다고 하고 혹자는 귤을 먹고 죽었다고 하였다. 수壽가 30세이다.

○ 여름 6월에 상여가 도착하여 영릉永陵에 장사지냈다.

사신의 논평[史氏曰]

충혜왕은 영리한 재능을 착하지 못한 데에 써서 악소배들과 친숙하게 지내고 마음대로 황음荒淫을 하였으니, 안으로는 부왕父王에게서 견책을 당하고 위로는 천자에게 죄를 얻어 죄수의 몸으로 구속되었으니 길에서 죽은 것이 마땅하다고 하겠다. 비록 한 사람 노신老臣 이조년李兆年이 간곡하게 말하였으나 말을 듣지 않았으니 어찌 하겠는가.

사신의 논평[史臣曰]

충렬忠烈, 충선忠宣, 충숙忠肅, 충혜왕忠惠王이 계속 이어서 공주와 결혼하니 생질이나 장인과의 친숙함에 기대어 원나라에 체재하는 날이 많았고 우리나라에 있는 날은 적었다. 정동행성征東行省을 둔 이후에는 정교政教와 호령號令이 모두 원나라에서 나오니 불령不逞한 무리들이 인연을 맺고 결탁하여 왕복하면서 시기하고 참소하였다. 아들이 아비를 고소하고 신하가 그 군주를 고소하니, 아들이 들어서면 아비가 폐립廢立되고, 아비가 서면 아들이 폐고廢錮되었다. 새로운 군주를 도모하는 자는 옛 군주를 물어뜯고, 본국을 배반하는 자는 일이 벌어지는 것을 좋아하였으니 다시는 군신부자君臣父子의 분수가 없게 되었다. 그 행적을 살펴보면, 충렬왕과 충숙왕의 교만하고 황음한 것은 서로 더할 데가 없고, 충선왕과 충혜왕의 음탕하고 더러운 것은 천상天常을 어지럽혔다. 토번吐蕃으로 유배되고 게양揭陽으로 쫓겨난 것은 모두 스스로 만든 것이다. 누구를 원망하겠는가!

충목 현효왕 세가忠穆顯孝王世家

왕의 이름은 흔昕이요, 몽골이름은 팔사마타아지八思麻朶兒只(바스마도르지)이니 충혜왕의 원자요, 모친은 덕녕德寧 공주이다.{충숙왕 6년(1337) 정축생} 자질이 총명하고 지혜가 있었으며 원나라에 들어가서 숙위宿衛하였다. 충혜왕이 홍거하였을 때에는 왕의 나이가 8세였다.

고용보高龍普가 왕을 안고 황제에게 뵈었더니 황제가 (충목에게) 묻기를 "네가 아비를 본받으려는가? 그렇지 않으면 어미를 본받으려는가?"라고 하니, 왕이 대답하기를 "어머니를 본받으려고 합니다."라고 하였다. 황제가 감탄하고 드디어 왕위를 잇도록 하였다. 왕이 교지를 내려 폐정을 혁신하고 백성을 위로하고 구조하라고 하였다.

○ 채하중蔡河中, 정을보鄭乙輔로 하여금 국정에 참여하여 논의하도록 하고, 박충좌朴忠佐에게 전민도감田民都監을 맡도록 하였다. 선대 왕의 행신倖臣 15인을 유배시키고 고신告身을 모두 환수하였다.

○ 원나라에서 백저포白苧布를 요구하였다.

○ 4월에 왕이 원나라에서 돌아왔다.

○ 5월에 황제가 이휴李庥와 진근秦瑾을 보내 왕을 책봉하고, "그대의 조상이 큰 나라에 섬기던 정성을 생각하고 그대의 부친이 망신한 교훈을 살려 나라를 안정시키고 법을 소중히 여기고 덕을 숭상하라."라고 하였다.

○ 6월에 대행왕大行王(충혜왕)의 상여가 악양岳陽에서 도착하였다. 서연書筵을 설치하고 이제현李齊賢 이하 46인에게 매일 번갈아가면서 시독侍讀하도록 하였다.

○ 9월 초하루에 일식이 있었다. 왕후王煦는 우정승右政丞이 되고, 김륜金倫은 좌정승左政丞이 되었다.

○ 12월에 호鬍가 원에서 와서 충선왕과 충숙왕의 시책을 전해 주었다.

충목왕 원년 을유년(1345) 지정至正 5년

○ 봄 정월에 다시 정방政房을 두었다.{박충좌朴忠佐, 신예辛裔, 이공수李公遂가 제조提調가 되었다.}

○ 가을 7월에 호가 졸하였다. 우정승 왕후를 파면시키고 김영후金永煦로 대신하였다.

충목왕 2년(1346)

○ 봄 2월 초하루에 일식이 있었다.

○ 3월에 우릉도芋陵島(울릉도) 사람이 와서 조공하였다.

○ 겨울 10월에 이제현, 안축安軸, 이곡李穀에게 명하여 『편년강목編年綱目』을 개찬改撰하도록 하였다. 영가군永嘉君 권부權溥가 졸하였다.

충목왕 3년(1347)

○ 봄 정월 초하루에 일식이 있었다.{일관日官이 일식을 보고하지 않았다. 원나라도 같다.}

○ 2월에 태묘太廟에 도둑이 들었다.

○ 정치도감整治都監을 설치하였다. 기황후奇皇后의 족제族第 기삼만奇三萬이 남의 토지를 빼앗았다고 하여 하옥하여 곤장 쳐서 죽였다. 원나라에서 삼만이 죽었다는 소식을 듣고 직성사인直省舍人 승가노僧家奴를 보내어 정치도감 관료 백문보白文寶 등 16인을 곤장을 치고, 성지聖旨로 왕후王煦를 용서하여 판정치도감사判整治都監事로 하였다.

충목왕 4년(1348)

○ 봄 2월에 언양군彦陽君 김륜金倫이 졸하였다.

○ 3월에 이능간李凌幹을 원나라에 보내어 선왕의 시호를 청하였는데, 윤허하지 않았다. 김나해金那海를 보내어 선왕의 죄명을 개정해줄 것을 청하였다.

○ 가을 7월에 원나라의 태주台州에서 방국진方國珍이 난을 일으켰다.

○ 겨울 10월에 왕이 편치 않아서, 덕령공주德寧公主가 밀직密直 안목安牧의 집으로 이

어移御하여 정사政事를 모두 결정하였다.{이때에 모후母后가 한창 나이로 중간에서 있었는데, 강윤충康允忠, 배전裵佺이 출입을 하면서 총애를 받아 권력을 마음대로 하고 위복威福을 행사하였다. 왕후王煦, 김영돈金永旽이 황제의 명을 받들어 폐정을 정리하려고 하였지만 강윤충 무리들이 저항하였다.} 신예辛裔, 진숙몽田淑蒙 등이 앞뒤에서 용사用事를 하고 대언代言 정사도鄭思度가 아첨을 하여 진용進用되어 오래 정방政房에 있으니 중외에서 폭주하여 왔다. 이때에 사람들이 신예를 지목하여 "신왕辛王"이라고 하였다.

○ 12월에 왕이 훙거하였다. 수壽는 12세, 명릉明陵에 장사지냈다.

충정왕 세가忠定王世家

왕의 이름은 저眡이고, 몽골 이름은 미사감타아지迷思甘朶阿只(미스겐도르지)이니 충혜왕의 서자庶子요 모친은 희비禧妃 윤씨이다.{충숙왕 6년(1337) 정축생이다.}

○ 충목왕 4년에 경창부원군慶昌府院君으로 봉하였다. 충목왕이 훙거하자 공주가 기철과 왕후에게 정동성사征東省事를 섭행攝行할 것을 명령하였다. 왕후 등이 이제현을 원나라에 보내어 표문을 올려 청하기를 "강릉군 기祺는 보탑실리(부다시리)왕의 동복 아우로서 이전부터 귀국에 가서 입시하고 있었던 바, 나이는 19세이며, 경창군慶昌君 저眡는 보탑실리 왕의 서자로서 현재 본국에 있는데 나이 12세입니다. 엎드려 바라건대 선택은 황제의 마음에 달렸으니 백성들의 바람에 따르소서." 하였다.

충정왕 원년(1349) 기축 지정 9년

○ 봄 2월에 황제가 조서를 내려 저로 하여금 입조하도록 하였다.

○ 여름 5월에 왕위를 잇도록 명하였다. 왕이 철성군鐵城君 이군해李君侅에게 국무國務를 청단聽斷할 것을 명령하였다. 정승 왕후가 원나라에 가는 길에 졸하였다.

○ 가을 7월에 왕이 원나라에서 왔다. 원나라에서 탈탈脫脫(톡토)을 우승상右丞相으로 하고{타아지태평朶兒只太平은 파면하고 탈탈을 재상으로 하고 사신을 보내어 고하였다.}

○ 정치도감整治都監을 폐지하였다.

충정왕 2년(1350)

○ 봄 2월에 2월에 왜구倭寇가 고성固城, 죽말竹抹, 거제巨濟 등지를 침범하였는데 공격하여 몰아냈다.{왜구가 침입한 것이 이때로부터 시작되었다.}

○ 3월에 운남왕雲南王이 내빙하였다. 윤시우尹時遇가 도첨의都僉議가 되었다. 왜구가 순천順天, 합포合浦를 침범하였다.

○ 가을 9월에 덕령공주德寧公主가 원나라에 갔다.

충정왕 3년(1351)

○ 봄 정월에 찬성사贊成事 이곡李穀이 졸하였다.

○ 여름 4월에 원나라에서 조서를 내려 하천의 둑을 수리하라고 하였다.{이보다 전에 동요에 "석인石人이 눈 하나로 황하를 도발하여 움직이고 천하가 반란을 일으킨다."고 하여, 가로賈魯가 하천을 수리하였더니 과연 황능강黃陵岡에서 눈이 하나인 석인을 얻었고 여영汝穎의 군사가 일어났다.}

○ 5월에 영주穎州의 요망한 사람 유복통劉福通이 난을 일으켰다. 홍건紅巾이라고 호를 하고 영주를 함락시켰다.{관하關河의 역에 민심이 걱정하고 원망하자 난성欒城 사람 한산동韓山童이 백련교白蓮敎로 소향회燒香會를 하며 대중을 미혹迷惑시키고 난을 꾀하자 현관縣官이 체포하였다. 한산동이 사로잡히자 그의 아들 한림아韓林兒는 도망하여 유복통 등과 함께 드디어 반란을 일으켰다.}

○ 가을 8월에 왜구가 쌍부현雙阜縣{남양南陽에 있다.}을 침입하였다.

○ 겨울 10월에 원나라에서 강릉군江陵君 기祺를 국왕으로 삼고 단사관斷事官을 보내 국새國璽를 회수하여 가지고 돌아갔다. 왕은 왕위를 물러나 강화로 갔다. 왕은 공부하기를 좋아하지 않아 일찍이 먹물을 시학관侍學官의 옷에 뿌렸다. 성격이 어리석고 투기

가 있어서 재상과 시종신들을 혹 만나면 치기도 하였으며 왕왕 철퇴로 사람을 가격하여 거의 죽게 되기까지 하였으니 그 광혹狂惑한 것이 이와 같았다. 전교령典校令 신덕린申德隣, 승丞 안길상安吉祥, 의영사義盈使 손계孫桂 및 박성량朴成亮, 박사신朴思愼이 강화까지 왕을 따라갔다가 모두 순군옥에 구속되었는데, 유독 박사신이 왕에게 공선供膳을 하였으며 두려워하지 않고 호읍號泣하였다. 부음이 이르자 도성 사람들이 눈물을 흘리지 않는 사람이 없었다. 수壽는 14세였다. 총릉聰陵에 장사하였다.

사신의 논평[史氏曰]

충목忠穆과 충정忠定이 모두 어려서 왕위에 올랐고 덕령공주德寧公主와 희비禧妃가 모친의 지위를 가지고 권력을 휘두르자, 늙은 간신과 오래된 좀벌레 같은 이들이 이로 인해 용사用事를 하니 그것을 막아내기는 어려웠다. 충정왕 때에는 강릉군江陵君(공민왕)이 왕의 숙부로서 안으로 위세를 부리고 있으면서 주인이 되고 밖으로는 대국(원나라)이 후원하니 여러 대신들도 나라의 일은 돌보지 않고 서로 파당을 지어 사욕을 채우다가 그것이 화단禍端을 일으켜 왕이 무도를 행하고 백성들에게 베푸는 것이 없으니 밖에서는 도와주는 이가 없었다. 어찌 나라에 기대할 것이 있겠는가. 아 슬프다!

| 휘찬여사 권6 |

세가 6

| 휘찬여사 권21 |

신서인전

휘찬여사 권6

세가世家 6

공민 경효왕 세가恭愍敬孝王世家

왕의 이름은 전顓이며, 몽골식 이름은 백안첩목아伯顔帖木兒(비얀테무르)이다{옛 이름은 기祺였다.}. 충혜왕忠惠王의 친동생이다. {충숙왕忠肅王 17년(1330) 경오년에 태어났다.} 강릉군江陵君에 책봉되었다. 충혜왕 후2년(1341) 5월에 원나라에서 불러들여서 숙위하게 하였는데, 당시 이때 그를 대원자大元子라 불렀다.

충목왕忠穆王이 (즉위하여) 강릉부원군江陵府院君에 책봉하였으며, 충목왕이 홍거하자 나라 사람들이 그를 왕으로 세우려 하였으나 원나라에서 허락하지 않았다.{충숙왕이 왕을 윤택尹澤에게 부탁하니 윤택이 이승로李承老와 함께 (원의) 중서성中書省에 글을 올려 왕으로 세울 것을 청하였다.} 충정왕忠定王 원년(1349)에 노국공주魯國公主에게 장가들었다. 이때에 이르러서 원나라가 그를 국왕으로 책봉하니,[1] 왕이 이제현李齊賢에게 명하여 임시로 정동성征東省의 일을 처리하게 하였다가 곧 도첨의 정승都僉議政丞에 임명하였다. 이제현이 백관들의 공과를 심사하여 노영서盧英瑞는 유배하고, 찬성사 윤시우尹時遇와 정천기鄭天起는 좌천시켜 내치고, 배전裵佺은 옥에 가두었다. 영릉永陵(충혜왕)의 서자인 석기釋器는 머리를 깎아 승려가 되게 하였다. 12월에 왕과 공주가 원으로부터 귀국하여 임인일에 즉위하였다.

1 공민왕을 국왕에 책봉한 때는 이때가 아니라 충정왕 3년(1351) 10월이다.

공민왕 원년 임진년(1352) (원 순제) 지정至正 12년

○ 봄 2월에 전국에 유지宥旨를 선포하기를, "생각하건대 우리 태조가 삼한을 통일하고 그 다음 여러 임금이 왕위를 계승하여 작은 나라로서 큰 나라를 섬기면서 나에게까지 이르렀다. 원나라 태조가 일어날 때 다른 나라들보다 먼저 원나라에 귀부하였고, 우리 충경왕忠敬王(원종)은 중원에 들어가 세조 황제世皇를 알현하였다. 그 은총이 각별하여 충렬왕忠烈王과 충선왕忠宣王은 대를 이어 황제의 사위가 되었고 나의 아버지 충숙왕도 공주에게 장가갔으며 조종의 유업을 이어 받아서 스물다섯 해 동안 나라를 다스렸다. 그러나 그 후에 하늘의 도움을 받지 못하여 세상을 떠났다. 늙은 신하들이 내가 충선왕의 손자요 충숙왕의 아들이며 덕으로 보나 나이로 보아 종묘宗廟의 제사를 받들 만하다고 인정하고 원나라 황제에게 글을 올려 왕으로 삼을 것을 요청한 결과 황제가 이를 받아들여 오늘날 왕의 책봉이 있게 되었다. 다음해 지정 11년(1351) 12월 경자일에 공주와 함께 조국宗國으로 돌아와서 어머니를 뵙게 되었다. 슬하를 떠난 지 11년 만에 지금 서로 볼 수 있게 되었으니, 이것은 지극한 효성이 천지에 감동된 결과이다. 임인일에 경령궁景靈宮에서 왕위계승을 고하고 강안전康安殿에서 즉위하였으니 의관과 예악禮樂은 고국의 옛 모습을 볼 수 있다.

돌이켜 보건대 내가 무슨 덕이 있어서 이렇게 왕위에 오르게 되었는가? 그러나 지금 세상은 쇠퇴해지고 풍속은 퇴폐해졌다. 조정에는 놀고먹는 벼슬자리가 많고 창고에는 묵은 저축이 없으며 이웃 나라는 우리 강토를 침범하고 하늘에서 불길한 징조들이 나타나고 있다. 만일 내가 사욕을 억제하고 노력하지 않거나 날이 갈수록 더욱더 근신하여 부정한 자를 제거하고 간사한 자를 축출하지 않거나 백성을 생각하는 성의로써 관대하고 인후한 정치를 실시하지 않는다면 무엇을 가지고 천자의 은덕에 보답하고 조종이 물려준 왕업을 보전하며 어머니의 마음을 위로하고 늙은 신하들의 기대를 만족시킬 수 있겠는가? 관직에 있는 백관들은 나의 부족한 것을 질정하여 좋은 성과를 거둘수 있도록 노력하라." 하였다.

○ 정방政房을 폐지시켰다.[2]

○ 배전裵佺을 석방하였다.

○ 3월 신해일에 전왕(충정왕)이 시해되었다.[3]

○ 원나라에서 사면령을 반포하였다.{반란의 적괴賊魁를 토벌하였기 때문이다.}[4] 방국진方國珍이 해로를 통해 연해의 주군을 노략질하였다.

○ 서수휘徐壽輝가 단수鄲水에 도읍을 정하고 나라 이름을 천완天完이라 하며, 황제를 참칭하였다. 정원定遠의 곽자흥郭子興 등이 군사를 일으키니 천하가 크게 어지러웠다. 우승상 탈탈脫脫(톡토)이 군사를 내어 서주徐州지역을 토벌할 것을 청하니 허락하였다. 심구沈丘사람 찰한첩목아察罕帖木兒(차간테무르)와 나산羅山사람 이사제李思齊가 함께 의를 떨치며 일어나 군사를 일으켜 적들을 토벌하는 것으로 자신의 임무로 삼았다.

○ 왜구가 교동喬桐(강화도)에 쳐들어와 갑산창甲山倉을 불태우니 도성 사람들이 크게 두려워했다. 전라도와 강릉도도 역시 왜구의 노략을 당하였다.

○ 서연書筵을 열어 날을 바꿔가며 책을 읽었다.

○ 가을 9월에 조일신趙日新이 군사를 일으켜 배반한다가 복주되었다. 처음에 조일신이 임금을 보필한 공을 믿고 교만 방자하였다. 그 당여 정천기鄭天起와 최화상崔和尙 등과 모의하여 기씨奇氏를 제거하고자 밤중에 병사를 보내 기원奇轅을 잡아 죽였으나 기철奇轍과 기윤奇輪이 도망하였다. 드디어 (조일신 등은) 행궁을 포위하여 숙위하던 신료들을 죽였으나 김용金鏞이 홀로 도망해 나왔다. 왕을 협박하여 어보御寶를 열어 스스로 우정승이 되고, 정천기는 좌정승, 그 당여들을 차등 있게 관직에 제수하게 하였다. 그리고는 그 죄를 자기 당여에게 돌리고 자기는 빠져나오려고 하여 최화상을 죽이고, 왕에게 청하여 십자로[十字街]에 가서 장승량張升亮 등을 잡아 죽이고 정천기를 하옥시키게 하였다. 왕이 몰래 이인복李仁復을 불러 결의하여 조일신을 잡아 죽이게 하

---

2 정방은 고종 12년(1225) 무인 집권자 최이崔怡가 설치한 문무백관의 인사를 담당했던 기구. 처음에는 최이 집에 설치되어 있었으나 무인정권 몰락 이후에는 궁궐로 옮겨져 국왕과 측근에 의해 운영되어 왔다.

3 『고려사』에는 전왕 즉, 충정왕이 유배된 강화도에서 독약을 먹고 죽었다고 되어 있다. (『고려사』 세가 38, 공민왕 원년 3월 신해일 참조)

4 적괴는 약 3천 명의 백련교도를 모아 머리에 붉은 두건을 두르며 스스로 홍건군이라 칭하며 원나라에 대항한 한산동韓山童을 말한다.

였다. 이제현을 우정승을 삼고, 조익청曺益淸을 좌정승으로 삼고, 김용은 해도로 유배하였다.

공민왕 2년(1353)

○ 봄 정월에 홍빈洪彬을 우정승으로 삼았다.

○ 여름 6월 원나라에서 아들 애유식리달랍愛猷識理達臘(아유르시다라)[5]을 황태자로 삼고, 사면령을 내렸다.

○ 가을 8월에 원에서 만만태자蠻蠻太子와 정안평장定安平章을 보내 영안왕榮安王[6]의 집第에서 패아찰孛兒札(보르차)[7] 잔치를 베풀게 하였다. 만만태자는 김윤장金允臧의 딸과 결혼하여 데리고 갔다.

○ 9월 초하루에 원나라에서 일식이 있을 것이라고 알려왔으나 일식이 일어나지 않았다.{원에서는 일식이 있었다.}

공민왕 3년(1354)

○ 여름 6월 원에서 군사를 모아 장사성張士誠[8]을 토벌하였다. 때에 남적南賊[9]이 날로 극성을 부리니 태사 탈탈脫脫(톡토)에게 조서를 내려 각 성의 군마를 총괄하게 하여 고우高郵로 나아가 정벌하게 하였다. 탈탈이 (당시 원에 가 있었던) 채하중蔡河中에게 이르기를, "우리가 명을 받아 남쪽으로 원정을 떠나니 국왕은 마땅히 날쌘 정예군을 보내 우

---

5 애유식리달랍(아유르시다라 : ?~1378)은 원 순제와 기황후의 아들이다.

6 기황후의 부친 기자오奇子敖

7 원 나라 궁중 혼인식 등에서 거행되는 연회로 왕실의 친척끼리 친목도모를 위해 베푼 잔치를 말한다.

8 장사성張士誠(1321~1367) 원나라 말 군웅의 하나로 지정 13년(공민왕 2년 : 1353) 태주泰州에서 거병하여 고우를 함락시킨 뒤 대주大周를 세우고 연호를 천우天祐라 하였다. 이때 탈탈(톡토)의 공격을 받아 고우성이 거의 함락될 뻔하였으나 탈탈이 실각한 틈을 타 원나라 군사를 물리쳤다. 지정 23년 오왕吳王이라 칭하였으나 서달에게 잡혀 처형되었다.

9 원나라 말에 일어난 반란세력으로, 하남지방에는 한산동韓山童과 한교아韓咬兒가, 영천潁川(지금의 안휘성安徽省으로 보임)에서는 유복통劉復通이 군사를 일으켜 홍건紅巾이라 하여 관선생關先生, 사유이沙劉二, 왕사성王士誠 등과 함께 산동지역에 나누어 웅거하며 원의 멸망을 재촉하였다.

리를 도와야 할 것이다."라고 하고는 곧 이부낭중 합랄나해哈剌那海(카라노카이)를 보내 유탁柳濯・염제신廉悌臣・김용金鏞・정세운鄭世雲・최영崔榮・이방실李芳實・안우安祐 등 40여 명을 불러 남적南賊(장사성)의 정벌에 나아가게 하였다.

○ 가을 8월에 유탁柳濯 등이 원에 가 2만 3천 명을 지휘하며 선봉이 되었다.

○ 겨울 11월에 탈탈脫脫(톡토)을 따라 고우성高郵城을 정벌하였다. 여러 장수들이 힘을 다하여 싸웠는데 성이 장차 함락되려고 하였으나, 달단韃靼(몽골족)의 지원노장知院老長이 우리나라 군사가 공을 세우는 것을 꺼려하여 명하여 이르기를, "오늘은 날이 저물었으니 내일 취하자."며 싸움을 중지하였다. 이에 적들이 밤에 성벽을 굳건히 하여 방비태세를 갖추니 다음 날 아침 일찍 공격을 했으나 이기지 못하고, 우리 군사를 빼서 육합성六合城을 공격하여 이기니 적들의 위세가 크게 위축되었다. 그때 마침 우승 합마哈麻와 탈탈 승상 사이에 틈이 있다고 소문이 나니, 어사대에서 "탈탈 승상이 군사를 몰고 나가 싸웠으나 공을 세운 것이 없다."고 탄핵하여 조서를 내려 관작을 빼앗고, 회안淮安(오늘날의 강소성江蘇省) 땅에 유배 안치하였다.[10] 이로부터 천하에 일이 없게 되었다. 한편 유탁 등이 서쪽으로 원정을 나아가 왕의 호위 군사들이 단약單弱해지니 왕이 두려워하므로, 서해도西海道에서 궁수弓手를 모집하여 불의의 사태에 대비하게 하였다. 채하중을 영도첨의領都僉議에 임명하였다.

공민왕 4년(1355)

○ 봄 3월에 원에서 왕가노王家奴를 우승상, 정주定住를 좌승상에 임명하였다. {『원사』에 이르기를, "합마哈麻(카마)를 우상, 상가실리桑哥失里를 평장사, 설설雪雪(합마의 동생)을 어사대부로 삼아 국가의 모든 정치를 합마 형제에게 돌아가게 하였다."고 하였다.}

○ 황제가 사신을 보내 여악女樂을 요구해왔다. 당시 원의 황제는 보위에 있은 지 오래되어 정사를 게을리 하고, 놀이와 연회에 빠져 있었다. 합마가 몰래 서번西蕃 승

---

10 당시 승상 탈탈(톡토)의 유배는 탈탈의 권력 독점에 불만을 품게 된 좌승상 카마(합마)와 아들의 황태자 책봉을 탈탈(톡토)이 반대한 것에 반감을 가진 기황후의 연합으로 비롯되었다고 한다.

려[11]를 황제에게 들이어 방중房中 운기運氣의 기술을 행하게 하니, 황제는 비밀리에 밀법密法을 익히고 그를 국사國師에 책봉하였다. 일찍이 황제에게 이르기를, "폐하의 존귀함으로 황제에 자리에 앉으셨고, 부유함은 온 천하를 소유하셨으나 보이는 이 세상만 보유하시는 데 불과하다면 인생이 얼마나 되겠습니까? 마땅히 비밀스럽고, 크게 기쁘고 즐거운 선정禪定을 받아들이십시오."라고 하였다. 이에 황제는 매일 그 법을 공부하여, 궁녀 16인으로 하여 춤을 가르쳐 이름 하여 천마무天魔舞를 추게 하고, 상아로 만든 모자를 쓰고 머리를 풀어헤치고, 몸에는 붉은 비단으로 만든 가사[大紅綃]를 두르고, 금치마[金裙]를 입고, 용적龍笛·두관頭管·호금胡琴·소고小鼓를 연주하였다. 매번 궁중에서 부처를 찬양하는 노래를 할 때 안무와 주악은 독로첩목아禿魯帖木兒(도루테므르. 합마의 매서妹婿이다)와 노적사老的沙 등이 맡아 황제 앞에서 서로 친압하였으며, (심지어는) 옷 벗은 남녀가 있는 곳, 즉 '개즉용해皆卽兀該'라는 곳에서는 농담을 주고받는 데 거리낌이 없었다. 군신들이 모두 음란에 빠지고 많은 승려들의 궁중 출입이 잦았지만 금지하지 않으니 황태자는 이들을 제거하고자 하였으나 능히 하지 못하였다.

○ 남적을 정벌하러 갔던 군사들이 원나라로부터 돌아왔다.

○ 여름 6월 대명 태조 고황제太祖高皇帝(주원장)가 군사를 일으켜 화주和州로부터 일어나 강을 건너 태평로太平路를 취하였다. 원나라 덕이 쇠하여 사방에서 할거하며 군웅을 다투던 무리가 많았다. 한림아韓林兒는 중원에서, 진우량陳友諒은 호주湖州와 광주廣州에서, 방국진方國珍은 절동浙東에서, 장사성張士誠은 절강浙江 서쪽에서, 명옥진明玉珍은 사천泗川에서, 진우정陳友定은 복건福建에서, 하진河眞은 광동廣東에서, 유익劉益은 요양遼陽에서, 모귀毛貴와 전풍田豊은 산동에서 각각 근거지로 삼아 서로 원수가 되어 하루도 쉬지 않고 전쟁을 하니 백성들의 생활이 말이 아니었다. 임진년(1352) 봄에 태조(명 태조)가 군사를 호성濠城(안휘성)으로 옮기니 천하가 편해졌다. 백성들을 구제할 뜻을 가지고 제주滁州를 공격하고, 은혜를 베푸는 것이 날로 더해지니 호걸들이 태조에게 귀의할 마

11 승려의 이름은 가린진伽璘眞이다. (『元史』 권105, 열전 92, 姦臣 哈麻)

음을 갖게 되었다. 이때 이르러 강을 건너 금릉金陵을 취하였다. 도안陶安[12]이 태조에게 아뢰기를, "방금 천하가 물 끓듯이 호걸들이 서로 다투고 있으나 그 뜻은 모두 자기 자녀들이 옥백玉帛을 걸치며 잘 먹고 잘사는 데 있지, 어지러운 세상에서 백성들을 구제하는 데 그 뜻을 두고 있는 것은 아닙니다. 명공明公(명 태조)께서 무리를 이끌고 강을 건너 신무神武를 죽이지 않았으니 이는 하늘과 백성의 뜻에 부응하는 것입니다. 애도할 곳에 애도하고, 무찌를 곳을 무찌른다면 천하가 어찌 족히 평화로워지지 않겠습니까?" 하였다.

○ 겨울 12월에 우리 환조桓祖(이성계의 아버지 이자춘)가 와서 공민왕을 뵙다.

공민왕 5년(1356)

○ 봄 2월에 원나라의 합마哈麻(카마)와 설설雪雪 형제가 처형되었다.

○ 여름 5월에 태양에 빛이 없고 가운데 검은 점[黑子]이 있었다.

○ 대사도大司徒 기철奇轍 등이 모반을 하다가 복주되었다. 기철은 원 황실의 인척이라 하여 본조本朝(고려 왕조)를 업신여겨 왔다. 노책盧頙과 권겸權謙 역시 모두 딸을 원나라에 시집보내어 그 위세를 서로 자랑했는데, 이때 이르러 천하가 어지럽다는 소리를 듣고 스스로 악을 쌓아온지라 하루아침에 세력을 잃어버리면 능히 보존하지 못할 것을 알고 역모를 꾀한 것이었다. 왕이 몰래 이 사실을 알고 잔치를 베푼다는 구실로 기철과 노책·권겸 등을 불러들여 모두 죽이고, 당여를 유배 보냈다. 또한 정동성을 혁파하고, 원의 지정至正 연호의 사용을 중지하고, 옛 관제를 복구하였다. 홍언박洪彦博을 문하시랑에 임명하였다. 인당印璫과 강중경姜仲卿·최영崔瑩 및 유인우柳仁雨·공천보貢天甫·김원봉金元鳳 등에게 명하여 서북계를 수복하게 하였다. 인당 등이 압록강을 건너 파사부婆娑府(지금의 요녕성遼寧省 단동시)를 공격하니 쌍성(함경남도 고원군 일대)사람 조돈도적趙暾都赤[13] 등이 내부하였다. 이에 쌍성을 공격하여 화주和州·등주登州·정주定州·장

---

12 명 태조 때의 한림학사.

13 『고려사』에는 조도적趙都赤으로 기록되어 있다.

주長州 · 예주預州 · 고주高州 · 문주文州 · 의주宜州 및 선덕진宣德鎭 · 원흥진元興鎭 · 영인진寧仁鎭 · 요덕진耀德鎭 · 정변진靜邊鎭 등을 수복하였다.

애초에 인당이 먼저 출발하였는데 강중경이 술을 먹고 후에 도착하니 신순辛珣을 지목하여 목을 베었다. 조정의 의논이 그 이유를 이상하게 여겼다. 원 사신이 기철을 대사도에 임명하는 인장을 가져왔는데 신순이 우연히 길에서 만나 인장을 빼앗고, 그 심부름꾼을 죽이니 원 사신이 도망해 갔다.

○ 전 호군 임중보林仲甫가 석기釋器를 받들어 모반을 꾀하다가 죽임을 당하고, 그 당여 정승 손수경孫守卿 등이 처형되었으며, 석기는 외방으로 추방되었다.

○ 원에서 절일사 김구년金龜年을 요양에 가두고, 80만 병사를 이끌고 쳐들어온다고 하니 인당印璫이 군사를 더하여 이에 대비할 것을 청하였다.

○ 가을 7월에 원에서 단사관 살적한撒迪罕(사데이칸)을 보내었다. 살적한이 압록강에 도착하여 황제의 조서[旨]를 전하기를, "뜻밖에도 너희 나라에서 갑자기 국경 문제를 일으켜 우리 영토를 넘어와 우리 인민을 요란케 하고, 우리의 행인行人을 막았도다. 우리나라 법으로 따진다면 토벌해 죽이는 것이 마땅하나, 생각건대 적도賊徒가 혹시 너희 나라에서 죄를 얻고 도망하여 온 것인가? 혹은 다른 나라 사람들이 함부로 너희 나라 백성을 사칭하고, 무기를 훔쳐 병난을 일으켜 우리 사이의 오랜 우호관계를 이간질 하려는 것인가? 만약 진위를 묻지 않고 우리 군을 출동하면 옥석玉石 모두 죽을 것이니 실로 차마하지 못할 일이다. 이에 특별히 살적한撒迪罕 등을 앞서 보내니 모든 사실을 자세히 아뢰도록 하라."고 하였다.

이에 병마사 인당印璫의 목을 베고, 표문을 보내어 아뢰기를, "생각하건대 우리나라는 멀리 동쪽 끝에 있어 수나라와 당나라의 번성할 때에도 다만 기미羈縻에 불과하였더니 세조世祖께서 등극하시자 우리는 밝게 천명天命을 알아서 남보다 먼저 귀부하여 대대로 적은 공로를 쌓았으며, 상국에서도 우리에게 큰 은택을 내려 주셨습니다. 그러나 뜻밖에도 적신賊臣 기철奇轍이 노책盧頙과 권겸權謙 등과 반역을 도모하여 화근을 만들었습니다. 살피건대 기철 등은 상국 황실과 인척관계를 맺은 것을 기화로 상국의 위엄에 의지하여 권세를 떨치며 국주國主(임금)를 협박하여 꼼짝 못하게 하였으며, 남이 소유한 인민을 빼앗지 않고는 못 견디고, 남의 토지를 빼앗지 않고는 그만두지 못하였습니다. 제가 상국 조정이 두려워 한 번도 감히 문책하지 못했으니 뭇 백성들의 원한이야 어찌 밝게 드러날 수 있었겠습니까? 기철 등은 스스로 쌓은 죄악이 많아 사람들이 용서하지 않을 것을 알고, 또 망녕되이 생각하기를 전하가 어지러워져 하루아침에 권세가 없어질 것을 생각하여 이에 스스로 안전을 꾀하여 그 권세를 공고히 하려고 중외 요직에는 그 친당을 앉혀놓고 함부로 병기를 제조하여 한가로이 말타고 활쏘는 연습을 하고, 와언訛言으로 선동하여 많은 사람들의 귀를 어지럽게 하였습니다. 금년 5월 18일에는 무뢰배를 소집하여 일시에 함께 일어나 배에 병기를 싣고 이미 강구江口에 이르렀으며, 또 거짓으로 천사天使(원의 사신)라고 하여 황제의 조서가 있다고 일컫고 벌써 궁문宮門에 이르러 장차 우리 군신을 섬멸하여 저의 욕심을 채우고자 하니 안위와 사생이 삽시간에 달렸었습니다. 다행히 성덕에 힘입어 겨우 응변應變의 조치를 하게 되어 이미 적도賊徒를 포획하였으나 다른 변란이 있을까 두려워하여 미쳐 아뢸 겨를이 없이 모두 법으로 다스렸습니다. 또 변방의 백성들이 틈을 타 망녕되이 움직이고 혹은 쓸데없는 유언비어를 만들까 염려되어 관방關防을 두어 출입을 삼가게 한 것이나, 그 사리士吏가 강을 넘어 겁략한 것은 실로 본의가 아니므로 그 죄인을 살펴 국법을 바르게 하겠나이다. 문득 사신을 보내주시니 모든 사실을 갖추어 아뢰니다."고 하였다.

○ 겨울 10월에 원에서 다시 살적한撒迪罕(사데이칸) 등을 보내어 조서詔書를 가지고 오니 왕이 호위병을 베풀고 조서를 맞아들였다. 그 조서에 이르기를, "사단이 생기는 것은 창졸간인지라 난難을 진정시키는 데에만 뜻을 두어 미처 아뢰지를 못했다고 했다. 우리 조종祖宗의 아래를 어여삐 여기는 은혜와 선신先臣(충렬왕 이하 고려의 선왕)들이 의를 사모하는 정성을 미루어 생각건대 어찌 한 죄과罪過로써 문득 구은舊恩을 손상시키겠는가. 이에 관용을 베풀어 그대의 허물을 용서하니 지금부터 근신하는 마음으로 조심하고 규범을 따라 백성들을 잘 위무하여 동쪽 변방을 잘 지키도록 하여라. 짐朕의 명령을 바꾸지 말라."고 하였다.

정당문학 이인복李仁復을 원나라에 보내 표문을 올려 사과하고, 중서성에 글을 올려 이르기를, "세조황제世祖皇帝께서 일본을 정벌할 당시에는 만호萬戶·중군中軍·우군右

軍·좌군左軍 뿐이었는데 그 후에는 순군巡軍과 합포合浦·전라全羅·탐라耽羅·서경西京 등의 만호부萬戶府를 증설하여 지방을 소란하게 하며 해를 끼친 것이 극에 달하였습니다. 삼가 세조황제의 옛 제도 외에 (새로 증설한) 5개의 만호부는 모두 혁파해 주시기를 바랍니다. 쌍성雙城(영흥)과 삼살三撒(북청)은 본래 우리나라 영토인데 선신 충헌왕忠憲王(고종) 무오戊午(고종 45년, 1258)에 조휘趙暉와 탁청卓靑 등이 죄를 범하고 죽임을 당할까 두려워서 여진女眞을 꾀어 관리를 살륙하고 관련된 남녀를 붙들어 모두 노비로 삼았으니 부로父老들이 오늘까지도 이를 말하면 눈물을 흘리며 말합니다. 요사이 기철奇轍 등이 그 추장과 결탁하여 반역을 도모할 때 호응하기로 약속하였습니다. 기철 등이 죽자, 많은 잔당들이 저들에게 도망간 까닭에 수색케 하였더니 저희가 도리어 군사를 동원하여 역적을 돕는지라 어쩔 수 없이 군사를 내어 토벌하기에 이르렀습니다. 그 총관摠管 조소생趙小生과 천호千戶 탁도경卓都卿이 지금 도피 중에 있으니 은근히 틈을 만들어 일을 낼까 두렵습니다. 생각하건대 온 천하가 모두 상국의 영토가 아닌 것이 없거늘 한 뼘에 불과한 불모지를 가지고 내 것이니 네 것이니 하고 따지십니까? 엎드려 비옵건대 우리의 옛 영토를 돌려주셔서 쌍성과 삼살의 이북에 관방關防을 설치할 수 있도록 허락해주시옵소서. 우리 태조 이래로 서자는 반드시 승려가 되게 한 것은 적서嫡庶의 구별을 밝혀 왕위를 넘보는 것을 근원부터 막자는 의도였습니다. 지금 탑사첩목아塔思帖木兒(타스테무르 충선왕의 서자 덕흥군)란 자는 스스로 충선왕忠宣王의 서자庶子라 일컫는데, 원나라의 수도京師로 달아나 본국本國의 여러 불량분자不良分子들을 꾀어 헛소문을 내며 인심을 현혹케 하고 있습니다. 이러한 자들은 조정에 전혀 도움이 되지 않으니 부디 탑사첩목아와 그 당여들을 모두 본국으로 돌려보내 주시기 바랍니다."라고 하였다.

○ 제주에서 반란을 일으켰다. 홍언박洪彦博을 파면하고 이제현李齊賢을 문하시중門下侍中에 임명하였다.

공민왕 6년(1357)

○ 2월에 이제현李齊賢에게 명하여 한양漢陽에 집지을 터를 보게 하였다.

○ 제주濟州의 반란군이 항복하였다.

○ 이제현이 치사하였다. 평장사 허백許伯이 졸하였다.

○ 왜구가 승천부昇天府에 쳐들어왔다.

○ 겨울 10월에 간관 이색李穡 등이 3년상三年喪을 거행할 것을 청하니 왕이 허락하였다.

공민왕 7년(1358)

○ 염제신廉悌臣을 문하시중, 황석기黃石奇와 김용金鏞·전보문全普門·김일봉金逸逢을 동평장사에 임명하였다.

○ 여름 4월에 크게 가물었다. 방국진方國珍과 장사성張士誠이 사신을 보내와 방물方物을 바쳤다.{때에 장사성은 태위太尉에 제수되었다.}[14]

○ 이암李嵒을 수문하시중에 임명하였다.

○ 겨울 12월에 송의 관선생關先生과 파두반破頭潘(모두 홍건적) 등이 진기晉冀 지역을 노략하였는데 병력이 대단하여 수도를 파괴하고, 궁궐에 불을 질렀다.

공민왕 8년(1359)

○ (홍건적)이 우리에게 글을 보내[移文] 이르기를, "의를 내세우며 군사를 일으켜 중원을 회복하여 옛날 연나라와 제나라 땅(지금의 산동성山東省)과 진나라(지금의 산서성山西省 일대)와 초나라(지금의 복건성福建省과 광서성廣西省 일대) 지역이 모두 항복하여 왔다. 귀화해 오는 자들은 위무하고, 반항하는 자는 죄를 줄 것이다."라고 하였다.

○ 왜구가 예성강에 쳐들어와 노략질을 하였다.

○ 겨울 12월에 홍두적紅頭賊(홍건적)의 위평장僞平章 모거경毛居敬이 4만의 무리를 이끌고 압록강을 건너 의주義州·정주靜州·인주麟州를 함락했다. 이에 이암李嵒을 도원수, 경천흥慶千興을 부원수, 김득배金得培를 도지휘사로 삼았다. 적이 철주鐵州로 쳐들

---

14 당시 장사성은 태위太尉벼슬에 제수된 것이 아니라, 항주杭州에 웅거해 태위를 자칭하고 있었다. (『고려사』 세가 39, 공민왕 7년 7월 갑진조 참조)

어오니 안우와 이방실이 맞아 싸워 격퇴시켰다. 청강淸江(청천강)에서 적을 만나 안우가 싸웠으나 연패하고 이암이 물러나 황주黃州 밖에 주둔하니 중외의 인심이 흉흉해졌다. 이암은 겁이 많아 군사를 제대로 지휘하지 못하니 이승경李承慶을 보내 대신하게 하였다.

공민왕 9년(1360)

○ 봄 정월에 정세운鄭世雲을 서북면 도순찰사西北面都巡察使에 임명하였다. 적이 서경에 쳐들어왔다. 형부상서 김진金縉이 수백 명의 기병을 이끌고 서경西京으로 가던 길에 적을 만나 싸워 모두 물리쳤으며, 이방실은 철화鐵化(황주군)에서 적을 무찔렀으며, 나아가 서경으로 진격하여 공격하니 적이 물러나 용강龍岡에 주둔하였다.

○ 안우安祐 등이 함종咸從으로 진격하여 적과 싸웠으나 패하였다. 판개성부사 신부辛富와 이견李堅이 전사하였으나, 나머지 병사들이 온 힘을 다해 싸워 2만 명의 적의 머리를 베고, 자칭 원수[僞元帥]를 포로로 잡았다. 옛 선주宣州까지 추격해 적을 물리치니 적이 압록강을 건너 도망갔다.

○ 3월에 홍건적의 배가 들어와 풍주豊州와 황주黃州를 노략하니 이방실李芳實 등이 맞아 싸워 물리치자 도주하였다.

○ 여름 4월에 경상도와 전라도에 큰 기근이 들었다. 왜구가 양광도楊廣道에 침구하여 용성龍城 등 10여 현縣을 불태웠다. 평장사 이승경李承慶이 죽었다.

○ 가을 7월에 익산군 이공수益山君李公遂를 원에 보냈으나 길이 막혀 돌아왔다. 왕이 노하여 다시 보냈으나 심양瀋陽에 이르러 들어가지 못하였다. 때에 패라첩목아孛羅帖木兒(치칸테무르)가 석령관石嶺關 이북을 지키고 {태원부太原府 동북쪽에 있다.} 찰한첩목아札翰帖木兒(보로테무르)는 석령관의 남쪽을 지키고 있었는데, 두 장군이 혐의에 연루되어 군사를 이끌고 서로 공격하니 양적왕陽翟王 아로휘阿魯輝가 군사를 이끌고 반란을 일으켰다.

○ 겨울 10월에 정몽주鄭夢周에게 급제를 내렸다.

공민왕 10년(1361)

○ 봄 정월에 최영崔瑩을 서북면 도순찰사에 임명하였다.

○ 여름 4월 초하루 신사일에 개기 일식이 있었다.

○ 가을 9월에 상서 주사충朱思忠을 원나라에 보내 도로가 다시 통하게 된 것을 축하하였다.

○ 겨울 10월에 홍건적 반성潘誠·사유沙劉·관선생關先生·주원수朱元帥 등이 10여만 명의 무리를 이끌고 압록강을 건너와 삭주朔州와 니성泥城을 노략하니 이여경李餘慶을 보내 절령岊嶺에 목책木柵을 쌓고 그 근처에 사는 8군의 백성으로 하여금 지키게 하였다. 안우安祐·이방실李芳實·김경제金景磾가 개주价州·연주連州·박주博州에서 적을 격파하였다. 안우를 도원수로 삼았다. 적이 안주安州를 습격하니 우리 군사가 패하였고, 김경제를 생포하여 그들의 원수로 삼았으며, 진격하여 절령을 공격하니 목책이 크게 무너졌다. 안우와 김득배金得培 등이 단기單騎로 도망쳐왔다.

○ 11월 병인일에 왕이 태후를 모시고 남쪽으로 사냥을 나가려[狩] 하니 최영崔瑩이 큰 소리로 경성京城을 지킬 것을 청하였으나 듣지 않고 마침내 출발하였다. 홍언박洪彦博·이암李嵒·김용金鏞·경천흥慶千興·유탁柳濯·정세운鄭世雲·유숙柳淑·원송수元松壽·이암李穡·목인길睦仁吉·홍사범洪師範·전녹생田祿生 등 28인이 호종하였다. 행렬이 임진강臨津江을 건너려고 어가가 강가에 도착하니, 왕이 이색을 보며 이르기를, "풍경이 이와 같이 좋으니 경들은 시구 하나씩을 지어보도록 하라." 하였다. 신미일에 왕의 이천利川에 도착하였다.

○ 12월 임진일에 어가가 복주福州(안동)에 이르렀다. 정세운鄭世雲을 총병관으로 삼아 교서를 주어 (서울로) 보냈다. 적이 원주原州를 함락하였다. 또 안변安邊과 강화부江華府를 함락하였는데 이곳 사람들이 모두 거짓으로 항복하여 적에게 잔치를 베푸는 척하면서 공격하여 죽였다.

공민왕 11년(1362)

○ 봄 정월 갑자일에 안우安祐·이방실李芳實·황상黃裳·한방신韓方信·이여경李餘

慶・김득배金得培・안우경安遇慶・이구수李龜壽・최영崔瑩 등이 군사 20만 명을 인솔하여 동교東郊에 진을 치니, 총병관 정세운鄭世雲이 여러 장수들을 독려해 경성을 포위하게 하였다.

○ 을축일에 우리 태조(이성계)가 친병親兵 2천 명을 이끌고 먼저 성에 올라 적을 크게 격파하여 적의 괴수 사류沙劉와 관선생關先生 등의 목을 베었다. 적들 스스로가 서로 밟아 죽은 자가 가득했다. 참수한 자가 10여 만 명에 이르렀고, 원 황제의 옥새와 금보金寶를 노획하였다. 나머지 당파인 파두반破頭潘 등 10여 만 명은 압록강을 넘어 도망가니,{후에 행성行省에서 사로잡혔다.} 홍건적이 모두 평정되었다.

○ 기사일에 안우安祐와 김득배金得培 등이 총병관 정세운鄭世雲을 살해하였다. 처음부터 김용이 정세운과 서로 틈이 생겼으며,[15] 또 안우 등이 홍건적을 물리친 공을 세운 것을 두려워하여 안우로 하여금 정세운을 죽이게 하고 이것으로 죄를 삼아 안우 등도 함께 죽일 생각을 가졌다. 이에 김용은 거짓으로 왕의 교서라 하고 비밀리에 안우 등에게 정세운을 도모하라고 하니, 안우와 이방실李芳實은 왕명을 진짜로 믿었으나 김득배가 믿지 않자 협박하여 술상을 차리게 한 후 정세운이 들어오니 장사壯士로 하여금 정세운을 쳐 죽이게 하였다. {을축일에 홍건적을 물리치고, 을사일에 3원수가 정세운을 죽였다. 경오일에 정세운이 보낸 승전 보고서 노포露布[16]가 복주에 도착할 때 김용의 편지는 아직 국왕에게 보고하기 이전이었다. 설령 진짜 왕의 교서라면 왕이 성공 여부를 알지 못하고 죽이라고 한 것이고, 여러 장수들은 이것을 몰래 아뢸 수 있을 것이다. 또 이르기를 "정세운이 평소 경들을 시기하는데 왜 먼저 도모하지 않는가?" 김용의 계획이 모두 드러났을 것이니 어찌 의심을 하지 않았겠는가? 그런데 갑자기 주장主將을 죽였으니 만세의 역사에서 3원수는 그 죄를 피할 수 없게 되었도다. 그러므로 구사舊史의 서법을 약간 바꾸어 안우를 역모의 우두머리로 보고자 한다.} 왕이 정세운이

15 김용과 정세운은 모두 원나라 숙위시절부터 공민왕을 모신 연저수종 일등공신燕邸隨從一等功臣이며 총신이었다. 하지만 정세운이 기철 등 부원파 제거와 홍건적 격퇴, 개경 수복 등의 공을 세우자 위기의식을 느낀 김용이 정세운을 살해하였다.

16 노포露布란 봉함하지 않고 노출된 채로 선포하는 포고문, 주로 전승戰勝을 급히 알리는 데에 사용되었다.

살해되었다는 변고가 있었으나 비밀에 부치고 알리지 않았다는 것을 들었다. 홍사우洪師禹가 와서 여러 장수들이 정세운의 죄를 논하는 글을 올리자 왕이 기뻐하였다.

○ 2월에 왕이 상주에 도착하였다. 안우 등이 행궁에 나아가니 김용金鏞이 문지키는 자를 시켜 죽이도록 하였다. 그리고 사람을 보내 이방실李芳實과 김득배金得培를 잡아오게 하고 모두 처형하였다. 전서典書 이자송李子松을 원나라에 보내어 홍건적을 물리친 것을 알리고 노획한 원 황제의 옥새를 바쳤다.

○ 가을 7월에 나하추[納哈出]가 함관령咸關嶺에 쳐들어와 노략하니 우리 태조가 맞아 격퇴하자 도주하였다.{나하추는 심양瀋陽에 웅거하여 행성승상行省丞相이라 칭하고, 조소생趙小生과 탁도경卓都卿 등을 꾀어 쳐들어 왔다.}

○ 8월 왕이 청주에 도착하였다. 황제가 학사 흔도忻都를 보내 왕에게 옷과 술을 내려 주었다. {그때에는 전란의 뒤끝이라서 서울이 폐허가 되었고 실록은 겨우 세 궤짝 열 상자가 남아있어서 그것을 문묘에 보관하였다.}

○ 겨울 12월에 홍사범洪師範을 서북면체복사西北面體覆使에 임명하였다. 처음에 여러 기씨들을 제거하자 황후(기황후)가 크게 노하여 왕을 폐하려고 하였다. 그 때 마침 최유崔濡가 죄를 얻어 원나라로 도망을 가서 승상 삭사감搠思監(초스칸)과 환자 박불화朴不花(박부카)를 아첨하여 섬겼으며,{박불화는 우리나라 사람이다. 권세를 부려 간악하게 이익을 취하였고 삭사감과 함께 서로 표리가 되어 사방의 경보警報와 장신들이 세운 공훈을 모두 막고, 위에 알리지 않았으니 논하는 사람들은 이들을 '원나라의 흉凶'이라고 하였다. 두 사람이 가지고 있는 힘은 대단하였다.} 김용金鏞이 안에서 내응을 하여 기황후를 꾀어 왕을 모함하여 폐위시키고 덕흥군德興君을 왕으로 세우고자 하니, 왕이 이를 듣고 조정의 신하들 가운데 덕흥군을 돕는 사람이 있다고 의심하여 홍사범을 원나라에 보내 살피게 하였다.

공민왕 12년(1363)

○ 봄 정월에 환도還都에 대한 점을 치니 길吉한 것으로 나왔다.

○ 2월에 왕이 청주를 출발하여 신사일에 임진강을 건너, 어가는 흥왕사興王寺에서

쉬었다.

○ 3월에 이공수李公遂와 허강許綱을 원나라에 파견하여 해주海州와 개주蓋州의 홍두적 평정을 축하하였다.

○ 윤달(윤 3월) 신미일 밤 5경에 김용金鏞이 그 당여를 보내 왕이 계신 행궁을 범하니 왕의 호위병들은 모두 달아나 숨고, 환자 이강달李剛達은 왕을 업고 태후의 밀실에 숨겼다. 안도치安都赤의 모습이 왕을 닮은지라 왕의 침실에 들어가 누우니 적들이 왕으로 여겨 죽였다. 이에 우정승 홍언박洪彦博과 평리 왕재王梓·전 판교 김한용金漢龍이 모두 피살되었다. 마침 유탁柳濯이 머리를 깎고 묘련사妙連寺에 있었는데 변란이 일어났다는 것을 듣고 사잇길로 순군巡軍에 이르니 김용이 혼자 묘련사에 가지 않고 먼저 순군에 이르러 거짓으로 적을 토벌하겠다고 하였다. 이때에 최영崔瑩과 우제禹磾·안우경安遇慶·김장수金長壽 등이 경도로부터 군사를 이끌고 급히 달려 행궁에 와서 반란군을 쳐 평정하였다. 김용은 잡혀서 온 적들에 대해 바로 죽여 입을 막았다. 후에 (김용의 반란이 밝혀져) 김용을 밀성군密城郡으로 유배 보내었다가 곧 처형하여 그 머리를 개경의 저자거리에 돌리고, 그 당여 30여 명을 유배하거나 참형을 하였다. 하지만 왕은 여전히 김용을 잊지 못하고 눈물을 흘렸다.

장사성張士誠이 사신을 보내와 홍건적을 물리친 것을 축하하였다.

홍순洪淳과 이수임李壽林을 원나라에 보내어 중서성中書省에 백관百官과 기로耆老들의 글을 바쳐 이르기를, "형세가 궁하면 마음을 숨기지 못하고 마음이 급하면 말을 다듬지 못하는지라 조리 없는 말을 곧바로 지엄하신 앞에 드리게 되었습니다. 우리나라는 대대로 귀국의 번국藩國이며, 인척 관계로는 장인과 사위의 나라입니다. 지금의 우리 임금은 더욱더 큰 사랑을 받고 그것에 보답하려는 정성은 조금도 해이해진 적이 없었습니다. 그런데 근년에 홍건적이 상도上都를 침범하여 궁궐을 더럽혔으며 요성遼省을 격파하고 그 기세가 심히 창궐하였습니다. 신축년(1361, 공민왕 10) 겨울에 수많은 무리가 몰려와 공성空城의 전술로 그들을 꾀어 들여 끝내 잡아 버렸습니다. 개주蓋州와 해주海州의 잔당이 다시 날뛰지 못하게 된 것도 우리의 힘 덕분입니다.

사방에서 홍건적이 일어난 지 10여 년이 되어도 아직 다 평정되지 못한 것은 동방에 있는 적이었는데 몇 년 사이에 이를 깨끗이 소탕함으로써 동쪽을 염려하던 천자의 근심이 없어졌습니다. 그러므로 우리 임금의 공은 여러 장수들만 못하지 않습니다. 그런데 불행히도 우리나라의 불령不逞한 무리가 귀국 수도에 있으면서 헛소리로 조정을 현혹하고 우리나라에서 전승을 보고하고 신년을 축하하러 간 사신들이 이어졌으나 한 사람도 돌아오지 않아 우리나라의 모든 신하들과 백성들이 의혹과 두려움을 품게 되었습니다.

생각하건대 중서성은 나라의 정치를 총괄하고 변방의 민족들을 무마하는 곳으로서 그들을 명철하게 살펴보고 안정하게 진무하여야 할 것인데, 어찌 주인 보고 짖는 개와 같은 불령한 무리의 말만을 믿고 있습니까? 나라에 이미 임금이 있는데 또 임금이 되려 하니 이런 자는 조정에서 반드시 미워하고 죽여서 끊어 없애야 할 것입니다. 만일 우리 왕에게 허물이 있다 할지라도 조정에서는 결코 간악한 역적[南寇]과 동일시하지는 말아야 할 것입니다. 이런 역적도 용서를 받고 높은 벼슬을 하거늘 하물며 우리 왕은 공은 있고 허물이 없는 이가 아니겠습니까? 바라건대 천자에게 말씀드리는 기회에 우리 왕을 위하여 논공행상을 해주시고 저 흉악한 무리를 잡아 먼 곳으로 쫓아냄으로써 온 천하로 하여금 조정이 공 있는 자는 갚아 주고 아첨꾼은 멀리한다는 것을 알게 하면 이것이 어찌 훌륭한 일이 아니겠습니까?"라고 하였다.

또 어사대御史臺와 첨사원詹事院에도 글을 보내었다.

이공수가 원에 도착하였다. 원 조정에서 이공수를 협박하여 덕흥군德興君을 모시고 귀국하도록 하였으나 이공수가 굽히지 않았다. 하지만 마침내 덕흥군을 국왕으로 삼고, 기삼보노奇三報奴를 원자元子로 삼아 요양성의 병사들의 호위를 받아 요양을 출발하였다.

○ 여름 5월에 경천흥慶千興을 서북면도원수에 임명하여 안주安州에 주둔하게 하고, 안우경安遇慶은 의주에 주둔하고, 이구수李龜壽는 인주에 주둔하여 덕흥군을 이끌고 오는 최유의 군대에 대비하였다.

○ 가을 7월에 한주漢主 진우량陳友諒이 홍도洪都를 포위하니 태조황제(주원장)가 여러 장수들을 이끌고 토벌하였다. 파양호鄱陽湖에서 벌어진 큰 싸움에서 진우량이 패하여

죽었다. 이가노李家奴가 왕위가 교체된 것을 알리는 조서를 가지고 오니 백관들이 군사를 정렬하여 조서를 맞이하며 말하기를, "덕흥군은 바로 충선왕이 쫓아낸 궁인에게서 난 자식이니 왕씨가 아닌데 왕이 되는 것이 옳습니까? 돌아가 황제에게 알려주면 다행이겠습니다."라고 하였다.

○ 겨울 12월에 덕흥군이 요동에 주둔하고, 척후 기병이 압록강에 이르니 조정과 백성들이 모두 두려워 떨었다.

공민왕 13년(1364)

○ 봄 정월에 최유崔濡가 덕흥군德興君과 함께 원나라 군사 1만 명을 거느리고 압록강을 건너와 의주 궁고문義州弓庫門을 포위하였으나 안우경安遇慶이 7번 싸워 물리쳤다. 최유가 선주宣州로 들어오고, 척후 기병이 정주定州에 이르러 안우경과 만나 싸워 패하였다. 그 장수 송신길宋臣吉을 사로잡아 각을 떠서 군에 돌렸다. 안우경을 좌익左翼으로 삼고, 우리 태조(이성계)를 우익右翼으로 삼고, 최영崔瑩은 중군中軍으로 삼아 적병을 수주隨州의 달천獺川에서 크게 무찌르니 연경으로 달아나 산 자는 겨우 17기騎에 불과하였다.

○ 여름 5월에 김속명金續命이 진해鎭海에서 왜구를 추격하여 크게 격파하였다.

○ 원나라에서 왕을 복위시킨다는 조서를 보내왔다. 처음에 원에서 패라첩목아孛羅帖木兒(보로테무르)가 노적사老的沙를 숨기자, 그의 관직을 삭탈하니 패라첩목아가 노하여 독견첩목아禿堅帖木兒(토겐테무르)로 하여금 군사를 이끌고 궁궐에 쳐들어가게 하고 사람을 보내 군軍에 이르러 삭사감搠思監(초스간)과 박불화朴不花(박부카)를 잡으러 왔다고 대답하게 하고, 황제의 조서로 삭사감과 박불화 두 사람을 유배보내고, 패라첩목아의 관직은 회복되었다. 독견첩목아가 군대를 정렬하여 황제를 연춘각延春閣에서 모시고 통곡하며 죄를 청하였으나 패라첩목아에게 태보太保 벼슬을 더하고, 대동大同지역(산시성)을 지키게 하였으며, 독견첩목아는 평장사에 임명하여 군사를 이끌고 돌아오게 하였다. 5월에 광곽첩목아擴廓帖木兒(코케테무르)에게 명하여 이들을 토벌하게 하니 패라첩목아가 독견첩목아와 노적사 등을 이끌고 다시 군사를 일으켜 궁궐을 범하니 황태자가 태원太

原으로 도망하였다. 패라첩목아(보로테무르)가 이미 국정을 쥐고 황제에게 아부하였던 신하들을 죽이고, 3궁 짓는 일을 중지하고, 서역 승려들의 불교 행사를 금지하였다. 이에 한림학사 기전룡奇田龍을 보내 왕의 복위를 알리는 조서에 이르기를, "그대는 선왕의 위업을 잘 계승하여 우리 황실을 잘 섬겨왔다. 그러나 근자에 요망한 도적떼가 옛 요나라 땅을 침구하고 마침내 고려의 영토까지 쳐들어왔으나 왕은 특별한 전략으로 적들을 섬멸하여 옥새와 보옥이 다시 우리에게 돌아오게 하였으니 우리 황실에 큰 공이 있다 하겠다. 그런데 뜻밖에도 최유崔濡가 음험한 계략을 꾸며 망령되이 권신 삭사감搠思監, 박불화朴不花와 공모하여 참언을 만들어 내고 조서를 내릴 것을 청하여 무고하게 왕위를 교체하게 되었고, 끝내 전쟁이 일어나 한쪽에 소동이 일어나는 일까지 있었으니 내가 매우 유감으로 생각한다. 지금은 공론이 분명하게 드러나고 어사대의 탄핵도 거듭 제기되고 있으니{탄핵한 글은 최유崔濡 열전에 있다} 이에 크게 신상필벌의 조치를 취하고자 한다. 탑사첩목아塔思帖木兒(타스테무르, 덕흥군)의 인수印綬를 회수하고 백안첩목아伯顔帖木兒(바얀테무르, 공민왕)의 옛 관작을 회복시켜 짐의 동쪽 울타리가 되게 하노라. 이제 그대는 더욱 충성과 효도를 다해 그 공을 지켜나가도록 힘을 다할지어다."라고 하였다. 최유를 압송하여 죽였다. 이인복李仁復을 원나라로 보내 왕을 복위시킨 것에 대해 사례하게 하였다. (억류되었던) 홍순洪淳·이자송李子松·이공수李公遂 등이 원나라로부터 돌아왔다. 방국진方國珍이 『옥해서玉海書』를 바쳤다.

공민왕 14년(1365)

○ 봄 정월에 김유金庾를 원나라에 보내 덕흥군 압송을 요청하였다. 하지만 장형杖刑을 가하였으나 등에 종기가 나서 데리고 돌아올 수가 없었다.

○ 2월에 노국공주魯國公主가 죽었다.

○ 3월에 원에서 왕을 태위太尉에 책봉하였다. 한방신韓方信과 안우경安遇慶·황상黃裳·이구수李龜壽·이여경李餘慶에게는 봉훈대부奉訓大夫의 품계를 주었다.{모두 홍건적을 평정한 공로이다.}

○ 여름 4월에 전록생田祿生을 원나라에 보내 황태자에게 예물을 드렸다. 때에 황태

자는 궁 밖에 있으면서 밤낮으로 내란을 제거할 것을 계획하여 광곽첩목아擴廓帖木兒(코케테무르)와 이사제李思齊 등에 명하여 각각 군마를 지휘하여 3도로 나누어 군사를 내게 하였는데 당시 군의 기세가 대단하였다. 왕을 책봉해 준 것에 대한 사례를 위해 홍사범洪師範을 원나라에 보냈으나 길이 막혀 가지 못하고 돌아왔다. 김나해金那海{고려사람이다.}, 백달아伯達兒 등이 패과첩목아孛羅帖木兒(보로테무르)를 죽일 것을 도모하였다가 죽임을 당하였다.

○ 5월 요승妖僧 편조遍照를 사부師傅로 삼아 국정을 물었다. 처음에 편조는 김원명金元命의 소개로 왕을 뵙게 되었는데 총명과 지혜로 대답을 잘하니 왕이 기뻐하였다. 하지만 이승경李承慶은 편조를 보고, '국가를 어지럽힐 사람은 반드시 이 중놈'이라고 했다. 정세운鄭世運이 편조를 죽이려고 하였으나 왕이 몰래 피신시켰다. 이때 이르러 다시 와서 왕을 뵈었는데 당시 왕이 재위한 지 오래되었으나 세신 대가世臣大家들이 서로 얽혀 있어 잘못된 것을 속이고 가리는 것이 병폐가 된 것을 늘 걱정을 해 왔기 때문에 세상을 떠나 홀로 선 사람을 구하여 크게 써서 세상의 폐단을 고치기로 생각해 왔었다. 그러던 중 편조를 만나보고는 그 출신이 천하고 한미하여 특별히 아낄 사람이 없는 처지라 여겨 국정을 맡겨 조금도 의심하지 않았다. 편조가 일을 시작한 지 한 달 만에 문득 대신들을 참소하여 영도첨의領都僉議 이공수李公遂와 경천흥慶千興・이수산李壽山・원송수元松壽 등을 파직시키고, 양천군 허유陽川君許猷, 판서判書 변광수邊光秀, 판사判事 홍인계洪仁桂, 첨의평리僉議評理 김귀金貴 춘성군 박희春城君朴曦, 전리판서典理判書 허서許瑞 등을 유배보냈으며, 최영崔瑩・이구수李龜壽・양백익梁伯益・석문성石文成・박춘朴椿 등의 관작을 삭탈하였다. 편조를 책봉하여 진평후眞平侯로 삼았다. 서녕군 유숙瑞寧君柳淑이 전리로 돌아갈 것을 청하니 허락하였다.

○ 겨울 11월에 원나라에서 백살리伯撒里(바이사릭)를 태사우승상太師右承相에, 광곽첩목아擴廓帖木兒(코케테무르)를 태부좌승상太傅左承相에 임명했다. 신돈辛旽을 삼중대광 영도첨의三重大匡領都僉議 취성군鷲城君에 임명했다.{신돈은 곧 편조遍照이다.}

공민왕 15년(1366)

○ 봄 3월에 서장관書狀官 김제안金齊顔을 파견하여 하남왕河南王 광곽첩목아擴廓帖木兒(코케테무르)를 예방하게 하였고,{정사正使는 전록생田祿生이었으나 원나라에 도착하지 못하고 되돌아왔으므로 (정사의 이름을) 쓰지 않았다.} 황태자가 난을 평정하고 환도한 것을 축하하였다.

○ 여름 4월에 좌사의대부左司議大夫 정추鄭樞와 우정언右正言 이존오李存吾가 상소하여 신돈을 쫓아낼 것을 청하니 왕이 크게 노하여 정추는 동래현령東萊縣令으로, 이존오는 장사감무長沙監務로 좌천시켰다. 이때부터 재상과 대간들이 모두 신돈에게 붙어 아부하니 언로가 막혔다. 하정사賀正使 김보문金普門이 원나라로부터 돌아왔다. 원나라 황제가 김보문에게 한림 동수국사翰林同修國史의 벼슬을 내려주었는데, 김보문은 글을 모르는 사람이었다. 원나라 말기에 벼슬을 함부로 남발하는 것이 이와 같았다. 평리評理 목인길睦仁吉과 판밀직判密直 임군보任君輔를 유배 보냈다.

○ 5월에 익산군 이공수益山君李公遂가 죽었다. 노국공주의 영전影殿 공사를 크게 일으켰다.

○ (5월) 갑오일에 백관들이 신돈의 집에 모였다. 땅이 크게 흔들렸다.

○ 7월 초하루에 일식日食이 있었다. 신돈이 이구수李龜壽·김귀金貴·박춘朴椿을 죽였다. 심왕瀋王 독타불화篤朶不花(톡토부카)가 사신을 보내왔다. 왕이 이름을 왕전王顓으로 고쳤다.

○ (11월) 하남왕河南王이 중서검교中書檢校 곽영석郭永錫을 보내 예물을 전해 왔다.

○ (12월) 왕이 곽영석에게 습의襲衣와 금띠金帶를 주었으나 받지 않았다.{곽영석이 「기자묘箕子廟」라는 시를 지었다.[17]} 왕씨王氏를 익비益妃로 봉하고 한씨韓氏 성을 내려주

17 시 내용은 다음과 같다. "무엇하러 머리를 풀어 헤친 채 광인 행세를 하였는가. 은나라 왕업을 혼자 붙들려 함인가. 나라 떠난 것은 다만 길이 한 몸 깨끗이 간직하려 함이거니와 간언하다가 죽으니 누가 기울어진 나라를 근심하리오. 옛 노나라 땅 언덕 위에 소나무 서 있네. 만고의 그 충혼은 귀신이 알아주리. 황혼 무렵 조선 길에 마을 세우노라니 그 옛날 맥수가(고국의 멸망을 한탄하는 시)가 들리는 듯하여라."(『고려사』세가에서 옮김)

었다. 겨울인데 얼음이 얼지 않았다.

공민왕 16년(1367)

○ 봄 정월에 원나라에서 사신을 보내와 영릉永陵(충혜왕), 명릉明陵(충목왕)과 총릉聰陵(충정왕)에게 (충혜왕, 충목왕, 충정왕이라는) 시호를 각각 내려 주었다. 원에서 조서를 내려 제주濟州를 다시 우리 영토로 회복시켰다. {때에 원 황제가 제주로 피난하고자 하여 황실 창고[御府]의 금과 비단金帛을 보내왔다.} 원에서 신돈을 집현전 대학사集賢殿大學士에 임명하였다. 왜구가 강화부江華府에 침구하였다.

○ 가을 7월에 계림군雞林君 이제현李齊賢이 죽었다.

○ 8월에 원에서 황태자에게 명하여 천하의 병마를 총괄하게 하였다. 처음에 태자가 태원太原에 있으면서 영무고사靈武故事[18]에 의지하여 황제가 되고자 하였으나 광곽첩목아擴廓帖木兒(코케테무르)가 따르지 않았으므로 그를 재갈을 물리고, 군사를 재촉하여 남정을 단행한 후에는 광곽첩목아를 장살하였다. 발호의 자취가 점차 심해지자 이에 황태자에게 명령하여 중서령으로서 천하의 병마권을 총괄하게 하였다.{사신을 보내 알려왔다.}

○ 9월에 명나라 군사가 평강로平江路를 취하고 장사성張士誠을 포로로 잡아 돌아갔다.

공민왕 17년 무신년(1368) (명 태조) 홍무 원년

○ 봄 2월에 혜성彗星이 서쪽 하늘에 보였다.{『원사』에는 '혜출필앙慧出畢昴'으로 되어 있다.} 왕이 걸어서 신돈辛旽의 집에 갔다.

○ 가을 7월에 일본에서 사신을 보내와 방물을 바쳤다.

○ 8월에 명나라 군사가 연경에 쳐들어가니 원나라 황제가 상도上都로 도망하고 백

---

18 당 현종 때 안사安史의 난이 일어나 현종이 궁궐을 떠나 사천성四川省으로 피난을 가자 당시 황태자 이형李亨이 환관 이보국(본명은 정충靜忠)의 지략에 따라 금군을 이끌고 반란군을 제압한 후 북상하여 당의 군대를 정비하고, 영무(오늘날의 영하寧夏 회족回族 자치구)에서 스스로 황제(숙종)가 되었던 일.

관들로 하여금 명나라에 사신을 보낼 것을 의논하게 하였다. 명[大明]나라 초에 고황제高皇帝(주원장, 명 태조)가 이미 남방을 평정하고 서달상徐達常을 보내 춘북春北에서 만나 중원의 판도를 결정하게 하였다. 이해 봄 정월에 (명) 황제가 남교南郊에서 보위에 올랐다. 여름 6월에 대군이 평락平灤으로부터 출발하여 황하를 선너 3일 만에 위주衛州를 취하고, 5일에 상주相州를 취하고, 7일에 팽주彰州·덕주德州·광주廣州·평주平州를 평정하고, 8일 만에 순주順州와 덕주德州를 취하며 파죽지세의 형세로 쳐들어가니 항복하여 따르지 않는 자가 없었다. 가을 7월에 군사가 통주에 이르자 원 황제가 너무나 놀라 황후와 황태자를 불러 모아 함께 피난 갈 것을 의논하니 백안불화가 통곡을 하며 "천하는 세조 쿠빌라이의 천하입니다. 죽음으로 지켜내야 하는데 어찌 버리고 도망갑니까?" 하였으나 듣지 않고 야밤에 건덕문建德門을 열고 나아가 용관북庸關北에 거하고 상도를 버리고 갔다.

○ 8월 을미일에 왕이 연경燕京이 포위되었다는 소식을 듣고 급히 조민수曹敏修를 의·정주안위사義靜州安慰使로 삼고, 임견미林堅味를 안주순무사安州巡撫使에 임명하여 대비하게 하였다. 명나라 병사가 연경을 공격하여 이겼다.

○ (9월) 원나라 회왕淮王 첩목아불화帖木兒不花(테무르부카)와 승상 경동慶童 등이 죽었다. 원이 망하였다는 보고가 을묘일에 도착되었다. 정사일에 왕은 백관으로 하여금 명나라와의 사신왕래 문제를 의논하라 명하였다.

공민왕 18년(1369)

○ 봄 2월에 원나라에서 우승右丞 두리한豆利罕(투르칸)을 보내와 왕을 높여 우승상右丞相을 삼으니 왕중귀王重貴를 원에 보내 {이때에 원 황제는 응창부應昌府에 주둔하고 있었는데 이곳은 상도上都로부터 동북으로 3백 리 떨어진 곳이다.} 답례하고자 하였으나 왕중귀는 길이 막혀 중간에 돌아왔다.

○ 여름 4월에 대명 황제가 부보랑符寶郎 설사偰斯를 보내 새서璽書를 내려주어 이르기를, "대명황제가 고려국왕에게 글을 보내노라. 송나라가 천하를 잘못 통치하여 하늘이 그 왕조를 단절시킨 때로부터 원나라는 우리의 동족이 아니면서 천명天命에 의하여

들어와 백여 년 동안 천하의 주인이 되었다. 그러나 하늘이 그 혼미하고 문란한 것을 싫어하여 그 명맥을 끊어 버렸다. 뭇 영웅들이 처음 일어났을 때에 나는 회우淮右의 한 평민이었었는데 하늘의 도움을 받아 문무 인재를 데리고 강을 건너 14년 동안 백성 기르는 법을 익혔다. 그 동안에 서쪽으로 한주漢主를 평정하고 동쪽으로 오왕吳王을 생포하였으며 남쪽으로 민 땅과 월 땅을 평정하고 북쪽으로는 오랑캐 임금을 내쫓고 화하華夏의 땅을 숙청하여 다시 우리 중국의 옛 강토를 회복하였다. 금년 정월에 신민臣民이 나를 추대하여 황제의 위에 오르게 하였다. 천하의 호를 대명大明으로 정하고 연호를 홍무洪武라 하였다. 이에 사신을 보내 바다를 건너 고려에 들어가 소식을 전하노라." 하였다. 설사偰斯가 지난해 11월에 금릉金陵을 출발하여 비로소 이때에야 왔던 것이다. 설사는 곧 설손偰孫의 동생이다.

○ 여름 5월에 원의 지정至正 연호의 사용을 정지하였다.

○ 예부상서 홍상재洪尙載와 상호군 이하생李夏生을 파견하여 표문表文을 가지고 금릉에 가서 등극을 축하하게 하였다.

○ 6월에 명나라 황제가 환자 김여연金麗淵을 파견하여 서한을 보내 왔다. 그 글에 이르기를, "근일에 유연幽燕 지방의 백성을 남쪽으로 옮겨 살게 하였더니 그 중에 고려인이 1백 56명 있었다. 그들에게 어찌 고향에 있는 골육에 대한 생각이 없겠는가? 짐이 매우 민망하게 여기는 바이다. 이에 사람을 파견하여 그들을 호송하여서 동쪽 고향으로 돌려보내려 한다. 마침 김여연도 역시 고려 사람인데 집에 어머니가 있다고 하니 이번에 갔다 오라."고 하였다.

○ 관제官制를 개혁하였다.

○ 상서 성준득成准得과 (대장군) 김갑우金甲雨를 명나라에 보내 성절과 천추절을 축하하게 하고, 공부상서 장자온張子溫에게는 신년을 축하하게 하였으며 아울러 우리나라가 명나라에 입조入朝하여 축하할 때의 규정인 『조하의주朝賀儀注』를 내려줄 것을 요청하였다.

○ 북원의 오왕吳王과 회왕淮王이 사절을 파견하여 방물을 바쳤다.

○ 왜구가 영주寧州, 온수溫水, 예산禮山, 면주沔州의 조운선을 약탈하였다.

○ 서원군瑞原君 노은盧訔이 원나라 황제의 조서를 가지고 왔는데, 황주黃州에 이르자 그를 죽였다.

○ 이인임李仁任을 도통사로 임명하고 대독大纛을 주어서 보냈다.{왕이 일찍이 서경에 갔을 때에 대독을 만들고 관원을 배치하여 그것을 지키면서 일정한 날에 제사를 지내게 하였다.} 이때에 이인임에게 주어서 나가 진수鎭守케 하였던 것이다.

○ 동북면과 서북면의 요해지에 만호와 천호를 설치하고 또 원수를 보내 동녕부東寧府를 쳐서 북원北元과의 관계를 끊으려 하였다.

공민왕 19년(1370)

○ 봄 정월에 태조李成桂가 군사를 이끌고 설한령雪寒嶺(평북 강계)을 넘어 압록강을 건넜다.{이날 저녁에 자줏빛의 서기가 공중에 가득찼다.} 동녕부東寧府의 이오로첩목아李吾魯帖木兒(이오르테무르, 후에 이원경李原景으로 이름을 고침)가 항복하였으며, 원의 추밀 배주拜柱를 사로잡으니 여러 성이 모두 관인을 바치고 귀부하는 사람이 저잣거리의 사람처럼 많았다. 이로써 동쪽으로는 황성에 이르고, 북쪽으로는 동녕부에 이르고, 서쪽으로는 바다에 이르기까지 적들이 사라져 모두 비게 되었다.

○ 병진일에 왕이 친히 환구단圜丘壇에 나아가 제사를 지냈다.

○ 여름 4월에 명나라 황제가 도사道士 서사호徐師昊를 보내어 고려 주요 산천에 제사를 지내게 하였다. 황제는 7일간 재계齋戒하고 친히 축문을 짓고, 조회에 나와서 서사호에게 향香을 내려 주어 명령을 받고 온 것이다. 제사를 끝낸 서사호는 도성 남쪽 풍천楓川에 비를 세웠다.{풍천은 회빈문會賓門 밖 양릉정陽陵井이다.} 서사호가 왔을 때에 왕은 도사가 압승술壓勝術을 쓰지 않을까 의심하여 병을 칭탁하고 나가지 않고 백관에게 명령하여 황제의 조서를 맞이하게 하였다.

○ 5월에 명나라 황제가 상보승尙寶丞 설사偰斯를 보내와 왕 책봉의 명령을 전하고, 『대통력大統曆』을 주었다.

○ 성준득成准得이 경사로부터 돌아왔다. 황제의 옥새가 찍힌 새서를 가지고 왔는데 그 글에 이르기를, "근자에 사신이 돌아간다 하기에 당신의 정치에 대한 일을 물으니

'왕은 오직 불도佛道에만 힘을 쓰고 있다'고 답하였다. 성곽은 어떠냐 하고 물으니 '백성은 있어도 성은 없다'고 말하였으며, 병력은 어떠하더냐고 물으니 '군대는 엄숙하지 못하였다'고 말하였다. 이 말을 듣고 내가 생각하여 보니 과연 이러하다면 당신을 위하여 깊이 우려되는 바가 있다. 짐이 비록 덕이 박하나 중국의 임금으로 되었고 당신은 이미 신하로 자칭하였으니 조공을 바치는 제후諸侯의 나라가 위태롭게 될 경우에는 나로서는 방법을 당신에게 말하여 알리지 않을 수 없다. 중고中古 이후로 왕공王公들은 요새를 설치하여 각각 자기 나라를 수호하였고, 국가를 경영하는 자는 병거가 없는 법이 없다. 지금 왕에게 백성은 있으나 성곽이 없고, 군비를 닦지 않았으니 무엇으로 국가를 이끌어 갈 수 있겠는가? 역대의 군왕들은 오로지 인의예악仁義禮樂을 행함으로 백성이 교화되고 좋은 풍습을 이룩할 수 있는 것이다. 그런데 지금 당신은 이 길을 버리고 힘쓰지 않으며 날마다 재계齋戒를 일삼고 계율만 지키고 있다. 왕도王道를 숭상하지 않고 불도를 숭상하는 것은 국가를 다스리는 요체를 잃은 것이다. 나도 어려서 중이 된 일이 있었으며 참선參禪도 하여 보았다. 그러나 부처가 있다는 것을 들었을 뿐이고 생사를 초월하게 된 실례는 아직 보지 못하였다. 옛날이나 지금이나 불교에 힘을 써서 나라를 옳게 다스려 놓은 자는 아직 있은 적이 없다. 양梁나라 무제武帝의 일이 밝은 거울로 될 수 있을 것이다. 그대가 법복法服을 갖추어서 종묘를 받들겠다는 것을 알고 나는 대단히 기쁘게 여긴다. 지금 왕의 관복冠服과 악기를 보내니 받으라!" 고 하였다. 또 왕에게 육경六經, 사서四書, 『통감通鑑』, 『한서漢書』를 보냈으며 황후가 왕비에게도 관복을 보내었다.

○ 6월에 명나라 황제가 여러 아들들을 책봉하고 예부주사 사례祠禮[백례栢禮]를 보내 조서를 반포하였다. 또 시의사인侍儀舍人 복겸卜謙을 보내 과거를 치를 때 쓸 규칙인 「과거정식科擧程式」을 전했다.

○ 가을 7월에 비로소 홍무 연호를 사용하고, 조서를 내려 산천에 봉호封號 한 것을 제거하였다.

○ 삼사좌사 강사찬姜師贊을 명나라에 보내어 왕으로 책봉한 것과 친서를 준 것에 대하여 사의를 표하고 아울러 전에 원나라에서 보내 준 금인金印을 바쳤다. 그와 함께

탐라 문제에 대한 대책을 아뢰어 탐라는 원나라 때부터 말을 방목한 곳이니, 원컨대 제주 관리로 하여금 원나라의 장부를 살펴 그 지역사람들에게 맡겨 말을 기르게 한 다음 때에 맞춰 진헌하게 하기를 요청하였다.

○ 명나라 황제가 중서성 선사 맹원철孟原哲을 파견하였다. 그 조서에 이르기를, "좌부장군 이문충李文忠이 사신을 보내 아뢰기를 '5월 16일 군사를 이끌고 북으로 사막에 이르러 응창부應昌府에서 매적리팔라買的里八剌(경신군의 손자)를 사로잡았는데, 경신군庚申君이 이미 4월에 응창에서 죽었다는 것을 알았습니다'고 하였다. 중서성에서 그 자손을 태묘의 헌부獻俘로 바치자고 하나 짐이 깊이 생각해보니 차마 하지 못할 일이다. 하물며 짐도 본래 원나라 백성이었으며 천하가 어지러워 진 것은 실제 내가 시작한 것이 아니다. 지금 천하가 평정되어 사해에 전쟁이 그쳐 백성들이 전리田里에서 편히 쉬고 있다. 이것은 내가 능히 할 수 있는 것이니 아니라 이것도 천운으로 이루어진 것이다. 혹시 신민이 나의 뜻을 알지 못할까 염려되어 이를 천하에 반포한다." 하였다.

○ 공부상서 권균權鈞을 명나라에 보내어 신년을 축하하게 하였다. 과거합격자 박실朴實·김도金濤·유백유柳伯濡가 동행하였는데 김도는 명나라의 제과制科에 합격한 사람이다.

○ 원나라의 광곽첩목아壙廓帖木兒(코케테무르)가 사신을 보내왔다.

공민왕 20년(1371)

○ 봄 2월에 여진의 천호 이두란첩목아李豆蘭帖木兒가 귀부해 왔다.

○ 여름 4월에 "(북원의) 요양행성 평장遼陽行省平章 유익劉益이 금주金州·복주復州·개주蓋州·해주海州 등을 들어 귀부하였으므로 황제가 그를 본위本衛의 지휘指揮로 임명하였다."고 통보하였다.

○ 태백성太白星이 낮에 나타났다.

○ 5월 장사 감무長沙監務 이존오李存吾가 죽었다.

○ 가을 7월에 왜구가 예성강禮成江에 침입하여 노략하였다.

○ 신돈辛旽이 반란을 꾀하다 복주되었다. 처음에 신돈이 승려의 행세로 왕에게 신

임을 받았는데, 김란金蘭의 딸을 맞아드리고 또 축첩蓄妾한 것이 헤아릴 수 없었다. 경대부卿大夫의 처妻로 용모가 아름다운 자는 반드시 비밀히 불러 이를 사통私通하였다. 모든 조정에 있는 자가 그의 은혜를 바라고 위엄을 두려워하여 다투어 장획藏獲과 보물을 바쳤으나 오히려 왕은 그가 뇌물을 받지 않고 여색을 가까이 하지 않으며 전원田園을 두지 않는다 하여 믿고 중히 여기었다. 신돈은 위복을 자행하며 은혜와 원수를 반드시 갚아 세가世家 대족大族을 거의 다 죽이니 그가 나가면 시중 이하 모든 사람들이 전후를 옹위하여 도로가 막히고 당여가 조정에 가득하였다. 이에 앞서 원나라 사신 걸철乞徹이 이르러, "너희 나라에 권왕權王이 있다는데 어디에 있는가?" 하고 물었다. 신돈이 팔관회八關會에 왕을 대신하여 의봉루儀鳳樓에서 군신의 조하朝賀를 받았는데, 이때 신돈은 왕의 마음이 편하지 않다는 알고 왕이 알게 되면 죽을 것이 두려워 모반을 꾀하게 되었다. 왕이 헌릉獻陵{문종의 능이다.}을 참배하였는데 신돈이 장사壯士를 도로 곁에 매복을 시켰고 다시 모반을 꾀하였다가 그날 거사가 발각된 것이다. 문객 이인李靭이 흉모를 자세히 알고 몰래 이를 기록하였다가 김속명金續命의 집에 던졌는데, 왕이 이 사실을 듣고 신돈의 당을 잡아 국문하여 자백을 받고 신돈과 그 당여를 모두 베었다. 시중 유탁柳濯이 신돈의 당이라 하여 또한 죽였다.

○ 경천흥慶千興·안우安祐·이순李珣·윤승순尹承順을 유배지로부터 소환하였다.

○ 모니노牟尼奴를 불러 태후전太后殿에 들여보냈다.

○ 강중상姜仲祥·정사도鄭思道·홍중원洪仲元을 명나라에 보냈으나 정사도는 배에 구멍이 나서 돌아왔으며, 전 한방언韓邦彦의 배는 침몰하니 중서성에 자문을 보내 금주金州와 복주復州를 통해 바다를 건너 요동을 경유해서 경사京師에 도착하겠다고 아뢰었다.

○ 나주목사 이진수李進修가 상소하여 내재추內宰樞 제도를 혁파할 것을 청하니 왕이 이를 가상히 여기고 그를 판전교시사判典校寺事에 임명하였다.

○ 8월에 혜근惠勤{나옹懶翁이다.}으로 왕사王師를 삼다.

○ 겨울 10월에 친히 태묘에 제사를 지냈다.

○ 응방鷹坊을 다시 설치하였으나 이부吏部에서 글을 올려 혁파할 것을 청하니 이를 허락하였다.

공민왕 21년(1372)

○ 봄 2월에 조인벽趙仁璧을 시켜 가주家州를 토벌하고 사람들을 죽였다.

○ 3월에 홍사범洪師範을 명나라에 보내 촉蜀 땅을 평정한 것을 축하하고, 우리나라 자제들의 입학을 요청하였다.

○ 장자온張子溫을 보내 탐라 토벌을 요청하였다.

○ 여름 5월에 명나라 황제가 원사院使 연달마실리延達麻失里와 손내시孫內侍를 보내 진리陳理와 명승明昇[19]의 가속들을 데리고 왔다. 그 조서에 이르기를, "취장나就將那 진황제 가족[陳皇帝老少], 하황제 가족[夏皇帝老少]이 왕경을 버리고 간다. 군사를 삼을 수도, 백성을 삼을 수도 없어 한가로이 다른 지역에 거주하게 하노라."고 하였으며, 우승상 황광양黃廣洋이 글을 보내 이르기를 "(왕의 재량에 따라) 괜찮다면 그대로 머물게 하고, 안되겠다면 돌려보내라."고 하였다. 진리와 명승이 궐에 나와 계단 위에 올라 왕에게 절을 하였다. 명승은 18세요, 진리는 22세였다. 손내시가 불은사佛恩寺에서 목을 매어 자결하였다.

○ 9월에 장자온張子溫과 오계남吳季南이 명나라에서 귀국하는 편에 황제가 친히 유시하여 이르기를, "듣건대 탐라 지역에 왜구가 날뛰고 있다고 하는데 만일 제주도 목자牧子와 왜적이 합세한다면 토벌하기가 어려울 것이다. 또 여진이 동북쪽에 있으니 그들을 막는데 신경을 쓰기를 바란다. 또 들으니 너희 나라는 의심이 많은 나라라고 한다. 예로부터 천하에는 중국과 외국이 있는데, 고려와 같은 나라는 그동안 분수를 잘 지켜왔으니 무엇을 의심하겠는가? 하지만 수나라 양제隋煬帝는 함부로 전쟁을 일으켰다가 나라가 망하였으니 나는 남을 속이는 것을 제일 싫어한다." 하고 손수 조서를 써서 이르기를 "탐라의 목자들은 마땅히 죽여 토벌하되, 신속히 군사를 동원하여 토벌하도록 하라. 일의 기미는 완급에 있는 것이니 왕은 잘 생각해서 도모하라."고 하였다.

---

19 원나라 말기에 봉기한 지방 세력으로 진리陳理라고 쓴 진우량은 호상胡湘지역에 웅거하여 나라 이름을 대한大漢이라 칭하였다. 또 명승明昇이라고 쓴 명정은 천촉川蜀 지방을 차지하고 나라 이름을 대하大夏라고 참칭하였다. 이들은 공민왕 19년에 명나라에 항복하여 목숨을 보존하더니 공민왕과 친분이 있다 하여 고려에 보내졌다.(『고려사』 권11, 세가 11 공민왕 21년 5월 계해조)

○ 자제위子弟衛를 설치하였다.

○ 왕이 승천부昇天府에서 5군五軍을 열병하였는데, 판사 홍사조洪師祖가 갑옷을 입지 않았다하여 왕이 명하여 장杖을 치도록 하였다.

공민왕 22년(1373)

○ 봄 2월에 북원이 사신을 보내오니 왕이 죽이고자 하였으나 많은 신하들이 돌려보내자고 하여, 저포苧包(모시베)를 주어서 돌려보냈다.

○ 이현泥峴에 화원花園을 만들고 그곳에 팔각전八角殿을 지었다.

○ 가을 7월에 판사 주영찬周英贊을 명나라에 보냈다.{주영찬의 딸이 일찍이 원나라에 갔다가 명나라의 포로가 되었으나 뽑혀 궁에 들어가 황제의 총애를 받고 있었다.}

○ 모니노牟尼奴를 강녕대군江寧大君에 책봉하였다. 백문보白文寶와 전록생田祿生·정추鄭樞 등을 명하여 그의 사부師傅로 임명하였다.

○ 강인유姜仁裕·김서金湑·성원규成元揆·임완林完 및 서장관 정몽주鄭夢周 등이 명나라京師로부터 돌아왔다. 중서성의 자문에 이르기를, "성지를 받들어 국왕이 매년 수차 사람을 보내어 금은의 기명器皿 등의 물품을 바치니, 이런 예물禮物은 백성들을 괴롭게 하는 것이다. 더구나 사신의 왕래는 해양海洋을 건너는 등 매우 험난하다. 근래 홍사범洪師範 같은 이는 돌아오는 길에 해상海上에서 풍랑을 만나 물에 빠져 죽기까지 했다. 예로부터 중국의 제후들은 천자에게 매년 한 번의 소빙小聘을 하고 3년에 한 번 대빙大聘을 하며, 구주九州 밖에 있는 번국蕃國과 원국遠國들은 단지 30년[20]에 한번 조빙朝聘을 하였다. 그리고 그들이 바치는 물건으로서는 약간의 예물을 바쳐 성의를 표하는데 그쳤을 뿐이다. 그러나 고려高麗는 중국과 약간 가깝고 문물文物과 예악禮樂이 서로 통하며 경사經史가 중국과 서로 비슷하니 다른 번국과 좀 다르다. 그러니 3년에 한 번 조빙하는 예를 따라도 되고, 30년에 한번 조빙해도 된다. 그리고 이후부터 가져오

20 매세每世는 30년이다.

는 방물은 단지 그 나라에서 생산되는 베[布]로 하되 3~5짝[對]을 넘지 않도록 하여 성의만 표시하면 되고 그 밖의 물품은 모두 가져오지 못하게 하라. 그 밖의 번국蕃國 즉 점성占城, 안남安南, 서양쇄리西洋鎖里, 과왜瓜哇, 발니浡泥, 삼불제三佛齊, 섬라곡暹羅斛, 진랍眞臘 등 새로 귀부한 나라들도 빈번히 사람을 보내오는데 이는 또한 그곳 백성들을 괴롭히는 것이다. 그 나라 사신이 올 때 그들에게 말해 단지 옛 사람의 예에 따르도록 하라. 또 지금부터는 내 생일과 동지에 각 아문과 여러 나라에서 표문을 바치는 것을 그치도록 하라." 하였다.

○ 정몽주鄭夢周가 작년 4월에 홍사범洪師範과 함께 명나라에 도착해 중서성의 공문 2통을 접수했는데 한 통은 명나라가 촉蜀지방을 평정했다는 것과 고려 자제의 입학에 관한 것이었으며, 다른 한통은 아악雅樂에 쓰는 악기인 종경鍾磬에 관한 것이었다. 8월에 돌아올 때 허산許山에서 풍랑을 만나 배가 파선되는 바람에 홍사범은 익사하고 중서성의 자문도 잃어 버렸다. 정몽주가 다시 경사에 가서 중서성에 가 종고자문의 초본이 유실되었음을 아뢰었으나 (다시 발행하는 것을) 허락하지 않고, 다만 촉 지방 평정과 자제 입학에 관한 자문만 가지고 왔다. 그 자문에 이르기를, "자제 입학에 관한 황제의 뜻을 전한다. 당 태종唐太宗 때 자제를 입학시켰던 고사가 있기는 하지만, 바다를 건너 고향과 만 리나 떨어진 곳에 있으면 부모들이 그 자식을 걱정하고, 또 자식은 그 부모를 그리워함이 매우 간절할 것이다. 그러니 충분히 의논하게 하라."고 하였다.

○ 겨울 10월에 밀직부사 주영찬周英贊을 명나라에 보내 신년을 하례하게 하고 진정표陳情表를 바쳤다. 진정표에 이르기를, "이 작은 나라는 궁벽하고 먼 곳에 있어서 먼 옛날로부터 자국의 풍속 습관에 국한되어 있었으므로 문장은 생각하는 바를 겨우 표시하는 정도이고 언어는 반드시 통역을 거쳐야만 통합니다. 그러므로 6~7명의 아동을 귀국에 유학생으로 파견하여 경서經書와 법률律을 학습시키려고 한 것인데 어떻게 2~3백 명의 선비를 얻을 수 있으며 더구나 그들을 정탐의 수단으로 간주한다면 어찌 감히 보내라는 명령에 응할 수 있겠습니까?"라고 하였다.

또 사은표謝恩表에 이르기를, "생각건대 우리나라가 중국을 존중하는 것이 마치 어린 아이처럼 부모를 의지하듯이 하여 신성한 군주가 나타나면 그에게 귀의하여 왔습니다.

그러나 운명이 박하여 걸핏하면 비방이 생깁니다. 두 내시內侍가 자리를 나란히 하여 함께 잔 것이 사실인데 독살이란 말이 어떻게 나옵니까? 늙은 원사老院使와 같은 배를 타고 오면서 서로 증오하더니 그것이 결국 우리에게로 화가 미치게 되었습니다. 무장군인으로 호위하는 것은 국가의 당연한 의례인데, 이것으로써 조서를 맞이하는 태도가 공손하지 않다고 하며, 사신이 묵고 있는 빈관賓館에는 무기를 배치할 이유가 없는데도 사신을 접대하면서 무기를 준비해 두었다고 무고하고 있습니다.

심지어는 조근朝覲을 위하여 달려 다닌 것조차 모조리 정탐하기 위한 기만 술책이라고 하였습니다. 의혹을 조작하고 그럴듯하게 꾸미어 화를 전가시키며 위험한 데 몰아넣으려는 것입니다.

오직 폐하께서는 현명한 판단으로 뭇사람의 옳고 그른 심정을 통찰하신 다음 특별히 지시를 내리셔서 저로 하여금 스스로 개과천선하게 해 주셨으며, 또한 후덕한 마음으로 시시콜콜 한 건의에 이르기까지 모두 허락을 내리셨습니다. 아악을 보내 올바른 음악[正音]을 가르쳐 주시고, 저희 나라 자제들을 입학시켜 주셨으며 사신이 타고 갔던 배가 풍파로 전복되자 많은 선물까지 주시며 신하들을 육로로 귀국하게 해주셨습니다. 황제폐하는 만물을 살려내는 천지의 마음으로 마음을 삼고 중용을 지키는 요순堯舜의 도와 같은 도리로 하시니 간특한 무리들은 저절로 소멸되고 올바른 이들이 조정에 자리 잡게 되었으며 마침내 비천한 저에게도 큰 은택을 내려주셨습니다. 저는 폐하의 배려와 큰 은덕을 마음에 깊이 간직하고서 신하로서의 절의를 충실히 지킬 것이며 항상 폐하의 만수무강을 빌겠습니다."라고 하였다.

○ 주영찬이 자은도慈恩島{자은도는 영광靈光에 있다.}에 이르러 익사하였다. (그 대신에) 장자온張子溫을 명나라에 보내 화약火藥을 내려줄 것을 청하였다.

○ 석기釋器를 죽였다.

공민왕 23년(1374)

○ 봄 2월에 혜성彗星이 동쪽 하늘에 나타났는데 길이가 1장丈이 넘었다.

○ 밀직부사 정비鄭庇와 판사 우인열禹仁烈을 명나라에 보내 신년을 하례하고, 육로

로 조공할 수 있도록 요청하였다. 또 예전처럼 방물을 바칠 것을 허락해 달라고 요청하였다. 또 상호군 주의周誼는 황제의 옥새가 찍힌 편지{김갑우金甲雨가 가지고 왔다.}에 대한 사의를 표하게 하였다. 육로를 통하게 해달라는 표문에 이르기를, "배신 강인유姜仁裕 등이 폐하의 성지를 받들어 조공로는 반드시 해로로 올 필요가 없다는 뜻을 전해 왔습니다. 이에 뜻을 받들어 정비를 정요위定遼衛를 경유하여 신년하례를 하게 하였습니다. 그런데 정비 등이 돌아와 이르기를 정요위 관리가 황제의 지시가 없다는 구실로 억지로 돌려보냈다고 보고해왔습니다. 이에 신은 (다시) 주영찬을 보내 해로로 가게 하였으나 뜻하지 않게 주영찬이 태풍을 만나 익사했습니다. 지난번에 정요위에서의 길을 막지 않았다면 어찌 지금과 같은 어그러짐이 있겠습니까? 바라건대 먼 나라를 배려하시는 인애함을 넓히시어 만일 아뢸 일이 있을 때 편리를 따라 육로를 이용할 수 있도록 허락해주소서." 하였다.

○ 명 황제가 예부주사 임밀林密과 자목대사 채빈蔡斌을 보내왔다. 왕이 한방언韓邦彦을 제주로 보내어 진헌할 말을 가져오게 하니, 제주의 추장 등이 말하기를, "어찌 감히 원 세조元世祖가 방목하여 기르게 한 말을 명나라에 보낼 수 있는가?" 하며 단지 300필만 보내니 임밀 등이 크게 노하였다. 이에 최영을 제주에 보내 토벌하게 하여 평정하였다.

○ 왜구가 합포合浦를 노략하여 군영을 불태우니 죽은 사졸이 5천명이나 되었다. 그러므로 도순문사 김횡金鋐을 죽여 사지를 갈라 각도에 돌렸다.

○ 경복흥慶復興을 문하시중에 임명하였다.

○ 정비鄭庇 등이 명나라에 도착하니, 황제가 베 6짝은 받고 나머지는 모두 돌려보냈다. 염초焔硝에 대한 황제의 뜻을 전하기를, "이들 물건은 곳곳에 있다. 다 같은 하늘 아래 있는데 이곳에는 있고 거기에는 없겠는가? 너희 나라는 단지 배합하는 것을 모르는 것뿐이다."라고 하였다.{또 이르기를 "중국에 비록 예비해 놓은 것이 많으나 수요가 또한 많으니 어찌 중국을 놔두고 외국에 보낼 이유가 있겠는가?"라고 하였다.} 조공로는 3년에 한번 오는 것으로 하되 해로를 이용하도록 하였다.

○ 김갑우金甲雨를 죽였다.{김갑우가 말 50필을 가지고 갔는데 명나라 수도에 도착해

보니 2필이 없었다. 그리고 1필은 자기의 말인데 동궁東宮에 바치려고 한 것이라고 하여, 사신불경죄[奉使不敬罪]로 논하여 참형에 처하였다.}

○ 가을 9월에 환관 최만생崔萬生이 임금의 총애하던 홍륜洪倫 등과 함께 왕을 시해하였다. 왕이 노국공주가 죽자 그녀를 생각하는 슬픈 생각이 지나쳐 병을 얻어 비록 여러 비妃들을 들여도 별궁에 두고 가까이 하지 않았다. 대신 미소년을 선발하여 자제위子弟衛에 두었는데, 홍륜·한안韓安·권보權普·홍관洪寬·노선盧瑄 등이 모두 이에 소속되어 음란함으로써 총애를 얻었다. 대언 김흥경金興慶으로 하여금 이를 통괄하게 하였다. 왕이 노국공주 영전影殿의 토목공사를 크게 일으켜 크고 화려함이 이루 말할 수 없었다. 하지만 영전 공사가 완성되었으나 왕이 보고 크게 노하여 즉시 철거를 명하고 다시 공사를 시작하게 하였다. 이와 같이 하기를 4, 5차례나 하니 10년이 되어도 완성되지 못하였다.

영전影殿의 용마루 끝에 얹는 취두鷲頭에는 황금 650냥兩을 사용하고 비로소 흡족해 하였다. 초석으로 쓸 돌을 캐는데 그 크기가 집채만 했고 돌 쪼는 소리가 소[牛] 우는 소리와 같았으며, 돌을 운반하다가 깔려 죽은 사람이 길에 서로 이을 정도였다. 원나라 목수 원세元世를 제주濟州에서 불러 들여 영전 공사를 맡겼는데, 원세元世가 재보宰輔에게 이르기를, "원나라의 황제가 토목 공사를 일으키기를 좋아하다 마침내 천하가 어지러워지자 이에 우리들에게 탐라에 궁전을 짓게 하여 피난처로 삼고자 하더니 공사가 다 끝나기도 전에 나라가 망하였습니다. 그리하여 우리들의 밥벌이가 없어지게 되었는데 이제 부름을 입어 다시 의식衣食을 하게 되니 진실로 다행입니다. 그러나 원나라는 큰 천하를 가지고도 인민을 괴롭게 하다가 멸망하였는데, 비록 고려가 크다 하여도 민심을 잃지 아니한다 할 수 있겠습니까. 원컨대 여러 재상들은 왕에게 이를 아뢰어 주소서."라고 하였으나 아무도 아뢰지 못하고 멍하니 있었다.

왕이 태후[모후인 명덕태후]를 뵈니 태후가 "영전影殿의 웅대하고 화려함이 천하에 비할 바 없으니 백성을 괴롭게 하고 재물을 손상하게 함이 이보다 더 함이 없기 때문에 수한水旱과 재변災變이 이로 말미암아 일어나니 마땅히 그 역사役事를 그만두기를 청합니다. 또 김흥경金興慶 등 여러 자제子弟들이 밤낮으로 궁내에 있어서 귀가하지 못하니 어찌 왕을 원망하지 않겠습니까. 왕은 일찍이 역적 신돈辛旽을 편신偏信하고 나의 말을 듣지 않다가 거의 나라를 그르칠 번하였는데, 지금 또 이같이 함은 무슨 일입니까?"라고 하니 왕이 태후의 말에 즐거워하지 않아 물러나려 하거늘 태후가 재삼 말하니 왕이 대답하여, "삼가 명령을 따르겠나이다."라고 하였다.

왕이 홍륜 등으로 하여금 여러 비빈妃嬪을 사통私通시켜 아들을 낳게 하여 자기의 자식으로 삼고자 하였는데 이때 최만생崔萬生이 임금을 따라 화장실에 가서 아뢰기를, "익비益妃가 홍륜과 더불어 동침하여 임신을 한 지 5개월이 되었다고 하였습니다."라고 하니 왕은 "내일 홍륜洪倫을 죽여 입을 막겠다. 너도 이 모책謀策을 알고 있으니 또한 마땅히 면치 못할 것이다." 하니 최만생崔萬生이 두려워하여 홍륜洪倫 등과 더불어 모의하여 왕이 취한 것을 틈타서 칼을 가지고 왕을 찌르면서 "적賊이 밖에서 들어왔다." 하고 소리를 질렀다. 다음날 새벽에 이인임이 와서 병풍과 최만생崔萬生의 옷 위에 피자국이 있음을 보고 최만생을 가두고 국문하여 진상을 모두 알게 되었다. 백관百官들이 시가市街에 모여 홍륜洪倫과 최만생崔萬生은 수레에 매고 끌어당겨 찢어 죽이고, 한안韓安·권진權瑨·홍관洪寬·노선盧瑄 등은 모두 참형에 처하였으며 그 부형과 친당 등은 모두 유배형에 처하였다.

○ 왕의 성품은 본래 엄중하고 행동이 예에 맞았더니, 만년晩年에 시기심이 많아지고 난폭하고 황혹荒惑하더니 끝내 화를 당하여 죽었다. 나이는 45세였다. 정릉正陵(노국공주 릉) 서쪽에 장사지내니, 능의 이름은 현릉玄陵이다. 신우 2년(1376)에 인문 의무 용지 명열 경효대왕仁文義武勇智明烈敬孝大王이라 시호하였다. 신우 11년(1385)에 명나라에서 공민恭愍이라 시호를 내려주었다.

사신史臣의 찬贊

왕이 즉위하기 이전에 총명하고 인후하여 백성들의 여망이 모두 그에게 돌아갔고 즉위해서는 온 힘을 다하여 나라를 다스리어 중외中外가 크게 기뻐하여 태평시대를 바라볼 수 있었다. 그러나 노국공주魯國公主가 죽은 뒤로는 지나치게 슬퍼하여 뜻을 잃고 정사政事를 신돈辛旽에게 맡겨 공이 있는 현명한 자를 내쫓거나 죽이고, 토목공사를 크게 일으키어 백성의 원망을 샀으며 어리석은 아이들과 친하여 이로써 음탕하고 더러운 짓을 함부로 하였고 때도 없이 술주정을 부려 좌우를 구타하였다. 또 후사後嗣가 없음을 걱정하여 이미 다른 사람의 아들을 취하여 대군大君을 삼고 바깥사람들이 믿지 않을까 염려하여 가만히 총애 받는 신하로 하여금 후궁을 오욕汚辱케 하고 임신姙娠함에 미쳐 그 사람을 죽여 입을 막으려고 하였다. 패란悖亂함이 이와 같았으니 죽음을 면하고자 한들 피할 수 있었겠는가?

휘찬여사 권21

신서인전辛庶人傳

우禑

(신)우의 아명[小字]은 모니노牟尼奴이니 신돈辛旽의 비婢 반야般若의 소생이다.

처음에 반야가 임신하자 신돈이 자기의 친구인 중 능우能祐의 어머니 집으로 보내어 해산을 시켰는데 첫돌이 못되어 죽었다. (능우는) 신돈의 책망이 두려워서 (죽은 아이와) 얼굴이 비슷한 아이를 구하다가 이웃에 있는 아이를 훔쳐서 길렀다. 1년이 지나 신돈이 그 아이를 데려다가 자기 집에서 양육하였는데, 여종[侍婢] 장성張姓을 유모로 삼았다. 그러므로 반야도 그것이 자기 아이가 아닌 줄을 몰랐다.

공민왕이 하루는 미행으로 신돈의 집에 가니, 신돈이 그 아이를 가리키면서 말하기를 "원컨대 전하께서는 이 아이를 아들로 삼으소서." 하니, 마음속으로 이에 허락하였다. 왕이 근신들에게 말하기를 "내가 일찍이 신돈의 집에 가서 그 집 여종과 내통하여 아들을 낳았으니 그 아이를 잘 보호하라."고 하였다. 신돈이 복주된 후 왕은 모니노를 불러다가 태후의 궁전[(明德)太后殿]에 두고, 이인임李仁任에게 이르기를 "맏아들이 있으니 나는 근심 없다"라고 하였다. 조금 있다가 우禑 자로 이름을 하사하고 강녕부원대군江寧府院大君으로 책봉하였으며, 백문보白文寶와 전녹생田祿生, 정추鄭樞 등을 사부師傅로 삼았다.

(공민왕) 23년

○ 9월에 우禑를 죽은 궁인宮人 한씨韓氏의 소생이라 칭하고 한씨의 위호位號를 추증하였다.

갑신일에 왕이 시해를 당하고, 병술일에 발상發喪을 하였다. 홍洪 태후는 종친들 중에서 골라서 왕을 세우려 하였고, 이인임은 신우를 왕으로 세우고자 하여 의논이 결정되지 않았다. (밀직) 왕안덕王安德과 영녕군永寧君 왕유王瑜가 이인임의 의사에 아첨하여 큰 소리로 말하기를 "선왕께서 대군(신우)을 책봉하였는데, 오늘날에 이 분을 버리고 누구를 구하겠는가?"라고 하였다. 이인임이 백관을 인솔하고 드디어 신우를 왕위에 올려 세웠는데, 그때 우의 나이가 10세였다. 한씨에게 순정 왕후順靜王后라는 시호를 추증하고 밀직사密直使 장자온張子溫, 전공판서典工判書 민백훤閔伯萱을 중국[京師]로 보내 부고를 고하는 동시에 시호를 청하였으며 (신우의) 왕위 계승을 승인할 것을 요청하였다.

이때 이인임이 국정을 전권하며 명나라에 신복하려고 하지 않아서 몰래 호송관 김의金義에게 사신 임밀林密, 채빈蔡斌을 개주관開州館에서 살해하도록 하였는데, 채빈은 죽지 않았고 김의는 압박감을 느껴서 북쪽으로 도망하고 장자온과 민백훤은 도망하여 돌아왔다. 12월에 판밀직 김서金湑를 북원北元에 보내어 상을 고하였다.

신우 원년(1375)

○ 정월에 판종부시사判宗簿寺事 최원崔源을 명나라 서울[京師]로 보내 국상을 고하였다.

○ 북원에서 공민왕이 후사가 없어서 심왕瀋王 호暠의 손자 탈탈불화脫脫不花(톡토부카)로 고려 왕을 삼아 장차 보내려고 하였다.

○ 가을 8월에 변방의 관리[邊吏]가 보고하기를 "김의金義와 김서金湑가 심왕瀋王 모자母子와 함께 이미 신주信州에 도착하였다."라고 하였으므로, 안팎 인심이 두려워서 떠들썩하였다. 여러 도의 병정을 징발하고, 임견미林堅味·양백연楊伯淵·이원계李元桂·지윤池奫·나세羅世·박보로朴普老·조인벽趙仁壁·변안렬邊安烈에게 방어하게 하였다.

이보다 전에 중 소영小英이 연화緣化(불사佛事)를 한다는 핑계로 그의 수하 몇 명을 북방에 보내 비밀리에 심왕에게 서신을 전하여 말하기를 "대행왕大行王이 시해를 당하여 훙거하였는데, 뒤를 이은 군주[嗣君]는 아직 어리니 나라의 권한이 오로지 권신權臣에게 있습니다. 만약 군사를 이끌고 오시면 큰일을 이룰 수 있습니다."라고 하였다. 북원北元에서는 그 말을 믿고 군사를 파견하였는데, 우리 군사들에게 패퇴를 하였다. 김서金

湑가 그 편지를 보고 나하추[納哈出] 군영으로부터 도망하여 와서, 소영을 잡아서 살해하였다.

여러 장수들이 이미 북쪽에 가 있으니 왜구가 양광도의 섬에서 도적질을 하였다. 이에 방리坊里의 장정들과 각 왕릉의 능지기들을 뽑아 군사로 편입하고 급히 전라·경상 등 여러 도의 군사를 징발하여 우리 태조(이성계)와 최영崔瑩에게 이를 영솔시켜 동강東江과 서강西江에서 시위를 하면서 적을 방비케 하였다.

○ 도성의 5부 호수戶數를 개정하였다.

○ 원의 사신이 이르러 위로하였다. 판전의시사判典儀寺事 전보全甫를 명나라 서울에 보내 세공마歲貢馬를 바쳤다. 서연書筵을 설치하고, 전녹생田祿生과 이무방李茂方으로 스승[師傅]을 삼았다. 환관 김현金玄이 매월 그믐날에는 강을 정지하게 하니, 우가 말하기를 "독서는 정무를 보는 것[視事]이 아닌데, 왜 폐지하는가?"라고 하였다.

○ 대학을 강하는데, 대언代言 윤방언尹邦彥에게 묻기를 "(『시경』에 이르기를) '목목문왕穆穆文王이여 어즙희경지於緝熙敬止로다.'고 하였는데, 이것은 무슨 뜻인가?"라고 하니, 윤방언은 대답하지 못하였다. 우가 말하기를 "나는 일찍이 생각하기를 선비들은 경서經書에 능통하리라고 하였더니 이제 보니 그렇구나."라고 하였다. 이때부터 우가 환관들을 친근하게 하고 사대부를 친근히 하지 않으므로 식자들이 이를 우려하였다.

(신우) 2년(1376)

○ 정월에 김보생金寶生을 명나라에 보냈다.

○ 3월에 반야般若를 죽였다. 반야가 밤에 태후궁에 남몰래 들어와서 말하기를 "주상主上을 낳은 사람은 사실 나인데 어째서 한씨를 어머니로 삼았는가?" 하였다. 태후가 반야를 내쫓아 옥에 가두고 대간臺諫과 순위부巡衛府가 함께 치죄하는데, 반야가 중문中門을 가리키면서 말하기를 "하늘이 만약 (나의 원통한 것을) 안다면 이 중문이 반드시 허물어질 것이다."라고 하였다. 사의司議 허시許時가 막 문 안에 들어서자, 그 중문이 저절로 허물어지니, 사람들이 자못 이상하게 여기기는 하였으나, 마침내 반야를 임진강에 던져 죽였다.

급제及第 한략韓略이라는 자가 있었는데, 말하기를 "나는 한씨의 일가인데, 한씨가 죽었을 때에 일가인 중 능우能祐와 한씨를 화장火葬하고 유골遺骨을 거두어 봉은사奉恩寺 솔밭에 매장하여 두었다."라고 하고, 곧 절 북쪽 언덕에서 화장한 유골 항아리 한 개를 파내었다. 그리고 장례 물건들을 갖추어 9월에 의릉懿陵에 장사지냈다. 유차轜車(영구차)가 십천교十川橋에 이르러 혼전魂錢을 태우다가 불이 영악靈幄(영구의 휘장)에 옮겨 붙어서 의식 물품들이 모두 불탔다. 능호를 현릉玄陵이라고 추존하고 한씨에게 존호를 올렸으며 노국공주魯國公主는 별실別室에서 제사를 지냈다.

○ 이지부李之富를 정료위定遼衛에 보내 친선을 도모하였다[通好]. 고가노高家奴가 서신을 보내어 이르기를 "우리나라에서는 귀국의 보안첩목아왕普顏帖木兒王(바얀테무르왕, 공민왕)이 왜 죽었는지 알 수 없었는데, 하물며 또 우리나라에서 보낸 채빈 대사蔡斌大使까지 죽였으니, 이 까닭에 황제의 명령이 막힌 것이다. 근래 수 년 동안 당신이 나하추[納哈出]와 거래를 하니[通音] 사람이 천지간에 살면서 어찌 환경이 변환하는 것이라는 이치를 모르겠느냐? 불원간 총병관摠兵官 정해후靖海侯, 여도독余都督, 이평장李平章이 대군大軍을 통솔하고 요양遼陽에 도착하여 급히 경세제민의 노성한 신하들이 총병 대관인의 곳에 와서 이야기 할 것이니 이 기회를 잃지 말라. (우리나라) 대군이 나하추 등을 섬멸한 후에 당신이 몇 만 필의 말[馬]을 가져다 바친들 무슨 소용이 있겠는가?"고 하였다. 도당에서는 이 글을 보고 기뻐하였다.

이때 북원의 도총병都摠兵 광곽첩목아擴廓帖木兒(코케테무르)가 편지를 보내서 말하기를 "내가 세상 떠난 당신의 아버지와 자주 내왕이 있어 정의가 자별하였다. 그런데 뜻밖에 당신의 아버지가 일찍 세상을 떠나셨다. 그러나 나는 위문조차 하지 못하고 있었다. 지난해에 들으니 당신의 아버지가 자손이 없다고 하기에 당신네 일가 사람으로 대를 이어주기로 하였다. 이제 백안첩목아왕伯顏帖木兒王(바얀테무르왕, 공민왕)에게는 아들 모니노가 있었으며 나라 사람들의 추대를 받아 국사를 하고 있다는 사정을 잘 알았다. 작은 나라가 큰 나라를 섬기는 데는 반드시 의탁할 데를 얻어야만 비로소 나라를 보존할 수 있다. 왕자王子(우왕을 가리킴)는 비록 여러 사람들이 복종하더라도 조정의 명이 없으면 가만히 생각건대 저쪽 인심의 향배는 역시 각각 반반이 될 것이다. 만약 남으로 주원장 오랑캐[朱寇]을 섬기면 저들이 너를 친하게 할 것이지만, 어찌 우리가 백 년 동안 장인 사위의 나라만 같겠는가? 왕자가 진실로 마음을 고치고 함께 의각犄角을 이루어 (적을 앞뒤로 견제함으로써) 원나라의 중흥中興 사업에 공헌하면 또한 당신의 조상이 원나라에 귀순한 공훈을 더욱 빛내는 것이 아니냐?"라고 하였다. 이에 밀직부사 손언孫彦을 북원에 보냈다.

백관이 성에 올리는 글에 "국가의 정통은 문란해서는 안되니 바라건대 탈탈불화脫脫不花(톡토부카)를 도로 본국에 돌려보내서 조사하고 다스리십시오." 하였다.

(신우) 3년(1377)

○ 정월[21]에 (북)원에서 한림승지翰林承旨 패라적孛剌的을 파견하여 왕을 책봉하는 명령과 술과 해동청海東青을 가져와서 신우를 고려국왕 정동성 좌승상高麗國王征東省左丞相에 책봉하고 윤환尹桓 등 6인에게 평장사에 임명하였다.

○ 이로부터 선광宣光(북원 소종昭宗의) 연호를 썼다.

○ (삼사 좌사) 이자송李子松을 북원에 보내 왕을 책봉한 데 대하여 사례하고 예물을 황제, 황후에게 바치고, 성관省官 이하 내관內官 소신小臣에 이르기까지 증정한 것이 차등이 있었다. 원나라의 신료들이 이자송이 조복을 입고 예를 하는 것을 보고, "뜻하지 않게 오늘 다시 중국의 예의를 보게 되었다."고 하고 눈물을 흘리는 자도 있었다.

○ 지윤池奫이 복주伏誅되었다.

○ 여름에 한발이 들어서 (죄수를) 사면하였다.

○ 판전객시사判典客寺事 안길상安吉祥을 일본에 파견하였다.

○ 처음에 경인년부터 (해적들이 나타나서) 우리나라 연해의 도적질하더니 병오년에 차관差官이 가서 보고하니 일본 추장酋長 중 정이 대장군征夷大將軍이라고 칭하는 자가 도왜島倭를 금지하고 단속하였는데, 이때에 이르러서 원료준源了俊이 추장이 되어

---

21 『고려사』에는 2월로 되어 있음.

구주 절도사九州節度使라고 스스로 칭호하니 여러 섬들이 모두 복속하였고 서해西海 한쪽만 반신叛臣이 할거한 것이 20년이었다. 군사를 보내어 우리나라 서남 지역을 표략하였으나 원료준은 금지시킬 수가 없었다.

○ 우왕 초기부터 왜가 영주寧州·서주瑞州·목주木州·전주全州·김제金堤·태산泰山·고부古阜·낙안樂安 등지에 들어왔고 이어서 강화부에 들어와 전함을 불살랐다. 우가 조사민趙思敏·목충睦忠·손광유孫光裕·변안열邊安烈·나세羅世 등을 파견하여 방어하였다. 수로가 막혀서 조운이 중지되었으며 전라, 경상도의 연해 주군의 요부徭賦를 차등 있게 감해주었다.

나흥유羅興儒가 돌아올 때 왜승 주우周祐가 편지를 보내어 "서해의 완민頑民이 틈을 타서 출몰하며 도적질을 하는데, 일본에서는 모르는 것입니다. 지금 막 장수를 파견하여 토벌할 것이니 두 진영에서 교전을 하면 대강 서로西路를 회복할 수 있을 것이고 그러면 해구를 금지하는 것을 약속할 수가 있으니 우선 조금 기다리십시오." 하면서 인하여 하늘을 가리키며 맹서하였다. 그러나 왜가 독을 품어내는 것이 날로 심하여 진주晉州·함안咸安·밀양密陽·양주梁州·언양彦陽·동래東萊·기장機張·고성固城·영선永善·울주蔚州·회원會原·의창義昌·진해鎭海·반성班城이 함락되고 모든 것을 도륙하며 불태웠다. 합포合浦로 들어가 그 군영을 불질렀으며 여러 장수들은 노략질을 보기만 하고 싸우지 않았다.

해주 수미사須彌寺가 일본 지맥이라고 하여 도량을 설하여 쫓아내기를 빌었다.

왜가 드디어 서쪽 변방에 들어와 좁은 물길에 정박하고 강도江都를 노략질하였다.{두 번째로 강도에 들어온 것이다.} 경성이 크게 떨어서 철원으로 수도를 옮기려고 하였으나 불길하다고 하여서 드디어 정지하였다.

○ 최영崔瑩을 6도 도통사로 하고, 이희필李希泌·목인길睦仁吉·임견미林堅味·경복흥慶復興·황상黃裳, 우리 태조, 양백연楊伯淵·변안열邊安烈을 부장副將으로 삼았다. 이인임李仁任의 절도를 받아서 홍중선洪仲宣·이광보李光甫 등이 여러 도의 승군僧軍을 영솔하였다. 전함을 용진龍津에서 만들었다. 왜가 서강으로 들어오니 최영, 변안열이 격퇴시켰다. 조전助戰 원수가 왜를 밀양에서 격퇴시키고 퇴주시켰으며, 우리 태조가 지리산에

추격하여서 크게 패주시켰다. 얼마 있다가 왜 백여 기가 남양南陽에서 강도江都에 들어왔다.{세 번째로 강도에 들어온 것이다.} 봉화가 낮에 올랐다가 끊이질 않았다. 경성이 계엄에 들어가고 여러 원수들은 동서강東西江을 나누어 위수하였다. 용사를 모집하고 먼저 관직으로 상을 주고 면포를 한 사람 당 50필을 주었다. 변민 중에 포로가 되었다가 돌아온 자들은 여러 장수들이 첩자로 의심하여 모두 죽였다. 우가 교서를 내려 금지하도록 하였다. 이에 길상吉祥을 일본에 파견하여 적을 금할 것을 청하였다.

○ 8월에 우리 태조가 왜를 해주에서 격파하였다. 이때 왜적 200여 척이 제주를 도적질 하였다. 수군 만호 정용鄭龍 등이 배 한 척을 잡아서 섬멸하였다. 왜가 서해도로 들어가니 세 원수가 격퇴하였다. 왜가 풍주豊州에 들어가자 우가 교서를 내려 영선營繕을 금지하고 내탕전內帑錢을 내서 강도, 서해 백성의 시신을 묻었다.

○ 하삼도에 사신을 보내어 한산閑散 자제를 뽑았는데, 도착한 사람들은 모두 농민이나 사예私隷(사노비)여서 방환하였다. 왜가 신주信州·문화文化·안악安岳·봉주鳳州에 들어오자 심덕부沈德符 등이 공격하였으나 패퇴하였다. 우리 태조가 여러 원수를 이끌고 나아가서 적을 해주에서 만나 크게 격파하였다. 우리 태조가 장차 전투를 하는데 대우전大羽箭 20발이 있었는데 17발이 적을 넘어뜨렸다. 이에 군사를 풀어 이를 타고 드디어 적을 격파하였다. 전투가 끝나자 나머지 세 화살을 가지고 좌우에 말하기를 "내가 모두 왼쪽 눈을 쏘았으니 가서 보아라."고 하여 가서 보니 과연 모두 왼쪽 눈을 맞혔다.

○ 안길상이 돌아왔는데 일본에서 신홍信弘을 시켜서 내빙來聘하고 말하기를 "해구海寇가 도망을 하고 그 지시를 따르지 않는다."고 하였다. 대사성大司成 정몽주鄭夢周를 파견하여 보빙報聘하고 다시 적을 금지해줄 것을 청하였다.

○ 처음으로 화통도감火㷁都監을 설치하였는데, 최무선崔茂宣의 말에 따른 것이다.

○ 12월에 왕승王昇을 원나라에 파견하니, 황제가 정언丁彦 등을 석방하여 돌려보냈다.

(신우) 4년(1378)

○ 3월에 판선공시사判繕工寺事 유번柳藩을 명나라[京師]에 보내 (황제의 은혜에) 사례

하였다. 사은표謝恩表에 "신臣은 어린 몸으로 갑자기 부왕을 잃고 부고訃告하여 시호를 청하였으며 또한 나를 동정하여 왕위 계승의 책명 내리기를 희망하였습니다. 탐라에서 말을 가져다가 바치러 가던 사람들이 도중 정료위定遼衛에서 억류되었으며 기일은 급박하고 사신은 꼭 보내야 하겠기로 감히 바닷길을 통하여 다시 떠났던 것입니다. 그 후 해가 몇 번 바뀌었으나 배는 돌아오지 않고 그 무슨 사변으로 인함인지를 알 길조차 없었습니다. 다만 호소할 마음만 간절하였더니 이번에 홀연히 집으로 돌아온 3백여 명이 단란하게 모여 앉아 당신의 궁궐을 향하여 만수무강을 축원하고 있습니다. 그들은 모두 기쁜 얼굴로 소리 높이 환호하면서 하는 말이 '애매한 사정이 이미 해명되었으니 따뜻한 혜택이 반드시 내려질 것이다.'라고 합니다."고 하였다.

○ 예의판서禮儀判書 주의周誼가 시호와 승습承襲을 청하였다.

○ 4월에 왜적이 승천부昇天府에 침입하였으므로 중외가 크게 진동하였다. 이에 우리 태조가 양백연과 합세하여 적을 격파하였다.

○ 6월에 왜적이 청주를 침공하였는데 적의 기세가 매우 예리하여 우리 군사가 당할 수가 없었다. 원요준源了浚이 신홍信弘을 파견하여 그의 군사 70여 명을 인솔하여 와서 왜적을 체포하였다. 신홍이 왜와 조양포兆陽浦에서 전투하여 배 한 척을 잡아서 모두 참하였다. 심덕부沈德符를 파견하여 전함을 이끌고 여러 섬의 왜구들을 수색하였는데, 얼마 있다가 왜구가 다시 와서 연안부延安府·해주海州를 약탈하고 용주龍州·철주鐵州·의주義州에 침입하였다. 판서 이자용李子庸을 파견하여 원료준에게 인삼, 호피, 금은주기金銀酒器 등의 물건을 주었다. 신홍의 군사가 패하여 곧 돌아갔다.

○ 북원의 사신이 와서 그의 임금 두질구첩목아豆叱仇帖木兒(투구스테무르)가 새로 즉위하였다는 것을 고하였다. 우리 행인行人(사신) 최원崔源·전보全甫·이지부李之富를 석방하여 돌려보냈는데, 헌사에서 최원이 김의金義의 일[22]에 대하여 (본국에서 시킨 대로 대답하지 않고) 자국의 죄악을 숨기지 않았다고 하여 국문하였으나 불복하자 마침내

22 명나라 사신 채빈 살해 사건과 역적 최만생 등의 공민왕 살해 사건.

그를 죽였다.

주의周誼와 유번柳藩이 명나라로부터 귀환하였다. 그들은 황제의 칙지를 기록하여 보여주었는데 다음과 같다. "내가 한미寒微한 곳에서 몸을 일으켰으나 진정 천명天命을 받아 원나라 대신 세상을 다스리기 위하여 중국 황제가 되었다. 내가 즉위 초기에 명철한 옛 제왕의 도를 본받아 사방의 오랑캐들에게 급보하여 중국에 황제가 있음을 알게 하였다. (이때 이렇게 한 것은) 서로 의좋게 지내자는 데 불과한 것인데 뜻밖에 고려 왕 왕전王顓(공민왕)이 즉시 제후로 자칭하고서 조공을 하여 왔으니 수년간 나를 정성껏 섬기던 중에 신하에게 살해를 당하였다. 지금 와서 시호를 청하는데 짐의 생각에 산이 가로막히고 바다로 떨어져 있어서 우리의 정치와 문화[聲敎]가 미치게 되기 곤란할 것 같다. 마땅히 그들이 하는 대로 맡겨 두어야 할 것이다. 앞서 자기들의 임금을 죽였으며 또 나의 사신을 속여서 죽인 이 사람들이니 지금 그들이 어찌 법률을 준수하고 문물제도를 굳게 지키는 사람들로 생각할 수 있겠는가? 사신들을 예로 대접하여 돌려보내되 대신들은 그들의 일에 참견하지 말라! 이상 칙명과 같이 시행할 것이다."

○ 9월에 명나라 홍무洪武 연호를 사용하였다.

○ 명나라에 판밀직사사 심덕부를 보내 새해를 축하하였으며 (판도판서) 김보생金寶生을 보내 최원 등을 돌려보내 준 데 대하여 사례하였다.

○ 고가노高家奴가 군사 4만 명을 거느리고 강계江界로 와서 투항하였다. 유만수柳曼殊(동북면), 오계남吳季南(전라도), 안익安翊(양광도), 남좌시南佐時(강릉도), 왕안덕王安德(서해도), 경보慶補(교주도)를 각 도의 계점사計點使(호구를 점검하는 사신)로 하여 서북면에서 시행하는 예를 따라 익군翼軍을 두었다. 안익安翊이 전 판서 최유룡崔有龍을 참하였다.[23] 뒤에 (익군을) 혁파하였다.

○ 사헌부가 청하기를 "각 도의 산성山城에 사신을 파견하여 군사를 내서 수축하면

---

23 이 구절은 앞뒤의 문장과 이어지지 않아서 착간인 것 같다. 『고려사』에는 신우 5년 2월 정묘조에 "면주沔州 사람 전 판서 최유룡이 주민의 인구 80명을 숨긴 일이 발각되었는데 계점사 안익이 그를 사형에 처하였다." 라고 되어있다.

단시일에 완공하나 즉시 허물어져서 그 폐단이 매우 큽니다. 의당 지방 수령守令들로 하여금 농한기를 틈타서 주변 고을 역정役丁을 동원하여 수축하십시오." 하니 이에 따랐다.

좌소 조성도감左蘇造成都監을 설치하였다. 국사國史에, 백악산白岳山을 좌소左蘇, 백마산白馬山을 우소右蘇, 기달산箕達山을 북소北蘇라 하여 3개소에 궁궐을 창건한다는 말이 있어서 이 공사를 일으킨 것이다. 이때 천도遷都를 논의하였기 때문이다.

(신우) 5년(1379)

○ 정월에 요동사遼東司(요동 도지휘사) 관리를 파견하여 포로 인원과 도망해 온 군사들을 수색하였는데, 이 글을 핑계대며 동정을 엿보려는 것이었다.

심덕부가 명나라로부터 돌아왔는데, 명나라 황제가 친필로 쓴 조서를 내리니, 예조에서 제지帝旨를 기록하여 보였다. "고려에서 군주를 시해하고 사람을 보내왔는데, 그 사신을 잡아 두고 사유를 조사한 지 이미 3년이 되었다. 나는 그 사신들의 부모 처자들이 고대하고 있을 것을 차마 어쩔 수가 없어서 특별히 칙명을 내려 돌려 보냈었는데 얼마 지나지 않아서 또다시 사신을 보내 왔다. 그때는 그 사신을 받지 않고 돌려 보냈다. 그런데 불과 수개월 후에 다만 새해를 축하하고 말을 공납한다는 사유로 또 이와 같이 사신을 보내온 것이 5차나 된다. 짐이 고려와 중국과의 관계를 보면 기만 술책을 많이 부리다가 사고를 일으켰다. 한漢・당唐・송宋나라 때 이미 이와 같아서 여러 번 항복을 하고 여러 번 배반을 하여 자주 병화病禍를 당하였다. 이제 간신이 왕전王顓(공민왕)을 살해한 후 나에게 원망을 만들었다. 춘추春秋의 대의로 논하면 난신 적자賊子는 사람마다 죽일 수 있는 것이니 또 무슨 말을 더하랴? 중서中書에서 사람을 보내 그에게 가서 사왕嗣王(계승한 왕)이 어떻게 되었는지 물어보라. 사왕이 감금되어 있지 않다면 마땅히 전왕이 말한 바와 같이 금년에는 말 천 필을 공납하되, 집정 배신이 같이 와서 조공할 것이요, 명년에는 금 100근과 은 만 냥, 양마良馬 백 필, 세포細布 만 필씩을 매년 상례常例로 바칠 것이다. 그리고 (그대의 곳에) 구속해 둔 요동遼東 백성들은 몇 만 명이든 간에 있는 대로 모두 돌려보내야 지금 사왕이 확실히 왕위에 있고 그의 정령이 시행된다는 것을 짐은 의심하지 않겠다.

만약 그렇지 않다면 이것은 반드시 국왕을 살해한 역적이 제 마음대로 우리의 변경을 침범할 뿐만 아니라 고려의 백성들에게도 큰 재난을 끼칠 것이다.

짐이 보건대 이 간악한 자들의 국량에는 필시 고려가 푸른 바다를 믿고 큰 산을 끼고 있어서 우리 조정에서 한漢나라, 당唐나라와 같이 군대를 출동시키는가를 보려는 것이다. 또 한나라나, 당나라의 장수들은 말 타고 활 쏘는 것을 능숙했으나 배질하는 데는 서툴렀기 때문에 바다를 건너기 어려웠고 군사를 움직이는 데 잘못이 있었다. 그러나 짐은 전 중국[華夏]을 평정하고 오랑캐들을 물리칠 때부터 수전, 육전陸戰을 다 거쳤으니 말 타고 활 쏘는 장수와 수군의 장수들이 어찌 한나라, 당나라의 장수들에게 비하랴? 정병精兵 수십 만이 배를 띄워 동쪽에 정박하면 비록 그 간신의 적당을 모두 섬멸하지는 못하더라도 태반을 포로로 잡을 것이니 어찌 과연 경시하겠는가? 또 사신을 보내 사왕의 안부安否를 묻나니 칙령대로 시행하라."고 하였다.

이에 예부禮部에서 (황제에게) 아뢰어 소루邵壘와 조진趙振을 시켜 심덕부 등을 따라가라 하였다. 두 사람이 첨수참甛水站에 이르러 본국에서 문천식文天式과 오계남吳季南을 북원으로 사신 보냈다는 소문을 듣고 피해를 당할까 두려워서 되돌아갔다.

판서 이연李演 등을 요동遼東으로 보내 수호修好를 하려고 하였는데, 들어가지 못하고 돌아왔다.

요동도사가 본국에 와있는 나합출[納哈出] 사신의 소식을 듣고 자문咨文을 보내어 말하기를 "신의 예를 이미 실시하였으니 다른 생각을 하기 어렵다. 호사胡使(북원의 사신)를 압송하여 충성스러운 마음을 표하고 요동의 유민을 돌려보내라."고 하였다.

○ 4월에 근비謹妃 이씨를 책봉하였다. (판개성부사) 이림李琳의 딸이다. 이림을 철성부원군鐵城府院君으로 삼았다.

○ 유온乳媼 장씨張氏를 유배시켰다. 우가 장씨를 매우 은혜롭게 생각하여서 토지 100결을 하사하고 십사十死를 사면하였다. 장씨가 항상 금중에 있으면서 교만하게 일을 하면서 뇌물을 받아 불법을 많이 저질렀다. 우가 점차 광조狂躁(미치고 성급함)해지자, 군주와 신하의 금도가 없어졌다. 장씨가 더욱 박대하면서 회초리를 때리기까지 하였다. 우가 왕비의 처소에 자주 가자, 장씨가 말하기를 "예에 군왕은 택일을 하여 비빈妃

嬪에게 거동해야 하는데, 지금은 어찌 마치 들개처럼 어슬렁거리십니까?"라고 하였다. 정당문학 허완許完, 동지밀직 윤방안尹邦晏이 장씨와 칭탁 모의하여 내재추內宰樞 임견미林堅味 등을 제거하려고 하였는데, 일이 그르쳐져서 대간이 장씨와 함께 불경죄를 탄핵하고 지평현砥平縣으로 유배하였다가 곧 허완, 윤방안과 함께 참하였다.

○ 10월에 문하평리門下評理 이무방李茂方과 판밀직判密直 배언裵彦을 명나라[京師]로 보내 공물을 바치고 진정 표문을 보내었는데, 그 글에 이르기를 "신이 10세 때 신의 아버지 왕전이 갑자기 죽으니 할머니 홍씨가 즉시 신에게 명하여 상사喪事를 주관하라 하고 여러 신하들이 신에게 국사國事를 임시 맡아서 보라고[權署國事] 요청하였으므로 내가 사피하려 하였으나 사피할 도리가 없었습니다.

여러 신하들이 표문表文을 갖추고 아버지[先臣]의 시호와 신의 봉작을 주기를 요청하였었는데 세월이 흐르고 흘러 지금에 이르도록 아직 확언을 받지를 못하였습니다. 신이 비록 우매하고 어린들 어찌 두려운 생각이 없겠습니까?

배신陪臣 심덕부가 귀국으로부터 돌아왔으므로 성지聖旨를 받아 읽으니 송구해서 땀을 흘리고 몸 둘 곳을 몰랐습니다. 할머니 홍씨가 여러 신하들에게 말하기를 '내 손자 나이 어리어서 일을 명확하게 처리할 수 없으며 여러 신하들도 직접 표문으로 해명하기가 곤란하게 되었으니 내가 글을 보내 해명하겠다.'라고 하고, 이에 배신을 보내어 할머니의 표문을 보내는 동시에 금 31근 4냥, 은 천 냥, 백세포白細布 5백 필, 흑세포黑細布 5백 필, 잡색 말雜色馬 2백 필을 바치니 엎드려 생각건대 살펴서 채납採納하시기를 바랍니다."고 하였다.

왕태후王太后의 표문에 이르기를 "첩妾은 듣건대 제왕帝王이 온 천하를 다스릴 때에는 만국萬國의 억조 창생蒼生이 모두가 신첩臣妾으로 된다고 합니다. 즉 남자는 신臣이 되고 여자는 첩妾이 된다는 것이니 그 형세는 다르다고 하더라도 그 실정은 친한 것이기 때문에 첩이 천위天威를 무릅쓰고 생각한 바를 다 말씀드리고자 합니다.

첩이 16세에 전왕 왕도王燾에게 시집 와서 두 아들을 두었으니 맏이는 정禎이요, 다음은 전顓이었습니다. 왕정의 아들은 흔昕과 저胝이었던 바 차례로 왕위를 계승하였었으나 모두 다 일찍 죽었고 자손이 없었습니다. 그래서 왕전이 최후로 왕위에 올라

나에게 효도를 다하여 섬겼으니 천지天地가 모두 보고 있는 바이었습니다.

폐하께서 즉위하였을 때에 왕전이 천명天命(중국의 운명)이 명나라에 돌아간 것을 알고 즐거이 복종한 것은 폐하께서도 그 충성을 아는 바이었습니다. 그러나 그가 불행하게도 단명하여 갑자기 죽은 것이 의심을 사게 되고 떠도는 말은 잘못 전달된 것이니 폐하께서 듣고 노하시는 것도 물론 당연하다고 생각합니다. 그러나 왕전이 죽기를 갑자기 하였기 때문에 남의 의심을 샀을 뿐이요 다른 이유는 없습니다.

저 귀국의 사신을 살해한 역적 김의金義가 도중에서 왕전이 죽은 소식을 듣고 간악한 꾀를 내어 심왕瀋王을 왕으로 삼으려 하다가 오랑캐 땅으로 도망간 후 지금까지 감히 돌아오지 못한 것을 보아 그 사건이 본국과 관계한 바 없는 것은 명백합니다.

첩은 또 듣건대, 멸망한 나라를 일으키고 끊어진 왕통을 이어주는 것이 어진 임금의 큰 정사[大政]라 하거늘 이제 우禑가 왕전의 외아들로서 국사를 임시로 처리하고 있으면서 표문을 보내 제 아버지의 시호를 줄 것과 왕위 계승[襲位]의 책봉을 요청한 지가 이미 해가 넘었습니다. 첩과 나라 사람들은 밤낮으로 바라보면서 덕음德音(회답)을 기다리고 있으나 아직까지 내리지 않았습니다.

폐하께서는 하늘과 땅으로 되어 온 세상의 만물을 양육하는지라 각각 자기 마음에 맞는 생활을 할 수 있게 해주지만 홀로 우리나라만 왕화王化의 혜택을 받지 못하고 있으니 첩은 진실로 가슴 아프게 생각합니다.

생각건대 우리나라는 바닷가에 있고 왜국과 이웃하여 날마다 그들과 싸우고 있으므로 집정執政 대관이라고는 모두 다 장수로서 조정에 있는 사람이 적습니다. 만일 그 대신의 절반을 귀국에 보낸다면 국방에 영향을 끼칠 우려가 있습니다. 또 우리나라는 본래 토지가 박하여 금, 은도 생산되지 않고 근년에 왜적의 침략으로 인하여 마종馬種을 손상시켰다는 것은 중국에서 아는 바입니다. 또 포필布匹은 본국 소산이라 하지마는 그 역시 만 필에 이르기까지는 실로 충당하기가 어렵습니다. 요동에서 유랑해 온 이민移民에 대하여는 현재 방榜을 내걸고 초집하는 중에 있습니다.

첩은 대덕大德 무술년에 태어나 지금 나이 여든하고 또 두 살로서 오래지 않아 이 세상을 버리게 되었으니 성심으로 귀국에 복종하던 죽은 자식 왕전의 미덕이 묻혀서 알리지 못한 것과 외로운 어린 손자가 세상에서 제 노릇을 못하는 것을 차마 잊지 못하겠습니다. 그런 까닭에 저는 예법을 위반해 가면서 속마음을 피로하여 폐하께서 다시 한 번 생각하기를 바라는 것입니다. 폐하께서 불쌍히 여기고 살피셔서 특별히 간청하는 바를 윤허하신다면 첩은 안심하고 남은 해를 마칠 것입니다.

첩은 한 여자로서 두 자식과 세 손자에게 이어 봉양을 받아 왔는데 지금 하루아침에 이 급한 처지를 당하여 이 일을 폐하의 귀[聖聽]에 명백히 해명해 주지 못한다면 무슨 낯으로 죽은 남편을 지하에 가서 보겠습니까? 사람이 열 냥의 금을 가졌어도 오히려 그 재산을 빠짐없이 자손에게 전해 주기를 원하거늘 하물며 한 나라를 가지고 전하려 하지 않겠습니까? 첩은 표문에 임하여 눈물이 흘러서 이를 바를 모르겠습니다."라고 하였다.

(신우) 6년(1380)

○ 2월에 이무방李茂邦 등이 (사신으로) 등주登州에 이르렀다. 성부省府에서 황제의 지시[聖旨]를 받들어 전달하기를 "공물이 약속과 같지 않으니 전일 약속한 바와 같이 해야만 조공 오는 것을 허한다."라고 하였다. 이무방 등이 이에 돌아왔다.

○ 원元에서 사신을 보내 우를 태위太尉로 책봉하였다. 신우가 백관을 인솔하고 교외에 나가서 그들을 영접하였다.

○ 4월에 주의周誼를 요동으로 보내 무함을 받은 이유를 변명하였는데 황제가 명령을 내리어 주의를 경사京師로 잡아 오라 하여 천계지天界涛(『고려사』에는 천계사天界寺로 되어 있음)에 유폐시키고 힐난하였다. 주의가 대답하기를 "조공을 약속대로 하지 못한 것은 나라가 적고 백성이 가난하며 물자가 넉넉하지 못한 때문입니다."라고 하니 황제가 진노하였다. 주의가 재배를 하고 머리를 조아리니 황제가 통사에게 명령하여 "먼저 가서 약속대로 공물을 취하면 너희가 사신을 죽인 죄를 사면하겠다."고 하였다. 조금 있다 석방되어 돌아왔다.

○ 9월에 우리 태조가 여러 장수들과 함께 운봉雲峯에서 왜적을 쳐서 크게 격파하였다.

○ 10월에 우가 후원에서 말을 달렸다. 우가 처음 즉위하였을 때에는 자못 향학열

이 있었으나 조금 자라서는 오로지 유희만 일삼았는데 장씨의 제지를 받아서 마음대로 하지 못하다가 장씨를 제거한 뒤에 스스로 걱정할 것이 없다고 말하였다. 바야흐로 이때에는 3변의 바닷가에 어느 달도 왜구의 피해를 받지 않는 달이 없으니 경내가 소연蕭然하였다. 매년 기황饑荒이 들어 한 필 포의 가격이 쌀 5되나 되었고 재이가 자주 나타났고 공사公私 간에 창고가 텅 비었다. 상국明에서 책명은 내려오지 않으니 인심이 위태롭고 두려워했으나 우는 전혀 개의치 않았다. 일찍이 스스로 이르기를 안으로 장씨가 없고 밖으로는 정사를 대신들에게 위탁하였으니 마음대로 놀 수 있다고 하고, 술을 들어 스스로 축하하였다. 백초립白草笠을 착용하는 것을 좋아하고 마음대로 여항閭巷에서 놀면서 개를 때려잡고 참새를 잡는 것을 즐거워하였다. 때때로 백공百工(장인)의 집에 가서 문득 그들이 하는 것을 따라 하기도 하는데 정묘하지 않은 것이 없었고 능히 여러 가지 오락을 하였다. 사냥을 좋아하여 몸에 활[弩矢]을 차고 스스로 매를 팔뚝에 올려서 전택田澤 사이를 달렸다. 종자들에게 호가胡歌를 부르고 금琴을 연주하며 북을 두드리게 하여 돌아왔다. 내료內僚들과 후원에서 말달리는 것을 연습하고 몸소 새끼를 날려서 말 멍에를 지게 하였다.

상호군 문달한文達漢, 지신사 이존성李存性을 불러서 활쏘는 연습을 하였는데, 이존성의 갓으로 과녁을 삼았다. 소수小豎를 시켜서 후원 중에 구덩이를 파고 이존성을 묶어서 빠트려 웃고 장난을 하였다. 밤 이고二鼓에 문득 궁궐 담장을 넘어서 놀러 나갔는데 순찰관을 만나면 쫓아가서 활을 쏘았다.

미녀가 있다는 소리를 들으면 반드시 가서 음행을 하였다. 일찍이 밤에 밀직 유수柳遂의 집에 이르러서 그 집의 여자를 찾으니, 유수가 말하기를 "신에게 딸이 있는 것은 나라 사람들이 아는 바입니다. 만약 빙례를 하신다면 신이 어찌 감히 따르지 않겠습니까?" 하였다. 이날 밤에 우가 다섯 번 그 집에 이르렀으나 유수가 끝내 거절하였다.

황병사동黃丙沙洞에서 놀다가 이종덕李種德의 기생 매화梅花를 만났는데, 길 옆의 집으로 데리고 갔다가 곧 궁중으로 들이니 나라 사람들이 크게 놀랐다. 한탄하고 비방하는 소리가 길에 가득하였다.

좌사의左司議 백군녕白君寧 등이 상소하기를 "전하는 왕통王統을 계승한 처음에는 자훈慈訓을 받들고 법도를 삼가 준수하며 스승을 존경하고 학문을 좋아하였으며 날마다 장상과 대신들로 더불어 경연經筵을 차리고 수신 치국의 도리를 강론하니, 사방의 사신들이 모두 감탄하지 않은 자가 없었습니다. 말하기를 '후일의 태평 성군으로 될 분이다.'라고 하였습니다. 금년 정월 이래로 항간에서 떠도는 말이, 전하는 매와 개 사냥에 열중하고 후원에서 말 달리기를 일삼는다 합니다. 신 등이 처음 듣고는 '전하가 어렸을 때도 그렇지 않았는데 하물며 이제 춘추도 장성하였으니 그럴 수 있을까?'라고 하였습니다.

근래에 전하가 날마다 나쁜 아동들과 더불어 임금의 의위儀衛를 버리고 항간으로 나가서 노니 숙위하는 군사들은 빈 대궐만 지키고 있습니다. 길 가는 사람들은 임금의 얼굴을 모르므로 심지어 무뢰 소년이라 하여 불경한 행동을 하는 자까지 있습니다. 그리하여 삼한 사람으로서는 노소와 귀천을 물론하고 모두 다 실망하여 서로 말하기를 '상감께서 어찌 어린 짓을 하게 되었을까?'라고 하며 대신과 백관들은 모두 지붕만 쳐다보며 남 몰래 탄식만 할 뿐입니다. 전하의 총명한 자질로 어찌 오늘날 하는 일이 선왕의 법도에 맞지 않은 줄 모릅니까?

온 나라 사람들이 비웃는 것도 생각지 않고 이런 일을 하는 것은 반드시 전하의 본의가 아니라 이것은 소인小人들이 '지금 국가 다난多難한 때를 당하였으니 비록 존엄한 임금으로서도 무예를 배워야 한다.'라고 말한 데서 기인한 것일 것입니다. 전하는 그것을 살피지 않고 그들이 진짜로 나를 사랑하는구나 하고 그만 그들을 깊이 신임한 까닭일 것입니다.

당당한 우리 조정의 장상들과 사졸들이 있어서 제각기 충의를 다하여 그들이 가는 곳에는 격멸을 당하지 않는 자가 없거늘 하필 전하 자신이 말을 타고 용맹을 내야만 국가를 보위할 수 있겠습니까?

전하는 위로 하늘의 뜻을 생각하고 아래로 여론을 살피어 나라의 만년 대계를 위하여 나쁜 어린아이들을 내쫓고 다시 경솔한 행동을 하지 말며 보평청報平廳에 친림하여 국가의 모든 일을 친히 처리하며 날마다 경연을 열고 노성한 학자들을 맞아다가 나라 다스리는 방도를 강론하여 성현의 학문을 연구하며 혹시 거동할 일이 있으면 조종의 법대로 준수하여 반드시 궁전 내외의 경비를 엄하게 단속해 놓고 백관들이 순서에 따라 서며 모든 위장衛仗을 정비해 놓고 길을 청소하며 잡인의 내왕을 금지한 후에야 거동하기를 바랍니다."라고 하였다. 신우가 듣지 않았다.

헌부憲府(사헌부)에서 차자箚子를 올려 말하기를 "근년에는 왜구가 침입하고 국가가 다난하며 원나라는 북방에 인접해 있고 대명大明은 요심遼瀋 지방에 군대를 주둔하고 있으면서 조석으로 우리나라의 사정만 엿보고 있으니 앞으로의 환난이 어떻게 될지 예측할 수 없습니다. 바로 전하가 근신 근면하며 예가 아니면 움직이지 말아야 할 시기입니다. 그런데 날마다 악소년들을 데리고 경솔히 항간으로 나가 놀며 험한 길 좁은 골목을 가지 않는 곳이 없으니 혹시 말이라도 넘어져 불의의 변이 있을 우려가 있습니다."라고 하였다. 신우가 이 글을 보고 자못 부끄럽고 뉘우치는 마음이 나서 글공부를 다시 시작해 보려고 『통감通鑑』 한 부를 올리라고 명령하였다.

(문하)찬성사 권중화權仲和와 예의판서 이해여李海如를 명나라로 보내 황금 3백 냥, 은 천 냥, 말 4백 50필, 포 4천 5백 필을 공물로 바치고 (공민왕에 대한) 시호와 승습承襲을 청하였다.

(신우) 7년(1381)

○ 3월에 권중화 등이 요동遼東에 도착하니 도사都司가 세공歲貢이 정액에 차지 않는다 하여 통과시키지 않으므로 되돌아왔다.

○ 10월에 혜성이 저성氐星 있는 데 나타나 꼬리가 한 길이 넘었는데 15일 후에야 없어졌다.

○ 문하평리門下評理 김유金庾를 명나라에 보내 새해를 축하하였다.

○ 밀직사 이해李海가 말[馬] 9백 33필을 바쳤는데, 요동에 이르러 바치지 못하고 돌아왔다.

(신우) 8년(1382)

○ 3월에 (문하찬성사) 김유金庾, (문하평리) 홍상재洪尙載, (지밀직) 김보생金寶生, (동

지밀직) 정몽주, (밀직부사) 이해, (전공판서) 배행검裵行儉 등을 명나라로 파견하여 세공으로 금 백 근, 은 만 냥, 포 만 필, 말 천 필을 보내었는데, 요동에 이르러 바치지 못하고 돌아왔다.

○ 7월에 (문하찬성사) 우리 태조를 동북면도지휘사로 임명하였다. 당시에 호발도胡拔都가 북변을 노략질 하였다. 태조 이성계가 대대로 그 지방의 군무軍務를 주관하고 있어서 위엄과 신망이 있었다 하여 그 방면으로 보내 주민들을 위무慰撫하게 한 것이었다.

명나라 황제가 운남雲南을 평정하고 양왕梁王과 그의 가족들을 잡아서 우리나라 제주도濟州島로 안치安置하였다. (그래서) 밀직사사 유번柳蕃을 (명나라로 보내어) 축하하였다.

○ 8월에 태백성이 낮에 나타났으며,{다 쓸 수가 없어서 삭제한다.} 혜성이 태미성太微星 동편에 나타났는데 꼬리가 한 길 남짓이었다.

○ 한양漢陽으로 서울을 옮길 것을 토의 결정하였다. 간관이 상소하여 중지하기를 청하였으나 (신우는) 듣지 않았다.

○ 9월, (동지밀직사사) 정몽주와 (판도판서) 조반趙胖을 명나라에 보내 신년을 축하하고 겸하여 진정표를 올렸다.

(신우) 9년(1383)

○ 정몽주 등이 요동에 도착하니 마침 황제의 칙서가 이르렀다. 칙서에 이르기를 "삼한 지역은 중국의 동쪽에 있는데 짐이 그 사람들을 보니 은혜를 감사하게 생각지 않고 싸우고 시비하기를 좋아한다고 하였다. 가령 지금 잠시 신하 노릇을 한들 무슨 이익이 있겠는가? 전에 군주를 시해하고 조공을 들였는데 재삼 거절하기를 그치지 않았다. 특히 세공을 어렵게 생각하여 반드시 그치게 하였는데, 지금 그치지 않고 고집부려 청하면서 이제 와서 지난 수년간 바친 예물을 합산하여 1년의 것을 맞추어 놓고 나의 지시대로 시행하였다고 하니 그 뜻이 성실치 않다. 전과 같이 그들을 막아 돌려보내고 국경 안에 들어서지 못하게 할 것이다."라고 하였다. 이에 (요동) 도사都司가

칙명을 핑계로 들이지 않아서 정몽주 등이 돌아왔다.

○ 2월 무인일에 신우가 한양을 출발하였다. 그때 군사와 백성들이 추운 밤을 한지에서 겪는 것이 너무나 괴로우므로, 출발할 때에 그 여막에 불을 질러 (신우가) 다시는 오지 말 것을 희망하였다.

○ 8월에 (문하찬성사) 김유金庾, 밀직부사 이자용李子庸을 명나라로 파견하여 황제와 황태자의 생신[聖節千秋節]을 축하하고 전왕의 시호와 왕위 계승의 봉작을 요청하였다.

진정표陳情表에 이르기를 "홍무 11년에 심덕부沈德符 등이 돌아오면서 조지詔旨를 받들어 가지고 왔는데, 세공의 수를 정하였습니다. 말씀하신 조목을 받아서 어찌 할 바를 몰랐는데, 다만 금과 은이 산출되지 않은 것은 세상이 다 알고 있는 일이며 마필이 부족함은 우리 지역이 협소한 탓입니다. 그런데 매번 요동 도사都司의 저해를 받아서 그나마 아직 납부하지 못하였습니다.

홍무 15년에 다시 있는 힘을 다하여 원래 정한 수량에 맞도록 마련하여 김유金庾와 홍상재洪尚載, 정몽주 등 관원을 차출 출발하여 보냈더니, 요동 도사가 성지聖旨를 기록하여 보이기를 '수년의 공물을 합하여 1년 것으로 하니, 그 뜻이 성실치 못하다고 하며 전과 같이 돌려보내고 들어오지 못하게 하라.'라고 하였습니다.

그 해 6월에 재차 주겸周謙을 보내 간곡히 고하였고, 8월에 유번柳藩을 보내 운남雲南을 평정한 데 대한 축하를 드리려 하였으며, 11월에 정몽주를 보내 표전문表箋文을 올리고 축하하려고 하였으나 모두 저지되어 되돌아왔습니다.

지금 성절聖節을 맞아 전례대로 진하하여 성의를 표하고자 하나 전처럼 막혀 돌아올까 두렵습니다. 신과 한 나라의 신민臣民들은 진퇴進退를 결정하지 못하고 어찌할 바를 모르겠습니다. 바라건대 조그만 정성이 반드시 이르러서 비록 엄한 견책이 있다 하더라도 어찌 사양하겠습니까?" 하였다.

이전에 사행이 요동 길을 경유하였으나 문득 도달할 수가 없게 되어서 지금 김유 등이 항해를 하여 금릉金陵에 가서 도달하였으나, 성절은 이미 지났었다. 황제가 더욱 노하여 말하기를 "짐이 세공을 한정하고 저들의 성의를 표하도록 하였는데, 간 뒤에 세공이 약속대로 되지 않은 것이 5년이다. 지금 또 경하하는 예로써 와서 성의를 보이니 성의이기는 하다. 그러나 기한을 지내서 왔으면서 사신의 일까지 논하니, 이는 국왕의 과실이 아니라 사신이 일부러 모만侮慢한 것이다. 고려가 이미 신속臣屬하기를 원하였으니 마땅히 조정의 예법에 따라서 다스릴 것이다. 온 사신을 법사法司에 보내고 예물은 이미 절목에 따라 모든 수대로 영수하지 않았으므로 수로를 따라서 되돌려 보내고, 고려가 반드시 약속을 따르겠다고 원한다면, 앞 5년에 진헌하지 않은 세공마 5,000필, 금 500근, 은 5만 량, 포 5만 필을 한꺼번에 가지고 온다면 성의가 될 것이요 뒷날 사신을 찾으러 가는 군사를 취하는 것을 면할 것이다."고 하였다. 이에 우가 양부兩府와 백관에 명하여 세공에 대하여 논하게 했는데, 모두 한결같이 황제의 뜻에 따라야 한다고 하였다. 이에 진헌반전색進獻盤廛色을 설치하였다.

○ 서사호徐師昊가 세운 비를 쓰러뜨리게 하였다. 처음 왜구가 왔을 때에는 서남쪽 경계를 범하였다. 7년부터 진鎭을 설치하고 동서강東西江에 둔수屯戍 15개 소를 두어서 서쪽은 방어가 조금 긴밀하게 되었다. 그러자 왜병이 문득 경주慶州·영주永州를 거쳐서 의성·안동을 약탈하고 영주榮州·기주基州를 지나서 죽령을 넘어 단양·제천으로 들어왔다. 배로는 영해寧海에 들어와서 강릉부를 도적질하고 춘주春州·홍주洪州·회양淮陽 등지에 출몰하였다. 이에 금화金化·평강平康을 함락하니 서울[京城]이 계엄에 들어가고, 평양과 서해도의 군사를 징발하여 방위에 들어갔다. 남좌시南佐時·안소安紹·왕승귀王承貴·정희계鄭熙啓·인해印海·왕복王福·곽선郭璇 등이 격퇴하였다. 남좌시가 김화현에서 패배하고, 체찰사體察使 최공철崔公哲이 낭천狼川에 이르자 왜가 숨어 있다가 최공철을 공격하여 사로잡았다. 체복사體覆使 정승가鄭承可가 양구楊口에서 전투를 하다가 패배하고 춘주에 주둔을 하였는데, 적이 춘주에까지 추격해와서 함락시키고 드디어 가평현加平縣에 들어가니 박충간朴忠幹이 그들을 몰아냈다. 적이 청평산淸平山에 들어가서 웅거하자 우인렬禹仁烈, 임대광林大匡을 파견하여 가서 격퇴하게 하였다. 교주 안렴사交州按廉使 정부鄭符가 길에서 왜를 만났는데 탈출하여 숲으로 도망하자 치중輜重과 인장印章을 모두 빼앗겼다. 드디어 안변安邊·흡곡현歙谷縣으로 들어가서 사방으로 노략질을 하였다. 이에 조준趙浚을 강릉교주도 검찰사江陵交州道檢察使로 삼았다. 곽충보郭忠輔가 왜구를 동산洞山에서 패퇴시키자 나머지 무리를 모아서 고성포高城浦에 정박하였다.

승첩이 오면 군사 중에 역전力戰한 자에게는 은우銀盂 각 하나씩을 하사하였다. 이때에 왜구의 환란이 날로 심하여 졌으나 조정에서는 다른 방략이 없었다. 서사호의 비석을 세운 후로도 여전히 병란이 종식되지 않으며 수해와 한재가 계속되었다. 그렇기 때문에 비석을 넘어뜨린 것이었다. 전쟁을 진압하는 법석[鎭兵法席]을 중외의 불우佛宇에서 설하니 모두 150개 소였다. 들어가는 비용도 헤아릴 수가 없었다. 군사로 하여금 스스로 군량을 준비하라고 하였다.

○ 정지鄭地가 각 도에서 전함을 건조할 것을 청하니, 이에 따랐다.

(신우) 10년(1384)

○ 정월에 재신宰臣들이 신우의 행동이 날로 더욱 광란하여져서 사람 같지 않은 행위를 한다하여 현릉玄陵에 제사 지내고 기도하였다.

○ 우가 재위한지 오래되자 음란하고 방종한 것이 날로 심해졌다. 정비定妃가 일찍이 여러 신하들에게 말하기를 현릉의 융성함이 우에 이르러 무도하게 되었다고 개탄하면서 슬퍼하였다. 뒤에 우가 여러 번 정비의 집에 가서 정비와 친하게 지냈다.

판삼사判三司 강인유姜仁裕가 장차 사위를 들이려는데, 우가 앞질러 말 타고 달려가서 그 딸을 강탈해가지고 돌아왔다. 신아申雅, 최시주崔時霔에게 딸이 있었는데, 모두 밤에 그 집에 가서 간통하였다. 그러자 딸이 있는 사람들은 빼앗길까 두려워 예를 갖추지 않고 모두 몰래 사위를 들였다. 판서 왕흥王興의 딸이 장차 변안렬의 아들에게 시집가려고 하여 기일이 내일인데, 우가 그 혼인을 정지시켰다. 조민수曺敏修가 간언하기를 "변안렬은 나라의 명장이고 공로가 실로 현저합니다. 지금 그 며느리를 빼앗으면 장신將臣들이 누가실망하지 않겠습니까?" 하였으나, 허락하지 않고 끝내 빼앗았다. 이인임에게 여종이 있어 봉가鳳珈라고 하는데 이인임의 집에 가서 간음하고 궁중에 들여서 총애가 여러 궁희들 중에서 으뜸이었다.

우는 놀러나가는데 쉬는 날이 없었다. 내구마가 비척해지니 내승內乘이 사헌부를 두려워하여 불시에 말을 바쳤다. 우는 갑자기 지나가는 사람의 말을 빼앗아서 타니, 대궐에 나오는 사람은 그 말을 감추고 지나다니는 사람은 모두 피하고 숨겨서 도로가 텅비었다. 태복관太僕官이 말하기를 "매일 지나다니는 사람의 말을 빼앗는 것은 원망을 사는 길입니다. 청컨대 섬의 말을 취하십시오." 하니 그에 따랐다. 혹은 반전색盤纏色에 달려 들어가서 공마貢馬를 빼앗아서 다니기도 했다. 매번 남산男山에서부터 달려내려와 탁타교槖駝橋를 건너서 자하동紫霞洞에 이르렀고, 양교兩郊 동강東江에 달려나가서 밤에 화원花園으로 돌아오기를 매일같이 하였다. 예성강 호관壺串 해풍 백 리 사이를 종횡으로 지나다니며 가지 않는 곳이 없었다. 추위와 더위, 비와 바람에도 잠시도 폐하지 않았다. 따르는 기생 연쌍비燕雙飛, 칠점선七點仙이 모두 용을 수놓은 옷을 입고 궁전弓箭을 차서 우의 복장과 같아서 사람들이 구별하지 못하였다. 여러 궁희宮姬들이 모두 남자의 옷을 입고 대열을 만들어 나란히 채워서 길을 막았다. 혹 물을 기생들에게 뿌리고 혹 물속에서 벗고 놀았다. 일찍이 겨울에 사냥을 나갔는데, 여러 기생들이 말 위에서 창을 하니 스스로 피리를 불어서 화답하면서, "손이 얼어서 피리 불기가 매우 고통스럽다."고 하였다. 밤새워 달려 돌아와 시중에 부딪히는 자가 있으면 문득 철여의鐵如意로 쳐서 죽였다.

두루 여러 재상의 집과 총신寵臣의 행희幸姬 집에는 하루에도 여러 번 갔다. 일찍이 노영수盧英壽의 집에 가니 백관들이 우를 따라왔다. 예무 좌랑禮務佐郎 이여량李汝良을 불러서 말하기를 "너희들은 내가 단기로 놀러나가는 것을 걱정하여 백관으로 하여금 호종하게 하는데, 예법은 그렇다. 내가 깊은 구중궁궐에 거주하여 총총히 무료해서 놀러 나와서 적료함을 없애려는 것이다. 만약 성 밖이면 호종하는 것이 의당하지만, 어찌 매번 거리와 들에서 노는데도 좇아오는가? 또 대성과 각사는 공무가 많고 번잡하니 의당 각각 돌아가서 일을 하라."고 하고 드디어 남산에 달려 올라갔다. 백관이 또 좇아가니, 이여량을 불러서 "왜 명을 따르지 않는가?" 하였다. 이날 아홉 번 노영수의 집에 들렀다. 술을 마시며 매우 즐거웠는데, 탄식하면서 "인생은 아침 이슬과 같다."고 하면서 눈물을 흘렸다.

이전에 간관諫官 정리鄭釐 등이 상소하기를 "왜구가 깊이 근처에까지 들어오고 초적이 각 고을에서 일어나고 첩자들이 서울을 엿보며, 자객과 간인奸人의 변이 어찌 반드시 없다는 것을 보장하겠는가? 온 나라 신민들이 모두 한심하게 생각합니다."라고 하였다. 좀 있다가 교장交章(여러 간원이 함께 상소하여 간하는 것)하여 말하기를 "영릉永陵은 간신의 마을 따르지 않다가 끝내 악양岳陽의 행이 되었으니 전하께서는 경계하십시오." 라고 하였으나 우는 모두 받아들이지 않았다.

일찍이 말하기를 "나는 사관이 나의 과실을 기록한다고 들었다. 내가 보면 반드시 죽이리라."고 하였다. 이에 사관들이 감히 가까이 가지를 못하였다. 그러나 아직 대간臺諫은 두려워하였는데, 한 환수宦豎(어린 환관)가 "대관은 모두 상께서 제수하는 것인데, 뜻을 거스르면 바로 체직하면 되는 것인데 무엇이 두렵습니까?" 하였다. 이로부터 우는 더욱 대간을 가볍게 보고 다시는 꺼리는 것이 없었다. 권근權近이 동료를 이끌고 절실히 간언을 하니, 우가 매우 취하여 활로 쏘려고 하였다. 좌사의左司議 이지李至 등이 상소하여 사냥에 대하여 간언을 하니 갑자기 대노하여 "지금 바야흐로 위란한 때에 이 자들은 내가 말타는 것을 익히는 것을 바라지 않으니 불충不忠이 누가 더 심하겠는가. 마땅히 통렬히 징계하여 말하는 자를 끊어버려라."고 하였다. 재상들이 서로 보며 한 마디도 없었다. 뒤에 우가 간관의 이름을 모두 써서 간직하며 말하기를 "이들에게 왜구를 방어시키면 될 것이다."고 하니 간관이 모두 병으로 사직을 하였다.

○ 가을 7월에 정당문학 정몽주를 파견하여 성절을 축하하였다. 이전에 공마가 요동에 도착한 것이 4,000필이었는데, (요동) 도사가 고려에서 진공하는 금은이 넉넉하지 못하니 마필로 수를 맞추어 성지聖旨를 받들면 합당하겠다고 하여 은 300량을 말 1필로 준하고, 금 50량을 말 1필로 맞추기로 하였다. 이에 연산군連山君 이원굉李元紘을 명나라에 보내어 세공을 바쳤다. 도평의사가 예부에 신申하기를 "원래 받아야 할 5년 세공의 수는 금이 500근인데 판제辦濟하지 못한 403근 2량, 은 5만 량 내에 판제하지 못한 3만 1천 량을 마필로 치면 233필이며 백저마, 흑마포가 합하여 5만 필이다. 말 5천 필 내에서 이미 풀어보낸 4천 필은 도사가 받았으며, 지금 풀어보내는 1천 필이면 세공 정수는 이에 대략 갖추어졌다. 황제가 일찍이 고려가 북원에 대하여 두 마음을 가진다고 의심하였는데, 우연히 획득한 제주 표류인의 보따리 속에서 홍무洪武 연호가 쓰인 기록을 보고, 황제가 비로소 동국에서 (중국의) 정삭正朔(역법)을 받들어 행한다는 것을 신뢰하기 시작하였다. 정몽주가 이르자 황제가 몽주를 가상하게 여겨서 전대專對

를 하고 노여움이 더욱 풀렸다고 한다. 이에 김유, 홍상재, 이자용, 주겸, 황도, 배중륜 등을 석방하여 돌려보냈으며, 조빙朝聘을 허통하였다."

(신우) 11년(1385)

○ 3월에 신우가 해주로 가서 사냥을 했는데, 그가 총애하는 여러 계집들을 데리고 작천鵲川에서 희롱하고 놀았다. 고신평현古新平縣에 이르러 사슴을 쏘다가 말에서 떨어져서 기절하였다가 다시 소생하였다. 공급하는 수레가 서울에서 해주까지 연달았으며 내수內竪들이 총애를 믿고 횡포한 행동을 마음대로 하여 안렴사들을 모욕하였다. 서해 한 도가 시끄러워지며 난리를 생각나게 하였으나 우는 즐겁게 놀고 돌아올 줄을 몰랐다. 최영이 간언을 하자 이에 돌아왔다. 연안부延安府까지 돌아왔을 때 비가 많이 내려서 호종하는 자들이 한지에서 비를 맞았으며 길에서 마소들이 넘어져 죽은 것을 도처에서 볼 수 있었다.

밤이 되어서 왕흥王興의 집으로 돌아왔다. 강인유姜仁裕가 처와 함께 송악松嶽에서 제사하고 돌아오는데 우가 상춘정賞春亭에 풍악을 차리고 (그들을) 맞이하여 크게 취하도록 술을 마시었다. 밤이 되어 돌아오는 길에 낭장郎將(전성길全成吉)을 만나서 때려 죽였다. 조금 있다가 왕씨를 선비善妃로, 강씨姜氏를 안비安妃로, 봉가鳳珈를 숙령옹주肅寧翁主로, 칠점선七點仙을 영선옹주寧善翁主로, 소매향小梅香을 화순옹주和順翁主로, 연쌍비燕雙飛를 명순옹주明順翁主로 봉하였다. 이 이전에는 관기를 봉작한 일이 없어서 나라 사람들이 이를 추하게 생각하였다. 숙령옹주는 헌비憲妃로 진봉되었다.

○ 5월에 문하평리 윤호尹虎와 밀직부사 조반趙胖을 명나라에 보내 사은을 하고 시호와 왕위 계승을 요청하였다.

○ 6월에 태백성이 낮에 이틀 동안이나 보였고 지진이 났는데 소리가 마치 한 떼의 말이 달리는 것 같았다. 울타리와 지붕이 무너져서 사람들이 모두 나와서 피하였다. 송악의 서쪽 고개의 암석이 무너졌다. 우가 말하기를 "아마 하늘의 요동을 함락시키려는 것이 아닌가?"라고 하였다. 안익安翊과 장방평張方平 등을 파견하여 성절聖節을 축하하였다.

○ 9월에 황제가 행인行人(사신) 장부張溥와 단우段祐를 파견하여 조서詔書를 하사하였으며, 주탁周倬과 낙영雒英은 우를 국왕으로 책봉하였다. 우가 말타기나 힘쓰고 예법에는 관심이 없기 때문에 나라 사람들이 우려하였더니 이때에는 행동이 조금 절도에 맞게 하였으므로 모두 기뻐하였으며, 장부 등도 역시 "듣던 바와 본 바가 다르다."라고 말하였다.

장부가 서사호徐師昊가 세운 비석에 대하여 물었으므로 명령하여 다시 세웠다.

우가 태묘太廟에 분황焚黃하고 밀직부사 구홍具鴻을 시켜서 번육膰肉을 주탁에게 보내었는데, 주탁이 마침 식사 중에 있었으므로 구홍이 주탁에게 알리지 않고 주방에 두고 돌아갔다. 주탁이 대노하여 말하기를 "구홍의 죄가 세 가지 있으니, 불경한 행동으로 천자의 명에 거만한 것이 첫째요, 국왕의 교시를 소홀하게 집행한 것이 둘째요, 조종祖宗이 주시는 예물을 경솔히 취급한 것이 셋째이다. 법에 따른다면 당연히 죽여야 한다."고 하였다. 장자온張子溫이 말하기를 "구홍은 무인武人이어서 예의를 모른다."라고 하니, 주탁이 이에 그쳤다.

장부 등이 문묘文廟에 배알하고 생원生員 맹사성孟思誠을 불러서 시전詩傳을 강론하였다.

주탁 등이 우리나라에서 제사하는 법[祀典]을 보자고 요구하여, '사직社稷, 적전籍田, 풍운風雲'이라고 써서 보인 즉 주탁이 거기에 '충신, 열사, 효자, 순손順孫, 의부義夫, 절부節婦'라고 첨가하고 이와 함께 제사하라고 하였다.

(장부 등이) 사직단社稷壇으로 가서 보고서 재려齋廬를 만들지 않은 것을 책망하였으며, 그들이 또 성황城隍을 보고자 하였으나, 조정에서 의논하기를 높은 곳에 올라가서 온 서울을 내려다보이는 것이 불가하다 하여 정사색淨事色을 가리켜 성황이라고 하였다. 그런데 정사색淨事色은 별에다 제사하고 기도하는 곳이다.

주탁이 관반館伴 하륜河崙에게 말하기를 "홍무洪武 16년에 천하에 조서를 내려서 황태자에게 올리는 전문箋文에도 왕들은 신臣이라고 쓰라 하였으니 귀국이 보내는 글에도 그렇게 하여야 한다."라고 하였으므로 이때부터 명나라 황태자에게 보내는 글에도 신臣이라고 썼다.

○ 10월에 장부와 단우 등이 돌아가고, 그 이튿날 주탁과 낙영 등이 돌아갔는데, 우

가 그들을 보통원普通院에서 전송하면서 술잔을 잡고 주탁에게 권한 후 말하기를 "박덕한 제[不穀]가 임시로 이 나라[東藩]를 맡아 본 지 벌써 10여 년이 되었으나 천자의 밝은 명령을 받지 못하여 항상 기가 죽었었는데[隕越] 이제 왕위 계승을 허락하고 또 나의 죽은 아버지에게 시호를 내려 주니 박덕한 저로서는 황은皇恩에 감격하여 비록 죽어도 여한이 없습니다."라고 하면서 말을 맺기 전에 눈에 눈물이 어리었다. 주탁이 그에 감탄하여 극히 유쾌하게 놀고 파연하였다.

우가 장부 등에게 의복, 안장, 말, 백금, 저사포를 선물로 주었으나, 네 사람이 모두 사양하기를 "이미 몸이 춥지 않고 또 걸어서 가는 길이 아닌즉 이것을 받아서 어디에 쓰겠는가?"라고 하면서, 다만 고려의 조정 대신들이 준 송별시送別詩만을 받아 보고서 감탄하면서, "동방에도 인재가 있다."고 하였다.

조민수, 우현보, 장자온, 하륜, 심덕부, 임헌, 김자앙 등을 파견하여 사은하고 역서曆書와 배船 및 말에 대한 부험符驗(통행증과 같음) 8도道를 내려달라고 요청하였다.

(신우) 병인 12년(1386)

○ 2월에 (정당문학) 정몽주를 명나라로 보내 임금의 편복便服, 여러 신하가 입는 조복朝服과 편복을 요청하였으며 이어 세공을 경감하여 달라고 하였다.

신우가 서해도로 사냥갔는데 25일이 지나서야 돌아왔다.

사은사 조민수, 진봉사 심덕부 등이 8도의 부험을 가지고 명나라에서 돌아왔다.

○ 6월에 (문하)평리 안익安翊, 밀직(부사) 유화柳和를 명나라로 보냈다. 이때 사신으로 갔다가 돌아오면 반드시 집정執政 대신들에게 뇌물을 바쳤는데, 혹시 뇌물이 적을 때에는 그를 중상하였다. 그런 까닭에 사신으로 가는 사람들은 그 화를 면하자면 부득불 장사를 하여야 했다. 안익이 남원南原에 이르러 눈물 흘리며 말하기를 "나는 평소에 생각하기를 명나라로 재상들을 사신 보내는 것은 국가를 위한 것으로 알았더니 오늘 알고 보니 권세 있는 집의 돈벌이를 하여 주는 것이구나?"라고 하였다.

○ 7월에 정몽주가 명나라 서울로부터 돌아왔다.

명나라 예부에서 보낸 자문에 이르기를 "황제의 교시를 다음과 같이 전달한다. 하늘

아래 땅 위에서 상제의 명령에 의하여 백성의 주인으로 되어 있는 자가 얼마나 많은가? 그러나 국왕 중에서 능히 천지조화의 이치를 아는 자는 상제가 명한 바의 분수를 고수하며 위에 대하여서는 예를 지키고 이웃 나라와의 간에는 돈목하며 흔단이나 틈을 만들지 않아서 각각 생민을 보존히여 그 국운이 장구하시 않음이 없었다. 만약 이와 반대로 경솔하게 속임수나 쓰며 이웃 나라를 모욕하는 자는 병화를 야기시켜 생민에게 재앙을 입히게 된다.

전에 공민왕 때 조공 바치러 (사신이) 왔을 때에 내가 일찍이 감탄한 바 있었다. 내가 농민의 몸으로 일어나 건국하게 되었고 왕전王顓(공민왕)은 삼한三韓의 왕으로 되었다. 원래 왕전의 조상이 임금이 된 후 이때까지 4백 67년 동안 삼한은 왕자王子와 왕손王孫으로 계승되어 왔고 지금에는 착하게도 나에게 조공을 바치었으므로 바로 성의를 다하여 대우하였다. 뜻밖에도 왕전이 신하에게 살해를 당하였다. 인과응보의 법칙은 벗어나기 어려운 것이니 임금을 죽인 자는 무사할 수 없을 것이다. 그래서 자기 죄를 은폐하고자 나의 행인行人(사신)도 살해하였다.

그 후 수 차 약속을 청하였으나 짐은 매번 허락하지 않았다. 그것은 바로 명분 관계를 확립시키려는 것이었다. 그런데 그 후 계속 청하는 까닭에 내가 마지못해 승낙하였다. 그런데 1~2년이 못되어 위약하였으며 그 후 3년이 못되어 약속대로 이행하다가 또 그 후 2년이 못되어 곤란하다고 호소하여 왔다. 아아! 내가 보건대 이 넓은 천하에서 삼한은 그다지 하지하下之下의 나라는 아니다. 국토의 넓이는 1~2천 리나 되는지라 인재가 없지 않을 것인데 어째서 마음을 정상적으로 가지지 못하는가? 또 세공稅貢을 설정한 것도 어찌 이것으로 중국을 부강하게 하려는 것이겠는가? 단지 삼한의 성심 여하를 알자는 데 불과한데 이제 그것이 분명하게 알려졌다. 온 표문表文에 생민이 매우 어렵다고 하였다. 그래서 사신이 돌아갈 때 내가 다시 약속하여 주기를 세공은 그만 삭제하고 3년에 한 번씩 우량 종마種馬 50필씩만 조공하여 영원히 서로 약속을 지키자고 하였다. 또 금년 연말에 이 약속이 효력을 발생하여 후일 즉 홍무 24년 정월 초하루부터 갱신된다고 말하였다. 짐의 말은 둘이 없다. 어떠한가 동의할 만한가? 표문에 '우리의 문물을 중화의 것으로 개변하겠다.'고 하니 (그곳의 문물을 개변하는 길은) 귀국의 임금과 신하들의 노력 여하에 있는 것이다."라고 하였다.

○ 8월에 찬성사 윤진尹珍과 밀직부사 이희번李希蕃을 명나라로 보내 세공을 경감하여 준 데 대한 감사를 표하고 밀직부사 이전李竱을 보내 또다시 의관을 청하였다.

○ 9월에 문하평리 김주金湊와 동지밀직 이숭인李崇仁을 보내 새해를 축하하고, 밀직 장방평張方平을 파견하여 세공마歲貢馬 50필(수말 15필과 암말 35필－고려사)을 바쳤다.

11월에 안익安翊 등이 명나라로부터 돌아와서 황제의 분부를 전하기를[宣諭聖旨], "내가 말 5천 필을 사겠는데, 비단 1만 필과 면포 4만 필을 가지고 가서 재상들의 말 1필에 대가로 비단 2필과 면포 4필을 줄 것이며 관의 말[官馬][24]과 백성들의 말은 반 값(비단 1필과 면포 2필)으로 사라. 너는 돌아가서 대응하라."고 하니 재상들이 서로 기뻐하고 잊어버렸다. 바로 전객령典客令 곽해룡郭海龍을 차출하여 보내어 아뢰기를 "우리나라는 마필이 많지 않고 또 왜소하니 어찌 감히 값을 받겠습니까? 마땅히 힘을 다하여 준비하겠으니 밝히 처리하십시오." 하였다.

곽해룡이 아직 돌아오지 않았는데 황제가 첨사 고가노高家奴·서질徐質을 보내와서 기해년(1359, 공민왕 8)에 동쪽으로 온 심민瀋民 4만 호{무고 때문에 그런 것이다.}를 추쇄하고 또 말 3,000필을 사줄 것을 요청하였다. 말 1필에 면포 8필, 비단 2필을 지급하였다. 각각 가노家奴를 차송하여 말을 요양遼陽에 보내서 값을 받았다.

(신우) 13년(1387)

○ 정월 임자 초하루朔日에 우가 수창궁壽昌宮으로 가서 백관을 거느리고 멀리 황제에게 신년을 축하하고 이어 고가노와 서질을 위하여 연회를 베풀었다.

○ 광흥창廣興倉이 비어서 백관의 봉급을 감하였다.

○ 왜적이 강화에 침입하였으므로 최영이 해풍海豊으로 나가서 주둔하였다.

○ 2월에 고가노와 서질이 돌아갔다.

---

24 『고려사』에는 궁마宮馬로 되어 있다.

○ 곽해룡 등이 명나라로부터 돌아왔다. "황제의 말씀[聖旨]을 받들어 전달한다. 나는 일찍이 여러 번병藩屛 국왕들에게 서로 성誠과 신信으로써 대하기에 힘쓰라고 권하는 바이다. 그런데 이번에 사신이 와서 말을 파는 것을 말하였는데, 나라가 빈한하고 산물이 없어서 물건을 바칠 수가 없으니 값을 받을 수 없다고 하고 말 5천 필을 바치겠다고 말하였다.

아아! 고려는 짐의 지극한 뜻을 이해치 못하고 짐이 전대前代에 남을 협박하던 짓을 모방하고 있다고 보는가? 그런 일은 짐은 하지 않는다. 전에 말한 바와 같이 물물교환[互市]으로 하되 모든 마필에 관가 말과 민간 말을 차별하지 말고 면포와 비단 10필을 주고 앞으로도 길이 이렇게 교역을 하자."고 하였다.

예부의 자문에 이르기를 "황제의 말씀을 전달한다. 고려는 자연 지세가 3면이 바다로 둘려서 험고險固하며 나머지는 산에 의지하여 견고하다. 이곳의 왕이 되어 백성을 통치하는 자는 반드시 상제上帝의 명을 받고 있다고 보아야 타당한 것이다. 과거에 중국의 역대 제왕 중에서 일찍이 자주 고려를 통제한 일이 있고 이에 관한 득실이 역사에 기록되어 있는 것을 짐은 보았다. 그러므로 전자에 고려와의 왕래의 단절을 명한 것은 왜인가? 만약 오래 왕래한다면 이로 인하여 사단이 생기기 때문이다. 지난해에는 김金 통역이 바다를 건너서 절강浙江의 민간에 잠입한 일이 있고 금년에는 임任 통역이 우리 서울에 사는 맹인盲人과 밀통하여 우리 사정을 정탐한 일이 있었다. 아아! 이와 같은 행동들이 어찌 피차간에 편안히 살자는 도리겠는가? 또 짐이 성의를 다하여 그의 곤란한 사정을 인정하고 그것을 모두 면제하여 주었으며 종마種馬를 약간 요구함으로써 그의 정성을 공고화하려 하였던 것이다. 그 수량도 50이니 금은과 포필布疋로 논한다면 단지 전일 공납량의 백분의 1에 불과하다. 이제 그 1분의 물건이 오면 그 호불호好不好를 가지고 당신들의 성의를 시험하자는 것이다. 즉 그 물건에는 사람의 마음이 표현되어 있다는 것이다.{물건을 보아서 인심을 안다는 것이다.} 그런데 이렇게 하는 것은{물건이 야박하다는 것을 말한다.} 꼭 신信을 확립하여 유구한 세월을 두고 서로 편안히 지내자는 것이요 그 아름다움을 보려는 것이 아니다. 저들이 스스로 성교聲敎를 하게 하고 왕래도 할 필요가 없다고 거절하는 것만 못하다. 그러나 그들 임금과 신하들이 한마음 한뜻으로 천명을 받들고 근면하게 일하여 삼한의 백성들을 안락하게 살게 하면 어찌 상제의 마음이 감동되지 않겠는가!"라고 하였다.

○ (지밀직사) 설장수偰長壽를 명나라로 파견하여 진정표陳情表를 제출하기를 "가만히 생각하면 우리나라가 다행히 성대한 시대를 만나서 직공職貢을 태만한 일이 없었으며 국토가 이미 중국 판도에 편입되었으니 멀고 가까운 차별이 없이 다같이 당신의 통치하에 있습니다. 그런데 홍무 19년 12월 일에 좌군 도독부左軍都督府 자문에 '황제의 말씀을 받들어 고가노로 하여금 그들을 데리러 가게 하라 하였는데, 사실인즉 전 원나라 때 기해(1359, 공민왕 8), 신축년(1361, 공민왕 10)에 적병이 요동과 심양 등지에 침입하여 남김없이 포로를 약탈하여 가고 남은 주민은 사면으로 이산되었습니다. 그때 혹시 소수 사람들이 와서 살았기는 하였으나 어찌 4만 호라는 다수가 있을 수 있겠습니까? 이타리부대李朶里不歹 등 가족을 합하여 358명을 외신外臣을 보내어 돌려보내었습니다. 성조聖朝(명나라)의 호율戶律(호적법)을 보니 그 한 조목에 '무릇 민호民戶로서 인접 주나 현으로 도망가서 숨서 살면서 부역賦役을 기피한 자에 대하여 그가 홍무 7년 10월 이전에 타군으로 등록되어 차역差役되는 사람에 한하여는 논하지 않는다.'라고 되어 있습니다. 또 (홍무 18년 9월 16일 부) 조서에는 '같은 백성으로 차별 없이 취급한다[一視同仁 不分化外].'라고 하였습니다. 이렇게 다행히도 인연이 되어 성교聲教(통치)를 받게 되었으니 비록 유민流民이라 하더라도 또한 이러한 범주에 속할 것입니다. 하물며 위에서 말한 것이 사실과 큰 차이가 있습니다. 바라건대 해와 달처럼 밝게 통찰하고 천지 같은 넓은 도량을 써서 이 박절한 사정을 살피어 관대한 처분을 내림으로써 먼 곳의 백성들을 안온하게 살게 해주기를 바랍니다."라고 하였다.

설장수가 명나라에 이르니, 황제의 말씀으로 선유하기를 "당초에 내가 즉위한 직후에 당신네 나라의 출신으로서 원나라 조정에 있는 환관[火者]을 골라 파견하여 왕을 방문케 하였다. 우리 이곳의 숟가락과 밥그릇이 크고 작은 것까지 모두 알고 있으므로 나는 당신들에게 상세히 이야기하여 주게 하자는 점만 생각하였으며 이 일개 환관 하나를 죽이리라고는 생각도 하지 않았다. 그런데 후에는 또 국왕도 죽였다. 이렇게 되니 서로 내왕할 것도 없고 무슨 삼강오륜이 있나 없나를 물을 여지도 없다. 그래서 자립적으로 처리를 해나가라고 하였다.

그런데 도리어 몇 해 동안을 일심으로 신속臣屬하려고 애쓰면서 거듭 와서 매달렸다. 그 뜻이야 들여다보기 무엇이 어렵겠는가? 명나라 군대가 다른 곳을 모두 평정하였으니 반드시 정벌하러 올 것이리고민 생각하였을 것이나. 당신의 주측은 전혀 잘못되었다. 나의 뜻은 바로 말한 그대로의 뜻이다. 짐이 작성하여 보낸 조서는 마치도 맹세하는 것과 같다. 우리 변방을 침범하지만 않는다면 짐이 어찌 상제의 뜻을 위반하겠는가. 그 후에 당신이 기왕 나의 약속대로 준수하겠다 하므로 우리 중국의 각 지역들에서 매년 세공을 바치게 하였다. 짐이 어찌 이 같은 물건이 적어서 그러겠는가? 단지 당신의 마음을 시험하려는 것이었다. 그 후에 문득 와서 어려움을 호소하기에 나는 이것을 모두 폐지하여 주고 다만 3년에 말 50필만 진상하여 성의를 표시하게 하였다. 그러면 당신들은 그야말로 지성에 지성을 다하여 좋은 말을 가져와 중국 백성들에게 보이어야 할 것이다. 가져온 말이 탈 수 있는 여부는 말하지 않겠다. 이에 대하여 당신은 어떻게 보는가? 그렇게 하고도 왜 나를 귀찮게 하는가? 그리하여 다시 국교를 단절하고 문서를 보내 알리라고 지시하였다. 당신은 그 문건을 보았는가?

고려는 예부터 명마名馬가 나는 곳인데, 전에 백안첩목아伯顔帖木兒(공민왕의 몽골식 이름) 왕 때는 좀 좋은 말을 가져왔다. 나는 이번 정벌에 약간의 말이 필요하였으며 당신의 나라에는 단자段子와 비단이 귀하리라고 생각되었기 때문에 약간의 말과 교역하도록 지시하였던 것이었는데 문득 하급 관리[小厮] 2명을 보내면서 대가를 감히 받지 못하겠다고 말하니 이것이 바로 불성실不誠實한 것이다. 그런데 당신은 고가故家의 자손이니 여기 왔던 다른 재상들과는 다를 것이다. 당신이 하는 말을 내가 알 만하고 내 말을 당신이 알 만하겠기에 이 말을 당신에게 한다. 당신은 나의 의사를 집정 대신들에게 말하라. 요컨대 지성至誠이 중요하고 별다른 걱정은 필요 없다.

저 올라兀那와 압록강 일대와 바닷가에 겹겹이 성城을 많이 축성하고 군마를 다소 동원하여 지키도록 하고, 군함을 많이 만들어 적을 방비하고 지성을 다하면 비록 백만의 대병이 와도 당신들에게 접근하지 못할 것이다. 대체로 사람은 쉽게 속일 수 있으나 신령과 하늘은 속이기 어렵다. 당신은 재상들에게 가서 말하여라. 그들이 먹는 것도 백성의 것이요, 입는 것도 백성의 것이다. 백성 때문에 부귀와 영화를 누리고 있으니 그들도 생각하여 백성들에게 행복을 마련하여 주어서 삼한의 땅을 잘 보수保守하라. 그러면 당신들이 제일 즐겁지 않겠는가? 얕은 계교만을 일삼는 것은 그만두어라. 내일에라도 신명이 노하고 사람이 원망하게 되면 매우 좋지 않을 것이다. 우리 중국의 일은 다만 매매 교역하러 오는 사람이라도 모두 다 알 수 있는 일인데 하필 사신을 보내 오늘에 글 한 장, 내일에 또 한 장, 오는 사람마다 한바탕씩 늘어놓으니 무슨 좋은 일이 있겠는가? 당신들은 그저 3년에 한 번씩 오면 된다. 만약 우리 편에서 (3년에 한 번씩 온다고 시비한다면) 이것은 우리 조정의 잘못이다. 내가 무엇 때문에 당신들을 책망하겠는가? 당신은 고가故家 집 자손이므로 내가 당신에게 자세히 말하여 주는 것이다."고 하였다.

설장수가 장차 돌아오려고 하는데 다시 선유하기를 "내가 전일에 너에게 한 이야기를 기억하는가?"라고 말하니, 설장수가 "말씀의 대강은 신이 어찌 감히 망각하겠습니까? 그러나 말씀의 자세한 부분은 모두 기억하지 못한 점도 있겠습니다." 하였다.

"내가 말한 것은 이 책에 전부 기록되어 있다. 요약하여 말하면 내 말의 중점은 그들에게서 지성을 요구하는 것이다. 그곳이라고 현인군자가 어찌 없겠는가? 반드시 내가 말한 뜻을 알 것이다. 당신은 당신의 재상들을 만나서 말하라. 나라의 재상들이 백성들의 토지나 점유하고 노비를 강점하여서 부귀를 누리고 쾌락하게 지내고 있으니 깊이 반성하여 백성들을 안락하게 하여 주고 진실로 지성껏 좋은 일을 하여야 한다.

저 올라兀郝 나주羅州 일대에 총총히 성을 쌓고 군함을 많이 만들어 왜적이 침해하지 못하게 하여야 한다.

탐라耽羅는 원래 원 왕조에 속하여 방목하던 말이었는데 내가 처리할 수가 있지만, 나는 도리어 그렇게 생각하지 않았다. 내가 만약 사람을 보내어 관리할 수 있지만 도리어 나는 사람을 보내지 않았다. 그런데 대개 사람들 중에는 재주가 없는 자가 많다. 만약 재주가 없는 한 사람을 그곳에 보내게 되면, 그곳에 도착하여 조정의 세력과 군력軍力을 믿고 갖은 짓을 다할 것이다. 그렇게 되면 사건이 격발되어 좋지 않을 것이므로 나는 결코 사람을 보내지 않는다. 그 지역은 당신네 나라와 가깝고 그곳과 나주가 마주 대치되어 있으며 또 종래에 당신들이 관할하여 왔으니 당신들이 관할하는 것이 합당할 것이다.

나는 항상 한漢나라 광무제光武帝 때 사이四夷(동서남북의 오랑캐들 즉 동이東夷, 서융西戎, 남만南蠻, 북적北狄 등)들이 관직을 청하여도 광무는 승낙치 않았다는 것을 생각하고 있다. 이 점이 광무의 식견이 높은 부분이다. 그 후의 많은 군왕들이 과오를 범하였다. 금번에 운남雲南으로 말하면, 내가 본시 그곳을 정벌코자 하지는 않았는데, 그들이 도리어 변방에서 항상 사단을 발생시켰으므로 할 수 없이 가서 정벌한 것이다. 그런데 금번에 20만의 군마軍馬와 여정餘丁 27만 명을 동원하여 평정한 후에 전사자와 병사자 그리고 도주병을 합산하니 우리측의 병력 손실이 5만이었다. 그 지역은 토번吐蕃 일대와 접하여 별도의 군마를 동원하여 가서 지키니 이것 역시 중국에 무익한 일이다. 정벌은 그저 부득이 하는 일이다.

당신은 돌아가거든 그들에게 누누이 말하여서 지성을 다하며 자기 국토를 보수할 것이요, 우리를 모욕하지 말도록 하라. 만약 백성을 사랑하지 않아서 변방에서 사단이나 일으키는 이런 짓을 하면 그때는 내가 당신들을 용서키 어렵게 될 것이다. 너는 본국에 돌아가 자세히 말하는 것을 잊지 말아라." 이에 설장수는 머리를 조아리고 황제의 지시를 받았다.

황제가 "너도 무슨 할 이야기가 있는가?"라고 하니, 설장수가 "신은 별다른 말은 없습니다만, 단지 우리나라에서 의관衣冠 문제로 두 번 표문을 올렸으나 아직 허락을 받지 못하여 (우리나라에서) 지극히 황송해 하고 있습니다. 국왕의 조복朝服과 제복祭服, 배신陪臣들의 제복祭服은 이미 반사頒賜하였습니다. 그런데 편복便服(평상시의 복장)은 아직까지 옛 모양을 고치지 못하고 있습니다. 또 벼슬하는 사람은 갓을 쓰고 다니나 평민들은 모두 원나라 때와 같이 끈[纓兒]이 달린 모자를 쓰고 있으니, 이것이 마음에 불안한 바 있습니다."라고 하였다.

황제의 말씀은 "그것이야 아무래도 무방하다. 조趙나라 무령왕武靈王이 호복胡服을 입고 말달리고 활 쏘고 하였으나 그것이 현군으로서의 그에게 아무런 손상된 바 없었다. 나는 당초에는 원나라 때의 모양 그대로의 모자와 띠를 사용하였는데 다시 생각한즉 내가 이미 그들을 중국에서 쫓아내고도 그들의 이러한 양식을 답습하면, 먼 미래에 선비들이 기록에서 보고 좋지 않게 여길 것이다. 그래서 지금과 같이 개정하였다. 백안첩목아 왕 때에 내가 일찍이 조복과 제복을 보내 주었으니, 지금 당신네 나라에서 이렇게 식을 다 차려 보겠으면, 자진하여서 관리는 사모紗帽를 쓰고 백성은 두건頭巾을 쓰면 그만이지 하필 이렇게 집요하게 나에게 말하여 올 것이 있는가?"라고 하였다.

설장수가 아뢰기를 "제가 올 때에 우리 국왕이 한 신하를 시켜서 압록강까지 쫓아와서 전달하기를 '황제의 말씀 중에 가련히 여기는 빛이 보이거든 그대가 명나라 서울로부터 사모를 쓰고 단령團領을 입고 돌아오라.'라고 하였는데 제가 어떻게 귀국 서울에서부터 쓰고 가겠습니까?"고 하니, 황제가 "그러면 요양에 도착한 후 그곳에서부터 쓰고 가라."고 하였다.

설장수가 황제가 준 사모를 쓰고 단령을 입고 명나라에서 돌아와서 우리나라 사람들이 비로소 중국의 의관 제도를 알게 되었다.

○ 6월에 제도를 정하여 백관이 모두 입었다.

이때 서질이 다시 와서 관館에 있었는데, "생각지 않게 고려에서 다시 중국의 관과 띠를 습용하게 되었으니 천자가 들으면 어찌 가상嘉賞하게 여기지 않으랴?"고 감탄하였다.

그러나 우와 총애하는 신하 몇 사람은 유독 입지 않았다.

(문하)찬성사 장자온張子溫을 명나라로 파견하여 관복冠服 개정을 허락한 데 대하여 사례하였다. 장자온이 명나라 서울에 도착하니, 황제가 진헌한 말들이 모두 노둔하다는 이유로 장자온을 금의위錦衣衛에 가두었다.

설장수와 윤취尹就를 명나라로 보내 황제의 생신[聖節]을 축하하였다.

○ 8월에 이인임이 면직되고, 이성림李成林을 좌시중으로, 반익순潘益淳을 우시중으로 임명하였으며, 최천검崔天儉을 천양부원군川陽府院君으로 봉하고, 반복해潘福海를 찬성사로, 신아申雅와 왕흥王興을 동지밀직으로, 노구산盧龜山을 우부대언右副代言으로 임명하였다. 최천검은 권세를 믿고 타인의 토지를 많이 강탈하였다. 노구산은 나이가 아직 20세이 안되었다. 이에 내시들[宦竪], 장인과 장사치들[工商], 그리고 사냥 따라다니는 무리

[獵徒]들이 모두 관직을 받았다.

○ 신우가 호곶[壺串]으로부터 와서 의비毅妃 궁으로 갔는데, 긴 노래와 느린 춤으로 앞뒤에 따르게 하였다.

6도道에서 노래 광대와 배우들을 불러 올려서 동강에서 각종 놀이를 차려 놓고 내탕內帑을 털어서 그 비용에 썼으므로 재집宰執이나 대간臺諫들이 그것을 시정하여 주지 못하였으며 심지어는 기묘한 놀음을 안출하여 그의 비위를 맞추어 주는 자까지도 있었다.

우가 나체로 물속에 들어가서 여러 기녀들과 희롱을 하였더니 하늘에서 뇌성과 번갯불이 크게 일어나며 비가 내렸다.

○ 9월에 요동에서 와서 둔전우屯田牛 5천 7백 마리를 사갔다.

○ 장방평張方平을 명나라로 파견하여 나하추[納哈出]가 항복한 데 대하여 축하하였다.

○ 10월에 평리評理 이구李玖, 지밀직 이종덕李種德을 보내 새해를 축하하였다.

내지內旨를 거짓으로 전달하는 것을 금지하였다. 장방평 등 일행이 첨수참甛水站에 당도하니, 도사都司가 황제의 말씀을 기록한 것을 보였는데 "고려국 사신이 오거든 백리 밖에서 정지시켜 돌려보내고 국경 안으로 들어오지 못하게 하라."고 하였다. 그래서 할 수 없이 장방평 등 일행이 되돌아왔다.

○ 12월에 영원군永原君 정몽주를 명나라로 보내 조빙朝聘을 통하게 해줄 것을 청하였다.

(신우) 14년(1388)

○ 정월에 정몽주가 요동까지 갔으나 들어가지 못하였다.

○ (삼사좌사三司左使) 염흥방廉興邦, (영삼사사) 임견미林堅味, (찬성사) 도길부都吉敷, (우시중) 이성림李成林, (찬성사) 반복해潘福海 등이 전권을 하며 불법을 저질러서 그들의 당 50여 인을 모두 죽이고 이인임李仁任을 경산부京山府(성주)에 안치安置하였다. 이인민李仁敏을 계림부鷄林府(경주)에 유배시켰다.

○ 2월에 설장수가 명나라로부터 돌아와서 황제의 교시를 구두로 전하기를 "고려가 진공進貢하기 위하여 사온 말이 약하고 작아서 대퇴부에 종기가 나서 쓸 수 없다. 짐이

이미 통상을 허가하였는데, 증명서[牒]을 가지고 무역하려 하지 않고 몰래 사람을 태창太倉으로 보내 우리가 군사를 동원하는가 정탐한다. 앞으로는 근신하고 그런 짓을 말라. 그리고 사신을 보내지 말라. 또 철령鐵嶺 이북은 원래 원나라에 속하고 있었으니 모두 요동에 귀속시키게 하라."고 하였다.

이에 우가 최영과 함께 요동을 침공할 것을 비밀리에 의논하고 5도의 성을 수축하도록 명하였다. 또 여러 원수元帥를 서북으로 보내어 불우에 대비하도록 하고 한양성漢陽城을 수축하게 하였다.

(명나라가 철령위鐵嶺衛를 설치하려 하였으므로) 우가 밀직제학 박의중朴宜中을 보내 표문을 올려 청하기를 "생각컨대 우리나라는 먼 벽지에 편재하여 작기는 실로 검은 사마귀만 하고 척박하기가 어찌 돌밭과 다르겠습니까? 또 그 중에도 동편 모퉁이에서 서북 변방에 이르는 지대는 산과 바다 사이에 끼여서 지형이 심히 편벽되어 있습니다. 이곳에는 조상 때부터 전래하는 확정된 구역이 있습니다. 철령으로부터 북으로 가면서 문, 고, 화, 정, 함文高和定咸 등 여러 주州를 지나 공험진公嶮鎭까지는 원래부터 우리나라의 땅입니다. 요遼나라의 건통乾統 7년에 이르러서 동여진東女眞 등이 반란을 일으켜서 함주 이북의 땅을 강점하였으므로 예왕睿王(예종)이 군사를 파견하여 그 땅을 회복하고 함주와 공험진 등지에다 성을 쌓았습니다.

원나라 초엽에 이르러서 반민叛民 탁청卓靑과 조휘趙暉 등이 화주和州 이북 땅을 가지고 투항하였습니다. 산길대왕散吉大王이 (금나라의) 요동로遼東路 심주瀋州에 쌍성현雙城縣이 있다는 말을 듣고, 화주에 옛날에 쌓은 작은 성 두 곳에 쌍성雙城이라는 당치 않은 이름을 붙이고, 드디어 조휘와 탁청을 총관摠管, 천호千戶로 임명하여 인민을 관할하게 하였습니다. 지정至正 16년에 이르러서 원元나라 조정에 신달申達하고 앞의 총관, 천호 등의 직제를 혁파하여 그 땅이 다시 우리나라에 귀속되었으며, 지금 주와 현의 관원을 제수하고 있습니다. 이같이 반역자에 의하여 침해된 국토가 대국大國에 예속되었다가 다시 제자리로 돌아왔습니다.

철령은 우리 서울로부터 겨우 3백 리 거리에 있으며 공험진이 국경 계선으로 되어 온 것도 이미 한두 해가 아닙니다. 엎드려 바라건대 폐하께서는 포용하는 도량을 넓히고 무휼의 덕을 두터이 하여 몇 개 안 되는 주를 우리나라의 강토로 인정해 주기를 바랍니다."라고 하였다.

○ 3월 우가 최영의 딸을 데려다가 영비寧妃로 봉하고 영혜부寧惠府를 세웠다.

우가 임林(임견미)·염廉(염흥방)을 죽인 뒤부터는 매일 그 악기를 화원에서 살펴보면서 온갖 악기[鐘鼓絲竹]의 소리가 끊이지 않았다. 동강 호곶에 밤낮으로 배를 띄우고 돌아올 줄을 몰랐다. 술김에 칼을 뽑아 좌우 사람들을 찌르려 하였으므로 좌우 시종들이 모두 흩어져 달아나고 사공만이 배에 남았었다. 우가 그들을 찌르려 하였으나 칼이 땅에 떨어졌으므로 미처 해치지 못하였다.

우가 반복해潘福海의 준마駿馬를 가져다 타면서 "잘 놀라지나 않나?"라고 말하니, (판도)판서 송빈宋贇이 나서며 "반복해도 다루기 힘든 말입니다."라고 말하였다. 이에 우가 노하여 "그대가 나더러 주인을 해치는 말을 가져왔다는 말이냐?"고 말하고 드디어 송빈을 죽였다.

우가 한번은 홀로 배 안에 앉아서 밤새도록 자지 않으며 하는 말이 "나의 아버지가 밤에 잠자다가 해를 당하였으니 나도 단단히 경계하여야 한다."라고 하였다. 그의 미치고 미혹된 것이 이와 같았다. 임·염의 보완寶玩을 가져다가 모두 폐희와 창우들의 잡희에 상으로 준 것이 헤아릴 수가 없었다. 이때에 기근이 들어서 밖으로는 군려軍旅의 공급, 안으로는 여러 전殿에의 공급으로는 이근비李謹妃로부터 최영비崔寧妃, 노의비盧毅妃, 최숙비崔淑妃, 강안비姜安妃, 신정비申正妃, 조덕비趙德妃, 왕선비王善妃, 안현비安賢妃와 소매향小梅香, 연쌍비燕雙飛, 칠점선七點仙 등 3옹주翁主의 궁전에서 쓰는 비용이 경쟁적으로 풍부하고 사치스러워서 창고에 충만하였던 포를 한 달에 3천 9백 필씩 썼으므로 각 창고가 모두 고갈되었다. 그리하여 3년을 앞당겨 공납물을 받아도 오히려 부족하여 또 추가하여 받아들였다.

○ 이때 전라도는 왜적의 소굴로 되어 있었고, 서북면은 국토 할양을 우려하고 있었으며 경기도[京輔], 교주도, 양광도는 성城 수축에 피로하였고, 서해도와 평양도는 임금의 서해도 순행[西獵] 영접이 있었으므로 8도가 소연하여 백성은 농사 때를 놓치고 국내의 원성이 이인임, 임견미, 염흥방 때보다도 우심하였다.

(명나라의 후군도독부後軍都督府에서) 요동 도사가 왕득명王得明을 파견하여 철령위 설치를 통고하였다.{요동에서 철령까지 17참을 두고 참에는 백호를 두었다.} 우가 동강으로부터 돌아왔는데, 이 소식을 듣고 말 위에서 울면서 "여러 신하들이 나의 (요동 진공) 계획을 듣지 않더니 이렇게 만들고 말았구나."라고 하였다. 드디어 8도道의 정병을 징발하였다.

○ 처음에 우가 최영을 좋아하지 않았는데, 영비를 들이고는 날마다 최영의 집에 갔다. 최영이 우에게 권하여 요동을 공격하라고 하자, 우의 뜻이 드디어 결정되었다. 성산군星山君[25] 이자송李子松이 간언하자 살해하여 대중들에게 위엄을 보였다.

4월 경자일에 드디어 출발하였으나 감히 대놓고 말하지는 못하고 서쪽으로 사냥을 간다[西獵]고 칭탁하였다. 을사일에 봉주鳳州에 도착하여 최영과 우리 태조를 불러서 고하기를 "지금 요양遼陽에 일이 있으니 그대들은 있는 힘을 다 하라."고 말하였다.

이에 대하여 태조가 말하기를 "지금 군사를 내는 것은 네 가지의 불가不可한 점이 있습니다. 소국으로서 대국을 거역하니 한 가지 불가요, 여름에 군사를 동원하니 두 가지 불가요, 전국의 역량을 기울여서 원정하면 왜적이 빈틈을 탈 우려가 있으니 세 가지 불가요, 지금은 하절 장마 때이므로 활에 먹인 아교가 풀리고 태반이 역질에 걸릴 우려가 있으니 네 가지 불가입니다."라고 하였다. 신우도 자못 그럴 듯이 여겼다.

태조가 물러 나와서 최영에게 "공께서도 의당 왕에게 힘써 말씀을 하십시오."라고 말하니 최영은 그러자고 승낙하고서, 밤에 우를 만나서는 전의 의견을 더욱 굳게 하였다.

이튿날 우가 태조를 보고 "대군이 이미 출발하였으니 어찌 중지할 수 있겠는가."고 말하므로, 태조가 또다시 말하기를 "전하가 꼭 서정西征을 하려거든 의당 서경西京에 머물러 있으면서 가을이 깊어지기를 기다려 군사를 내시기 바랍니다. 그러면 화곡禾穀이 들을 덮을 것이니 대군의 군량이 풍족하여 계속 전진할 수 있습니다. 그러나 지금

---

25 『고려사』에는 공산부원군公山府院君으로 되어 있다.

은 출정할 시기가 아닙니다. 설사 요동의 1개 성城을 함락시킨다 하여도 곧 비가 내리면 군사들은 전진도 후퇴도 못하게 되어 군사는 노둔해지고 군량이 결핍되어 화禍를 재촉할 뿐일 것입니다."라고 하였다.

이에 우가 "경은 이자송의 일을 보지 못하였는가?"라고 말하였으나, 태조는 "이자송은 비록 죽었어도 그의 미명은 후세에 남을 것이니 어찌 신들의 인생보다 현명하지 않겠습니까?"라고 대답하였다.

우가 듣지 않으므로 태조가 물러 나와서 눈물을 흘리며 울었다. 좌우 부하들이 "공公은 어째서 이다지 상심하며 우는가?"라고 물은즉, 태조가 말하기를 "우리나라 생민生民들의 화가 지금부터 시작될 것이다."라고 하였다.

정미일 우가 평양으로 가서 대호군 배규裵規[26]을 파견하여 압록강에 부교浮橋를 만들고 최영에게 8도 도통사都統使 벼슬을 더 주었다. 조민수曹敏修로 하여금 좌군左軍을 이끌게 하고 서경 원수 심덕부沈德符, 이무李茂, 양광도 원수 왕안덕王安德, 이승원李承源, 경상도 원수 박위朴葳, 전라도 원수 최운해崔雲海, 계림 원수鷄林元帥 경의慶儀, 안동 원수安東元帥 최단崔鄲, 조전助戰 원수 최공철崔公哲, 조희고趙希古, 안경安慶, 왕빈王賓 등을 속하게 하였다. 우리 태조가 우군右軍을 이끌게 하고 안주도安州道 원수 정지鄭地, 상원수 지용기池勇奇, 부원수 황보림皇甫琳, 동북면 원수 이빈李彬, 강원도 원수 구성로具成老, 조전 원수 윤호尹虎, 배극렴裵克廉, 박영충朴永忠, 이화李和, 이두란李豆蘭, 김상金賞, 윤사덕尹師德, 경보慶輔, 이원계李元桂, 이을진李乙珍, 김천장金天莊을 속하게 하였다. 좌우군을 합하여 3만 8천 8백 30명이요 이에 따르는 소속 인원[傔]이 1만 1천 6백여 명이요 말이 2만 1천 6백 82필이었는데 10만이라고 군호軍號하였다.

○ 신유일에 좌우군이 장차 출발하게 되었는데 우가 취하여 고별하지 못하였다.

○ 임술일에 (좌우군이 평양을) 출발하였는데 도망하는 병졸이 도로에 줄을 이었다. 그래서 우가 그 자리에서 죽이게 하였으나 이를 금하지는 못하였다.

26 『고려사』에는 배구裵矩로 되어 있다.

○ (신미일) 문달한文達漢을 보내어 좌우 도통사와 여러 장수들에게 금은金銀 주기酒器를 하사하였다.

○ 양광도에서 왜적이 깊이 침입하였다고 보고하였다. 김주金湊, 조준趙浚, 김종연金宗衍 등을 파견하여 방어하라고 하였다.

○ 대군이 이미 출발한 뒤로 우와 최영은 계책이 잘 되었다고 생각하였다. 우가 날마다 대동강에 배를 띄우고 부벽루浮碧樓에 연악을 펼치면 최영은 아병牙兵을 영솔하고 출입하면서 저[笛]를 불었다. 임금과 신하가 다 같이 황음荒淫무도하고 매일 수 명을 주살하므로 원근의 사람들이 위태롭고 두렵게 생각하였다.

○ (갑신일) 이성 원수泥城元帥 홍인계洪仁桂, 강계 원수 이의李嶷가 먼저 요동 지경에 들어가서 살육과 약탈을 하고 돌아왔는데, 우가 기뻐서 그들에게 금정아金頂兒(와 무늬 비단)를 주었다.

○ 5월 초하루 갑진에 일식이 있었다. 우가 또 대동강에 이르러 연악을 펴고 야반에야 돌아왔다.

○ 경진일에 좌우군이 압록강을 건너서 위화도에 이르자 큰 비가 왔다.

○ 을축일에 홍무洪武 연호의 사용을 정지하였다. 앞 강물이 불어서 건널 수가 없게 되어서 강 가운데의 섬에 주둔하였다. 좌우도통사가 상언하여 말하기를 "대사大事를 당하여 말할 일을 두고 침묵함은 곧 불충不忠이니 어찌 죽는 것을 두려워서 잠잠히 있겠습니까? 우리나라는 삼한을 통일한 이후에 근실하게 대국을 섬겼으며 공민왕[玄陵]이 홍무 2년에 명나라에 신복臣服할 때에 그 표문에 '자손만대 길이 신하로 되겠다.'라고 하였으며 그 정성이 사실 지극하였습니다. 전하도 그의 뜻을 계승하니 특별히 고명誥命을 내리고 시책諡冊과 작위를 하사하였습니다. 이것은 종묘사직의 복이며 또 전하의 성덕입니다.

이번에 (철령)위를 설립한다는 말을 듣고 (밀직제학) 박의중을 파견하여 명나라 황제에게 표문을 받들어 계품하였습니다. 그런데 이제 그 회답도 기다리지 않고 갑자기 대국을 침범하려 합니다. 하물며 지금은 여름 장마철이라 활은 풀리고 갑옷은 무거워서 사람과 말이 모두 다 피로합니다. 이 군사를 몰고 견고한 성벽 아래에 가서 싸운다

하더라도 반드시 승리하리라고 기대할 수 없고 성을 공격하더라도 반드시 함락시킬 것이라고 기대할 수 없습니다. 이런 시기를 당하여 군량 공급이 계속되지 않아서 가도 오도 못할 궁지에 빠졌으니 장차 어떻게 처리하여야 하겠습니까? 엎드려 바라건대 전하는 특히 회군[班師]의 명령을 내려 삼한의 바람에 답하기를 바랍니다."라고 하였다.

그러나 신우와 최영은 이를 듣지 않았다.

내시[宦者] 김완金完을 과섭찰리사過涉察理使로 임명하여 금金과 비단帛을 가져다가 여러 장수들에게 나누어 주고 속히 진군進軍하라고 독촉케 하였는데 여러 장수들이 김완을 억류하여 두고 보내지 않았다.

○ 을미일에 우가 성주成州 (온천)에 갔다. 이날 군중의 유언비어에 태조가 휘하의 친병親兵을 이끌고 동북면으로 향하려고 말에 올랐다고 하였다. 조민수가 태조에게로 달려가서 눈물을 흘리며 "만약 당신이 떠나면 우리들은 어디로 가겠는가?"라고 말하니, 태조가 "내가 감히 어디로 가겠는가?"고 말하였다. 그리고 드디어 여러 원수들이 모두 오자 이에 그들을 타이르기를 "이번에 상국上國[明]의 땅을 침범하여 천자에게 죄를 지으면 나라[宗社]와 백성에게 화禍가 당장에 올 것이다. 내가 옳고 그른 것을 가려서 글을 올렸으나 왕은 반성치 않고 최영도 늙고 노망하여 듣지 않으니 그대들과 같이 왕을 보고 친히 어느 것이 화며 복인가를 진술하며 임금 곁에 붙어 있는 악당들을 제거하여 일국의 생명을 건져내야 하지 않겠는가?"라고 하였다. 여러 장수들이 모두, "우리나라 사직의 안위는 당신 한 몸에 달려 있으니 감히 명령을 따르지 않겠습니까?"라고 말하였다. 이에 회군하여 압록강을 건너왔다.

태조는 흰 말을 타고 붉은 활[彤弓]에 백우전白羽箭을 차고 강 언덕 위에 서서 전체 군졸들이 다 건너올 때까지 기다리고 있었다. 군사들은 태조를 바라보고 서로 말하기를 "옛날이나 장래에도 저런 분은 없을 것이다."라고 하였다.

그때 장마비가 수일간 퍼부었으나 강물이 심하게 붇지 않더니 군사들이 다 건너 후에 큰 물이 갑자기 이르렀으므로 (주둔하고 있던) 섬이 전부 물속에 잠겨버렸다.

우가 군변軍變 소식을 듣고 평양으로 달려서 돌아왔다. 여러 장수들이 급히 추격하자고 청하였으나, 태조가 우선 행군을 늦추고 군사들이 승여乘輿를 범하지 말라고 경계하였다.

우가 보화를 거두어 대동강을 건너 밤에 샛길을 따라서 짓달려서 임인일에 서울에 돌아와 화원에 들어갔다. 따르는 자가 겨우 50여 기騎였다. 최영이 백관들에게 명하여 병장兵仗으로 시위하도록 하였다.

○ 6월 계묘일에 여러 군이 교외에 주둔하여 글로 김완金完에게 주어 아뢰기를 "우리 현릉玄陵(공민왕)이 지성으로 대국을 섬겼으며 천자가 일찍이 우리를 치려고 한 일이 없었는데, 최영이 조상 때부터 대국을 섬기는 뜻을 받들지 않고 먼저 대병력으로 장차 상국을 침범코자 하니 이는 용서할 수 없는 일입니다. 청컨대 그를 쫓아내십시오."라고 하였다.

(갑진일) 우가 밀직 진평중陳平仲을 파견하여 서면으로 여러 장수들을 타일렀는데 그 글에 이르기를 "왕명을 받고 국외로 출정하다가 이미 상부의 절제節制를 위반하고 병력을 이끌고 대궐로 향하였으며 또 강상綱常을 위반하여 이런 사단을 일으켰으니 이것은 나로 인한 것이다[良由眇末]. 그러나 군신君臣의 대의大義는 고금의 통규인데 그대들은 평소에 독서를 좋아한 사람이거늘 어찌 이것을 모르겠는가?

하물며 나라의 강토를 회복하는 것은 조상에게서 받은 것이니 어찌 쉽사리 남에게 주겠는가? 군사를 일으켜 싸우는 것만 같지 못하기 때문에 내가 여러 신하들에게 모의謀議하였더니 모두들 가하다고 하였던 것이다. 비록 최영을 지적하여 구실을 붙이나 최영이 나를 보위하는 것도 그대들이 아는 일이요 우리 왕실을 위하여 충실한 것도 그대들이 다 아는 바이다. 교서敎書가 도착하면 그릇된 견해를 버리고 허물을 다 고쳐서 처음부터 끝까지 부귀富貴를 함께 누리도록 힘쓰자. 나는 진실로 이것을 바란다."라고 하였다.

여러 장수들이 더 나아가서 서울의 성문 밖에 주둔하였다. 그리고 동북 지방의 인민과 동여진東女眞 족들도 태조의 회군 소식을 듣고 앞을 다투어 모여서 밤을 낮에 이어 달려온 자가 천여 명이었다.

우가 국고를 열어 병정을 모집하였는데 겨우 수십 명이었다. 각 도에서 군사를 불러들이어 원조케 하고 수레를 모아다가 길 어구를 막고 군사를 나누어 4대문을 지켰다.

여러 장수들의 관직과 작위를 삭탈하고 최영을 좌시중으로, 우현보를 우시중으로 임명하고 거리에 방을 붙여서 여러 장수를 체포하라고 하였다.

○ 을사일[27]에 태조가 (숭인문 밖) 산대암山臺巖에 진주하고 (지문하사) 유만수柳曼殊를 파견하여 숭인문崇仁門으로 들어가고 좌군은 선의문宣義門으로 진공하였는데, 최영이 맞아 싸워서 모두 물리쳤다. 유만수가 도망하여 돌아왔다. 좌우의 부하들이 그것을 보고하였으나 태조는 들은 체도 않고 여전히 장막 안에 누워 있다가 서서히 일어나서 식사를 한 후 말에 안장을 갖추고 대오를 정비하여 숭인문을 경유하여 좌군과 호각세를 유지하며 성중으로 들어가니 저항하는 자가 없었다. (서울 성안 남녀들이) 앞을 다투어 술과 장을 가지고 나와서 환영하며 군사들을 위로하고 수레 장애물을 제거하여 길을 열어 주었으며 노약老弱들은 성 위에 올라가서 기쁨에 넘쳐서 소리쳤다.

조민수가 영의교永義橋에 이르자 최영의 군사에게 쫓겼다. 태조가 황룡黃龍 대기大旗를 세우고 선죽교善竹橋를 지나서 남산男山에 올랐는데 먼지가 하늘에 닿고 북소리가 땅을 진동하였다. 최영의 부하 장수 안소安沼가 먼저 남산男山을 점거하고 있었으나 이 군기를 바라보고 궤주하였다.

최영이 달려서 화원으로 돌아갔다. 태조가 북쪽 산 마루턱에 올라서서 큰 나각[大螺]을 한 번 불라고 시켰다. 그랬더니 각 부대들이 화원을 수백 겹으로 포위하고 "최영을 내보내라."고 크게 외쳤다.{다른 장수들은 출진할 때 나각을 사용치 않았으나 태조만이 유독 말 앞에서 나각을 불어서 서울 사람들이 나각 소리를 듣고 태조의 군대가 이미 도착한 것을 알고 기뻐하였다.}

최영이 나오려 하지 않았다. 나각수[螺手]가 담으로 올라가서 한 번 나각을 길게 부니 여러 군사들이 일시에 담을 허물고 들어갔다. 곽충보郭忠輔가 곧바로 전각 안으로 들어가 최영을 찾았다. 우는 최영의 손을 잡고 울면서 작별하였고 최영은 두 번 절하고 곽충보를 따라 나왔다.

---

27 『고려사』에는 기사일로 되어 있다.

태조가 울면서 최영에게 말하기를 "이런 사변은 나의 본의가 아니다. 공은 부디 잘 가시오." 하고 서로 바라보며 눈물을 흘렸다. 그리고 최영을 고봉현高峰縣으로 귀양 보내었다.

이에 앞서 동요에, "서경西京 성 밖에는 불빛이요, 안주安州 성 밖에는 연기가 비친다. 그 사이를 왕래하는 이원수님, 원하나니 만백성 구제하소서[西京城裏火色 安州城外烟光 往來其間李元帥 願言救濟黔蒼]."라고 하였다.

이인임이 일찍이 말하기를 "이삼사李三司가 나라의 주인이 되어야 한다."고 말하였으므로, 최영이 이 말을 듣고 심히 노하였으나 이때에 와서 "전일 이인임의 말이 참으로 옳았다."고 탄식하였다.

○ 양 도통 및 36 원수가 궐에 나아가 절하고 군문으로 돌아왔다.

○ 병오일에 다시 홍무洪武 연호를 사용하였으며 우현보禹玄寶를 파면하고 조민수를 좌시중으로, 우리 태조를 우시중으로, 조준을 겸대사헌으로 임명하고 여러 장수들도 모두 다 복직시켰다.

○ 각 도의 축성과 징병을 중지시켰으며 안소와 정승가鄭承可, 김약채金若采 등을 귀양보냈다.

○ 우가 밤에 환수宦竪 80여 명을 데리고 우리 태조 및 조민수, 변안렬의 집으로 달려가 해치고자 하였으나 모든 장수들이 군문에 있어서 우가 그냥 돌아갔다.

여러 장수들이 숭인문에서 회의하고 궁중에 있는 무기 등을 모두 다 내어 놓을 것을 청하였다.

○ 경술일에 영비를 내보내기를 청하였다. 우가 "만약에 영비가 나가면 나도 같이 가겠다."라고 말하였다. 이에 여러 원수들이 군사를 영솔하여 대궐을 수비하고 우에게 강화로 가기를 청하였다. 신우는 부득이 궁전에서 나와서 채찍을 잡고 안장에 기대어서 "오늘은 날이 이미 저물었구나."라고 말하였으나, 좌우의 시종들이 엎드려서 울 뿐 아무도 응답하는 자가 없었다. 드디어 영비와 연쌍비를 데리고 회빈문會賓門을 나서서 강도江都로 향하여 떠나갔다. 백관들이 국왕의 인[國寶]을 받들고 정비전定妃殿에 가져다 두었다. 이날 창昌이 습위襲位하였다.

신서인전辛庶人傳

창昌

어머니는 이씨이다. 우禑가 이미 폐해지자 여러 장수들이 후계를 택하여 세우려고 하였는데, 조민수와 이색이 정비(공민왕의 비 안씨)의 말씀을 받들어 창을 왕으로 세웠다. 그때 나이 9세였다.

조민수를 양광·전라·경상·서해·교주도 도통사로, 태조를 동북면·삭방·강릉도 도통사로 임명하였다.

박의중朴宜中이 명나라에서 귀국하였다. 명나라 예부에서 보낸 자문咨文에 이르기를, "황제의 교시를 받들어 다음과 같이 전한다. 철령鐵嶺의 인호人戶 문제에 대하여 왕이 말한 바에 의하면, 그 땅이 응당 고려에 예속하여야 한다는 것이다. 그러나 이치로 따져서 말한다면 그 몇 개 주의 땅은 전자에 원이 통치하였고 지금에 와서는 요동에 예속되어야 할 것이니 반드시 상세히 살핀 연후에야 처리해야 할 것이다.

또 고려는 예로부터 자주 중국의 정벌을 받아 왔는데 그것은 대체로 그쪽에서 곧장 분쟁의 원인을 조성하였기 때문이었다. 전자에도 역신逆臣이 임금을 죽였으므로 짐이 국교를 단절하라고 명령하였더니 그들이 사람을 보내 약속을 청하였다. 그래서 세공歲貢을 하여 먼 성의를 표시할 것을 요구하였다. 그러나 언제나 약속대로 되지 않았다. 짐이 장차 전의 세공을 삭거하고 단지 세공으로 말 50필만 바치라 하였는데, 바친 것은 모두 봉납할 만한 물건이 못되고 다 못쓸 짐승들이었다. 이것이 모욕한 것의 하나이다. 사은謝恩한다는 예물로 보낸 말이 왔는데 모두 얼룩얼룩한 잡색 말이어서 행상行商도 쓰지 못할 것이었으니 이것이 모욕한 것의 둘이다. 때때로 혹 사람을 보내 몰래 온주溫州, 태주台州, 항주杭州, 소주蘇州 등지의 백성을 꼬여서 사세를 밀탐하였으니 이것이 모욕한 것의 셋이다. 짐이 일찍이 온 사신에게 이런 간악한 행동도 하지 말고 백성들이 수로와 육로를 공공연하게 왕래하면서 교역하라고 허락하였으니 무슨 일이 아니 되며 무슨 기밀을 얻어 낼 수 없겠는가? 그런데 가만히 간사한 흉계를 내어 하민下民들을 유인하여 이렇게 금품과 폐백을 사취詐取하면서 사세事勢에 대하여는 망언을 해놓고는 공연히 소인의 무고를 당하였다고 하니 이는 그가 어리석은 것이다. 이것이 모욕한 것의 넷이다. (홍무 20년 봄에) 짐이 면포와 비단으로 말을 교역하여 오랑캐[胡](몽골)를 정벌하였다. 그때 (고려의) 배신陪臣들이 모두 노둔한 말을 가지고 와서 교역하였다. 값으로 비교하면 중국의 2~3필의 말 값으로 한 필을 교역하여 노둔한 마필을 쓰지 못하였다. 이것이 모욕한 것의 다섯이다.

아! 고려의 땅은 주위가 수천 리이다. 그 중에 어찌 어질고 슬기로운 사람이 없겠는가? 왕래의 전 과정을 보면 이편에서 성의로 사귀면 저편에서는 사기詐欺로 대하였다. 그리고 파교罷交하려고 하면 저들은 또 언사를 공손히 하여 오니 짐은 그것이 무슨 마음인지 모르겠다.

짐이 보건대 역대의 중국 조정들이 고려를 정벌하였다. 한漢이 4차 정벌하였는데 그것은 여러 번 국경 지방을 침범하였기 때문에 그 나라를 멸망시켰었다. 위魏가 두 번 정벌하였는데, 그것은 속으로 딴 마음을 품고 오吳와 통하기 때문에 그 수도를 도륙하였었다. 진晉이 한 번 정벌하였는데 그것은 오만 무례하였기 때문에 그 궁실을 불사르고 남녀 5만 명을 포로로 하여 노예로 삼았었다. 수隋가 두 번 정벌하였는데 그것은 요서遼西를 침범하고 번례蕃禮를 갖추지 못하였기 때문에 토벌하여 항복 받았었다. 당唐이 네 번 정벌하였는데 그것은 신하가 임금을 죽였고 형제간에 왕위王位를 다투기 때문에 그 땅을 평정하여 9개소의 도독부都督府를 설치하였었다. 요遼가 네 번 정벌하였는데 그것은 신하가 임금을 죽였고 또 반복무상하며 도적질하고 난리를 쳤기 때문에 그 궁실을 불사르고 난신亂臣 강조康兆 등을 죽였었다. 금金은 한 번 정벌하였는데 그것은 사신을 죽였기 때문에 그 백성들을 도륙하였었다. 원元은 5차 정벌하였는데, 그것은 자기 조국을 배반한 포민逋民을 용납하였고 사신과 그 조정에서 설치한 관원들을 살해하였기 때문에 군사를 동원하여 토벌해서 탐라에 도망간 그 왕을 잡아 죽였다. 이상의 모든 분쟁의 뿌리를 캐보면 모두 고려가 스스로 초래한 것이었다. 이것은 중국의 제왕들이 남의 나라를 병합하기를 좋아하고 그 영토를 탐내서 한 일은 아니었다.

이제 철령 땅에 대하여서 귀국에서 말이 있다. 탐라도耽羅島는 옛날 원세조元世祖 때 목마장이었다. 그런데 지금 원나라의 자손으로 귀화한 사람이 대단히 많다. 짐은 기어코 원元의 후손들을 단절시키지 않을 생각인즉 (원나라 때의) 여러 왕들을 탐라 섬에다 두고 수만 명의 경비병으로 호위하여 주며 양절兩浙(절강성)의 양곡을 운반하여 보급해주어서 원의 후손을 존속시키고 원의 자손들이 다시 해중海中에서 넉넉하게 지내게 하여 주겠다. 이것이 어찌 옳은 일이 아니겠는가?"라고 하였다.

○ 장사길張思吉을 밀직부사로 임명하였다. 장사길은 의주인義州人으로 그의 부친 장여張侶를 이어 만호萬戶로 공로가 있으므로 포상한 것이다.

○ 왜적이 전주, 김제金堤, 만경萬頃을 노략질하고 광주光州를 함락시켰다. 황보림皇甫琳·도흥都興·김종연金宗衍·구성로具成老 등에게 명령하여 구원하였다.

일본국 사신 묘파妙葩, 관서성關西省 탐제探題 원요준源了俊이 사람을 보내 그 지방의 토산물을 바쳤다.

○ 찬성사 우인렬과 정당문학 설장수를 명나라에 보내 우가 손위遜位(왕위를 물러남)를 보고하고 최영이 군사를 일으킨 죄에 대하여 보고하고 창昌을 습봉襲封(이어서 왕위에 책봉함)시킬 것을 요청하였다.

○ 조민수를 창녕으로 귀양보냈다.

○ 8월에 이색을 문하시중으로 태조를 수시중守侍中으로 임명하였으며 서연書筵을 열고 이색을 영서연사領書筵事로, 정몽주를 지서연사로, 권근權近·유담柳琰·정도전鄭道傳 등을 모두 시독侍讀으로 임명하고 사헌부司憲府, 중방重房, 사관史官들을 각각 1명씩 교대로 하여 매일 입시入侍하게 하였다.

○ 이광보李光甫를 죽였다.{우의 폐신嬖臣이다.}

○ 토지 제도[田制]를 의논하여 결정하였다.

○ 사의대부司議大夫 이행李行 등이 상소하여 첨설직添設職을 혁파할 것, 공적을 평가하여 전선銓選을 깨끗이 할 것, 의성고義成庫와 덕천고德泉庫 등 여러 창고는 풍저고豊儲倉의

예에 준할 것이며 다시 사使, 부승副丞들을 배치할 것, 성省·부府·찰원察院은 조종祖宗의 기성 법들을 준수할 것을 요청하였다.

○ 사헌부에서 벼슬자리를 추구하려 몰려다니는 행동[奔競]을 금지할 것을 청하였다.

○ 조언曹彦, 최칠석崔七夕, 장사길張思吉, 정요鄭曜 등을 파견하여 왜구를 방어하였다.

○ 각 도道의 안렴사를 도관찰출척사都觀察黜陟使로 개칭하고 양광도에 성석린을, 경상도에 장하張夏를 전라도에 최유경崔有慶을, 교주 강릉도에 김사형金士衡을, 서해도에 조운흘趙云仡을 임명하였다. 각각 부사副使와 판관判官을 천거하라 하고, 토지를 다시 측량케 하였다. 공로 있는 자는 올리고 탐오한 자는 쫓아내는데, (그 사람이) 양부兩府 이상의 관직에 있는 자라면 감금監禁 보고하여 조정의 처분을 기다릴 것[聽候]이며 봉익奉翊 이하는 그 범죄의 경중에 따라 직결처분하라고 하며 부월斧鉞을 주어 파견하였다.

○ 왜적이 진주晋州에 침입하여 목사牧使 이빈李贇이 전사하였다.

○ 우리 태조로 전국의 군사를 총관하게 하고, 육려陸麗를 동북면 원수로 임명하였다.

○ 우를 여흥군驪興郡으로 옮겨 그 고을 군사로 숙위하게 하고, 세금을 거둬서 공봉供奉하였다.

○ 평리 서균형徐鈞衡과 부밀직 유광우兪光祐를 명나라에 보내 호인胡人(몽골인)을 평정하고 천자의 옥새[寶璽]를 노획할 데 대하여 축하하였다.

○ 10월에 이색·이숭인李崇仁·김사안金士安을 명나라로 보내 새해를 경축하고 겸하여 명나라 관리를 파견하여 국정國政을 감독할 것과 자제의 명나라 유학을 허가할 것을 청하였다.

○ 11월에 강회백姜淮伯, 이방우李芳雨를 명나라로 파견하여 조견朝見을 청하였다.

명나라 황제가 (전 원나라의) 원사院使 희산喜山 등을 파견하여 환관[閹人]과 말[馬] 요구하였다. 달달達達의 친왕親王을 탐라로 보내 제주에 집을 꾸리게 하고 보고하라고 하였다.

창 원년(1389)

○ 정월에 예문관藝文館과 전고시典校寺를 금내禁內에 두고 사한史翰 2명, 전교典校·정

자正字 각 1명을 입직시켜서 옛 제도를 회복시켰다.

○ 사관史官 최견崔蠲 등이 상서하기를, "우리나라에서는 예문춘추관을 설치하고 문필이 우수하고 덕행이 있는 사람[文行者] 8명을 선발하여 함께 사한史翰의 직책을 맡겼으며 또 겸무하는 관원을 두어서 지도하게 하였으니 이것은 그 책임을 중하게 여긴 까닭입니다. 근래에는 사한史翰이 갈려져서 둘이 되고 겸관兼官도 직책을 수행하지 않고 공봉供奉 이하의 4명이 이 일을 실제 담당하고 있습니다. 인원은 적고 품질品秩은 낮은 까닭에 군주의 언행과 묘당廟堂의 의논, 이치吏治의 득실까지도 후세에 내려 교훈이 될 만한 것을 모두 제대로 기록하지 못하니 실로 국가에서 사관을 두는 본의가 아닙니다.

지금부터는 사한史翰 8명이 동일한 직무를 가지고 각기 사초史草 2본本을 작성케 하여 1본은 해당한 춘추관春秋館에 바치고 또 1본은 자기 집에 보관하였다가 후일의 참고로 삼게 할 것입니다. 그리고 겸임관들은 수찬修撰 이하로 임명하여 각자가 듣고 본 바에 근거하여 기록하여서 사초를 작성하여 모두 사관史館으로 보내게 하여 이것을 항구적인 방식으로 삼기를 바랍니다."라고 하였다.

○ 3월에 강회백이 명나라로부터 돌아왔다. 예부의 자문으로 황제의 말씀을 전하기를 "오늘은 신하가 아비를 쫓아내고 그의 자식을 세워놓고 조근朝覲하러 오겠다고 청한다. 이것은 인륜人倫 상도常道의 큰 변고로서 온 사자를 타일러서 돌려보내고 동자童子도 조근하러 올 것 없다고 지시하라."라고 하였다.

○ 4월에 이색 등이 명나라에서 돌아와서 근본이 좋은 집의 딸[良女]를 구하였다.

○ 6월에 윤승순尹承順과 권근權近을 명나라로 파견하여 친히 조근朝覲할 것을 청원하고 또 처녀를 보내는 문제에 대하여 말하게 하였다.

○ 정몽주를 예문관 대제학으로 임명하였다.

○ 안종원安宗源과 황보림皇甫琳을 보내 황제의 생신을 축하하였다.

○ 7월에 우리 태조, 심덕부, 배극렴, 정지가 황려부黃驪府에서 우를 위하여 연회를 차렸다.

○ 왜적이 함양咸陽, 진주晋州에 침입하였으므로 절제사節制使 김상金賞이 싸우다가 패

배하여 죽었다.

○ 유구국琉球國 중산왕中山王 찰도察度가 옥지玉之를 파견하여 표문을 올려 신하로서 자칭하였으며 (왜적에게) 포로당하여 간 우리나라 사람들을 귀환시키고 소목蘇木, 호초胡椒를 바쳤다. 창이 (소목과 호초를) 여러 궁중에 들이자, 내부시사內府寺事 유백유柳伯濡가 간하기를, "충숙왕이 궁중에 젓갈 항아리를 둔 것을 사관이 기록하여 전하였으므로 웃음거리로 되었습니다. 전하께서는 본받지 마십시오."라고 하였으나 듣지 않았다.

○ 전객령典客令 김윤후金允厚를 보내어 보빙하였다.

○ 9월에 창이 장차 친히 조근하려고 홍영통洪永通, 이색, 설장수, 이종학李種學을 종행관從行官으로 임명하였다. 그런 후에 (창의 모친) 이씨가 그의 나이 어림을 애처롭게 여겨 도당에 말하여서 행차를 보류케 하였다.

○ 이색, 이림李琳 및 우리 태조에게 '검리상전劍履上殿'(신하가 검을 차고 신을 신고 궁전에 오를 수 있는 특전)하며 '찬배불명贊拜不名'(신하가 조견할 때 절하면서 자기 이름을 고하지 않은 특전)하는 특전을 주었다.

○ 윤승순과 권근이 명나라에서 돌아왔다. 이때 예부가 황제의 명령을 받아 보낸 자문에 이르기를, "고려국에는 일이 많다. 중신들 중에는 충신과 역신이 뒤섞였다. 임금의 자리는 왕씨가 역신에게 살해당한 후로 후계가 끊어졌다. 뒤에 비록 다른 성이 왕씨로 가칭하여 임금이 되고 있으나 이것은 역시 삼한三韓의 왕업을 세전世傳하는 좋은 계책計策이 아니다. 옛날 임금을 죽인 역신 중에는 임금의 죄악이 막심한 데 기인한 자가 있다. 또한 착한 정치를 베풀어 백성들을 안무한 자도 있다.

이제 고려는 음모가 첩출하여 오늘까지 안정되지 못하고 있다. 과연 고려에서 어질고 지혜 있는 중신이 재상의 직위에 있어서 위로는 군신君臣의 명분分을 확정하고 나라에서는 생민을 안착시키는 대계를 수립한다면 비록 수십 년 조근朝覲하지 않은들 무슨 근심할 바 있으며 매년 조근한들 또한 무엇을 싫다 하겠는가?"라고 하고, 이어서 처녀들은 보내지 말라고 명하였다.

○ 김여지金汝知 등에게 급제를 하사하였다. 옛 제도에 (과거에 급제한 사람은) 비록 참상參上이라도 모두 분관分館(3관 즉 성균관, 춘추관, 예문관에 배속시키는 법)하였는데, 김여지

및 문경文綮, 유한柳漢, 강회계姜淮季 등은 모두 분관하지 않았으니 이는 그들이 모두 세도勢道 집의 자제이기 때문이다.

○ 11월에 대호군 김저金佇와 부령副令 정득후鄭得厚가 가만히 황려부黃驪府로 가서 우를 찾아보았다. 김저는 최영의 생질인바 우가 재위할 때에 자못 용사用事를 하였고 정득후 또한 최영의 족당이었다. 우가 울면서 이르기를 "내가 울적해서 견디지 못하겠다. 이대로 손을 놓고 여기서 죽기를 기다릴 수야 있느냐? 다만 장사 한 명만 얻어서 이시중을 죽이면 내 일이 뜻대로 되겠다. 내가 평소부터 판서 곽충보郭忠輔와 친하니 네가 가서 그를 만나서 의논하라."고 하였다. 이어 검 한 자루를 곽충보에게 보내면서 이번 팔관회八關會 날에 거사하라고 하였다. 곽충보가 겉으로는 승낙을 하고 곧 태조에게 몰래 아뢰었다.

이날 태조가 (팔관회에) 참가치 않았고 김저와 정득후가 밤에 태조의 집으로 왔으나 붙잡혔다. 정득후는 스스로 목을 찔러 자살하였다. 김저를 순군옥에 가두고 국문하였다. 김저가 변안렬·이림·우현보·우인렬·우홍수·왕안덕과 공모하여 여흥에서 상왕을 맞이하여 내응하는 임무를 분담하였다고 고백하였다. 이에 우를 강릉江陵으로 옮기고 창을 강화로 추방하여 왕을 폐하여 서인庶人으로 만들었다.

○ 정창군定昌君을 받들어 즉위케 하였다.

○ 공양왕恭讓王 원년(1389) 12월에 우와 창이 모두 주살되었다.

휘찬여사 권6

세가世家 6

공양왕 세가恭讓王世家

공양왕의 이름은 요瑤이며, 정원부원군定原府院君 왕균王鈞의 아들이다. 신종의 7대손이며, 어머니는 국대비 왕씨國大妃王氏이다.{충목왕忠穆王 원년 을유년(1345)에 태어났다.} 충렬왕의 증손이다. 청창부원군定昌府院君에 책봉되다.

○ 신창辛昌 원년(1389) 11월 무인일에 신우를 강릉부江陵府에 옮기고 우리 태조가 판삼사사 심덕부沈德符, 찬성사 지용기池勇奇·정몽주鄭夢周, 정당문학 설장수偰長壽, 평리 성석린成石麟, 지문하부사 조준趙浚, 판자혜부사判慈惠府事 박위朴葳, 밀직부사 정도전鄭道傳과 함께 흥국사興國寺에 모여서 크게 군사들의 호위를 받으면서 의논하기를, "신우와 신창 부자는 본래 왕씨가 아니다. 그러므로 명나라 천자께서 이 사실을 아시고, 종실 가운데 왕을 세워 왕씨를 회복하라고 하셨으니 감히 다른 의논이 있는 자는 마땅히 죽어야 할 것이다."라고 하니 무리가 이를 따랐다. 당시 왕씨 종실로 살아 있는 자가 많지 않았으니 왕요는 종실에서 좀 멀지만 충렬왕의 외가와 관계가 되니 마땅히 종실에 가깝다고 할 수 있다. 그러므로 무리가 요를 세우고자 하였다. 하지만 조준은 "정창군은 부귀한 환경에서 자라서 재물을 다스릴 줄은 알아도 나라를 다스릴 줄은 모르니 세울 수 없다."라고 하였다. 또 성석린은 "임금을 세움에 있어서 어진 자를 선택할 것이지 그 족속이 가깝고 먼 것을 논할 것이 아니다."라고 말하였다.

이에 종실宗室 몇 명의 이름을 적어서 계명전啓明殿에 보내 (고려) 태조 영전에 아뢰어 제비를 뽑으니 왕요王瑤의 이름을 얻었다. 이튿날 이른 아침에 우리 태조가 8명의 신하들과 함께 종친, 문무백관 및 6위의 군사를 이끌고 정비궁定妃宮에 들어가서 정비의 교서를 받들고 창왕을 폐위하고 요瑤를 왕으로 세웠다. 왕요가 놀라고 두려워하며 사양하였으나 정비가 손수 국새를 주었다.

공양왕 원년 기사년(1389) (명 태조) 홍무洪武 22년

○ 겨울 11월에 왕이 수창궁壽昌宮에서 즉위하였다. 왕이 본래 맘이 유약하고 또 국가의 형세가 이미 떠났다는 것을 알아서 밤이 되도록 잠을 이루지 못하고 측근에게 말하기를, "나는 입을 것과 먹을 것, 시중할 사람이 모두 풍족하다. 그런데 지금 와서 이렇게 중대한 책임을 지게 되니 어떻게 할 바를 모르겠다."라고 하였다.

○ 경진일에 어머니 왕씨를 높이어 복녕궁주福寧宮主로 삼고, 부인 노씨盧氏를 봉하여 순비順妃로 하였으며 장자 왕석王奭을 세자로 삼았다.

○ 갑신일에 왕이 친히 태묘大廟에 제사하고 궁궐에 돌아왔으나 오히려 남면南面하여 앉지 않으니 판문하 이색李穡이 나아와 "이미 즉위를 고하셨는데 남면하여 왕의 자리에 앉지 않으시면 신민의 기대에 무엇으로 답하시겠습니까?"라고 하니 왕이 비로소 허락하여 남면하여 앉았다. 그리고 여러 신하들에게 이르기를, "나는 본시 공덕이 없어서 진실로 사절하였으나 용인되지 않고 임금의 자리를 더럽히게 되었으니 그대들이 잘 처리하라."고 하면서 눈물을 흘렸다.

○ 순안군順安君 왕방王昉과 동지사同知事 조반趙胖을 명나라에 보내 왕의 즉위를 아뢰기를, "고려국 정창부원군 왕요王瑤는 삼가 말씀드립니다. 신은 시조 왕건王建의 직계 자손이며 신종神宗 왕탁王晫의 7대 손으로서 홍무 22년(1389) 11월 15일에 여러 왕족들과 신하들이 공민왕이 자식 없이 돌아가셨고, 신우辛禑 부자는 실제 이성異姓이므로 왕씨의 종사宗祀를 주장할 수 없으며 내가 종실宗室에 속한 자 중에서 가장 가까우며 나이 많다는 것으로 국권을 맡겼습니다. 생각건대 홍무 7년(공민왕 23년 : 1374)에 이인임李仁任 등이 자의로 이성異性을 세운 이후부터 정치와 교화가 그릇되어 풍습이 경박하게 되었습니다만 저는 이것이 점차 당신의 교화에 젖어서 다시 진실하고 순박하게 되도록 하겠습니다. 인자한 마음으로 제가 입조入朝하여 직접 아뢸 것을 허락하여 온 나라 백성을 안정케 해주기를 바랍니다."라고 하였다. 또 황태자에게도 계본啓本을 보냈다.

○ 12월에 조민수曺敏修를 폐하여 서인으로 삼고, 이색李穡과 그 아들 이종학李種學·이숭인李崇仁·하륜河崙을 유배 보냈다.

○ 간관諫官이 우禑와 창昌을 죽이기를 청하였으나 허락하지 않았다.

○ 사재부령司宰副令 윤회종尹會宗이 (신)우와 (신)창을 죽일 것을 청하니, 왕이 여러 재상에게 차례로 물었으나 모두 입을 닫고 말하지 않았다. 그러나 우리 태조만이 홀로 말하기를, "이미 강릉江陵에 안치하였고 명나라 조정에 보고하였으니 중도에서 변경하는 것은 옳지 않습니다. 그리고 우리들이 있으니 신우가 비록 반란을 일으키려 하나 가능하겠습니까?"라고 하였다. 왕이 말하기를, "(신)우가 무고한 사람을 많이 죽였으니 자기도 당해야 한다."라고 하며, 정당문학 서균형徐鈞衡을 강릉江陵에 보내 신우를 죽이고, 예문관 대제학 유구柳珣를 강화江華에 보내 (신)창을 죽였다.

○ 9공신九功臣[28]에게 녹권錄券을 주었는데 모두 개국공신의 예로 하였다.

공양왕 2년(1390)

○ 봄 정월에 왕의 4대까지 고비考妣[29]에 대하여 추봉追封하고, 적경원積慶園을 세웠다.

○ 경연經筵을 개설하고 심덕부沈德符와 우리 태조를 영경연사領經筵事, 정몽주鄭夢周와 정도전鄭道傳을 지경연사知經筵事로 삼았다. 세자가 서연書筵을 열고 조준趙浚·서균형徐均衡·이지李至·강회백姜淮伯을 사부師傅로 임명하였다.{앞서는 경연經筵이라 칭하지 않았으나 이때에 와서 비로소 경연이라 부르기 시작하였다.}

○ 대간이 왕의 앞에서 면대하고 아뢰는 면주지법面奏之法을 폐지하였다.

○ 변안렬邊安烈을 죽였다.

○ 3월 예조판서 윤소종尹紹宗을 금주錦州로 추방하였다.

○ 우리 태조가 병을 이유로 사직을 청하였으나 허락하지 않았다.

---

28 9공신은 이성계李成桂, 심덕부沈德符, 정몽주鄭夢周, 지용기池湧奇, 설장수偰長壽, 성석린成石璘, 조준趙浚, 박위朴葳, 정도전鄭道傳이다.

29 『휘찬여사』 권지6 26쪽 하단에는 사대고비四代考妃로 되어 있으나 사대고비四代考妣이어야 함.

○ 교서를 내려 9공신을 표창하였다.

○ 회군回軍한 공이 있는 심덕부沈德符 이하 45인[30]을 수록하고, 공신호를 내려주었다.

○ 모후母后 복녕궁주福寧宮主 왕씨王氏를 높여 삼한국대비三韓國大妃라 칭하고 그 집을 정명전貞明殿이라 하였다.

○ 밀직부사 유원정柳爰廷을 명나라에 파견하였다.

○ 왕안덕王安德을 풍주豐州로 유배 보냈다.

○ 9공신들이 글을 올려 사직을 청하였으나, 9공신들에게 직무에 복귀하라고 명하였다.

○ 여름 5월에 왕방王昉과 조반趙胖 등이 명나라로부터 돌아왔다. 윤이尹彝는 사람이 있는데, 재상 윤유린尹有麟의 종제從弟이다. 일찍이 승려였는데 물건을 훔쳐 명나라로 도망하여 자칭 파평군坡平君이라 자처하고 중랑장 이초李初와 함께 명 황제를 알현하여 이르기를, "이시중[이성계]이 요瑤(공양왕)를 임금으로 세웠으나, 요는 실제 종실이 아니고, 바로 이시중의 인척입니다. 요가 이{옛 이름(이성계)}와 더불어 군사를 이끌고 장차 명나라는 정벌하려고 하였는데 재상 이색李穡 등이 불가하다고 하니 바로 이색 등 18명을 죽이고, 또한 우현보 등 9명을 멀리 유배 보냈습니다. 이에 평소에 재상들이 몰래 우리 두 사람을 보내 이렇게 천자天子에게 아뢰게 되었습니다. 청컨대 친히 명나라의 군사를 움직여 우리나라를 평정해 주시기를 바랍니다."고 하였다. 그러나 황제가 그 말을 믿지 않고 왕방과 조반을 불러들이니 명나라 예부禮部에 나아가 말을 하였다. (예부에서는) 윤이와 이초가 적어놓은 이색 등의 성명을 보여 주었다며 왕방과 조반이 귀국하여 아뢰었다. 왕이 크게 놀라 우현보禹玄寶·권중화權仲和·경보慶補·장하張夏·홍인계洪仁桂·윤유린尹有麟·최공철崔公哲 등을 순군옥에 가두고, 이색李穡·이림李琳·우

---

30 심덕부, 왕안덕王安德, 지용기, 배극렴裵克廉, 윤호尹虎, 정지鄭地, 유만수柳曼殊, 박위朴葳, 최윤지崔允沚, 황보림皇甫琳, 이무李茂, 이빈李彬, 조인옥趙仁沃, 남은南誾, 중僧 신조神照, 경보慶補, 조희고趙希古, 경의慶儀, 이화李和, 최단崔鄲, 최운해崔雲海, 이두란李豆蘭, 육려陸麗, 이승원李承源, 윤사덕尹師德, 구성로具成老, 박영충朴永忠, 정요鄭曜, 황희석黃希碩, 황광우兪光祐, 김인찬金仁贊, 장사길張思吉, 최공철崔公哲, 왕빈王賓, 박가실朴可實, 김천장金天莊, 정자의鄭子義, 이백李伯, 조온趙溫, 정송鄭松, 이덕림李德林, 백영우白英祐, 장철張哲 등이다.

인렬禹仁烈·이인민李仁敏·정지鄭地·이숭인李崇仁·권근權近·이종학李種學·이귀생李貴生 등은 청주옥淸州獄에 가두었다. 윤유린은 감옥에서 죽으니 저자에 효시하고, 그 집을 적몰하였다. 최공철과 홍인계도 조금 있다가 바로 죽었다.

○ 정도전鄭道傳을 명나라에 보내 주문奏文하여 아뢰기를, "윤이와 이초의 일에 대하여 감히 먼저 변호하지 못하겠으니 칙사 1명을 보내 심문할 것과 제가 귀국에 가서 황제에게 면대하여 말할 것을 허락하기를 바랍니다."고 하였다.

○ 황제가 윤이尹彝와 이초李初의 말이 무고임을 알고 율수현溧水縣에 귀양 보내어 우리나라를 위안해 주었다. 하지만 본국은 윤유린이 옥에서 죽는 등 좋지 않은 일이 만연하니 장상將相과 대신들이 연달아 사직하는 자가 수십 가家에 이르렀으며, 나라가 망하도록 그 화禍가 그치지 않았다.

○ 가을 7월에 태백성太白星이 낮에 나타나는 것이 그달 말까지 계속되었다.

○ 왜구倭寇가 서해도·양광도·전라도에 쳐들어왔다.

○ 유구국琉球國 중산왕中山王 찰도察度가 사신을 보내 신하로 칭하고 표문을 올리고 토산물을 바쳤다.

○ 간관諫官 정우鄭寓·최운사崔云嗣·이반李蟠·권훈權壎을 파직시켰다.

○ 병오일에 한양漢陽으로 천도하였다.

○ 안종원安宗源과 윤호尹虎를 송도 유수松都留守로 삼고, 백관의 분사分司를 설치하였다. 한양으로 출발하는 날 저녁에 큰 바람이 불고 비가 오고, 천둥과 번개가 있었으며 사람과 가축이 얼어 죽었다.

○ 왕의 어가가 한양漢陽에 도착하였다.

○ 겨울 11월에 우현보禹玄寶와 이색李穡 등을 사면하였다.

○ 서경사람 윤귀택尹龜澤이 김종연金宗衍과 김덕부沈德符가 우리 태조를 모해한다고 고발하였다. 태조가 글을 올려 사직할 것을 힘써 아뢰었으나, 오히려 우리 태조에게 영삼사사領三司事에 임명하고, 정몽주를 수문하시중에, 지용기를 판삼사사에, 배극렴과 설장수를 찬성사에 임명하였다.

○ 안숙로安叔老를 명나라에 보내 연왕燕王을 찾아뵙도록 하였더니, 연왕이 답서에

이르기를, "'신하는 외교外交하는 법이 없다'고 하였다. 그러나 이를 거절하면 인정상 반드시 난처하게 되니 이러한 상황을 삼가 아버지 황제에게 보고하여 삼한三韓(고려)의 뜻을 알려드리도록 하겠다."고 하였다.

○ 심덕부沈德符를 파직하고 우리 태조를 시중에 임명하였다.

○ 지용기池涌奇·박위朴葳·정희계鄭熙啓·윤사덕尹師德 등을 유배시켰다.

○ 12월에 심덕부를 유배보냈다.

○ 김종연金宗衍을 죽였다.

○ 죽주竹州에 보관해왔던 『국사國史』를 충주忠州로 옮겼다.[31]

공양왕 3년(1391)

○ 봄 정월에 왕이 한양漢陽에 있었다. 새로 도읍한 초창기이라 성省·부府 등의 관청과 창고廨舍 등의 건물이 다 이루어지지 못하여, 모든 관리와 제위諸衛가 임시 막사[旅次]에 거하니 모두 수심에 차서 고향으로 돌아갈 생각만 하였다.

○ 형조판서 안원安瑗 등이 왕에게 상서上書하기를, "나라를 다스리는 기본은 사정事情을 살피는 데 있으며, 이것은 왕정王政의 첫 번째 일입니다. 지금 왕이 수도를 옮기면서 손실이 매우 크고, 함께 온 사람들은 옮기는 데 분주하였고, 거함에는 의탁할 곳이 없어 초망草莽에 의지하고 있으니 피차 소란하기는 마찬가지이니 진실로 감당하기 어려운 상황입니다. 술사術士들이 논하기를, '근래에 천재지변이 자주 일어나는 것은 모두 지덕地德이 쇠한 탓이니 남경南京으로 가시면 재이가 풀어질 것이다'라고 하였습니다만, 천도한 지 얼마 되지 않았는데도 못된 짐승이 사람과 물건을 많이 해치고, 간혹 불측한 음모를 꾸미는 사람이 있으며, 나쁜 일이 계속되고, 괴변이 자주 보여 그치지 않고 있습니다. 그런데도 술사들의 말을 믿을 수 있겠습니까? 술수術數에 맡겨 복을 피하거나 물리칠 수 있다면 누가 훌륭한 정치를 하여 하늘의 경고를 조심하겠습니까? 원

31 죽주 칠장사七丈寺에 있었는데, 왜구 침입에 대비하고자 보관 장소를 옮겼다.

컨대 전하는 위로 하늘의 때를 살피고 밑으로 사람의 일을 돌아보아 서울(송도)로 되돌아간다면 백성들은 편안히 거할 수 있는 즐거움을 얻게 되는 것이고, 관리들은 의지할 곳을 잃어버린 탄식이 없게 될 것입니다. 오직 전하께서 판단하실 뿐입니다."라고 하였다. 왕이 이에 환도를 명하였다.

○ 2월 정묘일에 남경南京으로부터 돌아왔다.

○ 왕익부王益富를 죽이고, 지용기池涌奇를 유배하고, 그 집을 적몰하였다.

○ 중낭장 방사량房士良이 「시무 11조」를 올리고, 안우安祐・이방실李芳實・김득배金得培・박상충朴尙衷 등을 표창하고 증직을 추가해 줄 것을 청하니, 왕이 기쁘게 받아들이고 방사량을 형조정랑에 임명하였다.

○ 우리 태조(이성계)가 병을 이유로 평주平州 온천으로 가며 전箋을 올려 사직을 청하였다. 전문에 이르기를, "신은 병신년(1356, 공민왕 5) 6월에 선친 이자춘李子春을 따라서 현릉玄陵(공민왕)의 명령을 받고 쌍성雙城을 평정하여 옛 강토를 회복하였으며, 여력을 가지고 청주靑州까지 영토를 확장하여 나라로 하여금 동쪽 변방에 대한 우려를 없게 하였습니다. 현릉은 이 공로를 가상히 여겨 저의 아버지에게 영록대부榮祿大夫의 벼슬을 주시고, 저 역시 나이 30이 못되어서 벼슬이 재보宰輔에 이르렀습니다. 그러나 아무런 도움도 드리지 못하여 주야로 근심하고 또 두려워하고 있었습니다.

무진년(1388, 우왕 14)에 교활하게 중국 땅을 침범하는 변이 일어났을 때에도(위화도 정벌) 제가 앞장서서 의義를 제창하고 회군回軍한 일이 있어서 종묘와 사직이 다시 안정되었으나, 사람들은 제가 함부로 군사를 일으켰다고[擅兵] 하고 있습니다. 그 후 기사년(1389, 공양왕 1) 겨울에 가짜 왕을 없애고 국가의 정통을 바로잡았으나 사람들은 저더러 집권執權했다고 하고 있습니다. 지금 모든 군사를 맡아 보게 되어 병사를 양성하고 고요히 지키면서 간웅姦雄을 누르고 있는데, 사람들은 저에게 군자軍資를 소모한다고 말하고 있습니다. 물의가 분분하여 변명하기 어렵습니다. 공은 미미한데 상벌이 많은 것을 사람들은 미워합니다. 소공召公이 말하기를 '나는 은총을 이롭게 여기고, 성공에 거하지 않겠다.'고 하였으며, '사계절의 질서가 있듯이 공을 이룬 자는 떠나간다.'라고 하였으니 이것이 곧 자연의 법칙입니다. 저도 역시 오랫동안 어진 사람의 길을 가로

막지 말고, 전리田里로 돌아가 여생을 보전하는 것이 신이 원하는 바입니다."라고 하였다.

○ 왕이 좌대언 이첨李詹을 평주 온천으로 보내 사직을 허락하지 않는다는 뜻을 전하였다. 그리고 우리 태조를 시중으로 복직시켰다.

○ 여름 4월에 혜성이 나타나서 10여 일을 계속하였다.

○ 명나라 황제의 이름자를 기피하여 원元 자의 사용을 금지하였다.

○ 명나라 황제가 환자 한룡韓龍과 황독만黃禿蠻을 파견하여 말 1만 마리와 환관 200명을 요구하였다.

○ 가뭄으로 왕이 구언求言 교서를 내렸다. 왕이 잠저에 있을 때부터 불사佛事를 좋아하더니 즉위한 이후로는 걱정과 두려움이 더욱 심해져 날마다 제단을 설치해 기도드리는 것을 일삼았다. 매월 삭망이 되면 궁중에 승려들을 불러 불경을 강하고, 4계절마다 13곳에 도량을 설치하여 기도를 드리니 소모되는 비용이 이루 헤아릴 수가 없었다. 대신들과 대간이 여러 차례 간하였으나 왕은 끝내 듣지 않았다. 일찍이 강독관 유백유柳伯濡에게 이르기를, "내가 일찍이 중전의 병으로 인해 약사여래에게 불공을 드렸더니 밤에 꿈에 한 승려가 나타나더니 다음날 병이 나았다. 부처가 어찌 헛된 것이라 하겠는가?"라고 하였다. 유백유가 대답하기를, "유교라 하여 반드시 불교를 심하게 배척할 필요가 없습니다. 하지 말아야 하는 것은 임금으로서 불교를 믿어 정사政事를 게을리 하는 것입니다."라고 하였다.

○ 낭사 허응許應이 상소上疏하여 아뢰기를, "위에서 좋아하는 것이 있으면 아래에서는 반드시 그것을 더 좋아하게 되는 것이니 임금은 좋아하고 싫어하는 것에 대하여 신중히 해야 합니다. 즉위하신 초기에는 전하가 좋아하시는 것이 무엇인지를 세상이 알지 못합니다. 그러나 전하가 이미 무너진 연복사演福寺 탑을 다시 세우는 것을 보고 신민들의 희망은 어그러지기 시작하였습니다. 불교는 아비도 없고 임금도 없는 서쪽 오랑캐의 교로서 삼대三代의 홍성기에는 없었던 것입니다. 그런데 전하께서 마음으로는 삼대와 같은 정치를 희망하면서 도리어 오랑캐의 교를 받들겠습니까? 이번 공사로 말하면 혹 전하의 마음으로는 백성의 힘을 괴롭히지 않고 노는 인력[遊手]을 쓰는 것이

며, 국가의 경비를 들이지 않고 희사에 의존하고 있다고 생각하고 계실 것 입니다. 그러나 목재·석재·벽돌·기와·동·철의 소비가 거만에 달합니다. 이 노는 인력의 식량과 희사한 물품이 과연 우리 백성들의 항산恒産이 아닙니까? 백성들의 항산이 없어지면 국가는 무엇으로 보전할 수 있겠습니까? 원컨대 전하께서 그만두어도 괜찮은 공사를 중지하고 백성의 생활을 돌보아 주며 그들이 각자 좋아하는 바를 따르게 하여 신민의 바람에 부응 해주시기를 바랍니다."라고 하였다.

○ 이조판서 정총鄭摠이 상서上書하여 아뢰기를, "불교의 가르침은 윤리도 도덕도 없는 것이니 임금으로서 숭상할 것이 못됩니다. 승려 도징道澄이 조趙나라를 보전하지 못하였고 구마라습鳩摩羅什이 진秦나라를 보전하지 못하였으며 양나라 무제와 제나라 문양제가 재앙을 당해 죽은 것은 과거 역사의 거울로 되고 있으니 그것을 경계로 삼아야 할 것입니다. 전하께서 불교를 너무 과하게 믿으셔서 무익한 비용을 들여서 식자識者들의 비방을 사고 있습니다"라고 하였더니 왕이 좋아하지 않았다.

○전의부정 김전金典이 상서上書하여 아뢰기를, "태조께서 창업하시어 산수山水의 역순逆順을 관찰하고, 지맥地脈의 단속斷續을 살펴서 절을 지었으며 부처를 만들어 주고 백성과 땅을 주어서 복을 빌고 화를 물리쳤습니다. 이것은 우리나라 삼한의 왕업王業의 근본입니다. 그러나 지금 식견이 천박한 유생들이 대체를 알지 못하고 다만 절을 부수고 승려들을 배척하는 것을 그들의 주장으로 삼고 있습니다. 태조가 창업하실 때의 깊은 지혜가 어린 유생의 계책만 못하겠습니까?"라고 하였다.

전 호조판서 정사척鄭士倜도 글을 올려 불교가 국가에 복리를 주니 불교를 일으켜야 한다는 말을 하니, 왕이 그 말을 옳게 여기고 받아들였다.

이에 성균관 생원 박초朴礎 등이 상소하여 불교 배척을 심하게 논하고 또 김전金典이 임금의 뜻에 영합하여 불교에 아첨하는 죄를 벌하여 죽여 여러 도시에 돌림으로써 만세에 경계시키라고 아뢰었더니 왕이 크게 노하여 장차 박초의 죄를 논하도록 하였으나 정몽주鄭夢周가 간하여 이에 중지되었다.

○ 6월에 안노생安魯生을 서북면찰방사西北面察訪使에 임명하였다. 때에 변방에 대한 금지가 엄하지 않게 되니 장사꾼들의 잠행이 심해졌다. 안노생이 그 우두머리 10여 명

의 목을 베고 나머지를 모두 장형을 쳐서 유배시키고, 수군에 그 재화를 몰입시키니 이때부터 변경이 조용해져 다시는 법을 어기는 자가 없었다.

○ 파견되었던 찬성사 조준趙浚이 명나라로부터 돌아왔다.

○ 정도전이 상서하여, 도당에서 이색李穡과 우현보禹玄寶 등을 죽일 것을 청하였다. 계속해서 처벌을 요청하는 말이 많았지만 왕은 이색을 유배하고, 우현보는 인척이라 하여 비호하였다. 대간들 서로 돌아가며 글을 올려 우현보를 유배시킬 것을 3번이나 청하였으나 임금이 모두 보류하였다.

○ 왕이 우리 태종(이방원)을 불러 우리 태조로 하여금 대간들을 중시시켜 달라고 하니, 태조(이성계)가 태종을 통해 상서上書하여 사직하기를 청하여 이르기를, "여러 상소가 연달아 있는 것은 (윤이와 이초 사건에 연루된) 사람들의 증거가 이미 명백하기 때문에 대간臺諫이 자발적으로 상소하여 죄 주기를 청하였을 따름인데, 제가 어찌 감히 시켰겠습니까? 저에게 대간의 일을 금지하라고 명하시니 이것은 제가 시킨 것이라고 의심한 때문입니다. 자신을 돌아보건대 저는 재주도 없고, 큰 소임을 맡을 자격도 없는 사람이니 현량한 인재를 선택하여 대신하게 하소서."라고 하였다.

이에 왕이 태종에게 이르기를, "시중이 사직서를 제출할 줄은 뜻밖에도 몰랐다. 나 같은 무능한 사람이 임금의 자리에 있는 것은 시중이 추대한 때문이다. 그러므로 시중을 아버지처럼 여겨왔는데 시중이 어찌 나를 저버리는가? (윤이 및 이초와 공모한 자들에 대한) 죄상이 밝혀지지 않았으며, 시중 또한 그렇다고 여겨 내가 이에 그들을 사면한 것인데 그때 시중도 동의하였었다. 그런데 이번에 대간이 이미 특사 이전의 일을 다시 들어서 죄 주기를 청하므로 그대를 시켜 시중에게 가서 대간을 보거든 이런 뜻으로 타이르라고 청하였을 따름이다. 그대가 시중에게 어떻게 말하였기에 시중이 굳이 사퇴하려 하는 것인가? 만약 시중이 사직한다면 나 역시 어찌 감히 이 자리에 있겠는가?"라고 하면서 눈물을 흘리고 하늘을 가리켜 맹세하였다.

왕이 태종(이방원)에게 명령하여 태조(이성계)에게 가서 복무할 것을 말하라고 하였다. 하지만 태조(이성계)는 사퇴의 뜻을 굳게 하였다.

○ 가을 7월에 섬라곡국暹羅斛國에서 사람을 보내 공물을 바쳤다. {섬라곡국은 일본

동쪽으로 만 리 떨어진 곳에 있어 배를 타고 바람을 이용해 40일 정도 가야 하는 거리에 있다.}

○ 정몽주鄭夢周가 재상들과 함께 왕에게 글을 올려서 성헌省憲과 형조刑曹로 하여금 창을 세우고 우를 맞이한 것과 김종연金宗衍, 윤이尹彝와 이초李初 사건, 왕익부王益富의 당黨 등 다섯 가지 죄를 토의 결정하라고 청하였다. 왕이 이를 받아들였다.

○ 간관 허응許應 등이 왕이 휴식할 때에 잠저의 친구들을 함부로 인견하지 못하게 하여 간사한 말을 멀리 할 것과 대간들이 날마다 교대하여 입시하여 경연할 것을 청하니 왕이 이를 허락하였다.

○ 우리 태조(이성계)가 궁궐에 들어가 왕을 보고 사은謝恩하니 왕이 진심으로 위로의 뜻을 전하였다. 그리고 그 다음 날 우리 태조의 집에 행차하여 술상을 베풀었다. 5일 후에 왕이 태조(이성계)와 신덕왕후神德王后를 위하여 연회를 베풀었는데, 밤이 되자 유만수柳曼殊가 문을 잠갔다. 이에 태종(이방원)이 가만히 태조(이성계)에게 궁 밖으로 나갈 것을 청하여 나오니 문이 이미 잠겨 김직金直을 시켜 문을 열게 하여 집으로 돌아왔다. 이튿날 왕이 노하여 당직자를 가두었더니, 태조(이성계)가 궐에 들어가 왕께 변명하니 왕이 당직자(김직金直)를 용서하였다.

○ 기사일에 세자를 책봉하였다.

○ 일본 구주절도사九州節度使 원요준源了浚이 사신을 보내와 왕을 알현하였다.

○ 올양합兀良哈(오랑캐)이 내조하였다.

○ 김지탁金之鐸을 명나라에 보내어 말 2,500필을 바쳤다.

○ 9월에 왜구가 양광도를 침구하였다.

○ 세자 왕석王奭을 명나라에 보냈다. 올리는 표문의 글에는 장남을 정성군定城君으로 칭하였다. 심덕부沈德符·설장수偰長壽·민개閔開 등이 함께 갔다.

○ 이와 함께 상인 김인용金仁用 등을 북평北平에 보내 양羊을 무역하게 하니, 간관 허응許應 등이 상소上疏하기를, "중국에 가서 말을 무역하게 하는 것은 진실로 절약을 숭상하는 아름다운 덕이 아닙니다. 더군다나 세자가 중국에 입조入朝하는 때에 맞지 않은 처사입니다. 전하가 세자를 만 리 떨어진 먼 땅에 보내시는 것은 사직과 백성을

위한 계책인데 장사꾼으로 하여금 그 뒤를 따르게 하면 보는 자들이 세자의 행차는 장삿길을 터놓으려는 것이라고 생각하게 될 것이니 중국의 웃음거리가 될까 두렵습니다. 도성을 수축하는 것은 비록 안전할 때도 위험한 때를 잊지 않으려는 데에서 나오는 처사입니다만 그러나 올해는 수해와 한재에다가 서리와 우박의 재해가 있는 데다 전염병까지 돌았습니다. 또한 명나라 말 1만 필을 바치라는 명령이 있는데다가 순성蓴城의 운하 굴착 공사까지 겹치니,[32] {왕강王康이 안흥량安興梁에 운하를 굴착하여 바닷길을 내고자 하였으나 파도가 심하여 마침내 이루지 못하였다.} 중외가 소란합니다. 원컨대 도성의 공사를 모두 중지하시고 내년을 기다리십시오." 하니 왕이 이것을 도당에 회부하여 심의한 후 시행케 하라 하였다.

○ 정도전鄭道傳을 봉화현奉化縣으로 추방하였다. 조금 후에 나주羅州로 유배지를 옮겼다.

○ 남은南誾이 병을 칭하니 면하여 송문중宋文中을 대신 일본에 보빙사報聘使로 보냈다.

○ 우리 태조(이성계)와 정몽주鄭夢周·김사형金士衡을 인물추변도감人物推辨都監 제조提調에 임명하였다.

○ 판개성부사 정지鄭地가 죽었다.

○ 일본국 승려 현교玄敎가 도본道本 등을 보내 토산물을 바치고 신하라 칭하며 표문表文을 바쳤다. 도본道本은 중국이 일찍이 칭신稱臣하지 않는다는 이유로 일본을 책망하였을 때에 일본은 대답하기를, "천하는 천하의 천하이지 어찌 한 사람의 천하이겠는가?"라고 대답하고 끝내 칭신하지 않았다. 그러나 이번에 대국(고려)에 대하여 칭신하는 것은 의義를 사모하기 때문이라고 하였다.

○ 오랑캐[兀良哈]과 오도리[斡都里]가 와서 조회를 하였는데, 서로 사관舍館을 놓고 다

32 순성蓴城은 오늘날의 충남 태안의 옛 이름이다. 이곳 연안은 예로부터 조운선漕運船이 다니는 뱃길이었으나 파도가 심하여 조난사고가 잦았다. 그러므로 고려 인종과 의종 때에도 이곳에 운하를 굴착하려는 시도가 있었으나 번번이 실패하였다. 그런데 고려 말인 공양왕 3년 7월에 삼도수군 도체찰사인 왕강王康이 순제거蓴堤渠를 개통하기를 청하여 양광도의 장정을 징발하여 2개월간의 공사를 하였으나 바다 밑의 암반과 심한 파도로 결국 실패하고 말았다.

투었다. 오도리가 말하기를, "옛적에 윤 시중[尹瓘]이 우리 땅을 평정하고 비를 세워서 '고려 지경高麗地境'이라 하였다. 그러므로 우리들은 모두 경내 백성으로 제군사諸軍事의 위신을 사모하여 왔을 뿐이다. 비록 제군사의 집 마구간 곁에 있어도 오히려 영광스럽게 생각하였는데, 하물며 이와 같은 화려한 집에서 동쪽과 서쪽이 무슨 다름이 있겠는가?"라고 하고 드디어 서로 다투지 않았다.

이때에 고려가 쇠약해서 다시 위용을 떨칠 수가 없었으나 우리 태조(이성계)의 위엄이 은연중에 중국을 움직였으니 이로 말미암아 일본[島夷]과 동번東蕃이 토산물을 싸가지고 서로 이어서 오니 태조가 오도리를 사제에서 접대하기를 후하게 하였다. 이에 여러 추장들이 모두 감격해 눈물을 흘리며 인하여 몽골蒙骨·개양改陽·실련實憐·팔린八隣·압란押蘭·올리인兀里因·고리한古里旱·노별魯別·올적兀的 등을 초유招諭해 오니 공험公嶮지역의 여진족들이 모두 귀순해 왔다.

○ 겨울 11월에 명나라 황제가 환자 강완자독康完者篤을 파견하며, 조서에 이르기를, "삼한의 땅에서 군신간의 관계가 어그러진 지 20년이나 되었다. 다행히 지난해 와서 다시 왕씨의 후손이 임금이 되었다는 보고를 들었으므로 특별히 사신을 파견하여 수고롭게 하노라."라고 하였다.

○ 12월에 이색李穡을 한산부원군韓山府院君으로, 우현보禹玄寶를 단산부원군丹山府院君으로, 강회백姜淮伯을 정당문학政堂文學으로, 이첨李詹을 지신사知申事로, 김진양金震陽과 이확李擴을 좌우산기상시左右散騎常侍로, 이래李來를 사의司議로, 서견徐甄을 장령掌令으로, 이감李敢을 헌납獻納에 임명하였다.

공양왕 4년(1392)

○ 봄 정월에 왕이 수창궁壽昌宮에서 (명나라) 황제에게 신년 축하를 드렸다.

○ 2월에 정몽주鄭夢周가 『신정율서新定律書』를 편찬하였다.

○ 전라도 도관찰사 하륜河崙이 주문공朱文公(주희)의 「인설仁說」[33]을 쓴 병풍을 바쳤다.

○ 춘추관에서 상소하여 매일 (사관) 두 사람이 입시하여 일을 기록하는 것을 청하니, 명하여 경연하는 날과 아일衙日과 각 관청에서 업무 보고[啓事]가 있을 때에 입시하

도록 하였다.

○ 병자일에 혜성彗星이 하늘에 보였다.

○ 판서 유신劉信을 명나라에 보내 말 1천 필을 바쳤다.

○ 경진일에 혜성彗星이 나타났다.

○ 3월에 세자가 명나라로부터 돌아오니 우리 태조(이성계)가 황주黃州로 나아가 맞이하였다. 무진년 위화도 회군 때부터 정도전鄭道傳·남은南誾·조준趙浚·윤소종尹紹宗 등이 하늘의 뜻이 있음을 알고 은밀히 우리 태조를 추대할 뜻을 갖고 있었으며, 많은 고려의 세신世臣과 구가舊家들이 이에 붙지 않으니 정도전 등이 힘을 다하여 이들을 배척하였다. 그러나 정몽주鄭夢周가 스스로 보니 국가의 운세가 이미 다했음을 알고부터는 정몽주도 충의로서 스스로 분발하여 다른 일을 가지고 먼저 윤소종을 내쫓고, 이때 이르러 남은과 정도전을 탄핵하여 쫓아냈다. 그리고 이색李穡과 우현보禹玄寶 등을 불러들이니 일시에 명망과 절개있는 선비들이 대간臺諫에 자리에 포진하여 점점 강해지기 시작했다. 마침 우리 태조가 황주로부터 오는 길에 해주海州에서 사냥을 하다 낙마하여 병이 위중하였다. 왕이 경연經筵에 나아가 그 사실을 듣고서는 의관과 약을 보냈다. 강독관 이확李擴이 아뢰기를, "제군사는 나라의 만리장성과 같은 분인데, 성 밖을 나아가 중상을 입었으니 국가의 복이 아닙니다."라고 하니 왕이 서연을 중지하고 대답하지 않았다. 정몽주만이 홀로 얼굴에 기쁜 빛을 하고 때를 타서 (태조를 물리칠) 계획을 내고 김진양金震陽 등의 무리에게 부탁하여 남은과 정도전 등을 모두 형법에 따라 처벌하기로 하니 왕이 따르지 않았다. 대신 그들의 관작을 빼앗고 원지로 유배를 보냈다.

○ 여름 4월에 우리 태조(이성계)가 해주海州로부터 병을 무릅쓰고 가마에 몸을 싣고 밤중에 집으로 돌아오니 정몽주가 모의하기를 더욱 급히 하였다. 태종(이방원)이 정몽주를 제거할 계획을 태조(이성계)에게도 알리지 않고, 정몽주가 내소의 집에 왔다가 돌아가

---

33 유가의 핵심 사상인 '인仁'에 대한 주희(1130~1200)의 개념 정리서로서 총 824자로 되어 있다.

는 길에 조영규趙英珪를 시켜 정몽주를 선죽교善竹橋에서 때려 죽였다. 이날에 대신臺臣 김진양金震陽・이확李擴・이래李來・이감李敢・권홍權弘・정희계鄭熙啓・김무金畝・서견徐甄・이작李作・이신李申, 그리고 이숭인李崇仁・이종학李種學・조호趙瑚 등은 장형을 치고 유배 보냈다.

○ 다음날 아침 조준趙浚과 남은南誾・정도전鄭道傳 등이 소환되어 삭직되었다가 6일 후에 다시 복직되었다.

○ 이색을 한주韓州(한산)로 내쫓고, 이첨李詹과 이사형李士衡・강회백姜淮伯・유기柳沂 등을 유배시켰다.

○ 5월에 대사헌 민개閔開 등이 상소하기를, "개국백開國伯(이성계)은 무진년(1388)에 대의大義를 제창하여 회군回軍함으로써 사직을 안정시켰고 기사년(1389) 겨울에는 천자의 조서를 받들고 임금을 세워서 왕실을 부흥시켰습니다. 그러므로 그의 공적은 탁월하여 영원히 잊을 수가 없습니다. 문하찬성사 조준趙浚 등은 나라를 위하여 자기의 절조를 남김없이 발휘하여 나쁜 옛 폐단을 혁파하여 한마음으로 전하를 보좌하였습니다. 그러나 정몽주鄭夢周는 본디 용렬한 사람이었으나 개국백이 그가 옛글에 밝은 서생書生이라 하여 누차 천거하여 자기의 직임을 대신케 하였던 것입니다. 그런데 정몽주는 부귀를 탐내어 꺼림 없이 뇌물을 받고 일을 처리하였으며 강직하여 자기의 비위에 거슬리는 자는 모두 다 물리쳐 버리고 자기에게 간사히 아첨하는 자를 조정에 포열해 놓았습니다. 그리하여 그의 욕망은 달성되지 않은 것이 없었으며 충성스러운 사람들을 미워하고, 조준과 남은 등을 해치려 하였습니다. 장차는 개국백에게까지 그렇게 하려 하였던 것입니다. 만일에 그 계획이 성취되었더라면 조정을 혼란시켰을 뿐만 아니라 반드시 사직에 해를 입혀 그 화는 측량할 수 없었을 것입니다.

만일 그의 당여들을 그냥 놓아둔다면 후일의 화는 물어볼 필요도 없습니다. 설장수偰長壽와 이무李茂・이빈李彬・김리金履는 본래 간사하고 교활한 사람으로서 정몽주와 뭉쳐 같은 당여가 되어 충량한 사람을 모함하여 나라를 어지럽게 만들려 하였습니다. 안노생安魯生・최관崔關・김첨金瞻은 본디 지조가 없는 사람으로 정몽주에게 아첨하여 관직을 구걸하던 사람들이니 직첩職牒을 회수하여 먼 곳에 유배 보내소서."라고 하니 왕이 이를 따르고, 아울러 우현보 등을 유배 보냈다.

○ 평리評理 김주金湊를 명나라에 보내 고명誥命을 청하였다.

○ 가을 7월에 왕이 사예 조용趙庸을 불러 이르기를, "짐이 장차 이시중과 더불어 동맹을 맺고자 하니 맹서의 초안을 작성해 오라." 하니 조용趙庸이 대답하기를, "열국의 동맹은 예로부터 유래가 있었습니다만 임금과 신하의 동맹은 경적經籍이나 고사에서 상고할 데가 없습니다."라고 하였다. 왕이 "어쨌든 작성만 하라!"고 하여 조용히 초안을 작성하여 바쳤다.

○ 신묘일에 왕이 장차 우리 태조의 집에 행차하여 술상을 차리고 동맹의 의례를 행하고자 하여 수종할 의장대를 정렬시켰다. 그런데 이때 우시중 배극렴裵克廉 등이 왕대비王大妃에게 말하기를, "지금 왕이 어리석고 미련하여 임금의 도리를 이미 잃었고 인심은 이미 떠났습니다. 그러므로 사직과 생령生靈의 주인이 될 수 없으니 폐위하기를 바랍니다."라고 하였다. 드디어 왕대비의 교서를 받들고 왕을 폐위할 일이 이미 결정되었다.

○ 동지밀직 남은南誾과 문하평리 정희계鄭熙啓가 정비(공민왕 비 안씨安氏)의 교지를 받들고 북천동北泉洞의 시좌궁時座宮에 이르러 우부대언 한상경韓尙敬을 시켜 교서를 읽게 하니 왕은 엎드려서 들었다. 또 헌납 송인宋因을 시켜 뜰에 내려가서 이것을 읽고 뭇 관원에게 알리었다. 이리하여 드디어 왕은 폐위되어 원주原州에 추방되었으며 왕비와 세자 그리고 빈嬪들이 따라갔다. 얼마 후에 간성군杆城郡으로 옮기고, 3년 후 갑술년(1394)에 삼척부三陟府에서 죽었다. 4년 동안 왕위에 있었고 나이는 50세였다.

사관[史氏]의 논찬論贊

고려 말에 왕씨가 아닌 다른 성이 왕위를 도적질하여 왕씨가 종묘에서 제삿밥을 먹지 못한 것이 16년이나 되었다. 다행히 종실을 가려 뽑아 왕으로 세웠으니 국가의 정통이 회복된 것이다. 나라를 다스리는 데 힘쓰기를 바랐으나 반란이 일어나고 세상이 오히려 어지러워졌으니 어찌하리오. 공양왕이 즉위하던 날 걱정으로 눈물을 흘리며 감히 남면南面도 하지 못하였으니 분자盆子가 괄석刮席한 부끄러움과 무엇이 다르겠는가? 불교를 지나치게 믿어 명복만 바라고 제사를 드린다면서 승려들을 불러 먹이는 일로 세월을 허비하여 이로 말미암아 나라의 창고가 비고, 충성스러운 말은 점점 사라지니 정사政事는 날로 어그러지고, 왕의 거조가 전도되니 인심이 떠나고 천명도 떠나 왕씨의 5백 년 종묘사직[宗社]이 홀연히 망해버렸으니 아! 슬프도다.

| 휘찬여사 세가 |

영인본

木齋家塾彙纂麗史目錄

彙纂麗史目錄　一

彙纂麗史目錄　二

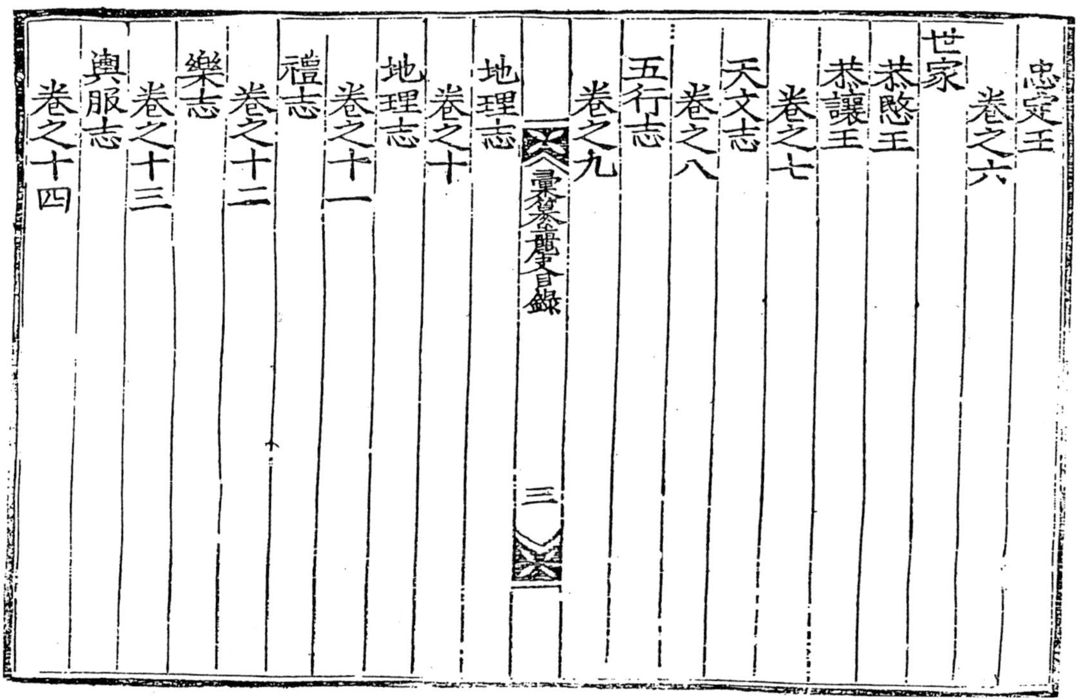

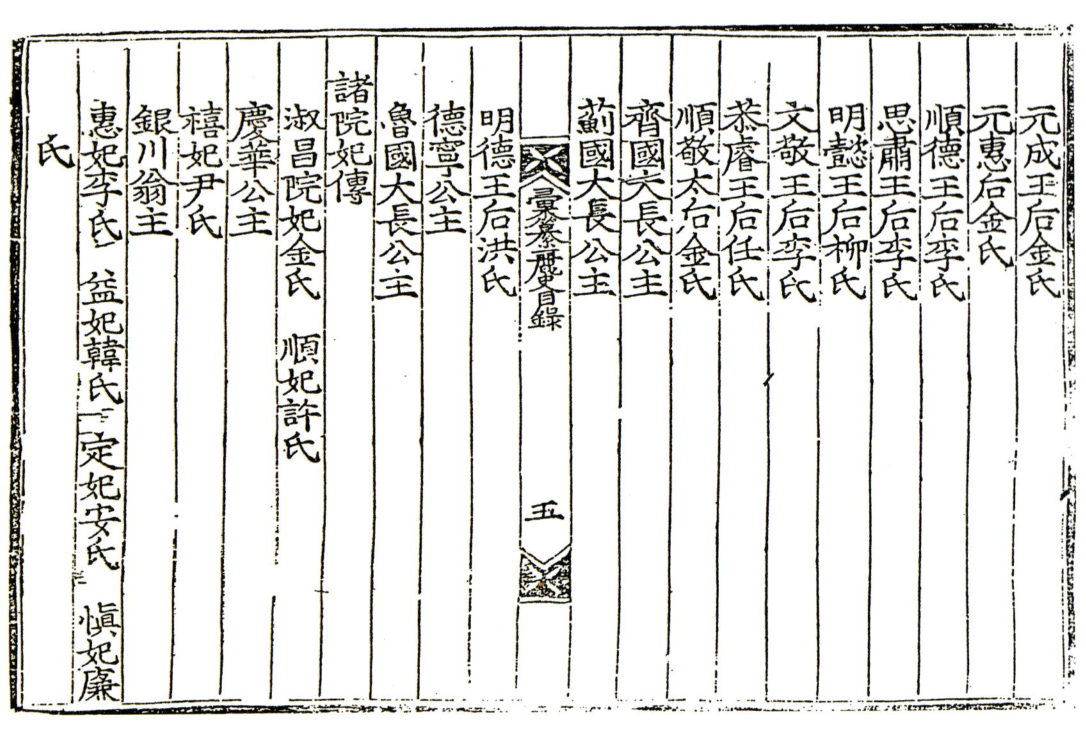

元成王后金氏
元惠后金氏
順德王后李氏
思肅王后李氏
明懿王后柳氏
文敬王后李氏
恭睿王后任氏
順敬太后金氏
齊國大長公主
薊國大長公主

彙纂麗史目錄　五

明德王后洪氏
德寧公主
魯國大長公主
諸院妃傳
淑昌院妃金氏　順妃許氏
慶華公主
禧妃尹氏
銀川翁主
惠妃李氏　益妃韓氏　定妃安氏　愼妃廉
氏

宗室傳
平壤公基　樂浪伯瑛　齊安公淑　承化侯溫　順正君璹　永寧公綧　順寧君聃
齊安公偦
大寧侯暻
襄陽公恕　定遠伯旬　永興君環　德興君琠
順安公琮
瀋王暠
卷之二十一
辛庶人傳
禑　昌

彙纂麗史目錄　六

卷之二十二
名臣列傳
洪儒　裵玄慶　申崇謙　卜智謙　庾黔弼　朴
述熙　王式廉　朴守卿
王順式　李悤言　善弼　堅金　奉評　興達　尹瑄　龔直
朴英規
崔凝　崔彥撝　王儒　崔知夢
徐弼　崔承老　韓彥恭　金審言
崔沆　蔡忠順　皇甫俞義
徐熙　訥

卷之二十七

名臣列傳

卷之二十八

名臣列傳

卷之二十九

名臣列傳

卷之三十

名臣列傳

卷之三十一

名臣列傳

木齋家塾彙纂麗史目錄

彙纂麗史者我木齋洪先生之所作也盖凡作史之法將以錄其實正其名使人樂觀乎其辭而為勸懲地故雖外國既與中國相關則於其所服事之外凡天下大勢之係安危及天王正統之有分裂者皆當謹書之以備參考著向背而記事欲簡而不略記言欲雅而不俗然後方成史家之體

可以稱之名山傳之來世而舊史則不然又東國之士類喜說中國史而於東國史則顧瞞然焉如人專談他家譜牒而却昧自家譜牒可乎是亦未必非言之不文使之也用是先生深病之遂取舊史而補其闕刊其荒為書凡五十卷世家三十二志論一十二列傳二百八十六而於凡國家之治亂盛衰

制度之沿革得失臣下之賢愚順逆無不精白備載而尤致意於名分幾微之際使上下五百年事蹟瞭然若指掌而麗氏一代之史於是焉燦乎其一新也何其盛哉先生既草創是書而設門人弟子僅能傳寫若本而藏之巾衍未遑剞劂者今幾百年矣迺者嶺人士發論鳩財而經營

之屬宗魯亦與於諸名勝校讐之末而為弁一語自惟愚昧似甚何敢當是役然忝在外裔之列義亦有不容辭者遂便卒業而敬拜手復之曰嗚呼史豈易作也哉直書則善惡無所遁其情模寫則幽顯莫得逃其形袞鉞御於一字而帝王失其誅賞之權丹青炳於萬古而造化讓其賦予之能

故論者謂必有才學識三者俱長而後方可與語於此然若稽古昔如虞夏殷周之史雖不知作者爲誰而其見於壁經而渾粹灝噩者尚矣勿論孔子之修春秋游夏之徒不能贊一辭而朱子之修綱目門人之與聞者亦絶少此則大聖賢權度精切微妙有非常情之所可測而鄉所謂才學識三者又不

彙纂麗史序 三

足以言之也外是而作者非不多多而起考之歷代可見然皆莫足數惟司馬遷班固雖以其不聞於正學其是非有頗謬於聖人而其辭彪炳爾雅使人足蹈而手舞者果何物也是則必其爲大文章然後亦得流行於宇宙間而非拙匠可語嗚呼史豈易作也哉且以中國之大四海之廣人物之盛上下累千

年間其事若言之可記者宜如何其繁而卒皆網羅梳櫛幾於無餘憾尚如此今東國在海外卽彈丸一小邦耳而自檀君至新羅累千年間上焉者已屬洪荒便同結繩之世下焉者又文獻不足徵所謂通鑑若史略等書雖行於世而其文俱不堪讀惟麗史稍稍爲詳備而乃其事若言之可記者比之

彙纂麗史序 四

中國僅百分之一耳其不堪讀又如彼此其故又何也說者謂限於區域囿於風氣然天下莫尚者是吾道而東國圃隱退陶兩夫子接中國河洛之統史顧獨爾耶先生以博雅之學早聞洙閩纂修之旨又兼才與識二長於累千年之後隻眼足以洞千古有餘巨筆足以狀萬類無差故先是已依東史提綱

以見其槩而於麗史又復彙集纂爲如是左氏之深於史公穀之深於理胡氏與尹氏之斷而正先生豈無有之而乃其簡且雜却有過於彼焉將使學者亹亹而不知倦於是而用爲國家之龜鑑可戒者戒之可革者革之至其可取者固已幾矣然亦不害於尚取之則其有補於後世之治豈淺尠也哉豈自

彙纂麗史序　五

春秋綱目以後在東國則惟先生此書爲得筆削之正然竊觀其首尾體裁正似模倣於班氏史而班氏則爲附總論於其下以闡一部制作之意如司馬史之爲而先生否焉豈其未及也歟抑凡例已言之而亡待於更煩故耶大抵一治一亂天道之常也而其亂也久則其治也亦久故長夜晦冥之餘則必有永晝

之昭朗祈寒凜冽之後則必有盛暑之燠熱夫東國自檀君以來中間惟得箕子素君始有一治而其外都已無可言至若麗氏其創業垂統已與古昔帝王之道遠矣而降及後世駸駸乎入於夷狄禽獸之域豈累千年之間其亂之愈極至於如此則其啓我　聖朝億萬年休明之治不亦宜乎愚於此又未嘗不

彙纂麗史序　六

三復而歎信天道之不誣云爾晉陽鄭宗魯謹序

木齋家塾彙纂麗史凡例

一修史之法當先正其統體春秋魯史而記宗周列國之事且中朝歷代史法於外國興亡戰伐邊境分割皆在必書而東國史未嘗記中國之事此史家大綱領錯繆處故今稍變舊例宋金元興亡之際戰爭分裂頗爲備著以正史家之體

一春秋書法天王崩列國君卒告則書不告則不書宋自太祖至哲宗崩皆自密州牒報今依經例書之南渡以後訃告不至故不書或依左氏例書之臣事時書帝崩事金元時書宋帝崩此書法之標準也

彙纂麗史凡例　一

一高麗史凡例準元史而作諸志逐條列錄有同掌故儀注非作史之體今輒依歷代史法改撰諸志錯綜成篇五百年間天文地理禮樂兵刑沿革之制咸萃一篇提要備論其得失瞭然睹矣所以傳志之體與編年並立互相爲用不可偏廢

一諸名臣取其事同或功業名資相上下者裒類爲傳系以論贊悉依漢晉唐宋史法

一邊境得失係國大事如抱州州今義還遼屬高麗宋鑑錄之卽東國通鑑等書皆闕而不錄且如徽宗朝二醫往來事尤著明不可略而不書今悉依宋史書之

一東國被兵悉驗中朝史記根極其禍源而書之

一忠肅忠惠前後稱元麗史舊例尤錯今悉正之

一史家句法下字自有法例東人不曉敘事法門往往以俚語足之今輒竄易代下他字至於事係傳疑處不敢輒下一字杜撰其自他書添入者皆標其來處

一歷代史皆有外夷附錄今輒依之作契丹日本等傳

彙纂麗史凡例　二

一中朝兩漢晉南北朝唐宋修史皆以紀傳爲重如通鑑綱目非史官所作卽諸史紀傳檃括而就故其文燁然可觀東國雖有列傳其文俗而不典東國通鑑等書文第因之所以不逮中國史之爾雅也玆取列傳略加刪潤事增於舊十之一文省於前十之六以俟秉筆者掇入於編年策書勒成東國之大典焉

木齋家塾彙纂麗史卷之一

世家一

唐社既屋羅祚告終麗祖統三奄宅大東卻戎臣宋旣絶而通傳序致治靖金保疆國步中否倒持太阿黠髡介胄軒冕巍我世濟權凶弁髦神祚讋伏海島廟貌顚倒元帥殛逆還復舊物金張而蹶宋亂而覆

皇明威燀蒙寵于北國小而存大者先㠯入貢金陵正議孔揚楚歇亂平策誤攻遼運訖德盡旣於王瑤鳴呼陰雲廓而太陽昇　眞人作而禮教興作三十二王世家

太祖神聖王世家

太祖神聖王姓王氏名建字若天漢州松嶽郡人父隆雄毅有并吞三韓之志娶韓氏家于松嶽之南有道人至而歎曰此地出聖人就爲書授隆曰敬拜于未來大君子其辭祕世莫知也明年建生于其第紫氣繞室狀若游龍時乾符四年丁酉歲也及建年十七則道人又至請見曰足下値百六之會三季蒼生待公弘濟因告以出師置陣之法望秩感通之理當是時也唐室衰天下大亂而新羅削弱東土分裂甄萱據南州稱百濟弓裔據句麗之地都鐵圓國號泰封隆以郡歸于裔裔喜以隆爲金城太守隆說之曰大王欲王朝鮮肅愼卞韓之地莫如城松嶽以吾男建主之裔從之尋移都松嶽授建精騎大監命建伐廣忠清州悉平之授阿粲尋命建以舟師浮西海攻錦城郡拔之置羅州良州告急又命建救之及還裔問以邊事建陳安邊拓境之策左右屬目裔亦奇之

天祐元年甲子唐被朱全忠劫遷于洛陽二年乙丑裔還都鐵圓歲丙寅命建攻尚州與萱戰屢捷明年丁卯朱全忠簒唐稱梁帝裔欲并新羅呼爲滅都驕虐甚建懼思居外會裔授建大將軍往鎭羅州建推

誠撫士威恵並行將士咸奮陸海讋服次光州獲萱船之入吳越者擊珍島郡拔之萱圍羅州久不解建進兵救之萱列艦耀兵諸將色懼建乘風縱火燒萱艦急擊大破之萱以小舸遁歸建次潘南縣浦有壓海賊帥能昌善水戰號獺寇與葛草島賊謀候建至害之建謂諸將曰能昌聞我至若與島賊并力勝敗未可知也今善泅者甲輕舸夜伏葛草港口擒往來計事者以壞其謀可也遂遣之果獲一小舸乃能昌也送于裔裔唾昌面曰海賊之雄今爲俘虜豈非我神算乎乃斬之於是三韓之地裔有其二建之功也

加建波珍粲兼侍中召之水軍之務委副將金言而
征討之謀令稟建旨而後行建位冠百僚然非素志
且畏讒不樂居位每出入公門平章國計抑情謹愼
務得衆心好賢嫉惡出於天性見人被讒輒爲救解
裔好讒許訐日盛株累滿獄積年未決建訊之立別
眞僞讒兇伏辜物情稱快由是勳賢宗室智計儒雅
之流靡不愛慕悅服建懼禍及復求閫外乃命建領
水軍往羅州百濟及海寇聞其復至皆懾伏莫敢動
建還復命時弓裔恣行無道妻康氏正色以諫裔怒
燒鐵杵撞康氏殺之及其兩兒誣搆叛逆誅殺日數

百人將相大臣動輒遇害中外怨惴嘗忌名建入怒
目而視曰卿於昨夜聚衆謀叛何邪建顏色自若曰
烏有是裔曰卿莫紿我我能觀心故知也乃合眼負
手仰天良久掌奏崔凝方在側故墜筆下庭取之因
趨過建微語建悟乃曰臣實謀叛罪當死裔大笑曰
卿可謂直也取鏤金鞍賜之曰卿毋敢復誑我遂以
步將康瑄等副建增治戰艦百餘艘大船方十六步
上寫樓可馳馬復往羅州是歲南方饑盜賊起士卒
食半菽建盡心匡濟南徼無事時王侍中威德日盛
諸將密有推戴之意弓裔暴而有神識嘗異建屢欲

殺建而不果其意蓋欲弁羅濟而後遂殺也乃於貞
明四年夏六月丙辰奉封諸將立侍中爲王弓裔走
死先是唐商客王昌瑾買一古鏡懸於市日光斜映
隱隱有細字可讀其文曰三水中四維下上帝降子
於辰馬振法雷揮神電巳年中二龍見一則藏身青
木中一則現形黑金東先操雞後搏鴨運滿一三甲
白諸裔裔歎異之令宋含弘白卓許原釋之則曰辰
馬者辰韓馬韓也青木松也謂松嶽郡人可以爲君
主也王侍中有王侯之相殆是歟黑金鐵也今所都
鐵圓之謂也今主其滅於此乎操雞搏鴨者王侍中

御國之後先取雞林後收鴨綠之意也旣而相謂曰
如以實告王侍中必遇害吾輩亦族矣遂以他辭告
至是騎將洪儒裴玄慶申崇謙卜智謙等夜詣建第
夫人柳氏在諸將不欲令夫人聞其謀夫人起出諸
將乃曰宇縣分裂羣盜雲擾主上奮臂一呼遂有遼
左立國定鼎將二紀餘今不克終淫刑以逞殺妻撲
子誅戮大臣民墜塗炭籲呼神天商紂之惡不如是
之甚也廢昏立明天下大義儒等願奉明公行殷周
事侍中大驚作色曰建本忠義自許王雖暴亂敢有
二心以臣伐君斯謂革命湯武之擧所不忍聞延陵

李子曰有國非吾節也吾雖不德竊附於延陵之節諸將曰時難遭而易失天與不取反受其咎赤子不堪毒痛日夜喁喁屬望於公公功高者見忌權重則遭戮今之德望未有居公右者衆情所以危公也公若不從吾儕亡無日矣況昌瑾鏡文如彼豈有逆天違人而死於獨夫之手乎侍中拒之彌堅夫人竊聽之遽從帳中出曰舉義代虐從古而然今聞諸公之言妾猶思奮況大丈夫乎手提甲領而被之於是諸將扶擁而出黎明坐積穀上行禮訖令人馳且呼曰王公舉義旗矣國人聚於宮門鼓譟以待裔駭曰王公

得之吾事已矣微服出北門亡去內人淸宮以迎卽位於布政殿國號曰高麗改元天授以金行濤爲廣評侍中黔剛爲內奉令林明弼爲軍部令林曦爲兵部令陳原爲倉部令閻萇爲義刑臺令是皆稟端方之性建佐命之勳者也林積璵能駿權寔金堙崔汶素以淸謹稱故皆以爲卿蘇判宗佋等得幸弓裔誣陷良善及誅反者將軍桓宣吉伊昕巖皆誅之敘勳以洪儒等四人爲第一堅權等爲第二其第三等二千餘人王遂謂之曰朕與公等志切救民未克終守臣節以此爲功豈無慙德然而有功不賞無以勸將

來故有今日之賞於是禮遣逸納歸附賜百姓租民鬻子爲奴者錄一千口出內庫布贖良之徙民實平壤遣王式廉鎭之二年己卯春正月定都于松嶽之陽創宮闕置三省六官九寺立市廛辨坊里分五部置六衛三月刱十刹追謚三代曾祖考爲始祖祖考爲懿祖考爲世祖妣韓氏爲威肅王后三年春正月新羅王遣使來聘冬十月甄萱侵新羅來乞援王遣兵萱聞之引退四年春擊獲達姑狄由登州侵新羅者羅王謝之冬十二月册子武爲正胤五年冬幸西京六年冬十月唐主李存勗滅梁初存勗之父克用

於唐季與朱全忠相構鬪全忠代唐而克用王於晉天下分裂宋文通王岐楊行密王淮南王建王蜀稱帝錢鏐王吳越王氏據閩馬氏據湖南劉氏據廣是時天下多事不復與東國通獨吳越時與萱通問而吳越國文士有來高麗者王厚遇之克用卒存勗嗣全忠爲其子弑末帝立而梁亂是年四月存勗稱帝于魏州國號唐唐主引兵渡河入大梁梁主自殺梁亡契丹主阿保機稱帝開國至是八年矣七年秋萱遣子須彌康等侵曹物郡命將軍哀宣救之哀宣戰死郡人固守須彌康等失利而歸九月新羅王薨王遣

使甲之八年渤海國爲契丹所滅其大臣軍民相繼來奔冬十月遣征西大將軍庾黔弼攻百濟王尋自將及萱戰于曹物郡黔弼引兵來會萱懼乞和以外甥眞虎爲質王亦以堂弟王信交質以萱年長於王稱爲尚父而明年夏萱質子病死萱謂王殺之殺王信進軍熊津王命諸城堅壁不出曰吾非畏萱也俟其惡盈而自僵爾始遣張彬如唐莊宗爲亂兵所弑而李嗣源自鄴入立是爲明宗明年遣林彥如唐十年春正月王伐百濟龍州下之入運州攻熊州不克秋八月徇康州百濟諸城多歸附九月萱進襲新羅

彙纂麗史卷之一 七

高鬱府州求新羅告急王遣侍中公萱將兵一萬援之未至萱猝入羅都時羅王與妃嬪宗戚出遊鮑石亭聞兵至王與夫人走匿城南宮從臣伶官宮使皆被擒萱入王宮縱兵大掠索王置軍中逼令自盡强辱王妃立王表弟傅爲王盡取子女百工兵仗珍寶以歸王聞之大怒遣使弔祭親率精騎五千邀萱於公山桐藪大戰不利萱兵圍王甚急大將軍申崇謙金樂力戰死之王僅以身免冬十二月萱致書於王辭甚誇十一年春王答之曰足下見小利忘大義侵迫畿甸燒蕩宮闕斬戮君王汙辱中壼殖醢卿士虔

劉士民可謂元惡大罪浮於莽卓者矣僕怨極崩天誠深却日必期泜水營中雪張耳千般之恨烏江亭上成漢王一捷之功竟息風波永清寰海天之所助命將何歸秋八月萱使官昕城陽山王遣王忠擊走之取烏於谷城冬萱拔烏於谷將軍楊志明式等六人降于萱王集諸軍誅六人者妻子徇焉十二年秋七月萱以甲卒五千侵義城府將軍洪術戰死王哭甚悲冬萱圍古昌郡王自將救之十三年春正月王軍於郡北甁山萱軍石山相去五百步大戰至暮萱敗走獲侍郎金渥死者八千餘人報至新羅王遣使

彙纂麗史卷之一 八

請見王羅之東海州郡百十城來降冬幸西京剏學校十四年春二月辛亥王如新羅百官迎于郊相國于城外羅王出應門外羅王拜王亦拜羅王由左王由右揖讓而升王命諸臣拜羅王酒酣羅王流涕爲言甄萱左右皆泣王亦泣夏五月癸未王還都人士女感泣相慶曰甄氏之至如逢豺虎王公之來若見父母十五年夏五月西京大風王勑羣臣于天命之不易禍殃之可畏大星見東方十六年春三月唐遣太僕卿王瓊太府少卿楊昭業冊授王太保使持節玄菟州都督上柱國高麗國王授柳氏河東郡夫人

高麗王妃是時吳楊氏閩王氏皆已稱帝蜀王氏以萱入羅之歲而爲唐莊宗所滅孟知祥入蜀至是稱帝其後吳楊氏禪於徐氏自言唐後改姓李而稱南唐帝廣劉氏亦稱帝而王恪謹事中國自是除其天授年號奉後唐正朔冬十一月唐主殂十七年潞王從珂廢閔帝而自立夏五月王幸禮山鎭詔曰新羅政衰前主啓基及其季年毒流下民朕承危緒造此新邦經綸草昧不遑安處勞役瘡痍男婦未休流逋旣多號訴亦煩王親權勢之家亦安知不爲肆暴陵弱重困我赤子乎予以一身豈能家至而目覩乎公

卿將相各遣家臣無知者使其祿邑惟務割剝爾亦豈能盡知乎雖知而或不禁民有訴者爲官吏徇情掩護怨讟之興職競由此予嘗誨之欲使知之者增勉不知者能誠其違令者別行染卷猶以匿過爲賢不曾擧奏善惡之實予曷由聞知如此寧更有改過秉節者乎爾等遵我訓辭聽我賞罰有罪者罰及子孫功多罪小量行賞罰過而不悛追其祿俸若其志切奉公終始無瑕生享榮祿歿稱名家苗裔優霑慶渥百世仰爲令範不亦美乎宜爾諸臣體予至意秋七月渤海世子大光顯來九月王征運州與萱戰大

敗之熊津以北三十城來降萱有子十餘人第四子金剛長而多智萱愛之欲傳其位兄曰神劒良劒龍劒伊粲能奐與良及龍謀勸神劒作亂幽萱於金山佛宇（金山寺在金溝）殺金剛十八年夏六月萱奔羅州請朝遣庾黔弼由海路迎之及至復稱萱爲尚父賜食邑楊州冬十月新羅王金傅遣使請朝王遣侍中王鐵往報十一月甲午羅王遂發百官士庶皆行香卓寶馬亘三十里癸卯羅王入開京王備儀仗郊勞羅王入館於柳花宮以長女樂浪公主歸之己未羅王上書曰本國曆數已窮請以臣禮見不允羣臣奏曰天

無二日土無二王一國二君民何以堪宜如羅王之請許之十二月壬申御天德殿百僚畢會羅王庭見羣臣稱賀聲動宮掖於是拜傅爲政丞位太子上新羅國除爲慶州遣禮賓卿邢順等如唐十九年夏六月甄萱請曰老臣遠涉滄波來投聖化願仗威靈以誅賊子耳王初欲待時而動憐其固請乃從之遣正胤武將軍述熙領步騎一萬趣天安府秋九月王率三軍至天安府合兵進次一善郡（地志一年山郡今文義疑卽一善）神劒以兵逆之甲午隔一利川（一利川疑卽燕岐東津）而陣王與萱觀兵以萱及大相堅權領馬軍一萬大將軍能

達等領步軍一萬爲左綱大相金鐵洪儒等領馬軍一萬大將軍三順等領步軍一萬爲右綱大匡王順式王廉領馬軍二萬大相庾黔弼等領黑水達姑鐵勒諸蕃勁騎大將軍貞順宗熙金克宗等領步兵五千爲中軍大相公萱領諸城軍一萬援之三軍鼓行而前忽有白雲狀如劒戟起於師上向南而行百濟左將軍孝奉等見兵勢盛免冑降于萱賊兵喪氣王勞孝奉等問神劒所在曰在中軍王命大將軍公萱直擣中軍三軍齊進奮擊賊兵大潰虜將軍昕康等三千人斬級五千餘追至黃山郡今連山踰炭嶺駐營

馬城神劒良劒龍劒率文武官僚來降王勞之放還百濟將士誅能奐流良劒龍劒于眞州尋誅之以神劒僭位爲二弟脅宥其死於是萱憂懣卒於黃山王入百濟存問將士量才任用軍令嚴明秋毫不犯州縣安堵老幼呼萬歲唐河東節度使石敬瑭以是月舉兵叛遣使稱臣於契丹契丹主將五萬騎赴援立敬瑭爲帝國號曰晉是爲晉高祖唐主自焚死王旣定三韓則曰使爲人臣子者明於禮遂自製政誡一卷誡百僚書八篇頒諸中外二十年遣王規邢順如晉賀登極二十一年秋七月行後晉正朔二十二年

晉遣國子博士謝攀來冊王爲開府儀同三司檢校太師二十三年春更州府號冬建功臣閣畫三韓功臣於東西壁二十四年遣大相王申一如晉獻方物二十五年夏六月晉主殂冬契丹遣使遺槖駝五十王以契丹於渤海渝盟而滅之爲無道流其使于海島繫槖駝萬夫橋下皆餓死二十六年夏四月召大匡朴述熙授訓要十篇訓要曰我聞大舜耕歷山終受堯禪高帝起沛澤遂興漢業子亦起自單平謬膺推戴勞身焦思統一三韓叨居大寶二十五年身已老矣第恐後嗣縱情肆欲敗亂綱紀爰述訓要以傳諸後庶幾朝披夕覽永爲龜鑑其一曰我國家大業資諸佛護衛是用創立寺院差遣住持使各治其業後有姦臣執政徇僧請謁爭奪寺社切宜禁之其二曰諸寺皆道詵推占山水順

逆而創之詵云吾占定外妄加創造則損地德祚業不永朕念後世國王后妃朝臣各增創願堂亦宜禁之新羅之末競造浮屠損薄地德以底於亡可不戒哉其三曰傳國以嫡雖曰常禮然丹朱不肖堯禪於舜實爲公心若元子不肖者立次子次子亦不肖立其兄弟之中羣下推戴者俾承大統其四曰惟我東方舊慕唐風文物禮樂悉遵其制殊方人性不必苟同契丹戎虜之國風俗言語自別衣冠制度愼勿效焉其五曰朕賴三韓山川陰佑以成大業西京水德爲我國地脈之根宜四仲巡駐以致安寧其六曰燃燈所以事佛八關所以事天靈及五岳名山大川龍神也後世奸臣建白加減者切宜禁止其七曰人君得臣民之心爲甚難欲得其心要在從諫遠讒從諫則聖不信讒則讒自止使民以時輕徭薄賦知稼穡之艱難則自得民心國富民安古人云芳餌之下必有懸魚垂仁之下必有良民賞罰中則陰陽順矣其八曰車峴以南公州江外山勢背逆人心亦然彼下州郡人得與朝政與國戚連婚則或變亂國害或銜統合之怨犯蹕生亂者必有之矣雖其良民不宜使在位用事其九曰百官之祿視國大小已爲定制不可

(增減古典云以庸制祿官不以私若以無功親昵虛受天祿則不止下民怨謗其人亦不得長享福祿切宜戒之且強國爲隣安不可忘危兵卒宜加護恤量除徭役每年秋閱勇銳出衆者隨宜加授其十曰有國有家儆戒無虞博觀經史鑑古戒今周公大聖無逸一篇進戒成王宜將圖揭出入觀省十訓之終皆結以中心藏之四字嗣王相傳爲寶)五月王不豫謂羣臣曰漢文帝云死者物之自然奚可甚哀前古哲王秉心如此予今視死如歸有何憂也漢文之言卽予意也丙午大漸御神德殿命學士金岳草遺詔園陵制度依漢魏二文故事薨在位二十六年壽六十七謚曰神聖廟號太祖葬松嶽西顯陵王龍顏日角寬仁愛人性明達多大度化家爲國統合三韓克成世祖之志其爲治

以正朝廷爲務創法定制規模宏遠賞罰明而信節儉樂善頗好儒術然於聖人之學未之契也其制作燕貽不合先王之道者蓋多矣自以有國爲佛力述訓要其書多道佛事君子惜之以爲盛德之累云

李齊賢贊曰忠宣王嘗言我太祖規模德量生於中國當不下宋太祖宋祖事周主盡力陳橋之變迫於羣情蓋出於不得已也我太祖事弓裔以不世之功處必疑之地國人歸心將士推戴然猶固讓欲徇延陵之節弔伐之事亦豈得已哉至若藝祖以江南李氏比之鼾睡臥榻則石晉所賂蓋視爲囊中物旣取北漢將長驅以定之耳我太祖當金傅不賓甄萱未虜屢幸西都親巡北鄙其意亦以東明舊壤爲吾家青氈必席卷而有之豈止操雞搏鴨而已哉其創業垂統固宜一揆矣忠宣聰明好古中原博雅之士如王構閻復姚燧蕭㪺趙孟頫虞集咸遊王門蓋嘗與之尚論也

惠宗義恭王世家

王名武字承乾太祖長子也母曰莊和王后吳氏(後梁乾化二年壬申生)太祖欲立武爲嗣以吳后側微恐不得立乃取故笥盛柘黃袍賜后后以示大匡朴述熙述熙請立武爲正胤從討百濟功第一太祖薨嗣位

元年晉遣韓玄珪金廉如晉時出帝立景延廣用事嫚語絕契丹丹主怒自將南侵晉擊敗之王遣使賀

二年晉遣范匡政張季凝冊王授持節玄菟州都督上柱國初大匡王規譖王弟堯及昭有異圖王察其誣遇二弟益篤規謀奉甥廣院君爲變嘗夜遣盜入臥內將弒王王覺手斃盜至是崔知夢奏流星犯紫微應有急兵王自神德殿潛徙重光殿規果率其黨鑽壁而入寢已空規見知夢拔劍罵曰必汝謀也乃退王亦不復問王有偉度智勇絕倫自是多疑忌常以甲士

自倚喜怒無常中外愁惴秋九月薨在位二年壽三十四諡曰義恭葬順陵

李齊賢贊曰王規之譖二弟卽羽父求太宰之意也惠宗不能討其免於篡弑之禍可謂幸也時去太祖棄代甫耳規之不義而得衆已能如漢魏之曹馬邪其未有以殄之何也嗚呼小人之難遠也如此可不戒哉（按國君薨之明年正月嗣君告廟卽位禮也故孔子作春秋備禮則書卽位不則削太祖以丙午日薨而是日惠宗卽位何其亟也舊史書卽位今削之）

定宗章敬王世家

王名堯字天義太祖第二子母曰順聖王后劉氏（太祖六年癸未生）初惠宗疾篤堯密與西京大匡王式廉謀應變而述熙亦畏規擁兵以備之惠宗薨羣臣奉王卽位王疑述熙有異志流于甲串規輒矯殺之遂謀亂式廉引兵遽至規不敢動乃斬規誅其黨三百餘人時契丹主大舉南侵執晉主入大梁欲自帝中國尋北還而河東節度使劉知遠稱帝於太原是爲後漢王好佛奉舍利步十里所議移都西京創宮闕徙都民而實之怨讟斯興三年秋王御天德殿受東女眞朝雷震殿角王驚不豫赦四年春疾篤召母弟昭內禪薨在位四年壽二十七葬安陵

李齊賢贊曰定宗以人君之尊徒步奉佛而一遭天譴惑心生疾所謂求福不回者亦嘗聞其說邪疾旣大漸延入令弟親授神器以杜覬覦是可嘉也已（按定宗光宗爲王子時必有稱號而史闕云）

光宗宣烈王世家

王名昭字日華定宗母弟（太祖八年乙酉生）受內禪卽位元年春正月建元光德是歲漢侍中郭威代漢是爲後周而漢祖弟崇稱帝於太原爲北漢三年遣侍郞徐逢如周四年周遣衛尉卿王演等來冊王爲檢校太保使持節玄菟州都督兼御史大夫五年春周主殂晉王柴榮立六年遣侍郞荀質賀卽位七年周遣將作監薛文遇來冊王太師令百官衣冠從華制大理評事雙冀從文遇來王表請留以冀爲翰林學士九年用其言設科取士十年遣使如周進別序孝經一卷越王孝經新義八卷時周主英武憤中國日蹙自高平破北漢後慨然有削平海內之志南征屢敗唐兵唐主懼奉周正朔至是周主殂十一年春正月周遣點檢趙匡胤帥師禦漢至陳橋驛軍士宣言冊點檢爲天子擁匡胤還汴受周禪國號宋十三年冬遣廣評侍郞李興祐如宋十四年冬十二月宋冊命使

時贊來自是行宋年號十六年二月立子伷爲王太子內史諸軍事十九年戊辰宋開寶元年二十三年遣侍郞徐熈如宋帝賜王推誠順化功臣號授熈檢校兵部尚書二十六年夏五月王薨壽五十一王卽政之初禮遇羣臣明於聽斷讀貞觀政要恤貧約重儒雅其治有足觀者迨其中歲信讒好殺酷信佛法侈汰無節謚曰大成葬憲陵

李齊賢贊曰光宗用雙冀設科取士有以見光廟之雅惟其倡以華藻之文後世不勝其弊云

景宗成穆王世家

王名伷字長民光宗長子也母曰大穆王后皇甫氏（光宗六年乙卯生）十一歲立爲太子光宗薨嗣位下制還流竄拔淹滯蠲欠債減租調毀假獄焚讒書中外大悅

元年丙子宋開寶九年（十月以後太平興國元年）帝遣左司禦于延超司農丞徐昭文冊王太傅冬十月帝崩帝仁孝有大略剗湖南漢蜀唐次第削平而太原吳越皆納款禮樂文物復漢唐之舊在位十七年改元者三曰建隆乾德開寶至是有疾召晉王光義入侍帝遂崩光義立改元太平興國王遣使賀卽位始定田柴科遣子弟如宋入學三年夏四月樂浪王金傅卒四年帝遣閤門祇候王僎冊王侍中六年夏六月王薨遺詔曰正胤開寧君國之親賢必能奉訓保國家咨爾公卿敬保我介弟綏我大邦寡人每覽禮經至男子不死婦人之手未嘗不臨文歎仰左右嬪御其令屛去王溫惠不好戲晚更以耽樂爲事疎遠莊士由是政敎衰壽二十六葬榮陵

李齊賢贊曰孟子曰仁政必自經界始太祖繼新羅衰亂泰封奢暴之後萬事草創日不暇給止爲口分之法歷四世景宗作田柴之科雖有疎略亦古者世祿之意至於九一而助什一而賦則不暇論也後世

廑欲理之終於苟而已惜乎當時羣臣未有以孟子之言講求法制啓迪而力行之也

木齋家塾彙纂麗史卷之一

木齋家塾彙纂麗史卷之二

世家二

成宗章憲王世家

王名治字溫古父曰旭太祖第六子也母柳氏光宗十一年庚申生景宗元年以黃州院郎君加元服號院爲明福宮六年封開寧君爲正胤景宗薨卽位追謚先考爲戴宗柳氏爲宣義太后元年壬午爲太平興國七年春三月定官制詔令五品以上上封事遣侍郎金昱如宋秋九月契丹主死子隆緒立母蕭氏專國事二年春正月辛未祀天于圜丘乙亥耕籍田以崔承老爲平章事二月置十二牧三月帝遣光祿卿李巨源將作監孔維冊授王太保使持節玄菟州都督王受冊赦博士任老成至自宋獻太廟社稷文宣廟圖定三省六曹七寺秋七月明福宮夫人皇甫氏卒戴宗母也上謚曰神靜太后三年春三月雩四年帝遣王著呂文仲授王太傅尋遣監察御史韓國華諭王起兵會伐契丹初藝祖欲厚賂契丹使北竄不聽便擊之未果遂崩帝旣立亦其蓄曰多貯安用以景宗四年春伐北漢破降之欲乘勝取幽薊諸將以師罷不欲行崔翰曰所當乘者勢也帝意決東遂發太原降

易州涿州六月進次幽州城南分兵四面攻城耶律學古時守燕悉力禦之不能支遼主遣耶律休哥救之與斜軫分左右翼以進帝大敗引師南還休哥追至涿州帝急乘驢車走免翼年冬遼主自將侵宋帝自將禦之戰休哥於莫州敗績會遼主引去帝欲遂取幽州李昉張齊賢皆以爲不可至是詔諭王曰朕誕膺丕構奄宅萬邦華夏蠻貊罔不率從蠢茲北虜侵敗王略幽薊之地中州土疆晉漢多故戎醜盜據今國家照臨所及書軌大同豈使齊民陷諸獷俗今已董齊師旅分道閒出卽期誅翦以慶混同惟王久慕華風效忠順之節可申戒師徒迭相犄角同力盪平戡此垂亡之虜王其圖之王受詔猶豫不敢出決語國華諭以威德王始許之先是女眞貢馬于宋誣高麗與契丹通韓遂齡之如宋也帝出女眞木契以示王聞之懼遂謂國華曰女眞貪而多詐之虜也曾被遼人搶掠跳竄小邦悉加資贍衛送反譖師奄至殺害邊民以其世事中朝不敢報怨豈期反相誣告以惑天聰契丹介居遼海之外復有二河之阻行李不通迄逾百年而小邦世稟正朔瀀荷寵靈敢有二心交通外國乎女眞其受小邦官者在乞召至闕下令

與貢使對辨區區衷懇達於天聰小邦之願也國華
曰諸遼還五年春帝遣曹彬米信田重進潘美楊業
等伐契丹諸將所至克捷兵勢大振曹彬入涿州耶
律休哥不肯出戰夜令輕騎掠其單弱晝則以精銳
張其勢設伏林莽以絶宋粮道彬食盡退師雄州休
哥以輕兵薄宋師彬結方陣塹地而行與米信會會
契丹主太后將兵應援賜休哥杓窊印以督戰宋師
敗績于岐溝夜渡拒馬河溺死不可勝計彬信南趨
易州休哥引兵遽至宋師瀕沙河而爨聞之驚潰死
者過半沙河爲之不流而潘美爲耶律斜軫所敗楊

業死之雲應朔州復陷契丹主乘勝長驅而南遂陷
深邢德三州殺官吏俘獲而去張齊賢敗遼兵于土
鐙堡是時宋師輕舉深入屢致敗衂河北騷然宋家
兵力遂弱矣帝乃下詔自悔釋敗潰將士之罪而高
麗竟不敢發兵西會契丹遣使請和改詔曰教六年
教十二牧各遣經學博士一員七年左補闕李陽上
疏請王后親蠶遂行之冬十月帝遣禮部侍郎呂端
左諫議呂祐之冊授王太尉(是年正月帝親耕籍田推恩百官乃遣使冊王)
八年敎褒大學助敎宋承演羅州博士全輔仁擢用
之夏四月營大廟五月侍中清河侯崔承老卒秋彗

見赦(宋亦大赦)尹繼倫大敗耶律休哥于徐河九年夏帝
遣柴成務冊王推誠順化功臣詮孝子孫順興車達
兄弟朴光廉趙英咸氏鄭氏崔氏閭人賜穀百石銀
盂二事彩段六十疋無職者官之有職超十等授光
祿大夫冬十月幸西都問高年賜所經邑稻九千餘
石十二月封姪誦爲開寧君置書院於西京十年遣
安慰使諸道立社稷冬十月幸西都父老有獻牛酒
者受其酒還其牛逐鴨江西女眞於白頭山外居之
帝賜大藏經遣翰林學士白思柔謝賜經及御製十
一年帝遣劉式陳靖冊王太師冬十二月令州縣廣

營學舍給田庄太廟成十二年春敎曰殷以十二君
爲六代唐以十帝爲九室兄弟一行禮文斯在宜奉
惠定光主通爲一廟秋八月女眞報契丹來不信報
再至以朴良柔爲上軍使徐熙爲中軍使崔亮爲下
軍使軍于北界王欲自禦之幸西京進次安北府契
丹蕭遜寧已破蓬山郡王乃還遜寧聲言大朝統一
四海奄有句麗舊地爾國侵犯疆界迄未歸附亟行
納款毋涉淹留移書云八十萬兵至矣熙得書還奏
有可和狀王遣監察李蒙戩如丹營請和蒙戩詰兵
由遜寧曰汝國不恤民事是用恭行天罰欲和則宜

速降王會羣臣議或言令重臣率士降或言割西京以北與之便王將割地徐熙奏曰光宗逐生女眞置嘉松二州今契丹之來其志欲取此爾聲言取句麗舊地者實恐我也三角山以北亦句麗地彼欲得之可盡與乎况割地與敵萬世之恥願駕還都城臣等一戰然後議之未晩也御史李知白曰聖祖創業垂統洎于今日無一忠臣遽欲以土地與敵國乎請以重寶賂遜寧以觀其意可也與其割棄先王之土以偸安目前曷若復行先王八關燃燈不爲他方異法以保國家致太平乎王然可時王樂慕華風國人不

喜故知白及之王遣徐熙如丹營熙辭氣嚴重辨裁明暢遜寧心異之以聞于丹主許輸平遂罷兵十三年契丹置五城於鴨江西令高麗於江東聯壘以通貢路夏四月禘于太廟躋戴宗五月遣朴良柔如契丹而遣元郁如宋乞師以報前年之役帝以北鄙甫寧而李順陷成都趙保吉寇靈州中國多事故不許出師優禮遣還遂與宋絶進妓樂于契丹却之十四年定十道置十二軍十五年契丹遣人冊授王尚書令夏鑄鐵錢十六年帝崩在位二十二年改元者五曰太平興國曰雍熙端拱淳化至道辟居正沈倫趙普宋琪李昉呂蒙正張齊賢呂端等相繼爲相帝好文守成有帝王之略然致一弟二姪俱不得其死後世不能無憾焉太子元侃即位更名恒是爲眞宗皇帝王幸東京不豫九月還疾大漸召開寧君誦傳位平章事王融請赦王曰死生在天何至釋有罪枉求延命乎薨壽三十八葬康陵

李齊賢贊曰成宗立宗廟定社稷贍學田以養士賓孝節以美俗未老而樹繼嗣爲國家之慮長矣臨絶而惜肆赦達死生之理明矣所謂有志而可與有爲者非邪烏乎賢哉

穆宗宣讓王世家

王名誦字孝伸景宗長子也(景宗五年庚辰生)母曰皇甫氏戴宗女景宗納從姊生誦景宗薨誦方一歲故不得立成宗無嗣育于宮中年十二封開寧君至是受內禪即位尊皇甫氏爲王太后居千秋殿攝政世號千秋太后元年戊戌爲咸平元年太保內史令徐熙卒二年契丹來冊王遣吏部侍郎朱仁紹如宋仁紹謁帝陳契丹逼制狀帝賜詔還之契丹主侵宋四年王幸中原府五年趙保吉陷宋靈州六年千秋后逼大良君詢爲僧有金致陽者后之外族也許祝髮出入

千秋宮與后通成宗杖而流之王旣立召授閤門舍人驟遷至右僕射致陽秉政而后居中用事列植親黨權焄一國臺榭園池窮極瓌麗致陽處其中日夜遊戲中外恥駭於宮城北隅立十王寺其圖像奇怪難狀致陽潛懷異志以求陰助銘其鍾曰當生東國之時同修善種後往西方之日共證菩提王欲黜之恐傷母志不敢也王無嗣后私致陽而有子圖爲王後時太祖諸孫皆亾獨詢在后忌之逼詢出家居之三角山中 七年 冬契丹主奉蕭后南侵次于澶淵宋師多敗中外震駭羣臣請帝幸西南平章事寇準勸

帝親征十二月帝至澶州南城望見契丹軍威衆皆懼準力請渡河張御蓋於北樓三軍踊躍聲聞數十里契丹氣奪準欲擊之帝議和許歲幣三十萬南朝爲兄北朝爲弟各解兵而歸 八年 東女眞寇登州 九年 彗見 十年 契丹冊王推誠奉聖功臣瑞山湧於耽羅宋王欽若得天書于奉山 十二年 王有疾不聽政西北面巡檢使康兆舉兵叛廢王而弒之流太后于黃州迎大良君卽位初太府油庫灾延燒千秋殿王驚愼成疾久不視朝參知政事劉瑨中樞院使崔沆給事中蔡忠順等直銀臺李周禎劉忠正庾行簡卓思政河拱辰等直宿於内侍郎崔士威守大定門宮城戒嚴宰臣請入問疾不許千秋后與金致陽度王疾不起爲謀益急后遣人毒詢詢究地而免致陽布腹心於忠正使爲内應忠正曉譬拒之上書告其謀而詢亦密書白狀王召忠順入卧内辟左右語曰聞外間有覬覦者卿頗聞乎忠順唯唯王取枕中書二封示之乃忠正及詢狀也忠順奏曰事急矣宜早圖之王曰朕疾轉危毒卿與崔沆素懷忠義宜盡心匡扶使社稷不屬異姓忠順出以語沆沆舉手曰上意如此社稷之福也忠正遣人謂忠順沆曰姦黨伺隙

宗社綴旒脫有不諱宜以太祖孫爲嗣忠順陽驚曰太祖孫安在曰大良君是也忠順曰惟命忠順沆詣忠正定議密奏王遣宣徽判官皇甫俞義迎詢于神穴寺王曰予將親授大寶亟取詢來疾若瘳依成廟對朕故事遂命忠順草與大良君書王力疾研墨忠順曰臣自研而書王曰意忙不覺勞也書成授俞義往李周禎庾行簡致陽黨也王慮事泄戒忠順勿令行簡知黜周禎權授西北面副巡檢當日發遣而急徵康兆入衛兆承命至龍川驛内史魏從正掌書記崔昌會坐事黜溶怨朝廷常欲構亂至是俱謁兆紿

言上疾已無可爲太后謀危社稷以公握重兵在外矯召公公宜亟還本道舉義旅匡定王室時不可失兆然之歸營會中外傳王已薨太后忌兆來遣人守岊嶺道不通兆父患之爲書密報王薨兆得書遂與副使李鉉雲等領鎧騎五千至平州聞王在兆莫知所爲諸將曰業已來勢不容止兆遂決意廢立別遣監察金應仁往迎大良君是日俞義及應仁俱到神穴寺兆請王出御歸法寺請誅行簡等王曰已諭鉉雲領兵入迎秋門大譟王驚懼執行簡送于兆卓思政河拱辰皆奔于兆兆至大初門據胡牀崔沆出自

省中兆起揖沆曰於古有此不兆不應王與太后號泣出宣仁門蔡忠順劉忠正皆步從兆坐乾德殿軍士呼萬歲兆驚起曰嗣王未至是何聲也俄而俞義等奉大良君至遂即位兆廢王爲讓國公斬致陽父子及行簡流周禎等于海島王使沆覓騎於兆送一馬太后乘之王執鞚而行典御袍換食而進兆召還沆等王謂沆曰予之不德夫何怨但願歸老于鄉耳卿可善輔新君遂向忠州至積城縣兆遣尚藥金光甫進毒王不肯飮光甫謂中禁安霸曰兆言不能進毒可令禁軍行大事不爾吾與若族矣夜霸等弑之

以自刎聞壽三十踰月火葬縣南謚以宣靈廟號愍宗臣民痛憤而顯宗未之聞也至契丹問罪始知顯宗三年移葬城東義陵廟號穆宗

李齊賢贊曰慶父犯禮於魯不韋嫁禍於秦齊桓尸晏始皇轀轊何救萬世之恥哉穆宗不戒覆轍防閑於初子母俱罹其殃社稷幾至於亡烏乎宣讓之不幸也抑非不幸也

顯宗元文王世家

王名詢字安世父郁太祖第七子母皇甫氏戴宗女景宗后也成宗十一年壬辰生景宗薨后出居王輪寺南第后

夢登鵠嶺旋溢國都鎔爲銀海諗之曰者云有男而有國之象也后笑曰未亡人安得有子時郁第與后居近郁遂與后通有娠彌月人莫敢言后宵詣郁第侍婢取積薪火其宮欲因而發后陰事成宗驚果往遂告以實后慚啼亟還纔及門胎動攀柳枝產詢而卒成宗流郁於泗水縣擇姆鞠詢郁工文辭精於地理竟卒於泗水穆宗封詢爲大良院君太祖諸孫皆夭獨大良君在千秋后忌之逼令祝髮居之三角山神穴寺時號爲神穴小君寺有僧奇詢狀貌穴地於室藏詢其中上置臥榻以防不測千秋后遣人毒餅

遺詢必求面小君飯僧紿曰小君遊賞不知處旣去取餠飯烏烏斃死及俞義等至僧疑爲致陽黨不肯告詢處俞義具道所以迎立意遂奉以還二月己丑卽位於延寵殿追謚考爲安宗皇甫氏獻貞王后元年庚戌爲大中祥符三年契丹主聞康兆廢穆宗弑將舉兵討之遣給事中梁炳大將軍耶律允來問前王之故（遼使具官嘉問罪之辭也）其遣平章事陳頔知契丹初河拱辰柳宗嘗擊東女眞敗恨之至是女眞人來朝宗殺之和州館女眞訴于契丹丹主愈益怒王以參知政事康兆爲行營都統使右僕射安紹光爲都兵馬使

崔賢敏爲左軍使李昉爲右軍使朴忠淑爲中軍使崔士威爲統軍使李鉉雲張延祐盧頣等副之領兵三十萬軍于通州十一月契丹主將步騎四十萬號義軍渡鴨江圍興化鎭楊規李守和等固守不可下丹主解其圍屯二十萬于麟州南以二十萬進至通州軍于銅山下康兆引兵出通州城南分軍爲三忽見穆宗立其後叱曰奴休矣天伐可逃耶兆脫冑跪稱死罪言未訖丹兵至縛兆氈裹而去鉉雲亦被擒丹兵乘勝追奔數十里斬首三萬級於是長驅而進左奇軍金訓等伏兵于緩項嶺（當牢嶺在定州西十五里卽緩項緩項嶺

在博川境龜城直路）執短兵突出敗之丹兵陷郭州肅州進攻西京王聞西京急命智蔡文將兵援之未至契丹遣降者諭西京留守元宗奭等已修降表蔡文急引兵入西京誅降者焚表文丹兵至蔡文輒敗之會卓思政夜遁大道秀降于丹兵城中潰亂推統軍錄事趙元爲主收潰卒閉壘固守蔡文奔還報西京敗狀羣臣議降姜邯贊勸王南幸壬申王宵至積城縣衛士纔五十人丹兵攻西京不拔解圍而東二年春正月乙亥入京城焚燒宮廟屋廬皆盡王至昌化縣縣吏構亂犯行宮使人呼曰河拱辰將兵來矣蔡文射却

之遲明蔡文往跡盜道遇拱辰詰之果非拱辰所爲也遂遣拱辰高英起往丹營奉表請和王次廣州失二后所之蔡文尋之饒吞驛得以玄德后有娠遣歸后鄕善州王次公州節度使金殷傅備禮郊迎獻衣帶土物至巴山御廚闕膳殷傅又進膳著至參禮驛節度使趙容謙野服迎駕謀欲止王挾以號令與李載崔楫柳僧虔等揷白幟鼓譟而進蔡文閉門堅守賊不能犯明月召容謙至將殺之宥還全州拱辰至丹營丹主問曰國王安在曰適江南曰江南幾里曰萬餘里矣追兵乃還丁亥王入羅州夜候吏誤報丹

兵至王大驚將出走已而詗之乃拱辰報虜退狀也癸卯契丹渡鴨綠江引去王還次公州納后金氏殷傅女也丁卯入京都將修睦于契丹發得乾之蠱遂遣郎中王瞻如契丹謝班師竄趙容謙柳僧虔等論康兆黨流卓思政朴昇崔昌魏從政康隱于海島耽羅乞依州郡例賜朱記許之三年春女眞三十姓子弟來貢馬東女眞寇淸河姜民瞻擊走之契丹主詔王親朝遣刑部侍郎田拱之告王疾不能來丹主怒詔取興化通州龍鐵郭龜六州日本人來契丹改統和爲開泰女眞引丹主兵將渡江金承渭却之契丹

彙纂麗史卷之二 十三

來索六城修國史五年春彗見于五車鐵利國貢馬陳頔李禮均河拱辰皆被拘拱辰見殺遙授頔平章事秋八月遣內史舍人尹徵古如宋乞歸附帝詔館于登州冬契丹遣詳穩蕭敵烈來侵通州鄭神勇周演等擊敗之斬七百餘級溺江死者甚衆十一月上將軍金訓崔質等作亂流張延祐皇甫俞義自庚戌用兵以來軍額增百官俸祿不給俞義與中樞張延祐建議奪禁軍永業田以充俸由是衛士咨訕會將軍崔質以軍功累拜上將軍以不得文階爲憤懟遂與金訓朴成李協李翔石邦賢等謀以奪田激衆怒

率諸衛士作亂入禁中縛俞義捶扶垂斃詣閤請罪俞義王懼而從之除延祐俞義名遠配於是武臣用事悍竪擴卒並帶文階而列於臺閣朝綱大紊中外痛憤時王可道自和州秩滿還潛懷匡正謂日直金猛曰王何不效漢高雲夢之遊乎猛喻其意密白王納之以可道嘗爲西京掌書記得衆心卽授西京留守判官令趣往設備明年王幸西京宴羣臣於長樂宮伏甲乘訓等醉擒而誅之夷其黨召還俞義等契丹造橋於鴨綠江夾橋東西結壘遣將攻之不克丹兵圍興化鎭擊却之侵通州龍州遣耶律行平來索

彙纂麗史卷之二 十四

六城執之契丹攻通州將軍鄭神勇出擊死之進攻寧州敗退高積餘追擊而死虜判官王佐而去七年耶律世良侵郭州我士死者數萬人契丹使到鴨江不納而遣民官侍郎郭元如宋乞援會女眞亦訴契丹帝以契丹旣受盟難於答辭學士錢惟演草詔曰念卿本道固滯彰於懷思睠乃隣封亦久從於盟好所期輯睦用泰黎烝帝覽之喜曰如此則雖契丹見之不妨仍勑元遊開寶寺令館伴張師德與元登塔密諭曰彼儲胥櫛構皆軍營也皇帝神武中國一統寰海日以操練爲事以備北方天子尚如此況貴國

與之連壤結好息民是良圖也是歲復行大中祥符年號八年遣刑部侍郞徐訥如宋九年定安國來貢以姜邯贊爲西北面行營都統使冬十二月契丹蕭遜寧領十萬衆入寇以邯贊爲元帥姜民瞻副之帥師二十萬八千屯寧州進至興化伏萬騎谷俟大敗之遜寧引兵趣京都民瞻追敗之慈山趙元又敗之馬灘十年春正月遜寧到新恩距京城百里王命撤城外清野以俟遜寧齎書報回兵潛遣候騎至金郊驛夜遣兵掩殺之遜寧退師二月己丑邯贊邀戰於龜州東郊大敗之丹師北追至八嶺川僵尸蔽野獲

甲騎兵仗不可勝計論者謂用兵以來此爲武功第一邯贊爲侍郞平章事秋八月遣禮賓卿崔元信如宋賀正十一年春遣李作仁奉表如契丹請稱藩納貢歸耶律行平契丹使韓紹雍來金猛如宋冊子欽封延慶君十二年鐵利國表請歸附十三年庚戌春二月帝崩帝寬仁慈愛有帝王之量然好奉道敎東封西祀以神道設敎向敏中畢士安王旦皆賢相改元者五曰咸平景德曰大中祥符曰天禧乾興太子立是爲仁宗皇帝契丹遣蕭懷禮冊王尙書令韓祚還自宋帝賜聖惠方乾興曆冊延慶君爲王太子十

四年契丹冊太子國公十五年夏五月丁亥朔太史奏日食不應時旱甚民有聚而籲呼者王晨起聞其聲齋沐焚香露立祝天曰寡躬有罪天降之罰萬民有過寡人亦當之遂大雨秋大食國人來十六年女眞阿骨陁老來朝十八年松嶽崩十九年王后金氏薨謚元成二十年千秋后皇甫氏卒命異膺甫皇甫俞義黃周亮王可道等築開京羅城可道令人持傘環立自登高爲進退之均其闊狹以定城基契丹東京将軍大延琳渤海始祖祚榮之七代孫也叛契丹建國曰興遼引女眞攻契丹屢遣使齎表乞濟師王

不許郭元請取鴨江東城不克發疽卒至是契丹破興遼東京復王遣使賀女眞獻戈船楛矢二十二年夏五月辛未王薨于重光殿壽四十王幼聰悟仁惠長敏學工詞翰凡耳目所經一不復遺忘葬宣陵

崔冲贊曰千秋淫荒潛圖傾奪穆宗知民心之歸大良遠馳使命授以神器俾固本支傳稱天將興之誰能廢之者詎不信歟李齊賢曰崔冲之言世所謂命也人君恃有天命縱欲敗度雖得之必失之是故君子理思亂安思危愼終如始以對天休如顯宗所謂吾無間然者乎

德宗敬康王世家

王名欽字元良顯宗長子也母曰元成后金氏(顯宗七年丙辰)生七歲立爲太子明年契丹封高麗國公顯宗薨王居翼室朝夕哀臨契丹主殂遣柳喬金行恭如契丹王可道奏契丹雖通好然幷呑之志未已也今駙馬匹梯叛據東京宜乘此時請毁鴨綠橋歸我行人不聽而絶之我則有辭乃附表請之契丹不從王命羣臣議皇甫俞義等以爲不如繼好息民徐訥等曰彼旣有違言絶之便王遂停賀正使元年壬申爲明道元年契丹使來不納二年命平章事柳韶置北境

關防起自鴨綠入海處東跨威遠興化靜寧雲孟朔等州抵靜邊和州(今永興)延袤千餘里是役也契丹來爭校尉邊巨奮身先登卻之以功授中郎將韶請取丹城訥俞義及黃周亮崔齊顔崔冲等皆曰不可王可道固請出軍王命卜於太廟師不果出三年秋九月王薨於延英殿壽十九王生而岐嶷旣長踏塼塼輒破人謂德重而然葬肅陵

李齊賢贊曰世傳德宗朝鳳儀於威鳳門羣烏噪之鳳乃去國人憎烏少長持弓彈射德宗一代京城無烏夫鳳羽族之長也爲烏所嚇豈曰鳳兮蓋有異烏來萃耳德宗居喪盡孝爲政不改父之道任用舊臣朝廷淸明百姓樂業雖微鳳烏尊號曰德不亦宜乎

靖宗康獻王世家

王名亨字申照德宗母弟也(顯宗九年戊午生)五歲封平壤君至是受顧命卽位元年乙亥爲景祐二年夏契丹來遠城使牒興化鎭曰貴邦臣事上國積有年紀昨因伐罪之年致阻來庭之禮兇醜旣翦合輸舊好而累石結寨遮礙大路未聞劒閣之中別有金牛之徑乎當郡最近仁封故敢私布之寧德鎭回牒云竊念當國於延琳構亂之初道途艱阻行李寢稀東京旣

復專价稱慶先皇帝之昇遐也左丞柳喬賓赴會葬今皇帝之繼統也給事中金行恭乘傳往賀然則平遼以來冠蓋相望于路豈可謂致阻來庭之禮乎設險自守有國之常非所以致大邦之疑而勤執事之問者也昨緣使价六輩被拘館人宣定兩鎭見攘邊吏屢行陳請佇垂俞許而微虔莫孚以迄于今尙蒙大邦放我行人歸我侵地則不腆土宜其敢後於諸國冬十二月祔德宗於大廟黃周亮請祧惠定光主藏于祖廟西壁劉徵弼言三宗親未盡不必遷周亮堅執前議徐訥曰魯以諸侯昭穆之外別有世室三

宗不可遷遂從之三年春二月彗星五出獲女眞之通契丹者罪之秋來遠鎭奉丹主旨牒告曰高麗欲修貢貢合先上表苟驗至誠別頒俞命王命侍中徐訥等十四人議皆請遣使修和於是遣殿中監崔延嘏奉表如契丹回詔云先國公方屬嗣藩遂稽任土近覽奏章備形誠懇予切嘉歎勉思求圖五年遣庾先如契丹請罷鴨江東築壘不許契丹來冊王六年春正月朔日有食之時爲康定元年富弼請罷宴執政不可旣而聞契丹撤樂仁宗悔之冊王后韓氏七年彗出東方長三十尺八年契丹使王永言來初趙

保吉之孫元昊據有夏銀瓜肅之地阻賀蘭山爲固僭號夏皇帝入寇宋遣韓琦范仲淹禦之宋師多敗西鄙騷然契丹幸宋有西夏之撓遣泛使求世宗所取關南地宋以富弼報聘弼見丹主曰兩朝人主父子繼好垂四十年一朝求割地何也丹主曰南朝違約塞鴈門增塘水治城隍將何以爲羣臣請擧兵而南吾謂不若遣使求地求而不獲擧兵未晩弼曰北朝忘章聖之大德乎澶淵之役苟從諸將言北兵無得脫者晉末帝昏亂故契丹專師獨克然士馬物故太半今中國法令修明精兵百萬北朝用兵能保其

必勝乎通好則歲幣盡歸人主若用兵則利歸臣下而人主任其禍故勸用兵者皆爲身謀也丹主首肯弼曰塞鴈門備元昊增塘築堡皆修舊非違約也丹主曰得地則歡好可久弼曰北朝旣以得地爲榮則南朝必以失地爲辱兄弟之間豈可使一榮一辱契丹主感悟乃議增歲幣定和議而還至是契丹遣求言來詔曰關南舊地將擧兵收復宋朝累馳專价請於舊貢三十萬外別納金繒之儀用代賦與之物盟好再成生靈獲福夫何眇躬成此美事文武百辟謂予有元功加以懿號勉依羣請故使卿知九年契丹

授王太保作浮梁於臨津城長定二州女眞來賀十二年夏五月王有疾名弟樂浪君徽詔令權總國事是日薨壽三十三王有弘識果斷不拘小節葬周陵

李齊賢贊曰契丹貪暴不足保信太祖溪以爲戒然而幸其一災而棄舊好亦非計也靖宗嗣位三年復尋懽盟繼好息民君子以爲善繼述以保其國

文宗章聖王世家

王名徽字燭幽舊名緒顯宗第三子也母曰元惠后金氏 顯宗十年己未生 四歲封樂浪君靖宗時冊內史令至是卽位崇節儉審刑獄視朝於乾德殿御宣政殿名

崔齊顔崔冲論時政得失頻御文德殿籌軍務中外翕然望治元年丁亥爲慶曆七年春旱王避殿輟朝宋亦大旱策免賈昌朝夏令崔冲校律書契丹來冊王六年命儒臣撰十精七曜遁甲太一曆法七年王幸西京八年冊子勳爲王太子秋契丹設弓口門于抱州城東九年契丹冊王太師致書於東京留守請毀弓口門秋九月契丹主殂十年爲嘉祐元年春正月隕石于黄州聲如雷遣諸道撫問使初王欲遣使按驗長吏勤慢問百姓疾苦所司乃以程驛凋瘵勞於迎送白停之王曰朕惟前代頻遣使臣咨訪民瘼故字牧之官多砥礪廉操近來紀綱大弛懲勸不明諸道守宰罔恤民事但務聚斂賂遺權要民有梓漆魚鹽之家横被徵索或不如意便託事中傷句剝苛毒莫究蘊恨無所告籲間有守正不撓者然怵於權貴要囑竟莫能行哀我小民安得以聊生乎朕夙夜孜孜志切救民而當軸羣公漠然不加之意每論說有許紛紛予不取焉遂以侍御史李攸績爲山東南忠慶尚州三道使兼雜端金若珍崔尚爲山南晉羅全清廣公洪州七道使監察御史安民甫爲關西北關内三道使閔昌壽爲關内東道使十一年契丹冊王尚書令

太子爲平章事三韓國公自天禧中與宋絶至是幾五十年當是時也天子聖明勵精圖治中國太平無事英賢碩輔應期而生如韓琦富弼范仲淹文彦博皆德業偉然名聞四夷儒學漸盛續孔孟不絶之緖直諫文章之士彬彬迭出其人物治平之盛蓋自三代以來未之有也契丹主求御容于宋胡宿奉帝繪像往契丹羣臣瞻拜驚異王好學崇道益嚮往中國不衰然畏契丹終莫敢通恒爲悒然先是宋進士張廷來王喜授祕書郎十二年王欲於耽羅靈巖伐材造舟遣使通宋門下省上言國家結好北朝以來邊鄙不聳民狎其野以此保邦良圖也庚戌歲契丹書云東溝女眞西往來宋朝將欲何爲柳參奉使之日東京守臣問南朝通使事頗懷猜訝若泄此事所關利害不細耽羅地瘠民貧倚木道經紀生業往年秋伐材過海以供興王之役罷勸已極今若重困政恐別生變故況我朝文明天啓禮儀日盛不必資於中國尚未絶北不宜更事南王終不得遣使如宋十七年宋帝崩是時受遼冊命故稱宋帝在位四十二年改元者九天聖明道景祐寳元康定慶曆皇祐至和嘉祐恭儉之德愛人恤物之心自即位至昇遐終始如一遺制下

雖竅山窮谷莫不奔走悲號而不能止皇子曙立是
為英宗在位四年而崩太子頊立是為神宗皇帝契
丹改號大遼二十一年春王幸興王寺初王即位刱
大雲太安寺勞役甚鉅御史臺門下請俟農隙從之
歲丙申刱興王於德水縣崔惟善諫曰唐太宗不許
刱立寺觀以述高祖之志史傳美之按太祖訓要不
許於國師占設外妄行營創以損地力今殿下承積
累膺太平能節用愛民則持盈守成功德無量何乃
罄財竭力以供不急而戚邦本乎王優容之然終不
能罷至是十二歲而役竣凡二千八百餘間王命設

燃燈五晝夜以落之自闕門至梵宮結彩棚鱗次相
屬路左右作燈山火樹亘三十里光照如晝日本耽
羅南楚人皆來會是日王備鹵簿率百官行香施納
財襯佛事之盛曠古未有二十二年中書令崔冲卒
宋黃慎來是時天子新即位慨然有意綏輯海內外
於是名江淮兩浙制置使羅極曰高麗古稱君子之
國自祖宗朝世輸忠款暨厥後阻不庭今聞麗王賢
王也可遣人諭朕意極乃奏遣慎來具道天子眷慕
之意王悅館待甚謹明年慎又來其還也移牒福建
請備禮入朝許之二十五年春三月遣民官侍郎金

悌奉表如宋二十七年東女眞歸順州都領大常十
族等率衆內附乞為郡縣各賜十都領姓名西女眞
曼豆弗等請依東藩例作屬藩不敢與契丹蕃人交
通亦許之平虜鎭傷寨蕃帥骨於夫亦率戶口附籍
而三山村蕃賊並海樹寨殺掠他蕃往來者不肯降
於是骨於夫等請討之東蕃黑水三十種皆嚮應遣
郎將文選著蕃服與蕃兵同發到三山賊築壘於川
邊置老幼財畜其中率步騎五百逆戰蕃兵大呼急
擊賊衆大潰走保壘乘勝追擊縱火攻之皆燒死進
至由戰村石城下賊閉城固守以城險竟不得拔引

還而三山尋請內附東蕃古河舍霜昆等亦願為州
縣東路兵馬使奏此屬所處遼遠在古未嘗朝覲今
始歸服若定封疆設關防則餘波漢嶺外壤地無際
海邊長城七百里蕃戶聯絡不可窮塞請待嶺外諸
蕃盡入版圖然後設險備之制可令翰林院撰定東
蕃內附州名為濱利福恒舒濕閣戴敬付宛十一州
各賜朱記隸歸順州二十八年夏四月旱甲戌大雨
宋詔罷新法辛酉兩王安石有罪免時遼使蕭禧于
宋議疆事帝詔舊臣條代北事宜以聞韓琦曰所以
致疑造釁者其事有七招高麗朝貢居其一即指黃

慎事也二十九年禧復往安石割地七百里與之遼爲異日兵端云王遣使于遼請罷鴨江船橋表辭得體遼主爲寢其事三十二年夏六月帝遣諫議大夫安燾起居舍人陳睦來初自呂侍郎奉使還與宋或絶或通而皇華不至者近九十年至是燾等至舉國攢抃王感悅贐遺貨玩無筭舟不勝載二公性嗇減供億折銀東人惜之王表請醫藥明年帝遣翰林醫官邢慥賜名藥一百品遣柳洪朴寅亮謝之三十六年王南巡三十七年秋七月王薨于重光殿壽六十五王聰明好學志略宏遠有寬容之量葬景陵

李齊賢贊曰文宗躬勤節儉進用賢才愛民恤刑崇學敬老省冗官節費用家給人足時號太平東倭浮海而獻琛北貊扣關而受廛可謂盛矣獨其興王之役勞民耗財峻宗崇墉殆將比擬蕭梁欲成人之美者不能無憾於斯

順宗靖憲王世家

王名勳字義恭文宗長子母曰仁睿后李氏(文宗元年丁亥生)八歲冊王太子文考薨嗣位王少有疾居廬哀毁疾益篤命母弟國原公運權摠國事是日薨于喪次壽三十七葬成陵

李齊賢贊曰順宗居文考之喪過毁成疾在位四閱月而殂逝其愛親之誠則至矣

宣宗顯順王世家

王名運字繼天文宗第二子也(文宗三年己丑生)八歲封國原侯累進公順宗薨即位遣李資仁如遼告喪遼主不許入境詰曰二君連逝必有其故資仁對甚辨遼主然之元年甲子爲元豐七年秋帝遣左諫議楊景略爲祭奠使右諫議錢勰爲弔慰使二年春正月帝崩帝勤儉銳意求治即位初慨然有復燕之志先朝大臣如文富諸公皆老成持重帝益厭之王安石進

富國強兵之術一言契合委任安石置三司條例使建青苗助役方田均輸諸法以聚財病民羣賢起而爭之悉加貶斥元豐以來用事者終始皆姦黨帝與安石議欲先取靈夏滅西羌乃圖北伐及爲西夏所敗始知用兵之難邊鄙生事天下騷然卒無一事如意崩哲宗立宣仁高太后臨朝黜安石黨罷新法二十事召司馬光呂公著等用之契丹主聞之勅邊吏曰中國相司馬慎毋生事開邊隙人才之盛後世以慶曆元祐並稱焉時神宗訃自密州報至遣崔思文林槩李資仁如宋釋煦叛入宋初王弟釋煦欲求法

於宋文宗不許至是貸宋商潛挾以去追不獲煦至宋帝引見於垂拱殿寵數渥縟令遊吳中諸寺王表請得煦帝詔東還煦獻經書及内典一千卷以積慶宮主嫁王弟燧金官侯丕卞韓侯愔等諫止之不從

四年辛酉西京五年遼議置権場於鴨江岸遣中樞使李顏託為藏經赴龜州密備邊事表請於遼曰承天太后賜履劃封天皇鶴柱之城西收彼岸日子鼇橋之水東劃我疆統和十二年詔令發丁夫修築城砦韃遂仗天威獲保山河後來無事邊候寢閒聖宗之詔墨未乾太后之慈言如昨設弓口而創亭允需頭

而毁舍刹及兹辰欲營新市似負先朝之遺旨弗矜小國之盡誠遼主回詔云諒惟細故詎假繁辭務從安帖以盡傾輸七年以高福令為耽羅星主遣李資義魏繼廷如宋帝聞高麗書籍多好本命資義使傳寫附來凡百二十三本皆秦漢諸家也也年辛西京王太后薨于西京十一年夏五月王薨于延英殿壽四十六王幼聰慧及長孝敬有弘識葬仁陵

贊缺

獻宗恭殤王世家

王名昱宣宗元子也母曰思肅太后李氏（宣宗甲子生）元年十一歲嗣位元年乙亥為紹聖二年春正月太史奏日暈旁有彗近臣亂諸侯欲有反者王冲齡有疾弟檢醫方習書畫而已母后專國事初宣宗有五弟貴盛而王弟漢山侯亦幼李資義者漢山之舅也陰養死士密謀曰今上疾篤外邸有窺覦者爾輩以死奉漢山勿令神器歸于他人也至是聚兵禁中將謀事雞林公熙覺諭邵台輔曰國家安危繫宰相公其圖之台輔使上將軍王國髦領兵入衛伏甲斬資義夷其黨流平章事李子威等冬十月王遜位于叔父雞林公肅宗二年薨于興盛宮壽十四葬隱陵

李齊賢贊曰禹之傳子為慮後世植遺腹朝委裘而天下不動者分素定也顯之三子兄弟相傳以及於順順傳於宣宣薨而太子嗣是為獻宗國人習於見聞乃謂宣有五弟而立孺子以是歸非何不思之甚也惟不得周公於親博陸於臣委任而輔政其危且亂可翹足而待也後世有不幸遺大投艱于繈褓之中者可以此為誡哉

肅宗明孝王世家

王名熙避遼諱更名顒字天常文宗第三子也（文宗八年甲午生）王幼而孝敬及長沈毅果斷淹貫經史文宗愛

之嘗曰異日復興王室者其在爾乎十二歲封雞林
侯累進爲公宣宗時扈駕西京紫雲罩幕上望氣者
以爲當璧之符獻宗卽位拜守太師二年爲中書令
十月己巳獻宗下制禪位王三讓庚午受冊于重光
殿流元信宮主及漢山侯于慶源郡以邵台輔守太
尉金上琦守司徒柳琠守司空遣郎中尹瓘持前王
讓表如遼遼賀節使適至王代迎於乾德殿元年春
二月前王請出居興盛宮宣宗潛邸也王從之夏四
月王御宣政殿聽朝至日昃中書省奏時當長養萬
物三月以來時令舛違水結爲氷降霜殺物夜雹暴

彙纂麗史卷之二　二十九

至洪範五行傳曰雹陰脅陽之象也京房易傳曰興
兵妄誅玆爲亡法厥灾降霜夏殺百穀屬者嗣君寢
疾聽斷不明母后攝政涵惑失度致使兇孽乘機謀
亂天討不淹而嚴於黨與誅戮旣多而事不原情恐
有無辜橫罹怨氣塞于天地者乞令御史臺尚書刑
部辨析疑讞務從明允所告非實悉令反坐以答天
戒則人情胥悅灾變爲祥矣王納之秋九月右僕射
朴寅亮卒二年遼遣耶律括賜前王勑閏二月前王
薨冬十二月遼始遣使來冊王三年立太子府邵台
輔爲太子太師金上琦爲太傅崔思諏爲太保秋七

月遣尹瓘趙珪如宋告嗣位冬十月刑部奏獄空五
年春正月冊子俁爲王太子夏五月帝崩帝自宣仁
崩親政惑於紹述之論召用章惇蔡確蔡卞等盡復
熙豐之法治元祐人之罪無虛日司馬光以下追貶
奪贈呂大防等三十餘人皆連貶竄羣小憾宣仁不
已追欲誣廢帝僅能不許而已在位十五年改元者
三元祐紹聖元符皇弟端王佶立是爲徽宗(哲宗崩於正月而自明州牒報五月至依經例以五月書)
遣任懿白可臣王嘏吳延寵如
宋冬十月遼冊王太子三韓國公六年春遼主殂太
孫燕國公延禧嗣位是爲天祚夏四月從祀六十一

彙纂麗史卷之二　三十

子二十一賢于文宣王廟使還帝賜太平御覽秋八
月詔曰朕自宅位以來小心兢慄北交大遼南事皇
宋又有女眞倔強于東軍國之務安民爲要宜罷不
急之役以安斯民置營於靜川遼東京請撤之疆吏
言曾在大安中請罷鴨江亭子遼主聽之今亦宜從
其請制曰可九月置南京創宮於面嶽之南以魏繼
廷爲中書侍郞七年夏四月東女眞酋盈歌遣使來
朝是時東蕃朝貢之酋部族甚衆不可勝記盈歌居
黑水又號曰生女眞本名朱里眞肅愼之遺種渤海
之別族也或曰本姓拏辰韓之後三國志所謂挹婁

唐所謂鞢鞨其地也有七十二部落本不相統盈歌之先有金俊者新羅完顔氏羅李自平州入女眞阿只古村女眞妻之生古乙太師卽宋史所謂胡來者也古乙生活羅活羅生劾里鉢卽宋史所謂楊割太師盈歌其弟也楊割統諸部死盈歌爲太師最雄傑得衆心先是本國醫者入完顔部盈歌使治其族人疾曰爾能療此族爾還故國其人疾愈盈歌如約遣歸白于王曰女眞居黑水者部族日強兵益精悍王乃始通使盈歌破蕭海里報捷王使人賀之盈歌遣其族弟斜葛報聘王遇之厚楊割長子曰烏雅束次

曰阿骨打阿骨打雄勇有大略是爲金太祖八年夏六月帝遣國信使侍郞劉逵給事中吳拭來賜王衣帶王遣禮部尚書金漢忠迎候宋使使遇風船敗賴漢忠拯救得活宋朝選東使必極一時之望召試而後遣之故使東者多名賢呂端爲眞宗朝賢相安壽於紹興二年救常安民後與韓忠彦同貶劉逵於崇寧五年請碎元祐黨碑九年春正月命平章事林幹伐東女眞初東蕃諸郡領自文廟以來悉請內屬爲州縣及盈歌烏雅束相繼爲酋完顔部最強東蕃往往多附黑水其勢漸橫先是女眞來屯定州關外誘執蕃酋羅弗等羅弗金史作治刺保因廣州拷問果謀我也遂留不遣至是邊將李日肅等奏女眞虛弱失今不圖後必爲患會烏雅束與別部夫乃老有隙遣公兄之助發兵相攻騎兵來屯定州關外王御宣政殿授幹鈇鉞以李瑋金德珍爲副往征女眞時內侍林彦主出兵之議直史館李永曰兵凶戰危彦當無事時欲用兵生釁不可也王不聽二月林幹引兵出定州城外與女眞戰大敗死者過半惟拓俊京介馬馳虜陣斬其將賊少却賊以百騎追俊京又射殪賊帥於是女眞乘勝闌入定州宣德關殺掠無算遂罷林幹等以樞密使尹瓘爲行營兵馬都統使御重光殿授瓘鈇鉞瓘與女眞戰斬三十餘級我軍死傷者過半瓘敗卑辭請

和而還王發憤告天地以圖再擧夏四月遼遣使册王忠勤奉國功臣太尉中書令秋幸南京遼耶律淳遣使來聘十年秋八月幸西京九月王不豫發西京冬十月次于金郊驛疾大漸至長平門外薨于輦中壽五十二葬英陵

贊缺

木齋家塾彙纂麗史卷之二

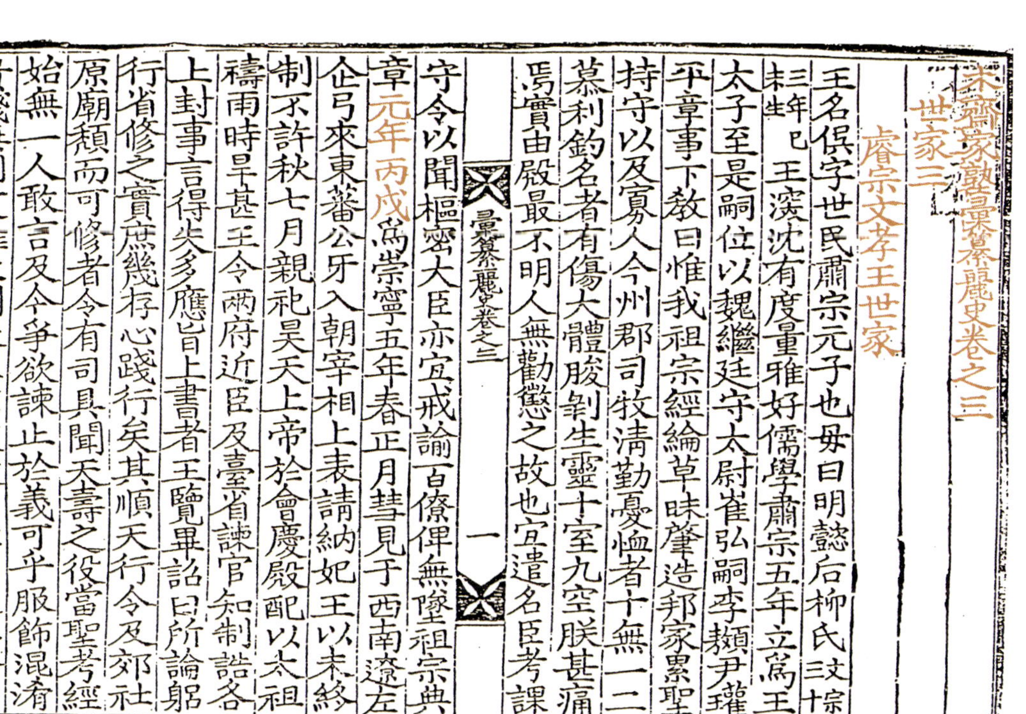

木齋家塾彙纂麗史卷之三

世家三

睿宗文孝王世家

王名俁字世民肅宗元子也母曰明懿后柳氏（文宗三十年己未生）王深沈有度量雅好儒學肅宗五年立爲王太子至是嗣位以魏繼廷守太尉崔弘嗣李頫尹瓘平章事下教曰惟我祖宗經綸草昧肇造邦家累聖持守以及寡人今州郡司牧清勤憂恤者十無一二慕利釣名者有傷大體朘削生靈十室九空朕甚痛焉實由殿最不明人無勸懲之故也宜遣名臣考課守令以聞樞密大臣亦宜戒飭百僚俾無墜祖宗典章

元年丙戌崇寧五年春正月彗見于西南遼左企弓來東蕃公牙入朝宰相上表請納妃王以未終制不許秋七月親祀昊天上帝於會慶殿配以太祖禱雨時旱甚王令兩府近臣及臺省諫官知制誥各上封事言得失多應旨上書者王覽畢詔曰所論躬行省修之實庶幾存心踐行矣其順天行令及郊社原廟頹而可修者令有司具聞天壽之役當聖考經始無一人敢言及今爭欲諫止於義可乎服飾混淆貴賤無別近雖立制衰率不嚴故百姓不從其令而

彙纂麗史卷之三　一

從其所好使君臣躬行節儉不奪民利則庶民觀感而興起矣噫朕實不明賞罰舛濫文武官僚無功尸祿譴告疊見職競由此蓋進賢退不肖爲政之要然百職至繁朕何能周知而遍察乎賢良在下宰相薦之昏墨在位憲司糾之協輔予治以答天意是日雨崔弘嗣等請於西京龍堰創新闕移御吳延寵陳三不可王卒從弘嗣議時議惜之

二年冬十月命尹瓘吳延寵征女眞初烏雅束以高麗爲故國臣屬甚謹邊之助擊乃老也邊吏誤報於朝故有定州之役師還女眞自毀塲寨之助等扣關乞和東蕃酋延蓋使之訓亦迎擊林幹及王即位之訓遣公牙入朝王引見於便殿之訓感泣率二千騎來關外誓願入貢於是以東蕃納款召還金德珍至是邊吏報女眞有犯邊之狀王聞之出肅宗誓疏以示兩府大臣奉讀流涕曰聖考遺旨深切若此請述先志王命崔弘嗣筮于太廟遇坎之旣濟乃定議以尹瓘爲元帥吳延寵爲副十二月瓘延寵領兵十七萬屯長春驛乙未瓘領五萬出大和門金漢忠以三萬七千出安陸文冠以三萬四千出弘化門金德珍以四萬三千出宣德鎭梁惟竦鄭崇用領舟師三萬出道鱗浦女眞見軍

彙纂麗史卷之三　二

容甚感皆遁中軍破高史漢三十五村右軍破廣灘
左軍破潑昆斬五十餘級捷至王賜詔奬諭東征將
士瓘遣諸將分畫地界於蒙羅骨嶺下置英州弓漢
伊村置吉州又置雄州福州二年春正月置宜州通
泰平戎三鎭與咸英雄吉福州公嶮鎭爲北界九城
皆徙南界民以實之瓘延寵凱還王郊勞賜瓘爵鈴
平縣開國伯遼來冊王女眞設柵圍雄州秋七月命
瓘復征女眞四年春正月兵馬錄事王思謹河景澤
等與女眞戰于咸州死之夏五月女眞圍吉州去城
十里所立柵聯壘攻圍甚急副使李冠珍築重城固

守然圍久不可支吳延寵引兵救之女眞邀擊延寵
大敗殺獲不可勝記初議者皆言弓漢里外連山壁
立惟有一逕可通若設關城塞小徑則永絶邊患及
往觀水陸道路無往不通與前聞絶異女眞旣失巢
誓必報復乃引潑處衆酋連歲來爭詭謀設機無所
不至以城險固不能猝拔然當戰守我兵喪失者甚
多且拓地太廣九城相距遼遠谿洞荒潑賊設伏抄
掠往來者是時國家屢調兵中外騷然加以饑饉疾
疫怨咨遂興女眞亦厭苦遣使請和於是集羣臣議
還九城便否議多異同諫議大夫金緣曰土地本以

養人今爭城以殺人莫如還之且必與契丹生釁若
東禦女眞北備契丹則臣恐九城非三韓之福也王
然之會女眞公兄褭弗史顯等叩邊乞入朝許之王
引見於宣政殿南門褭弗奏曰昔我太師盈歌嘗言
吾祖宗出自東國子孫義合歸附今太師烏雅束亦
以大邦爲父母之國頃者弓漢之構亂非太師意也
大朝聲罪致討復許修好故蕃人信之朝貢不絶不
謂去年興師潑入殺我稚倪掠我財畜蕃民無所歸
故太師遣我來請舊地乞許還九城使之安居則當
祭天爲誓世修朝貢不敢以瓦礫投於境上秋七月

會文武三品以上于宣政殿議之皆曰還之便於是
乃許還九城褭弗感泣而去率諸酋設壇咸州門外
誓曰自今無有惡心世修朝貢有渝此盟蕃土滅亾
盟訖而退兵馬別監崔弘正始撤九城羣臣請治瓘
延寵失律不允是時生女眞兵勢日強烏雅束之弟
阿骨打沈勇曉兵然志在圖遼故修睦于我天祚獵
于遼山命諸酋起舞阿骨打起立直視不肯舞天祚
密謂邊臣曰阿骨打豪橫如此亟圖剪之阿骨打覺
其意不敢近邊烏雅束死阿骨打立五年夏五月彗
星入紫微(時蔡京罷張商英拜相彗滅而雨)帝遣兵部尙書王襄中

書舍人張邦昌賷詔來賜王衣帶受詔訖襄等言曰
皇帝明見萬里體王忠恪欲行冊禮而聞王已受北
朝冊命南北兩朝通好百年義同兄弟故不復冊王
但於賜詔去權字便是寵以眞王之禮也且是詔乃
皇帝御製親筆北朝必無此禮數今見王迎詔甚虔
他日歸奏帝必嘉悅恩數有加矣王答曰崇寧中劉
侍郎奉聖旨將行冊禮先考以當國地接大遼爵命
稟行已久故未敢遽承上朝恩命以實懇辭擧國惶
恐今詔旨委曲去權字以示正名況親灑宸翰光被
若玆感戴恩造永永無極六年崔弘嗣守太傅許慶

平章事李資謙守司空七年秋七月王太后柳氏薨
金景庸爲侍中吳延寵李瑋平章事八年許慶爲平
章事九年秋八月王視學十年春正月生女眞完顔
阿骨打稱皇帝更名旻國號金初天祚刑賞僭濫荒
於禽色歲索名鷹海東青於女眞女眞與其隣東北
五國戰鬪乃能獲此禽以獻使者貪縱女眞怨苦之
會諸部于來流水得二千五百人數遼之罪告于天
地遂攻陷寧江州天祚命蕭嗣先領兵二十萬伐女
眞阿骨打來禦遇遼兵於混同江會大風起塵埃蔽
天阿骨打乘風奮擊遼兵大潰阿骨打襲敗遼蕭敵

里兵殺獲甚衆遼人嘗言女眞兵滿萬則不可敵至
是始滿萬矣遂稱帝陷遼黃龍府尹彥純如遼金兵
起高永昌叛據東京拘彥純逼之上表稱臣彥純從
之二月冊子構爲王太子秋七月遣王字之文公美
如宋仍遣進士金端甄惟底趙奭康就正權適赴太
學時政和五年也遼遣使督發兵伐女眞不從十一
年夏幸西京除遼天慶年號王字之還自宋帝賜大
晟樂遣李資諒李永如宋帝於卽位初略變哲宗之
政未幾召用蔡京等自熙寧以來邪正迭爲進退自
是權姦專執國命者幾二十年京倡邪說以爲當豐

亨豫大之運專以奢侈勸上窮極土木之功四海嗷
嗷盜賊屢起內侍童貫與蔡京表裏復河湟有功遂
謂北邊亦可圖政和初乃自請奉使覘遼國有燕人
馬植者陳滅燕之策貫挾以歸植獻策曰本朝若自
登萊涉海結好女眞與之相約其國可圖也議者謂
祖宗以來雖有此道以其地接諸蕃禁商船不得行
百有餘年矣一朝啓之懼非中國之利會漢人高藥
師泛海來具言女眞攻遼事至是資諒等入覲帝引
見資諒令自本國招諭女眞以來資諒奏曰女眞人
面獸心強狡有餘不可使窺中國富盛倖臣進言女

眞逢名貨高麗利之不欲分諸中國耳帝由是不入
資諒之言金緣爲平章事十二年遼來遠城請撥借
米貨五萬石答諭統軍若歸我兩城人物則不須撥
借統軍不肯從及金兵攻取遼開州遂襲來遠大夫
柳白三營燒戰艦統軍僕射耶律寧率官民載船百
四十艘出泊江頭牒寧德以來遠抱州二城歸于我
遂汎海而遁我師入其城收兵仗錙貨甚多改抱州
爲義州金主遣使致書曰兄大金皇帝致書于弟高
麗國王我祖考臣事契丹及高麗契丹無道故我不
得已拒之蒙天之佑獲殄滅之願與王結爲兄弟以

成無窮之好書至諸大臣極言不可和欲斬其使中
丞金富轍上疏以爲漢媾匈奴唐臣突厥今大宋與
契丹迭爲伯叔以天子之尊而如此者所謂權以濟
道保全國家之良籌也臣願盛朝思長算遠策毋致
後悔宰樞無不笑且排之不報樞密院使金黃元卒
康順公旲壽增卒十三年戊戌爲重和元年春帝遣
武義大夫馬政浮海使金約夾攻遼預請燕雲之地
先是資諒還奏帝語王聞深憂之思以間其謀以忠
宋令世子致書於明州樓异乞差辨脈醫來帝聞之
遣翰林醫官賜紫楊宗立教授杜舜擧前來以秋七

月至明年春遣還王密語之曰聞朝廷將用兵於遼
遼兄弟之國存之足爲邊捍女眞虎狼耳不可交也
願二醫歸報天子宜早爲備二醫至宋馬政已持金
書挾散觀來矣宗立等以王言白于帝帝聞之不樂
按二醫歸報之事不見東史李齊賢嘗疑之然宋史云高麗王俁求醫於朝詔二醫往留二年還俁語之
語之曰虎狼之國不可交也願歸報天子宜早爲備宋史嘉王之忠書卒以美之今考麗史日曆二醫往
還與宋史年月相合其曰求者指致書樓异之事也二醫卽宗立舜擧也稱二年者以秋七月至明年春也
遣還也二史所記明白如此以事理論之宋朝浮海約金之事我國有識之士皆料其必敗徽宗親諭李
資諒令本國往招女眞資諒奏陳其不可歸白于睿宗史記資諒之言而不記王言者特以王畏金密語
故史官不得聞而記之也其時史官入侍與今制異醫官進見時史官不必入侍也至於二醫往還則書

日而謹之齊賢於時王石室之藏未嘗考驗月日故疑之耳二醫旣歸奏語泄爲權臣鴆殺事見朱子語類
遣鄭克永李之美如宋王自製表手書十四年金
主遣使來聘遣中書主事曹舜擧聘于金其書有況
彼源發乎吾土之語金主不受增長城三尺金邊吏
以聞金主詔曰毋得侵軼生事愼固營壘廣布耳目
而已十五年幸南京金晙爲平章事十六年李資謙
爲邵城伯左僕射朴景仁卒帝竟遣趙良嗣如金上
京約金國取遼中京本朝取燕京歲幣如與遼之數
金主許之以札付良嗣期以金兵向平地松林趙古
北南兵自白溝夾攻良嗣歸馬政復往證彼此不得

過闕至是金主悉師度遼趨中京攻陷之遂引兵至松亭關以與宋有各不過關之約止引兵由其西而過遼主先已引避或言金前鋒將至天祚震驚亟奔雲中入夾山時燕王淳守燕蕭幹立淳爲主降封遼主爲湘陰王帝以睦寇初平悔於用兵王黼獨曰今不取燕雲女眞卽强中原故地將不復爲我有帝決意治兵會聞耶律淳自立乃以童貫爲撫軍使蔡攸副之勒兵十五萬以應金時宣和四年三月也金主旣滅遼長驅犯宋不數年而王之言果驗云十七年夏四月迎入佛骨于禁中王疾革召太子曰予追思

平生所行得少失多愼勿效我但當稽古聖謨奉我祖訓不懈于位永綏庶民太子泣不能起王命韓安仁取國璽以授之遂薨壽四十五葬裕陵

史臣贊曰睿宗在東宮禮賢士敦孝弟卽位勵精圖治但志存拓境構釁女眞樂慕華風惑於胡宗旦未免有失矣然如用兵之難棄怨修好輸忠宋朝中國嘉歎恤孫養老興學立敎置淸讌閣日與儒臣講論六藝偃武修文欲以禮樂成俗故韓安仁曰十七年事業可以貽厥信哉

仁宗恭孝王世家

王名楷字仁表舊名構睿宗長子母曰順德王后李氏(睿宗四年己丑生)性寬慈七歲封爲王太子睿宗薨諸弟以王幼頗有覬覦心李資謙奉王而立之資謙者順德王后之父也自是資謙益用事流竄宰臣之不附己者權震一國元年癸卯爲宣和五年夏六月帝遣國信使禮部侍郎路允廸中書舍人傅墨卿弔慰二年冊資謙爲朝鮮國公妻崔氏爲辰韓國大夫人六子之元之美等皆授美官百官詣資謙第陳賀朴昇中請以竹冊封崇號其生日爲仁壽節納次女于王冊爲延德宮主是日大風雨三年春又納次女于王

是日又大風雨四年春正月女眞入宋圍京師初金宋之夾攻燕也宋師無功童貫懼遣客密禱金主圖之金主分三道進兵燕降於金金言燕京以金兵攻下其地與宋租稅當以輸金宋使趙良嗣往議許歲幣舊數外更以百萬代租稅而金求雲中之地金人僅以涿易檀順景薊六州歸宋而悔之金主旻卒其弟晟立會遼張瑴以平州南附宋宋納之趙良嗣力爭以爲必招金兵金人襲平州得宋詔札遂歸曲于宋累檄取瑴宋又遣人誘天祚降天祚自夾山南出爲金人所敗就擒契丹自阿保機至是九世而亡(太祖)

太宗德光世宗兀欲穆宗述律景宗明記聖宗隆緒興宗宗眞道宗弘基末主延禧也於是金
斡離不粘罕分道而南童貫自太原逃歸宋師之守
河者不戰而潰金人遂濟帝禪位于太子桓奔應天
府靖康元年正月斡離不圍京師需金幣五千萬割
中山河間太原三鎭而以宰相親王爲質遣張邦昌
副康王如其營會諸道勤王兵至种師道李綱俱欲
戰而李邦彦主和議論不一衆乃散遂割三鎭畀金
金師圍京城者三十三日得割地詔乃退是月也李
資謙擧兵叛初資謙權勢旣熾又欲知軍國事請王
幸其第授冊剋日以告事雖未就王頗惡之內侍祗

候金粲錄事安甫鱗常侍左右揣知王意與同知樞
密院智祿延謀抑退資謙王遣粲問計於平章事李
壽金仁存皆對曰上生長外家恩不可絶況彼黨與
滿朝不宜輕動王不聽祿延等召上將軍崔卓吳卓
大將軍權秀等圖之時之元婦翁拓俊京與其弟俊
臣尤用事卓等疾之約束旣定領兵入宮先殺俊臣
郎中王毅踰城奔報資謙俊京相顧戰恐宰樞百僚
召集詣第往復問難皆莫敢對俊京曰事急矣乃與
崔湜尹翰等夜至朱雀門門閉使翰踰城折鑰開關
而入呼譟殷地祿延卓等震掉失措會資謙子義莊

率僧兵三百餘至王御神鳳門義莊令其徒斫神鳳
門俊京取少府監黃灰木積東華門廊火之須臾延
爇大內遂盡左僕射洪瓘知樞密金縝死之王步至
山呼亭嘆曰恨不用金仁存之言王恐遇害請禪位
於資謙資謙畏兩府議默然不對平章李壽颺言折
之資謙意遂沮資謙遣承宣金珦請出御南宮王命
內侍白思淸奉神御納諸內院眢井騎馬出西華門
吳卓道前俊京殺之百官狼狽奔散遣使稱臣于金
三月資謙遷王于重興宅左右皆資謙之黨動止飮
食皆不自由王鬱鬱無聊獨往北園仰天痛哭移時

資謙進毒妃陽躡而覆之王由是免密與崔思全謀
之會俊京與資謙構隙思全往說俊京俊京決策附
奏誓以死自效王使謂俊京曰國公雖僭亂反狀未
著朕若先擧有愧親親之義俟其變而應之可也常
使中官候之一日俊京在兵部注擬王手書小紙密
遣宦者趙毅以示曰崇德府軍持兵而至若將入寢
門朕若遇害實否德所致惟可痛者太祖創業列聖
相繼以至寡躬若爲異姓纂奪非獨朕罪實輔相大
臣所深恥也惟卿圖之俊京擐甲而入王出天福殿
門遲之俊京奉王出資謙之黨射之俊京拔劒一呼

無敢動者使召資謙資諒素服而至乃拘之王御廣
化門告于衆曰禍起蕭墻大逆不道賴忠臣義士舉
義匡復衆皆呼萬歲抃躍有流涕者流資謙于靈光
郡子孫黨與咸配遠地以拓俊京爲衛社功臣守太
保平章事上柱國廢妃李氏納任氏爲后金遣宣諭
使高伯淑來（書法當曰金人來）五年春三月女眞陷汴京二
帝北狩先是帝遣閤門祇候侯章等來詔王曰金人
不道徼擾邊境方朕即位之初遭此震驚以故未及
與王相聞惟王世濟忠孝膺授顯冊神宗皇帝命使
修聘禮意備至情同骨肉義則君臣至于我道君上

彙纂麗史卷之三　十三

皇待遇益隆朕惟中國與王遠隔遼海而恩禮如此
豈有他哉庶幾艱難有以敵愾耳王國與金相望無
數百里之遠而不能蕩其巢穴以報中國豈累朝殊
遇之意耶糾邀王憑大忠也誅討淫暴大義也拓地
開境大功也一舉而三者得王其勉之王謂侯章曰
小邦世荷國恩惟天地不責其報而區區感激之心
庶幾萬一今詔書委曲諭示此實輸忠報恩之日也
然以殘弊之兵當新勝之虜恐非勉强所能及也但
冀訓勵士馬待王師臨壓彼境則弊邦敢不盡力相
爲表裏憑聖靈而平戎醜孤所願也侯章還附表陳

謝遂遣樞密院副使金富軾如宋賀登極而金師已
犯境矣斡離不粘罕抵汴京斂兵不戰惟以和議爲
辭以誤戰守之計時宰力主和議帝以爲然遂墮其
計中士卒號哭而散京師受圍四十日失守二元帥
請與上皇相見帝如青城續逼出上皇皇后太子親
王帝姬皇族前後三千餘人悉赴軍前城中子女金
帛寶玩車服器用圖書百物括索公私上下俱空然
後宣金主詔書選立異姓冊張邦昌爲楚帝以二帝
北歸富軾等至明州道梗不得入乃還王幸西京妖
僧妙清日者白壽翰說王設道場于常安殿流拓俊

彙纂麗史卷之三　十四

京嵒墮島以李瑋爲中書令六年春三月宋康王即
位改元建炎（初康王質于金營至相州民遮道遂回尋即位於應天府綱首蔡世章賫詔來）
是爲高宗皇帝金遣兵追之帝南渡江駐蹕於越州
李公壽爲門下侍中夏六月宋國信使尚書楊應誠
防禦使韓衍來應誠至碧瀾亭牒云緣爲二聖遠征
臣子不忍聽樂除迎詔外毋得用樂王迎詔于壽昌
宮詔曰數遇中微變生外圉肆朕纘紹方圖救寧惟
三韓之舊邦實累世之與國嚮煩信使來效充庭乃
緣艱虞久緩報聘想亦諒其多故當不替於素懷應
誠等上語錄云昔周室多難或言於晉文曰求諸侯

莫如勤王晉文旣定王室因成霸業載之簡策垂耀無窮貴國在海東最號大蕃世著忠順本朝寵遇隆洽恩禮未替不料比者狂寇乖釁遂勤二聖遠征上下憂勞莫遑寧處重念貴國東禮重義方玆緩急義當責望正仗大義勤王時也今皇帝初登寶位修好貴邦就煩津發迎請二帝貴國謂去金道路艱阻不可前進則在祖宗時金人嘗附貴國入貢當時道路自通未聞不可行也若慮金人因此生事應誠等只是素隊百人持禮幣前去貴國第津發使人至界上先報知金人自是無由生事儻使由貴國之路迎請

二聖則不啻二百年忠順之義亦以報列聖眷遇之恩國家報功倍於疇昔而四方諸國益仰令名實有無疆之休惟冀國王諒及重臣協濟玆事無以暴起之狄人遂失舊要於華夏王以書答曰伏聞二聖遠征舉國憂憤雖不能應時奔問官守而臣子之心豈遑寧處且念皇帝孝悌羣公忠義必天地鬼神共相協贊豈使二聖久勞沙漠玆荷大朝欲因小邦之路迎請二聖小邦敢不惟力是視然女眞之始也嘗臣屬我國及其侵陵上國妄自尊大勒令小邦稱臣不得已而從之豈其本心乎女眞俗好戰常嫉我樂慕

上朝近於界首壘屯兵意甚叵測如聞使節假道入境必猜疑生事禍不旋踵且以報聘爲名假道小邦則我將何辭以拒苟諳海道之便則小國之保全難矣而淮南兩浙緣海之地得不慮其窺覦耶不然小國安敢飾詞以厚誣朝廷乎應誠等往復不已又答曰上朝先是降詔令小國往諭女眞來朝小國慮女眞不可使窺中國不敢奉詔朝廷不以爲然多方招諭遂致今日小國與金國疆場相接知情僞甚熟其國東濱大海習於水戰彼旣託以復禮審知淮浙形勢然後具戰艦浮海而下出其不意竊恐北若陸

闖南苦水戰首尾受敵爲患必鉅事至於此雖悔可追小邦所以不獲奉詔者天地洞鑑豈有他意應誠遂不受附表而去遣禮部侍郎尹彥頤如宋上表曰聞兩聖之播遷舉王韓而悲痛旣不能奔問官守以伸臣子之誠又未得首倡大義以徇國家之難蓋臣屬室家焚蕩之餘當軍國擾攘之際愧未遑於慶禮辱先遣於皇華雖命出重嚴乃事難遵稟彼狐我寡旣難可以與爭唇亡齒寒又焉知其非禍敵愾尊王非敢期晉之故事任土作貢願不失靑徐之舊儀彥頤至宋朝議欲罪之朱勝非以爲不可回詔云遼

諗奏封備陳誠悃顧孝友之思雖欲伸於己志然幾
微之慮亦當盡於人情既諒恭勤無怠屛衛金降封
道君爲昏德公皇帝爲重昏侯冬十二月金遣衛尉
少卿韓昉來昉與宇文虛中俱掌制初高伯淑之來也以保州
畀我其後索誓表要刷還戶口不從金主怒至是昉
來言高伯淑宣諭時但傳勅旨許賜保州然並無一
境語句兼未畫定界至自是係內地分而貴國不肯
遵依詔旨據守州城逃移戶口皆稱物故於理豈爲
穩便而謝表之言辭意輕汎貴國與遼時誓表必自
有故事朝廷誠非創行要索祇欲求通歡好望賜端

的垂諭以憑回日申覆王答曰保州之境本高麗地
分嘗爲舊遼所幷暨大朝統一四海先皇帝眷顧小
國勑賜鴨江爲界今皇帝以小國能恪遵侯度特命
割賜而只許保州一城不許旁側小土此豈朝廷以
至仁大德撫字小邦之意乎其人口逃移是臣父王
時事當時臣幼未諳端緒而至於盟誓多是敵國交
相疑忌故不得已而爲之如春秋所記衰周列國之
事今則聖人受命一統下藩中心悅服盟詛之屬顧
安足賴區區衷款實出於此而來諭若茲感懼何勝
七年春二月幸西京三月至自西京赦癸卯視國學

釋奠先聖命金富轍尹彥頤等講書無逸夏五月冊
王妃任氏秋七月太白經天十五日冬十二月遣盧
令琚等如金進誓表回詔云今覽來表文意似重訖
無歸納戶口辭語若計前後新舊戶口其數不少無
因俱爲物故亟宜刷會見數具表奏聞如或果難依
應所進誓章亦無爲定八年夏四月宋遣校尉王正
忠來冬十二月遣郎中金端如金表曰天會六年韓
昉來傳別錄爾國果能推誠卽納誓表朝廷亦當回
賜誓詔臣受言感德拜獻章表而璽書洊至訓勅加
嚴彷徨憂懼不知所圖況念人物投來之事未獲臣

事上國時事薄物細故而責之若此非特在小國慶
賴之心亦恐非朝廷以至仁大德寵綏下藩之意此
臣所以披肝瀝血干冒天威不能自止者也伏望法
先王綏遠之經用大漢釋逃之制特允至誠之請曲
推全度之恩雖小陋而無能必激昂而論報回詔云
言念忠勤不忘嘉歎所奏之事續當報諭九年爲紹
興元年先是金立劉豫爲齊帝又取關陝地以畀豫
於是中原之地盡屬於豫十年遣禮部員外郎崔惟
清如宋春二月幸西京初妖覡妙清與分司少監白
壽翰妄稱曉陰陽家肆爲詭誕之說鄭知常西京人

溪信其說以謂上京基業已衰吾等若奉主上移御西都則當爲中興功臣非獨富貴一身乃子孫無窮之福也於是近臣洪彝敍李仲孚文公仁林景清等從而和之上奏曰妙清聖人也壽翰亦其次也國家之事咨而後行則政成事修而國家可保也令百官署章尾金富軾任元凱李之氐（公壽子也）獨不署書奏王惑之妙清遂上言西京林原驛卽所謂大花勢立都於此則天下可幷而大金執贄矣於是營大花宮於林原至是妙清白壽翰又奏曰上京地勢衰故天降灾孽宮闕焚蕩乞頻御新宮禳灾集禧以享無疆之

彙纂麗史卷之三　十九

休王問諸日官曰不可鄭知常金安等曰妙清之言卽聖人之法不可違也王遂行駕至金巖驛風雨暴作晝忽晦冥衛士驚潰王執轡迷路陷於泥濘侍從宮人顚仆號哭及晚雨雪寒甚人馬凍死者不可勝計王至西京壽翰知常等密作大餠空其中盛熟油沈于大同江油浮暈水面望若五色雲然令父老致仕李齊挺等五十人上表賀曰此神龍吐涎千一河清之瑞也宜上應天心下順人望稱號改元以壓金國王以問李之氐對曰金國强敵不可輕也況兩府大臣留守上都不可偏聽一兩人言以決大議王然

可壽翰又奏五色雲見於大同江中請百官表賀王令文公仁李俊陽審視或告之曰熟油汎水則有異色使善泅者索之乃知詐也冬十二月以金富軾爲中書侍郎平章事十一年冊元子徹爲王太子宥資謙黨詔剌舉官僚之貪汙廉謹者十二年秋劉豫使其子麟以金兵侵宋帝自將禦之詔暴劉豫罪逆金師爲韓世忠岳飛所敗渡淮北歸以妙清爲三重大統直門下省李仲侍御史文公裕等上疏言妙清白壽翰皆妖人也金安鄭知常結爲腹心相爲引重又有大臣從而和之故聖主不以爲疑正人嫉之如讎

彙纂麗史卷之三　二十

亟願斥退以杜禍本國子司業林完亦上疏乞斬妙清皆不報十三年春正月妙清柳旵與分司侍郎趙匡司宰少卿趙昌言安仲榮等以西京反命平章事金富軾等討之妙清等旣反因留守員僚執兵馬使李仲遣兵斷岊嶺道刼發諸城兵矯制徵兵兩界國號大爲建元天開自號天遣忠義軍署官屬爲書招白壽翰壽翰奏其書於是以金富軾任元凱將中軍金富儀將左軍李周衍將右軍三軍未發遣內侍柳景溪往諭西京賊開門引入景溪至觀風殿岊匡妙清戎服率文武官僚下庭拜問聖體訖付一封書歸

踵遣崔京上表曰陛下信陰陽之至言考圖讖之祕訣翔大花之宮闕象鈞天之帝都臣等同婁敬之失謀堅盤庚之遷邑豈期臣下不體宸衷非徒懷土而重遷抑亦妨功而害事人心可畏衆怒難防車駕若臨兵戈可戢表至咸欲斬其使王不聽授京員外郎慰諭遣還富軾等將發斬金安鄭知常白壽翰大軍至寶山驛衆謂宜倍道徑進掩賊不備富軾不聽引兵踰平州趣管山驛馳檄諸城諭以奉辭討賊之意抵安北府西北列城震懼富軾遣判官金淳夫賫詔入城曉諭匡遂斬妙清柳旵等使尹瞻趙昌言偕淳

夫請罪于朝淳夫至郊面縛瞻等而入趙匡聞瞻被囚謂必不免由是復反金主殂熙宗立宋徽宗殂于五國城十六年報至王下詔罪已五軍會攻西京不克是時軍久無功朝議欲遣重臣督戰王排衆議委任富軾益專宋遣迪功郎吳敦禮來曰聞西京作亂欲發十萬兵相助王謝止之十四年春二月富軾勒諸軍進攻西京大破之賊衆潰亂匡等自殺西京遂平分司尚書宋先宥自兵興稱疾杜門不仕命旌其閭以富軾爲輸忠定難功臣守太尉門下侍中明州牒報夏國使人欲前去高麗議事蓋爲通問兩宮事也時

宋不知道君已殂王謝不能副稱使旨秋九月遣金稚規劉待擧如宋十五年門下侍中致仕李公壽卒金襲汴執劉豫以歸十六年宋用秦檜言稱臣講和于金金歸河南陝西之地十八年夏四月禘于太廟金兀朮以歸地于宋爲非計與撒離喝分道南侵東京留守孟庾南京留守路允迪皆以城降河南陝西州郡皆陷劉錡破走兀朮於順昌岳飛大敗兀朮于郾城兩河豪傑率衆歸飛澤潞晉汾之境皆期日與兵與官軍會兀朮欲簽軍以抗飛河北無一人應者恢復實不難秦檜方與兀朮交通欲畫淮以北與金

爲和諷臺臣請諸將班師岳飛韓世忠張俊楊沂中等皆奉詔班師河南之地皆復爲金有兀朮遺檜書曰爾以和請而岳飛方爲河北圖必殺飛乃可於是檜罷飛兵柄而殺之和議成稱臣奉誓表于金割淮中流爲界金歸徽宗之喪及皇太后韋氏十九年春正月王太子冠金改元皇統二十年夏五月金來冊王二十三年彗見乾方金富軾進三國史二十四年春二月王薨壽三十八葬長陵

金富軾贊曰仁宗喜觀書手不釋卷或達朝不寐聞中淑明經召入內受春秋性儉約宰臣嘗入內問疾

寢席蕭然無紬錦之飾宦寺之屬每黜以微罪不復
補末年僅數人供灑埽而已日再視事奏事者稽遲
令小臣趣之專以德惠安民不喜興兵生事及金國
暴興排羣議上表稱臣接北使甚恭故北人無不愛
敬詞臣應制或指北朝爲胡狄則瞿然曰安有以此
等言加於臣事之地乎遂能世結盟好邊境無事至
於資謙之凶逆以外祖之故曲全其生拓俊京亦保
首領斯可見君人之度矣故其薨也中外哀慕雖北
人聞之嗟悼不已廟號曰仁不亦宜乎
金莘夫曰睿廟末年外戚漸橫仁宗沖齡卽位韓安

彙纂麗史卷之三　二十三

仁等悄怨生事遂致姦兇跋扈毒流三韓至尊幽辱
宮廟焚蕩祖宗之業幾於墜地可以鑒矣又惑於妖
髡陰陽之說馴致西都之變者何也蓋以天性一於
慈愛優游不斷故耳是以典刑未正於丙午之逆流
處斷不均於西都之叛民惜哉其節遊讌省宦寺儉
以飭躬信以交隣雖古帝王何以加焉

毅宗莊孝王世家

王名晛字日升舊名徹仁宗長子也母曰恭睿太后
任氏（仁宗五丁未生）年十七封爲太子至是嗣位元年丁卯
爲紹興十七年王遊幸無度喜擊毬諫官上書諫不

報諸諫官悉引告歸第王乃下毬杖御鞍于御史臺
臺奉詔鏁壽昌宮門禁羣少出入王遊北園謂左右
曰吾技無復試矣已而取毬擊之人莫有及者諸諫
官復就職夏六月太白經天二年夏金來册王秋七
月上册于王太后以任元淑爲同平章事李浚智之
用謀友伏誅初浚等與宋人張喆謀浚詭稱東方昕
通書宋相秦檜屬以伐金爲名假道而來則高麗可
圖也之用封其書及東國地圖附商舶以達于檜至
是都綱林大有來告其謀捕浚等悉誅之册弟暻爲
大寧侯晧爲翼陽侯李仁實爲平章事三年以高兆

彙纂麗史卷之三　二十四

基爲平章事四年金平章事完顔亮弑其主亶而自
立（改元天德）崔惟清爲平章事五年太保樂浪侯金富軾
卒樞密院知奏事鄭襲明自殺初王爲太子襲明侍
讀任太后愛次子將有易樹意襲明盡心調護故王
得不廢旣嗣位怨太后前事嘗於便坐語侵之太后
跣而下殿仰天祝誓雷雨忽作電光入座王驚懼俛
入太后衣下俄而震殿柱王悔悟遂爲母子如初襲
明性忠直知無不言王憚之會襲明屬疾王以金存
中代其職襲明仰藥而死自是王益縱恣寵宦鄭誠
等用事臺省伏閤以諫三日不報於是省宰皆乞罷

不視事王召文公元庾弼金永錫崔子英及諫官金
子儀王軾朴儵李元膺李陽伸尹鱗瞻臺官崔允儀
金諹閔懿韓靖慰諭視事皆不奉詔夜二鼓乃退王
御明仁殿視朝謂諫臣曰予欲每日視朝凡廷諍之
事姑且除之自是廷諍之禮遂廢流鄭敍于東萊貶
崔惟淸爲兩京留守六年諫官伏閤諫王命出毬馬
塞北門黜內寺十四人文公元庾弼爲門下侍郎同
平章事七年冊子泓爲王太子八年冊王弟旼爲平
涼侯夏四月禘于太廟(何以書親禘故也)閱兵于東郊九年
平章事庾弼卒十月秋七月彗見東方金改元正隆

宋欽宗殂于金十一年遷太后於普濟院王素信圖
讖不友諸弟密諭諫臣劾大寧侯暻恐太后救之先
遷太后流暻於天安府十二年左遷給事中李知深
爲國子司業司諫崔祐甫爲尚舍奉御裴景誼爲殿
中內給事初王命左承宣李元膺右承宣李公升傳
旨門下省督署鄭諴告身宰臣及臺省論執不可復
命公升傳旨曰卿等不聽朕言朕食不甘味寢不安
席平章事崔允儀右諫議崔應淸及元膺公升等署
之獨知深祐甫景誼不署伏閤力爭故並左遷諴自
是獲參朝列權寵日盛引官奴王光就白子端等以

爲羽翼交搆讒妬箝制搢紳宦寺之禍莫盛於斯矣
知門下申淑詣闕獨諫請削諴職辭甚切至王不得
已削諴職布告中外然憚淑直左遷守司空淑謝病
歸十三年門下侍中王冲卒十四年平章事崔諴卒
秋九月詣母后殿起居十五年金主亮南侵宋金人
弑之立曹國公烏祿爲帝初亮有南侵之意密隱畫
工於奉使中俾寫臨安湖山以歸爲屛而圖已之像
策馬于吳山絕頂有立馬吳山第一峯之句遂遷都
于汴遣使徵兵大殺遼宋宗室之在其國者凡百三
十餘人太后徒單氏諫渝盟用師亮不悅殺之以威

衆秋九月遂大擧南侵金主戎服啓行衆號百萬鉦
鼓之聲千里不絕遠近大震宋帝自將禦之亮至采
石先鋒爲虞允文所敗方亮之引而南也渤海一軍
畔去立烏祿于遼陽改元大定亮聞之董諸軍渡江
欲先取宋而後北取烏祿諸將懼遂弑亮金師渡淮
北歸(明州牒報至東人不信以爲未必盡如其言云)十六年宋帝遜位于皇
太子退居德壽宮平章事崔允儀卒十七年貶左正
言文克謙爲晉州判官王在位旣久日與嬖倖沈酣
遊戲不恤政事廷臣無敢諫者至是克謙上疏請斬
宦者白善淵黜宮人無比罷知樞密崔褒偁以謝一

國王大怒焚其疏遂貶克謙初王作離宮於大內東
奪諸宰第撤民家五十餘區作太平觀瀾養怡等亭
蓋以青瓷或以鏤磨玉爲臺聚名花怪石窮極侈麗
民家稍有堪玩之物輒稱密旨搜剔搬運絡繹於道
民甚苦之營衆美亭於玄化東嶺亭之南澗累石爲
堤堤上作茅亭草廠汎舟其下令小童棹歌漁唱鳧
鴈蘆葦宛若江湖之狀城東沙川旁有石壁數仞削
立曰虎巖流水渟滀林木蓊蔚王樂之構亭其側名
曰延福以水淺不可舟築堤爲湖地白沙湍悍雨輒
壞隨壞隨補晝夜不息又起萬春亭於板積窰内有

彙纂麗史卷之三　二十七

額者四曰靈德之亭壽樂之堂鮮碧之齋玉竿之亭
橋曰錦花門曰水德其御船皆裝繪金繡凡三年而
成皆朴懷俊劉莊白善淵從臾而爲之也於是王與
金永胤徐恭李公升崔溫李聃許洪材金敦中覺倪
等賦詩唱和日夜酣歌爲汎舟流連之樂舟中結彩
棚張女樂沿流上下張燭達曙羣臣歡呼戲噱醉倒
駕前無復君臣之禮自衆美亭幸長湍應德亭五更
登岸張侯置燭其上命左右射無中者盧永醇曰侍
聖人中的然後臣等中之王一發中燭左右呼萬歲
留二日觀水戲自應德秉燭登舟過阜樂亭置酒夜

至普賢院明日幸萬春亭曲宴宿于李聃別墅王被酒
自吹笛挺身疾驅往往失王所之嘗幸玄化寺馳至
獺嶺茶院從臣皆莫及王獨倚院柱顧侍者曰鄭襲
明若在吾豈得至此十八年遣趙冬曦如宋金永夫
爲平章事十九年爲乾道元年宋遣魏杞使金始正
敵國禮李之茂爲平章事二十年平章事崔子英卒
二十二年春三月王幸西京時翼陽平凉頗得衆心
王疑有變移御以避之御浮碧樓宴侍臣于舟中夜
分乃罷二十三年許洪材爲平章事王崇奉道教齋
醮之費不可勝記倉廩單覂（方勇切）未支其用遣使徵

彙纂麗史卷之三　二十八

求諸道騷然劉邦義秦得文李球等剝民供上締結
宦官別進金銀寶器山積遂皆不次除授臺閣皆阿
上意無敢言者幸延福亭羣臣皆占所見物爲瑞内
侍黃文莊見水鳥指爲玄鶴王喜拜文莊爲國子博
士直翰林院二十四年春正月王自製臣僚賀表以
宣示百官表賀（宋以范成大爲金國祈請使）秋八月王幸普賢院
武臣鄭仲夫等作亂大殺文臣百官放王而弑之王
遊幸無常衛士從者不得食往往有凍死者諸武臣
不堪其苦侍臣林宗植韓賴等素無遠度怙寵傲物
蔑視武士由是衆怒益甚乃謀亂王幸延福亭仲夫

謂散員李義方李高等曰大駕自此還宮吾且隱忍以須若移幸普賢則無失此機可也次早王遂幸普賢院至五門置酒命武臣爲五兵手搏戲大將軍李紹膺與人搏不勝走賴遽前批其頰王與羣臣撫掌大笑仲夫厲聲詰賴王執仲夫手慰解之高與義方矯旨集巡檢軍王纔入院門羣臣將退高等殺宗植復基于門王大驚使王光就禁之仲夫曰禍根韓賴尚在王側賴挽王衣不出高拔刃脅之乃出殺之於是侍從李世通李唐柱金起莘柳益謙金子期許子端等皆遇害積屍如山遣人入城呼於道曰凡戴文

冠者皆殺於是殺崔褒偁以下五十餘人王懼召仲夫謀弭亂仲夫不對以王還宮王飲自若使伶官奏樂夜分乃寢高蔡元欲弑王梁淑止之仲夫逼遷王于軍器監遜放之巨濟縣太子于珍島殺太孫明宗三年東北面兵馬使金甫當起兵於東界遣張純錫柳寅俊等至巨濟奉王出居慶州甫當兵敗死仲夫遣將軍李義旼領兵趍慶州州人斬純錫等幽王客舍義旼引王至坤元寺北淵上進酒三盃拉脊骨應手有聲便大笑裹以褥合兩釜投淵中忽有旋風起塵沙飛揚人皆呼譟而散寺僧取釜棄屍屍浮出水涘魚鼈烏鳶不敢傷戶長弼仁等密具棺奉瘞水濱

初王宴金使使見承宣金敦中問曰彼皙而長者貴而甚文爲誰答曰金敦中相國富軾之子魁第者也金使曰信矣王聞之使請曰寡人壽幾何金使曰國王之壽久不可數滿庭老少諸臣盡逝然後有臨川之患王自計必壽不復問臨川〻意及庚癸之亂廷臣皆被害而王亦遇淵上之變其言果驗云壽四十七葬禧陵

金良鏡贊曰王之爲太子也仁宗臨薨語之曰爲國須用鄭襲明之言及卽位襲明自以受託先朝盡忠

補闕金存中鄭諴日夜浸潤竟致之死自是倖倖日進忠讜日退王益縱恣淫于逸豫盤遊無度始以擊毬庇仲夫臺諫言之而不聽終以詞章狎韓賴武夫憤怨而不悟卒之韓賴召亂而身死於仲夫之手朝臣盡殲蓋其所好終始有異而其致亂則一也故人主所好不可不愼也

木齋家塾彙纂麗史卷之三

木齋家塾彙纂麗史卷之四

世家四

明宗光孝王世家

王名晧字之旦舊名昕毅宗母弟也(仁宗九年辛亥生)毅宗
二年封翼陽侯二十四年九月鄭仲夫等廢毅宗迎
王卽位于大觀殿王之在潛邸也典籤崔汝諧夢太
祖授笏於王王受而御龍牀汝諧與百官陳賀覺而
白諸王王曰愼勿復言上聞之必害我矣至是果驗
任克忠平章事鄭仲夫李義方李高爲壁上功臣遣
工部郎中庾應圭賫前王表如金表曰臣久纏疾恙

臣子泓不慧未堪主鬯臣謹遵先父王遺命以臣弟
晧權守軍國事務金主曰廢兄爲立歟國上國合行
天討應圭辨對不屈不食七日立而待命金主乃授
回詔仍遣詢問使完顔靖來詔前王曰卿述前人之
遺囑讓母弟而相傳尚慮未出於誠心是用往詢於
變故王代迎於大觀殿請求面前王親授王曰前王
養病南州去此數千里大夫何以跋涉險阻乎請遂
止王具前王表付靖還平章事徐恭卒左諫議金莘
尹右諫議金甫當等上疏以爲崔允儀李元膺早中
正等署鄭諴告身西海按察朴純古誣奏老人星見

知水州兵錄之妄獻金龜之瑞請皆禁錮子孫從之
日有黑子大如桃平章事任奎卒立姑王氏爲妃(宗室
溫之女毅王爲從姑)遣禮部侍郎張翼明如金請襲位金主許
之(金雍欽宗于癸洛之原)二年夏五月金遣太府監烏古論仲
榮翰林學士張亨來冊王梁淑平章事三年夏四月
禘于太廟自正月不雨至于五月民多餓死有市人
肉者冊王太子秋八月東北面兵馬使金甫當起兵
於東界圖反正前王知兵馬事韓彥國等舉兵應之
九月甫當敗就擒於是大殺朝臣脫於庚寅之禍者
至是無得免者矣中外洶洶莫保朝夕郎將金富謂

仲夫等曰天意未可知任力不揆義獨雍衣冠世寧
少金甫當乎吾輩有子女者悉令通婚文吏以安其
心可久之道也衆從之自是禍稍止冬十月李義旼
弑前王于慶州四年爲淳熙元年納李義方女爲太
子妃秋九月西京留守趙位寵起兵謀討仲夫義方
檄召兩界岊嶺以北四十餘城皆應之遣平章事尹
鱗瞻率三軍往攻西京鱗瞻至岊嶺敗還冬十一月
復往攻西京鄭筠誘斬李義方分捕其黨悉誅之平
章事崔惟清卒鄭仲夫爲門下侍中五年夏五月發
前王喪百官玄冠素服三日奉葬禧陵(位寵聲言義方弑君不葬)

之罪故也位寵遣使上表于金請以岊嶺以北內附乞興師赴援金不許六年公州民鳴鶴所人亡伊等聚黨作亂攻陷公州鱗瞻攻拔西京擒位寵斬之冬十二月平章事尹鱗瞻卒七年亡伊降麋以粟遣御史金德剛押送其鄉亡伊復叛擒斬伽倻賊首孫淸盜起西海道遣兵討之義靜二州叛遣使宣諭西京餘黨作亂殺留守判官掩擊金使於通德驛欲以嫁禍本國郎中朴紹中遇害淸州管內郡縣悉爲亡伊所陷獨淸堅守秋七月擒亡伊斬之右道兵馬使李夫馭軍嚴整所至按堵得士卒心屢戰皆捷故南賊屛息八年分遣察訪使于諸道問民疾苦黜陟

官吏及奉使者限十年以前追論殿最凡被劾者八百餘員平章事李光縉卒九年西賊復熾知兵馬事李富討平之閔令謨同平章事秋九月鄭仲夫宋有仁伏誅將軍慶大升嘗憤仲夫跋扈謀欲討之隱忍不敢發會其子筠潛圖尚公主王患之大升遂與牽龍許升等謀藏經會畢夜入筠直廬斬之率死士入宮誅大將軍李景伯等宮中大噪王驚愕大升呼曰臣等衛社稷請上毋恐王出宮門酌巵酒以賜大升發禁軍分捕仲夫及宋有仁父子悉斬之十一年夏旱翰林李元牧製進祈雨疏多引咎語王召元牧責

曰野諺云春旱與糞田同汝何引我過舉以飾辭乎卽命改撰十二年侍郎崔忠烈卒全州吏民作亂逐司錄陳大有閉城固守發道內兵討之吏塹而還管城富城二縣亦逐其倅遂廢二縣十三年王太后任氏薨王侍太后病手調藥夜不解帶病革王泣目盡瘇及薨殯于義昌宮傍私第王朝夕哀臨金起復使來王宴于大觀殿不結棚奏樂金使怒韓文俊爲門下侍郎十五年文克謙爲中書侍郎十七年秋七月太白經天曹元正謀亂伏誅是年宋上皇崩何以不書牒報不至故也十九年金主殂告哀使來邊吏以儀從多於舊數拒之使牒詰朝廷命羣

臣議迎入王素服率百官迎詔于都省聽舉哀金使見王哀慟爲之動色金主雍賢明仁恕號爲北方小堯舜廟號世宗是歲宋帝傳位于皇太子退居重華宮太子惇卽位尊帝爲壽皇聖帝初高宗擇太祖後鞠于宮中未幾傳位帝聰明英毅卓然爲南渡諸帝稱首卽位之初有志恢復及符離失利重違高宗之命不輕出師又値金世宗亦賢主無釁可乘但能易表稱書改臣稱姪減去歲幣以定隣好而已然自古人君起自外藩入繼大統而能盡宮庭之孝未有若帝者終喪三年能却羣臣之請而力行之廣號孝宗無愧矣何以不書無牒報故也平章事文克謙卒二十年爲紹熙元年崔世輔杜景升李義旼同中書門下平章事二十二年平章事李英搢卒二十三年平章事林民庇卒時南賊蜂起金沙彌據雲門孝心據草田嘯

聚亾命剽掠州縣遣大將軍全存傑率李至純李公
靖等往討之至純義旼子也受賊賂與賊交通存傑
不能禁仰藥而死太白經天二十四年宋壽皇崩光宗受制悍后
兩宮搆隙壽皇有疾不問及崩不執喪趙汝愚定策奉太皇太后詔立嘉王擴卽位是爲寧宗皇帝二
十五年天禧節太子受賀朝于王王問民間有何語
太子對曰人皆笑臣爲老太子王曰寡人之久存亦
過也太子失色太子稱美王之壽考而語不了故王
有此言王性慈仁懲艾毅宗至誠事毋后敦睦宗戚
無間言王弟冲曦多穢行崔詵諷出之王驚曰不意
司諫離間我兄弟嘗患虛羸餌栢仁酒醫云栢子産

雞林者最良請取之王不許曰豈可以藥餌細事令
擾民妨農邪遂不復御然天姿孱弱加以屢更變故
動輒驚懼凡軍國機務受制武臣至如聲色猶不敢
自專及權臣誅夷始得縱意內嬖死王哀戀失聲哭
太后寬譬之曰不可使聞於重房也召二公主令掌
服御其壻欲絶婚乃還之諸武臣悉皆腹誹有偶語
咨嗟者王精於圖畫與畫史高惟訪李光弼等繪畫
物像終日忘倦尤工山水萬幾之重不以介懷措注
之際與嬖宦密議封其章直付政曹據草謄寫而已
由是奔競成風賄賂公行凡有請託輒問曰得賂幾

何多則喜從之否則故延拖以須其厚賂故諸宦官
盜弄威福濁亂朝政甚於禧陵時矣李義旼畏慶大
升屢召不至及大升卒猶不至王懼其爲亂敦諭乃
至引見於便殿畏其凶暴外施獎慰中外皆惜王之
柔懦云二十六年夏四月李義旼伏誅初將軍崔忠
獻以勇敢選補別抄都領其弟忠粹性猜悍謂忠獻
曰義旼父子實國賊也吾欲誅之如何忠獻然之與
朴晉材盧碩崇等謀袖刃至義旼別墅於門外候之
義旼出跨馬忠粹擊之不中忠獻斬之持其首馳入
京梟于市觀者驚譟聲震都下忠獻等詣宮門謝王

慰諭之以忠獻爲左承宣忠獻等會仁恩館議事有
告云平章事權節平孫碩上將軍吉仁等謀擧兵忠
獻命捕節平碩等殺之吉仁在壽昌宮聞變與將軍
兪光朴公襲等出武庫兵仗授禁軍出宮門忠獻勒
兵迎鬪仁衆大潰忠獻縱兵入宮隨遇輒殺僵尸狼
藉公襲等自刎王左右皆散走惟小君及宮人侍側
垂泣而已忠獻引兵還追獲參知政事李仁成上將
軍康濟文得呂承宣文迪崔光裕大司成李純佑等
三十六人皆斬之賜忠獻忠誠佐理功臣號杜景升
爲中書令二十七年秋九月大雷電以風忠粹謀於

忠獻曰今上倦勤不可以主臣民司空縝聰明有度
量若立爲王國可中興矣忠獻曰平凉公上之母弟
宏略大度有帝王之量其子淵聰明好學宜爲儲副
議未決晉材曰縝與旼皆可然金國不知有縝若立
縝彼必以爲簒不如立旼如毅宗故事以弟及告之
則無患議乃定辛酉忠獻勒兵市街爲中軍分諸衛
兵爲左右前後軍屯四街閉諸城門召杜景升流紫
燕島遣兵入闕逼王出幽于昌樂宮迎平凉公卽位
放太子璹于江華神宗五年九月王有疾神宗遣醫
請進藥王曰我忝位二十八年壽七十二豈復希延

生乎不聽十一月薨葬智陵

史臣曰麗祚中衰強臣跋扈放弒毅廟竊弄國柄明
宗宜勵志自強必討賊而後已當慶大升一朝擧義
誅仲夫父子如獵狐兎而義旼奉首鼠竄假息鄉閭
此正用賢立紀復張王室之秋也王不能然溺於燕
安其所施爲殊如平康無事時如義旼者遣一介使
數而誅之可也反寵諭至朝委以重權使之濁亂朝
政其禍慘矣崔忠獻乘釁而起而王卒見放逐自是
權臣相繼執命王室之不亡若綴旒者幾百年嗚呼
痛哉

神宗靖孝王世家

王名旼字至華明宗母弟也仁宗二十二年甲子生在位七年壽六十一封平凉公
崔忠獻廢明宗迎立王更名晫避金諱也以忠獻爲靖國
功臣大匡上柱國遣員外郎趙通如金進前王讓表
以趙永仁奇洪壽任濡崔讜爲侍郎平章事崔忠粹
脅王黜太子妃欲以其女配東宮忠獻曉譬之忠粹
不聽忠獻忠粹治兵相攻忠粹敗走追斬之忠獻以
兵部尚書知吏部事摠文武銓注出入禁闥以兵自
衛元年戊午爲慶元四年金遣宣問使大理卿孫俁
來詰前王遜位事由對如表意俁求見前王趙永仁

曰前王在南州計程三十日可至俁乃傳詔于王二
年盜起溟州與東京賊合侵掠州郡遣將招撫之夏
四月禘于太廟金來冊王崔讜于述儒致仕時勒令致仕者二十
餘人太白經天三年平章事李文冲卒朱子卒於是時冊元
子𧺝爲王太子八月宋上皇崩五年侍中趙永仁卒冬十一
月前王薨于昌樂宮六年車若松崔忠獻爲平章事
忠獻誅殺既多恐有變文武閑良及衛士強有力者
悉皆招致分爲六番直宿其家號都房出則合番擁
衛如赴戰鬪於是內外大權悉歸忠獻王端默拱手
而已七年春王有疾忠獻入問疾王曰寡人之至此

公之力也今疾大漸欲傳位於太子太子涕泣固辭忠獻白太子曰君父之命不宜固辭引入康安殿北面再拜出大觀殿卽位王扶起謂忠獻曰卿於朕之父子功德不細仍泣下薨壽六十一葬陽陵

熙宗成孝王世家

王名韺字不陂舊名悳神宗長子母曰靖宣后金氏〔明宗十一年辛丑生〕神宗三年封王太子至是受內禪卽位冊元子祉爲王太子元年乙丑爲開禧元年冊崔忠獻爲晉康侯忠獻受冊于男山第諸王咸詣其門禮畢宴冊使贈犀帶鞍馬甚厚夜宴諸王其帷帟花果聲

伎之盛自三韓以來人臣之家所未有也二年金來冊王宋議北伐諸將曰中原淪陷且百年在我固不可一日而忘然兵凶戰危若首倡非常之擧勝負未可知則禍將誰任韓侂冑沮衆議出師金遣僕散揆鎭汴遂分道侵宋會吳曦叛以蜀附于金宋師大敗侂冑弄兵之意猶未已宋人患之密謀誅侂冑修好于金蒙古太祖鐵木眞稱帝于斡難河〔姓奇渥溫氏世爲蒙古部長鐵木眞功德日盛諸部慕義來降於是大會諸部建九斿白旗號曰成吉思皇帝〕四年盜發武陵五年金主殂七年蒙古侵金金使粘合乞和蒙主不許將軍金良器如金至通州遇蒙兵中矢而死金收骨以送大同府及西北州縣皆降于蒙金完顏胡沙南還潰于會河堡金之精銳皆盡秋九月侍郞平章事致仕崔讜卒〔致仕向以書辭忠獻勸令致仕則知其爲君子也自忠獻用事以來大臣在位辭皆削〕冬十二月崔忠獻廢王遷于江華初內侍王濬明爲王謀誅忠獻忠獻詣壽昌宮給忠獻從者稱旨引入賜酒食令緇髡十餘人持兵擊殺從者忠獻知有變曰願上救臣王默然閉戶不納忠獻匿知奏事房紙障三索竟不獲上將軍金躍珍知奏鄭叔瞻在重房聞變卽入扶忠獻以出忠獻怨王廢遷于江華尋移紫燕島放太子祉于仁川德陽侯喬桐始寧侯白翎縣奉漢南公卽位高宗二十四年八月王薨壽五十七葬碩陵

康宗元孝王世家

王名祦字法柱明宗元子也母曰光靖后金氏〔毅宗六年壬申生〕明宗三年冊太子賜名璹二十七年放于江華熙宗六年召還封漢南公更名貞至是崔忠獻廢熙宗迎立元年壬申爲嘉定五年遣中書舍人李儀如金告嗣位冊子嗔爲王太子金遣完顏惟基來冊王象輅高十九尺廣化門不能容請裁損其制金使不許闕地而挽入金使欲入儀鳳門學士琴儀止之二

年(宋史云故遼人耶律留哥取金遼東州郡自立爲遼王據東史金宣撫蒲鮮萬奴王遼東國號大眞未詳孰是)金胡沙虎弑其主永濟而立昇王珣是爲宣宗蒙兵進圍燕徇河北河東山東州郡多下之秋八月王薨壽六十二葬厚陵

史氏贊曰神宗爲忠獻所立徒擁虛器廁宗之世雖欲有爲何以哉王宜以正自處任賢使能王室自強雖有跋扈之臣安敢萌無君之心而動於惡哉不知出此聽用輕謀欲快一時之忿反見放黜康宗受制強臣享國日淺夫何爲哉悲夫

高宗安孝王世家

王名皞字大明舊名瞋(又旼䁝)康宗元子也母曰元德后柳氏(明宗二十年壬子生)康宗元年冊太子二年受內禪卽位元年甲戌爲嘉定七年金乞和于蒙許歸以公主歲幣蒙主許之引兵北還金主珣徙都汴蒙主聞之怒曰是疑我也復圖南侵二年秋八月崔忠獻還前王于喬桐冬十月祫于太廟奉王冊上尊號蒙兵入燕(宮室爲亂兵所焚神御妃嬪皆淪沒)金主遣使求和蒙主曰去帝號稱臣然後可故議不成三年夏四月雩秋八月契丹兵來侵初契丹遺種金山金始王子脅河朔之民自稱大遼收國王(西遼已在嘉泰辛酉至是十六年矣)蒙兵伐之二王子席卷而東遇金兵于開州敗之(舊史云金兵誤)避到鴨江樹黃旗招兵馬使不往翼日渡江掠寧朔等州入義靜朔昌雲燕州皆以妻子自隨瀰漫山野月餘食盡移入雲中道遣上將軍盧元純大將軍金就礪等統三軍禦之至朝陽驛與戰郎將丁純祐突入賊中斬持纛者丹兵奔潰分道將軍金公頙敗之昌州玄章敗之延州薛得儒敗之雲州丹兵屯龜州吳應儒衛校擊敗之丹兵又至朝陽驛爲西京兵所敗溺江死者甚衆自昌州入延州金就礪擊却之丹兵屯於樂山南三軍屯博州賊夜涉淸川江指西京三軍失利(史略

云三軍敗績於渭州李陽升等千餘人死京都聞之哭者滿城)賊遂濟大同江冬十二月屠黃州宰樞重房奏勿論太祖苗裔及文科出身悉令充軍王從之元帥趙冲鄭叔瞻點兵於順天館是日忠獻恐有變擁兵自衛驍勇之士悉爲忠獻父子所占官軍惟老羸不堪戰四年春僧徒謀誅忠獻不克忠獻遂大殺僧徒召還鄭叔瞻以鄭邦輔代之三月五軍潰于太祖灘時五軍帥行至太祖灘遇雨置酒不設備有一人乘白馬馳入陣中擧旗爲麾俄而賊大至五軍皆被圍前軍潰遂薄中軍縱火燒壘惟左軍拒戰邦輔冲奔左軍丁丑左軍亦敗五軍

皆潰將軍李義儒白守貞李希柱戰死邦輔冲奔還賊追至宣義門焚黃橋而退朝野大震夏四月丹兵至金郊驛更閱五軍遣兵應夫崔元世貢天源兵仁永柳敦植禦之五月丹兵陷東州罷兵應夫以崔元世代之以金就礪爲前軍兵馬使丹兵過澄波渡五軍擊之入原州州人力戰却之西京作亂錄事鄭俊儒討平之以趙冲爲西北面兵馬使秋七月中軍前軍追丹兵至堤州斬獲甚衆流屍蔽江而下越三日追至朴達峴會兵馬使任輔亦至三軍登嶺而宿質明賊先遣數萬人登左右峯欲爭要害元世就礪力

戰破之賊大潰由是不敢南下踰大關嶺而遁冬十月女眞黃旗子軍渡鴨江侵義靜麟州趙冲掩擊大破之丹兵入女眞地得女眞兵復振長驅而來寇高州和州陷豫州五年納王氏爲妃秋七月趙冲爲元帥金就礪爲兵馬使冬十二月蒙遣將哈眞合東眞兵聲言追丹賊丹兵入江東城哈眞遣使我軍金就礪趙冲赴蒙師講好合兵圍江東六年春正月賊衆開門出降王子自殺斬僞平章以下百餘人哈眞遣蒲里帒完貴詔來王引見於大觀殿毛衣冠佩矢直上殿出懷中詔執王手授之王變色侍臣崔先朝泣

曰豈可使醜虜近至尊邪遂請出蒲里等更服我國衣冠上殿行禮二月蒙師還三月王子倎生金邊吏乞糴于我不許時金國勢日蹙遂欲竊淮漢以自廣分道南侵宋遣兵敗之宋金之好遂絶蒙兵來屯關外督納歲貢崔忠獻死以其子瑀爲樞密副使七年秋九月平章事趙冲卒八年蒙人來九年秋七月壬申彗出三台乙亥見西北八月丁丑見乾方長二十尺許戊寅太白晝見經天王太后王氏薨蒙主滅回回國（十一年東眞書曰成吉思師老絶域不知所在蓋指北征事也）十年金主珣殂太子守緒立十一年宋寧宗崩丞相史彌遠矯詔廢

皇子竑爲濟陽王立沂王嗣子貴誠卽位是爲理宗皇帝冬蒙使着古與來十二年春還爲金將亏哥下所害蒙人疑我遂與之絶東眞寇朔州十四年日本請修好遣及第朴寅報聘（自是沿海侵掠稍息）時金人併力守河南保潼關東西二千里立四行省帥精兵二十萬以守禦之蒙主殂于六盤山臨死謂左右曰金精兵在潼關南據連山北限大河難以遽破若假道于宋宋金世讎必能許我則下兵唐鄧直擣大梁破之必矣言訖而死第三子窩闊台嗣位信任賢臣擧無過事華夏殷富庶民樂業約宋滅金國勢愈昌（是爲太宗）十

六年辛樞會崔瑀第議備禦東眞十八年蒙兵乃出秋
八月蒙帥撒禮塔屠鐵州圍龜州朴犀金慶孫却之
徵諸道兵蒙兵攻西京不克陷宣郭二州發五軍兵
馬以禦之冬十二月蒙兵分屯京城門外遣御史閔
曦往犒遺土物撒禮塔蒙兵向廣忠淸州所過無不
殘滅將軍趙叔昌(沖之子降于蒙兵)偕蒙使持牒來問着古
與殺死差來使人射回事仍覓童男女軍人衣服於
是賫國贐黃金八十斤白金一千三百斤襦衣一千
領獺皮二百領寄蒙使上表曰着古與殺了事實隣
寇之攸作想聖智之易明彼所經由亦堪證驗其再

來人使着箚剌事前此哥不愛僞作上國服樣屢犯邊
鄙邊民久乃覺其非今春又値此等人方驅逐之俄
不見人物拾取所棄毛衣帛冠鞍馬等事以帛冠雖
知其僞尚疑之藏置縣官將俟大國來人辨其眞贗
今以此悉付軍前則無他之意於此可知也其投拜
事在鼠兒年已曾投拜今因使來申講舊好伏望鞠
實察情脗廓包荒之度竭誠盡力益修享上之儀十
九年春蒙兵還遣通事池義深如蒙營夏四月遣趙
叔昌薛愼如蒙古上表曰伏承詔旨童男女五百取
進事國法雖君上惟配一嫡室更無媵妾故王族不

曾繁盛臣僚亦不過一妻所産或無或有有或不多
若皆發遣上國則誰其承襲王位及朝廷有司之職
以奉事大國倘蒙貴國撫存敝邑使通好萬世則請
蠲所不可堪以示字小扶弱之義五月宰樞會宣慶
殿議邊事大集成請徙都避亂會校尉宋立章竄來
云蒙帥捕送池義深帝所崔瑀遂脅王遷都江華時
昇平旣久京都金碧相望人情安土重遷然畏瑀無
敢言者獨兪升旦以爲不可別抄指諭金世冲排門
而入責詰瑀瑀怒斬之以威衆刻日遷都令諸道民
皆入山城海島以避之秋七月乙酉王發京師丙戌

入江華參知政事兪升旦卒冬蒙兵再至王上表陳
情於蒙主(表內充助征東眞及親朝)又狀曰敝邑本海外之小
邦也自歷世以來必行事大之禮然後能保有其國
家故頃嘗臣事于大金及金國鼎逸然後朝貢之禮
始廢矣越丙子歲契丹遺種闌入我境橫行肆暴至
己卯我大國遣帥河稱扎臘領兵來救一埽醜類小
國深德之講投拜之禮遂向天盟以萬世和好爲約
因請歲進貢賦所便元帥曰道途多梗爾國必難於
來往每年我國遣使佐不過十人其來也可賫持以
去至則道必取萬奴之境以此爲驗其後使佐之來

一如所約我國輒附以國贐禮物輸進闕下獨於甲申年使臣着古與不以萬奴之境而從迻速路來焉然依舊接遇甚謹又附以國贐前去其後使价之來者稍至間閣小國竊怪其故久而聞之則亏哥下遮出中路殺了上件使臣所致也亏哥下僞作上國服様入我北鄙殘毁三城萬奴亦攻破東鄙其服色亦如之自是踵來侵掠不絶又萬奴與上國使佐之向我國者紿言高麗背徐國愼勿前去使佐不信遂便行李則先遣其麾下人僞爲我國服着伏於兩國山谷之間潛候行李出射趂殺因令伴行人白云高麗

彙纂麗史卷之四 十七

所作如此皆逆明矣請停前去上國使佐其能不以爲然乎然適有自萬奴麾下逃來王好非者細説其事故我國得知之無幾何聞大兵入境小國以通好之故殊不意上國之兵久乃知之然莫識所以行兵之故帥府大官人移文言徐國殺我使臣着古與及射東路使臣以此行兵問罪耳我國具以實對更行投拜大國亦詳兩人所詐豁然大寤遂許班師君臣相賀曰大國常以亏哥下萬奴之罪歸于我我無以自明幸賴大軍親臨根究使上國之疑渙然如水釋則始可以安心定慮専一於奉事上朝之日也未幾

忽有宋立章者自上國走回云大國將舉大兵來討已有約束百姓聞之驚駭逃閃者多矣俄又聞北界一二城逆民妄諭達魯花赤殺戮平民聲言大國兵馬來也又聞上國使到義州令準備舸艚一千隻於是舉上下無不震悸其播竄者又過半矣逋戶殘廬歷歷相望鞠爲茂草君臣竊自謀曰若遺民盡散則邦本空矣其將與誰歲辦貢賦以事上朝耶不若趂此時收合殘民入處山海之間粗以不腆土物奉事上國不失藩臣之名上計也蓋以心之所嚮不關於地苟以一心事大想上國何必以此爲咎耶於是遂

彙纂麗史卷之四 十八

定計焉然則我國之遷徙于此不過此意耳寧有他心哉天地神明實鑒之矣不意大國爲浮言所動遣大兵壓敝境凡所經由無老弱婦女悉被屠害故舉一國悉情震怖莫有聊生之意噫君是天也父母也方殷憂大戚如此而不於天與父母而更於何處號訴耶伏望推天地父母之慈諒小邦靡他之意勑旋大軍永護小國則臣更努力竭誠歲輸執壤用表丹悃益祝皇帝千萬歲壽是臣之志也冬十二月撒禮塔攻處仁城水州部曲城中射殺之蒙兵乃還是月也蒙遣王檝于宋議夾攻汴京俟成功以河南地歸宋宋

許之金主棄汴而出蒙師圍汴二十年春三月遣司
諫崔璘如金路梗而還金主濟河遇蒙人敗績走歸
德府尋奔蔡州夏四月汴京以城降于蒙執太后妃
嬪宗室男女五百餘人悉赴青城在道艱楚萬狀亡
甚於宋徽欽之時焉二十一年甲午爲端平元年宋
師及蒙人夾攻金蔡城城垂破金主傳位于元帥承
麟宋師入蔡州蒙師從之金主守緒死之承麟死于
兵金亡（金十主百二十年太祖太宗熙宗海陵世宗章宗衛紹宣宗哀宗末帝）蒙人只
許割陳蔡以畀宋宋遣趙葵全子才入洛蒙兵薄之
宋師潰而歸蒙復使王檝于宋曰何爲以敗盟也自

彙纂麗史卷之四　十九

是荊漢之間無寧日矣侍中金就礪卒册崔瑀爲晉
陽侯二十二年蒙主使其閣端等分道侵宋二十三
年夏六月蒙兵至三渡鴨江分屯龜朔郭博之地遂入
黃州由信州圍溫水郡郡敗之至竹州宋文胄力戰
却之遂南下衝斥於全州古阜之境二十四年前王
薨二十五年遣金寶鼎等如蒙古上表乞解兵二十
六年王太后柳氏薨蒙人賫詔來諭親朝蒙兵還自是
麗使往來不絕二十八年以永寧公綧稱王子入蒙古爲禿
魯花（華言質子也）冬蒙主殂（第六后乃馬眞氏稱制合鑾專政權傾內外耶律楚材以
憂卒）三十三年蒙主貴由立六皇后臨朝四年至是會

諸王百官議立貴由太宗長子也朝政猶出於后三
十五年蒙主殂（定宗）海迷失稱制諸大臣皆不服三十
六年崔怡死子沆襲爵（是時蒙政衰故十年間東搶之禍稍息）三十八
年蒙主蒙哥立（睿宗拖雷長子太祖孫也是爲憲宗）嚴軍律以安民政
始歸一命太弟忽必烈摠治蒙漢地事詔王親朝三
十九年蒙使多可來蒙主密勅多可曰國王出迎于
陸則雖百姓未出可也不然當發兵致討多可至王
遣新安公佺出迎多可怒而去四十年秋七月蒙兵
四至渡鴨江元帥也窟遣人傳詔責以六事詔曰朕欲
自白日所出至于所沒咸令逸樂緣爾國逆命命皇

彙纂麗史卷之四　二十

叔也窟統師往伐迎詔納款則罷兵以還如其固拒
朕必無赦王致書也窟曰小邦不敢違聖旨已於昇
天府白馬山下築室營都惟北界捕獺人是懼未能
竣役耳惟大王特許班師則當於明年躬率臣僚出
迎帝命若其虛實遣一二行人審之可知也也窟曰
受諸城降牒來對曰大軍若還君臣出陸州縣安往
蒙兵屠春州圍登州黃驪楊根降于蒙蒙兵陷襄州
掠甲串江外冬十一月也窟有疾北還遣蒙古大曰
國王出江迎吾師則兵可退王濟江夜別抄東甲以
從蒙古大謂王曰自大軍入境一日死亡幾千萬人

王何惜一身不顧萬民之命乎大王之言卽皇帝之言吾之言卽大王之言也自今以往萬世和好豈不樂乎遂酣飮而去王還江都也窟欲置達魯花赤留兵一萬王致書曰近以天寒風勁老病之軀豈堪涉海然以大王之敎不敢違也秖率臣僚出迎使者意大王不違舊約卽命旋師今承明敎若果如此安得保無後患而復都舊京耶遣安慶公淐如蒙古用崔璘之策也 四十一年 蒙主使車羅大主東國遣多可來諭曰國王雖出陸崔沆李應烈周永珪柳璥等不出是爲眞降耶秋七月車羅大領兵五至五千渡鴨江

《彙纂麗史卷之四 二十二

九月攻忠州山城不克解圍南下攻尚州山城射殺副將遣參知政事崔璘如蒙營璘追車羅大至陝州丹溪車羅大曰須崔沆奉王出陸可罷兵是歲蒙兵所虜男女無慮二十萬人殺戮不可勝計自有蒙兵之亂未有甚於此也 四十二年 春正月蒙主勑車羅大班師安慶公朝敎也入遣御史金守剛如蒙古秋九月車羅大永寧公領兵復至六至冬十月蒙兵踰大院嶺忠州擊破之十二月蒙兵造船攻槽島不克 四十三年 春正月王遣李廣宋君斐領舟師南下禦蒙兵于笠巖靈光城下敗之車羅大歷潭陽羅州屯于海陽無等

山頂遣兵南掠金守剛至和林城謁蒙主辨對剴切蒙主命班師車羅大收兵北還卓帥張兵甲串江外登通津山望江都而去屯于安北府東京摠管松山得罪於車羅大來投崔沆納之 四十四年 夏崔沆死其子竩爲借將軍秋八月蒙主自將侵蜀 四十五年 春大司成柳璥與別將金仁俊謀誅崔竩復政于王王御康安殿百官陳賀如新卽位夏六月蒙將余愁達甫波大各領一千騎東來七至勑云高麗如實出降雖雞犬一無所殺否則攻破水內金寶鼎如蒙營余愁達曰皇帝以東事屬我與車羅大若遣太子迎降便卽日回軍耳太子不能行蒙兵更肆侵掠

《彙纂麗史卷之四 二十三

冬十二月散吉大王領兵來屯古和州龍津人趙暉卓靑以和州迤北附于蒙古置雙城摠管府 四十六年 王在位雖久然制於權臣飮啖動止不得自由至是燕羣臣以慶之王再擧手以示曰凡在座者拍手以助予樂酒闌王猶樂甚羣臣拍手踊躍汗流被體至暮乃罷於是遣朴希實謂車羅大曰我國不幸爲權臣所制違忤帝命有年矣今已誅除崔氏將復舊都願遣太子朝見車羅大聞之喜形于色遣溫陽加大來督太子使奉表如蒙古李世材金寶鼎等四十人從行車羅大死太子至虎川大雨水漲從者請留

太子不聽遂發至東京會忽慈達松吉王將兵東來八至是時蒙兵八至實由於權臣擅國不肯出陸講好故也太子見松吉松吉曰皇帝親征宋國委吾輩東征大軍已發爾何來太子對曰我國惟皇帝及大王之德是賴將奉觴于大王然後入覲故來耳松吉曰汝國已離江都乎太子曰州縣已出島王京則待皇帝處分耳松吉曰王京尚在島中何云罷兵太子曰大王嘗言太子入朝則罷兵故今我來爾兵若不罷百姓駭懼奔竄後雖敦諭誰復信從大王之言乎松吉然之駐兵不發遣周者等來壞江都內城城郭摧折聲如雷街童巷婦爲之

悲泣夏六月王薨于柳璥第壽六十八謚曰安孝廟號高宗葬洪陵

史臣贊曰高宗外爲強敵所逼內爲權臣所脅跋前疐後動必掣肘棄宗廟捐城郭寓居海島操縱進退不出於強敵則必出於權臣眞所謂寄生之君耳然猶默端拱享國垂五十年豈非麗運未窮天之眷顧未怠而默有所相歟

元宗忠敬王世家

王名禃字日新舊名倎高宗元子也母曰安惠后柳氏高宗六年己卯生 二十二年冊太子四十六年四月入朝

蒙古六月高宗薨金仁俊欲立安慶公兩府議曰元子繼體古今通義況太子代王入朝而以弟爲君可乎遂奉太孫諶權監國事先是遣將軍朴希實奉表陳誅竩出陸之意希實追蒙主踰蜀山三月望日謁于陝州疑即合州蒙主曰太子行不出爾境則可與俱還如入吾地其令單騎來朝王由燕京過潼關至六盤山是時憲宗圍合州堅守久不下太弟忽必烈自黃州濟江江淮州縣多降宋師大敗進圍鄂州江表大震宣撫使賈似道懼密遣人詣太弟請稱臣納幣太弟不許會憲宗殂於釣魚山訃至太弟許宋平北還而阿

里孛哥世祖母弟阻兵朔野欲襲尊號諸侯虞疑罔知所從王遂南轅至梁楚之郊十一月太弟自襄陽班師北上王服烏紗帽紫羅袍犀鞓象笏迎謁道左眉目如畫周旋可則太弟驚喜曰高麗萬里之國唐太宗親征不能服今其世子自來歸我此天意也與俱至開平府本國以高宗薨聞太子在京北府聞訃宣撫使趙良弼言于太弟曰高麗雖名小國依阻山海國家用兵二十年尚未臣附太子倎今來留滯二年供帳疎薄無以懷輯其心聞其父已死誠能立倎爲王遣還國則必感恩戴德願修臣職是不勞一卒而得一國也廉

肴憲亦言之太弟曰善館遇有加命東旦大護王歸
國三月甲申王至自蒙古丁亥蒙太弟忽必烈卽位
先是蒙主聞王至西京淹留疑有變遣刹節等賫書
來書曰今也普天之下未臣服者惟爾國與宋耳宋
則鼎魚幕燕亾在朝夕俟東方旣定便回戈南指今
聞爾國內亂渝盟邊將復請戒嚴此何故也果內亂
邪權臣何不自立而立世孫謂傳聞之誤邪世子何
不之國而盤桓於境上也重念島嶼殘民久罹塗炭
窮兵致討非予本心御失其道則俎詐咸起推心人
腹則反側自安悠悠之言又何足校金仁俊以下官

吏軍民令旨到日以前有罪者咸赦除之元年庚申
爲景定元年夏四月王卽位於康安殿遣永安公僖
如蒙古賀卽位陳情表略曰其謂宋不服者哥矣顧
如小邦無歲不聘況臣親覲而過蒙奬諭何曾比予
於是不知其所以然蒙主喜曰朕卽位爾國又最先
來賀時朝會者八十餘國蒙主謂曰汝等見其禮待
之厚如爾國者乎回詔云衣冠從本國之俗皆不改
易行人惟朝廷所遣餘悉禁絶古京之遷遲速量力
屯戍之撤秋以爲期元設達魯花赤等俱勅西還今
後自願託屬者斷不準從朕以天下爲度事在推誠

其體朕懷毋或疑懼賜虎符國王印詔放還高麗被
虜民戶追尊毋后爲王太后冊王妃柳氏以元子諶
爲王太子二年遣太子賀平阿里孛哥陪臣田文胤
謁蒙主蒙主曰欲有言乎對曰陛下矜恤小國恩德
至渥也然讒間者多願陛下勿信蒙主然之三年金
起孫李世材李藏用同平章事四年遣洪汙如日本
徵所掠而還五年夏五月蒙主遣使徵王秋七月彗
見艮方（七十二日乃滅宋史云彗出柳長數十丈四更見東方日高始滅詔求言上書者多言天
變由公田不便賈似道上書力辨且乞避位帝不許）八月蒙主定都于燕王如
蒙謁蒙主于燕都冬十二月至自蒙是歲十月宋理

宗崩在位四十年壽六十二在朝君子小人互爲消
長治亂相半元運方興威震海內雖使撥亂之才當
之亦未決成敗況中才之主能保邦歿身幸也然終
始崇尚理學亦賢矣哉六年封金俊爲海陽侯七年
平章事致仕英憲公金之岱判樞密院事崔允愷卒
（何以書卒二人不附權臣故也）蒙遣黑的等令王諭日本入朝命宋
君斐金贊偕黑的往日本八年春正月君斐等至松
邊浦凝望海而還以風濤爲解蒙主怒復遣黑的來
謂王曰卿恐日本旣通則益知爾國虛實然爾國人
在京師者不少卿之計疎矣卿其遍諭以必得要領

爲期於是遣起居舍人潘阜賫蒙古書及國書如日
本蒙古書曰朕受天明命奄有區夏遐方殊域莫不
畢來日本自歷代以來時通中國至於朕躬而無一
乘之使以通和好尚恐王國知之未審故遣使布告
朕志聖人以四海爲家不相通告豈一家之理哉國
書曰皇帝仁明日月所照咸仰其德今欲通好於貴
國者豈以利其貢獻哉蓋欲以無外之名高於天下
耳貴國來必厚待之遣一介使往觀之何如也 九年
遣安慶公淐如蒙古蒙古主用趙彝之譖面數王失不出陸反
圖守使備等事責淐甚嚴遣禮部郎中孟甲來詔曰卿之事

朕率以誣飾朕若受其欺而不言是不以誠遇卿也
卿言撤兵三年當去水就陸撤兵之請旣已從之就
陸之期今幾年矣成吉思皇帝制度凡內屬之國納
質助軍輸粮設驛供戶數籍置達魯花赤已嘗明諭
之矣繼有來章稱俟民生稍集然後惟命是從稽留
至今不以誠言見報聞汝國之政例在左右得非爲
所梗蔽使卿不聞歟其今金俊李藏用賫奏章來具
以實聞遣李藏用如蒙潘阜至日本置諸國西太宰
府凡五月不受詔旨逼而送之阜還如蒙奏之蒙主
曰曾言風浪險惡則潘阜何緣得達逼送之言又何

足信邪遣崔東秀奏點兵一萬造船一千隻事蒙主
遣脫朶兒劉傑等點閱仍相黑山島日本道路詔金
俊夷其族遣門下省事申思佺伴黑的如日本思佺
至對馬島執倭人來獻于蒙蒙主悅厚賜思佺及倭
人等 十年 夏四月世子諶如蒙六月李藏用林衍廢
王幽之依經鄭歸生例以李藏用爲謀首立安慶公淐衍旣誅俊勢
傾朝野疑宦官金鏡崔瑥等圖己收斬之集六番都
房于毬庭召宰樞議廢立李藏用恐有不測以遜位
爲言參政俞千遇曰此大事也請公反覆思之況今
世子在上國待其還亦未晩也衍不聽率百僚詣淐

第奉淐爲王逼遷王別宮遣郭汝弼如蒙以遜位爲
請世子還至婆娑府聞變執汝弼問之悉得其狀痛
哭還入蒙古李藏用如蒙蒙主遣李諤等詰廢立事
由衍遣金方慶如蒙西北面營吏崔坦等殺留守
官附于蒙冬十一月蒙主遣黑的等詔曰林衍云有
權力者能行廢立臣位居七人下有何權力能行此
事王可將淐及衍偕詣闕下衍懼不知所出黑的勸
復王位十二月王如蒙衍恐泄廢立事以其子惟幹
從 十一年 王上書都堂請婚因乞兵東還蒙主許之
遣蒙哥篤將兵令金方慶護行方慶臨發請大軍勿

令過大同江蒙主許之屯西京坦等誘蒙哥篤欲取
王京方慶引蒙主旨折之坦謀不行蒙主賜坦金牌
號西京爲東寧府內屬王表請復西京蒙主不允春
二月蒙主命頭輦哥領兵護王及世子歸國以脫朶
兒爲達魯花赤偕來王請之也夏五月王至自蒙先遣上
將軍鄭子璵來諭國人衍憂懣疽發背死其子敎定
別監惟茂謀欲拒命中外洶洶中丞洪文系及宋松
禮等奉王密諭集三別抄諭以衛社大義執惟茂及
大將軍崔宗紹皆斬之流李應烈宋君斐等中外大
悅定都舊京自毅宗末武臣執權以來崔氏四世襲

位金俊林衍繼之首尾八十年國王擁虛位而已至
是外藉蒙古兵力誅勦林氏而後政柄歸于王室遣
將軍金之氐入江華罷三別抄於是將軍裴仲孫盧
永禧等領三別抄叛逼承化侯溫爲王署置百官剽
掠子女財貨乘舟南下入據珍島遣金方慶與蒙古
元帥阿海進兵討之世子如蒙冬十二月至自蒙時
陪臣元傅奏頭輦哥侵擾事蒙主使對辨傅等屈出
排後宋商船來泊密令遣還蒙主聞之降詔責諭十
二年李藏用免時有詔云權臣於卿猶擅廢立况於卿子孫豈肯悉心輔佐於是以首謀廢立罷李藏用奏聞
蒙主遣秘書監趙良弼聘日本蒙置屯田

經略司于鳳州上表請罷屯田不聽送絹萬二千疋
來令市牛三千頭夏五月金方慶忻都茶丘等率三
軍討珍島破之斬承化侯溫賊將金通精引餘衆竄
入耽羅世子諶入質于蒙詔自江華被脅掠以去者
其父母妻子許令相認復舊珍島元有百姓分付本
國忻都不肯王表陳其事脫朶兒詰忻都稍擇出之
達魯花赤脫朶兒卒驍斷明白未嘗枉法將死不飮藥恐貽禍於本國也金方
慶爲平章事蒙古建國號曰大元十三年春正月趙
良弼還自日本挾日本使來三月世子至自元時世
子久留燕京從者皆愁思東歸勸世子以東征事請

元主而還薛仁儉曰不可世子在此將以衛社稷也
請此以還其如東民何寢其議會林惟幹聞之欲假
此先請故世子不得已請之元主許東還國人見世
子辮髮多嘆息泣下者夏四月遣郭汝弼表請減軍
粮兩年量支軍馬粮料五十萬餘石準元朝三十萬一石云時外供師旅內討別
抄調兵造艦百役並作上下飢窘大府官不堪策應
有祝髮而逃者十四年元傅張佶爲平章事彗見夏
四月金方慶與忻都須舟師擊耽羅破之賊悉平元
册皇后太子置達魯花赤于耽羅金方慶被名如元
兪千遇爲平章事先是趙良弼復如日本至太宰府

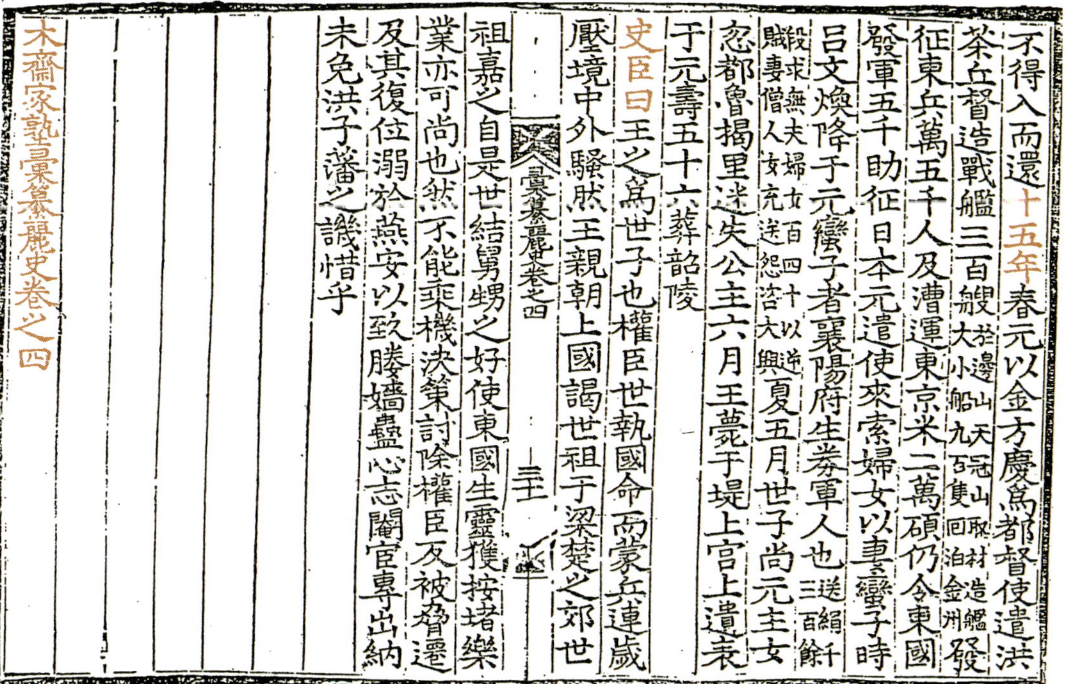

不得入而還十五年春元以金方慶爲都督使遣洪茶丘督造戰艦三百艘於邊山天冠山取材造艦大小船九百隻回泊金州發征東兵萬五千人及漕運東京米二萬碩仍令東國發軍五千助征日本元遣使來索婦女以妻蠻子時呂文煥降于元蠻子者襄陽府生券軍人也送絹千三百餘段求無夫婦女百四十以逆賊妻僧人女充送怨咨大興夏五月世子尚元主女忽都魯揭里迷失公主六月王薨于堤上宮上遣表于元壽五十六葬韶陵

史臣曰王之爲世子也權臣世執國命而蒙兵連歲壓境中外騷然王親朝上國謁世祖于梁楚之郊世祖嘉之自是世結舅甥之好使東國生靈獲按堵樂業亦可尚也然不能乘機決策討除權臣反被脅還及其復位溺於燕安以致媵嬙盡心志閹官專出納未免洪子藩之譏惜乎

木齋家塾彙纂麗史卷之四

彙纂麗史卷之五

世家五

忠烈王世家

王名昛舊名諶元宗元子母順敬后金氏高宗二十三年丙申生高宗薨以太孫權監國事元宗元年冊太子十五年如元尚元主女長公主元宗薨遙尊爲王八月至自元卽位於康安殿王南面詔使東嚮以王駙馬故詔使推王南面宋度宗崩賈似道立嘉國公㬎時年四歲謝后臨朝稱制元命平章事史天澤左丞相伯顏率師侵宋冬十月都督使金方慶將中軍金侁爲左軍使金文庇爲右軍使號三翼軍

與元元帥忽敦洪茶丘劉復亨領蒙漢兵二萬五千我師萬餘人征日本發合浦越十一日至一歧島倭兵陣於岸上諸將力戰斬千餘級遂舍舟三郎浦分道而進倭兵大敗伏屍如麻方慶請復決戰忽敦不聽乃引師還會夜大風雨戰艦觸巖崖多破金侁墮水死還至合浦軍未還者無慮萬三千餘人十一月公主至自元王親逆于西北以胡服同輦入國觀者驚怪時從行宰臣不開剃王責之令前驅擊逐禮服者百官奔迸失次然父老相慶曰不圖百年鋒鏑之餘復見太平之期遣李信孫如元乞免置勸農使奏曰小邦猶有國名想於聖意謂不至此然所恨三韓之地未得一經天鑑耳望以勸農之事一委於臣臣當澄勸百姓以副聖上憂民之意十二月伯顏濟江沿江諸將望風款附元年乙亥爲德祐元年史天澤卒春正月忽敦北還宋賈似道出師及元人戰于丁家洲孫虎臣夏貴遁似道鳴鑼一聲十三萬衆一時潰散似道奔還楊州請遷都以避元師太后不許鄂州都統張世傑江西提刑文天祥起兵入衛元師乘勝東下矣宣諭日本使侍郎殷世忠來夏六月庚子朔日食宋日食既晝晦如夜宋誅賈似道陳宜中作相時勤王

師尚四十萬人天祥世傑皆欲一戰宜中不許遣使奉表稱臣于元伯顏不聽命益王信王鎭二廣二年春正月伯顏進薄臨安宜中白太后上傳國璽以降帝及太后福王沂王侍從三學士皆被詔北行益王卽位於福州是爲端宗王與公主觀獵于猫弗自此幸獵無時進處女于元改宣旨曰王旨朕曰孤赦曰宥奏曰呈達魯花赤詰其僭禮故請改之耽羅星主來朝王請朝于元元主勅停之元遣使採金于洪州計七十日用夫一萬四百餘名得金七兩七分秋九月元以平定江淮遣不花來詔赦天下三年春正月冊子謜爲王世子朱悅如元丞相哈伯謂悅曰北

鄙有警宜出兵相助遣張舜龍請助征北鄙(宗親海都叛也)
省牒云脫歡八都兒已殺退爾軍不須來忻都之子
琪娶安平公女秋七月王暴得疾宰臣請停營繕縱
鷹坊公主許之(我國多山俗不作高屋公主欲起層樓觀候署諫止)慶尚道饑
減租稅四年春正月韋得儒誣告金方慶謀叛王與
忻都鞫之方慶不服流之大青島夏四月王及公主
世子如元元主勑金方慶喜得儒從王入朝對辨忻
都北還王至元(設帳于開平府東門外待之)元主遣皇子脫歡郊
勞秋七月王謁元主奏曰聞車駕將北征臣請船備
戎行元主笑曰北方人已奔潰矣王曰日本恃險不

彙纂麗史卷之五 三

庭臣願更造船請兵聲罪致討元主曰王歸與宰相
熟計王又奏曰陛下釐降公主小邦生民庶有聊生
之望然茶丘在焉臣之爲國不亦難乎如茶丘者只
宜理會軍事至於國家事皆欲擅斷其置達魯花赤
於南方亦非臣所知也伏望召還茶丘以輯寧東國
元主曰此易事耳有間曰惟堯舜禹湯能行帝王之
道其後君弱臣強衣食皆請於臣昔有一君嗜羊肉
其臣與之則食不與則不得食宋度宗在此幼兒之
父也賈似道擅權使出其愛妾不得已從之安有君
而畏臣去其寵姬哉王之父王何不免林衍擅廢邪

朕聞王亦信宰相之誘如此而能治國則固善如其
不能不足愧乎對曰茶丘之妄言也元主曰人多言
之汝可與宰相擇所以善持國者商量而行王因及
方慶被誣之狀元主曰然顧謂官人曰亟召茶丘還
又問忻都何如對曰使茶丘在雖忻都不能不信因
問康守衡曰高麗服色何如對曰服韃靼衣迎詔時
以高麗服將事元主曰人謂朕禁高麗服豈其然乎
汝國之禮何遽廢也(時宰相百官多開剃者非出於帝命也)録累朝事
蹟及歸附年月呈國史院他日元主問官軍騷擾事
忻都侍王謂忻都曰爾麾下侵吾兒家執而杖之吾

彙纂麗史卷之五 四

兒家尚未免況百姓乎汝等許予以不能安集百姓
汝之騷擾若是予烏能安集哉時韋得儒暴死元主
赦方慶還遂命罷忻都茶丘軍及種田軍人合浦鎭
戍皆還王將退復召至前曰朕不識字麤人俙識字
精細人其聽朕言成吉思皇帝嘗曰人苟少有孝心
天必知之俙欲享我將汝一瓶酒來是亦孝也王曰
諸軍還乞禁驅迫良民元主曰朕既有言誰敢將汝
一民來王請達魯花赤元主曰汝自好爲之王又請
留合浦鎭戍以備倭元主曰其能無害於汝民乎汝
可自用汝人鎭戍倭寇不足畏也癸卯王辭歸元主

使惕辟旦安禿丘護王至北京脫歡以達達歌侑觴
王使忽赤歌感皇恩曲以酬之達魯花赤經歷張國
綱北還（國綱處事清平多所裨益）秋九月王至自元是行也一切
奏除侵擾事國人頌德感泣元歸我谷州遂安殷栗
三邑（不曾投拜崔坦等奏投拜帝寵還之）冬十二月辛卯王如元丁未至
燕京五年春正月王在元元主賜宋寶器鳳瓶玉笛
九十事二月丁亥王至自元元張弘範襲崖山破之
陸秀夫負帝赴海死宋亡先是宋端宗崩于硇州羣
臣多欲散去陸秀夫曰度皇一子尚在將焉置之古
人有以一旅一成中興者今百官有司皆具士卒數

彙纂麗史卷之五　五

萬天若未欲絕宋此其不可爲國耶乃與衆共立廣
王時年八歲矣張世傑以硇州不可居崖山在廣中
去潮廣各四百里兩山相對中有一港可藏舟乃奉
帝移駐結大舶千餘作一字陣碇海中中艫外舳貫
以大索四周起樓棚如城堞帝居其間爲死計人皆
危之世傑曰頻年航海何時已乎今須與決勝負至
是張弘範由潮陽港入海獲諜者知帝所在遂引舟
師入大洋與世傑師相遇薄之且出奇兵斷宋師汲
路宋舟堅不能動兵士茹乾粮十餘日大渴下掬海
水飲之水鹹卽嘔泄兵士大困弘範遣人諭崖山士

民亦無應者會李恒自廣州以師會弘範乃四分其
軍自將一軍相去里許令諸將曰宋舟西艤崖山潮
至必東遁急攻之聞吾樂作乃戰違令者斬李恒乘
早潮退攻其北世傑以淮兵殊死戰午潮上元軍樂
作世傑以爲且懈不設備弘範以舟攻其南世傑南
北受敵兵士皆疲不能復戰軍大潰元師薄中軍會
日暮風雨昏霧四塞陸秀夫走帝舟帝舟環結不得
出謂帝曰德祐皇帝辱已甚陛下不可再辱卽負帝
同溺楊太后聞之亦赴海死宋亡秋八月日本人殺
元使王遣池瑄如元奏之以許珙洪子藩爲都指揮

彙纂麗史卷之五　六

使督修戰艦權旺朱悅郭汝弼等爲計點使火星食
月六年監察司論時事王大怒鞫御史沈諹流雜端
陳倜文應等于海島明日王幸藏經道場見殿後杜
鵑花盛開題詩一篇令詞臣白文節潘阜郭預等和
進文節等進言請宥沈諹之罪卽命釋之尋又釋倜
應等夏阿哈馬求女（時阿哈馬專權自恣後爲益都千户王著所殺）元流皇
子于大青島秋八月辛未王如元乙未至上都謁帝
復請東征帝許之乃命忻都茶丘率蒙漢麗軍四萬
發合浦范文虎率蠻軍十萬發江南俱會日本一岐
島九月王至自元冬十二月帝冊王爲開府儀同三

司中書左丞相中書省事金方慶爲管領高麗都元
帥諸將皆賜金牌有差忻都等不得自專朴恒之謀也七年春正月元頒授時
曆許衡郭守敬所造三月忻都荼丘來時翼祖亦以朝命來見王進退謙肅王
嘉悅皇后弘吉剌氏殂公主奔喪至懿州帝勅還王與
忻都等議事王南面忻都東面事大以來始有此禮
國人大悅夏四月王幸合浦大閱戍師發合浦由
大明浦至一歧島方慶力戰斬三百餘級倭兵突至
官軍潰荼丘僅免會軍中大疫忻都等屢戰不利且
范文虎過期不至議回軍既而文虎以戰艦三千五
百艘至適値大風船敗蠻軍皆溺死蠻軍者宋兵也十四萬同棲一

彙纂麗史卷之五　七

山饑不能戰降于倭倭人擇留工匠及知田者餘皆殺之忻都等旋師北還八年
元乃罷征東行省遣兵四百餘人戍合浦九年元復
以阿塔海爲征東行省丞相發五衞軍二萬人將征
日本崔或言江南盜賊相繼而起皆緣拘水手造海
船民不聊生日本之役姑宜止之於是免五衞軍征
日本發萬人赴上都夏五月鄭仁卿還自元王命罷
造艦十年夏四月王及公主世子如元秋九月王至
自元十一年春正月元以安童爲右丞相向以書元遣使來告
也崔坦來享王元來督造艦調粮皇太子眞金卒遣齊
安公弔太子喪十二年帝詔罷東征命吳良遇等撰國史將以
進于元也十三年僉議中贊元傅卒宋玢知都僉議事夏
五月王聞諸王乃顏叛請擧兵助討帝許之王親統
前軍出次開城卯山秋八月帝親征乃顏擒之拔其
城駕還燕京命王乘傳入賀王如元召公主世子入
朝冬十二月王至自元許琠爲僉議中贊十四年以
乃顏餘黨復叛元請調兵粮赴建州建州距本國三
千里難於運粮聲言發兵助討鎭雙城以備之十五
年秋元來徵兵以海都兵犯邊帝欲親征故也遣萬
户金忻赴遼陽尋罷還冬十一月王如元十六年春
三月王至自元帝詔罷東寧府歸我西北諸城夏乃

彙纂麗史卷之五　八

顏餘黨哈丹入寇命大將軍韓愼禦之王與公主避
亂不止遣柳庇如元乞師請入江華避賊帝許之冬
十月元遣使頒赦元地大震武平尤甚壓死官民七
千餘人帝憂之詢致灾之由議者畏桑哥莫敢指切
時政時帝年寢高弘吉剌后用事桑哥擅權自恣誅
貶忠賢遣忻都等理筭天下錢穀民不聊生自殺者
相屬趙孟頫入奏于帝須下詔蠲除庶幾天變可弭
帝從之遂赦天下明年桑哥伏誅世子如元哈丹犯和登二
州王入江都十七年春正月哈丹踰鐵嶺防守萬户
鄭守琪望風遁還鐵嶺道監纔遁一人哈丹下馬魚

貫而登賊飢甚得守琪竟根翼行而南入交州道陷
楊根攻原州雉岳城進士元冲甲擊敗之賊鋒挫銳
諸城聞之堅守始有輕賊之心先是遣兵仁來奏乞
師帝曰爾國唐太宗親征尚不克又於我朝初未歸
附征之亦未易捷今此小寇何畏之甚仁來對曰古
今盛衰不同爾帝諭以夜戰命那蠻歹(五割切)大王薛
闍干闍梨帖木兒統兵二萬三千餘人東來三月辛
巳王出迎于藍島那蠻歹請王親禦王辭以老病命
印侯韓希愈金忻將三翼軍助討夏五月賊由忠州
屯燕岐縣諸軍追賊南下丁酉發木州黎明至正左

山下薄賊陣賊驚負險而戰金忻率敢死五百先登
殊死戰斬賊前鋒大呼於是諸軍合擊賊大潰追至
公州河伏屍三十餘里賊千餘騎渡河遁去甲辰復
整兵來鬪大軍縱擊敗之哈丹父子潰圍脫歸薛闍
干軍令嚴肅秋毫不犯儕曰而行出賊不意二戰而
破皆其力也乙丑大軍北還王欲邀宴薛闍干曰受
命事畢不可留遂行六月帝命運江南米十萬石來
賑之秋八月僉議中贊許珙卒九月帝授世子特進
上柱國賜金印十八年元流哈丹賊黨阿里禿大王
塔也速闍吉出下大王于諸島夏五月世子至自元

閏六月世子如元謁帝于紫檀殿有丁右丞者奏江
南戰船雖大遇觸則毀此范文虎所以失利也如使
高麗造船而再征之日本可取於是帝遣洪君祥來
問東征事王對曰臣不幸僻不庭之俗敢不躬自致
討以效微勞冬十月王以監察御史金有成爲宣諭
使直文翰署郭麟爲書狀官護送入元倭人還其國
仍致書招諭其書曰我國臣事大元恪謹侯度皇帝
特紆寵渥許尙公主册爲駙馬承襲宗器君臣社稷
禮樂文物一切仍舊百姓按堵樂業安生實輸誠事
大故也且念宋朝軍民不爲不多金湯不爲不固不

知有唐虞之大統自大而不庭皇帝遣學士郝經宣
諭備至宋朝執迷不悛皇帝震怒舉兵致討威聲所
加如石壓卵殄滅國號九廟灰燼三百年積累之基
一朝傾覆乃命設官置省完護遺黎想亦貴國之所
聞悉也噫宋朝雖大逆天而亡我國雖小順天故存
可不戒哉今大元皇帝千載應期神聖文明好生惡
殺德洽羣生普天之下莫不咸戴伏惟貴國念我之
存懲宋之亡遣一介之使奉咫尺之書朝於大元則
無損於今有益於後誠貴國社稷之福也有成等既
至日本嘗憾東征拘留不遣二人存殁世莫得聞十

九年帝賜王推忠定遠功臣號陞僉議司秩從二品遣洪波豆(君祥兄子)夾管造船五請親朝奏東征事宜冬十月王及公主如元十一月丙子彗犯紫微十二月王至燕京帝疾篤不得見然寵賚之厚諸王駙馬無比王更名昛二十年甲午至元三十一年春正月王在元癸酉帝崩(王以羊十馬一祭于世祖殯殿將使贊成事鄭可臣讀祭文諸大臣止之曰豈宜用諸侯之禮祭天子乎遂不讀)世祖度量弘廣知人善任使然不以漢人爲相故相皆國族而又不置諫官文學之士沈於下僚所用惟吏師而已其爲法如是苟簡貪婪之風未息云時皇孫鐵木耳揔兵北邊撫伯顔軍

(伯顔與海都相持)自軍中奔喪夏四月王如上都迎皇孫甲午卽位王表賀訖赴宴王坐第七明日又表請尊皇太后帝以王功大年高詔出入乘小車賜銀三萬兩王見帝請歸耽羅帝從之先是洪君祥白丞相完澤寢東征冊公主爲安平公主八月王至自元以洪子藩爲僉議中贊尋爲令二十一年元貞元年春正月趙仁規爲中贊加金方慶僉議令秋八月世子至自元判都僉議司事洪子藩知司事冬世子如元二十二年宥金之淑知僉議司事秋九月王與公主如元以白馬納幣于帝世子尚晉王女(晉王裕宗之子泰定之考後謚顯宗

成宗兄也)二十三年大德元年夏五月王與公主至自元公主薨六月世子奔喪至自元殺閹人陶成器等四人又治巫蠱事殺宮人無比國人震慴以鄭可臣爲僉議中贊參世子如元遣趙仁規如元表請傳位世子二十四年戊戌春正月世子及寶塔實憐公主至自元元遣咸寧侯王維詔王傳位於世子封王爲逸壽王詔曰卿恪居藩翰茂著勳庸宣力我家歷年滋久比陳衰疾冀脫煩勞乞疏嗣爵之恩將爲逸老之計載惟忠懇宜賜允從卿雖耆年國之重務尚資訓導迄用有成王幸康安殿傳位退居德慈宮世子卽

位奉箋上尊號曰光文宣德太上王夏五月改官制尋復改官制公主妬王妃趙氏專寵作畏吾兒字書付闊闊不花等如元奏太后趙妃詛呪公主皇太后遣番僧來祓詛呪秋七月僉議中贊鄭可臣卒八月元遣孛魯兀等趣王公主入朝王如元上王餞于金郊酒酣孛魯兀以帝命取國王印授上王上王幸壽寧宮受詔詔曰曩以卿表請授位于世子謜是用詔謜往嗣王爵國事仍命聽卿訓導今聞從政以來頗涉專擅處決失宜衆心疑懼盖以年未及壯少所經練故未能副朕委任之意今遣使詔卿依前統理國

政且君謜入侍闊庭使交明習于事字魯兀之來十
日而國人不知有此詔二十五年春正月元置征東
行省初印侯金忻擅發兵執韓希愈李英柱誣以謀
叛王與左丞哈散鞫之希愈不服元遣塔海來執希
愈等以歸哈散還奏王不能御衆朝廷宜遣官共理
帝從之冬十月遣闊里吉思爲征東行中書省平章
事二十六年夏四月王如元秋王至自元八月三重
大匡僉議令上洛公金方慶卒韓希愈等還自元冬
十月征東省欲革奴婢之法王上表請止十一月闊
里吉思還遣贊成事崔有渰如元王上表曰大德三

年九月中書省奉聖旨添設省官者非爲改其國俗
亦不欲恒置但以一二惡人故似聞百姓騷擾將使
與王作伴鎭安之耳王今未知朕意可具悉爲文草
奏然後降答使明知朕意臣於今年七月親奉口傳
聖旨亦若前秋之命伏望遄降一封綸音爲東韓萬
世之寶二十七年辛丑大德五年春二月遣瑞興侯
琠入侍于元三月元以闊里吉思不能和輯人民罷
之官屬皆北還中郞將朴洪附吉思如元爲其腹心
謀變國俗不遂而歸夏四月元遣刑部尚書王泰亨
來問闊里吉思所奏事目於是倂省內外官其官有

有同上國者悉改之又以芝黃代赭袍紅傘代黃傘
除舞蹈聲喏之禮事目內國王朝會三擧淨鞭山呼萬歲州縣摠三百五十八處設官
大小四千三百五十五員迎新送舊百姓自備牛馬云云王狎昵羣小嗜好宴樂
嘗夜讌于香閣覽壁上明皇夜宴圖謂左右曰寡人
雖君小國其於遊宴獨不及明皇自復位以來倖臣
吳祁金元祥石天補等務以聲色道諛選諸道官妓
有色藝者籍置宮中別作一隊戴馬尾笠爲男粧敎
以新聲高低緩急無不中節王幸壽康宮天補輩張
幕其側各私名妓歌舞褻慢無復君臣之禮時世子
以前王在上國天補等恐王晏駕後世子誅之世子

英果多不徇王意王素不悅至是王旣老矣日夜沈
酣不恤政事天補及承旨宋璘等乘間交構王父子
欲以薊國公主嫁瑞興侯爲王嗣王惑之夏五月遣
知僉議閔萱如元請罷耽羅摠管府隸本國置萬户
府又請以忽刺歹等奪占田民悉還本主仍請改嫁
公主中書省奉旨許置耽羅萬户府其請改嫁表萱
不敢進而還秋八月彗見于北斗自正月不雨至于
是月二十八年以宋玢爲中贊尋以韓希愈爲僉議
中贊吳祁知都僉議司事冬十二月王如元命齊安
公淑權署征東省事遼陽省奏請倂征東省爲一省

移司東京王上表又上中書省書曰世祖皇帝付當
職行征東省事全慶兩處設萬户府於合浦加德東
萊蔚州竹林巨濟角山内禮梁等所把隘分倭置立
烽燧暗藏兵船日夜廵綽專一隄備日本切詳合浦
等處去遼陽絶遠脫有緊急公事往廻遲滯深繫利
害不得不啓稟乞令當職依舊行征東省事二十也
年春正月王在元夏五月至自元先是元遣劉深征八百息婦深喪師
辱國致宋隆濟等變亂按誅劉深罷雲南分省宣聖十哲像自元來秋七月
元遣斷事官帖木不花翰林李學士來捕石冑天補
天卿等赴京洪子藩元冲甲等數吳祁罪告于斷事

彙纂麗史卷之五　十五

官帖木兒納祁賂縱其罪八月洪子藩舉兵圍王宮
執吳祁押送于元九月以洪子藩爲左中贊復旋尚王
如元欲沮前王還國至西京不許入朝乃還冬十二
月帝遣尚書塔察兒翰林王約來王約以罷右衛率爲不可善處危疑
之際爲仁宗朝名臣字彥博約謂曰天地間至親者父子彼小人
者但知自利寧肯爲王國家地耶王感泣謝曰臣老
耄聽信憸邪是以致此願奉表自雪於是執宋璘及
吳祁弟蕆演衍連趙深等囚于行省以韓希愈爲都
僉議右中贊金琿安珦爲僉議贊成事遣齊安公淑
表請前王還國三十年元遣兵部尚書伯伯劉學士

來鞫宋均宋邦英于行省押邦英等送于元夏六月
王詣國學安珦建議置贍學錢國學大成殿成元杖流吳祁石天補于
安西三十一年元參知政事忽憐卒于行省忽憐受命監國
爲王父子事也臨死却藥不飲冬十一月王如元洪子藩韓希愈崔
有渰等從行命右中贊金琿權署行省事三十二年
春正月王在元館于前王第時王欲與前王俱東還
王惟紹宋邦英白王曰前王不自安而怨殿下有年
殿下雖加慈愛適足以賈禍耳且殿下獨不念丁酉
年事乎會一日王更衣出仆地折齒惟紹遂勸王移
寓公主第令宦者李福壽譖前王於皇后及左丞相

彙纂麗史卷之五　十六

阿忽台曰前王素失子道不與公主諧故我王嫉之
欲以瑞興侯爲後前王誠宜悔過自新以供子職昨
我王舍於其第而又不謹侍奉至使仆地折齒我王
雖欲勿怒得乎往者前王自願出家而省官不聽今
若使之祝髮令琠繼尚公主則可以副我王之志也
阿忽台入都馬辛許之王令琠往來公主以挑之公
主與内僚亂前王盆不屑故遂屬意於琠惟紹等見
右丞相答剌罕以王言譖前王丞相曰盆智禮普化
王世祖之甥寶塔公主宗室女也改嫁廢嫡於理安
乎惟紹陳前王失子道狀丞相曰瑞興亦王子耶曰

否曰誰出惟紹不能對洪子藩等聞之詣中書省言惟紹等離間王父子逆理亂常請治其罪省官召王父子面詰之遂拘惟紹等未幾高世金文衍白王曰臣等久從羈絏無所報效但願奉殿下東出齊化門王曰我聞前王遣人於涯頭驛要我渡河而沈之吾雖老獨不畏死耶於是世等乃與從臣七十人上書中書省極論惟紹等罪狀且請奉王以還省官奏之命設宴餞王進驛騎趣王行王無以爲計乃飮藥發疾自夏至秋不起潛遣人詣行在請與公主俱歸皇后曰翁與婦偕行可乎我且還都備車帳以送亦未

晩也公主聞惟紹等被拘怒甚召文衍杖之禁從臣出入王所於是諸從臣皆離散惟祕書丞李兆年不去秋九月都僉議中贊致仕安珦卒中贊韓希愈慶興君洪子藩卒于元三十三年春正月王在元帝崩安西王阿難答與阿忽台等謀奉皇后伯要眞氏稱制而已輔之前王與皇姪愛育黎拔力八達及右丞相答剌罕等定策迎立懷寧王海山爲帝奉皇姪旨捕王惟紹等囚之於邸遷王於慶壽寺崔有渰爲中贊柳庇李混爲贊成事王所任事者悉罷之王拱手行印兩國政盡歸於前王乃誅瑞興侯及王惟紹宋

邦英韓愼宋璘宋義崔涓籍其家夏五月王至自元懷寧王自按台山至上都卽位以母弟愛育黎拔力八達爲皇太子秋八月元冊王行中書省右丞相三十四年戊申至大元年秋七月王薨壽七十三葬慶陵王性寬厚喜怒不形於色幼嚮學讀書知大義嘗與金坵李松縉等唱和有龍樓集行于世

史臣曰忠烈之世內則權臣擅政外則強敵來侵禍變極矣一朝誅戮權臣歸附上國天子嘉之釐降公主再朝京師數奏東方之弊名還官軍東民以安奈何驕心遽生耽于遊畋廣置鷹坊使惡少李貞輩侵

暴州郡溺於宴樂唱和龍樓僭祖英等昵近左右及其晩年過聽左右之譖至欲廢嫡而立姪其在東宮雖曰明習典故讀書知大義果何用哉

忠宣王世家

王名璋字仲昂蒙諱益智禮普化忠烈王元子母曰齊國長公主(忠烈王元年乙亥生)三歲冊爲王世子九歲聞忠烈出獵泣乳媼問之曰今玆百姓困窮農務方殷父王何爲遠獵內侍以白忠烈曰異哉小兒嘗見人衣敝褐負柴入宮門使問之對曰將作署其人也王曰我美衣服而百姓若此於心安乎嘗踞內僚元英膝

上從容謂王曰人主不宜聰察太過王作色曰偸輩
欲我癡暗持弄掌上如軟餠乎奕懼王之穎悟不凡
類此忠烈十七年世祖授王世子金寶十八年如元
世祖御紫檀殿引見問本國事王奏對明暢一日問
曰讀何書對曰讀通鑑帝曰歷代帝王孰賢對曰漢
高祖唐太宗曰漢祖唐宗孰與朕對曰臣年少何足
以知之帝笑曰然問於宰相以來二十一年成宗冊
王儀同三司領都僉議司賜兩臺銀章明年尚晉王
甘麻剌女二十四年春正月元遣使冊爲國王封忠
烈爲逸壽王王率百官詣德慈宮上太上王尊號王

紫袍太上王衣黃袍受賀時稱三韓盛事王既踐位
多更改舊章秋八月元遣孛魯兀來趣王入朝取國
璽授太上王復位自是王在元宿衛凡十年武宗仁
宗龍潛與王同臥起晝夜不相離三十三年成宗崩
丞相阿忽台平章八都馬辛等謀奉安西王爲亂時
武宗爲懷寧王在漠北遠不能猝至仁宗自懷州入
大都與王定策迎立懷寧王率衛士入內捕阿忽台
等使王及院使別不花按誅之懷寧王至上都卽位
論定策功進封瀋陽王入中書省參議政事賜金虎
符七月忠烈薨王自大都奔喪在途星行十餘日乃

至八月壬子詣殯殿哭甲寅卽位于壽寧宮議上謚
王曰宜先請上國乃上純誠守正上昇王之號十月
葬慶陵王衰麻手擎香爐步至十川橋乃乘肩輿至
山陵葬訖哭臨乃還先世所未嘗行也皇太子遣使
賀帝冊王行中書省右丞相高麗國王依前瀋陽王
王孫淑昌院妃進封淑妃會百官于梨峴宮下教曰至元二十八
年予與鄭可臣柳淸臣等詣紫檀殿親奉世祖聖旨
同姓不得通婚天下之通理況偸國識會文字行夫
子之道不應要同姓自今宗親文武兩班娶同姓者
以違背聖旨論仍簡名族十五家許與王室世世通

婚十五家新羅王孫金暉一家亦爲順敬太后叔伯之宗彥陽金氏一宗定安任太
后一宗安山金太后一宗鐵原崔氏海州崔氏孔巖許氏平康蔡氏淸州李氏唐城洪氏黃驪閔氏橫川
趙氏坡平尹氏平壤趙氏幷累世勳宰家也十一月王如元命齊安君淑
權署征東省事元年己酉至大二年春正月王在元
二月傳旨立權鹽法三月王扈皇太后幸五臺山以
崔有渰守僉議政丞有渰等上箋請歸國時帝及皇
太后遇王甚寵故王無東還意元改中書省爲尙書
省後罷之二年春正月王在元欲傳位世子密撰表
於楊學士爲從臣所沮乃止尋殺世子鑑及其從者
金重義秋七月元冊公主爲韓國長公主追謚王三

代皆贈太師初國家用宋金正朔歷代皆稱爲宗事元以來不得稱宗爲例癸卯世子之喪至自元元宦者李大順等十六人同日封爲君初安平公主嘗獻閹寺數人於世祖頗得親寵至有奉制來東復其家官其族於是父兄爭相宮其子弟又有強暴者少有忿怨輒自割勢故不數十年刀鋸者甚多成宗以來閹人用事至官大司徒者王在京師出入三宮與此輩狎故並封之九月元流寧王于東國寧王世祖庶子謀反事覺三年春正月王在元帝崩三月皇太子卽位是爲仁宗四年壬子皇慶元年春正月王在元帝詔王歸國王使朴景亮言於用事大臣請待秋

東還制曰可洪奎爲僉議政丞秋七月齊安公淑卒淑諳練典故稱爲宗英何以書卒權署東省故也密直司使李思溫等以王久留元實由權漢功崔誠之掌銓選利其贈賂勸王不歸乃請徽政使失烈門矯太后制下漢功等獄王怒白太后釋之流思溫于臨洮五年春正月王在元以江陵大君燾見于帝請傳位帝冊燾爲王王不欲東還顧無以爲辭乃遜位於燾以延安君暠爲世子王稱瀋王於是帝命王留京師王構萬卷堂于燕邸迎致大儒閻復姚燧趙孟頫虞集等與之從遊以考究書史自娛時有鮮卑僧以帝師八思巴製蒙字有

功請天下立祠比孔子王曰孔子百王之師祀以德不以功製字之功何可比哉聞者韙之元朝科舉久廢王嘗以姚燧之言白帝許之以皇慶二年詔復行科舉舊史云李孟爲相奏行科舉非也是時孟爲翰林學士舉行之右丞相禿魯罷帝以王爲相王固辭曰臣藩宣之寄猶懼不任乞付於子況朝廷之上相安敢貪恩冒處以累陛下之明乎敢以死請帝笑曰固知渠善避權也延祐三年三月王奏傳瀋王位于世子暠自稱太尉王六年王請于帝降御香南遊江浙至寶陁山而還七年春正月帝崩皇太子卽位鐵木迭兒再起用事殺平章蕭拜

住及中丞楊朶兒只奪李孟職恣行威福時事大變王懼禍及復請帝降香江南行至金山寺在潤州帝遣使急召令騎士擁逼以北侍從臣僚恐王不免皆奔竄或有仰藥者王至大都帝託以學佛經爲名祝髮流于吐蕃撒思吉地宰相崔誠之逃歸朴仁幹等十八人從初伯顏禿古思國人也自閹入元事仁宗藩邸佞諂多不法王嫉之白太后以所奪土田臧獲悉還其主又以無禮杖之會仁宗崩英宗立皇太后嘗以英宗爲柔懦屬意於和世㻋英宗卽位太后來賀見其有毅然之色退而歎曰悔不擬養此兒遂鬱鬱成

疾崩時有上變者英宗恐事涉太后置不問以王被
太后親寵故尤古思爲飛語中之禍幾不測賴丞相
拜住營救得免至吐蕃李齊賢等獻書中書省請還
帝命量移英宗遇弑泰定帝卽位大赦卽還泰定二
年乙丑王薨于燕邸壽五十一性聰悟強記凡事一
經耳目終身不忘每引儒士商確前古興亡得失亹
亹不倦尤喜大宋故事嘗使人讀東都事略至李沆
王旦范富韓諸公傳必舉手加額以致景慕至丁謂
章蔡姦臣傳未嘗不切齒憤惋王之好賢嫉惡如此
故在元朝喜從賢士大夫遊及鐵木迭兒用事與淸

流共得罪葬德陵
史氏曰古之人君德修於己功加於人自卑而人益
尊自晦而道益光今忠宣以聰明強記之才用之於
不善處身接物一無可稱乃欲求譽於上國自頌其
德夫靈殿之營先揚父惡轉輸燕京財殫力痛失父
子之親殺無罪之子嘗在元朝不親國政重營二宮
私占食邑飯僧點燈殆無虛日萬僧之會糜費鉅萬
朝野怨毒而歸德於己取笑當時貽譏來世後之人
君可不監哉
史臣贊曰忠宣爲世子入侍元朝與姚燧趙孟頫諸

公遊間或與聞朝政其議論有足觀者及其卽位遜
上國之制改易官名謹侯度也正田賦立鹽法知所
本也第以人君之位萬幾所萃不可一日而曠也王
旣受命復位謟事婦寺淹留燕京至于五年國人困
苦供餽從臣久勞思歸至謀相陷元亦厭之再詔歸
國無以爲辭乃遜位于子燾又以姪暠爲世子父子
兄弟卒構猜嫌其禍至于數世而未弭貽謀之不臧
如此吐蕃之竄非不幸也

忠肅王世家

王名燾小字宜孝蒙諱阿剌訥忒失里忠宣王第二

子母曰蒙女也速眞忠烈王二十年甲午生封江陵大君從忠
宣入元五年三月甲寅忠宣奏請傳位夏四月王奉
上王公主東還六月至自元初上王欲留燕邸朝廷
不許故遂行帝遣平章李伯帖木兒等三十六人護
送王下敎文武官僚賀謝並於父王先行五日一朝
上王冬十二月冊德妃洪氏上王嘗願點一百萬燈於
是日點二千期以一歲畢願其費不可勝記與松廣
僧萬恒同輦幸演福曹溪宗僧景麟授大禪師諫官
不署告身王怒名李朝隱禹偁尹頎誚讓猶不署王
欲杖之偁廷辨慷慨王稍解皆左遷元年甲寅延祐

元年春正月上王自記其德十餘條密下式目都監
令箋賀蓋欲以聞上國也元詔設科舉遣使詰上王如元
(自是留元不還)遣博士柳衍于江南購書籍未達而船敗衍
獲免太子府參軍洪瀹在江南遺衍寶鈔百五十錠
使購得萬八百卷又奏賜王書籍萬七千卷皆宋祕
閣所藏也二年秋九月公主如元冬十二月薨三年
春二月公主之喪至自元王如元上王傳瀋王位于
暠令尚梁王女秋七月王娶營王女亦憐眞八剌公
主懿妃薨于元八月懿妃之喪至自元冬十月王與
公主至自元四年春正月元流魏王阿木哥于大青

島五年濟州民作亂囚其副使張允和于巡軍貪暴
以致亂故也遣評理宋英安撫賊悉平夏五月遣執
義金千鎰于東南道持平張元組于西北面問民疾
苦千鎰無所糾舉王杖之元組獨舉金怡橫斂皮幣
怡方在燕邸上王怒黜元組罷辦違都監尋罷之六
年秋九月公主薨七年庚申延祐七年春正月辛巳
朔元告日食百官素服停賀正禮不應是日大都日
食帝齋居輟朝賀辛亥帝崩二月太子即位(仁宗性慈孝通
達儒術愛養民力孜孜爲治一遵世祖成憲爲元盛德守文之主矣)冬十二月元流上
王于吐蕃遣張沆獻盤纏于上王百官上書中書省

訟上王之寃八年元召王夏四月如元杖權漢功蔡
洪哲流海島先是上王之留元也政事出納多遵稟
而行雖有過舉然倉廩盈羨人心畏服至是宦官左
右謀改上王之政放逐舊臣廢會俱要羣不逞徒附
伯顏禿古思譖起煽亂上王至西蕃獨知里寄書崔
有渰權溥許有全趙簡云不穀數奇貽辱社稷想
諸國老亦焦勞不置也國王年少向之憚我者幸我
至此焉知不問我父子乎幸同心協力匡濟我家於
是有全等如元請王東還爲瀋王黨所沮竟不能達
王至燕寓禿古思家時大護軍朴仁平以姦巧得幸

暠結曹頔頔養子宦者楊安吉在帝側用事至是仁
平先詣瀋王與頔安吉相爲脣齒遂以國家陰事訴
瀋王誘引淸臣暠與之比趙璉趙延壽金元祥等陰
附之帝用暠收王印章九年春正月王在元代言慶
斯萬屬大寧君崔有渰率羣僚作書請王復位書成
附瀋王者多乃置書妙覺寺警守斯萬竊取書令金
之鏡達中書省秋九月權漢功蔡洪哲李光逢等怨
王邀驪興君閔漬等欲請立瀋王會百官上書中書
省贊成事閔宗儒彥陽君金倫執義尹宣佐等不從
臺諫史翰皆不署名漢功等會慈雲寺署名天忽大

雷雹以雨(十一年呈文云姦臣等虛稱告元太尉王回還狀誣瞞衆臣於數張白紙勒要署名指此事也)時議郎趙湜賫詔中書省翰院弁不受十年春正月王在元吳潛柳清臣上書都省請立行省比內地不從閔漬許有全金賆崔誠之李齊賢獻書于丞相拜住請召還上王二月命量移于朶思麻地秋八月帝自上都南還御史大夫鐵失弑帝于南坡(帝性至孝仁宗不豫焚香告天願以身代及嗣位用法無私果於誅殺鐵失等以迭兒餘黨不自安時窮治迭兒事遂構大變)殺丞相拜住皇叔晉王即位(是爲泰定帝)召還上王冬十一月至大都十一年甲子春正月王在元帝勅賜王印章崔有渰金深守僉議政丞夏五月崔有渰

率百官軍民附書呈中書省乞將構捏說謊人等嚴加禁治回送令王早還本國安撫百姓以學諭沈宗叔爲合浦萬户府錄事(先是以刀筆吏爲之貪汙不法王命經術士代送)秋八月王娶魏王女金童公主十二年夏五月王及公主至自元上王薨于燕邸秋七月梓宮至自元冬十月公主薨十四年夏五月僉議中贊金怡卒十五年元封金氏爲皇后(化平君金深女也初爲仁宗偏妃)秋七月帝遣平章政事買驢(舍人)迭失不花來先是王欲請元禪位于瀋王暠以表授代言韓宗愈趣令印之宗愈不從退與李兆年謀執姦臣尒之事竟不行至是柳清臣

吳潛詣中書省誣王旨聾瘖啞不親政事且云上王奏暠爲高麗世子英宗時王燾與禿古思謀說上王奪暠世子印又奪上王賜暠田宅及奪清臣等百四十人田宅事於是帝遣買驢來質問朴仲仁曹頔趙雲卿高子英等從之皆瀋王黨也王辭疾不迎詔買驢疑之徑詣王宮宣詔詰讓王對曰世祖皇帝賜父王世子印武宗授瀋王爵未幾封洪重喜曰一身上不合兼綰兩王章奏授我麗王延祐三年我朝京師父王授世子寶曰此世祖皇帝所賜也待胤子長與之今暠黨言父王聽金怡授印我仁宗賓天二年

父王竄吐蕃予時在國何暇與禿古思謀父王以世祖外甥有佐命勳尚云不可兼兩王印暠有何功旣爲瀋王又要高麗世子印邪所與田宅曾蒙帝旨但營州土田世祖爲高麗王朝宿供頓許置之矣予不得傳之於父暠何從以有之清臣等田地皆他人所有令有司考文契還舊主耳買驢見王禮容嚴肅言辭有敘曰帝所以命我來察王疾也今見王向者之訴皆誣也於是頔等懼不敢言時使价絡繹黷貨淫酗淹留數月買驢並督令還歸即行王贐以寶玩不受秋七月帝崩于上都倒剌沙立太子阿速吉遣使

詣燕都命收百司印章時燕帖木兒居留守遂謀舉
義大會羣臣從兵皆露刃令曰武宗皇帝有子二人
天下大統所在當歸之不從者死於是迎懷王圖帖
睦爾攝位改元大曆遣兵圍上都破之嗣帝不知所終十六
年巳春正月周王和世㻋稱帝于和寧是爲明宗以懷
王爲皇太子秋八月帝南還皇太子出迎察都地帝
暴崩于行殿燕帖木兒聞哭聲卽入帳中取璽扶太
子上馬南馳襲位于上都王遣使賀請傳位世子禎
十七年春二月元冊世子爲王遣七十堅來取國璽
時世子在元宿衛帝親御奎章閣授世子世子命金台鉉權

行省事王因之以鄭方吉行省事世子尚關西王女
德寧公主秋七月元流明宗太子妥懽帖睦爾于大
青島時年十一歲是爲順帝王如元世子及公主自元東
來謁于黃州王責其胡服世子涕泣而出冬十月檢
校政丞金台鉉卒十八年辛未舊史以此年爲忠惠元年今削春正
月王在元夏四月以五道人民流入雙城遼瀋等處
表請刷還秋七月大寧君崔有渰卒冬十二月元名
還妥懽太子後元年春正月王在元二月元遣郎中
蔣伯祥詔告王復位趣世子入朝王令伯祥攝省事
下世子嬖幸尹碩孫琦金之鏡等于巡軍伯祥囚權

適尹之賢等夏五月元遣太史都赤來因伯祥于行
省釋碩之賢等百官訴伯祥不法事都赤執伯祥以
歸秋八月帝崩燕帖木兒請於皇后立太子燕帖古
思后不從以文宗遺命立鄜王懿璘質班卽明宗次
子也卽位閱月而殂燕帖木兒復請立燕帖古思后
曰吾子尚幼妥懽帖睦爾在廣西禮當立之乃命迎
于靜江二年春正月王在元燕帖木兒奏高麗隣于
倭境王今久在都下請令之國時皇太子未卽位王
以文宗舊臣不忍遽發朝廷督之遂行與慶華公主
俱來瀋王謁于臨江亦從王東還夏五月至自元六

月順帝卽位改元元統四年乙亥至元元年冬十月
王獵於海州聞元使黑厮來還都王性厭人左右不
得近內官扈獨行迤從之王大怒百官會迎賓館迎
詔王巳先至倉黃行禮王使人逐之百官走匿王之
忌人如此有人自元來白前王悔過王泣下元詔罷
科舉是歲伯顏栽皇后伯牙吾氏十二月詔王入朝五年冬十二
月王如元帝勑前王東還時王不欲入朝聞有詐王謀除國故行六年
春正月王在元秋七月彗見天市垣四十日乃滅元史
云大如大船星長尺餘色白冬十二月王至自元七年夏六月地
震大震故書秋以曹頔爲左政丞洪彬爲贊成事八年春

三月王薨在位二十五年壽四十六性沈重聰明善屬文工隷書葬毅陵

史臣贊曰烈宣肅惠世歷四代父子相夷至與之訟于天子之朝貽笑天下後世夫孝爲百行之先而政事之本也本旣失焉其政可知已忠肅晚年遺棄國事出舍外郊信任朴青等三豎威福下移若子若孫皆罹凶夭可勝嘆哉

忠惠王世家

王名禎蒙諱普塔失里忠肅王長子母曰明德后洪氏忠肅王二年乙卯生忠肅十五年二月以世子如元宿衛十

六年十月忠肅奏請傳位初王至元丞相燕帖木兒見之大悅視猶己子因忠肅辭位贊帝許之時燕帖木兒秉權肆行以奉定后爲夫人尚宗室女四十餘人一宴或宰十三馬王旣襲位從燕帖木兒放鷹于柳林委機務於嬖臣裴佺等尚闊西王女宣徽院享王於丞相第王又享丞相酒半丞相喜甚起舞王亦舞王日與內豎爲角力戲起居注李湛白王曰君舉不可不愼動靜皆書之王曰書者誰湛曰史臣職也王曰書我過失者書生也由是益厭儒術夏五月帝詔王之國帝幸上都王從至龍虎臺拜辭而還七月

至自元日事遊畋而已至順三年二月元遣使詔上王復位取國璽以去王遂如元時太保伯顏惡燕帖木兒弄權待王不禮至是燕帖木兒已死伯顏遇王益薄王與燕帖木兒子弟及回骨少年群飲謔浪不上宿衛伯顏益惡之目曰撥皮白帝云王禎素無行恐累宿衛宜送乃父使訓勵忠肅後五年帝遣王東還忠肅薨王遣評理李揆等求襲位伯顏不許曰王壽本非好人撥皮雖嫡長不可立唯暠可暠遂如元止平壤陰與曹頔謀事王遣騎追暠不及李揆還言太師意不可回今者老臣民上疏陳請可也於是耆

老權溥等上書中書省請王襲位王荒淫無道烝壽妃又往慶華宮逼公主烝焉主恥之召政丞曹頔具道見暴狀頔入永安宮會百官聲言逐去群小而陰爲瀋王地遣其黨取國璽令李達衷金得培等守之會有從大都來詭言帝許襲位頔黨稍引去秋八月頔與洪彬申伯黃謙白文舉等領紅綃軍夜五鼓進襲王宮王率宰臣數騎出射之頔軍敗走頔入公主殿追斬之執謙文舉等繫巡軍獨宥彬冬十一月元遣斷事頭麟詔王襲位尋以帝命令金之謙權管國事執王及洪彬韓帖木兒不花趙雲卿黃謙白文舉

等以歸元年春正月元囚王于刑部使五府中書樞密御史
翰林宗正雜問之時伯顔蓄宿憾陰右頔黨使王與許者
對辨李兆年慷慨發憤將上書丞相馬前殺身以雪
王會丞相敗伯顔誅唐其勢專權自恣變亂成憲漸有蓄謀帝患之從子脫脫深憂之請於
父馬札兒台及其未敗而圖之處士吳直方勸以大義滅親乃決策以聞密與定議因其出獵柳林遣兵
拒之降詔罪狀貶爲河南省左丞相脫脫奏于帝釋王復位夏四月王
還自元韓渥爲右政丞元以馬札兒台爲丞相封奇
氏爲皇后撤文宗廟主削不答失里皇太后號徙東
安州放燕帖古思于高麗燕帖古思行至瀋陽暴卒
二年辛巳至正元年脫脫錄軍國重事夏五月江陵

君禎被召如元玄孝道欲酖王事覺伏誅冬十二月
諸道賀箋不至三年元遣高龍普迎皇后母李氏四
年夏五月星山君李兆年卒元遣直省舍人實德來
索宋遼金事蹟初世祖立國史院首命王鶚修遼金史宋亡又命通修三史延祐天曆間
屢詔修之以義例未定竟不能成至是命脫脫爲都摠裁張起巖歐陽玄呂思誠揭傒斯爲摠裁官修之
一時士論非不知宋爲正統而終以元承金金承遼之故疑之持論不決詔遼金宋各爲史發凡舉例論
撰表奏多玄屬筆乃奏遣實德來謂東史必記載上國事故也復其人法時新宮成
王落之令百官助宴需輪日饗王饌品爭極華侈一
器之費直布數百段人甚苦之尋罷王聞人妻妾有
姿色無問親疎貴賤皆納之後宮幾百餘嬖臣崔遠

告進士井洞有美處子王夜往索之主媼謝以本無
女王疑媼匿之又疑遠見欺皆殺之好財利分析絲
毫常汲汲經營給布回回家取其贏餘椎牛進肉新
宮之役親擊鼓督之漆䑋之輸後期者徵布倍蓰吏
緣爲姦百姓愁怨羣小得志忠直見斥直言之士輒
加僇辱人莫敢言者實德見都監腐文取歸館謂政
丞蔡河中曰役民妨農乃至此極此邦之民何以堪
命吾將歸奏天子王聞之大怒曰此必伴接人所爲
也河中曰臣願殿下無遽怒殿下平日小事輒振威
怒人主不宜若是王使河中請之實德不許使所親

諗之乃止有白王者曰許實德者前判閤崔大雨也
召入內批頰流血時李芸曹益清奇轍等在元上書
中書省極言王貪淫不道請立省以安百姓冬十一
月帝祀南郊遣大卿朶赤乃住等來頒赦王欲託疾
不迎龍普曰帝嘗謂王不敬若不出迎帝疑滋甚王
郊迎聽詔于征東省朶赤等蹴王縛之王急呼高院
使龍普叱之使者拔刃執侍從百官皆走匿郎中金
永煦等四人中槊持平盧俊卿死之宰相伏兵于外
以遏衛王者即挾王載一馬馳去王悶甚索酒有一
嫗獻之令奇轍洪彬權征東省捕王之嬖臣十人囚

行省封內帑王至肅州索金於州守安鈞鈞不獻訴朶赤朶赤以鐵撾擊鈞垂斃彥陽君金倫與諸宰相會議上書請赦王罪令李齊賢草其書權漢功不從國老多不至事竟未就帝以檻車流王于揭陽縣去燕京二萬里傳車疾驅時無一人從行者王自持衣襆而去艱楚萬狀五年春正月薨于岳陽縣或云遇鴆或云食橘而殂壽三十夏六月喪至葬永陵

史氏曰忠惠王以英銳之才用之於不善昵比惡少荒淫縱恣內則見責於父王上則得罪於天子身爲羈囚死於道路宜矣雖有一老臣李兆年言之剴切

其如不我聽何哉

史臣曰烈宣肅惠相繼尚主憑仗甥舅之親在元日多在國日少自置東省政敎號令皆出於元羣不逞之徒因緣盤結往復猜譖子訴其父臣訴其君子立則父廢父立則子廢圖新君者吠舊主背本國者喜生事無復有君臣父子之分夷考其行忠烈忠肅之驕溢荒怠莫能相尚忠宣忠惠之淫縱穢褻瀆亂天常吐蕃之流揭陽之竄皆自取也尚誰咎哉

忠穆顯孝王世家

王名昕蒙諱八思麻朶兒只忠惠王元子也母曰德寧公主忠肅王十六年丁丑生性聰慧入元宿衛忠惠薨王年八歲高龍普抱王以見帝帝問曰汝學父乎學母乎對曰願學母帝稱歎遂命襲位王下教革弊政恤百姓令蔡河中鄭乙輔參議國政朴忠佐制田民都監竄先朝倖臣十五人悉收告身元求白苧四月王至自元五月帝遣李麻秦瑾來冊王曰思乃祖事大之誠謹爾父亾身之戒輯寧爾邦敬典在德六月大行王之喪至自岳陽置書筵令李齊賢以下四十六人更日侍讀九月朔日食王煦爲右政丞金倫爲左政丞十二月昱高來元求錫忠宣忠肅王諡冊元年乙酉至

正五年春正月復置政房朴忠佐辛裔李公遂提調秋七月昱高卒右政丞王煦罷金永煦代之二年春二月朔日食王月孛陵人來朝冬十月命李齊賢安軸李穀改撰編年綱目永嘉君權溥卒三年春正月朔日食日官不告三日食與元同二月盜入太廟置整治都監皇后族弟三萬奪人田下獄杖殺之元聞三萬死遣直省僧家奴杖整治官白文寶等十六人以聖旨原王煦令判都監四年春二月彥陽君金倫卒三月遣李凌幹如元請先王諡不允遣金邦海請改正先王罪名秋七月元台州方國珍作亂冬十月王不豫德寧公主移御于密

直安牧第政事皆決焉(時母后臨年居中康允忠裴佺出入得幸擅權柄作威福王煦金永旽奉帝命欲釐理弊政爲允忠輩所陷)辛裔田淑蒙等表裏用事
代言鄭思度依阿進用久在政房中外輻湊時人目
裔曰辛王十二月王薨壽十二葬明陵

忠定王世家

王名貾蒙諱迭思監朶兒只忠惠王庶子母曰禧妃
尹氏(忠肅王六年丁丑生)忠穆四年封慶昌府院君忠穆薨公
主命奇轍王煦攝征東省事王煦等遣李齊賢如元
表請曰江陵君祺普塔實里王母弟方入侍天庭年
十九歲慶昌君貾普塔實里王庶子見在本國年十

二歲伏望陛下簡在帝心以從民望元年己丑至正
九年春二月帝詔令貾入朝夏五月命襲位王命鐵
城君李君侅聽斷國務政丞王煦如元道卒秋七月
王至自元以脫脫爲右丞相(朶兒只太平罷脫脫爲相遣使來告)罷能
釐治都監二年春二月倭寇固城竹抹巨濟擊走之
(倭寇之侵始此)三月雲南王來聘尹時遇爲都僉議倭寇順
天合浦秋九月德寧公主如元三年春正月贊成事
李穀卒夏四月元詔修河防(先是童謠云石人一隻眼挑動黃河天下反及賈魯治河果于黃陵岡得石人一眼而汝潁之兵起矣)五月潁州妖人劉福通
作亂以紅巾爲號陷潁州(關河之役民心愁怨欒城人韓山童以白蓮燒香會惑衆謀亂縣官捕之山童就擒其子韓林兒逃之與福通等遂反)秋八月倭寇雙阜
縣(在南陽)冬十月元以江陵君祺爲國王遣斷事官取
國璽以歸王遜于江華王不好學嘗以墨灑侍學官
衣性凝妬宰相侍臣或遭撞擊往往以鐵椎擊人幾
斃其狂惑類此典校令申德隣丞安吉祥義盈使孫
桂及朴成亮朴思愼從王於江華皆追繫巡軍獨思
愼行王供膳不充愁懼號泣訃至都人莫不流涕壽
十四葬聰陵

史氏曰忠穆忠定皆幼冲嗣位德寧禧妃以母后專
制老姦宿蠹夤緣用事其於防閑難矣當忠定之時

江陵君親爲叔父內有纍孤以爲主外有大國而送
之諸尹不爲顧慮朋邪醜禍而王以無道行之無施
於民無援於外何以冀國嗚呼悲夫

木齋家塾彙纂麗史卷之五

木齋家塾彙纂麗史卷之六

世家六

恭愍敬孝王世家

王名顓蒙諱伯顏帖木兒(蒙名)忠惠王母弟也(忠肅王十七年庚午生)封江陵君忠惠二年被召如元宿衛時稱大元子忠穆封爲府院君忠穆薨國人欲立王元不許(忠肅以王託尹澤澤與李承老上書中書省請立王)忠定元年王尚魯國公主至是元封爲國王王命李齊賢權斷征東省事尋拜都僉議政丞齊賢考覈百官功過流盧英瑞貶贊成事尹時遇鄭天起下裴佺于獄髡永陵孽子釋器十二月王及公主至自元壬寅卽位元年壬辰至正十二年春二月宣宥境內曰恭惟我太祖統一三韓列聖相承以小事大迨我聖元龍興先天下而歸附我忠敬王入覲世皇寵賚異常忠烈忠宣世館貳室而我仁考忠肅王亦承釐降之榮嗣德臨邦二十有五年厥後不弔再世不祿而耆艾之臣以予爲忠宣之孫忠肅之子以德以年合主宗祧獻書天子願奉爲君天子俯採其言故有今日之錫命越至正十一年十一月庚子與公主歸宗國謁慈闈蓋違顏者十一年今得相見誠孝之至感動上下壬寅承事景靈宮

踐位康安殿衣冠禮樂猶有古國之風顧以何德獲濟登茲然屬時世陵夷風俗頹靡朝多倖位倉無宿儲隣寇侵疆乾文告變若不克己勵精日愼一日革邪僞去憸壬用惻怛之誠行寬厚之政何以報天子之德保祖宗之業慰慈闈之心塞耆艾之望凡百在位尚克匡其不逮圖惟厥終罷政房宥裴佺三月辛亥弒前王元頒赦(討捕賊盜事也)方國珍入海燒掠沿海州郡徐壽輝都蘄水國號天完僭稱帝定遠郭子興等兵起天下大亂右丞相脫脫請出師討徐州許之沈丘人察罕帖木兒與羅山李思齊同奮義起兵以討賊自任倭寇喬桐焚甲山倉都城大震全羅道亦被搶掠開書筵更日侍讀秋九月趙日新擧兵叛伏誅初日新恃功驕恣與其黨鄭天起崔和尚等謀去奇氏夜遣兵捕轅殺之轍輪逸遂圍行宮殺宿衛臣僚金鏞獨免劫王開御寶自爲右政丞鄭天起爲左政丞官其黨有差旋欲歸罪其黨以自免斬崔和尚請王幸十字街捕斬張升亮等下天起于獄王密召李仁復決議執日新誅之李齊賢爲右政丞曹益清爲左政丞流鏞于海島二年春正月洪彬爲右政丞夏六月元立子愛猷識理達臘爲皇太子赦秋八

月元遣巒巒太子定安平章來錫孛兒扎宴于榮安
王第巒巒太子娶金允臧女以歸九月朔元報日食
不應(元朝日食)三年夏六月元徵兵討張士誠時南賊日
熾詔太師脫脫摠諸省軍馬出征高郵脫脫謂蔡河
中曰吾受命南征王宜遣勇銳以助尋遣吏部郞中
哈剌那海召柳濯廉悌臣金鏞鄭世雲崔瑩李芳實
安祐等四十餘人赴征秋八月濯等如元領二萬三
千人爲前鋒冬十一月從脫脫征高郵諸將力戰城
將陷韃靼知院老長忌東師專功令曰今日暮矣明
日乃取之賊夜堅壁設備翌早攻之不克拔我師攻

六合城克之賊勢大蹙會右丞哈麻與脫脫丞相有隙
風御史臺劾奏出師無功詔削爵安置淮安自是天
下事無可爲矣濯等旣西衛士單弱王懼募弓手于
西海道以備之蔡河中領都僉議四年春三月元以
汪家奴爲右丞相定住爲左丞相(元史云哈麻爲右丞相桑哥失里爲平
章雪雪爲御史大夫國家大政盡歸哈麻兄弟矣)帝遣使來求女樂時帝在
位久怠於政事荒于遊宴哈麻陰進西蕃僧于帝行
房中運氣之術習祕密法封爲國師嘗謂帝曰陛下
尊居萬乘富有四海不過保有見世而已人生能幾
何當受此祕密大喜樂禪定於是帝日從事於其法

以宮女一十六人按舞名爲天魔舞戴象牙冠披髮
身被大紅綃金裙奏龍笛頭管胡琴小鼓每宮中讚
佛則按舞奏樂禿魯帖木兒及老的沙等在帝前相
與褻狎男女裸處號所處室曰皆卽兀該猶華言事
事無礙也君臣宣淫而羣僧出入禁中無復禁止皇
太子欲去之未能也征南將士還自元夏六月大
明太祖高皇帝起兵自和州渡江取太平路元德旣
衰四方割據爭雄者衆韓林兒據中原陳友諒據湖
廣方國珍據浙東張士誠據浙西明玉珍據泗川陳
友定據福建何眞據廣東劉益據遼陽毛貴田豐據

山東互相仇敵戰爭無虛日民不聊生壬辰春太
祖避兵濠城有安天下救生民之志起兵攻滁州下
之恩威日著豪傑歸心至是渡江取金陵陶安白
太祖曰方今四海鼎沸豪傑並爭其志皆在子女玉
帛非有撥亂救民之志明公率衆渡江神武不殺以
此順天應人而行弔伐天下不足平也冬十二月我
桓祖來朝五年春二月元哈麻雪雪伏誅夏五月
日無光中有黑子大司徒奇轍等謀反伏誅轍連姻
帝室陵轢本朝盧頙權謙亦皆納女于元聲勢相依
至是聞天下亂自念積惡斂怨恐一朝勢去難保將

圖大逆王密認託以曲宴召輸謙頭悉誅之並誅流
黨與罷征東省停至正年號復舊官制以洪彥博爲
門下侍郎命印璫姜仲卿崔瑩及柳仁雨貢天甫金
元鳳等討西北界璫引渡鴨江攻婆娑府雙城人趙
暾都赤等來附於是攻破雙城收復和登定長預高
文宜州及宣德元興寧仁耀德靜邊等鎭初璫先發
仲卿被酒後至璫目辛珣斬之朝議竊怪其故元使
賫奇輸大司徒印章而來辛珣遇諸塗奪印章殺其
從者元使逸前護軍林仲甫奉釋器謀不軌誅之斬
其黨政丞孫守卿等放釋器于外元因節日使金龜

年于遼陽省聲言八十萬兵來討印璫請濟師以備
秋七月元遣斷事官撒迪罕到鴨江傳帝旨曰不意
爾國遽生邊釁越我封疆侵擾黎庶遮阻行人揆諸
天憲討戮何疑尚慮賊徒或得罪爾邦或從他國來
盜用兵戈以間世好若不詢問情僞大兵一臨玉石
俱焚誠所不忍特遣撒迪罕等前去具實奏聞於是
斬兵馬使印璫附表曰竊惟小邦邈處東極隋唐之
盛覊縻而已世祖龍興灼知天命首先歸附世著微
勞東漸恩澤日新月盛不圖賊臣奇轍等謀爲不軌
生我厲階切詳轍等假威天朝脅制國主人有人民

不奪不已人有土田不奪不厭臣畏大朝一不敢問
群黎百姓怨豈在明轍等自知稔惡妄意天下擾攘
一朝勢去務固其權中外要職列植親黨擅造兵器
閑習馳射扇動訛言蠱亂衆聽乃於今年五月十八
日召集無賴一時俱起船運兵甲已至江口又令詐
爲天使稱有詔旨猝入宮門將欲殲我君臣以逞已
欲安危之機間不容髮尚賴聖德捕獲元惡不暇申
聞俱致於法仍慮邊鄙姦人乘釁妄動造起浮言故
置關防以謹出入而其吏士過江劫掠實非本意考
其罪人以正邦典輒因來使具表以聞冬十月元復

遣撒迪罕賫詔來王陳兵衛迎詔詔曰事釁之生在
於倉卒志圖靖難不及稟命肆朕惟先臣慕義之誠
詎以一眚輒虧舊恩玆示寬容自今伊始率循彝章
固我東圉勿替朕命遣政堂文學李仁復如元上表
陳謝及上書中書省曰世皇東征時所置萬戶中軍
右軍左軍耳其後增置巡軍合浦全羅耽羅西京萬
戶府侵擾地方貽害罔極欽依世祖舊制外五萬戶
府乞皆革罷雙城三撒元是小邦之境先臣忠憲王
戊午趙暉卓青等犯法懼誅誘致女眞屠戮官吏係
累男女皆爲奴婢父老至今言之流涕比緣奇轍等

交結酋長及其謀逆約爲聲援轍等死支黨多奔于彼故令搜索彼反用兵助逆則行師致討豈出於得已哉摠管趙小生千户卓都卿今在逋竄竊恐搆虛生事恭惟朝廷薄海内外莫非王土尺寸不毛之地豈計彼此哉伏乞歸我舊疆許立關防祖王以來例將國庶出家所以明嫡庶之分杜覬覦之萌也今有塔思帖木兒者自謂忠宣王孽子方在京師陰聚不逞扇搖宗國如斯人者其於朝廷豈有小益乞將塔思帖木兒及其黨與發還本國濟州叛洪彦博罷以李齊賢爲門下侍中六年二月命李齊賢相宅于漢

陽濟州降李齊賢致仕平章事許伯卒倭入昇天府冬十月諫官李穡等請行三年喪從之七年廉悌臣爲門下侍中黃石奇金鏞全普門金逸逢同平章事夏四月大旱方國珍張士誠遣使獻方物(時士誠拜太尉)李喦守門下侍中冬十二月宋關先生破頭潘等寇晉冀兵勢大振破上都焚宮闕八年春二月移文于我曰倡義舉兵恢復中原燕齊秦楚悉皆款附歸化者撫之旅拒者罪之倭寇禮成江冬十二月紅頭賊僞平章毛居敬領四萬衆渡鴨江陷義州靜州麟州以李喦爲都元帥慶千興爲副元帥金得培爲都指揮

使賊入鐵州安祐李芳實擊却之尋遇賊于清江安祐敗績李喦退屯黃州中外洶懼喦懦不能軍遣李承慶代之九年春正月鄭世雲爲西北面都巡察使賊入西京刑部尚書金縉領數百騎趣西京遇賊敗之李芳實敗賊於鐵化進攻西京賊退屯龍岡二月安祐等進兵咸從與賊戰判開城府事辛富李堅死之諸軍力戰斬二萬級虜僞元帥進至古宣州又破之賊渡鴨江而走三月紅賊船寇豐州鳳州黃州李芳實擊走之夏四月旱慶尚全羅道大饑倭寇楊廣道焚龍城十餘縣平章事李承慶卒秋七月遣益山

君李公遂如元道梗而還王怒固遣之至瀋陽不得達時孛羅帖木兒守石嶺關(在太原府東北)以北察罕帖木兒守關南二將構隙引兵相攻陽翟王阿魯輝擁兵叛冬十月賜鄭夢周及第十年春正月崔瑩爲西北面都巡察使夏四月辛巳朔日食旣秋九月遣尚書朱思忠如元賀道路復通冬十月紅賊潘誠沙劉關先生朱元帥等十餘萬衆渡鴨綠江寇朔州泥城遣李餘慶柵岊嶺令旁八郡民守之安祐李芳實金景磾擊賊于价延博州連戰破之以祐爲都元帥賊襲安州我師敗績獲金景磾爲元帥進攻岊嶺柵大潰

祐得培等單騎奔還十一月丙寅王奉太后南狩崔瑩大叫請守京城不聽遂發洪彥博李嵒金鏞慶千興柳濯鄭世雲柳淑元松壽李穡睦仁吉洪師範田祿生等二十八人從行渡臨津駐駕江岸顧謂李穡曰風景如此卿等政好聯句辛未王次利川十二月壬辰至福州以鄭世雲爲摠兵官賜敎書遣之賊陷原州安邊江華府皆詐降饗賊擊殲之十一年春正月甲子安祐李芳實黃裳韓方信李餘慶金得培安遇慶李龜壽崔瑩等勒兵二十萬屯東郊鄭世雲督諸將進圍京城乙丑我 太祖以親兵二千人先登

奮擊大破之斬賊魁沙劉關先生等賊自相蹈藉而死斬首十餘萬級獲元帝玉璽金寶餘黨破頭潘等十餘萬人遁渡鴨江而去後爲行省所擒賊悉平己巳安祐金得培等殺摠兵官鄭世雲初金鏞與世雲有隙又恐祐等成功欲使祐等殺世雲因以爲罪而幷殺祐等乃矯爲書密諭祐等令圖世雲祐芳實信之賫得培置酒邀世雲令壯士擊殺之乙丑破賊而已巳三元帥殺世雲庚午露布至福州則鏞書在捷前矣設令眞爲王書王下知其成功而令殺之諸將以此密奏可也且曰世雲素忌卿等盍先圖之則鏞之情盡露矣何不致疑而便殺主將乎萬世之下三元帥不得逃其罪矣此略變舊史書法以安祐爲首謀王聞變祕不發洪師禹來獻諸將論世

雲書王悅二月王次尚州安祐詣行宮金鏞使門者殺之遣使捕李芳實金得培皆斬之遣典書李子松如元告捷獻玉璽秋七月納哈出寇咸關我 太祖擊走之納哈出據瀋陽稱行省丞相趙小生卓都卿誘入寇八月幸清州帝遣學士忻都賜王衣酒時兵燹之後京師丘墟實錄僅存三櫃十奇藏之文廟冬十二月以洪師範爲西北面體覆使初諸奇敗皇后大怒欲廢王會崔濡得罪奔于元謟事丞相搠思監及宦者朴不花不花國人也用事爲袁刹與搠思監相表裏四方警報將臣功狀皆壅不上聞論者謂元之亡二人之力居多又以金鏞爲內應因說后謀搆王廢之而立德興君王聞之疑朝臣有貳於德興者遣

師範審之十二年春正月卜還都吉二月發清州辛巳渡臨津駕次興王寺三月遣李公遂許綱如元賀平海蓋閏月辛未夜五鼓金鏞密遣其黨犯行宮衛士皆奔竄宦者李剛達負王匿諸太后密室安都赤貌類王臥於王寢賊認王而殺之於是右政丞洪彥博評理王梓判典校金漢龍皆被殺會柳濯因祝釐在妙蓮寺聞變由間道至巡軍鏞獨不赴妙蓮先至巡軍陽言討賊時崔瑩禹磾安遇慶金長壽等自京都領兵趨行宮擊賊平之賊被擒來者鏞輒殺之以滅口流鏞于密城郡尋誅鏞傳首京師流斬其黨三

十餘人王尚未忘鏞爲之泣下張士誠遣使賀平紅
賊遣洪淳李壽林如元呈百官耆老書于中書省曰
勢窮則情不可掩情迫則言不可飾所以顚倒之言
徑至於至嚴之前也小邦世爲藩翰親則甥舅逮今
我王乞荷寵眷圖報之誠曷嘗少懈邇者紅賊犯上
都汙穢宮闕攻破遼瀋勢甚猖獗辛丑之冬長驅而
東誘以空城卒以擒獲海蓋餘黨不敢復肆小邦有
力焉四方賊起十有餘年尚未盡平者東方之寇數
年之間便致廓淸聖天子無東顧之憂我王之功未
必在諸將下也不幸羣不逞在都者倡爲虛辭眩惑

彙纂麗史卷之六　十一

朝廷小邦獻捷賀正使節相繼而未有一人東還一
國臣民且疑且懼伏惟中書摠百揆撫四夷察之以
明鎭之以靜豈惟聽不逞之徒反吠其主之言乎國
旣有君而又求君此必朝廷所深嫉而誅絕者也萬
一有過朝廷決不與南寇等視尚或見宥且爲大官
況我王之有功無過者乎伏望敷奏之餘曲爲我王
論功行賞取彼凶徒逆諸四裔俾天下咸知朝廷報
功去讒之義豈不美哉又呈于御史臺及詹事院公
遂至元脅令奉德興東歸公遂不屈元遂以德興君
爲國王奇三寶奴爲元子發遼陽兵以送夏五月以

慶千興爲西北面都元帥屯安州安遇慶屯義州李
龜壽屯麟州以備之秋七月漢主陳友諒圍洪都
太祖皇帝帥諸將討之大戰于鄱陽湖友諒敗死李
家奴賫遞位詔來百官陳兵迎詔語之曰德興君是
忠宣王出宮人所出也非王氏而王之可乎幸歸奏
天聽冬十二月德興君屯遼東候騎至鴨江朝野震
懼十三年春正月崔濡與德興君以元兵一萬渡鴨
綠江圍義州弓庫門安遇慶七戰却之濡入宣州候
騎至定州遇慶又擊敗之虜其將宋臣吉剞以徇軍
遇慶爲左翼我　太祖爲右翼崔瑩爲中軍大敗賊

彙纂麗史卷之六　十二

兵于隨州之獺川奔還燕京者纔十七騎夏五月金
續命擊倭於鎭海大破之元詔王復位初元以孛羅
匿老的沙削其官孛羅怒令禿堅帖木兒引兵犯闕
使至其軍問故以必得搠思監朴不花爲對詔竄兩
人于外復孛羅官爵禿堅帖木兒陳兵覲帝于延春
閣慟哭請罪加孛羅太保仍守大同授禿堅平章事
引兵還五月命擴廓帖木兒討之孛羅率禿堅老的
沙等復舉兵犯闕皇太子出奔太原孛羅旣專國誅
押臣罷三宮造作禁西僧作佛事於是遣翰林學士
奇田龍詔王復位曰爾克承先業世篤勤勞比者妖

賊陸梁遼霫之境乃能出奇制勝殲除羣醜璽章寶王復歸天府功在我家不圖崔濡陰萌譎險倚權臣搠思監朴不花爲媒孽曚聾奏請詔旨無辜易位爰及干戈一方騷然朕所深歎厥今公論昭著重以臺評(彈文在崔濡傳)是用大明黜陟其搭思帖木兒收還印綬命伯顏帖木兒仍復舊爵爲朕東藩爾其益篤忠孝毋替厥勳尚欽哉執送崔濡誅之遣李仁復如元謝復位洪淳李子松李公遂還自元方國珍獻王海書十四年春正月金庾如元德興君被杖背疽不得執歸二月魯國公主薨三月元冊王太尉授韓方信安

遇慶黃裳李龜壽李餘慶奉訓大夫(以平紅賊功也)夏四月遣田祿生如元進禮物于皇太子時太子在外日夜謀除內難令擴廓帖木兒李思齊等各統軍馬分三道進兵軍勢大振洪師範謝冊命如元道梗不至而復金那海(麗人)伯遼兒等陰圖斫李羅帖木兒誅之五月以妖僧遍照爲師傅咨訪國政先是照因金元命見於王聰慧辯給王悅之李承慶見之曰亂國家者必此髡也鄭世雲欲殺之王密令避之至是復來見時王在位久嘗患世臣大家盤根締結互相欺蔽以爲病思欲得離世特立之人大用之以革其弊及見

照以其出於賤微無所顧藉於是授國政而不疑照用事三旬讒毀大臣罷逐領都僉議李公遂及慶千興李壽山元松壽等流陽川君許猷判書邊光秀判事洪仁桂僉議評理金貴春城君朴曦典理判書許瑞等削崔瑩李龜壽梁伯益石文成朴椿等爵封遍照爲眞平侯瑞寧君柳淑乞歸田里許之冬十一月元以伯撒里爲太師右丞相擴廓帖木兒爲太傅左丞相以辛旽爲三重大匡領都僉議鷲城君(旽卽遍照)十五年春三月遣書狀官金齊顏聘于河南王擴廓帖木兒(正使田祿生未達而還故不書)賀皇太子定難還都夏四月左

司議大夫鄭樞右正言李存吾上疏請斥辛旽王大怒貶樞爲東萊縣令存吾爲長沙監務自是宰相臺諫皆附旽而言路塞矣賀正使金普門還自元帝授翰林同修國史普門目不知書元末官爵之濫如此竄評理睦仁吉判密直任君輔五月益山君李公遂卒大起魯國公主影殿甲午百官會于辛旽家地大震秋七月朔日食旣辛旽殺李龜壽金貴朴椿瀋王篤朶不花遣使來王更名顓河南王遣中書檢校郭永錫報聘贈襲衣金帶不受(永錫題詩箕子廟)封王氏爲益妃賜姓韓氏冬無冰十六年春正月元遣使來錫衣

陵明陵聰陵謚冊元詔以濟州復屬于我(時帝欲避亂于濟州輸御府金帛)元以辛旽爲集賢殿大學士倭寇江華府秋七月雞林君李齊賢卒八月元命皇太子摠天下兵馬初太子在太原欲援靈武故事擴廓不從故太子銜之及屢促出師南征擴廓戕殺使臣而跋扈之跡漸張乃命皇太子以中書令摠天下兵馬(遣使來告)九月大明兵取平江路執張士誠以歸

十七年 戊申爲洪武元年春二月彗見于西方(元史彗出畢昴)王步幸辛旽家秋七月日本遣使來聘八月 大明兵入燕京元帝奔上都令百官議通使 大明初 高皇帝旣定南方遣徐達常遇春北定中原以是歲春正月 皇帝登寶位于南郊夏六月大軍自平灤渡河三日而取衛州五日而取相州七日而平彰德廣平八日而取順德勢如破竹無不降附者秋七月師至通州元帝大懼集皇后皇太子同議避兵伯顏不花慟哭曰天下者世祖之天下也以死守奈何棄之不聽夜半開建德門出居庸關北去如上都八月乙未王聞燕京圍急以曹敏修爲義靜州安慰使林堅味爲安州巡撫使 大明兵攻燕京克之淮王帖木兒不花丞相慶童等死之元亡乙卯報至丁巳令百官議通使

彙纂麗史卷之六 十五

大明十八年春二月元遣右丞豆利罕進王爲右丞相遣王重貴如元(時元帝駐應昌府在上都東北三百里)謝恩重貴不達而還夏四月 大明皇帝遣符寶郞偰斯賜璽書曰大明皇帝致書高麗國王自有宋失御元非我類入主中國百有餘年天厭其昏淫亦用隕絶其命當羣雄初起時朕爲淮右布衣荷天之靈授以文武東渡江左習養民之道十有四年西平僞漢東縛吳王南定閩越北逐胡君肅清華夏復我中國之疆今年春正月臣民推戴卽皇帝位定有天下之號曰大明建元洪武遣使涉海報王知之斯以去年十一月發金陵今始至卽遜之弟也夏五月停至正年號遣禮部尚書洪尚載上護軍李夏生奉表如金陵賀登極六月 皇帝遣宦者金麗淵致書曰幽燕之民南來就食內有高麗民百六十五人豈無鄕里骨肉之思朕甚憫焉卽欲遣使護送東歸麗淵亦麗人言有母在故就令其行改官制遣尚書成准得金甲雨賀聖節及千秋節張子溫賀正仍請賜本國朝賀儀注北元吳王淮王遣使來聘倭掠寧州溫水禮山沔州漕船盧譔奉元詔至殺之黃州李仁任爲都統使賜纛以遣之(王嘗巡御西京製大纛置官守衛以時致祭)東西北面要害多

彙纂麗史卷之六 十六

置萬户千户令諸將擊東寧府以絶北元十九年春正月我 太祖引兵踰雪寒嶺渡鴨江是夕紫氣漫空同知東寧府李吾魯帖木兒出降獲元樞密拜住諸城皆款附歸者如市東至皇城北至東寧府西至于海爲之一空丙辰親祀圜丘夏四月 帝遣道士徐師昊來祭高麗首山水 帝齋戒七日製祝文臨朝以香授師昊將命來祭訖立碑于都城南楓川會賓門外陽陵井師昊之來也王疑道士行壓勝之術稱疾不出命百官迎詔五月 帝遣尚寶丞偰斯來錫王命賜大統曆成准得還自 京師 帝賜璽書曰近者使歸問

國王之政言王惟務釋氏之道問城郭何如言有民無城問甲兵何如言未甚嚴肅若果如是深爲王慮也朕雖德薄爲中國王王已稱臣修貢所以持危之道不可不諭王知之中古以來王公設險以守其國爲國者未嘗去兵而今王有民無城武備不修則何以爲國乎歷代之君惟行仁義禮樂可以化民成俗今王舍而不務日以持齋守戒爲事不崇王道而崇佛道失其要矣朕幼嘗爲僧禪講亦參究惟聞有佛而已度死超生未見盡驗古今務釋氏而成國家者實未之有梁武之事可爲明鑑聞王欲制法服以奉

宗廟今賜王冠服樂器至可領也又賜王六經四書通鑑漢書皇后賜王妃冠服六月 帝封諸子遣禮部主事桐禮來頒詔又遣侍儀舍人卜謙來頒科擧程式秋七月始行洪武年號詔去山川封號遣三司左司姜師贊如京師謝冊命納元賜金印仍稟耽羅事前朝所放馬騾子乞令濟州官吏照元籍責付土人牧養時節進獻 帝遣中書省宣史孟原哲來詔曰左副將軍李文忠遣使來奏五月十六日率兵北至沙漠於應昌府獲買的里八剌知庚申之君已於四月歿於應昌中書上言宜將其孫獻俘於太廟朕

心思之深有不忍其君之亡係于天運所遺幼孫若行獻俘加殃其身朕所不爲也况朕本元民天下之亂實非朕始今定四海休息吾民於田里非朕所能亦天運所致也尚慮臣民未知朕意是用播告天下遣工部尚書權鈞如京師賀正擧子朴實金濤柳伯濡從行濤中制科元擴廓帖木兒遣使來二十年春二月女眞千户李豆蘭帖木兒來降夏四月遼陽行省平章劉益以金復蓋海等歸附 大明 帝以爲本衛指揮太白書見夏五月長沙監務李存吾卒秋七月倭寇禮成江辛旽謀叛伏誅初旽以頭陀行見

信於王旣納金蘭女畜妾無算卿大夫妻貌美者必
密招私之凡在朝者希恩怵威爭獻臧獲寶玉王猶
以不受賂不近色不置田園信重之旽恣行威福恩
讎必報世家大族誅殺殆盡出則侍中以下擁前後
道路爲之塡塞黨與滿朝先是元使乞徹至問爾國
有權王何在旽於八關會攝王受羣臣朝于儀鳳樓
至是旽知王有不自安之意恐王覺而誅之遂謀不
軌王謁憲陵文宗陵旽令壯士設伏道旁更謀刻日舉
事門客李韌陰籍記之爲書投金續命第上聞捕旽
黨鞫之俱服誅旽夷其黨以侍中柳濯黨於旽亦殺

之召還慶千興安祐李珣尹承順于貶所召牟尼奴
納太后殿遣姜仲祥鄭思道洪仲元如京師思道船
著淺不得前韓邦彦船渰沒洛中書省乞於金復州
涉海經由遼東達于京師羅州牧使李進修上疏請
去內宰樞王嘉之除判典校寺事八月以惠勤懶翁爲
王師冬十月親饗太廟復置鷹坊吏部上言請罷許
之二十一年春二月遣趙仁璧討家州屠之三月遣
洪師範賀平蜀請遣子弟入學遣張子溫請討耽羅
夏五月　帝遣院使延達麻失里孫內侍將陳理明
昇家屬來詔曰就將那陳皇帝老少夏皇帝老少去

王京不做軍不做民閒住他自過活右丞相汪廣洋
致書曰可則留之不可則使發還理昇詣闕拜于階
上昇年十八理年二十二孫內侍自縊于佛恩寺秋
九月張子溫吳季南還　帝親諭子溫等曰聞耽羅
地面倭賊縱橫若牧子與倭賊相合勦捕較難有女
眞在其東北須用心隄防又聽得你國家疑惑自古
天下有中國有外國況如高麗是守分者有甚疑惑
如隋煬帝枉興兵革我心裏最嫌仍手詔曰耽羅牧
子所當誅討其遣發兵以討事機緩急王其審圖之
置子弟衛王閱五軍於昇天府判事洪師祖不被甲

命杖之二十二年春二月北元遣使來王欲殺之羣
臣皆曰放還便以孛布附元使還作花園八角殿於
泥峴秋七月遣判事周英贊如京師爲英贊女曾入元大明所虜
選入宮有寵封牟尼奴爲江寧大君命白文寶田祿生鄭
樞等傅之姜仁裕金湑成元揆林完及書狀官鄭夢
周等回自京師中書省咨曰奉聖旨國王每年數次
遣人將金銀器皿等物來貢禮物未免勞煩百姓況
使臣經涉海洋甚是艱險如近洪師範遭風渰死我
想古來中國諸侯於天子每年一小聘三年一大聘
至如九州之外番邦遠國只每世一見不過納贄表

誠丙巳今高麗去中國稍近文物禮樂通經史與中
國相似難同其他番邦教他依著三年一聘之禮或
欲每世一見亦可今後方物只土産布子不過三五
對其餘都休將來其他蕃國如占城安南西洋鎖里
爪哇勃泥三佛齊暹羅斛眞臘等處新付國土說與
他只依古禮今後遇我生日及冬至各衙門諸國都
休將表文進來夢周於去年四月同師範到京師受
咨文二道一爲平蜀及入學事一爲雅樂鍾磬事也
八月還至海中許山遭風船敗師範溺死遂失咨文
夢周復如京師省官以鍾磬咨文草本遺失不許只

彙纂麗史卷之六　二十一

得平蜀及入學回咨以來咨曰子弟入學事奉聖旨
自有唐太宗朝故事然涉海萬里隔離鄉土爲父母
必懷其子爲人子必思其親殊可念也孰議以來冬
十月遣密直副使周英贊如京師賀正進陳情表曰
載惟小國僻在荒陬肇自古初局於風氣文辭則僅
達其所蘊言語則必譯而乃通鼓篋升堂嘗欲遣六
七人之童子明經習律何緣得二三百之儒生竊謂
有窺覘之資安敢應招來之命其謝恩表曰竊念小
邦知尊中國如孩童必得其怙恃有聖人則爲之依
歸然由運蹇動輒謗興兩內侍既聯牀而共眼何從

鴆殺老院使與同舟而相惡卒致禍延武衛乃有國
之常也視爲迎詔之不恭賓館無持兵之理也誣爲
典客者有備以至朝覲之駿奔皆謂覘伺之狙詐緣
疑飾似嫁禍圖危惟聖鑑之昭明洞羣情之曲直特
煩睿訓俾臣自新又凡敷奏之微皆賜允俞之厚降
之雅樂導以正音子弟入學則措置精深風波覆舟
則錫與稠疊仍勅賤价還自坦途伏遇 皇帝陛下
以天地生物之心爲心以堯舜執中之道爲道羣慝
自消衆正皆植臣謹當佩服聖謨涵濡洪造庶無虧
於臣節恒上祝於皇齡英贊至慈恩島 存靈光 溺死遣

彙纂麗史卷之六　二十二

張子溫如京師請賜火藥誅釋器二十三年春二月
彗見東方長丈餘遣密直副使鄭庇判事禹仁烈如
京師賀正請通陸路朝見又請方物仍舊上護軍周
誼謝璽書訓戒 金甲雨持來 請路表曰陪臣姜仁裕等奉
聖旨令復貢路不要海路來欽此差鄭庇經由定遼
衛進賀庇等回言定遼衛官推稱無聖旨勒令回還
臣卽差周英贊由海路入賀不期英贊躬被宣召而
在海遭風淹死向非定遼之沮遏豈有今日之尤違
伏望推柔遠之仁凡有奏陳許從便道事 帝遣禮
部主事林密孶牧大使蔡斌來王令韓邦彦徼進獻

馬于濟州州酋等日何敢以世祖放畜之馬獻於大
明只送三百匹林密等大怒於是遣崔瑩討濟州平
之倭寇合浦燒軍營士卒死者五千餘人誅都巡問
使金鋐支解以徇慶復興爲門下侍中庇等至京師
帝受布六對餘悉付還焰焇事奏聖旨此等之物
處處有之皆是同天共日安得彼有此無你國但不
會修合耳（且日中國火藥頭備雖多需用亦廣豈有中國而資外邦之理）朝貢道路
三年一聘從海道來誅金甲雨（甲雨進馬五十匹至京師無二匹將一匹
稱爲已馬欲獻東宮以奉使不敬論斬）秋九月宦者崔萬生倖臣洪倫
等弑王王自魯國薨逝悲思成疾雖納諸妃置諸別

宮不敢近置子弟衛選年少貌美者洪倫韓安權瑨
洪寬盧瑄等以淫穢得幸令代言金興慶摠之大起
公主影殿窮極侈麗及其既成觀之大怒卽命撤而
改營如是者四五故十年而不成鷲頭用黃金六百
兩飾之方始愜意伐礎石大如屋石吼聲如牛壓死
者相枕於道召元朝梓人元世于濟州更營影殿世
言於宰輔曰元皇帝好興土木及天下大亂乃令吾
輩營宮耽羅欲爲避亂之計功未訖而元亡吾輩失
衣食今被徵以來誠幸也然元以天下之大勞民以
亡高麗雖大其能不失民心乎盍以白諸王諸宰撫

然王朝太后太后曰影殿壯麗天下罕比勞民傷財
莫甚焉水旱災害靡不由此請罷其役金興慶 諸
子弟日夜在宮不得歸家豈不怨王王嘗偏信賊旽
不聽予言幾至誤國今又若爾何耶王不悅欒出后
三復言之對曰謹從命王令倫等強汙諸妃冀其生
男以爲己子至是萬生侍王如廁告曰益妃與洪倫
合而有身已五月矣王曰明日將殺倫以滅口汝知
此謀亦不免萬生懼是夜與倫等謀乘王醉手刃之
呼曰賊自外至矣黎明李仁任入見屛障及萬生衣
上有蹀血痕下萬生獄鞫之得其狀百官會于市轘

萬生倫斬韓安權瑨洪寬等並流父兄親黨王性嚴
重動容中禮晩年猜暴荒惑卒及於禍壽四十五葬
于正陵之西號玄陵辛禑二年謚曰仁文義武勇智
明烈敬孝大王十一年 大明賜謚曰恭愍
史臣贊曰王之未立也聰明仁厚民望咸歸焉及卽
位勵精圖治中外大悅想望太平自魯國薨逝過哀
喪志委政辛旽逐殺勳賢大興土木以斂民怨狎昵
頑童以逞淫穢使酒無時毆擊左右又患無嗣旣取
他人子爲大君而慮外人不信密令嬖臣汙辱後宮
及其有身欲殺其人以滅口悖亂如此欲免得乎

木齋家塾彙纂麗史卷之二十一

辛庶人傳

禑 昌

禑小字牟尼奴辛旽婢般若之出也初般若有娠旽令就友僧能祐母家脕焉未期而兒死畏旽讓求貌類者竊取隣舍兒養之居一年旽取養于家令侍婢張姓爲乳媼般若亦不知爲非其兒也恭愍微行詣旽第旽指其兒曰願殿下子之王心諾之語近臣曰予嘗幸旽婢生子善保護之及旽誅召牟尼奴納太后殿謂李仁任曰元子在吾無憂矣尋賜名禑封

江寧府院大君使白文寶田祿生鄭樞等傅之二十三年九月以禑稱故宮人韓氏出贈韓氏位號甲申王被弑丙戌發喪洪太后欲立宗親李仁任欲立禑議未決王安德及寧君瑜阿仁任意大言曰冊封大君立爲今日捨此何求仁任率百官遂立禑年十歲追謚韓氏爲順靜王后遣密直使張子溫典工判書閔伯萱如京師告訃請賜謚承襲是時李仁任專國不欲臣 大明密令護送官金義殺害使臣林密蔡斌于開州館斌不死義逼而北竄子溫伯萱逃歸十二月遣判密直金湑如北元告喪元年正月遣判宗簿寺崔源如京師告喪北元以恭愍無嗣封瀋王暠孫脫脫不花爲王將納之秋八月邊吏報金義金湑以瀋王母子已到信州中外恟懼徵諸道兵遣林堅味楊伯淵李元桂池奫羅世朴普老趙仁璧邊安烈禦之先是僧人小英託化緣遣其徒于北方潛寄書瀋王曰大行王薨弑嗣君幼國柄專在權臣若引兵來大事可成也北元信之遣兵爲我師敗退金湑見其書自納哈出營遁還獲小英殺之諸將旣北而倭寇竊發於楊廣島中乃簽坊里丁諸陵直爲兵急徵兵於全羅慶尚道以我 太祖及崔瑩領之耀兵

東西江以備之改定都城五部戶數元使至慰遣之遣判典儀金甫如京師獻歲貢馬置書筵以田祿生李茂方爲師宦者金玄請以每月晦日停講禑曰讀書非視事何可廢也講大學問代言尹邦彥曰穆穆文王於緝熙敬止何義也邦彥不能對禑曰予謂儒者能通經今爾邪自是昵近宦官不親士大夫識者憂之二年正月遣金實生如京師三月殺般若般若夜潛入太后宮曰我實生主上何母韓氏邪后黜之下般若獄臺諫巡衛府雜治之般若指中門曰天若知之此門必頹司議許時纔入門門自頹人頗異之

竟投般若于臨津有及第韓略者自言我韓氏宗也
韓氏歿與族僧能祐火屍厝于奉恩寺松林乃於寺
之北岡發燒骨一缸備儀物九月葬懿陵轜車至十
川橋燒魂錢延爇靈幄儀物殆盡追上玄陵韓氏尊
號爲國公主祭于別室遣李之富如定遼衛通好高
家奴致書日本國不知怎生廢了普顏帖木兒王况
將差官蔡大使廢了因此不通天命這三二年倭又
與納哈出通音人在天地間豈不知順逆循環的道
理即摠兵官靖海侯余都督李平章摠大兵至遼陽
爲差經濟老臣來摠兵大官人處說話合無趂此機

會大軍殄滅納哈出後倭便將無萬的馬來何用部
堂得書言會北元都摠兵擴廓帖木兒貽書曰予與
令先君獲承往來甚厚不意早世未展慰問去歲聞
令先君無嗣是以遴爾族世往承其祀今憑伯顏帖
木兒王有子年尼奴國人見推領務夫小之事大必
得所恃乃可立國王子雖爲衆服從未有朝廷之命
竊料彼中人心向背亦各有半倘南事未寇彼之親
汝豈若我百年甥舅之國乎王子誠能改圖共成犄
角庸贊我中興之業則於爾祖歸附之功不尤有光
歟乃遣密直副使孫彥如北元百官呈省書曰國家

之統不可紊亂乞將脫脫不花發還本國究理三年
正月元遣翰林承旨孛剌的賫冊命及御酒海青來
封禑高麗國王征東省左丞相授尹桓等六人平章
事自是行宣光年號遣李子松如元謝冊命獻禮物
於皇帝皇后省官以下至內官小臣贈遺有差元朝
臣僚見李子松朝服行禮曰不圖今日復見中國禮
儀有泣下者池奫伏誅夏旱宥遣典客寺事安吉祥
聘日本初倭人自庚寅歲竊發沿海爲寇丙午中差
官往報日本國長稱征夷大將軍者禁戢島倭至是
源了俊爲酋自號九州節度使諸島咸服屬西海一

路爲叛臣割據者二十年遣兵剽掠我國西南境了
俊不能禁自禑初倭入寧州瑞州木州全州金堤萊
山古阜樂安尋入江華府焚戰艦禑遣趙思敏睦忠
孫光裕邊安烈羅世等禦之因水路阻梗罷漕運蠲
全羅慶尚沿海州郡徭賦有差羅興儒之還也倭僧
周祐致書曰西海頑民乘釁出沒爲寇非日本所知
也今方遣將入討兩陣交鋒庶克復西路則當禁約
海寇姑少待之因指天爲誓然倭肆毒日甚陷晉州
咸安密陽梁州彥陽東萊機張固城永善蔚州會原
義昌鎮海班城屠燒殆盡入合浦焚其營諸將玩寇

不戰以海州須彌寺爲日本地脈設道場以禳之倭遂入西部泊宿梁掠江都(再入江都)京城大震謀移都鐵原一之不吉遂止以崔瑩爲六道都統使李希泌睦仁吉林堅味慶復興黃裳我 太祖楊伯淵邊安烈副之以李仁任節度以洪仲宣李光甫等領諸道僧軍造戰艦于龍津倭入西江崔瑩邊安烈却之助戰元帥擊倭密陽走之我 太祖追擊於智異山大敗之未幾倭百餘騎自南陽入江都(三入江都)烽火晝擧不絶京城戒嚴諸元帥分戍東西江募勇士先賞以官給布人五十疋邊民被擄還者諸將疑爲諜悉誅之

禑下書切禁乃遣吉祥于日本請禁賊八月我 太祖擊倭於海州破之時倭賊二百餘艘寇濟州水軍萬户鄭龍等獲一船殲之倭入西海道三元帥擊之倭入豐州禑下書禁營繕出内帑錢掩江都西海民屍遣使下三道抄閑散子弟既至皆農民私隸也放還之倭入信州文化安岳鳳州沈德符等擊之敗績我 太祖率諸元帥赴之遇賊于海州大破之我 太祖將戰御大羽箭二十射賊十七發斃之乃縱兵乘之遂破賊及戰罷餘三矢謂左右曰吾皆射左目往觀果皆中左目吉祥還日本令信弘來聘言海寇

逋逃不遵其令遣大司成鄭夢周報聘復請禁賊始置火㷁都監從崔茂宣之言也十二月遣王昇如元帝放還丁彦等 四年 三月遣判繕工柳藩如京師謝恩表曰臣爰從弱歲遽喪嚴君敢稽告訃而易名輒望哀孫而錫命馬取諸耽羅而遞送人到於定遼而被留亟期行李之必通乃敢浮海而復年華之屢易尚未回舟罔知事變之所由徒切籲呼而無已忽此還家而團聚餘三百人故其向闕而蘄傾惟億萬歲歡聲競沸喜氣悉均共言曖昧之已明益佇恩憐之必至並遣禮儀判書周誼請謚承襲四月倭入昇天

府中外大震我 太祖與楊伯淵合擊破之六月倭寇清州賊鋒甚銳我師莫能當源了俊遣信弘率七十餘倭來捕賊倭信弘與倭戰于兆陽浦獲一艘盡斬之遣沈德符領戰艦大索諸島倭未幾倭復至掠延安府海州入龍州鐵州義州遣判書李子庸遺了俊人參虎皮金銀酒器等物信弘兵敗尋還北元使來告其主豆叱仇帖木兒立 帝放還我行人崔源全甫李之富憲司劾源黨金義事不諱國惡鞫之不服竟殺之周誼柳藩還自京師錄 帝旨以示曰朕起寒微膺天命代元治世即位初法古哲王飛報四

夷使知中國有君不過通好而已不期高麗王王顓稱臣入貢精誠數年乃爲臣所弒今來請謚朕思限山隔海似難聲教當聽彼自然前者弒其君詭殺行人今豈遵法律篤守憲章者乎好禮來者歸之勿與彼中事如敕施行九月行洪武年號遣判密直沈德符如京師賀正判書金寶生謝放還崔源等高家奴以兵四萬投江界以柳曼殊吳季南安翊南佐時王安德慶補爲諸道計點使依西北例置翼軍安翊斬前判書崔有龍後罷之憲府請諸道山城遣使發兵修築不日畢功旋致崩壞宜令守令徵發旁郡役丁

以農隙修葺從之置左蘇造成都監國史以白岳山爲左蘇白馬山爲右蘇箕達山爲北蘇有三蘇絕宮之語故爲是役時議遷都故也五年正月遼東司差官索被擄人逃軍託辭覘動靜沈德符回　帝賜手詔禮部錄示　帝旨曰高麗弒君差人來拘使詢由三年矣不忍使者父母妻子懸望特敕放還來幾復差使至却回不踰數月稱賀正貢馬爲由又至如此者五次矣朕觀高麗之於中國廣詐交而構禍在漢唐宋時已如此屢降屢叛數遭兵禍今則姦臣弒王顓構怨於我以春秋論之亂臣賊子人得誅之又何

言哉爾中書差人詣彼問嗣王不被羈囚則當依前王所言今歲貢馬一千差執政陪臣以半來朝明年貢金一百斤銀一萬兩良馬百匹細布一萬疋歲以爲常仍將所拘遼民無問數萬悉送回還方乃王位眞而政令行朕無惑也設若否此必弒君之賊肆侮我邊陲構大禍於高麗生民也朕觀此姦之量必恃滄海負重山視我朝調兵如唐漢且漢唐長騎射短舟楫故涉海艱辛兵行委曲朕自平華夏攘胡虜水陸通征騎射舟楫豈比漢唐精兵數十萬揚帆東泊雖不盡滅其黨豈不俘囚太半果能輕視乎且遣使

往問嗣王如敕施行禮部因奏差部壘趙振隨德符來二人至甜水站聞本國遣文天式吳季南通使北元懼見害乃還遣判書李演等如遼東修好不得入而還遼東都司聞納哈出使者在本國移咨曰臣禮旣施異謀難畜可押送胡使以表忠款發還遼東流民四月冊謹妃李氏琳女也琳爲鐵城府院君流乳媼張氏禑甚恩張氏賜田百結宥十死張常在禁中驕蹇用事受賂多行不法禑漸狂躁無君人之度張遇之益薄加以捶撻禑數往妃所張曰禮君王擇日御妃嬪今何似野狗綏綏乎政堂文學許完同知密

直尹邦晏訖張謀去內宰樞林堅味等事敗臺諫并
劾張不敬之罪流砥平縣尋與完邦晏俱斬十月遣
門下評理李茂方判密直裴彥如京師進歲貢上陳
情表曰臣年十歲臣父臣顓暴薨祖母洪命臣主喪
事羣臣請臣權署國事雖欲辭避其道無由具表奏
乞賜先臣謚號並臣爵命歲月逾邁迄今未蒙明降
臣雖愚蒙豈不恐懼陪臣德符回欽奉聖旨伏讀悚
惕祖母洪謂羣臣曰吾孫年幼必不能別白事宜羣
臣又難自達妾當上表敷奏是用差陪臣齎擎祖母
表文幷管領金三十一斤四兩銀一千兩白細布五

百疋黑細布五百疋雜色馬二百匹赴京伏惟聖鑑
採納王大后表曰妾聞帝王臨御海內外萬邦蒼生
共惟臣妾男爲臣女爲妾其勢雖殊其情則親妾所
以觸冒天威罄竭所蘊也妾生十六歲事先臣王燾
生二子長曰禎次曰顓禎之子曰昕曰昡相次襲位
而皆早夭無後顓最後立事妾盡孝道天地悉監之
及陛下卽位顓能知天命有歸樂於內附陛下亦知
其忠矣不幸短命暴亾致疑傳言失眞聞于天聽陛
下怒之誠是矣雖然其亾也暴故致人疑耳非有他
故也若其殺使之賊金義在逃聞顓薨須卽生致討

欲立瀋王爲王逃入胡地至今不敢還國則本國之
不與也明矣妾聞興滅繼絶聖王之大政今禑遺孤
權署國事表請贈謚襲位已有年矣妾與國人日夜
瞻望以俟德音而未降陛下爲天地於天地間令萬
物各得其性而獨小邦不霑王化妾實痛之又念小
國濱於倭國日與相戰故執政皆爲將帥居中者少
以半入朝恐致踈虞地薄不産金銀倭寇損傷馬種
中國之所知也布疋雖出國中數至於萬誠難充辦
遼東民戶見行出榜招集妾生於大德戊戌行年八
十又二朝暮辭盛代誠不忍亾兒顓忠之美泯而不

暢禑穉孤孫無以立於世是以犯禮法披心腹以冀
陛下一悟倘陛下哀而察之特允所懇則妾當安心
待盡妾以一婦人享二子三孫相繼榮養一朝遇恙
難不能暴白於聖聽將何以見先臣於地下乎今人
有十金之産尚欲傳之子孫況一國乎妾臨表涕泣
不知所云六年二月茂方等至登州省府奉聖旨所
貢旣不如約須如前約方許來貢茂方等乃還元遣
使冊禑太尉率一百官郊延四月遣周誼如遼東辨受
誣之由　帝命執誼至京師幽天界寺詰之誼對曰
貢不如約者國小民貧而物不贍也　帝震怒誼再

拜叩頭 帝令通事先往取貢如約則赦爾殺使之罪尋放還九月我 太祖與諸將擊倭于雲峯大破之十月禑馳馬于後苑禑初卽位頗嚮學稍長專事遊戲爲張氏所制不得肆及除張氏自謂無可患方是時三邊濱海之地無月不被倭患境內蕭然連歲饑荒疋布直米五升災異屢見公私俱竭上國冊命不降人心危懼而禑曾不介意嘗自謂內無張氏外託政於大臣可以縱意遊佚之事酗酒自賀喜著白草笠縱遊閭巷鏧狗捕雀以爲樂時造百工之家輒效其所爲無不精妙能爲百戲嗜田獵躬佩弩矢自

臂鷹馳騁田澤間使從者胡歌彈琴擊鼓而歸與內僚習馳馬後苑手自飛索以絹馬名上護軍文逵漢知中事李存性習射取存性笠爲的令小豎坑坎苑中紿存性陷之以爲笑戲夜二鼓輒踰宮墻出遊遇徼巡官追射之聞人有美女必往淫焉嘗夜至密直柳遂第索其室女遂曰臣之有女國人所知若行聘禮臣敢不從是夜禑五至其第遂終拒之遊黃丙沙洞遇李穡德妓梅花逼入路旁家尋納宮中國人大駭咨諮盈路左司議白君寧等上疏曰殿下嗣統之初遵奉慈訓謹守法度尊師好問日與大臣開經筵

講論修身理國之道四方使者莫不嗟嘆曰他日太平主也自今年正月以來道路流言殿下頗留心鷹犬馳馬後苑臣等始聞之以爲殿下年方幼沖尚不如此況今春秋已長豈有此理近者殿下日與頑童捨儀衛出遊閭巷宿衛之士但守空闕路人未認龍顏至有犯淸塵者三韓百姓莫不觖望曰主上何爲至於此哉大臣百官皆仰屋竊歎以殿下聰明豈不知不合先王之道也不顧天下之非笑而爲之良由小人輩進言曰今當國家多難雖以人主之尊不可不習武殿下不察以爲此輩眞愛我遂乃深信而力

行之夫以堂堂盛朝將相兵士各思奮忠義何必殿下親自騁馬試勇然後能保社稷哉伏願上念天心下察輿情爲社稷萬世計放黜頑童無復輕舉親御報平廳聽斷萬機日開經筵詳延老成講論治道成就聖學如有行幸則一遵祖宗故事必待中嚴外辦百官序立天仗整齊淸道而後行不納憲府上劄曰今者倭寇侵陵國家多難元朝近居北鄙 大明屯兵遼瀋朝夕覘我禍患難測正殿下兢畏勵精非禮勿動之時也而日率群小輕出遊戲閭巷險隘無所不至恐有顚蹶之虞不測之變也禑覽之頗慚悔欲讀

書令進通鑑一部遣贊成事權仲和禮儀判書李海如京師貢金三百兩銀一千兩馬四百五十匹布四千五百疋請謚承襲七年三月仲和等至遼東都司以歲貢不滿定額却之乃還十月彗見于氐長丈餘十五日乃滅遣門下評理金庾如京師賀正密直使李海獻馬九百三十三匹至遼東不納皆還八年三月遣金庾洪尚載金寶生鄭夢周李海裴行儉等如京師進歲貢金一百斤銀一萬兩布一萬疋馬一千匹至遼東不納乃還七月以我　太祖爲東北面都指揮使時胡拔都虜掠北邊以　太祖世管其道軍

彙纂麗史卷之二十一　十三

務威信素著遣撫輯之　帝平定雲南發遣梁王家屬安置濟州遣密直使柳藩賀之八月太白晝見不可勝書彗見太微東藩長丈餘議定遷都漢陽諫官上疏止之不聽九月癸酉至漢陽遣鄭夢周趙胖如京師賀正表陳情九年正月夢周等至遼東　皇敕適至曰三韓貢於中國之東朕觀其人不懷恩而好構禍縱使暫臣何益哉前者弒君入貢却之再三不止特以歲貢難之必止今不止而固請乃以前數年零碎之貢合而爲一稱爲如敕其意未誠仍前阻歸不許入境於是都司稱有敕不納夢周等乃還二月戊寅禑發漢陽時軍民苦暴露及行火其廬幕冀不復來也八月遣金庾李子庸賀聖節千秋節請謚承襲陳情表曰洪武十一年沈德符回賷奉詔旨常定歲貢數欽此祗承教條靡遑啓處但金銀之不産遐邇所知而馬匹之未數褊小攸致每被都司之阻尚稽天府之充洪武十五年再行盡力措辦輳足原數差金庾洪尚載鄭夢周等管押前赴都司歸示聖旨以數年之物合以爲一其意非誠仍前阻歸欽此當年六月差周謙前去懇告八月差柳藩進賀平雲南十一月差鄭夢周齎擎表箋進賀悉蒙阻回即目欽聖

彙纂麗史卷之二十一　十四

節例合進賀誠恐仍前阻回臣與一國臣民進退無憑驚惶失措所願微誠之必達雖加嚴譴而何辭先是使行由遼路輒不得達故令庾等航海而往達於金陵聖節已過矣　帝益怒曰朕限定歲貢用表彼誠去後貢不如約五年今又以慶禮來誠則誠矣然過期而至以發使事論之非國王之過乃使者故爲侮慢耳高麗旣願臣屬當以朝禮治之來使送法司禮物旣不依節而至盡數收領付水路回還高麗必願聽約束前五年未進歲貢馬五千匹金五百斤銀五萬兩布五萬疋一發將來乃爲誠意方免他日取

使者之兵於是禑令兩府百官議歲貢皆以一遵帝旨爲對乃置進獻盤纏色諮徐師昊立碑初倭寇至則犯西南境自七年設鎭東西江置屯戍十五所西路捍禦稍密倭兵輒由於慶州永州掠義城安東過榮州基州踰竹嶺入丹陽堤川以舟師入寧海寇江陵府跳梁於春州洪川淮陽之境至是陷金化平康京城戒嚴徵平壤西海道兵入衛遣南佐時安紹王承貴鄭熙啓印海王福郭璇等擊之佐時敗績于金化縣體察使崔公哲至狼川倭掩擊擒公哲體覆使鄭承可戰于楊口敗退屯春州賊追至春州陷之

遂入加平縣朴忠幹逐之賊入據清平山遣禹仁烈林大匡往擊之交州按廉使鄭符道遇倭符脫入林下輜重印章皆被掠倭遂入安邊歙谷縣四出虜掠以趙浚爲江陵交州道檢察使郭忠輔敗倭于洞山收餘衆退泊高城浦捷至賜軍士力戰者銀盂各一事是時倭患日甚朝廷無他方略以徐師昊碑後兵革不息水旱相仍踣之設鎭兵法席于中外佛宇共一百五十所供費不可勝計令軍士自備糗粮知門下鄭地請造諸道戰艦從之十年正月諸宰臣禱玄陵以禑狂妄不似人也禑在位久淫縱日甚定妃嘗

對羣臣爲言玄陵之盛及禑無道慨然悼之後禑屢幸妃第與妃狎判三司姜仁裕將納壻禑先期馳至奪其女以歸申雅崔時霆有室女皆夜至其第通焉有女者懼見奪不備禮皆潛納壻判書王興女將適邊安烈之子期在明日禑止其婚曹敏修諫曰安烈爲國名將勞勤實著今奪其婦將臣孰不缺望不許竟奪之李仁任有婢曰鳳加伊仁任弟淫焉納之宮中寵冠諸姬禑出遊無虛日內廏馬瘦之內乘典廏府不時進馬禑輒奪騎行人馬詣闕者匿其馬行者皆避匿道路一空太僕官日日掠行人馬取怨之道

也請取島馬從之或馳入盤纏色奪貢馬以行每從男山馳下涉橐駝橋抵紫霞洞馳騁於兩郊東江夜還花園日以爲常如禮成江壺串海豐白岳之間縱橫貫穿無處不到不以寒暑風雨暫廢從妓燕雙飛七點仙皆著繡龍衣佩弓箭與禑服等人莫辨諸宮姬皆男服作隊騈闐擁路或潑水注妓或擲戲水中嘗於冬月出獵諸姬唱曲馬上自吹笛和之顧曰手凍吹笛甚苦侵夜馳還市中辟易有當者輒以鐵如意擊斃之遍詣諸宰第寵臣幸姬之家一日屢至嘗抵盧英壽第百官從禑名禮務佐郞李汝良曰汝等

慮予單騎出遊令百官扈從禮則然矣予潑居九重忽忽無聊是用出遊以遣寂寥耳若城外則扈從宜矣安可每從街陌遊乎且臺省各司公務浩繁宜各歸治事遂馳上男山百官又從之又召汝良曰何不從命耶是日九至英壽第置酒歡甚歎曰人生如朝露泫然流涕先是諫官鄭豐等上疏曰倭寇深入近境草賊竊發州縣遣諜者窺覘京都刺客奸人之變安保其必無耶舉國臣民所共寒心也旣而交章諫曰永陵不從諫臣言終有岳陽之行願殿下戒之禑皆不納嘗曰吾聞史官記吾過失我見必殺之由是

史官不敢近然猶畏臺諫一官豎曰臺官皆上所除忤旨便當遞何足畏也自是禑益輕臺諫無復忌憚權近率同僚切諫禑醉甚欲射之左司議李至等上疏諫遊畋遽大怒曰時方危亂此輩不欲吾習馬不忠孰甚當痛懲之以絕言者宰相相視無一言後禑悉書諫官名以藏曰可使防倭由是諫官多謝病秋七月遣政堂文學鄭夢周賀聖節先是貢馬至遼東者四千疋都司奏高麗進貢金銀不敷願將馬匹準數合無準他奉聖旨準他每銀三百兩準馬一匹金五十兩準一匹於是遣連山君李元紘如京師獻歲

貢都許議司申禮部曰原奉五年歲貢數金五百斤內未辦四百三斤二兩銀五萬兩內未辦三萬一千兩折準馬二百三十三匹白苧麻黑麻布合五萬疋馬五千匹內已解送四千匹都司收訖今見解送一千匹歲貢定數至是略備 帝嘗疑高麗貳於北元偶獲濟州漂流人得囊中書紀洪武號 帝始信東國奉行正朔及夢周至 帝嘉夢周專對怒益解放還金庾洪尚載李子庸周謙黃陶裴仲倫等許通朝聘十一年三月禑獵於海州與諸嬖姬遊鵲川至古新平射鹿墜馬絕而復蘇供給之車自京城亘海上

內豎侍寵縱暴折辱按廉西海一路騷然思亂禑樂而忘返崔瑩諫之乃還至延安府大雨扈從者暴露牛馬道死相望夜還王興第姜仁裕與妻祭松岳禑張樂迎于賞春亭沈醉還路逢郎將撲殺之尋封王氏爲善妃姜氏爲安妃鳳加爲肅寧翁主七點仙爲寧善翁主小梅香爲和順翁主燕雙飛爲明順翁主前是官妓無封爵者國人醜之肅寧進封爲憲妃五月遣門下評理尹虎密直副使趙胖如京師謝恩請謚承襲六月太白晝見二日地震聲如陣馬之奔牆屋頹圮人皆出避松岳西嶺石崩禑曰無乃天欲陷

遼東邪遣安翊張方平賀聖節九月　帝遣行人張
溥段祐來賜誥周倬雒英冊禑爲國王禑專事馳騁
不閑禮度國人憂之至是動止稍中節人皆喜悅溥
等亦曰所見異於所聞溥問徐師昊立碑命立之禑
焚黃于太廟密直具鴻敎膳于倬倬方食置廚而還
倬大怒曰鴻罪有三不敬慢天子之命一也忽國王
之敎二也輕祖宗之賜三也法當誅張子溫曰鴻武
人不知禮也倬乃止溥等謁文廟召生員孟思誠講
詩倬求見社與乃書社稷籍田風雲示之倬加以忠
臣烈士孝子順孫義夫節婦使並祭之往觀社稷壇

責其不謹齋廬欲觀城隍朝議不可使登高遍瞰國
都紿以淨事色爲城隍示之乃醮星所也倬語河崙
云洪武十六年詔天下於皇太子箋文稱臣汝國當
欽依自是箋文始稱臣十月張溥段祐還翼日周倬
雒英還禑餞于普通院執卮酒謂倬曰不穀權署東
藩十有餘年迄未受　天子明命恒隕越于下今者
特許承襲又錫先王之諡不穀感戴皇恩雖死無復
遺恨矣言與淚俱下倬歎之極歡而罷禑贐溥等衣
服鞍馬白金苧麻布四人辭曰旣不受寒且不徒行
將安用此惟受朝臣贈行詩覽而歎曰東方有人矣

遣曹敏修禹玄寶張子溫河崙沈德符任獻金自粹
等謝恩乞賜曆日船馬符驗八道十二年二月遣鄭
夢周如京師請便服及羣臣朝服便服仍乞蠲減歲
貢禑畋于西海道二十五日而還謝恩使曹敏修進
奉使沈德符等賫符驗八道還自京師六月遣評理
安翊密直柳和如京師時奉使者歸必賂執政少輒
中傷之人皆規免其禍以黷貨爲事翊至南原流涕
曰吾謂遣宰相朝聘爲國家耳乃知爲權門營產也
七月鄭夢周還自京師禮部咨奉聖旨天覆地載受
帝命宰民者孰知其數王有能知造化者守帝命之

分修禮睦隣毋生釁隙各保生民未有國祚不緜遠
者也設若否此譎詐侮隣則構禍以殃民矣前者恭
愍入貢朕嘗嘆之朕起草萊王顓之爲王三韓始其
祖弒君至於斯時四百六十七年乃三韓王子王孫
今善貢於我卽推誠以待豈期恭愍爲弒君之徒難
逃好還之道則弒矣弒者欲掩已之逆殺我行人旣
後數請約束朕皆不允正爲守分也請之不已朕强
從之不一二年違約又不三年如約又不二年詐難
嗚呼朕觀三韓於四海內非下下國徑一二千里豈
無人焉何正性不常歲貢之設中國豈倚此爲富不

過知三韓誠詐耳今誠詐已明表至云生民孔艱使者歸朕再與之約削去歲貢三年一朝貢良驥五十匹求相保守諭今歲歲終以此約爲驗後至洪武二十四年正朝方進如始朕言不去未審彼中從乎表請用夏變夷則在彼君臣力行何如耳遣典醫副正李行等于耽羅領星主王子高鳳禮以還耽羅歸順始此八月遣贊成事尹珍密直副使李希番如京師謝蠲減歲貢密直李玤再請衣冠九月遣評理金湊同知密直李崇仁賀正密直張方平獻歲貢馬五十匹十一月安翊等還自京師宣諭聖旨曰我要和買

彙纂麗史卷之二十一　二十二

馬五千匹將一萬疋段四萬匹緜布去宰相馬價段子二疋布四疋官馬幷百姓馬給半和買你歸對宰相說休忘了節差典客令郭海龍奏曰小邦馬匹不多且矮小何敢受價容當盡力措辦伏候明降海龍未至　帝遣僉事高家奴徐質來刷己亥東來瀋民四萬户（因評告也）又索買馬三千匹每一匹給緜布八疋段子二疋今各差家奴送馬到遼陽取價十三年正月壬子朔禑如壽昌宮率百官賀　帝正宴高家奴徐質廣興倉告價減百官俸倭寇江華崔瑩出屯海豐二月高家奴徐質還郭海龍還自京師奉聖旨朕

嘗與諸番國憖以誠信相孚今使者來言需馬事邦微產寡物不敢進財不敢受願進五千鳴呼高麗不能體朕至意以朕做前代以逼人若此者朕所不爲仍前以物互市凡匹馬不分官民給緜布段子十疋求爲交易之道禮部移咨曰奉聖旨高麗天造地設三面負海餘者憑山以爲固凡王於是方主宰生齒者必上帝有命方乃妥焉曩者中國數曾統馭得失載於方冊朕所見焉所以前者命絕往來云何以往來久則釁隙由是而生故也去歲金通事泛海潛入浙民間今年任通事密通京師瞽者探聽事情噫此

彙纂麗史卷之二十一　二十三

計此量豈是彼此相安之道且朕推誠恐去歲貢微需馬種以固其誠其數五十以金銀布疋論之止該前貢百分之一今以一分之物至觀美惡以驗其誠則物見人心矣（謂觀物知人心也）若此之爲（言物薄也）必欲取信相安於悠久未見其美也莫若令彼自爲聲教不必往來彼中君臣同心奉天勤民以安黔黎於三韓豈不悅上帝之心乎遣偰長壽如京師陳情表曰竊念小邦遭逢盛代時罔愆於職貢地已入於版圖旣無遐邇之殊均是撫綏之內洪武十九年十二月日準左軍都督府咨奉聖旨節該教高家奴取去欽此切

詳前元當己亥辛丑之歲賊兵入遼東瀋陽之間停
掠一空分離四散或有一二之來寓安能四萬之得
多見有李朶里不歹等家小三百五十八名發遣外
臣會驗到聖朝戶律內一款民戶躲避差役在洪武
七年十月以前附籍他郡者勿論又欽奉詔書一視
同仁不分化外欽此幸賞緣得霑聲教雖流徙亦在
範圍況彼所陳過於其實伏望明垂日月度擴乾坤
察迫切之情降寬大之澤遂令遠俗得安其生長壽
至京師聖旨宣諭曰當初我卽位後便那裏土人元
朝火者去動問王他是你土人我這裏匙大椀小都

知道交仔細說不想把一箇火者殺了後頭王又弑
了爲這上不要來往問甚三綱五常有無敎他自理
會却只管要臣屬纍纍的來纏(去聲)這箇意只想道這
一枝軍馬必來征伐都差猜了我的朕意是實實的
意我的手詔設誓的一般若非肆侮邊陲朕安敢違
上帝之命你旣要聽我約束比似俺中原地面須有
歲貢朕豈少這些但試他那心後便來許難我一發
都除去了只敎三年進五十匹馬表誠你便至至誠
誠將些好的來敎中原百姓看了且休問中騎不中
騎你怎看那樣子爲那上我惱了敎再來絕交與將

文書去了你曾見麼高麗自古出名馬伯顏帖木兒
王時進了好馬我今番爲征進用想那裏缺少段布
和買些馬去便使兩箇小廝來說不敢受價便是不
誠處你却是故家子孫不比別箇來的宰相你的言
語我知道我的言語你知道你把我這意思對管事
宰相說大槩要至誠不要別疑慮只兀那鴨綠江一
帶沿海密匝匝的多築城子調軍馬守住一壁廂多
造軍船隄備至至誠誠做著行呵雖百萬兵也難近
大抵人呵容易欺神天難欺你說與那宰相每他每
喫的是百姓的穿的是百姓的享榮華富貴交他也

思量與百姓造福保守那三韓一方誰似恁快活休
只管小計量明日神怒人怨呵不好也我的中國事
買賣的來人儘可知得何必管差使臣來今日也弔
筆頭明日也弔筆頭一箇來說一團(上聲)有甚好處你
只依著三年一遍家差人進貢我若恠爾三年一遍
來便是朝廷的不是我如何肯怪你你是故家我所
以仔細和你說長壽將還復宣諭曰我前日說話你
記得麼長壽奏大綱的聖意臣不敢忘了只怕仔細
的話記不全聖旨我的言語冊兒上都寫去了大抵
我的話緊則要他至誠那裏豈無賢人君子必知這

意你對那宰相每說他只是占田土占奴婢享富貴快活也合尋思教百姓安寧至至誠誠的做些好句當密匝匝的似几那羅州一帶築起城子多造些軍船教倭子害不得百姓都是合做的事耽羅原屬元朝放來的馬我合區處我却不肯我差人去管了我却不差人大藥人不才的多若差一箇不才的人到那里倚恃著朝廷兵威勢力無所不爲起來便是激的不好了我決然不差人却也地面近恁那里和羅州廝對著從來恁管只合恁管漢光武時四夷請官光武不許是光武識見高處後來的君王多差了今

番雲南我本無伐他意他却生邊釁無乃何去征他調二十萬軍馬和餘丁二十七萬平定之後帶戰亡逃病折了我五萬兵其地接吐蕃一帶别調軍馬去守又無益於中國征伐亡事蓋出於不得巳你說與他至誠保守一方休要侮我若不愛百姓生邊釁呵我却難饒你你歸本國細說休忘了長壽叩頭聖旨有甚說話麽長壽奏臣别無甚奏的句當但本國爲衣冠事兩次上表未蒙允許好生兢惶國王朝服祭服陪臣祭服曾被頒賜只有便服不曾改舊樸有官的雖戴笠兒百姓都戴著元朝時一般有纓兒的帽

子這些介心下不安穩聖旨這箇却無傷趙武靈王胡服騎射不害爲賢君我當初只要依元朝樸帶帽子却思旣韃出他去了中國却蹈襲他久後秀才每文書裏不好看以此改了伯顔帖木兒王時我曾與朝服祭服如今恁旣要這般劈流撲刺做起來自顔戴有官的紗帽百姓頭巾戴起來便是何必只管我根前說長壽奏臣來時王遣一箇臣韃到鴨綠江對臣說聖旨裏可憐見呵你從京城便著紗帽團領回來臣合無從京城戴去聖旨你到遼陽戴將去五月長壽服 帝賜紗帽團領還自京師於是國人始知

冠服之制六月定制百官皆服之時徐質復來在館嘆曰不圖東國襲中朝冠帶天子聞之豈不嘉賞禑與幸臣數人獨不服遣贊成事張子溫謝許改冠服子溫至京 帝以進馬駑下怒下子溫錦衣衛遣偰長壽尹就賀聖節八月李仁任免以李成林爲左侍中潘益淳爲右侍中崔天儉川陽府院君潘福海贊成事申雅王興同知密直盧龜山右副代言天儉侍勢多奪人田龜山年未二十於是宦竪工商獵徒悉拜官禑自壺串如毅妃宮長歌緩舞前後導從徽六道倡優陳百戲於東江竭帑藏以供費宰執臺諫不

能匡救至有作奇技以逢迎者禑祼水中與羣妓戲
天大雷電以雨九月遼東來市屯田牛五千七百頭
遣張方平如京師賀納哈出降附十月遣評理李致
知密直李種德賀正禁僞傳內旨方平等行至甜水
站都司録示聖旨曰高麗使臣來者於一百里外止
回不許入境方平等乃還十二月遣永原君鄭夢周
如京師請通朝聘十四年正月鄭夢周至遼東不得
入廉興邦林堅味都吉敷李成林潘福海等專權不
法並其黨五十餘人悉誅之安置李仁任于京山府
竄李仁敏于雞林府二月偰長壽還自京師口宣聖

旨曰高麗進貢和買馬弱小腫腿皆不中用朕旣許
通商不肯通牒貿易乃陰令人來大倉窺我興師自
今愼勿如此毋得遣使來鐵嶺以北原屬元朝並令
歸之遼東於是禑與崔瑩密議攻遼命修五道城遣
諸元帥于西北以備不虞修漢陽城遣密直提學朴
宜中表請曰粤惟弊邦僻在遐壤褊小實同於墨痣
嶠嶢何異於石田況從東隅以至北鄙介居山海形
勢甚偏傳自祖宗區域有定切照鐵嶺迤北歷文高
和定咸諸州以至公嶮鎭自來係是本國之地遼乾
統七年東女眞作亂奪據咸州迤北睿王遣兵剋復

就築咸州及公嶮鎭等城至元初叛民卓青趙暉等
以和州迤北迎降撒吉大王聞遼東路瀋州有雙城
縣因指和州舊築小城二坐冒稱雙城遂以趙暉卓
青爲摠管千户管轄人民乃於至正十六年間申達
元朝將上項摠管等職革罷以其地還屬本國至今
除授州縣官員由叛賊而侵削控大邦以復歸鐵嶺
之北距王京僅三百里公嶮之鎭限邊界非一二年
伏望陛下度擴包容德敦撫綏使數州之地仍爲下
國之疆三月禑納崔瑩女封寧妃立府曰寧惠禑自
誅林廉日閱其樂器于花園鍾鼓絲竹之聲不絕汎

舟於東江壺串日夜忘歸乘醉拔劒欲刺人左右皆
散獨篙工在船禑刺之劒墜水不及害取潘福海駿
馬騎之曰無乃善驚乎判書宋贇曰福海所難馭也
禑怒曰汝以予取賊馬耶遂斬贇嘗於舟中通宵獨
坐曰父王夜寢遇害吾甚戒之其狂惑如此取林廉
寶玩悉賜嬖姬倡優雜戲賞賚無算時饑饉外供軍
旅內供諸殿自李謹妃以下崔寧妃盧毅妃崔淑妃
姜安妃申正妃趙德妃王善妃安賢妃及小梅香燕
雙飛七點仙三翁主諸殿供上競爲豐侈常滿庫布
一月用二千九百疋諸倉庫皆竭豫收三年貢物猶

不足別加徵斂是時全羅爲倭寇巢穴而西北方虞割地京輔交廣困於修城西海平壤迎候西獵八道騷然民失農業中外之怨甚於仁任林廉時矣遼東都司遣王得明來告立鐵嶺衛自遼東至鐵嶺七十站站置百戶 禑自東江還聞之馬上泣曰羣臣不聽吾計使至於此下令徵八道兵初禑不喜崔瑩及納寧妃日幸瑩第瑩勸禑攻遼禑意遂決星山君李子松諫殺之以威衆四月庚子遂發猶未敢誦言託以西獵乙巳至鳳州召瑩及我 太祖告之曰今將有事於遼陽卿等宜盡力 太祖對曰今者出師有四不可以小逆大

一不可夏月興師二不可舉國遠征倭乘其虛三不可時方暑雨弓弩膠解大半疾疫四不可禑頗然之 太祖退謂瑩曰公亦宜力言瑩諾之夜見禑持前議益堅明日禑見 太祖曰大軍已發豈容中止 太祖復曰殿下必欲西征宜駐駕西京待秋深出師禾穀被野大軍食足可鼓行而進今者出師非時雖拔遼東一城雨水方降軍不得前却師老粮匱祇速禍耳禑曰卿不見李子松邪 太祖曰子松雖死美名猶在豈不賢於臣等之生乎禑不納 太祖退而涕泣左右曰公何慟之甚 太祖曰東國生民之禍

自此始矣丁未禑次平壤遣大護軍裴規作浮橋于鴨綠江加崔瑩八道都統使以曹敏修爲左軍西京元帥沈德符李茂楊廣元帥王安德李承源慶尚元帥朴葳全羅元帥崔雲海雞林帥慶儀安東帥崔鄲助戰元帥崔公哲趙希古安慶王賓屬焉我 太祖將右軍安州元帥鄭地上元帥池湧奇副元帥皇甫琳東北面元帥李彬江原元帥具成老助戰元帥尹虎裴克廉朴永忠李和李豆蘭金賞尹師德慶輔李元桂李乙珍金天莊屬焉左右軍共三萬八千八百三十人傔一萬一千六百餘人馬二萬一千六百四

軍號十萬辛酉左右軍將發禑醉不得辭壬戌乃行亡卒絡繹於道禑令所在斬之不能禁遣文達漢賜左右都統使及諸將金銀酒器楊廣道報倭寇深入遣金湊趙浚金宗衍等禦之自大軍既發禑與瑩自幸得計禑日汎大同江張樂于浮碧樓瑩領牙兵出入吹笛君臣荒淫日誅殺數人遠近危懼泥城帥洪仁桂江界帥李嶷先入遼東殺掠而還禑喜賜金頂兒五月甲辰朔日食禑又至大同縱樂夜半乃還庚辰左右軍渡鴨綠江至威化島大雨乙丑停洪武年號前灘漲不可濟屯島洲中左右都統使乃上言曰

當大事有可言者而不言是不忠也安敢避鈇鉞而
默默乎我國家統三以來事大以勤玄陵於洪武二
年服事 大明表云子孫萬世永爲臣妾其誠至矣
殿下繼志蒙特降誥命賜謚冊爵此宗社之福而殿
下之盛德也今聞立衛之言遣朴宜中奉表啓稟乃
不俟其還遽犯大邦況今暑雨弓解甲重士馬俱憊
驅而赴之堅城之下戰不可必勝攻不可必取當此
之時餉運難繼進退維谷將何以處之伏願殿下特
命班師以答三韓之望禑與瑩不聽以宦者金完爲
過涉察理使賚金帛分賜諸將督令進兵諸將止完

不遣乙未禑幸成州是日軍中訛言 太祖率麾下
親兵向東北面已上馬曹敏修馳詣 太祖泣曰公
去吾儕安往 太祖曰予何敢去諸元帥皆至 太
祖因諭之曰今犯上國獲罪天子則宗社生民之禍
立至予上書論逆順王不省瑩又老耄不聽盍與卿
等親見王陳禍福除君側之惡以安生靈乎諸將皆
曰吾東方社稷安危在公一身敢不惟命於是回軍
渡鴨綠江 太祖乘白馬御彤弓白羽箭立於岸上
遲軍畢渡軍中望見相謂曰古今來世安有如此人
乎時霖潦數日水不甚漲師旣濟大水驟至全島墊

沒禑聞軍變馳還平壤諸將請急追之 太祖故緩
行戒軍士勿犯乘輿禑收寶貨濟大同江夜從間道
疾馳壬寅還京都入花園從者纔五十餘騎瑩命百
官以兵仗侍衛六月癸卯諸軍屯郊外爲書授金完
以啓曰我玄陵至誠事大天子未嘗有加兵於我之
意崔瑩罔念祖宗事大之義先擧兵將犯上國罪不
可赦請黜之禑遣密直陳平仲以書諭諸將曰受命
出疆旣違節制稱兵向闕又犯綱常致此釁端良由
眇末然君臣之大義實古今之通規卿好讀書豈不
知此況復疆域受於祖宗豈可易以與人不如興兵

拒之故我謀之於衆衆皆曰可雖指崔瑩爲辭瑩之
捍衛我躬卿等所知勤勞我家亦卿等所知敎書到
毋執迷毋吝改共保富貴以圖始終予實望之諸將
進屯都門外東北人民及東女眞聞 太祖回軍爭
奮相聚星奔而至者千餘人禑發府庫金募兵纔得
數十人徵諸道入援聚車塞巷分軍守四大門削諸
將官爵以崔瑩爲左侍中禹玄寶右侍中栒于市募
擒諸將乙巳 太祖屯山臺巖遣柳曼殊入自崇仁
門左軍入自宣義門瑩逆戰卻之曼殊奔還左右以
白 太祖不應堅臥帳中徐起命鞍馬整隊由崇仁

門與左軍掎角而進城中莫有拒者爭持酒漿迎勞曳車開路老弱登城望之歡呼踴躍敏修至永義橋為瑩軍所奔　太祖建黃大旗由善竹橋登男山麾埃漲天鼓聲震地瑩將安沼先據男山望之潰走瑩奔還花園　太祖登北嶺吹大螺一通於是諸軍圍花園數百重大呼瑩出（諸將不用螺獨太祖於馬前吹螺故都人聞螺聲皆喜）軍（太祖已至）瑩不肯出螺手登牆又吹一通諸軍一時毀垣而入郭忠輔直入殿中索瑩禑執瑩手泣別瑩再拜隨忠輔出　太祖泣謂瑩曰若此事變豈吾本心邪公好去好去乃流瑩高峯縣先是童謠曰西京城

裏火色安州城外烟光往來其間李元帥願言救濟黔蒼李仁任嘗言曰李三司須為國主瑩聞甚怒至是嘆曰仁任之言驗矣兩都統及三十六元帥詣闕拜謝還軍門丙午復行洪武年號罷禹玄寶以曹敏修為左侍中我　太祖右侍中趙浚兼大司憲諸元帥皆復職罷諸道築城徵兵流安沼鄭承可金若采等禑夜從宦豎八十餘人馳詣我　太祖及曹敏修邊安烈第將害之諸將皆在軍門禑乃還諸將會議崇仁門請悉出宮中兵仗庚戌請出寧妃禑曰寧妃若出予亦偕行於是諸元帥領兵守闕請禑如

江都禑不得已乃出執鞭據鞍曰日已暮矣左右俯伏泣下無應者遂與寧妃及燕雙飛出會賓門向江都百官奉傳國寶置定妃殿是日昌襲位

昌母李氏禑既廢諸將擇立嗣曹敏修李穡奉定妃教立昌年九歲以曹敏修為楊廣全羅慶尚西海交州道都統使我　太祖為東北面朔方江陵道都統使朴宜中還自京師禮部咨奉聖旨鐵嶺人戶事以王所言其地合隸高麗以理勢言之數州累為元統今合隸遼東待詳察處之且高麗自古數被中國征伐者蓋為能生釁端昔者逆臣弒君朕命絕交彼遣

人數請約束然後索歲貢以表遠誠連歲不如約朕將前貢削去只許歲貢馬五十匹及其進也皆非奉上之物盡皆駑下之獸此侮之一表稱謝恩以馬為禮及其至也皆爛班雜色雖行商亦不以為用者侮之二時或遣人諳說溫台杭蘇之民密覘事勢侮之三朕嘗諭來使毋作是姦聽民水陸往來明白興販何事不成何機不得暗生姦詐誘引下民致彼誑賺金帛妄言事勢公然被小人之誣是其愚哉侮之四朕以疋帛易馬伐胡彼陪臣等皆以駑求易以價較之中國二三馬價易一不堪駑馬侮之五也噫高麗

地周數千里其中豈無賢智凡所交往此以誠交彼以詐合將以罷交彼又卑辭若此之爲朕不知其何心朕觀累朝伐高麗者漢伐四次爲其數寇邊境故滅之魏伐二次爲其陰懷二心與吳通好故屠其所都晉伐一次爲其侮慢無禮故焚其宮室俘男女五萬口奴之隋伐二次爲其寇遼西闕藩禮故討降之唐伐四次爲其弒君幷兄弟爭立故平其地置九都督府遼伐四次爲其弒君幷反覆寇亂故焚其宮室斬亂臣康兆等金伐一次爲其殺使臣故屠其民元伐五次爲其納逋逃殺使者及朝廷所置官故興師

往討其王竄耽羅捕殺之原其釁端皆高麗自取非中國帝王好呑幷而欲土地也今鐵嶺之地王國有辭其耽羅島昔元世祖牧馬場今元子孫來歸甚衆朕必不絕元嗣措諸王於島上戍兵數萬以衛之兩浙發粮以贍之使元子孫復優游於海中豈不欲乎以張思吉爲密直副使思吉義州人襲父萬戶有功故褒之倭寇全州全堤萬頃陷光州命皇甫琳都興金宗衍具成老等救之日本國使妙葩關西省探題源了俊遣人來獻方物遣贊成事禹仁烈政堂文學偰長壽如京師告禑遜位崔瑩興師之罪請昌襲封

流曹敏修于昌寧八月以李穡爲門下侍中我 太祖守侍中開書筵以穡領書筵事鄭夢周知書筵權近柳玽鄭道傳並充侍讀令憲府重房史官各一人更日入侍誅李光甫 禑嬖臣也 議定田制司議大夫李行等上疏請罷添設考功勞以淸銓選義成德泉諸倉乞依豐儲設使副丞愼簡省府察院以遵祖宗成規司憲府請禁奔競遣曹彥崔七夕張思吉鄭曜禦倭寇改諸道按廉爲都觀察黜陟使遣成石璘于楊廣張夏于慶尙崔有慶于全羅金士衡于交州江陵趙云仡于西海令各擧副使判官改量土田最功黜汙

兩府以上監禁聽候奉翊以下從所犯輕重直斷授鉞遣之倭寇晉州牧使李贇戰死以我 太祖都摠中外諸軍事以陸麗爲東北面元帥遷禑於驪興郡以郡兵宿衛收稅供奉遣評理徐鈞衡副密直兪光祐如京師賀平定胡人獲寶璽十月遣李穡李崇仁金士安如京師賀正且請王官監國遣子弟入學十一月遣姜淮伯李芳雨如京師請朝見帝遣院使喜山求閹人及馬報將送達達親王于耽羅令修葺房舍于濟州元年正月置藝文館典校寺于禁內以史翰二人典校正字各一人入直復舊制史官崔蠲等

上書曰本朝設藝文春秋館選有文行者八人同任史翰兼官以領之所以重其任也近年以來史翰歧而爲二兼官亦不供職但以供奉以下四人當之員少秩卑故君上言行廟堂論議關得失垂勸戒者皆不能備記實非國家置史之本意也願自今以史翰八人同其職任各修史草二本一納于館一藏于家以備後考兼官修撰以下各據聞見錄爲史草悉送史館永爲恒式三月姜淮伯還自京師奏聖旨咨曰今臣子遜文立子請欲來朝彝倫大壞諭使者歸童子不必來朝四月李穡等還自京師求良女六月遣尹承順權近如京師請親朝稟處女事以鄭夢周爲藝文館大提學遣安宗源皇甫琳賀聖節七月我太祖沈德符裴克廉鄭地享禑于黃驪府倭寇咸陽晉州節制使金賞戰敗死琉球國中山王察度遣玉之奉表稱臣歸被擄人獻蘇木胡椒昌納諸宮中內府寺事柳伯濡諫曰忠肅置監氏宮中史冊貽譏殿下毋效之不從遣典客令金允厚報聘九月昌將親朝洪永通李穡偰長壽李種學爲從行官既而李氏闖昌幼言於都堂寢其行命李穡李琳及我 太祖劒履上殿贊拜不名尹承順權近還自京師禮部奏

聖旨咨曰高麗國中多事爲陪臣者忠逆混淆君位自王氏被弑絕嗣後雖假王氏以異姓爲之亦非三韓世守之良法古有弑君者由君惡貫盈亦有發政安民今高麗陰謀譎詐至今未寧東有賢智陪臣定君臣之分造安民之計雖數十歲不朝亦何患哉連歲來朝又何厭哉因命勿送處女賜金汝知等及第舊制叅上皆分館汝知及文叟袮漢姜淮季等並不分館皆勢家子弟也十一月大護軍金佇副令鄭得厚潛謁禑黃驪府佇瑩甥也禑在位時頗用事得厚亦瑩族禑泣謂曰不堪鬱鬱居此斂手就死但得一力士害 李侍中吾志可濟也吾素善判書郭忠輔汝往見圖之仍遺劒忠輔令八關日舉事佇來告忠輔忠輔陽諾密白 太祖是日 太祖不與會佇得厚夜詣 太祖邸被擒得厚自刎鞫佇于巡軍佇言邊安烈李琳禹玄寶仁烈洪壽王安德共謀迎驪興王爲內應於是遷禑江陵放昌于江華廢爲庶人奉定昌君卽位恭讓元年十二月禑昌皆被誅

恭讓王世家

恭讓王諱瑤定原府院君鈞之子神宗七世孫母曰
國大妃王氏(忠穆王元年乙酉生)忠烈王之曾孫也封定昌府
院君辛昌元年十一月戊寅遷禑江陵府我 太祖
與判三司沈德符贊成事池湧奇鄭夢周政堂文學
偰長壽評理成石璘知門下府事趙浚判慈惠府事
朴葳密直府使鄭道傳會興國寺大陳兵衛議曰禑
昌父子本非王氏今 天子知之當擇立宗室以復
王氏敢有異議者死衆從之是時王氏宗室在者不
多瑤於屬疎而係忠烈外派故常稱近屬衆欲立瑤

彙纂麗史卷之六 二十五

浚曰定昌君生長富貴能於治財不能於治國石璘
曰立君當擇賢何更論屬之親疎於是書宗室數人
名詣啓明殿告太祖探籌乃得瑤名翌早我 太祖
及八臣率宗親文武百官六衛之士詣定妃宮奉妃
教廢昌迎立瑤瑤驚懼而辭定妃手授國璽元年己
巳爲洪武二十二年冬十一月王卽位於壽昌宮王
素柔懦且知國勢已去方夜不眠顧左右泣曰予平
生衣食使令皆足乃今負荷如此予不知所爲庚辰
尊母王氏爲福寧宮主封盧氏爲順妃長子奭爲世
子甲申祼于太廟還宮猶不南向而坐判門下李穡

進曰上已卽位今不南面無以答臣民之望王始
許之諸臣曰余本無功德固辭不獲得忝大位卿
等善爲之因潸然涕下遣順安君昉同知事趙胖如
京師告卽位奏曰高麗國定昌府院君臣王瑤謹奏
臣係始祖王建正派神王晫七代之孫洪武二十二
年十一月十五日宗戚臣僚等以爲恭愍王薨逝無
嗣辛禑父子實爲異姓而王氏之祀不可無主乃以
臣於宗屬最近且長俾臣權國竊見洪武七年李仁
任等擅立異姓以來政敎乖方習俗浮薄臣願使之
漸摩聖化欽望聖慈許臣親朝面奏以安一國之民

彙纂麗史卷之六 二十六

並進啓本于皇太子十二月廢曹敏修爲庶人流李
穡及其子種學李崇仁河崙諫官請誅禑昌不許司
宰副令尹會宗請誅辛氏王歷問諸宰臣皆默然我
太祖獨曰此事旣以安置江陵聞于朝不可中變
且臣等在禑雖欲爲亂得乎王曰禑多殺無辜宜其
及也遣政堂文學徐鈞衡于江陵誅禑藝文館大提
學柳珣于江華誅昌賜九功臣錄券一依開國功臣
例稱中興功臣二年春正月追封四代考妣置積慶
園開經筵以沈德符及我 太祖領經筵事鄭夢周
鄭道傳知經筵事世子開書筵以趙浚徐鈞衡李至

姜淮伯爲師傅(先是不敢稱經筵至是始稱之)罷臺諫面啓之法誅
邊安烈三月故禮曹判書尹紹宗于錦州我 太祖
以疾辭不許教褒九功臣錄回軍功沈德符以下四
十五人皆賜功臣號尊福寧宮主爲三韓國大妃殿
曰貞明遣密直柳爰廷如京師流王安德于豐州九
功臣上書辭職命九功臣視事夏五月王昉趙胖等
還自京師有尹彝者宰相有麟從弟也嘗爲僧犯贓
亾入上國自稱坡平君與中郎將李初俱謁 帝言
高麗 李侍中立瑤爲主瑤實非宗室乃其姻親也
瑤與 李(諱舊)謀勒兵將犯 大朝宰相李穡等以爲

不可卽將李穡等十人殺害又將禹玄寶等九人遠
流其在貶宰相等潛遣我兩人來告 天子請命親
王動天下兵歸定東國 帝不之信及昉等至召詣
禮部語之故乃出彝初所記穡等姓名昉與胖還報
王大驚下禹玄寶權仲和慶補張夏洪仁桂尹有麟
崔公哲等巡軍拘李穡李琳禹仁烈李仁敏鄭地李
崇仁權近李種學李貴生等于清州鞫之有麟死獄
中梟于市籍其家公哲仁桂亦皆尋死遣鄭道傳奏
曰彝初事臣不敢先辨乞差王官究問後 帝察其
誣流彝初於溧水縣慰安東國而本國自有麟之死

獄禍蔓延將相大臣辭連者數十家訖于國亾其禍
不息秋七月太白晝見終月倭寇西海楊廣全羅道
琉球國中山王察度遣人稱臣奉表獻土物諫官鄭
寓崔云嗣李蟠權壎等罷丙午遷都于漢陽命安宗
源尹虎留守松都百官分司發行之夕大風雨震電
人畜有凍死者庚戌駕至漢陽冬十一月宥禹玄寶
李穡等西京人尹龜澤告金宗衍沈德符謀害我
太祖 太祖上章力辭乃以我 太祖領三司事鄭
夢周守門下侍中池湧奇判三司事裴克廉偰長壽
並贊成事遣安叔老聘于燕王王答曰臣子無外交

之理然却之必艱人意謹以狀聞于父皇以通三韓
之意罷沈德符以我 太祖爲侍中流池湧奇朴葳
鄭熙啓尹師德等十二月流德符誅宗衍自竹州移
國史于忠州三年春正月王在漢陽新都草創省府
廨舍未就百司諸衛僑寓旅次皆愁歎思歸刑曹判
書安瑗等上書曰爲國之本在乎察事情王政之所
當先也今者遷幸之際所損實多行者疲於奔走居
者依於草莽彼此騷然誠亦難堪術士之言曰近年
災怪屢見皆緣地德之衰巡行南京則災可弭也夫
何駐蹕之初惡獸損傷人物潛謀不軌獄禍繼作變

怪荐見迄用未息術士之言寧足信乎與其任術數
而邀遐福孰若修德政而祇天戒乎願殿下上察天
時下稽人事卽命旋還京國則民庶得安士之樂從
官無失所之歎惟殿下裁之王乃還二月丁卯至自
南京殺王盆富流池湧奇籍其家中郎將房士良上
時務十一事請金得培安祐李芳實朴尚衷等追加
褒贈王淡納拜士良刑曹正郞我 太祖如平州溫
井上箋辭曰臣於丙申六月陪先臣其受命玄陵平
雙城復舊疆開拓青州悉入版圖使國家無東顧之
憂玄陵嘉之拜先臣榮祿大夫擢臣不次年未三十

位至宰輔然無所補夙夜憂懼戊辰猾夏之變臣倡
義回軍再定宗社是則人以爲擅兵已巳之冬革僞
姓復國家之正統是則人以爲執權今爲諸軍事養
兵以靜鎭伏姦雄人且以爲耗軍資物議紛紜難以
辨明功微賞鉅人所忌疾召公曰臣罔以寵利居成
功四時之序成功者去自然之理臣亦不宜久妨賢
路乞歸田里以保餘齡臣之願也王遣左代言李詹
于平州溫諭不許以我 太祖復爲侍中夏四月彗
見十餘日避 帝諱禁用元字 帝遣宦者韓龍黃
禿蠻來求馬一萬匹宦者二百人旱下敎求言王自

在潛邸好佛事及卽位憂懼彌甚日以設齋祈爲
事每月朔望於宮中招僧講經每四時於十三所建
道場以禳之糜費不可勝紀大臣臺諫多諫者王終
不聽嘗語講讀官柳伯濡曰予於中宮之病供藥師
法席夜夢一僧翼日而愈佛豈虛哉伯濡對曰儒不
必甚斥佛也斥之以人君恃佛而怠於政事也至是
郞舍許應等上疏曰上有好者下必有甚焉人君好
惡不可不愼殿下初卽位中外未知殿下所好爲何
事及殿下創演福旣廢之塔臣民之望始缺矣釋氏
之道無父無君者商戎之敎三代之盛未之有也殿下

有志於三代之理而反行商戎之敎乎斯役也聖心
或以謂不勞民力而役遊手不費國用而資捨施然
木石磚瓦銅鐵之費累鉅萬其遊手之食捨施之物
非吾民之恒産乎民失恒産國何以保願殿下罷可
已之役厚萬民之生擇其所好以副臣民之望吏曹
判書鄭摠上書曰浮屠之敎敗倫滅理非人主之所
尙也佛圖澄不能存趙鳩摩羅什不能存秦梁武齊
襄未免於禍殷鑑昭然可以爲戒而殿下何其崇信
太過爲此無益之費以取識者之譏乎王不悅典醫
副正金璵希旨上書曰太祖創業觀山水之逆順察

地脈之續斷創寺造佛禳災集禧此三韓基業之根
本也俗儒淺見不識大體徒以破寺斥僧爲讓噫聖
祖創業之淺智反不如豎儒之計乎前判書鄭士倚
亦上書以爲佛法福利國家誠宜崇奉以與其教王
浚納其言於是成均生員朴礎等上疏極斥佛法且
論金琠逢君佞佛之罪請轘諸都市以示萬世王大
怒將究問鄭夢周諫乃止六月以安魯生爲西北面
察訪使時邊禁寢弛商賈潛行魯生至斬其魁十餘
人餘悉杖配水軍沒入其貨自是邊境肅然無復有
犯禁者遣贊成事趙浚如京師自鄭道傳上書都堂

請誅李穡禹玄寶繼而言者亦多王流穡以姻家庇
玄寶臺諫交章請竄玄寶疏三上皆留中召我 太
宗使白 太祖禁止臺諫 太祖使 太宗上書解
職曰今諸辭連之人招證已明故臺諫自上疏請罪
耳而命臣禁之是疑臣使之也顧臣不才不宜當大
任乞選賢良代之王謂 太宗曰侍中狀辭出予意
料之外予以無能在位 侍中推戴之力也仰 侍
中如父 侍中何負我乎諸罪人情跡未明 侍中
亦以爲然予乃赦之今者臺臣更舉赦前事請罪故
令卿往告耳 侍中必欲辭退予亦何敢居此位乎

因泣下指天爲誓 太宗還諭就職 太祖固辭
秋七月暹羅斛國入貢（在日本東萬里帆風四十日程）鄭夢周請令
省憲刑曹議定立昌迎禑宗衍彝初益富之黨五罪
王可之諫官許應等請於燕安時毋得引見潛邸舊
僚以遠邪說令諫臣更日入侍經筵亦許之我 太
祖詣闕拜謝王勞慰甚勤翼日幸我 太祖第置酒
後五日 太祖與神德王后享王及夜衲曼殊鎖門
太宗奉 太祖出門已閉使金直開門乃還明日
王怒遠直 太祖詣王謝王宥直癸亥冊順妃已巳
冊世子日本九州節度使源了俊遣使來朝兀良哈

來朝遣金之鐸如京師獻馬二千五百匹築京都內
城九月倭寇楊廣道遣世子奭如京師表辭稱長男
定城君沈德符偰長壽閔開等從行因遣商人金仁
用等於北平貿羊諫官許應等上疏曰貿羊上國固
非崇儉之美意況當世子朝見尤未合理殿下遣世
子跋涉萬里爲社稷生民計也使商賈繼踵而行見
者將以世子之行爲行商之階臣恐見笑於中國也
繕修都城雖出於安不忘危然今年水旱霜雹疾疫
並興又有貢馬萬匹之命加之以葺城開河之役（王康建議於安興鑿渠以避海濤之險竟未就）
中外騷然乞都城之役一皆停

罷以待明年命下都堂擬議施行放鄭道傳于奉化
縣尋移配羅州南誾稱疾免遣宋文中報聘于日本
以我 太祖及鄭夢周金士衡爲人物推辨都監提
調官判開城府事鄭地卒日本國僧玄教遣道本等
獻土物稱臣奉表道本言中國責日本不稱臣日本
對曰天下者天下之天下豈一人之天下終不稱臣
今乃稱臣於大國乃慕義也兀良哈及斡都里來朝
爭舍館斡都里曰昔尹侍中平吾土立碑曰高麗地
境吾等皆境內人民慕 諸軍事威信而來耳雖處
以 諸軍事麾廓之側亦云榮矣況此華屋有何東

西之別予遂不與爭是時高麗衰弱不可復振而我
太祖威望隱然動於中國由是島夷東蕃貢篚相望
太祖享斡都里等於私第厚加接慰諸酋皆感泣因
令招諭家骨實憐八鄰押蘭孚曾別兀的原係公嶮
地面悉皆款附冬十一月 帝遣宦者盧完者篤來
詔曰三韓之地君臣悖亂二紀于玆舊歲來告復立
王氏令特遣往勞十二月以李穡爲韓山府院君禹
玄寶爲丹山府院君姜淮伯爲政堂文學李詹知申
事金震陽李擴爲左右常侍李來爲司議徐甄爲掌
令李敢爲獻納 四年 春正月賀 帝正于壽昌宮二

月鄭夢周進所撰新定律書全羅觀察使河崙書宋
文公仁說作屏以獻春秋館上疏請日二人入侍記
事令於經筵及衙日各司啓事時入侍丙子彗見竟
天遣判書劉信如京師納馬一千匹庚辰彗見三月
世子還自京師我 太祖出迎于黃州自戊辰回軍
鄭道傳南誾趙浚尹紹宗等知天命有歸密有推戴
之意高麗世臣舊家多不附者道傳等極力排之及
鄭夢周作相國勢已去夢周以忠義自奮因他事先
黜紹宗至是悉論誾道傳等黜之召還李穡禹玄寶
等悉引一時名節之士列據臺閣稍以自強會我

太祖自黃州獵於海州墜馬病篤王御經筵聞之遣
醫饋藥講讀官李擴曰 諸軍事國之長城脫致重
傷非國之福也王廢書不答夢周獨有喜色欲乘間
圖之退而屬金震陽等乞將誾浚道傳等俱正典刑
王不從令削其爵流遠地夏四月我 太祖自海州
輿疾夜還夢周爲謀益急 太宗欲去夢周不敢白
太祖夢周詣 太祖第還趙英珪擊殺夢周於善竹
橋是日臺臣金震陽李擴李來李敢權弘鄭溉金
畝徐甄李作李申及李崇仁李種學趙瑚等皆杖流
明日召還浚誾道傳浚等削職六日而復放李穡

于韓州流李詹李士穎姜淮伯柳沂等五月大司憲閔開等疏曰 開國伯倡義回軍興復王室功烈落落求世不忘趙浚等臨事盡節奮義贊襄草除舊弊一心夾輔而鄭夢周本係庸人 開國伯以為達古書生深加獎拔代以已任夢周貪饕富貴恣行貨賄抗直忤己者一皆斥去阿諛諂己者布列朝廷縱情逞欲娼疾忠勳欲害浚誾諸人以及於 開國伯萬一得成其計必致傾危社稷禍不可測同謀黨與不可置而不問偰長壽李茂李彬金履本以狎猾之人結黨夢周枉陷忠良安魯生崔關金瞻素無節行諂

事夢周乞收職牒遠流從之並流禹玄寶等遣評理金湊如京師表請 誥命秋七月王召司藝趙庸曰予將與 李侍中同盟草盟書而來庸對曰列國同盟則古有之矣君與臣盟無經籍可據王曰第草之庸退而草進辛卯王將幸我 太祖第置酒同盟儀衛已列右侍中裴克廉等白王大妃曰今王昏暗失君道人心已去不可以為社稷生靈主請廢之遣同知密直南誾門下評理鄭熙啓賫定妃教詣北泉洞時坐宮令左副代言韓尚敬讀教王俯伏聽命獻納宋因下庭讀諭百司王遜于原州妃嬪世子從行尋移杆城郡後三年甲戌薨于三陟府在位四年壽五十

史氏贊曰高麗之末異姓竊位王氏宗廟不血食者十有六年幸而擇立宗英以復國家之正統庶幾勵精圖理撥亂世而反之正也夫何踐阼之初憂愁涕泣不敢南面無異於盆子之剉席矣崇信佛法冀獲冥報建醮飯僧殆無虛月府庫由是而罄竭忠言亦因而疏棄政事昏謬舉措顚沛人心離矣天命去矣使王氏五百歲之宗社不祀忽諸悲夫

木齋家塾彙纂麗史卷之六

木齋家塾 彙纂麗史